東洋古典譯註叢書 16

譯註 禮記集說大全 3

集說 陳澔 大全 胡廣 等
책임번역 成百曉
공동번역 李霜芽 延錫煥

傳統文化研究會

飜譯委員

企劃編輯　東洋古典飜譯編輯委員會
飜譯研究管理　南賢熙
責任飜譯　成百曉
共同飜譯　李霜芽 延錫煥
潤　　文　南賢熙
校　　訂　李孝宰
出　　版　白俊哲 郭成龍
裝　　幀　白俊哲

圖書管理

事業管理　白漢基
企劃管理　金康潤
弘報管理　李和春
普　　及　徐源英
古典情報化　安成守

東洋古典譯註叢書를 발간하면서

우리의 古典國譯事業은 민족문화 진흥의 기초사업으로 1960년대부터 政府 支援으로 古文獻 現代化 작업을 추진하여 많은 成果를 거두었다. 당시 이 사업 추진의 先行課題로 東洋古典이라 일컬어지는 중국의 基本古典을 먼저 飜譯하여야 한다는 學界의 주장이 있었음에도 불구하고 우리 고전이 아니라는 일부의 偏狹한 視角과 財政 事情 등으로 인하여 배제되어 왔다.

전통적으로 중국의 기본고전은 우리 歷史와 함께 숨쉬며 각종 교육기관의 敎科書로 활용됨은 물론이고 지식인들의 必讀書가 되어 왔으며, 우리 文化의 基底에 자리잡고 거의 모든 방면의 體系와 根幹을 형성하여 왔다. 그래서 학문연구의 기본서 역할을 해 왔을 뿐만 아니라 오늘날에도 우리의 國學徒 및 東洋學 研究者들에게 같은 역할을 하고 있음은 주지의 사실이다. 그럼에도 불구하고 中國古典은 우리 것이 아니라 하여 專門機關의 飜譯對象에 포함하지 않음으로써, 대부분 原典에서의 직접 번역이 아닌 重譯이나 拔萃譯의 방식이 주를 이루면서 敎養水準으로 出版되어 왔다.

오늘날 東洋 三國 중에서 우리의 東洋學 연구가 가장 부진한 이유는, 東洋基本古典에 대한 폭넓은 이해의 부족과 漢文古典 讀解力의 저하에 기인함을 우리는 솔직히 인정하여야 한다. 따라서 이들 중국고전에 대한 신뢰할 만한 國譯이 이루어지는 것이 한국학 연구를 촉진시키는 시급한 先行課題라 할 수 있다.

이에 韓國學 및 東洋學의 연구와 古典現代化의 基盤構築을 위해서는, 전문기관으로 하여금 동양고전을 단기간에 각 분야의 專門 研究者와 漢學者가 상호 협동하여 연구번역하여 飜譯의 傳統性과 效率性, 研究의 專門性을 높일 수 있도록 政策的 配慮가 있어야 한다.

이에 本會에서는 元老 및 中堅 漢學者와 斯界의 專攻者로 하여금 協同研究飜譯하여 공부하는 사람들이 믿고 引用하거나 깊이 있는 註釋 등을 활용할 수 있게 하고, 知識人들의 教養을 증진시켜 줄 수 있는 東洋古典의 國譯書 간행을 지속적으로 추진해 왔다. 근래에 다행히 이 사업에 대하여 각계 지도층의 폭넓은 이해와 지원에 힘입어 2001년도부터 國庫補助를 받아 東洋古典譯註叢書를 간행하게 되었다. 이를 계기로 우리 先學의 註釋과 見解를 반영하는 등 국역사업의 內實을 기하게 되었음을 이 자리를 빌려 衷心으로 감사드리며, 아울러 國譯에 參與하신 관계자 여러분의 勞苦에 깊은 謝意를 표한다.

끝으로 우리의 이러한 작업은 오랜 역사 위에 축적된 先賢들의 業績과 現代學問을 이어주는 튼튼한 架橋와 礎石이 되어 진정한 韓國學과 東洋學 발전에 기여할 것을 굳게 믿으며, 21세기를 우리 文化의 世紀로 열어 가는 밑거름이 되도록 우리의 力量을 本 事業에 경주하고자 한다. 江湖諸賢의 부단한 관심과 지원을 기대해 마지않는다.

社團法人 傳統文化研究會 理事長 李啓晃

凡 例

1. 본서는 ≪譯註 禮記集說大全≫의 제3책이다.
2. 본서의 底本은 戊申字本 ≪禮記集說大全≫(藏書閣 所藏本(K1-71))이다.
3. 본서는 원전의 傳統性과 번역의 現代化를 구현하기 위해 노력하였다.
4. 原文에는 우리나라 전통방식의 懸吐를 하되, 戊申字本인 ≪禮記大文言讀≫(국립중앙도서관 소장본(한古朝 06-1))와 木版本(戊申字 飜刻本)인 ≪禮記集說大全≫(장서각 소장본(K1-73))의 墨書口訣을 참조하였다. 또한 北京大와 上海古籍出版社에서 나온 十三經注疏 ≪禮記正義≫의 標點을 참조하였다.
5. 원문의 分節은 저본에 의거하였다. 아울러 각 문단 및 구절은 일련번호를 다음과 같이 부여하였다.

   ex) 050102 → 권5의 첫 번째 문단이고 문단 내에서 2번째로 나오는 句節
6. 飜譯은 原義에 충실하게 하되, 이해가 어려운 부분은 意譯 또는 補充譯을 하였다.
7. 飜譯文은 한글과 漢字를 混用하였으며, 맞춤법과 띄어쓰기는 한글 맞춤법과 표준어 규정을 따르는 것을 원칙으로 하였다.
8. 譯註는 校勘, 異說, 인용문의 出典, 故事, 역사적 사건, 전문용어, 難解語, 難解文, 人物, 制度, 官職 등에 관한 사항을 밝혔다.
9. 校勘은 원문의 誤字, 脫字, 衍字, 倒文 등을 대상으로 하였다.
10. 圖版은 地圖, 人物, 故事, 器物 등을 수록하였다. ≪三才圖會≫, ≪三禮圖≫, ≪欽定書經圖說≫, ≪欽定周官義疏≫ 등을 참고하였으며, 도판목록은 부록에 첨부하였다.
11. 본서의 校勘에 사용된 符號는 다음과 같다.

    ( )〔 〕: (저본의 誤字)〔교감한 正字〕

    〔 〕: 저본의 脫字 보충

    ( ): 저본의 衍字 삭제
12. 본서에 사용된 주요 符號는 다음과 같다.

    " ": 對話, 각종 引用

    ' ': " " 안에서 再引用, 强調

    「 」: ' ' 안에서 再引用, 强調

    ( ): 원문에서는 讀音이 특수한 글자나 僻字의 音, 번역문에서는 간단한 譯註

    〔 〕: 번역문의 이해를 돕기 위한 原文의 漢字나 句節, 譯註에서 인용한 原文, 疏에서 설명 대상으로 제시한 經이나 傳의 단어나 구절

    ≪ ≫: 書名이나 典據

    < >: 篇章名, 作品名, 補充譯

目 次

〔附 錄〕

≪禮記集說大全 3≫ 解 說

≪禮記集說大全≫은 明나라 成祖 永樂帝 때 胡廣 등에 편찬된 五經大全의 하나로, 陳澔(元)의 ≪禮記集說≫을 바탕으로 宋나라와 元나라의 학설들을 모아 만든 책이다. 진호는 朱子의 四傳 제자로, 性理學에 지대한 영향을 받은 인물이다. 기존 ≪禮記≫ 해석의 주류였던 鄭玄(後漢)의 注와 孔穎達(唐)의 疏를 刪削하고 성리학자들의 학설을 종합하여 편찬한 책이 바로 ≪예기집설≫이다. 이 책은 조선시대 유학자들의 필독서로 당시 ≪예기≫ 해석의 표준이 되었다. 특히 金在魯(朝鮮, 1682~1759)의 ≪禮記補註≫는 ≪예기집설대전≫에 수록된 진호 및 諸家의 설에 잘못이 있거나 부족한 부분을 각종 禮書를 참조하여 보완한 것으로 조선시대 학자들의 ≪예기≫ 관련 저술 가운데 가장 방대하고 정밀하다고 할 수 있다. 본서에서는 ≪예기보주≫의 학설도 참조하였다.

≪예기집설대전 3≫에 수록된 부분은 제5권인 〈王制〉와 제6권인 〈月令〉이다. 〈왕제〉는 王者의 정치제도를 의미하는데, 유교적 理想政治 制度를 담고 있다. 先王의 封國, 班爵, 巡狩, 刑罰, 敎學, 養老, 國用 등 국가 제도를 기록하였다. 특히 公·侯·伯·子·男의 五等爵制, 井田制, 五岳巡狩, 국가 교육기관인 太學, 하늘과 땅에 대한 제사 등 동양문화의 뿌리가 되는 내용들을 담고 있다.

〈월령〉에는 1년 12달의 天象과 節氣에 따라 천자가 섬겨야 할 神, 居處, 車馬, 의복, 음식, 器具와 천자가 시행해야 할 政令을 기록하였는데, 특히 고대의 농업 생활과 문화, 세시풍속 등을 담고 있다.

禮記集說大全 卷之五

王制 第5

≪集說≫

050000 疏曰 王制之作이 在秦漢之際하니 盧植[1]云 文帝令博士諸生作[2]이라하니라

疏 : 〈王制〉가 지어진 때는 秦나라 말과 漢나라 초 사이이니, 盧植이 이르기를 "漢文帝가 박사와 여러 儒生으로 하여금 짓게 했다." 하였다.

≪大全≫

永嘉徐氏曰 王制一書는 敍次三王四代[3]之制度하니 蓋聖王所以經綸天地之大經而爲萬世法程者也라 其書推明班爵制祿之法과 祭祀養老之義하야 其立國之紀綱制度講若畫(획)一하야 而不相踰越하니 三代所以享國長久하야 雖有辟王이나 而維持(者)不亂〔者〕[4]는 蓋得其道矣일새라 周衰에 上無道揆하고 下無法守하야 諸侯壞亂法紀하야 以隳(휴)先王之制多矣라 暴君汚吏가 慢其經界하야 而井田之制를 孟子僅聞其略하시고 諸侯惡(오)其害己하야 皆去其典籍하야 而班爵祿之制를 孟子不聞其詳[5]이라 凡先王之舊

---

1) 盧植 : 漢나라 때 사람으로, 자가 子幹이다. 어려서 馬融을 스승으로 섬기고 鄭玄과 종유하였다. 經書에 널리 통달하였으며, 저술로 ≪尙書章句≫, ≪三禮解詁≫ 등이 있다.

2) 文帝令博士諸生作 : 참고로 淸나라 毛奇齡(1623~1716)의 ≪大學證文≫ 권1에 "노식은 '〈王制〉는 漢 文帝 때 박사가 기록한 것이고, 〈三年問〉은 荀卿이 저술한 것이고, 〈樂記〉는 河間獻王과 諸生이 집록한 것이다.' 하였다.〔盧植云 王制 漢文時博士所錄 三年問 荀卿所著 樂記 河間獻王諸生所輯〕"라고 옛말을 기록한 것이 보인다.

3) 三王四代 : 〈學記〉의 "옛 기록에 '삼왕사대에는 오직 스승을 잘 선발하였다.' 하였다〔記曰 三王四代唯其師〕"라는 것에 대한 孔穎達의 疏에 "삼왕은 하·은·주를 이르고, 사대는 〈여기에〉 舜임금을 더한 것이다.〔三王謂夏殷周 四代則加虞也〕" 하였다.(≪禮記正義≫)

4) 維持(者)不亂〔者〕 : 저본에는 '維持者不亂'으로 되어 있는데, 문맥을 따져 '維持不亂者'로 수정하였다.

典이 禮經에 蓋僅有存者러니 自秦變井地爲阡陌하고 壞封建爲郡縣으로 而分田制祿之法이 一切掃地하니 此漢儒思古하야 而王制所爲作也니라

永嘉徐氏 : 〈王制〉 한 책에서는 三王四代의 제도를 차례로 서술하였으니, 聖王이 天地를 經綸했던 큰 법도로 萬世의 법칙이 되는 것이다. 이 책의 내용은 爵祿을 나누어주고 제정하는 방법과 제사를 지내고 노인을 봉양하는 의의를 미루어 밝혀서 나라의 紀綱과 제도를 확립한 것이 '一'字를 그은 듯 밝고 곧아서 법도를 넘지 않았다. 三代가 나라를 장구하게 누리면서 비록 나쁜 王이 있더라도 유지하여 혼란하지 않았던 것은 그 道를 얻었기 때문이다.

周나라가 쇠하자, 위에서는 道를 헤아림이 없고 아래에서는 법을 지킴이 없어서 제후가 법과 기강을 파괴하고 어지럽혀서 先王의 제도를 무너뜨린 것이 많았다. 포악한 군주와 탐욕스러운 관리들이 〈井田의〉 경계를 바로잡는 것을 태만히 한 탓에 정전의 제도를 孟子가 겨우 대략만 들었을 뿐이고, 제후들이 자신에게 방해되는 것을 싫어하여 모두 그 典籍을 없앤 탓에 爵祿을 나누어주는 제도를 맹자가 자세하게 듣지 못하셨다.

무릇 선왕의 옛 제도가 禮經에 보존된 것이 조금 있었는데, 秦나라가 井地를 바꾸어 阡陌으로 만들고 封建制度를 무너뜨려 郡縣制度로 만든 뒤로부터 田地를 나누어주고 祿을 제정하는 방법이 모두 없어졌으니, 이는 漢代 儒者들이 옛날의 제도를 생각하여 〈왕제〉를 짓게 된 이유이다.

050101 王者之制祿爵은 公과 侯와 伯과 子와 男 凡五等이요

王者(天子)가 작록을 제정한 것은 公·侯·伯·子·男 모두 다섯 등급이고,

---

5) 暴君汚吏……孟子不聞其詳 : ≪孟子≫ 〈滕文公 上〉에 "仁政은 반드시 〈토지의〉 경계를 다스림으로부터 시작되니, 경계를 다스림이 바르지 못하면 井地가 균등하지 못하고 穀祿이 공평하지 못하게 된다. 그러므로 暴君과 汚吏들은 반드시 그 경계를 다스리는 일을 태만히 하니, 경계를 다스림이 이미 바루어지면 토지를 나누어주고 곡록을 제정해줌은 가만히 앉아서도 정할 수 있다.〔夫仁政 必自經界始 經界不正 井地不均 穀祿不平 是故暴君汚吏 必慢其經界 經界既正 分田制祿 可坐而定也〕"라고 보인다.

≪集說≫

孟子言 天子一位요 子男同一位[6]라하시니라

孟子가 "천자가 한 자리이고, 子와 男이 똑같이 한 자리이다." 하였다.

050102 諸侯之上大夫卿과 下大夫와 上士와 中士와 下士 凡五等이니라

제후의 上大夫인 卿과 下大夫와 上士와 中士와 下士로 모두 다섯 등급이다.

≪集說≫

孟子言 君一位니 凡六等[7]이라하시니라

孟子가 "임금이 한 자리이니, 모두 여섯 등급이다." 하였다.

○ 疏曰 五等은 虞夏周는 同하고 殷은 三等이니 公侯伯也라

疏 : 五等은 虞·夏·周는 똑같고, 殷나라는 세 등급이었으니 公·侯·伯이었다.

≪大全≫

長樂劉氏曰 王制者는 言爲天下之王하야 作民父母者 當立法度하고 節制財用하야 以安天下之民하야 使不陷於凍餒라 故로 曰王制也라하니라 易曰 地上有水比니 先王以하야 建萬國하고 親諸侯라하니 言先王有親比萬民之道者하니 必先建萬國하고 親諸侯하야 使之各養其民而教之禮義也라 是以로 此經이 以建侯崇德爲首하고 設官分職爲次하니 皆所以皇建其有極也[8]라 公侯伯子男凡五等者는 所以差其德而尊崇之于萬民之上하야 俾之行道하야 以爲其國表則(칙)也요 又設上大夫卿凡五等하야 以

---

6) 天子一位 子男同一位 : ≪孟子≫ 〈萬章 下〉의 글인데, 본문은 아래 ≪大全≫의 長樂陳氏 글에 인용되어 있다. ≪禮記補註≫에 "〈陳澔가〉 이것을 인용한 것은 이 장을 해석한 것이 아니라 그 내용이 똑같지 않음을 기록한 것이다.〔引此 非解此章也 乃記其不同也〕" 하였다.

7) 君一位 凡六等 : ≪孟子≫ 〈萬章 下〉의 글인데, 본문은 아래 ≪大全≫의 長樂陳氏 글에 인용되어 있다.

8) 皇建其有極也 : ≪書經≫ 〈夏書 洪範〉에 "다섯 번째 황극은 임금이 나라를 다스리는 법칙을 세우는 것이다.〔五皇極 皇建其有極〕" 하였다.

佐佑其君之德하고 奉天子之禮하야 用其中於民者也니라

長樂劉氏 : 〈王制〉는 천하의 왕이 되어서 백성의 부모 된 자는 마땅히 법도를 세우고 재용을 절제하여 천하의 백성들을 편안하게 해서 추위에 떨고 굶주리게 되는 지경에 빠지지 않게 해야 함을 말하였다. 그러므로 〈왕제〉라 이름하였다.

≪周易≫ 比卦에 "땅 위에 물이 있는 것이 比이니, 先王이 이것을 보고서 萬國을 세우고 제후들을 친히 하였다." 하였는데, 선왕이 만민을 친근히 하는 道가 있으니, 반드시 먼저 만국을 세우고 제후들을 친히 하여 각각 자기 백성을 기르고 禮義를 가르치게 함을 말한 것이다.

이 때문에 〈왕제〉의 經文에서 제후를 세우고 덕을 높이는 것을 첫 번째로 삼고, 관직을 설치하고 직책을 나누어주는 것을 다음으로 삼았으니, 이는 모두 임금이 나라를 다스리는 법칙을 세운 것이다. 〈천자의〉 公·侯·伯·子·男 모두 다섯 등급은 그 덕을 차등하여 존숭해서 만민보다 위에 있게 하여 그들로 하여금 道를 행하게 해서 그 나라의 표준으로 삼은 것이다. 또 〈제후국에〉 上大夫인 卿 이하 모두 다섯 등급을 설치하여 그 군주의 덕을 보좌하고 천자의 禮를 받들어서 그 中道를 백성에게 쓰게 한 것이다.

○ 長樂陳氏曰 公侯伯子男으로 至中士下士는 爵也요 天子之田으로 至君十卿祿은 祿也라 爵以貴之하니 非王爵之면 則無貴요 祿以富之하니 非王祿之면 則無富라 故로 周官太宰內史司士之於爵祿에 皆詔王而已[9]니 此所以言王者之制祿爵也라 制爵以德하고 制祿以功하니 德有厚薄故로 爵有崇卑하고 功有多寡故로 祿有豐殺(쇄)라 周官凡言爵祿에 皆先爵而後祿하고 記亦曰 任官然後爵之하고 位定然後祿之[10]라하야늘 此先祿而後爵者는 蓋田不分이면 不可以制祿이요 祿不制면 不可以定爵일새라 先王이

9) 周官太宰內史司士之於爵祿 皆詔王而已 : ≪周禮≫ 〈天官 大宰〉에 "〈大宰(태재)는〉 八柄으로써 왕에게 보고하여 신하들을 통치하게 한다. 〈팔병 가운데〉 첫 번째는 爵이니, 이것으로 貴한 자를 통치하게 한다. 두 번째는 祿이니, 이것으로 富한 자를 통치하게 한다.〔以八柄詔王馭群臣 一曰爵 以馭其貴 二曰祿 以馭其富〕"라고 하였고, 〈春官 內史〉에 "〈內史는〉 왕의 八枋法을 관장하여 왕의 다스림을 도우니, 〈팔방법의〉 첫 번째는 爵이고, 두 번째는 祿이다.〔掌王之八枋之法 以詔王治 一曰爵 二曰祿〕"라고 하였고, 〈夏官 司士〉에 "〈司士는 왕에게〉 보고하여 덕이 있는 자에게 爵을 내려주기를 청하고 〈왕에게〉 보고하여 공이 있는 자에게 祿을 내려주기를 청한다.〔以德詔爵 以功詔祿〕"라고 하였다.

10) 任官然後爵之 位定然後祿之 : 〈王制〉의 아래 글에 그대로 보인다.

量財以制用하고 視祿以制爵하니 然後에 無有餘不足之患矣라 然則爵祿者는 班爵祿之序也요 祿爵者는 制爵祿之序也라 由公至男凡五等은 皆君也요 由諸侯之上大夫卿으로 至下士凡五等은 皆臣也라 君之德은 純故로 公侯伯子男은 無上中下之辨하고 臣之德은 不必純故로 大夫士有上中下之差라 然皆止五等者라 五者는 天地之中數니 先王制法에 莫不本之라 故로 五典五禮五服五刑에 皆謂之天[11)]하니 則制爵之等도 亦本其自然而已라 孟子曰 天子一位요 公一位요 侯一位요 伯一位요 子男同一位니 凡五等이라 君一位요 卿一位요 大夫一位요 上士一位요 中士一位요 下士一位니 凡六等이라하야 與此不同者는 此言制爵之法이요 孟子言班爵之法이니 制之는 出於天子故로 不必言天子요 班之는 首於天子與君故로 兼天子與君言之也라 制爵祿이 止於諸侯與其臣하고 而不及王朝之臣者는 蓋制諸侯與其臣之祿은 則以農田爲差하고 制王朝公卿大夫之祿은 則以諸侯爲視하니 制爵之法도 亦若是而已니 此所以不言之也라 有爵者는 必有祿이어니와 有祿者는 不必有爵하니 庶人在官[12)]은 非有爵也로되 而其祿有差하니 則祿之所施는 非特有爵者而已라 故로 於其所制者에 不先以爵하고 而先以祿也하니라

長樂陳氏 : 公·侯·伯·子·男으로부터 中士와 下士에 이르기까지는 爵位이고,

---

11) 五典五禮五服五刑 皆謂之天 : ≪書經≫ 〈虞書 皐陶謨〉에 보이는데, 全文은 다음과 같다. "하늘이 차례로 펴서 법을 두시니 우리 五典을 바로잡아 다섯 가지를 후하게 하시며, 하늘이 질서 있게 예를 두시니 우리 五禮로부터 하여 다섯 가지를 떳떳하게 하소서. 군신이 공경함을 함께하고 공손함을 합하여 마음을 화하게 하소서. 하늘이 덕이 있는 이에게 명하시거든 五服으로 다섯 가지 등급을 표창하시며, 하늘이 죄가 있는 이를 토벌하시거든 五刑으로 다섯 가지 등급을 써서 징계하시어 정사를 힘쓰고 힘쓰소서.〔天敍有典 勅我五典 五惇哉 天秩有禮 自我五禮 五庸哉 同寅協恭 和衷哉 天命有德 五服 五章哉 天討有罪 五刑 五用哉 政事懋哉懋哉〕" '五典'은 五常과 같은 말로, 父子有親·君臣有義·夫婦有別·長幼有序·朋友有信이다. '五禮'는 吉禮·凶禮·軍禮·賓禮·嘉禮이다. '五服'은 중국 고대에 王畿를 중심으로 주위를 每服 500리씩 나눈 다섯 구역으로, 甸服·侯服·綏服·要服·荒服이다. '五刑'은 다섯 가지의 형벌로, 얼굴에 刺字하는 墨刑, 코를 베는 劓刑, 발을 자르는 剕刑, 생식기를 못 쓰게 하는 宮刑, 사형인 大辟이다.

12) 庶人在官 : 下士보다는 낮고 庶人보다는 높은 하급관리인 府·史·胥·徒 등을 가리킨다. ≪周禮≫ 〈天官〉에 규정되어 있는 관직들로, 재화 관리와 문서 출납을 맡거나 관의 徭役에 응하는 자들이다. 注疏에 따르면 收藏을 주관하는 府, 문서를 주관하는 史, 요역을 제공하는 백성으로 10인의 우두머리인 胥, 요역을 담당하는 백성인 徒·工人·賈人 등의 하급관리이다. 이들은 천자나 제후에게 임명받지 않고 官長이 직접 임명하며 작위가 없다.

'天子之田'부터 '君十卿祿'에 이르기까지는 祿이다. 작위로써 귀하게 하니 왕이 작위를 내림이 없으면 귀할 수가 없고, 祿으로써 부유하게 하니 王이 祿을 줌이 없으면 부유할 수가 없다. 그러므로 ≪周官(周禮)≫의 太宰·內史·司士가 작위와 祿에 있어서 모두 왕에게 〈명을 받기 위해〉 고할 뿐이니, 이는 王者가 祿과 작위를 제정함을 말한 것이다. 작위를 덕에 따라 제정하고 祿을 功에 따라 제정하니, 덕에 후하고 박함이 있기 때문에 작위에 높고 낮음이 있고, 공에 많고 적음이 있기 때문에 祿에 풍부하고 풍부하지 않음이 있는 것이다.

≪주관≫에 무릇 작위와 祿을 말할 때에 모두 작위를 먼저 하고 祿을 뒤에 하였다. 그리고 ≪禮記≫에서도 "관직을 맡긴 뒤에 작위를 내리고 지위가 정해진 뒤에 祿을 준다." 하였는데, 여기에서는 〈'王者之制祿爵'이라 하여〉 祿을 먼저 하고 작위를 뒤에 한 것은, 田地를 나누어주지 않으면 祿을 제정할 수가 없고 祿을 제정하지 않으면 작위를 정할 수가 없기 때문이다. 先王이 재물을 헤아려 비용을 제정하고 祿을 살펴 작위를 제정하였으니, 이렇게 한 뒤에야 남거나 부족하게 되는 근심이 없다. 그렇다면 '爵祿'은 작위와 祿을 반열하는 순서이고, '祿爵'은 작위와 祿을 제정하는 순서이다.

公으로부터 男에 이르기까지의 모두 다섯 등급은 모두 군주이고, 제후의 上大夫인 卿으로부터 下士에 이르기까지의 모두 다섯 등급은 모두 신하이다. 군주의 덕은 순수하기 때문에 공·후·백·자·남은 상·중·하의 구분이 없고, 신하의 덕은 굳이 순수할 필요가 없기 때문에 대부와 士에 상·중·하의 차등이 있으나 모두 다섯 등급에 그쳤다. 다섯은 하늘과 땅의 중간 숫자이니, 先王이 법을 제정함에 이것에 근본을 두지 않음이 없었다. 그러므로 五典·五禮·五服·五刑에 모두 하늘이라 말하였으니, 그렇다면 작위를 제정하는 등급도 본래 그러함에 근본을 둘 뿐이다.

≪孟子≫ 〈萬章 下〉에 이르기를 "천자가 한 자리이고 公이 한 자리이고 侯가 한 자리이고 伯이 한 자리이고 子와 男이 똑같이 한 자리이니, 모두 다섯 등급이다. 군주가 한 자리이고 卿이 한 자리이고 대부가 한 자리이고 上士가 한 자리이고 中士가 한 자리이고 下士가 한 자리이니, 모두 여섯 등급이다." 하여 이 〈王制〉와 똑같지 않은 것은, 여기서는 작위를 제정하는 법을 말하였고 ≪맹자≫에서는 작위를 반열하는 법을 말했기 때문이다. 작위를 제정하는 것은 천자에게서 나오기 때문에 굳이 천자를 말하지 않았고, 반열하는 것은 천자와 군주를 첫 번째로 여기기 때문에 천자와

군주를 겸하여 말한 것이다. 작위와 祿을 제정함이 제후와 그 신하에게 그치고 王朝의 신하에 미치지 않은 것은, 제후와 그 신하의 祿을 제정함은 농사짓는 田地로써 차등을 삼고, 왕조의 公卿大夫의 祿을 제정함은 제후로써 비견하기 때문이다. 작위를 제정하는 법도 이와 같을 뿐이므로 말하지 않은 것이다.

작위가 있는 자는 반드시 祿이 있지만 祿이 있는 자는 반드시 작위가 있지는 않으니, 庶人으로서 관직에 있는 자는 작위는 있지 않지만 祿에는 차등이 있다. 그렇다면 祿을 베푸는 것은 다만 작위가 있는 자에게 베풀 뿐만이 아니다. 그러므로 〈작위와 爵祿을〉 제정함에 작위를 먼저 하지 않고 祿을 먼저 한 것이다.

050201 **天子之田**은 **方千里**요 **公侯田**은 **方百里**요 **伯**은 **七十里**요 **子男**은 **五十里**니 **不能五十里者**는 **不合於天子**하야 **附於諸侯**하나니 **曰附庸**이니라

천자의 田地는 사방 1,000里이고 公과 侯의 전지는 사방 100리이고 伯은 사방 70리이고 子와 男은 사방 50리이니, 50리가 되지 못하는 제후는 천자의 조정에 모이지 못하여 다른 제후에게 붙이는데, 이것을 '附庸'이라 한다.

≪集說≫

此는 言天子諸侯田里[13]之廣狹이라 不能은 猶不足也라 不合於天子者는 不與王朝之聚會也라 民功曰庸이니 其功勞를 附大國而達於天子라 故로 曰附庸이라 天子以下皆言田而不言地者는 以地有山林川澤原隰險夷之不同하니 若限以地里而不計田里하면 則井地不均하고 穀祿不平矣리라 里數有二하니 分田之里는 以方計하니 如方里而井이 是也요 分服之里는 以袤(무)計하니 如二十五家爲里가 是也라 後章에 言方千里者 爲田九萬〔億〕[14]畝[15]는 此는 以方計者也요 自恒山으로 至于南河히 千里而

13) 田里 : ≪周禮≫ 〈天官 遂人〉의 賈公彦의 疏에 "'田'은 100畝의 전지이고, '里'는 5무의 택지이다.〔田則爲百畝之田 里則五畝之宅〕" 하였다.

14) 〔億〕: 저본에는 '億'이 없으나, 〈王制〉(056103)의 원문에 의거하여 보충하였다.

15) 方千里者 爲田九萬〔億〕畝 : 〈王制〉 아랫글에 "사방 1,000리인 것은 사방 100리인 것이 100개고 전지가 9억 무이다.〔方千里者 爲方百里者百 爲田九萬億畝〕" 한 것을 가리킨다. 鄭

近[16]은 此는 以袤計者也라 分服則計道里遠近하야 以爲朝貢之節하고 分田則計田畝多寡하야 以爲賦祿之制하니 此所以爲均平也라

이는 천자와 제후가 소유하는 경작지〔田〕와 택지〔里〕의 넓이를 말한 것이다. '不能'은 '不足'과 같다. '不合於天子'는 王朝의 모임에 참여하지 못하는 것이다. 백성에게 功勞가 있는 것을 '庸'이라 하니, 그 공로를 大國에 붙여 천자에게 이르게 하므로 '附庸'이라 한 것이다. 천자 이하는 모두 '田'이라 말하고 '地'라고 말하지 않은 것은, 地에는 山林과 川澤, 언덕과 습지, 험난함과 평탄함의 차이가 있으니, 만약 地의 거리로써 제한하고 경작지와 택지를 계산하지 않는다면 井地가 균등하지 못하고 穀祿이 균평하지 못하기 때문이다.

里數는 두 가지가 있다. 경작지를 나누어주는 里數는 方(평방)으로써 계산하니, '사방 1리가 井이다.'라는 것이 바로 이것이다. 服을 나누는 里數는 길이로써 계산하니, 예컨대 '25家가 1里이다.'라는 것이 바로 이것이다. 뒷장에 '사방 1,000리는 전지가 9억 畝가 된다.' 한 것은 方을 가지고 계산한 것이고, '恒山에서 南河까지는 1,000리에 가깝다.'라는 것은 길이를 가지고 계산한 것이다. 服을 나누어줄 때에는 도로의 遠近을 계산하여 朝貢하는 節度로 삼고, 경작지를 나누어줄 때에는 경작지의 많고 적음을 계산하여 祿을 주는 제도로 삼으니, 이것은 고르게 하기 위한 것이다.

≪大全≫

馬氏曰 普天之下莫非王土하야 而天子則兼有之라 故로 天子之田은 方千里니 所以祿畿內之臣也라 千里者는 以開方之法[17]計之하면 蓋萬里也라 夫天子之田을 必以千里者는 所以示其本大而末細니 猶身之運臂하고 臂之使指也니 蓋不千里면 不足以服諸侯也라 降於天子는 則公侯而已라 故로 公侯田은 方百里니 以開方之法計之하면 蓋千里也라 不(千)〔百〕[18]里면 則朝聘會遇之煩을 有所不給也라 至於伯하야는 則又

玄의 注에 '億은 10만이다.' 한 것에 따르면 이 글의 '九萬億'은 9억이 되는 것이다.

16) 自恒山……千里而近 : 이 내용도 〈王制〉의 아래 글에 보인다.

17) 開方之法 : '開立方法'과 '開平方法'의 총칭으로, 平方根이나 立方根, 즉 세제곱근이나 제곱근을 산출하는 공식을 말한다.

18) (千)〔百〕: 저본에는 '千'으로 되어 있는데, 문맥을 따져 '百'으로 수정하였다.

有殺(쇄)焉하니 蓋伯則其國小하고 其爵卑요 而子男亦如之라 故로 伯七十里요 子男五十里니 七十里者는 以開方之法計之하면 七七四十九니 蓋四百九十里也요 五十里者는 以開方之法計之하면 五五二十五니 蓋二百五十里也니라

馬氏 : 온 하늘의 아래가 왕의 땅 아님이 없어서 천자는 이것을 모두 겸하여 소유한다. 그러므로 천자의 전지는 사방 1,000리이니, 이것은 畿內의 신하에게 祿으로 주는 것이다. 1,000리는 開方法으로 계산하면 10,000리이다. 무릇 천자의 전지를 반드시 1,000리로 한 것은 근본(天子國)이 크고 끝(諸侯國)이 작음을 보인 것이다. 이는 몸이 팔을 움직이고 팔이 손가락을 부리는 것과 같으니, 〈천자의 전지가〉 1,000리가 되지 못하면 제후를 복종시킬 수가 없기 때문이다.

천자를 기준으로 강등하는 것은 公과 侯일 뿐이므로 공과 후의 전지는 사방 100리이니 개방법으로 계산하면 1,000리이다. 〈제후의 전지가〉 100리가 되지 못하면 朝聘과 會遇의 煩多한 예에 부족하게 된다. 伯에 이르러서는 또 줄어듦이 있으니, 伯은 나라가 작고 관작이 낮으며, 子와 男 또한 이와 같다. 그러므로 伯은 70리이고, 子와 男은 50리이다. 70리는 개방법으로 계산하면 7×7은 49이니 490리이고, 50리는 개방법으로 계산하면 5×5는 25이니 250리이다.

○ 五峯胡氏曰 分天下有德有功者以地하야 而不敢以天下自私라 於是에 有百里七十里五十里不能五十里邦國之制焉이라 於是에 有君朝卿大聘大夫小聘王巡狩述職[19]之禮樂法度焉이요 於是에 有千雉百雉三之一五之一九之一之高城深池[20]焉이요 於

---

19) 君朝卿大聘大夫小聘王巡狩述職 : 〈王制〉에 "제후는 천자에게 매년 한 번 〈대부를 보내〉 小聘을 하고, 3년에 한 번 〈卿을 보내〉 大聘을 하고, 5년에 한 번 〈군주가 직접 가서〉 조회를 한다.〔諸侯之於天子也 比年一小聘 三年一大聘 五年一朝〕"라고 보인다. 《孟子》 〈梁惠王下〉에 "천자가 제후국에 가는 것을 '巡狩'라 하니, '순수'란 제후가 지키는 境內를 巡行한다는 뜻이다. 제후가 천자국에 조회 가는 것을 '述職'이라 하니, '술직'이란 제후가 자신이 맡은 직임을 진술한다는 뜻이니, 〈순수와 술직이 모두〉 정사가 아님이 없다.〔天子適諸侯曰巡狩 巡狩者 巡所守也 諸侯朝於天子曰述職 述職者 述所職也 無非事者〕"라고 보인다.

20) 千雉百雉……高城深池 : 〈坊記〉에 "〈경대부의〉 도성을 100雉를 넘지 않게 한다.〔都城不過百雉〕"라고 하였는바, 1,000치는 제후 소유의 도성 크기이고, 3분의 1 이하는 각각 경대부 이하 작위에 해당하는 자들이 소유하는 도성의 크기를 구분한 것이다. 《春秋左氏傳》 隱公 원년에 "祭仲(채중)이 말하기를 '國都 이외의 都城이 100치를 넘는 것은 국가에 害가 됩니다. 先王의 제도에 大都의 성은 국도의 3분의 1, 中都는 5분의 1, 小都는 9분의 1을 넘지 못하는 것인데, 지금 京城은 법도에 맞지 않으니 선왕의 제도가 아닙니다.'라고 하였

是에 有井邑丘甸縣都之夫數[21)]焉이요 於是에 有十乘百乘千乘萬乘之車數[22)]焉이요 於是에 有伍兩卒旅師軍之制[23)]焉이요 於是에 有卿大夫司徒樂正取士之法焉이라 邦國之制廢에 而郡縣之制作하고 世襲之制亡에 數(삭)易之弊生하야 而民無定志矣요 述職之禮廢에 上下之情不通하야 其弊有不可勝言者矣요 城池之制廢에 而禁禦暴客, 威服四夷之法이 亡矣라 夫家之法[24)]廢면 則民數不可詳矣요 民數不可詳이면 則乘車不可出하야 而軍師不隱於農矣요 軍師不隱於農이면 坐食者衆하야 而公私困窮矣니라

五峯胡氏 : 덕이 있고 공이 있는 자에게 천하의 땅을 나누어주어서 〈천자가〉 감히 천하를 사사롭게 하지 못한다. 이에 100리의 나라, 70리의 나라, 50리의 나라, 50리가 못 되는 나라의 제도가 있는 것이다. 이에 군주가 조회하고 경이 大聘하고 대부가 小聘하고 왕이 巡狩하고 제후가 述職하는 禮樂과 法度가 있는 것이고, 이에 1,000雉, 100雉, 國都의 3분의 1, 5분의 1, 9분의 1의 높은 城과 깊은 해자가 있는 것이고, 이에 井·邑·丘·甸·縣·都의 夫의 수가 있는 것이고, 이에 10승·100승·1,000승·10,000승의 兵車 수가 있는 것이고, 이에 伍·兩·卒·旅·師·軍의 제도

다." 하였는데, 杜預의 注에 "채중은 鄭나라 대부이다. 사방 1丈을 堵라 하고, 3堵를 雉라 한다. 1雉의 담장은 길이가 3丈이고 높이가 1丈이다. 侯·伯의 城은 사방이 5里이고 지름이 300雉이므로 大都도 100雉를 넘을 수 없다.〔祭仲 鄭大夫 方丈曰堵 三堵曰雉 一雉之墻 長三丈高一丈 侯伯之城 方五里徑三百雉 故其大都 不得過百雉〕" 하였다.

21) 井邑丘甸縣都之夫數 : 《周禮》 〈地官 司徒〉에 "9夫가 '井'이 되고, 4정이 '邑'이 되고, 4읍이 '丘'가 되고, 4구가 '甸'이 되고, 4전이 '縣'이 되고, 4현이 '都'가 된다.〔九夫爲井 四井爲邑 四邑爲丘 四丘爲甸 四甸爲縣 四縣爲都〕"라고 보인다.

22) 十乘百乘千乘萬乘之車數 : '乘'은 1甸의 토지에서 나오는 軍賦로, 여기에는 兵車, 甲士, 步卒이 포함된다. 古代의 井田制에서 9夫가 1井이고, 64井(576夫)이 1甸으로, 1甸의 토지에서 兵車 1乘을 내었으니, 5,760夫가 10승의 兵車를 냈던 것이다.

23) 伍兩卒旅師軍之制 : 《周禮》 〈地官 小司徒〉에 "5인이 '伍'가 되고, 5오가 '兩'이 되고, 4량이 '卒'이 되고, 5졸이 '旅'가 되고, 5려가 '師'가 되고, 5사가 '軍'이 된다.〔五人爲伍 五伍爲兩 四兩爲卒 五卒爲旅 五旅爲師 五師爲軍〕"라고 보인다.

24) 夫家之法 : 夫와 家에 매기는 稅法으로, 아내가 없는 장정을 夫라 하고 가정을 꾸려 아내가 있는 장정을 家라고 하는바, 이 법을 통해 인구도 아울러 알 수 있었다. 《周禮》 〈地官 載師〉에 "모든 백성 가운데 직업이 없는 자는 夫家의 세납을 바친다.〔凡民無職事者 出夫家之征〕" 하였는데, 鄭玄의 注에 "백성 가운데 간혹 직업이 없는 자가 있더라도 오히려 夫稅와 家稅를 내게 하였다. 부세는 100畝의 전지에서 바치는 稅이고, 가세는 士卒 또는 수레를 바치거나 요역을 바치는 稅이다.〔民雖有間無職事者 猶出夫稅家稅也 夫稅者 百畝之稅 家稅者 出士徒車輦給繇役〕" 하였다.

가 있는 것이고, 이에 卿·大夫·司徒·樂正이 士를 취하는 법이 있는 것이다.

〈천자가 제후를 봉하여 나라를 세워 다스리게 하는〉 邦國의 제도가 폐지되고서 〈중앙에서 郡縣에 관리를 파견하여 직접 다스리는〉 군현의 제도가 생겨났고, 世襲하는 제도가 없어지고서 자주 바뀌는 폐단이 생겨나 백성들이 마음을 안정함이 없게 되었다. 그리고 述職하는 禮가 폐지되고서 上下의 情이 통하지 못하여 그 폐단을 이루 말할 수 없게 되었고, 城과 해자의 제도가 폐지되고서 포악한 도적을 금하고 막으며 四夷를 위엄으로 복종시키는 법이 없어졌다. 夫家의 法이 폐지되면 백성의 수를 자세히 알 수 없고, 백성의 수를 자세히 알 수 없으면 乘車(兵車)를 낼 수가 없어서 軍師를 농사에 숨겨둘 수 없으며, 군사가 농사에 숨어 있지 않게 되면 일하지 않고 먹는 자가 많아져서 公私간이 곤궁하게 된다.

又曰 制井田은 所以制侯國也요 制侯國은 所以制王畿也니 王畿安强하고 萬國親附는 所以保衛中夏하고 禁禦四夷也라 先王이 建萬國하고 親諸侯하야 高城深池 徧天下하니 四夷雖虎猛狼貪이나 安得肆其欲而逞其志乎아 此三王爲萬世慮하야 禦四夷之上策也니라

또(五峯胡氏) : 井田을 제정함은 諸侯國을 제정하는 것이고 제후국을 제정함은 王畿를 제정하는 것이니, 왕기가 편안하고 강하며 萬國이 친히 하고 따름은 中夏(天子國)를 保衛하고 사방 오랑캐를 금하고 막는 것이다. 先王이 만국을 세우고 제후를 친히 하여 높은 城과 깊은 해자가 천하에 두루 있었으니, 사방 오랑캐들이 비록 호랑이처럼 사납고 이리처럼 탐욕스러우나 어찌 욕심을 부려서 그 뜻을 펼 수 있었겠는가. 이는 三王이 萬世를 위하여 염려해서 사방 오랑캐를 막으신 上策이다.

050202 天子之三公之田은 視公侯하고 天子之卿은 視伯하고 天子之大夫는 視子男하고 天子之元士는 視附庸이니라

천자가 三公에게 주는 田地는 公과 侯에 비견하고, 천자가 卿에게 주는 전지는 伯에 비견하고, 천자가 대부에게 주는 전지는 子와 男에 비견하고, 천자가 元士에게 주는 전지는 附庸國의 군주에 비견한다.

≪集說≫

此는 言王朝有位者之田이니 亦與孟子不同[25)]이라

이는 王朝에 지위가 있는 자의 전지를 말한 것이니, 또한 ≪孟子≫와는 똑같지 않다.

○ 方氏曰 三公而下는 食采邑於畿內하니 祿之多少 以外諸侯爲差라 元士는 上士也니 與元子元侯稱元同이라 不言中士下士하니 則視附庸은 惟上士也라

方氏 : 三公 이하는 〈天子國의〉 畿內에서 采邑의 祿을 먹으니, 祿의 많고 적음은 밖에 있는 제후를 가지고 차등을 삼는다. '元士'는 上士이니, 元子와 元侯를 '元'이라 칭하는 것과 같다. 中士와 下士를 말하지 않았으니, 附庸國의 군주에 비견하는 것은 오직 上士뿐이다.

≪大全≫

永嘉徐氏曰 先王設官制祿호되 寰外諸侯는 自公侯로 至於附庸하고 王朝之臣은 自三公으로 至於元士하야 受田相視하야 內外齊一하니 所以制天下偏重之患하야 而使遠近若一也라 夫分田之法이 所以內必視夫外者는 蓋先王之制에 出爲列國之君이면 則入爲王朝之臣하니 所以一內外也라 內爲三公이면 稱公하고 外而諸侯도 亦稱公이라 故로 畢公爲保釐東土[26)]하고 衛侯以列國入相于周[27)]하고 周公居東이라가 復(부)相成王[28)]하고

25) 與孟子不同 : ≪孟子≫ 〈萬章 下〉에서는 "천자의 경은 땅을 받음을 후에 비견하고 대부는 땅을 받음을 백에 비견하고 원사는 땅을 받음을 자·남에 비견한다.〔天子之卿 受地視侯 大夫 受地視伯 元士 受地視子男〕" 한 것을 가리킨다.

26) 畢公爲保釐東土 : 畢公은 周 武王의 아우 姬高로, 畢땅에 봉해졌으므로 '필공'이라고 하였다. 무왕이 천하를 평정할 때 보좌한 대표적인 10명의 신하 가운데 한 사람인데, 이후에 康王이 그에게 무리를 거느리고 동쪽 땅〔東郊〕을 편안히 다스리게 한 것을 가리킨다.(≪書經≫ 〈周書 畢命〉)

27) 衛侯以列國入相于周 : 衛侯는 衛나라 제후에 봉해진 武王의 아우 康叔인데, 행실과 덕이 훌륭하여 나중에 다시 周나라 조정에 들어가 재상이 된 것을 가리킨다. 주나라는 당초 商 紂王의 아들인 武庚을 위나라 제후에 봉하고, 무왕의 아우인 管叔·蔡叔·霍叔에게 정사를 돕게 하였다. 이후에 무왕이 죽고 周公이 成王을 대신하여 섭정하고 있을 때에 이들이 반란을 일으키자 주공이 이들을 멸하고 강숙을 위나라에 봉한 바 있다.(≪毛詩正義≫ 〈邶鄘衛譜〉)

28) 周公居東 復(부)相成王 : 무왕이 죽은 후 어린 成王이 즉위하자 숙부인 周公이 섭정하게 되었는데, 管叔·蔡叔·霍叔이 "공이 장차 성왕에게 이롭지 못하리라."라는 유언비어를 퍼뜨리고 紂王의 아들 武庚과 반역하므로 주공이 東都로 피하였다가 2년 뒤에 성왕이 주공을

山甫徂齊에 式遄其歸[29)]하야 或以三公居外라가 復入爲內諸侯하니 所以出入均勞하야 而內外之輕重不分也라 春秋以來로 鄭武公入爲周司徒[30)]하고 鄭莊公爲平王卿士[31)]하고 而滕侯亦曰 我周之卜正[32)]이라하니 蓋畿外諸侯入備王官하니 先王所以一內外니 此所以內諸侯之祿이 視外諸侯而爲之制也라 是故로 三公則受百里之地하고 六卿則受七十里之地하고 二十七大夫則受五十里之地하고 而元士三等도 亦視附庸而受田이니라

永嘉徐氏 : 先王이 관직을 설치하고 祿을 제정하되 王畿 밖의 제후는 公·侯로부터 附庸國의 군주에 이르기까지, 王朝의 신하는 三公으로부터 元士에 이르기까지, 田地를 받을 때에 서로 비교하여 안과 밖이 똑같게 하였으니, 이는 천하가 偏重되는 근심을 제재하여 遠近의 지역으로 하여금 균등하게 한 것이다.

전지를 나누어주는 법이 畿內를 반드시 밖에 있는 제후와 비교하는 까닭은, 선왕의 제도를 〈상고하건대〉 나가서 列國의 군주가 되었으면 들어와 왕조의 신하가 되기도 하기 때문에 안과 밖을 똑같이 한 것이다. 안으로 삼공이 되면 '公'이라 칭하고, 밖에 있는 제후 또한 '公'이라 칭한다. 그러므로 畢公은 동쪽 지방을 보호하여 다스렸고, 衛侯는 열국의 제후로서 들어와 周나라에서 정승이 되었고, 周公은 동쪽 지방에 있다가 다시 〈왕조에 들어와〉 成王을 도왔고, 仲山甫는 齊나라를 정벌할 적에 돌아오기를 빨리하였다. 그리하여 혹은 삼공으로서 밖으로 나갔다가 다시 들어와 안의 제후가 되었으니, 이는 나갔을 때나 들어왔을 때나 수고로움을 똑같이 해서

다시 맞아들여 재상으로 삼아 이들을 잡아 죽인 것을 가리킨다.(≪書經≫ 〈大誥〉, ≪史記≫ 〈周本紀〉)

29) 山甫徂齊 式遄其歸 : ≪詩經≫ 〈大雅 烝民〉에 "네 필의 말이 건장하며, 여덟 방울이 평화로이 울리네. 중산보가 제나라로 나가니, 그 돌아오길 빨리 하리로다. 길보가 송시를 지으니, 심장한 뜻이 맑은 바람 같도다. 중산보가 길이 그리워하여, 그의 마음을 위로하노라.〔四牡騤騤 八鸞喈喈 仲山甫徂齊 式遄其歸 吉甫作誦 穆如淸風 仲山甫永懷 以慰其心〕"라고 보인다.

30) 鄭武公入爲周司徒 : ≪詩經≫ 〈鄭風 緇衣〉에, 鄭 桓公과 그의 아들 武公이 周나라의 司徒가 되어서 그 직책을 잘 수행하자 사람들이 "검은 옷의 걸맞음이여, 해지면 내가 또다시 지어주리라.〔緇衣之好兮 敝予又改造兮〕" 하였다.

31) 鄭莊公爲平王卿士 : 卿士는 周王의 卿으로 執政者인데, 鄭 武公과 莊公 두 父子가 대를 이어 周나라의 政權을 잡았음을 말한 것이다.(≪春秋左氏傳≫ 隱公 3년)

32) 滕侯亦曰 我周之卜正 : '周之卜正'은 滕侯의 조상이 周나라 卜官의 長인 太卜이었음을 말한 것이다.(≪春秋左氏傳≫ 隱公 11년)

안과 밖의 경중이 구분되지 않게 한 것이다.

춘추시대 이래로 鄭 武公은 들어가 周나라의 司徒가 되었고, 鄭 莊公은 平王의 卿士가 되었고, 滕나라 임금 또한 말하기를 "우리는 周나라의 卜正이었다." 하였다. 王畿 밖의 제후가 들어와 왕의 관직을 갖추었으니, 이것은 선왕이 안과 밖을 똑같게 한 것이다. 이것이 안에 있는 제후의 祿이 밖에 있는 제후에 견주어 제정된 이유이다. 그러므로 삼공은 100리의 전지를 받고, 六卿은 70리의 전지를 받고, 27명의 대부는 50리의 전지를 받고, 〈천자의〉 元士 세 등급 또한 부용국에 견주어 전지를 받은 것이다.

050301 **制農田百畝**니 **百畝之分**에 **上農夫**는 **食**(사)**九人**하고 **其次**는 **食八人**하고 **其次**는 **食七人**하고 **其次**는 **食六人**하고 **下農夫**는 **食五人**하나니 **庶人在官者**는 **其祿**이 **以是**로 **爲差也**니라

〈井田의〉 제도에 〈한 명의〉 農夫가 전지 100畝를 받는데, 100무를 나누어주었을 때 上農夫는 9명을 먹여 살리고, 그다음은 8명을 먹여 살리고, 그다음은 7명을 먹여 살리고, 그다음은 6명을 먹여 살리고, 下農夫는 5명을 먹여 살리니, 庶人으로서 관직에 있는 자는 祿이 이것으로 〈기준 삼아 9명에서 5명을 먹여 살릴 수 있도록〉 차등이 있게 된다.

≪集說≫

此는 言庶人之田이라 井田之制는 一夫百畝니 肥饒者는 爲上農하고 墝瘠者는 爲下農이라 故로 所養이 有多寡也라 府史胥徒[33]之屬이 皆庶人之在官者니 其祿이 以農之上下로 爲差하야 多者는 不得過食九人之祿하고 寡者는 不得下食五人之祿하야 隨其高下하야 爲五等之多寡也라

이는 庶人의 전지를 말한 것이다. 井田의 제도는 1夫가 100畝를 받으니, 토지가

33) 府史胥徒 : 府・史・胥・徒는 ≪周禮≫ 〈天官〉에 규정되어 있는 하급 관직들로, 재화 관리와 문서 출납을 맡거나 관의 徭役에 응하는 자들이다. 더 자세한 내용은 본서 13쪽 주석 12번 참조.

비옥한 자는 上農夫가 되고 척박한 자는 下農夫가 된다. 그러므로 부양하는 식구가 많고 적음의 차이가 있는 것이다. 府・史・胥・徒의 등속이 모두 서인으로서 관직에 있는 자이니, 그 祿이 농부의 상・하로써 차등을 삼아, 많은 자는 9명을 먹여 살리는 祿을 넘을 수 없고, 적은 자는 5명을 먹여 살리는 祿보다 적을 수가 없어서 그 높음과 낮음에 따라 다섯 등급으로 많음과 적음을 삼는 것이다.

≪大全≫

李氏曰 孟子曰 分田制祿을 可坐而定也라하고 又曰 無君子면 莫治野人이요 無野人이면 莫養君子라하니 蓋以農夫而制祿이면 則治於人者는 必思所以養之하고 食(사)於人者는 必思所以治之니 且示其不能交相無也라 庶人之在官者는 其家亦授之田하니 周官之所謂官田也라 祿足以代耕한대 而又授之田은 所以責其廉이니 能廉은 善也니라

李氏 : ≪孟子≫ 〈滕文公 上〉에 이르기를 "전지를 나누어주고 祿을 제정함을 가만히 앉아서 정할 수 있다." 하였고, 또 "君子가 없으면 野人을 다스릴 수가 없고 야인이 없으면 군자를 기를 수가 없다." 하였는데, 농부를 기준으로 祿을 제정하면 남에게 다스려지는 자는 반드시 〈군자를〉 기를 바를 생각하고 남에게 얻어먹는 자는 반드시 백성을 다스릴 바를 생각하니, 또 〈군자와 야인이〉 서로 없을 수 없음을 보인 것이다.

庶人으로서 관직에 있는 자는 그 집에도 전지를 주니, ≪周官(周禮)≫ 〈地官 載師〉에 이른바 '官田'이라는 것이다. 祿이 충분히 경작을 대신할 수 있는데 또 전지를 줌은 청렴하기를 요구하는 것이니, 〈군자가〉 능히 청렴함은 善이다.

○ 嚴陵方氏曰 一夫一婦受田百畝라 故로 農田之制 以百畝爲之率(율)焉이라 雖均受百畝之分이나 然地有肥磽之異하야 計其一歲食(사)人之數하면 或多或寡하니 此農夫所以有上下之別也라 以食九人者로 爲上하고 食五人者로 爲下하니 則食八人으로 至於食六人者는 爲中農夫를 可知니 其詳은 雖有五等之別이나 其大略은 不過三等而已라 府史胥徒之類는 其田則載師所謂官田이 是也요 而又有工有賈有奄有奚하야 位之高下를 不可得而詳이라 故로 祿之多寡를 不可得而定이라 此言其祿以農爲差면 則多者不得過食九人之祿하고 寡者不得下食五人之祿을 可知라 此言百畝之分이어늘 孟子言百畝之糞者[34)]는 蓋分以均之는 而存乎法하고 糞以治之는 而存乎力하니 法出

乎上하고 力出乎下하니 其言이 亦互相備也니라

嚴陵方氏 : 한 지아비와 한 부인이 전지 100무를 받으므로 농부에게 전지를 주는 제도가 100무를 비율로 삼는 것이다. 비록 각각 똑같이 100무를 나누어 받더라도 땅에 비옥함과 척박함의 차이가 있어서, 1년 동안 식구를 먹여 살리는 숫자를 계산해보면 혹은 많고 혹은 적으니, 이는 농부가 상・하의 구분이 있는 이유이다. 9명을 먹여 살리는 자를 上農夫로 삼고 5명을 먹여 살리는 자를 下農夫로 삼았다. 그렇다면 8명을 먹여 살리는 자로부터 6명을 먹여 살리는 자에 이르기까지는 中農夫가 됨을 알 수 있으니, 그 자세함은 비록 다섯 등급의 구분이 있으나 그 대략은 세 등급에 지나지 않을 뿐이다.

府・史・胥・徒 등속의 전지는 ≪周禮≫ 〈地官 載師〉에 이른바 '官田'이 이것이고, 또 工이 있고 賈가 있고 奄(환관)이 있고 奚(여자종)가 있어서 지위의 높고 낮음을 상세히 알 수가 없다. 그러므로 祿의 많고 적음을 결정할 수가 없는 것이다. 여기에서 "그 祿을 농부로써 차등을 삼는다."고 말했고 보면 많은 자도 9명을 먹여 살리는 祿보다 많을 수가 없고, 적은 자도 아래로 5명을 먹여 살리는 祿보다 적을 수 없음을 알 수 있다.

여기서는 100무를 나누어줌을 말하였는데 ≪孟子≫에서 100무를 가꿈을 말한 것은, 고르게 나누어주는 것은 법에 달려있고 가꾸어 다스리는 것은 노동력에 달려있기 때문이다. 법은 위에서 나오고 노동력은 아래에서 나오니, 그 말이 또한 서로 보완이 되는 것이다.

050302 諸侯之下士는 視上農夫하나니 祿足以代其耕也니 中士는 倍下士하고 上士는 倍中士하고 下大夫는 倍上士하고 卿은 四大夫祿이요 君은 十卿祿이니라

---

34) 孟子言百畝之糞者 : ≪孟子≫ 〈萬章 上〉에서 "경작하는 자의 소득은 1夫가 100무를 받으니, 100무를 가꿈에 上農夫는 9명을 먹일 수 있고, 상농부의 다음은 8명을 먹일 수 있고, 中農夫는 7명을 먹일 수 있고, 중농부의 다음은 6명을 먹일 수 있고, 下農夫는 5명을 먹일 수 있다.〔耕者之所獲 一夫百畝 百畝之糞 上農夫食九人 上次食八人 中食七人 中次食六人 下食五人〕" 한 것을 가리킨다.

제후의 下士는 〈祿을 받는 것을〉 上農夫에 비견하니, 〈벼슬로 받는〉 녹이 〈9명을 먹여 살릴 수 있어 전지를〉 경작하는 것을 대신하기에 충분하다. 中士는 하사의 2배이고, 上士는 중사의 2배이고, 下大夫는 상사의 2배이고, 卿은 대부가 받는 녹의 4배이고, 군주는 경이 받는 녹의 10배이다.

≪集說≫

此는 言大國也라 視上農夫者는 得食九人之祿也라

이는 대국을 말한 것이다. '上農夫에 비견한다'는 것은 9명을 먹여 살릴 수 있는 녹을 얻는 것이다.

050303 次國之卿은 三大夫祿이요 君은 十卿祿이니라 小國之卿은 倍大夫祿이요 君은 十卿祿이니라

次國의 卿은 大夫가 받는 祿의 3배이고, 군주는 경이 받는 녹의 10배이다. 小國의 경은 대부가 받는 녹의 2배이고, 군주는 경이 받는 녹의 10배이다.

≪集說≫

程子曰 孟子之時에 去先王未遠하야 載籍이 未經秦火나 然而班爵祿之制를 已不聞其詳하니 今之禮書 皆掇拾於煨燼之餘하야 而多出於漢儒一時之傅會어늘 奈何欲盡信而句爲之解乎아 然則其事를 固不可一一追復矣니라

程子 : 孟子 때에 先王과의 거리가 아직 멀지 않아서 書籍이 秦나라의 焚書를 거치지 않았다. 그런데도 작위를 반열하고 녹을 제정하는 제도에 대해 맹자께서 이미 그 상세한 내용을 듣지 못하셨으니, 지금의 禮書들은 모두 불탄 뒤에 남은 것을 주워 모아 漢나라 儒者들이 일시적으로 傅會한 데에서 많이 나왔는데 어떻게 이것을 다 믿고 字句마다 해석하고자 한단 말인가. 그렇다면 이 일을 진실로 하나하나 회복할 수가 없는 것이다.

○ 朱子曰 孟子此章之說이 與周禮王制不同하니 蓋不可考라 闕之可也[35)]니라

朱子 : ≪孟子≫의 이 章의 말씀이 ≪周禮≫나 〈王制〉와 똑같지 않으니, 상고할 수가 없다. 제쳐놓는 것이 좋다.

○ 方氏曰 次國小國에 不言大夫士者는 多寡同於大國을 可知일새라 由卿而上은 三等之國所異와 由大夫而下는 三等之國所同者는 蓋卿而上은 其祿浸厚하니 苟不爲之殺(쇄)면 則地之所出을 不足以供이요 大夫而下는 其祿浸薄하니 苟亦爲之殺(쇄)면 則臣之所養를 不能自給이니 此所以多寡或同或異也니라

方氏 : 次國과 小國에 大夫와 士를 말하지 않은 것은 많고 적음이 大國과 같음을 알 수 있기 때문이다. 卿 이상은 세 등급의 나라가 다른 것과 대부 이하는 세 등급의 나라가 똑같은 것은, 경 이상은 그 祿이 점점 많아지니 만약 줄이지 않으면 〈받

---

35) 程子曰……闕之可也 : 여기에 인용된 程子와 朱子의 말은 ≪孟子≫ 〈萬章 下〉 2장의 원문에 대한 ≪集註≫에 그대로 실려 있는 것인데, ≪禮記≫의 원문과 서로 비교하는 것이 필요하다고 판단하여 ≪맹자≫의 원문을 다음과 같이 싣는다.

北宮錡가 周나라 왕실의 爵祿의 반열에 대해 묻자, 맹자가 말하였다. "그 상세한 내용은 듣지 못하였다. 제후들이 자신들에게 害가 됨을 싫어하여 모두 그 典籍을 없애버렸으나 내가 일찍이 그 대략을 들었다. 천자가 한 자리이고 公이 한 자리이고 侯가 한 자리이고 伯이 한 자리이고 子・男이 똑같이 한 자리이니, 모두 다섯 등급이다. 군주가 한 자리이고 卿이 한 자리이고 大夫가 한 자리이고 上士가 한 자리이고 中士가 한 자리이고 下士가 한 자리이니, 모두 여섯 등급이다. 천자의 제도는 땅(농지)이 사방 1,000리이고 公・侯는 모두 사방 100리이고 伯은 70리이고 子와 男은 50리이니, 모두 네 등급이다. 채 50리가 못 되는 나라는 천자에게 직접 통하지 못하여 제후에게 붙으니, 이것을 附庸國이라 한다. 천자의 卿은 땅을 받음을 侯에 비견하고 大夫는 땅을 받음을 伯에 비견하고 元士는 땅을 받음을 子・男에 비견한다. 큰 나라는 땅이 사방 100리이니, 군주는 卿의 祿의 10배이고 경의 녹은 대부의 4배이고 대부는 上士의 2배이고 상사는 中士의 2배이고 중사는 下士의 2배이고 하사와 庶人으로서 관직에 있는 자는 녹이 같으니, 녹이 충분히 그 경작하는 수입을 대신할 만하였다. 다음의 나라는 땅이 사방 70리이니, 군주는 경의 녹의 10배이고 경의 녹은 대부의 3배이고 대부는 상사의 2배이고 상사는 중사의 2배이고 중사는 하사의 2배이고 하사와 서인으로서 관직에 있는 자는 녹이 같으니, 녹이 충분히 그 경작하는 수입을 대신할 만하였다. 작은 나라는 땅이 사방 50리이니, 군주는 경의 녹의 10배이고 경의 녹은 대부의 2배이고 대부는 상사의 2배이고 상사는 중사의 2배이고 중사는 하사의 2배이고 하사와 서인으로서 관직에 있는 자는 녹이 같으니, 녹이 충분히 그 경작하는 수입을 대신할 만하였다. 경작하는 자의 소득은 1夫가 100畝를 받으니, 100무를 가꿈에 上農夫는 9명을 먹일 수 있고, 상농부의 다음은 8명을 먹일 수 있고, 中農夫는 7명을 먹일 수 있고, 중농부의 다음은 6명을 먹일 수 있고, 下農夫는 5명을 먹일 수 있으니, 서인으로서 관직에 있는 자는 그 녹이 이에 따라 차등을 두었다."

을 녹이 많아지므로〉 땅의 소출을 〈경에게〉 충분히 공급할 수가 없고, 대부 이하는 그 祿이 점점 적어지니 만일 또한 이것을 줄인다면 〈받을 녹이 줄어들므로 대부가〉 신하를 기르는 물건을 능히 자급할 수가 없기 때문이다. 이것이 〈녹의〉 많고 적음이 같기도 하고 다르기도 한 이유이다.

≪大全≫

永嘉徐氏曰 先王이 量祿以分田하고 視口以計食하야 其品節差等이 上焉不至於過制하고 下焉不至於不足이라 諸侯下士는 享百畝之利하야 苟足以代耕免勞苦而已니 雖不能有餘나 而亦不至於不足이라 其餘自卿以下는 其祿이 各殺(쇄)以一이면 則無多邑踰制之失이요 諸侯分田雖多나 祿入이 自有定數하야 亦無尾大不掉[36]之患하니 此先王制祿之美意也니라

永嘉徐氏 : 先王이 祿을 헤아려 田地를 나누어주고 식구를 살펴보아 식량을 계산해서 그 尊卑의 등급에 따라 한계를 두고 차이를 둔 것이 위로는 지나치게 제재함에 이르지 않고 아래로는 부족함에 이르지 않게 하였다.

제후의 下士는 〈벼슬로 받는 녹으로〉 100畝의 이익을 누려서 진실로 〈그 녹이 전지를〉 경작하는 것을 대신하고 〈경작하는〉 노고를 면할 수 있을 따름이니, 비록 여유가 있지는 못하나 또한 부족함에 이르지는 않는다.

그 나머지 卿 이하는 녹이 각각 하나씩 줄어들면 잘못하여 〈다스리는〉 邑이 많아 〈녹을〉 제도보다 많이 받게 되는 일이 없을 것이고, 제후에게 나누어준 전지가 비록 많으나 녹의 수입이 본래 일정한 수가 있어서 또한 〈머리보다〉 꼬리가 커서 흔들지 못하는 근심이 없을 것이니, 이는 선왕이 녹을 제정한 아름다운 뜻이다.

050401 次國之上卿은 位當大國之中이요 中當其下요 下當其上大夫니라 小國之上卿은 位當大國之下卿이요 中當其上大夫요 下當其下大夫니라

次國의 上卿은 지위가 대국의 中卿에 해당하고, 중경은 下卿에 해당하

36) 尾大不掉 : 군주보다 신하가 강성하여 군주가 신하를 제어하기 힘든 것을 비유한 말이다.(≪春秋左氏傳≫ 昭公 11년)

고, 하경은 上大夫에 해당한다. 소국의 상경은 지위가 대국의 하경에 해당하고, 중경은 상대부에 해당하고, 하경은 下大夫에 해당한다.

≪集說≫

此는 言三等之國이 其卿大夫頫(조)[37]聘竝會之時에 尊卑之序如此라 鄭云 爵位同이면 則小國在下라하니 謂二人이 同是卿이면 則小國卿이 在大國卿之下요 爵異면 固在上者는 謂若大國是大夫요 小國是卿이면 則位於大國大夫之上也라

이것은 세 등급의 나라에서 卿大夫가 頫나 聘으로 함께 모일 때에 尊卑의 차례가 이와 같음을 말한 것이다. 鄭玄이 "작위가 똑같으면 작은 나라가 아래에 있다." 하였으니, 두 사람이 똑같이 卿이면 소국의 경이 대국의 경 아래에 있음을 이른 것이며, "작위가 다르면 진실로 〈작위가 높은 자가〉 위에 있다."라고 한 것은, 만약 대국이 대부이고 소국이 경이면 〈소국의 경이〉 대국의 대부 위에 자리함을 이른 것이다.

050501 其有中士下士者는 數各居其上之三分이니라

그 中士와 下士가 있는 경우에는 숫자가 각각 그 上國의 3分에 해당한다.

≪集說≫

鄭氏曰 謂其爲介어나 若特行而竝會也라 居는 猶當也니 此는 據大國而言이라 大國之士는 爲上이요 次國之士는 爲中이요 小國之士는 爲下라 士之數는 國皆二十七人이니 各三分之하면 上九中九下九니라

鄭氏(鄭玄) : 介(副使)가 되었거나 특별히 가서 함께 모일 때를 말한 것이다. '居'는 '當(해당함)'과 같으니, 이것은 대국을 근거하여 말한 것이다. 대국의 士는 上士가 되고, 次國의 士는 中士가 되고, 소국의 士는 下士가 된다. 士의 숫자는 나라마다 모두 27명이니, 각각 이것을 셋으로 나누면 상사가 9명, 중사가 9명, 하사가 9명이다.

---

37) 頫(조) : ≪禮記補註≫에서 金長生의 ≪經書辨疑≫의 내용을 근거로 "'頫(조)'는 마땅히 '覜(조)'가 되어야 한다.〔頫 當作覜〕" 하였는데, '보다'의 뜻으로 쓰일 때는 '覜'와 혼용한 것으로 보이므로 본서에서는 '頫(조)'자를 그대로 두었다.

○ 疏曰 今大國之士 旣定在朝會에 若其有中國之士와 小國之士者면 其行(항)位之數 各居其上國三分之二하니 謂次國이 以大國爲上하야 而次國上九는 當大國中九하고 次國中九는 當大國下九니 是各當其大國三分之二라 小國은 以次國爲上하야 小國上九는 當次國中九하고 小國中九는 當次國下九니 亦是居上三分之二也라 是各居上之三分이니라

疏：지금 大國의 士가 이미 朝會에 자리해 있을 경우에 만약 中國의 士와 小國의 士가 있으면 그 항렬과 지위의 숫자가 각각 그 上國의 3분의 2에 해당하니, '次國은 대국을 上으로 삼아서 차국의 上士 9명은 대국의 中士 9명에 해당하고 차국의 중사 9명은 대국의 下士 9명에 해당하니, 이는 각각 그 대국의 3분의 2에 해당하는 것이다. 소국은 차국을 上으로 삼아서 소국의 상사 9명은 차국의 중사 9명에 해당하고 소국의 중사 9명은 차국의 하사 9명에 해당하니, 이 또한 상국의 3분의 2에 해당하는 것이다. 이것이 각각 상국의 3分에 해당하는 것이다.'라는 말이다.

≪大全≫

永嘉徐氏曰 先王分土에 惟有三하야 有大國小國次國之異하며 自三卿으로 至於二十七士히 其在國之祿은 則倍差之不同하고 其出國之聘은 則班列之有等하니 先王이 豈苟爲異哉아 蓋使之安分而無覬覦하고 正名而不至於亂次하니 其辨上下하야 定民志者 固如此하니라

永嘉徐氏：先王이 땅을 나누어줄 적에 오직 세 등급을 두어서 大國·小國·次國의 차이를 두었으며, 三卿으로부터 27명의 士에 이르기까지 나라에 있을 때의 祿은 2배로 차등을 두어 똑같지 않고 나라를 나갔을 때의 聘問은 班列의 등급이 있으니, 선왕이 어찌 구차히 달리하였겠는가. 사람들로 하여금 〈각자의〉 분수를 편안히 여겨서 〈남의 것을〉 엿보지 않게 하고 명분을 바로잡아 차등을 어지럽히는 지경에 이르지 않게 하였으니, 상·하를 분별하여 백성의 마음을 안정시킨 것이 진실로 이와 같은 것이다.

050601 凡四海之內에 九州요 州方千里니 州建百里之國이 三十이요 七十里之國이 六十이요 五十里之國이 百有二十이니 凡二百一十國이니라 名

山大澤을 不以封하고 其餘를 以爲附庸閒(한)田[38]이니 八州에 州二百一十國이니라

무릇 四海의 안에는 9州가 있으며 1주는 사방 1,000리이다. 1주에 100리의 나라를 세운 것이 30개이고 70리의 나라가 60개이고 50리의 나라가 120개이니, 모두 210개국이다. 〈제후를 봉할 때〉 名山과 大澤을 가지고 封하지 않고 그 나머지는 附庸國과 閒田을 만드니, 8주에 주마다 210개국이 있다.

≪集說≫

九州는 幷王畿而言이니 此는 但言每一州에 所可容者如此라 凡八州를 餘以例推하니 皆言畿外之制요 下文에 始言天子畿內之制也하니라

9주는 王畿(天子國)를 아울러 말한 것이니, 이는 다만 매 주마다 수용할 수 있는 것이 이와 같음을 말한 것이다. 무릇 8주를 나머지도 이 준례를 비추어 헤아릴 수 있는데, 모두 왕기 외의 제도를 말한 것이고, 아랫글에 비로소 天子 畿內의 제도를 말하였다.

050701 天子之縣內는 方百里之國이 九요 七十里之國이 二十有一이요 五十里之國이 六十有三이니 凡九十三國이니라 名山大澤을 不以朌(반)하고 其餘를 以祿士하며 以爲閒(한)田이니라

천자국의 縣 안에는 사방 100리의 나라가 9개이고 70리의 나라가 21개

38) 附庸閒(한)田 : '閒'자는 '間'이나 '閑'의 통용자로 쓰이기도 하므로 교감을 하지 않고 '閒'으로 번역하였다. 孔穎達의 소에 따르면 만약 사람을 봉하여 대국에 붙였으면 이것을 '附庸'이라 이르고, 만약 사람을 봉하지 않았으면 이것을 '閒田'이라 이른다. ≪禮記補註≫에 "이 장으로부터 '무릇 구주에 1,773국이 있다.〔凡九州千七百七十三國〕'에 이르기까지는 周나라 제도와 부합하지 않으므로 鄭玄의 주에서 殷나라 제도로 여긴 것이다." 하였는데, 정현의 주에 "은나라 湯王이 夏나라 禹王의 제도를 이어 다시 중국 사방 3,000리의 경계를 제정하고 또 나누어 구주를 만들고 이 1,773개국을 세웠다.〔殷湯承之 更制中國方三千里之界 亦分爲九州 而建此千七百七十三國焉〕"라고 보인다.(≪禮記正義≫ 〈王制〉)

이고 50리의 나라가 63개이니, 모두 93개국이다. 名山과 大澤을 하사하지 않고, 그 나머지를 士의 祿으로 삼으며 閒田으로 삼는다.

≪集說≫

鄭注에 畿內九大國者는 三爲三公之田이요 又三爲三公致仕者之田이요 餘三은 待封王之子弟也라 次國二十一者는 六爲六卿之田이요 又六爲六卿致仕者之田이요 又三爲三孤之田이요 餘六은 亦待封王子弟也라 小國六十三者는 二十七大夫之田과 幷大夫致仕之田하야 共五十四요 餘九는 亦待封王子弟也라 三孤는 無職하니 雖致仕나 猶可卽而謀라 故로 不副[39]라하니라 愚意 此無明證하니 皆鄭氏臆說이라 況周制에 六卿兼公孤[40]하니 則所餘之田이 尙多나 然如周召之支子在周者 皆世爵祿이면 則累朝之王子弟 未必能盡有所封也니라

---

39) 鄭注……故不副 : 이 부분은 ≪禮記注疏≫ 鄭玄의 주에 "대국이 9개인 것은 삼공의 전지가 3개이니 삼공으로서 致仕한 자를 위하여 副邑을 만들어 합쳐서 6개를 만들고 그 나머지 3개는 왕의 자제를 봉함에 대비한 것이다. 차국이 21개인 것은 경의 전지가 6개이니 또한 치사한 자를 위하여 부읍을 만들어 합쳐서 12개를 만들고 또 3개는 三孤의 전지가 되며, 그 나머지 6개는 또한 왕의 자제를 봉함에 대비한 것이다. 소국이 63개인 것은 대부의 전지가 27개이니 또한 치사한 자를 위하여 부읍을 만들어 합쳐서 54개를 만들고 그 나머지 9개는 또한 왕의 자제를 봉함에 대비한 것이다. 삼고의 전지에 대해서는 부읍을 두지 않은 것은 맡은 직책이 없이 공을 보좌하여 道를 논할 뿐이기 때문이니, 비록 치사하더라도 왕이 오히려 찾아가서 상의할 수 있다.〔大國九者 三公之田三 爲有致仕者副之爲六 其餘三 待封王之子弟 次國二十一者 卿之田六 亦爲有致仕者副之爲十二 又三爲三孤之田 其餘六 亦待封王之子弟 小國六十三 大夫之田二十七 亦爲有致仕者副之爲五十四 其餘九 亦以待封王之子弟 三孤之田不副者 以其無職 佐公論道耳 雖有致仕 猶可卽而謀焉〕"라고 한 것과, 孔穎達의 소에 "삼공이 조정에 있을 때에는 이미 正田이 있었는데, 이제 몸이 이미 치사하였으면 그대로 삼공의 채읍을 먹을 수도 없는데, 몸이 또 살아 있으면 전혀 전지가 없을 수 없으므로 공·경과 대부는 正職의 전지가 있고 또 치사의 부읍이 있는 것이다.〔三公在朝 旣有正田 今身旣致仕 不可仍食三公采邑 身又見存 不可全無其地 故公卿大夫有正職之田 又有致仕副邑〕"라고 한 것을 합하여 인용한 것인데, 인용하면서 '爲有致仕者副之爲六', '亦爲有致仕者副之爲十二', '亦爲有致仕者副之爲五十四'의 세 곳의 '副'자를 뺐다. 그래서 ≪禮記補註≫에서 "이 註疏를 보면 '副'자의 뜻을 알 수 있는데, 陳澔의 주는 위의 세 곳에서 모두 '副'자를 빼버리고 〈'不副'에서만〉 유독 鄭玄 注의 본문을 따랐으므로 '副'자가 자못 내력이 없게 되었다.〔觀此註疏 可知副字之義 而陳註於上三處 皆沒副字 此獨用本文故副字殊無來歷〕" 하였다.

40) 公孤 : '公'은 太師·太傅·太保인 三公을 이르며, '孤'는 少師·少傅·少保인 三少를 이른다.

鄭玄의 注에 "王의 畿內에 9개의 大國이 있다는 것은, 3개는 三公의 田地가 되고, 또 3개는 삼공으로서 致仕한 자의 전지가 되고, 나머지 3개는 왕의 子弟를 봉하는 데에 대비한 것이다. 次國이 21개인 것은, 6개는 六卿의 전지가 되고, 또 6개는 육경으로서 치사한 자의 전지가 되고, 또 3개는 三孤의 전지가 되고, 나머지 6개는 또한 왕의 자제를 봉하는 데에 대비한 것이다. 小國이 63개인 것은, 27개의 大夫의 전지와 대부로서 치사한 자의 전지를 아울러서 모두 54개이고, 나머지 9개는 또한 왕의 자제를 봉하는 데에 대비한 것이다. 삼고는 직책이 없으니, 비록 치사하였더라도 오히려 왕이 찾아가서 상의할 수가 있다. 그러므로 副邑을 두지 않은 것이다." 하였다.

내가 생각하건대 이것은 분명한 증거가 없으니, 모두 정현이 억측으로 한 말이다. 더구나 周나라 제도에는 육경이 公과 孤를 겸하였으니, 그렇다면 남은 전지가 아직 많이 있을 것이다. 그러나 예컨대 周公과 召公의 支子로서 周나라에 남아있는 자들이 모두 대대로 爵位와 祿을 받았다면 여러 조정의 왕의 자제들이 반드시 다 봉해지지는 못하였을 것이다.

○ 疏曰 畿外諸侯는 有封建之義라 故云 不以封이요 畿內之臣은 不世位하고 有朌(반)賜之義라 故云 不以朌이라하니라

疏 : 畿外의 제후는 봉건하는 의리가 있으므로 "〈名山과 大澤을 가지고〉 封하지 않는다." 하였고, 畿內의 신하는 대대로 지위를 세습하지 않고 왕에게 하사받는 의리가 있으므로 "〈명산과 대택을〉 하사하지 않는다." 한 것이다.

○ 朱子曰 恐只是諸儒 做箇如此算法이나 其實은 不然이라 建國에 必因山川形勢요 無截然可方之理니라

朱子 : 이것은 다만 여러 儒者가 이와 같이 계산하는 법을 만든 것일 뿐 그 실제는 그렇지 않은 듯하다. 나라를 세울 때에는 반드시 山川의 형세를 따라야 하는 것이고, 자른 듯이 方正하게 할 수 있는 이치가 없는 것이다.

又曰 非惟施之當今에 有不可行이라 求之昔時에도 亦有難曉하니라

또(朱子) : 〈漢나라 儒者의 설을〉 다만 현재 시행하더라도 시행할 수 없을 뿐만 아니라, 옛날의 제도에서 찾아보더라도 알기 어려운 점이 있다.

○ 石梁王氏曰 天子縣內에 以封者 或三分之一이요 或半之하니 又除山川城郭塗巷

溝渠하면 則奉上者 幾何오

石梁王氏 : 천자의 縣 안에 이것을 가지고 봉해주는 것이 혹은 3분의 1이 될 수도 있고 혹은 반이 될 수도 있으니, 또 山川・城郭・塗巷(道路)・溝渠(도랑)를 뺀다면 上에게 받들어 올릴 수 있는 것이 얼마나 되겠는가.

≪大全≫

嚴陵方氏曰 名山은 若魯之泰山晉之梁山之類요 大澤은 若豫之孟豬(저)楚之雲夢之類[41]라 山澤之大者는 則必有其名焉하니 於山曰名하고 於澤曰大는 蓋互言之爾라 名山大澤은 神物之所藏이요 寶貨之所出이니 非外內諸侯所得專而有之라 故로 於外則不以封하고 於內則不以朌焉이라 外則度(탁)土而封之하야 使傳嗣也라 故曰封이요 內則分邑以朌之하야 使食祿而已라 故曰朌이니라

嚴陵方氏 : '名山'은 魯나라의 泰山과 晉나라의 梁山과 같은 종류이고, '大澤'은 豫州의 孟豬와 楚나라의 雲夢과 같은 종류이다. 산과 못의 큰 것은 반드시 그 이름이 있으니, 산의 경우는 名山이라 하고 못의 경우는 大澤이라고 한 것은 互文으로 말한 것뿐이다.

명산과 대택은 神物이 감추어져 있고 寶貨가 나오는 곳이니, 〈王畿의〉 밖과 안에 있는 제후가 오로지 소유할 수 있는 것이 아니다. 그러므로 밖에서는 封하지 않고 안에서는 하사하지 않는 것이다. 밖은 땅을 헤아려 封해서 후손에게 전하게 하므로 '封'이라 하였고, 안은 邑을 나누어 하사해서 祿을 먹게 할 뿐이므로 '朌'이라 한 것이다.

050702 凡九州에 千七百七十三國이니 天子之元士와 諸侯之附庸이 不與하니라

무릇 9州에 1,773개국이니, 천자의 元士와 제후의 附庸國은 여기에 들어 있지 않다.

---

41) 名山……楚之雲夢之類 : 泰山은 현재 山東省 泰安市의 산 이름이고, 梁山은 陝西省 渭南市의 산 이름이다. 孟豬는 河南省 商丘縣 동북쪽과 虞城縣 서북쪽에 있던 호수의 이름이고, 雲夢은 湖北省 雲夢縣에 있던 호수의 이름이다.

≪集說≫

九州而千七百七十三國者는 內一州爲王圻하니 容九十三國이요 外八州는 容一千六百八十國이니 幷畿內하야 爲千七百七十三國也라 元士附庸不與者는 以上文所筭은 止五十里로되 而元士附庸은 皆不能五十里라 故로 不與也라

9州에 1,773개국인 것은, 안의 1주는 王圻(王畿)가 되니 93개국을 수용하고, 밖의 8주는 1,680개국을 수용하니 畿內를 아울러 1,773개국이 되는 것이다. 〈천자의〉 元士와 〈제후의〉 附庸國은 여기에 들어 있지 않은 것은, 윗글에 계산한 바가 50리에 그쳤는데 〈천자의〉 원사와 〈제후의〉 부용국은 모두 50리가 못 되므로 여기에 들어 있지 않은 것이다.

○ 石梁王氏曰 註引千八百國之說은 謂夏制要服內七千里니 與五服五千之言으로 不合[42)]이니라

石梁王氏 : 〈鄭玄의〉 註에서 '1,800국'이라는 설을 인용한 것은 夏나라 제도의 要服 안 7,000리를 말한 것이니, '五服은 〈서로의 거리가 사방〉 5,000리이다.'라는 말과는 부합하지 않는다.

---

42) 石梁王氏曰……不合 : ≪禮記補註≫에 "鄭玄의 註에서는 '玉帛의 예물을 잡은 자가 萬國'이라는 ≪春秋傳≫의 설을 인용하여 '夏나라 때 要服의 안에 땅의 넓이가 사방 7,000리가 되어야 비로소 만국을 용납할 수 있다.' 하였는데, 지금 石梁王氏가 '정현의 주에서 1,800국이라는 설을 인용한 것은 夏나라 제도의 요복 안 7,000리를 말한 것이다.' 하였으니, 어찌 이렇게 잘못 볼 수 있는가. '1,800국'의 설은 마땅히 '옥백의 예물을 잡은 자가 만국'이라는 설로 고쳐야 한다. '周나라가 1,800의 제후가 있었다.'라는 설은 바로 ≪孝經緯≫의 글로, 정현의 주 아랫글의 주나라 제도를 논한 곳에서 처음으로 인용하였다. '五服은 〈서로의 거리가 사방〉 5,000리이다.'라는 ≪書經≫ 〈益稷〉의 글이니, 禹王의 제도이므로 석량왕씨가 이와 부합하지 않는다고 한 것이다." 하였다.

'要服'은 중국 고대 王畿를 중심으로 하여 주위를 每 服 500리씩 나눈 다섯 구역인데, 500리 안을 甸服, 1,000리까지를 侯服, 1,500리까지를 綏服, 2,000리까지를 要服, 2,500리까지를 荒服이라 하였다. ≪효경위≫는 ≪孝經≫의 緯書인데, 儒家의 七經에 대응하여 讖緯, 瑞應 및 占의 응험 따위를 견강부회한 책이다. 주로 인간의 길흉화복과 치란흥망에 관한 내용을 담고 있으나 고대의 천문·역법·지리와 신화·전설 등도 실려 있다. 前漢 말기에 일어나 後漢 대에 성행하다가 南朝 宋代에 금지하기 시작하여 隋代에 모두 불태워졌다.

050801 天子 百里之內를 以共官하고 千里之內를 以爲御니라

천자국은 100리의 안에서 나오는 세금을 官府의 비용에 공급하고, 1,000리의 안에서 나오는 세금을 천자가 사용할 것으로 삼는다.

≪集說≫

共官은 謂供給王朝百官府文書之具와 泛用之需요 御는 謂凡天子之服用이니 蓋皆取之租稅也라

'共官'은 王朝의 여러 官府에 소용되는 文書의 도구와 널리 쓰이는 수요 물품을 공급함을 이르고, '御'는 천자의 모든 服用(사용 물품)을 이르니, 이는 모두 租稅에서 취하는 것이다.

○ 方氏曰 以百里所出之少로 資百官之所共이면 疑若不足이나 然卑者所稱에 不爲不足이요 以千里所出之多로 爲一人之御면 疑若有餘나 然尊者所稱에 不爲有餘라 且以其近者與人은 則欲其易(이)給而無勞요 以其遠者奉己는 則欲其難致而有節이라 百里之內를 非不以爲御也로되 要之以共官爲主耳요 千里之內를 非不共官也로되 要之以爲御爲主耳니라

方氏 : 100리의 적은 소출로 百官이 필요로 하는 것에 공급하면 부족할 듯하나 신분이 낮은 자의 분수에 부족하지 않고, 1,000리의 많은 소출로 한 사람이 사용할 물품으로 삼으면 넉넉할 듯하나 신분이 높은 자의 분수에 넉넉하지 않다.

또 가까운 지역에서 나오는 것으로 사람들에게 주는 것은 공급을 용이하게 하여 勞苦가 없게 하고자 한 것이고, 먼 지역에서 나오는 것으로 자기를 받들게 하는 것은 가져오는 것을 어렵게 하여 절도 있게 하고자 해서이다.

100리의 안에서 나오는 세금을 천자가 사용할 물품으로 삼지 않는 것은 아니나 요컨대 官府에 공급하는 것을 위주로 삼을 뿐이고, 1,000리의 안에서 나오는 세금을 관부의 비용에 공급하지 않는 것은 아니나 요컨대 임금이 사용할 물품으로 삼는 것을 위주로 삼을 뿐이다.

≪大全≫

馬氏曰 官者는 官爵之所用이니 而其用輕故로 取百里하야 以近地之所出者로 給之하고 御者는 天子之所用이니 而其用重故로 取千里하야 以遠地之所出者로 給之하니라

馬氏 : '官'은 官爵이 있는 자가 쓰는 것이니 그 쓰임이 가볍기 때문에 100리 이내의 것을 취하여 가까운 땅의 소출로 공급하고, '御'는 천자가 사용하는 것이니 그 쓰임이 중하기 때문에 1,000리 이내의 것을 취하여 먼 땅의 소출로 공급하는 것이다.

050802 **千里之外**에 **設方伯**하니 **五國**을 **以爲屬**이니 **屬有長**하고 **十國**을 **以爲連**이니 **連有帥**하고 **三十國**을 **以爲卒**이니 **卒有正**하고 **二百一十國**을 **以爲州**니 **州有伯**하니 **八州**에 **八伯**이요 **五十六正**이요 **百六十八帥**요 **三百三十六長**이니라 **八伯**이 **各以其屬**으로 **屬於天子之老**[43] **二人**하야 **分天下以爲左右**하니 **曰二伯**이라하나니라

1,000리의 밖에 方伯을 설치하는데, 5개국을 屬으로 삼으니 속에는 長이 있고, 10개국을 連으로 삼으니 연에는 帥가 있고, 30개국을 卒로 삼으니 졸에는 正이 있다. 그리고 210개국을 州로 삼는데 주에는 伯이 있으니, 8개주에는 8백과 56정, 168수와 336장이 있다. 8백은 각각 자신에게 속한 자들을 데리고 천자의 老 두 사람에게 소속되어 천하를 나누어 좌와 우로 삼으니, 이것을 2伯이라고 한다.

≪集說≫

春秋傳曰 自陝以東은 周公主之하고 自陝以西는 召公主之[44]라하니 此는 卽天子之上公이 分主天下之侯國也라 八伯은 爲八州之伯이요 二伯은 則天下之伯也라

---

43) 老 : 鄭玄의 注에 따르면 上公을 이른다.(≪禮記正義≫)

44) 自陝以東……召公主之 : ≪春秋公羊傳≫ 隱公 5년 9월조의 "중자의 사당을 완성하고서 처음으로 六佾舞를 올렸다.〔考仲子之宮 初獻六羽〕"에 대한 何休의 解詁에 보인다.

≪春秋公羊傳≫에 "陝州로부터 동쪽 지방은 周公이 주관하고, 섬주로부터 서쪽 지방은 召公이 주관한다." 하였으니, 이는 바로 천자의 上公이 천하의 제후국을 나누어 주관한 것이다. '八伯'은 8州의 伯이고, '二伯'은 천하의 伯이다.

≪大全≫

嚴陵方氏曰 方伯은 卽州伯也니 王畿居中하고 八州居外하야 各設一方伯焉이라 長은 言其足以長人也니 所謂比長之長[45]이 亦若是爾요 帥는 言所帥(솔)者衆하야 非特長之而已니 所謂師帥之帥[46] 亦若是爾요 正은 言正於一而止요 非特帥之而已니 所謂黨正[47]之正이 亦若是爾요 伯亦長也니 必謂之伯은 則以成德稱之하니 以其爲一州之長하야 非成德이면 不足以當之故也니 所謂宗伯之伯[48]이 亦若是爾라 夫能長人然後에 能帥衆하고 能帥衆然後에 能正於一하고 正於一然後에 其德成焉이라 故로 其序如此라 正也帥也長也는 蓋八伯之屬也요 八伯은 又二伯之屬也라 故로 曰 八伯이 各以其屬으로 屬於天子之老二人이라하니라 然이나 二伯을 又謂之老者는 以其居人臣之極位하야 不特貴乎有其德이요 又貴乎有其年故也라 國有國老하고 鄕有鄕老는 皆以是而已니라

嚴陵方氏 : '方伯'은 바로 州의 伯이니, 王畿가 중앙에 있고 8주가 밖에 있어서 각각 한 방백을 설치한다. '長'은 남의 우두머리가 되기에 충분함을 말한 것이니 이른바 '比長'의 '長'이 또한 이와 같으며, '帥(수)'는 거느린 바가 많아서 다만 우두머리

45) 比長之長 : ≪周禮≫ 〈地官 比長〉에 "比長은 각기 그 比의 치안을 맡는다. 다섯 집이 서로 의탁하고 서로 화친하며, 죄악이 있으면 서로 連坐한다.〔比長 各掌其比之治 五家相受相和親 有辠奇衺 則相及〕" 하였다.

46) 師帥之帥 : ≪周禮≫ 〈夏官 序官〉에 "2,500명이 1師이니, 師의 帥는 모두 중대부이다.〔二千有五百人爲師 師帥皆中大夫〕" 하였다.

47) 黨正 : 500家로 구성된 고을을 다스리던 장관으로, ≪周禮≫ 〈地官 黨正〉에 "각각 政令과 敎化를 관장한다.〔各掌其黨之政令敎治〕"라고 하였는바, 당정은 고을 백성을 다스리는 것뿐만 아니라 백성의 교화도 관장했다.

48) 宗伯之伯 : '宗伯'은 大宗伯인데, 春官 즉 禮部의 長官으로서 天神·地祇·人鬼에 제사하는 禮를 주관하기 때문에 '大司' 등의 명칭을 앞에 붙이지 않고 이렇게 칭한 것이다. ≪周禮≫ 〈春官 敍官〉에 "春官 宗伯을 세워 그 屬官을 거느리고서 왕국의 예를 관장하여 王을 보좌하여 천하 제후국들이 서로 화합하도록 한다." 하였다.

노릇 하는 것에서 그치지 않음을 말한 것이니 이른바 '師帥'의 '帥'가 또한 이와 같다. '正'은 하나로 바로잡은 뒤에 그치고 다만 거느리는 것에서 그치지 않음을 말한 것이니, 이른바 '黨正'의 '正'이 또한 이와 같다. '伯' 또한 '長'인데, 굳이 '伯'이라고 말한 것은 德을 이룸을 가지고 일컬은 것이니, 한 州의 長이 되어서 덕을 이룬 자가 아니면 충분히 감당할 수 없기 때문이다. 이른바 '宗伯'의 '伯'이 또한 이와 같다.

능히 남의 우두머리가 된 뒤에 능히 많은 사람을 거느릴 수 있고, 능히 많은 사람을 거느릴 수 있은 뒤에 능히 하나로 바로잡을 수 있고, 하나로 바로잡은 뒤에 그 덕이 이루어진다. 그러므로 순서가 이와 같은 것이다.

正과 帥와 長은 8伯의 소속이고, 8伯은 또 2伯의 소속이다. 그러므로 "8伯은 각각 자신에게 속한 자들을 데리고 천자의 老 두 사람에게 소속된다." 한 것이다. 그러나 2伯을 또 '老'라고 말한 것은 그가 人臣의 지극한 지위에 거하여, 다만 덕이 있음을 귀하게 여길 뿐만 아니라 연치가 있음도 귀하게 여기기 때문이다. 나라에는 國老가 있고 鄕에는 鄕老가 있음은 모두 이 때문이다.

○ 永嘉徐氏曰 先王이 衆建諸侯하고 而設方伯連帥之職하니 或以子男附庸之屬이 不能專達於天子라 故로 貢賦朝聘之數를 悉使之聽命於牧伯하니 此特其一節耳라 夫先王이 擧天下以封建諸侯호되 而缺然無所紀綱於其間이면 則强弱有以相呑하야 而大小無以相維하리니 甚非經久長治之策也라 蓋方伯連帥之設은 所謂褒表功德은 關諸盛衰하고 深根固本하야 爲不可拔者也[49]니 其所係大矣哉인저

永嘉徐氏 : 先王이 여러 제후를 세우고 方伯과 連帥(10개 나라 제후의 우두머리)의 직책을 설치하였으니, 혹 子·男과 附庸國의 등속은 마음대로 천자에게 통하지 못한다. 그러므로 貢賦와 朝聘의 숫자를 모두 牧伯에게 명령을 듣게 한 것이니, 이는 다만 그 가운데 한 節일 뿐이다.

선왕이 천하를 들어 제후를 封建하되 缺然히 그 사이에 紀綱이 되는 바가 없으면 강한 자가 약한 자를 병탄하는 일이 발생하여 큰 나라와 작은 나라가 함께 유지될 수 없을 것이니, 이는 장구하게 다스리는 방책이 전혀 아니다.

방백과 연수를 설치함은 이른바 "功과 德이 있는 사람을 표창하는 것은 興亡盛衰

49) 褒表功德……爲不可拔者也 : ≪漢書≫ 권14 〈諸侯王表〉에 보인다.

에 관계되고 뿌리를 깊게 하고 근본을 튼튼히 하는 것이어서 변경할 수 없는 것이다."라는 것이니, 관계되는 바가 중대한 것이다.

050901 千里之內를 曰甸이요 千里之外를 曰采[50]曰流[51]니라

1,000리의 안을 '甸服'이라 하고, 1,000리의 밖을 '采'라 하고 '流'라 한다.

≪集說≫

方氏曰 甸服四面이 五百里니 則爲方千里矣라 王畿千里之外에 莫近於侯服이어늘 而采는 又侯服之最近者요 莫遠於荒服이어늘 而流는 又荒服之最遠者라 擧其最遠最近이면 則綏要之服이 在其中矣니라

方氏 : 〈王畿 밖의〉 甸服은 4面이 500리이니, 그렇다면 사방 1,000리가 되는 것이다. 왕기 1,000리의 밖에 侯服보다 더 가까운 것이 없는데 采는 또 후복 가운데에 가장 가까운 것이고, 〈왕기 밖의 2,000~2,500리 땅인〉 荒服보다 더 먼 것이 없는데 流는 또 황복 중에 가장 먼 것이다. 가장 먼 것과 가장 가까운 것을 들었으면 綏服과 要服이 이 안에 들어 있는 것이다.

≪大全≫

李氏曰 采於侯服에 爲尤近하고 流於荒服에 爲極遠이라 九州는 擧內以見外하고 四海는 擧外以包內니라

李氏 : 采는 侯服 중에 가장 가깝고, 流는 荒服 중에 가장 멀다. 9州는 안을 들어 밖을 나타내고, 四海는 밖을 들어 안을 포함한 것이다.

051001 天子는 三公과 九卿과 二十七大夫와 八十一元士니라

天子國에는 3명의 公과 9명의 卿과 27명의 大夫와 81명의 元士가 있다.

---

50) 采 : 五服 가운데 侯服 500리 중에 卿大夫의 邑地를 가리킨다.(≪書經≫ 〈夏書 禹貢〉)

51) 流 : 죄인을 유배하는 곳이란 말로, 五服 가운데 荒服 500리 중에서 밖의 200리 지역이다.(≪書經≫ 〈夏書 禹貢〉)

≪集說≫

石梁王氏曰 唐虞稽古하야 建官惟百이러니 夏商官倍[52]라하니 註에 獨引明堂位하야 謂夏官百[53]이라하니 非也라

石梁王氏："堯임금과 舜임금은 옛날 법을 상고하여 100명의 관원을 세웠는데, 夏나라와 商(殷)나라는 관원 수가 배로 늘어났다." 하였으니, 鄭玄의 註에 〈明堂位〉만을 인용하여 夏나라 관원이 100명이라고 말한 것은 잘못이다.

≪大全≫

嚴陵方氏曰 三公之數는 則取陽數而成也요 九卿은 則倍公而三之也요 二十七大夫는 則又倍卿而三之也요 八十一元士는 則又倍大夫而三之也라 天子理陽道하야 於建官之數에 每準於陽焉하니 后治陰德에 亦以是爲數者는 特從夫而已라 夫位尊者는 其事約而總하고 位卑者는 其事詳而分이라 故로 官之法이 位愈卑而數愈倍焉이라 以周官言之하면 大(태)宰는 上士八人이요 中士十有六人이요 下士旅三十有二人[54]이니 則中下之士互相倍를 可知로되 而此不言者는 以陽數窮於九九故로 止八十一元士終焉하니 若黃鍾律終於八十一數하니라

嚴陵方氏：3公의 수는 陽의 수를 취하여 이루어진 것이고, 9卿은 公을 3배로 한 것이고, 27大夫는 또 卿을 3배로 한 것이고, 81명의 元士는 또 대부를 3배로 한 것이다. 천자는 陽의 道를 다스려서 관원을 세우는 숫자에 매번 陽을 기준으로 삼으니, 后가 陰의 덕을 다스릴 때에도 이로써 숫자를 삼는 것은 다만 남편을 따르는 것이다. 지위가 높은 자는 맡는 일이 간략하고 총괄적이며, 지위가 낮은 자는 맡는 일이

52) 唐虞稽古……夏商官倍：≪書經≫ 〈周書 周官〉에 보인다.

53) 註獨引明堂位 謂夏官百：鄭玄의 注에 "이는 夏나라의 제도이다. 〈明堂位〉에 '하나라의 관원이 100명이다.' 한 것은 成數를 든 것이다.〔此夏制也 明堂位曰 夏后氏之官百 擧成數也〕" 하였는데, 孔穎達의 疏에 "〈명당위〉에 '殷나라의 관원은 200명이다.'라고 하여, 이와는 서로 부합하지 않으므로 은나라 제도라고 말할 수 없는 것이다.〔明堂殷官二百 與此不相當 故不得云殷制也〕" 하였다.(≪禮記正義≫) 〈명당위〉에 "舜임금은 관원이 50명이었고, 하나라는 관원이 100명이었고, 은나라는 200명이었고, 주나라는 300명이었다.〔有虞氏官五十 夏后氏官百 殷二百 周三百〕"라고 보인다.

54) 大(태)宰……下士旅三十有二人：≪周禮≫ 〈天官 敍官〉에 보인다.

여러 갈래로 세분된다. 그러므로 관직을 만든 법이 지위가 낮을수록 수가 배로 늘어나는 것이다. ≪周禮≫를 가지고 말하면 太宰는 上士가 8명이고 中士가 16명이고 下士의 무리가 32명이다. 그렇다면 중사와 하사의 수가 서로 2배 차이가 남을 알 수 있다. 여기 경문에서 이를 말하지 않은 것은 陽의 수가 9×9에서 끝나기 때문에 다만 81명의 원사로 끝마친 것이니, 이는 黃鍾律의 수가 81에서 끝나는 것과 같다.

○ 劉氏孟冶曰 職之隆者는 事益簡하고 職之卑者는 事益衆이라 故로 三公은 所以論道經邦하야 佐天子하야 理萬機하고 調萬化하며 國有大事하야 而有大興作大利害면 則有卿焉이라 等而下之하야 或典禮樂하고 或任簿書하니 此九卿則三倍於公하고 大夫又三倍於卿하고 元士又三倍於大夫也니라

劉氏孟冶 : 직책이 높은 자는 일이 더욱 간략하고, 직책이 낮은 자는 일이 더욱 많다. 그러므로 3公은 道를 논하고 나라를 다스려서 천자를 보좌하여 萬機를 다스리고 萬化를 고르게 하며, 나라에 큰일이 있어서 큰 興作(공사)과 큰 利害가 있게 되면 卿이 있게 된다. 차등하여 내려가서 혹은 禮樂을 맡고 혹은 문서를 맡으니, 이것이 9卿은 公보다 3배가 되고 대부는 또 卿보다 3배가 되고 元士는 또 대부보다 3배가 되는 것이다.

051101 大國은 三卿이니 皆命於天子하나니 下大夫五人이요 上士二十七人이니라 次國은 三卿이니 二卿이 命於天子요 一卿이 命於其君하나니 下大夫五人이요 上士二十七人이니라 小國은 二卿이니 皆命於其君하나니 下大夫五人이요 上士二十七人이니라

大國은 3卿인데, 모두 천자에게 명을 받으니, 下大夫가 5명이고 上士가 27명이다. 次國은 3경인데, 두 경은 천자에게 명을 받고 한 경은 그 군주에게 명을 받으니, 하대부가 5명이고 상사가 27명이다. 小國은 2경인데, 모두 그 군주에게 명을 받으니, 하대부가 5명이고 상사가 27명이다.

≪集說≫

馬氏曰 天子六卿而二卿一公이라 故有三公하고 而六卿之中에 又有三孤焉이라 天子

六卿而大國三卿은 乃其統之屬也요 至於大夫士하야는 則又三卿之屬焉이라 下大夫五人은 二卿之下에 下大夫各二人이요 一卿之下에 下大夫一人이니 周官所謂設其參(삼)은 卽三卿也요 傅其伍는 卽下大夫五人也요 陳其殷은 卽上士二十七人也라 有上中下之大夫어늘 而獨言下大夫者는 對卿而言也니 其實은 大夫有上中下之辨하고 士亦有上中下로되 而獨言上士者는 對府史而言也니 其實은 士又有上中下之異니라

馬氏 : 천자는 6卿인데, 두 경에 한 公이 있으므로 3공이 있고, 6경의 가운데에 또 3孤가 있다. 천자는 6경인데 大國이 3경인 것은 바로 그 통솔에 소속된 것이다. 大夫와 士에 이르러서는 또 3경의 소속이다. 下大夫가 5명인 것은 두 경의 아래에 하대부가 각각 2명씩 있고, 한 경 아래에 하대부가 1명이 있으니, ≪周禮≫ 〈天官大宰〉에 이른바 "그 세 명을 설치한다."라는 것은 바로 3경이고, "그 다섯 명을 붙인다."라는 것은 바로 하대부 5명이고, "그 많은 사람을 진열하여 세운다."라는 것은 바로 上士 27명이다.

上·中·下의 대부가 있는데, 여기에서 다만 하대부만을 말한 것은 경을 상대하여 말한 것이니, 그 실제는 대부도 상·중·하의 구분이 있다. 士 또한 상·중·하의 구분이 있으나 여기에서 다만 상사만을 말한 것은 府와 史를 상대하여 말한 것이니, 그 실제는 사도 상·중·하의 차이가 있다.

≪大全≫

永嘉徐氏曰 先王이 建萬國하고 親諸侯는 聖人觀地上有水之象하야 爲之[55]니 非其不得已也라 中畿千里하고 環列五服하야 選賢建德하야 與之共理하야 其維之有法하고 其御之有道하니 聖人所以與天下爲功이요 而非私其力以爲己也라 試觀其內諸侯祿하고 外諸侯嗣하면 內外非有輕重이요 而又更(경)出迭入爲之하니 諸侯不得以久其權也라 列國之卿이 命于天子하야 王臣布在諸侯之國하고 而諸侯每歲貢士가 實在王都하니 諸侯又不得私其人也라 聖人封建之大權이 其內外相維를 可見於此矣라 且大國三卿은 命於天子하니 則朝廷所自命者也요 小國二卿은 命於其君하니 則君命之者也라 夫國

55) 先王……爲之 : ≪周易≫ 比卦 〈象傳〉에 "땅 위에 물이 있는 것이 比이니, 선왕이 이것을 보고서 만국을 세우고 제후들을 친애한다.〔地上有水比 先王以 建萬國 親諸侯〕"라고 보인다.

之大者는 宜專其命이요 國之小者는 宜自上出也라 命其大하고 不命其小하니 聖人控制大邦하고 優假小國之意가 深矣로다

永嘉徐氏 : 先王이 萬國을 세우고 제후를 친애함은 聖人이 땅 위에 물이 있는 象을 보고서 만든 것이니, 부득이한 것이 아니다. 중앙의 王畿가 1,000리이고 밖에 五服이 주위로 나열되어 있어서 어진 이를 가려 뽑고 덕이 있는 이를 세워서 그들과 함께 다스린다. 그리하여 법을 갖추어 유지하고 도를 갖추어 어거하니, 성인은 천하와 더불어 功을 삼고 그 힘을 자기를 위해 사사로이 쓰는 것이 아니다.

〈王畿〉 안의 제후에게는 祿을 주고 밖의 제후에게는 후손에게 〈封地가〉 이어지게 한 것을 한번 보면 안과 밖에 가볍고 중한 차이를 둔 것이 아니고, 또 번갈아 나가고 번갈아 들어오게 하였으니 제후가 그 권력을 오래 차지할 수 없게 한 것이다. 列國의 卿이 천자에게 명을 받아서 왕과 신하가 제후의 나라에 포진해 있고, 제후가 매년 뽑아 천거한 士가 실로 王都에 있으니, 제후가 또 그 사람을 사사로이 등용할 수 없는 것이다. 성인이 封建하는 큰 권력이 그 안과 밖이 서로 유지됨을 여기에서 볼 수 있다.

또 대국의 3卿은 천자에게 명을 받으니 조정에서 직접 명한 것이고, 소국의 2경은 그 군주에게 명을 받으니 군주가 직접 명한 것이다. 나라가 큰 경우에는 마땅히 〈경이〉 命을 獨斷해야 하고, 나라가 작은 경우에는 명이 마땅히 위(제후)에서 나와야 한다. 〈천자가〉 대국의 경을 임명하고 소국의 경을 임명하지 않으니, 성인이 큰 나라를 억눌러 제재하고 작은 나라를 넉넉히 해준 뜻이 깊다.

051201 天子使其大夫로 爲三監하니 監於方伯之國호되 國에 三人이니라

천자가 그 大夫로 하여금 3監이 되게 하니, 方伯의 나라를 감시하되 나라마다 3명을 둔다.

≪集說≫

監者는 監臨而督察之也라 自王朝出하니 權亦尊矣라 一州三人이면 則二十四人也라 此는 大夫之在朝에 必無職守者니 使有常職이면 豈可遣乎아 不然이면 則特命也라

'監'은 감독의 임무를 맡아 〈현지로 나가〉 단속하여 살피는 것이다. 王朝로부터 나갔으니, 권력 또한 높은 것이다. 한 州에 3명이면 〈8주에〉 24명인 것이다. 이는 조

정에 있는 대부 중에 반드시 지켜야 할 직무가 없는 자일 것이니, 만일 일정한 직책이 있다면 어찌 〈方伯의 나라로〉 보낼 수 있겠는가. 그렇지 않다면 특별히 명한 것이리라.

≪大全≫

嚴陵方氏曰 方伯은 專征於一方하야 其權實重焉하니 天子不可不大爲之防이라 每國三人故로 謂之三監하니 必以三人爲率(률)者는 則與三公同義라 不使卿爲之하고 止使大夫爲之는 以見(현)天子之尊이니 雖使其大夫나 固足制於方伯故也라 若書所謂三監[56]은 名義雖同이나 而人則異焉이니라

嚴陵方氏 : 方伯은 한 지방에 대한 정벌의 전권을 가져 그 권세가 실로 중하니, 천자가 크게 방비하지 않을 수 없다. 나라마다 3명이 있기 때문에 '3監'이라 일렀으니, 반드시 3명을 비율로 삼은 것은 三公과 뜻이 같다. 卿을 시켜 監을 하지 않고 다만 大夫로 하여금 監을 시킨 것은 천자의 존귀함을 보인 것이니, 비록 대부를 시키더라도 참으로 방백을 제어할 수 있기 때문이다. ≪書經≫에 이른바 '3監'은 이름과 뜻은 비록 같으나 사람(신분)은 다르다.

○ 金華應氏曰 方伯者는 天子所任以總乎外者也요 又有監以臨之하니 蓋方伯權重則易(이)專이요 大夫位卑則不敢肆라 此大小相維하고 內外相統之微意也니라

金華應氏 : 方伯은 천자가 임명하여 밖을 총괄하게 한 자이며, 또 監을 두어 감시하게 하였다. 방백은 권력이 중하니 자기 마음대로 하기가 쉽고, 대부는 지위가 낮으니 감히 함부로 하지 못한다. 이것이 크고 작은 것을 서로 유지하고 안과 밖을 서로 통솔하는 은미한 뜻이다.

051301 天子之縣이 內諸侯는 祿也요 外諸侯는 嗣也니라

천자의 縣은 안의 제후는 祿을 주고, 밖의 제후는 세습을 한다.

---

56) 三監 : 周 武王이 殷을 정벌한 다음 세 아우인 管叔, 蔡叔, 霍叔에게 감독하게 하였으므로 이들을 '三監'이라 하였다. 成王이 나이가 어려 周公이 섭정할 때 이들은 주공이 성왕에게 이롭지 못할 것이라는 유언비어를 퍼뜨리고 반역을 일으켰다. 이에 주공은 東都로 피하였는데, 성왕이 주공을 다시 맞아들인 다음 이들을 잡아 죽였다.(≪書經≫ 〈周書 大誥〉)

≪集說≫

畿內之地는 王朝百官食祿之邑이 在焉하고 畿外는 乃以封建하야 使其子孫嗣守라 然이나 內亦謂之諸侯者는 三公之田이 視公侯하고 卿視伯하고 大夫視子男하고 元士視附庸也일새니라

畿內의 땅에는 王朝의 百官들이 祿을 먹는 食邑이 있고, 畿外에는 바로 封建을 하여 그 자손으로 하여금 대대로 지키게 한다. 그러나 안을 또한 '제후'라고 한 것은 3公의 田地는 公과 侯에 비견하고, 卿은 伯에 비견하고, 大夫는 子와 男에 비견하고, 元士는 附庸에 비견하기 때문이다.

≪大全≫

嚴陵方氏曰 內諸侯는 則公卿大夫士 是也요 外諸侯는 則公侯伯子男이 是也라 夫祿은 所以養其人이요 嗣는 所以傳其國이니 內諸侯는 臣道也라 止養其人而已요 外諸侯는 君道也라 故로 傳其國焉이라 經亦曰 諸侯世子는 世國하고 大夫는 不世爵[57)]이라하니 蓋謂是矣니라

嚴陵方氏 : '內諸侯'는 公・卿・大夫・士이고, '外諸侯'는 公・侯・伯・子・男이다. '祿'은 그 사람들(관리들)을 기르는 것이고, '嗣'는 그 나라를 전하는 것이니, 내제후는 신하의 道이기 때문에 다만 그 사람들을 기를 뿐이고, 외제후는 군주의 道이므로 그 나라를 전하게 해주는 것이다. 經文에 또한 "제후의 世子는 대대로 나라를 소유하고 대부는 대대로 官爵을 받지 않는다." 하였으니, 이것을 말한다.

○ 石林葉(섭)氏曰 內之公卿大夫는 其受田을 視公侯伯子男하니 固亦通稱爲諸侯也라 內以世祿爲主로되 而有賢者면 亦得世爵하고 外以世爵爲主로되 而不賢이면 亦止於世祿하니 然則諸侯之子는 自非大惡이면 猶得襲位요 而公卿大夫之子는 必賢而後爵이니 豈輕內而重外乎아 蓋古者에 公卿大夫有功德이면 則出封爲諸侯하니 是는 在外之世爵者 乃內之世祿臣也요 至諸侯有功德이면 亦必入而爲公卿하니 是는 在內之世祿者 或在外之世爵諸侯也라 內外更易하야 而輕重所以均者는 此先王之仁政也니라

---

57) 諸侯世子……不世爵 : 〈王制〉에 보인다.

石林葉氏 : 안의 公·卿·大夫는 田地를 받는 것을 公·侯·伯·子·男에 비견하니, 진실로 또한 통칭하여 '諸侯'라 할 수 있는 것이다. 안은 대대로 祿을 주는 것을 위주로 삼으나 어진 이가 있으면 또한 대대로 官爵을 받을 수 있고, 밖은 대대로 爵位를 받는 것을 위주로 삼으나 어질지 못하면 또한 대대로 녹을 받는 데에서 그친다. 그렇다면 제후의 아들은 본래 크게 악한 자가 아니면 계속해서 제후왕의 지위를 세습할 수 있고, 공·경·대부의 아들은 반드시 어진 뒤에야 관작을 받을 수 있으니, 어찌 안을 가볍게 여기고 밖을 중하게 여기겠는가.

옛날에 공·경·대부가 功德이 있으면 밖으로 나가 제후에 봉해지니, 이는 밖에서 대대로 작위를 받는 자가 바로 안에서 대대로 녹을 받는 신하인 것이다. 제후의 경우에도 공덕이 있으면 또한 반드시 들어가 공·경이 되니, 이는 안에서 대대로 녹을 받는 자가 혹 밖에서 대대로 작위를 받는 제후일 수 있는 것이다. 안과 밖이 번갈아 바뀌어서 가볍고 중한 것이 고르게 되니, 이는 先王의 仁政이다.

051401 **制**에 **三公**은 **一命**에 **卷**(곤)이니 **若有加**인댄 **則賜也**라 **不過九命**이니라

〈命服의〉 제도에 3公은 1命을 더함에 袞服을 입으니, 만일 〈命을〉 더함이 있으면 은혜로 하사한 것이므로 9命을 넘을 수 없다.

≪集說≫

制者는 言三公命服之制也라 命數止於九하니 天子之三公은 八命에 著鷩(착별)冕하니 若加一命이면 則爲上公하야 與王者之後同하야 而著袞冕이라 故云 一命에 袞이라하니 若爲三公而有加袞者면 是出於特恩之賜요 非例當然이라 故로 云 若有加인댄 則賜也라하니라 人臣은 無過九命者니 大宗伯再命受服[58]은 與此不同하니라

'制'는 3公의 命服의 제도를 말한 것이다. 命數는 9에 그치는데, 천자의 3公은 8命에 鷩冕을 입으니, 만일 여기에 1命을 더하면 上公이 되어 王者의 후손과 똑같아져

58) 大宗伯再命受服 : ≪周禮≫ 〈春官 大宗伯〉에 "1命에 직책을 받고, 2명에 官服을 받고, 3명에 작위를 받고, 4명에 祭器를 받고, 5명에 채읍을 하사받고, 6명에 독자적으로 관원을 둘 수 있는 권력을 하사받고, 7명에 나라를 하사받고, 8명에 제후의 牧이 되고, 9명에 제후의 伯이 된다.〔壹命受職 再命受服 三命受位 四命受器 五命賜則 六命賜官 七命賜國 八命作牧 九命作伯〕"라고 보인다.

서 袞冕을 입는다. 그러므로 "1命에 袞服을 입는다." 했으니, 만일 3公이 되어서 곤복을 더한 자가 있으면 이것은 특별한 은혜로 하사한 것에서 나온 것이고, 준례에 당연한 것은 아니다. 그러므로 "만일 〈命을〉 더함이 있으면 〈은혜로〉 하사한 것이다." 한 것이다. 人臣은 9命을 넘는 자가 없으니, 〈大宗伯〉에 '2命에 官服을 받는 것'은 이것과 다르다.

○ 馬氏曰 三公袞服은 有降龍하고 無升龍이니라

馬氏 : 3公의 袞服에는 하강하는 용은 있고 승천하는 용은 없다.

051501 **次國之君**은 **不過七命**이요 **小國之君**은 **不過五命**이요 **大國之卿**은 **不過三命**이요 **下卿**은 **再命**이요 **小國之卿**과 **與下大夫**는 **一命**이니라

次國의 군주는 7命을 넘지 않고, 小國의 군주는 5명을 넘지 않고, 大國의 卿은 3명을 넘지 않고, 下卿은 2명이고, 소국의 경과 下大夫는 1명이다.

≪集說≫

方氏曰 大國之卿이 不過三命이라 下卿再命이면 則知次國之卿이 再命一命也요 小國之卿이 與下大夫一命이면 則知三等之國의 其大夫皆一命而已라 大國에 對下卿言하니 卿指上中을 可知요 小國에 特言卿하니 則兼三等之卿을 可知라 言下大夫而不及上中者는 蓋諸侯無中大夫하야 而卿卽上大夫故也라 前言上中下之所當이 與此不同者는 位雖視其命이나 不能無詳略之異也일새니라

方氏 : 大國의 卿은 3命을 넘지 않는다. 〈대국의〉 下卿이 2命이면 次國의 경이 2명과 1명임을 알 수 있고, 小國의 경이 下大夫와 더불어 1명이면 세 등급의 나라에 그 대부들이 모두 1명임을 알 수 있다.

대국에 하경을 상대적으로 말했으니 〈대국의〉 '卿'은 上卿과 中卿을 가리킴을 알 수 있고, 소국에 단지 '卿'이라고만 말했으니 〈'小國之卿'의 '卿'은 상·중·하〉 세 등급의 경을 겸함을 알 수 있다. 하대부를 말하고 上大夫와 中大夫를 언급하지 않은 것은, 제후는 중대부가 없어서 경이 바로 상대부이기 때문이다. 앞에서 상·중·하가 해당되는 바를 말한 것이 이와 똑같지 않은 것은, 지위는 비록 그 命數에 견주나

자세하고 간략함의 차이가 없을 수 없기 때문이다.

≪大全≫

永嘉徐氏曰 古者設官之制는 其爵以五[59)]요 其命以三[60)]이라 自上公九命으로 至於子男五命히 品級異等而不可亂이요 自上公袞冕侯伯驚冕으로 至於子男毳冕[61)]히 儀章異數而不可越이라 周官典命은 掌諸侯之五儀와 諸臣五等之命[62)]하고 司服은 自公之服으로 至子男之服히 所衣之服을 必從其命하니 其命不差하면 則其服不僭이니 先王所以正名分而章服采也라 故로 嘗論衣服之制컨대 自黃帝堯舜으로 取諸乾坤하야 以爲衣裳[63)]하니 蓋法天地하야 以制爲上下之服이요 非私自創立之也라 虞夏之制는 天子祭服은 自日月以下十有二章이니 蓋會天地萬物於一身하야 以照臨百官하야 文采物色이 靡一不備하니 而皐陶(요)謨所載五服五章以命有德을 謂之天命[64)]이라 自天子

59) 其爵以五 : 〈王制〉에 "천자가 녹과 작위를 제정한 것은 公과 侯와 伯과 子와 男으로 모두 다섯 등급이다.〔王者之制祿爵 公侯伯子男凡五等〕" 하였다.

60) 其命以三 : ≪周禮≫ 〈春官 典命〉에 따르면 천자의 公・侯・伯・子・男을 세 가지 命으로 등급을 구분한 것인바, 9命의 上公, 7명의 侯・伯, 5명의 子・男 세 명을 가리킨다.

61) 自上公袞冕侯伯驚冕 至於子男毳冕 : ≪書經≫ 〈虞書 皐陶謨〉에 "하늘이 덕이 있는 이에게 명하려 하면 다섯 가지 복식으로 다섯 가지 등급을 표창하고, 하늘이 죄가 있는 이를 토벌하려고 하면 다섯 가지 형벌로 다섯 가지 등급을 써서 징계한다.〔天命有德 五服五章哉 天討有罪 五刑五用哉〕" 하였는데, '五服'이란 다섯 등급의 복장으로서 9章에서 1장까지이다. 즉 龍은 변화를 이루는 점을 취한 것이고, 산은 주위를 진압하고 있음을 취한 것이고, 꿩은 그 찬란한 문채를 취한 것이고, 불은 밝은 빛을 취한 것이고, 宗彝는 짐승으로서 효도할 줄 아는 것을 취한 것이고, 藻類는 그 깨끗한 점을 취한 것이고, 粉米는 사람을 먹여 살리는 점을 취한 것이고, 黼는 딱 자르는 점을 취한 것이고, 黻은 좌우가 분명한 점을 취한 것이다. 袞冕은 9장인데 3公의 복장이고, 驚冕은 7장인데 侯・伯의 복장이고, 毳冕은 5장인데 子・男의 복장이고, 絺冕은 3장인데 孤의 복장이고, 玄冕은 1장인데 卿과 대부의 복장이며, 士는 皮弁이고 복장의 章數는 없다.

62) 諸臣五等之命 : 鄭玄의 注에 따르면 公・侯・伯・子・男 이하의 4命의 孤와 3명의 卿과 2명의 大夫와 1명의 士와 不命의 신하까지를 가리킨다.(≪周禮注疏≫)

63) 自黃帝堯舜……以爲衣裳 : ≪周易≫ 〈繫辭傳 下〉에 "황제와 요・순 시대에는 임금이 의상을 드리우고 〈가만히 자리에 앉아만 있어도〉 천하가 〈그 덕에 힘입어〉 잘 다스려졌으니, 이는 乾卦와 坤卦에서 취한 것이다.〔黃帝堯舜 垂衣裳而天下治 蓋取諸乾坤〕"라고 보인다.

64) 五服五章以命有德 謂之天命 : ≪書經≫ 〈虞書 皐陶謨〉에 "하늘이 덕이 있는 이에게 명하려 하면 다섯 가지 복식으로 다섯 가지 등급을 표창한다.〔天命有德 五服五章哉〕"라고 하였는데, 孔穎達의 疏에 "五服은 天子・諸侯・卿・大夫・士의 복식이다." 하였다.(≪尙書正義≫)

十二章으로 至卿大夫之三章히 其別爲五하니 如天造地設하야 不可紊也라 公之袞冕은 其章數同於王이나 而其旒數則異라 故로 上公之袞은 無升龍하고 而旒則以九하니 固自有等殺(쇄)也라 豈曰 公之服이 與王同而得純用之하야 無所等倫於其間哉아

永嘉徐氏 : 옛날 관직을 설치한 제도는 작위를 〈公·侯·伯·子·男의〉 다섯 등급으로 하고 命을 〈1命과 5명, 9명의〉 셋으로 하였다. 上公의 9명으로부터 子·男의 5명에 이르기까지 品級이 차등이 있어 문란할 수가 없고, 상공의 袞冕과 후·백의 鷩冕으로부터 자·남의 毳冕에 이르기까지 儀章이 禮數를 달리하여 〈그 등급의 차이를〉 뛰어넘을 수가 없다.

≪周禮≫ 〈春官〉의 典命은 제후(공·후·백·자·남)의 다섯 가지 儀章과 諸臣의 다섯 등급의 命을 관장하고, 司服은 공의 의복으로부터 자·남의 의복에 이르기까지 입는 의복을 반드시 그 命數를 따라 마련하였다. 명수가 어긋나지 않으면 의복이 참람하지 않게 되니, 先王이 名分을 바로잡아 의복의 무늬를 밝힌 것이다. 그러므로 내가 일찍이 의복의 제도를 논하건대 黃帝와 堯·舜 때부터 乾卦와 坤卦에서 취하여 衣裳을 만들었으니, 이는 하늘과 땅을 본받아 上衣와 下裳의 의복을 제정한 것이고, 사사로이 스스로 創立한 것이 아니다.

舜임금과 夏나라의 제도에는 천자의 祭服은 해와 달로부터 이하 12개의 章이 있는데, 천지의 만물을 한 몸에 모아서 百官을 밝게 굽어살펴 文采와 물건의 색깔이 한 가지도 갖추지 않음이 없게 하였으니, 〈皐陶謨〉에 기재된바 "다섯 가지 복식으로 다섯 가지 등급을 표창하시어 덕이 있는 이에게 명함을 天命이라 이른다."는 것이다.

천자의 12章으로부터 卿大夫의 3章에 이르기까지 구별이 다섯 가지이니, 이는 하늘이 만들고 땅이 베푼 것과 같아서 문란할 수가 없다. 公의 곤면은 그 章數는 왕과 같으나 그 술〔旒〕의 수는 다르므로 上公의 곤면에는 승천하는 龍이 없고 술은 아홉 개를 쓰니, 진실로 본래 등급에 따른 감쇄가 있는 것이다. 어찌 공의 의복이 왕의 것과 똑같이 통째로 사용하여 그 사이에 차등한 바가 없다고 할 수 있겠는가.

051601 凡官民材호되 必先論之니 論辨然後에 使之하고 任事然後에 爵之하고 位定然後에 祿之니 爵人於朝는 與士共之요 刑人於市는 與衆棄之니라

무릇 백성 중에 재능이 있는 사람에게 벼슬을 시키되 반드시 먼저 그 사람의 〈행실과 재주를〉 평가해야 하니, 〈행실과 재주를〉 평가하여 분별한 뒤에 일을 시키며, 일을 맡겨본 뒤에 官爵을 내리며, 지위가 정해진 뒤에 祿을 준다. 조정에서 사람에게 관작을 내릴 때에는 여러 士와 함께 내려주고, 시장에서 사람에게 형벌을 내릴 때에는 〈그를〉 여러 사람과 함께 버린다.

≪集說≫

論은 謂考評其行藝之詳也라 論辨則材之優劣이 審矣요 任事則能勝其任矣라 於是에 爵之以一命之位하야 而養之以祿焉이니라

'論'은 행실과 재주의 상세함을 상고하고 평가함을 이른다. 〈행실과 재주를〉 평가하여 분별하면 재주의 우열이 자세히 드러나고, 일을 맡기면 능히 그 임무를 감당할 수 있을 것이다. 이에 1命의 지위로써 爵位를 내려 祿으로써 기르는 것이다.

○ 疏曰 爵人於朝는 殷法也니 周則天子假(격)祖廟而拜授之하니라 刑人於市도 亦殷法이니 謂貴賤을 皆刑於市라 周則有爵者를 刑于甸師氏[65]也하니라

疏 : '조정에서 사람에게 관작을 내리는 것'은 殷나라 법이니, 周나라는 천자가 先祖의 사당에 이르러 임명하였다. '시장에서 사람에게 형벌을 내리는 것' 또한 은나라의 법이니, 귀하고 천한 사람 모두에게 시장에서 형벌을 내림을 이른다. 주나라는 작위가 있는 자를 甸師氏에게 형벌을 받게 하였다.

≪大全≫

馬氏曰 凡民之材는 有大小之不同하니 其德則有知仁聖義(中)〔忠〕[66]和하고 其行則有孝友睦婣任恤하고 其藝則有禮樂射御書數[67]라 凡官民材호되 必先論之하니 論之

65) 甸師氏 : 관직 이름이다. 周나라 때에 왕의 籍田을 관장하여 그 수확을 제사에 진상하고 왕의 同姓 귀족과 작위를 지닌 자의 처벌을 담당하였다.(≪周禮≫ 〈天官 甸師〉)

66) (中)〔忠〕 : 저본에는 '中'으로 되어 있는데, ≪周禮≫ 〈地官 大司徒〉에 의거하여 '忠'으로 수정하였다.

67) 其德則有知仁聖義(中)〔忠〕和……其藝則有禮樂射御書數 : ≪周禮≫ 〈地官 大司徒〉에 "鄕學의 〈세 종류의 敎法인〉 三物을 가지고 만민을 교화하고 〈인재가 있으면〉 빈객의 예로 〈우대

者는 論其德行道藝之實하야 而視其材之所有也라 論之已辨然後에 使之任其事也하니 才足以充公卿之任이면 則使之爲公卿하고 才足以充大夫士之任이면 則使之爲大夫士라 故任事然後爵之라 爵有高下면 則祿有厚(爵)〔薄〕[68]하니 位者는 視其爵祿之高下하고 而祿者는 稱其爵之等差也라 故로 曰 任事然後爵之하고 位定然後祿之라하니 凡此는 皆以官民之材也라 下又曰 司馬辨論官材하나니 論進士之賢者하야 以告于王하야 而定其論하고 至位定然後祿之라하니 亦與此同意也라 周官曰 以德詔爵하고 以能詔事라하니 所謂德者는 卽賢之謂요 以能詔事者는 乃任事者也라 蓋司馬辨論官材는 論國中之士也요 凡官民材者는 兼萬民而言之也니 養國中之士는 與養萬民之士로 蓋有以異也라 論國中之士는 其法則致詳故로 考校於中年하고 論萬民之士는 其法則致略故로 三年然後論之하니 雖其考校之法有異나 而其論辨之意則同也니라

馬氏：무릇 백성의 재능은 크고 작은 차이가 있으니, 그 덕은 智(지혜로움)·仁(인자함)·聖(슬기로움)·義(의로움)·忠(충성스러움)·和(조화로움)가 있고, 그 행실은 孝(효성스러움)·友(우애로움)·睦(친족과 화목함)·婣(외척과 화목함)·任(믿음성이 있음)·恤(언행을 삼감)이 있고, 그 재주는 禮·樂(음악)·射(활쏘기)·御(말 몰기)·書(글씨)·數(셈)가 있다.

무릇 백성 중에 재능이 있는 사람에게 벼슬을 시키되 반드시 먼저 그를 평가하니, 평가하는 것은 그 德行과 道藝의 실제를 논하여 소유한 재주를 살펴보는 것이다. 평가하여 이미 분별한 뒤에는 그로 하여금 일을 맡게 하니, 재주가 충분히 公·卿의 책임을 충당할 만하면 그로 하여금 공·경이 되게 하고, 재주가 충분히 大夫와 士의 책임을 충당할 만하면 그로 하여금 대부와 사가 되게 한다. 그러므로 일을 맡겨본 뒤에 爵位를 내리는 것이다.

官爵에 높고 낮음이 있으면 祿에 후하고 박함이 있으니, 지위는 관작과 녹의 높고 낮음에 비견하고 녹은 관작의 차등에 걸맞게 한다. 그러므로 "일을 맡겨본 뒤에 관작을 내리며, 지위가 정해진 뒤에 녹을 준다." 하였으니, 무릇 이것은 모두 백성 중

해서〉 천거한다. 〈삼물의〉 첫째는 六德이니 知·仁·聖·義·忠·和이고, 둘째는 六行이니 孝·友·睦·婣·任·恤이고, 셋째는 六藝이니 禮·樂·射·御·書·數이다.〔以鄉三物教萬民而賓興之 一曰六德 知仁聖義忠和 二曰六行 孝友睦婣任恤 三曰六藝 禮樂射御書數〕" 하였다.

68) (爵)〔薄〕: 저본에는 '爵'으로 되어 있는데, 앞뒤 문맥을 따져 '薄'으로 수정하였다.

에 재능이 있는 이를 벼슬하게 하는 것이다.

아래 경문에 또 이르기를 "司馬가 벼슬 시킬 만한 인재를 분별하고 평가하는데, 進士 중에 어진 자를 평가하여 왕에게 보고해서 그 평가한 결과를 확정하고, 작위가 정해짐에 이른 뒤에 녹을 준다." 하였으니, 또한 이와 뜻이 같다. ≪周禮≫ 〈夏官 司士〉에 이르기를 "덕에 따라 작위의 〈진퇴를 왕에게〉 고하고 능력에 따라 일의 〈진퇴를〉 왕에게 고한다." 하였으니, 이른바 '德'이라는 것은 바로 '賢(어진 덕)'을 이르고, "능력에 따라 일의 〈진퇴를 왕에게〉 고한다."라는 것은 바로 〈능력이 있는 자에게〉 일을 맡기는 것이다.

사마가 재능이 있는 사람을 분별하고 평가하여 벼슬 시킴은 國中의 士를 평가하는 것이고, 무릇 백성 중에 재능이 있는 자를 벼슬 시킴은 萬民을 겸하여 말한 것이니, 국중의 사를 기름은 만민의 사를 기르는 것과 차이가 있는 것이다. 국중의 사를 평가함은 그 법이 지극히 상세하므로 中年(隔年)에 상고하여 비교하고, 만민의 사를 평가함은 그 법이 지극히 간략하므로 3년이 지난 뒤에 평가하니, 비록 상고하고 비교하는 법이 차이가 있으나 평가하고 분별하는 뜻은 같은 것이다.

051701 **是故**로 **公家不畜**(휵)**刑人**하며 **大夫弗養**하며 **士遇之塗**하야 **弗與言也**하며 **屛之四方**하야 **唯其所之**하야 **不及以政**은 **示弗故生也**니라

이 때문에 公家(國家)에서는 〈형벌 받은 사람인〉 刑人을 기르지〔畜〕 않으며, 大夫는 형인을 기르지〔養〕 않으며, 士는 형인을 길에서 만났을 적에 더불어 말하지도 않으며, 그를 사방으로 추방하여 오직 〈죄의 경중에 따라〉 가야 할 곳에 가서 살게 하여 政敎가 미치지 않게 하는 것은 일부러 살려주려 하지 않음을 보인 것이다.

≪集說≫

公家不畜刑人은 舊說에 以爲商制라하니 以周官에 墨者守門하고 劓(의)者守關하고 宮者守內하고 刖(월)者守囿하고 髡(곤)者守積也[69]일새라 唯其所之者는 量其罪之所當往

69) 墨者守門……髡(곤)者守積也 : 墨刑은 얼굴을 먹으로 뜨는 형벌이고, 劓刑은 코를 베는 형

適之地而居之니 如虞書五流有宅호되 五宅三居가 是也라 不及以政은 賦役不與也요 示弗故生은 不授之田하고 不賙其乏하야 示不故欲其生也라

"公家에서 刑人을 기르지 않는다."라는 것은 舊說에 商나라 제도라고 하였으니, 이는 ≪周禮≫ 〈秋官 掌戮〉에 따르면 墨刑을 당한 자가 문을 지키고, 劓刑을 당한 자가 관문을 지키고, 宮刑을 받은 자가 宮內를 지키고, 刖刑을 당한 자가 동산을 지키고, 髡刑을 당한 자가 露積을 지키기 때문이다.

"〈죄의 경중에 따라〉 가야 할 곳에 가서 살게 한다."는 것은 그 죄인이 마땅히 가야 할 땅을 헤아려 살게 하는 것이니, 예컨대 ≪書經≫ 〈虞書 舜典〉에 "다섯 가지 유배형이 각각 머무는 곳이 있는데, 다섯 가지 머무는 곳을 세 등급으로 나누어 살게 한다."라는 것이 여기에 해당한다.

"政敎가 미치지 않게 한다."라는 것은 賦役에 참여하지 않는 것이고, "일부러 살려주려 하지 않음을 보인다."라는 것은 田地를 주지 않고 궁핍함을 구휼하지 않아서 일부러 살리고자 하지 않음을 보이는 것이다.

≪大全≫

嚴陵方氏曰 爵은 所以及有德이니 陽之事也요 朝在南이니 則陽之所也라 刑은 所以加有罪니 陰之事也요 市在北이니 則陰之所也라 朝者는 士之所立故로 言與士共之하고 市者는 衆之所會故로 言與衆棄之라 蓋有德者는 人之所共(子)〔予〕[70]요 有罪者는 人之所共棄니 上言共하고 下言棄는 互相備也라 凡此는 以見人君之所好惡(오) 非出於一人之私情爾라 畜亦養也니 謂之畜이면 則所養者衆矣라 於公家에 言畜하고 於大夫에 言養은 大小之別也라 至於士하야는 則又不嫌於不能養이요 特遇之塗에 弗與之言而已니라

嚴陵方氏 : 爵位는 德이 있는 자에게 미치는 것이니 陽의 일이고, 조정은 남쪽에 있으니 陽의 처소이다. 형벌은 죄가 있는 자에게 가하는 것이니 陰의 일이고, 시장은 북쪽에 있으니 陰의 처소이다.

조정은 士가 서는 곳이므로 "〈작위를 내릴 때에는〉 여러 士와 함께〔共〕 내려준다."

벌이고, 宮刑은 거세를 하는 형벌이고, 刖刑은 발꿈치를 베는 형벌이고, 髡刑은 삭발을 하는 형벌이다.

70) (子)〔予〕 : 저본에는 '子'로 되어 있는데, 앞뒤 문맥을 따져 '予'로 수정하였다.

하였고, 시장은 여러 사람이 모이는 곳이므로 "〈형벌을 내릴 때에는〉 여러 사람과 함께 버린다〔棄〕." 하였다. 덕이 있는 자는 사람들이 함께 허여하는 바이고, 죄가 있는 자는 사람들이 함께 버리는 바이니, 위에서 '共'이라고 말하고 아래에서 '棄'라고 말함은 互文으로 채운 것이다. 무릇 이것은 人君이 좋아하고 미워하는 바가 한 개인의 사사로운 情에서 나온 것이 아님을 밝힌 것이다.

'畜' 또한 養(기름)이니, '畜'이라고 이르면 기름이 많은 것이다. 公家에 '畜'이라 하고 대부에 '養'이라고 말함은, 크고 작음을 분별한 것이다. 士의 경우에는 또 기르지 못함을 혐의하지 않고 다만 길에서 만났을 때에 더불어 말하지 않을 뿐이다.

○ 馬氏曰 爵者는 天之所以命有德이요 刑者는 天之所以討有罪라 人心從이면 則天意亦從이라 故로 聖人之制爵刑에 不拂百姓以從己之欲하고 而與衆共之也라 此與孟子所謂國人皆曰賢然後用之하고 國人皆曰可殺然後殺之[71]로 同意라 公家는 勢足以畜之하고 大夫는 勢足以養之어니와 士者는 其勢不足以畜하고 不足以養이라 故로 弗與言也라 夫自棄者는 先王亦從而棄之라 故로 屛之四方하야 示弗戮也요 自暴者는 先王亦從而暴之라 故로 不及以政하야 示弗生也라 然則好生者는 聖人之大德이요 而自棄自暴者는 不足與有爲也하고 不足與有言也[72]니라

---

71) 國人皆曰賢然後用之 國人皆曰可殺然後殺之 : ≪孟子≫ 〈梁惠王 下〉에 "좌우의 측근들이 모두 그 사람이 현명하다고 해도 아직 안 되며, 대부들이 모두 그 사람이 현명하다고 해도 아직 안 되며, 백성들이 모두 그 사람이 현명하다고 한 뒤에 살펴보아서 현명한 점을 발견한 뒤에 등용해야 합니다. 좌우의 측근들이 모두 그 사람은 안 된다고 해도 들어주지 말고, 대부들이 모두 그 사람은 안 된다고 해도 들어주지 말고, 백성들이 모두 그 사람은 안 된다고 한 뒤에 살펴보아서 불가한 점을 발견한 뒤에 물리쳐야 합니다. 좌우의 신하들이 모두 〈그를〉 죽일 만하다고 말하더라도 듣지 말며, 대부들이 모두 죽일 만하다고 말하더라도 듣지 말고, 백성들이 모두 죽일 만하다고 말한 뒤에 살펴보아서 죽일 만한 점을 발견한 뒤에 죽여야 합니다. 그러므로 백성들이 죽였다고 말하는 것입니다.〔左右 皆曰賢 未可也 諸大夫 皆曰賢 亦未可也 國人 皆曰賢 然後察之 見賢焉 然後用之 左右 皆曰不可 勿聽 諸大夫 皆曰不可 勿聽 國人 皆曰不可 然後察之 見不可焉 然後去 左右皆曰可殺 勿聽 諸大夫皆曰可殺 勿聽 國人皆曰可殺 然後察之 見可殺焉 然後殺之 故曰 國人殺之也〕"라고 보인다.

72) 自棄自暴者……不足與有言也 : ≪孟子≫ 〈離婁 上〉에 "스스로 해치는 자는 더불어 말할 수 없고, 스스로 버리는 자는 더불어 일을 할 수 없다. 말할 때에 예의를 비방하는 것을 '自暴'라 하고, 내 몸은 仁에 거하고 義를 따를 수 없다고 하는 것을 '自棄'라 이른다.〔自暴者 不可與有言也 自棄者 不可與有爲也 言非禮義 謂之自暴也 吾身不能居仁由義 謂之自棄也〕"라고 보인다.

馬氏 : 爵位는 하늘이 덕이 있는 사람에게 命한 것이고, 刑罰은 하늘이 죄 있는 사람을 토벌한 것이다. 사람의 마음이 따르면 하늘의 뜻이 또한 따른다. 그러므로 聖人이 작위와 형벌을 제정할 때에 백성을 어겨 군주 자신의 욕심을 따르지 않고 여러 사람과 함께하는 것이다. 이는 ≪孟子≫에 이른바 "백성들이 모두 현명하다고 말한 뒤에 등용하고, 백성들이 모두 죽일 만하다고 말한 뒤에 죽인다."라는 것과 뜻이 같다.

公家는 권세가 〈많은 사람을〉 기르기〔畜〕에 충분하고 대부는 권세가 〈적은 사람을〉 기르기〔養〕에 충분하나 士는 그 권세가 〈많은 사람들을〉 기르기〔畜〕에 충분치 못하고 〈적은 사람을〉 기르기〔養〕에 충분치 못하므로 더불어 말하지 않은 것이다.

〈스스로 仁義를 행하지 못한다고〉 자신을 버리는 자는 선왕이 따라서 버렸으므로 四方에 내쳐서 죽이지 않음을 보였고, 〈스스로 禮義를 비방하여〉 자신을 해치는 자는 선왕이 또한 따라서 해쳤으므로 정사를 미치지 않게 하여 살려주려 하지 않음을 보인 것이다. 그렇다면 살려주기를 좋아하는 것은 聖人의 큰 덕이고, 자신을 버리고 자신을 해치는 자는 더불어 훌륭한 일을 할 수가 없고 더불어 말할 수가 없는 것이다.

○ 劉氏孟冶曰 君은 天也니 君之喜怒賞罰은 天之雨露雷霆也라 福善禍淫은 天之賞罰也요 擧善去凶은 人君之賞罰也니 天豈能日求天下之善惡者하야 罪福之하며 人君亦豈能一一賞罰天下之善惡哉리오 亦取其尤하야 以示於衆而已라 爵人於朝는 所以勸君子니 士之所共樂也요 刑人於市는 所以懲小人이니 衆之所共惡(오)也라 君子聚於朝故로 爵人於朝하고 衆人會於市故로 刑人於市하니 以此로 見人君之喜怒 非一人之私焉이라 刑人者는 人君所以懲惡이니 衆人所棄라 故로 公家及大夫士皆遠之하야 惟其所之하니 言流放竄逐하야 任其所往이니라

劉氏孟冶 : 人君은 하늘이니, 인군의 기뻐함과 노여워함, 상 줌과 벌 줌은 하늘의 비와 이슬, 우레와 벼락인 것이다. 선한 이에게 福을 내리고 악한 이에게 禍를 내리는 것은 하늘이 내리는 상과 벌이고, 선한 사람을 등용하고 흉한 사람을 제거하는 것은 인군이 내리는 상과 벌이니, 하늘이 어찌 날마다 천하의 선한 자와 악한 자를 찾아서 죄를 주고 복을 주며, 인군 또한 어찌 일일이 천하의 선한 자와 악한 자에게 상을 내리고 벌을 주겠는가. 또한 더욱 심한 자를 골라서 무리에게 보일 뿐이다.

'조정에서 사람에게 관작을 내림〔爵人於朝〕'은 군자를 권면하는 것이니 士가 함께 즐거워하는 바이고, '시장에서 사람에게 형벌을 내림〔刑人於市〕'은 小人을 징계하는 것이

니 무리가 함께 미워하는 바이다. 군자는 조정에 모여 있기 때문에 조정에서 사람에게 관작을 내리고, 여러 사람은 시장에 모여 있기 때문에 시장에서 사람에게 형벌을 내리니, 이로써 인군의 기뻐하고 노함이 한 개인의 사사로움이 아님을 보인 것이다.

형벌 받은 사람은 인군이 악한 자를 징계한 것이니, 여러 사람이 버리는 바이다. 그러므로 公家와 大夫와 士가 모두 그를 멀리하여 오직 〈죄의 경중에 따라〉 가야 할 곳에 가서 살게 하니, 죄인을 먼 곳으로 내쫓거나 귀양 보내어 가는 대로 내버려둠을 말한 것이다.

051801 諸侯之於天子也에 比年에 一小聘하고 三年에 一大聘하고 五年에 一朝니라

제후는 천자에게 매년 한 번 小聘을 하고, 3년에 한 번 大聘을 하고, 5년에 한 번 朝會를 한다.

≪集說≫

比年은 每歲也라 小聘엔 使大夫하고 大聘엔 使卿하고 朝則君親行이니라

'比年'은 매년이다. 小聘에는 大夫를 시키고, 大聘에는 卿을 시키고, 朝會에는 君主가 직접 간다.

051901 天子는 五年에 一巡守니

천자는 5년에 한 번 巡狩를 하니,

≪集說≫

舜典曰 五載一巡守라하고 周官大行人曰 十有二歲에 王巡守殷國이라하고 孟子曰 巡守者는 巡所守也라하시니라

≪書經≫ 〈虞書 舜典〉에 이르기를 "5년에 한 번 巡狩한다." 하였고, ≪周禮≫ 〈秋官 大行人〉에 이르기를 "12년에 왕이 여러 나라를 순수한다." 하였고, ≪孟子≫ 〈梁惠王 下〉에 이르기를 "순수는 천자가 제후들이 지키는 땅을 순행하는 것이다." 하였다.

≪大全≫

長樂陳氏曰 朝覲宗遇會同은 〔君〕[73]之禮也요 存頫(조)省聘問은 臣之禮也[74]라 諸侯之於天子에 聘은 所以通好요 朝는 所以述職이니 通好는 不欲疏故로 比年一小聘하고 述職은 不欲數(삭)故로 五年一朝니라

長樂陳氏 : 朝ㆍ覲ㆍ宗ㆍ遇ㆍ會ㆍ同은 군주의 禮이고, 存ㆍ頫ㆍ省ㆍ聘ㆍ問은 신하의 禮이다. 제후가 천자에게 聘問을 함은 우호를 통하는 것이고 朝會를 함은 직무를 보고하는 것이니, 우호를 통함은 드물게 하고자 하지 않으므로 매년 한 번 小聘을 하고, 직무를 보고함은 자주 하고자 하지 않으므로 5년에 한 번 조회하는 것이다.

○ 嚴陵方氏曰 朝必以五年爲節하니 五는 爲天地相合之數[75]니 君臣之際에 有天地之義焉이라 故로 其朝聘巡守에 皆取數以五爲節焉이니라

嚴陵方氏 : 朝會는 반드시 5년으로 節度를 삼으니, '5'는 하늘과 땅이 서로 합한 숫자이다. 군주와 신하 사이에 하늘과 땅의 의의가 있다. 그러므로 朝聘하고 巡守함에 모두 5를 절도로 삼아 숫자를 취한 것이다.

---

73) 〔君〕 : 저본에는 '君'이 없으나, ≪周禮≫ 〈秋官 小行人〉에 의거하여 보충하였다.

74) 朝覲宗遇會同……臣之禮也 : ≪周禮≫ 〈秋官 小行人〉에 보이는데, 鄭玄의 注에 "侯氏가 천자를 조현하는 것을 봄에는 朝라 하고, 여름에는 宗이라 하고, 가을에는 覲이라 하고, 겨울에는 遇라 하며, 비정기적으로 뵙는 것을 會라 하고, 사계절에 무리 지어 뵙는 것을 同이라 한다.〔侯氏見于天子 春曰朝 夏曰宗 秋曰覲 冬曰遇 時見曰會 殷見曰同〕"라고 하였다. 그리고 ≪周禮≫ 〈秋官 大行人〉에 "천자가 〈使臣을 보내어〉 방국의 제후를 위무하는 것은 해마다 두루 存을 하고, 3년마다 두루 頫를 하고, 5년마다 두루 省을 하는 것이다.〔王之所以撫邦國諸侯者 歲徧存 三歲徧頫 五歲徧省〕"라고 하였고, "제후국간에 서로 우호를 닦을 적에 해마다 서로 問을 하고 중간에 서로 聘을 한다.〔凡諸侯之邦交 歲相問也 殷相聘也〕"라고 하였다.

75) 五爲天地相合之數 : 하늘의 數인 3과 땅의 수인 2가 합하여 5가 되었다 하여 이렇게 말한 것이다. ≪周易≫ 〈說卦傳〉에 "하늘의 수를 3으로 하고 땅의 수를 2로 하여 수를 세웠다.〔參天兩地而倚數〕"라고 하였는데, 朱子의 ≪周易本義≫에 "하늘은 둥글고 땅은 네모진데, 둥근 것은 하나에 둘레가 3이니, 3은 각각 한 奇이므로 하늘에서 셋을 취하여 3이 되고, 네모진 것은 하나에 둘레가 넷이니, 넷은 두 偶를 합한 것이므로 땅에서 둘을 취하여 2가 되었으니, 數가 모두 이에 의하여 일어났다.〔天圓地方 圓者 一而圍三 三各一奇 故參天而爲三 方者 一而圍四 四合二偶 故兩地而爲二 數皆倚此而起〕"라고 보인다.

051902 歲二月에 東巡守하야 至于岱宗하야 柴而望祀山川[76]하며 覲諸侯하며 問百年者하야 就見之니라

〈巡狩하는〉 해 2월에 동쪽 지방을 순수하여 岱宗(泰山)에 이르러서 하늘에 柴祭를 지내고 山川에 望祭를 지내며, 제후들을 만나보며, 100세가 된 자를 물어서 〈그를〉 찾아가 만난다.

泰山圖

≪集說≫

歲二月은 當巡守之年二月也라 岱는 泰山也요 宗은 尊也니 東方之山이 莫高於此라 故로 祀以爲東岳而稱岱宗也라 柴는 本作祡(시)하니 今通用하니 燔燎以祭天而告至

---

76) 柴而望祀山川 : '柴'는 섶나무를 태워서 하늘에 제사하는 것이고, '望'은 나라 안의 山川에 제사하는 것이다.

也라 東方山川之當祭者를 皆於此에 望而祀之하고 遂接見東方之諸侯하며 問有百歲之人이면 則卽其家而見之하니 以其年高故로 不召見也라

'歲二月'은 마땅히 巡狩해야 할 해의 2월이다. '岱'는 泰山이고 '宗'은 높음이니, 동방의 산 중에 이 산보다 높은 곳이 없다. 그러므로 제사할 적에 東岳으로 삼고 '岱宗'이라 칭한 것이다. '柴'는 본래 '祡'로 되어 있는데 지금은 통용한다. 나무를 불태워서 하늘에 제사하여 이곳에 이르렀음을 고하는 것이다. 동방의 山川 중에 마땅히 제사해야 할 곳을 모두 여기에서 바라보고 제사하며, 마침내 동방의 제후들을 接見한다. 그리고 100세가 된 사람이 있는가를 물어서 있으면 그의 집에 찾아가 만나니, 연령이 높기 때문에 불러서 만나보지 않는 것이다.

051903 命大(태)師陳詩하야 以觀民風하며 命市納賈(가)하야 以觀民之所好惡(오)하니 志淫이면 好辟(벽)이니라

太師에게 명해서 詩를 채록해 올리게 하여 백성들의 풍속을 관찰하며, 시장을 담당한 관리에게 명하여 물건값을 적어 바치게 해서 백성들이 좋아하고 싫어하는 것이 무엇인지를 관찰하니, 〈백성들의〉 마음이 사치하면 邪僻한 것을 좋아하는 것이다.

≪集說≫

大(태)師는 樂官之長이라 詩以言志하니 采錄而觀覽之면 則風俗之美惡을 可見이요 政令之得失을 可知矣라 物之供用者 皆出於市로되 而價之貴賤은 則係於人之好惡(오)하니 好質則用物貴하고 好奢則侈物貴하니 志流於奢淫이면 則所好皆邪僻矣니라

太師는 樂官의 우두머리이다. 詩로써 자신의 뜻을 말하니, 시를 채록하여 살펴보면 풍속의 좋고 나쁨을 볼 수 있고, 政令의 잘잘못을 알 수 있다. 쓰임에 공급되는 물건들이 모두 시장에서 나오나 값의 높고 낮음은 사람들이 좋아하고 싫어하는 것에 달려 있는데, 질박함을 좋아하면 생필품의 값이 비싸지고 사치함을 좋아하면 사치품의 값이 비싸지니, 마음이 사치로 흐르면 좋아하는 바가 모두 邪僻하게 된다.

051904 命典禮하야 考時月하며 定日하며 同律[77] 禮樂制度衣服하야 正之니라

典禮에게 명하여 四時와 달을 상고하고 '날짜(日辰)'를 바로잡아 정하며, 法律·禮樂·制度·衣服을 통일하여 바로잡는다.

≪集說≫

典禮는 掌禮之官也라 考時月定日은 卽舜典所云 協時月正日也니 考校四時及月之大小라 時有節氣早晩하고 月有弦望晦朔하고 日有甲乙先後하니 考之하야 使各當其節이라 法律禮樂制度衣服은 皆王者所定이니 天下一君이라 不容有異하니 異則非正矣라 故因巡守所至하야 而正其不同者하야 使皆同也니라

'典禮'는 禮를 관장하는 관원이다. "四時와 달을 상고하고 날짜를 바로잡아 정한다."라는 것은 바로 ≪書經≫ 〈虞書 舜典〉에서 말한 "사시와 달을 맞추고 날짜를 바로잡는다."라는 것이니, 사시와 달의 크고 작음을 상고하는 것이다. 철(四時)에는 節氣의 이르고 늦음이 있고, 달에는 弦(上弦이나 下弦)·望(보름)·晦(그믐)·朔(초하루)이 있고, 날(日辰)에는 甲과 乙의 先後가 있으니, 이것을 상고해서 각각 그 절도에 맞게 하는 것이다.

法律·禮樂·制度·衣服은 모두 王者가 정하는 것인데, 천하에 한 명의 군주가 있으므로 차이가 있을 수 없으니, 차이가 있으면 올바른 것이 아니다. 그러므로 巡狩할 때 이르는 곳에 따라 똑같지 않은 것을 바로잡아 모두 똑같게 하는 것이다.

≪集說≫

嚴陵方氏曰 天子分土建國하야 命諸侯以守之한대 未必人人稱職也라 故로 五年一巡而省之하니 巡守者는 巡所守而已라 蓋諸侯는 非徒守天子之土요 亦所以守天子

---

77) 同律 : 참고로 ≪書經≫ 〈虞書 舜典〉에 "巡狩하는 해의 2월에 동쪽 지방을 순수하여 岱宗(泰山)에 이르러 柴祭를 지내며 산천을 바라보고 차례를 정하여 제사하고 마침내 동쪽 제후들을 만나보니, 사시와 달을 맞추어 날짜를 바로잡으며 律·度·量·衡을 통일시키며 다섯 가지 예를 닦으며 다섯 가지 기물〔瑞玉〕을 똑같게 하고 마치면 다시 순수하였다.〔歲二月 東巡守 至于岱宗 柴 望秩于山川 肆覲東后 協時月 正日 同律度量衡 修五禮如五器 卒乃復〕" 하였다.

之法이니 天子巡之는 將以修其法而已라 天子之法이 至周詳矣니 方虞夏之際하야는 其爲法이 尙未能詳이라 故로 其修之宜數(삭)也라 春主東方하니 而東巡守는 所以順天時也요 行必以仲月者는 以見巡守之禮無適而不用中焉이니 五月八月十有一月巡守도 其義亦若是而已라 岱宗者는 蓋岱는 泰山也요 宗者는 尊也니 以其爲五岳之長故로 祀之爲東岳하고 而稱其名爲岱宗也라 於東言岱면 則知南之爲衡과 西之爲華와 北之爲恒矣라 巡守에 必居方岳之下者는 依名山而居하야 使諸侯知所趨故也라 柴而望祀山川은 卽詩時邁言巡守告祭柴望이 是也니 以天之高故로 燔柴以上達하고 以山川之遠故로 望而祀之하니 皆所以告至而已라 問百年者하야 就見之는 所以乞老者之言也라 詩는 所以言志요 風은 所以從上이니 詩言之哀樂에 足以見民風之厚薄이요 民風之厚薄에 足以知上政之得失이라 故로 命大(태)師陳詩焉이라 志淫은 言所志之淫이요 好辟은 言所好之辟이니 民之所志所好가 不必皆淫辟이나 然止以是爲言者는 蓋觀之하면 所以防其淫辟故也라 賈는 卽價也라 王者必班曆하야 以一天下正朔이라 故로 巡守則考時月焉이라 作曆者不能無贏縮하니 及其久也엔 日不能無差라 故로 巡守則必定日焉이니 蓋考之는 慮其不一이요 定之는 欲其無差라 律有陰陽하고 禮有隆殺(쇄)하고 樂有淸濁하고 制有小大하고 度有長短하고 衣服有文質하야 未嘗同也하니 此所謂同은 欲其同出於天子而已라 同出於天子면 則正於一이라 故終言正之하니 同은 則所以正之故也니라

嚴陵方氏 : 천자가 땅을 나누어 나라를 세워서 제후에게 명하여 지키게 하는데, 반드시 사람마다 직책을 걸맞게 수행하지는 못한다. 그러므로 5년에 한 번 巡狩하여 살펴보니, '巡狩'는 제후가 지키고 있는 곳을 巡行하는 것일 뿐이다. 제후는 다만 천자의 땅을 지킬 뿐만 아니고 또한 천자의 법을 지켜야 하니, 천자가 순행하는 목적은 장차 이 법을 整理하려는 것일 따름이다. 천자의 법이 周나라에 이르러 자세하였으니, 舜임금과 夏나라 때에는 그 법이 여전히 상세하지 못하였다. 그러므로 마땅히 정리를 자주 해야 했던 것이다.

봄은 東方을 주관하니 동쪽을 순수함은 天時를 순히 따른 것이고, 순행을 반드시 仲月에 하는 것은 순수하는 禮가 가는 곳마다 中을 쓰지 않음이 없음을 보인 것이니, 5월 · 8월 · 11월에 순수하는 것도 그 뜻이 또한 이와 같을 뿐이다.

岱宗의 뜻을 살펴보면 '岱'는 泰山이고 '宗'은 높음이니, 태산은 五岳의 우두머리가

되기 때문에 제사할 적에 東岳으로 삼고 이름을 '대종'이라 일컬은 것이다. 동쪽에서 대종을 말했으면 南岳은 衡山이 되고, 西岳은 華山이 되고, 北岳은 恒山이 됨을 알 수 있다.

순수할 때에 반드시 해당 方位의 岳 아래에 머무름은 名山에 의지하여 머물러서 제후로 하여금 달려올 바를 알게 하기 때문이다. 하늘에 柴祭를 지내고 山川에 望祭를 지냄은 바로 《詩經》〈周頌 時邁〉의 毛序에 "순수할 적에 封禪하여 시제와 망제를 지낸다."라는 것이 이것이다. 하늘이 높기 때문에 섶나무를 불태워 위로 도달하게 하고 산천이 멀리 있기 때문에 바라보고 제사하니, 모두 천자가 이곳에 이르렀음을 고하는 것일 뿐이다.

"100세 된 자를 물어서 찾아가 만난다."라는 것은 노인의 좋은 말을 청하는 것이다. '詩'는 뜻을 말하는 것이고, '風'은 윗사람을 따르는 것이니, 詩 내용의 슬픔과 즐거움에 따라 백성의 풍속의 후함과 박함을 볼 수 있고, 백성의 풍속의 후함과 박함에 따라 윗사람이 행하는 정치의 得失을 알 수 있다. 그러므로 太師에게 명하여 시를 채록해 올리게 한 것이다.

'志淫'은 뜻하는 바가 사치함을 말하고, '好辟'은 좋아하는 바가 邪辟됨을 말하니, 백성의 뜻하는 바와 좋아하는 바가 반드시 모두 사치하고 사벽되지는 않지만 다만 이것을 가지고 말한 것은 〈詩를〉 관찰하면 이로써 사치하고 사벽됨을 방지할 수 있기 때문이다.

'賈'는 곧 '價'이다. 王者가 반드시 冊曆을 나누어주어〔班〕 천하의 正朔을 통일하므로 순수하게 되면 四時와 달을 상고하는 것이다. 책력을 짓는 자가 남거나 부족함이 없을 수 없으니, 시일이 오래되면 날에 어긋남이 없을 수 없다. 그러므로 순수하게 되면 반드시 날짜를 바로잡아 정하는 것이니, 상고함은 통일되지 않을까 염려한 것이고, 바로잡아 정함은 어긋남이 없고자 한 것이다.

律에는 陰과 陽이 있고, 禮에는 높임과 낮춤이 있고, 음악에는 淸과 濁이 있고, 法制에는 크고 작은 것이 있고, 尺度에는 길고 짧은 것이 있고, 衣服에는 文(文飾)과 質(바탕)이 있어서 일찍이 똑같지 않았으니, 여기에서 말한 '同'은 똑같이 천자로부터 나오게 하고자 하는 것일 뿐이다. 똑같이 천자로부터 나오면 통일되어 바로잡히므로 "바로잡는다."고 말을 마쳤으니, 똑같아지는 것은 바로잡기 때문이다.

○ 延平周氏曰 告至然後에 覲諸侯는 神人之序也요 覲諸侯然後에 就見百年之有道

者는 貴賤之序也라 就見百年者는 所以訪時政之得失이니 旣訪時政矣면 然後觀民風이라 故命陳詩하고 旣觀民風矣면 然後觀民情이라 故命市納賈하야 以觀其美惡이라 好非其所好하고 惡(오)非其所惡면 則志淫好辟을 可知矣어늘 而復言之者는 示其尤在所致詳也라 命典禮以考正之者는 乃其所終始者也니 定은 於考爲詳하고 正은 於定爲略이니라

延平周氏 : 〈천자가〉 이르렀음을 고한 뒤에 제후를 만나봄은 神과 사람의 순서를 따른 것이고, 제후를 만나본 뒤에 100세 된 자 중에 道가 있는 자를 찾아가서 만나봄은 귀함과 천함의 순서를 따른 것이다. 100세 된 자를 찾아가서 만나봄은 時政의 득실을 묻기 위한 것이니, 이미 시정을 물었으면 그런 뒤에 백성의 풍속을 관찰하므로 命하여 詩를 채록해 올리게 한다. 그리고 이미 백성의 풍속을 관찰하였으면 그런 뒤에 백성의 情을 관찰하므로 시장을 담당한 관리에게 물건값을 적어 바치게 하여 풍속의 좋고 나쁨을 관찰하는 것이다.

좋아할 것이 아닌 것을 좋아하고, 싫어할 것이 아닌 것을 싫어하면 백성들의 마음이 사치하고 邪僻한 것을 좋아함을 알 수 있는데, 다시 이것을 말한 것은 더욱더 지극히 자세히 해야 할 대상임을 보인 것이다. 典禮에게 명하여 상고하고 바로잡는 것은 바로 끝마치고 시작하는 것이니, '定'은 '考'보다 상세하고, '正'은 '定'보다 간략하다.

051905 山川神祇(기)를 有不擧者 爲不敬이니 不敬者는 君을 削以地요

山川의 神祇에 〈올리는 제사를〉 거행하지 않는 것이 不敬이 되니, 불경한 경우 〈그 나라의〉 군주를 〈벌주어〉 封地를 깎고,

≪集說≫

凡祭는 有其擧之면 莫敢廢也라 故로 不擧者는 爲不敬이라 山川은 地之望也라 故로 削地焉이니라

모든 제사는 거행해야 하는 것이 있으면 감히 폐하지 말아야 하므로 거행하지 않는 것이 不敬이 되는 것이다. 山川은 땅 중에 名山과 大川이므로 〈그곳에 제사를 지내지 않으면 그 벌로 해당 군주의〉 封地를 깎는 것이다.

051906 宗廟有不順者 爲不孝니 不孝者는 君을 絀以爵이요

宗廟에 不順하는 것이 不孝가 되니, 불효한 경우 〈그 나라의〉 군주를 벌주어 작위를 깎고,

≪集說≫

宗廟不順은 如紊昭穆之次하고 失祭祀之時 皆不孝也라 爵者는 祖宗所傳이라 故로 絀爵焉이니라

'宗廟에 不順하다.'는 것은, 예컨대 昭·穆의 차례를 어지럽히고 제사하는 때를 잃은 것이 모두 不孝이다. '爵(작위)'은 祖宗으로부터 전해오는 것이므로 작위를 깎는 것이다.

051907 變禮易樂者 爲不從이니 不從者는 君을 流요 革制度衣服者 爲畔이니 畔者는 君을 討요

禮를 변경하고 樂을 바꾸는 것이 '순종하지 않음'이 되니, 순종하지 않는 경우 〈그 나라의〉 군주를 유배 보내며, 제도와 의복을 개혁하는 것이 叛逆이 되니, 반역하는 경우 〈그 나라의〉 군주를 토벌하며,

≪集說≫

不從은 違戾也라 流者는 竄之遠方이요 討者는 聲罪致戮이니 孟子曰 天子는 討而不伐이라하시니라 此章四君字는 皆謂國君이라

'不從'은 어기고 거스름이다. '流'는 먼 지방으로 귀양 보내는 것이고, '討'는 죄를 드러내어 토벌해서 죽이는 것이니, ≪孟子≫ 〈告子 下〉에 "천자는 토벌만 하고 정벌하지 않는다." 하였다. 이 장의 네 '君'자는 모두 〈제후〉 나라의 임금을 말한다.

051908 有功德於民者는 加地進律이니라

백성에게 功과 德이 있는 〈제후의〉 나라는 封地를 더 보태주고 등급을 더 올려준다.

≪集說≫

應氏曰 律者는 爵命之等이니 加地而進之는 所以示勸也라

應氏 : '律'은 爵과 命(職任)의 등급이니, 봉지를 더해주고 〈작과 명을 더〉 올려주는 것은 권장함을 보인 것이다.

≪大全≫

嚴陵方氏曰 不擧其祭祀之禮者 爲不敬이요 不順其昭穆之序者 爲不孝라 削地는 所以貶其國이요 絀爵은 所以貶其身이라 神祇(기)衆矣로되 止以山川爲言者는 蓋諸侯之所守는 以山川爲大故也라 天曰神이요 地曰祇어늘 此以山川爲神祇者는 自其無所屈言之하면 皆可謂之神이요 自其有所別言之하면 皆可謂之祇也라 禮는 外也故로 可變이요 樂은 內也라 特可易而已니 此淺深之別이라 從則隨而有所順이요 畔則敵而有所逆이니 言不從이면 則未至於畔也요 特爲不從而已니 所以爲輕重之別也라 流則放之하야 唯其所之요 討則以法而致其誅焉이라 夫巡守는 固所以同律禮樂制度衣服하야 正之也니 則其變禮易樂하고 革制度衣服者는 必流討其君하니 豈爲過哉리오

嚴陵方氏 : 제사의 禮를 거행하지 않는 것이 不敬이 되고, 昭·穆의 순서를 순히 하지 않은 것이 不孝가 된다. 封地를 깎아냄은 그 나라를 깎아내는 것이고, 爵位를 깎아냄은 그 신분을 깎아내리는 것이다. 神祇가 〈그 종류가〉 많은데 다만 山川으로 말한 것은 제후가 지키는 것 중에서는 산천을 크게 여기기 때문이다. 하늘신을 '神'이라 하고 땅신을 '祇'라 하는데 여기에서 산천을 '신기'라 한 것은, 굽힐 대상이 없는 〈絶對 神靈의〉 입장에서 말하면 〈산천의 신을〉 모두 '神'이라 이를 수 있고, 분별할 바가 있는 〈여러 신의〉 입장에서 말하면 〈산천의 신을〉 모두 '祇'라고 이를 수 있기 때문이다.

禮는 외면으로 표현하는 것이므로 변경할 수 있고, 樂은 마음속으로 〈즐거워하는〉 것이므로 다만 바꿀 수 있을 뿐이니, 이것이 얕음과 깊음의 분별이다. '從'은 따라서 순종하는 바가 있는 것이고, '畔'은 대적하여 거스르는 바가 있는 것이니, '不從'이라고 말했으면 아직 叛逆에는 이르지 않았고 다만 순종하지 않을 뿐이니, 이것이 가벼움과 무거움의 구별이 되는 것이다. '流'는 추방하여 오직 〈죄의 경중에 따

라〉 가야 할 곳에 가서 살게 하는 것이고, '討'는 법에 따라 그를 죽게 하는 것이다.

巡狩는 진실로 法律·禮樂·制度·衣服을 똑같게 하여 바로잡는 것이니, 예를 변경하고 악을 바꾸고 제도와 의복을 개혁하는 경우에는 반드시 〈그 나라의〉 군주를 귀양 보내고 토벌하여야 하니, 어찌 지나침이 되겠는가.

○ 長樂陳氏曰 不敬則無禮矣요 不孝則不仁矣요 不從與畔則不道矣라 無禮는 未至於不仁이요 不孝는 未至於不道니 此所以削地而後絀爵하고 絀爵而後流討也라 削絀流討하고 而繼之以加地進律者는 退不肖而後에 可以進賢故也니 易大有에 遏惡而後揚善[78]하고 詩巧言에 先如怒而後如祉[79]가 皆禮意也니라

長樂陳氏：不敬하면 禮가 없고, 不孝하면 仁하지 못하고, 순종하지 못하고 叛逆하면 부도덕한 것이다. 無禮는 仁하지 못함에는 이르지 않고, 不孝는 부도덕에는 이르지 않으니, 이 때문에 封地를 깎은 뒤에 〈벌 주어서〉 작위를 깎고, 〈벌 주어서〉 작위를 깎은 뒤에 유배 보내고 토벌하는 것이다.

봉지를 깎고 작위를 깎고 유배 보내고 토벌하고서 뒤이어 봉지를 더해주고 관작의 등급을 올려주는 것은, 不肖한 자를 물리친 뒤에 어진 이를 올릴 수 있기 때문이다. ≪周易≫ 大有卦에서 惡을 막은 뒤에 善을 드날리고, ≪詩經≫ 〈小雅 巧言〉에서 '만일 노한다면〔如怒〕'을 먼저 하고 '만일 기뻐한다면〔如祉〕'을 뒤에 한 것이 모두 禮의 뜻이다.

○ 長樂劉氏曰 就見百年之老면 則民不敢慢於其親이요 采察萬民之詩면 則國不敢瀆於其化요 觀其百物之價면 則民不敢淫於所好요 考其正朔之協이면 則事不敢違於其時요 同其律度之程이면 則民不敢輕於其信이요 肅其宗廟之祀면 則下不敢忘於其先이요 謹其禮樂之行이면 則民不敢悖於其中이요 執其制度之常이면 則臣不敢肆於其僭이요 賞其功德之懋면 則下不敢怠於其修니 凡是十者는 邦之大典也라 先王所以仁民之綱이요 而御諸侯之大柄也니라

---

78) 易大有 遏惡而後揚善：≪周易≫ 大有卦 〈象傳〉에 "불이 하늘 위에 있는 것이 大有이니, 君子가 보고서 惡을 막고 善을 드날려 하늘의 아름다운 命을 순종한다.〔火在天上 大有 君子以 遏惡揚善 順天休命〕"라고 한 것을 가리킨다.

79) 詩巧言 先如怒而後如祉：≪詩經≫ 〈小雅 巧言〉에 "군자가 〈讒言을 듣고〉 만일 노한다면 난이 행여 빨리 그칠 것이며, 군자가 〈善言을 듣고〉 만일 기뻐한다면 난이 행여 빨리 종식되리라.〔君子如怒 亂庶遄沮 君子如祉 亂庶遄已〕"라고 한 것을 가리킨다.

長樂劉氏 : 〈천자가〉 100세 노인을 찾아가 만나보면 백성들이 감히 그 어버이에게 소홀히 하지 못하고, 萬民의 詩를 채집하여 살피면 나라가 감히 교화를 함부로 하지 못하고, 여러 물건의 값을 살피면 백성들이 감히 좋아하는 바에 사치하지 못하고, 正朔의 맞음을 상고하면 농사일에 감히 제철을 어기지 못하고, 律과 尺度의 程度를 똑같게 하면 백성들이 감히 信을 가벼이 여기지 못하고, 宗廟의 제사를 엄숙히 하면 아랫사람들이 감히 자기의 선조를 잊지 못하고, 禮樂의 행실을 삼가면 백성들이 감히 中道를 거스르지 못하고, 제도의 떳떳함을 잡으면 신하가 감히 참람함을 함부로 행하지 못하고, 功과 德이 성대한 자에게 상을 주면 아랫사람들이 감히 〈공과 덕을〉 닦음을 태만히 하지 못하니, 무릇 이 열 가지는 나라의 큰 법이다. 이는 先王이 백성을 사랑한 기강이고, 제후를 거느린 큰 권세이다.

051909 **五月**에 **南巡守**하야 **至于南嶽**하야 **如東巡守之禮**하며 **八月**에 **西巡守**하야 **至于西嶽**하야 **如南巡守之禮**하며 **十有一月**에 **北巡守**하야 **至于北嶽**하야 **如西巡守之禮**니 **歸假**(격)**于祖禰**(녜)호되 **用特**이니라

5월에 남쪽 지방을 巡狩하여 南嶽(衡山)에 이르러서 동쪽 지방을 순수할 때의 禮와 똑같이 하며, 8월에 서쪽 지방을 순수하여 西嶽(華山)에 이르러서 남쪽 지방을 순수할 때의 예와 똑같이 하며, 11월에 북쪽 지방을 순수하여 北嶽(恒山)에 이르러서 서쪽 지방을 순수할 때의 예와 똑같이 하니, 돌아와서는 할아버지와 아버지의 사당에 이르러 〈제사하되〉 한 마리의 소를 〈제물로〉 사용한다.

≪集說≫

假(격)은 至也니 歸至京師하야 卽以特牛로 告至于祖禰之廟라

'假'은 이름이니, 돌아와 京師에 이르러서 즉시 한 마리의 소를 〈제물로〉 사용하여 할아버지와 아버지의 사당에 이르렀음을 알리는 것이다.

≪大全≫

嚴陵方氏曰 天子之出에 必造乎禰하고 及其歸也에 必假(격)于祖禰하니 出而造之는

所以象生時之必告也요 歸而假之는 所以象生時之必面也라 特은 一牛也니 用特以見約焉이라 先王菲飮食而致孝乎鬼神하사 所不敢約也나 然其約如此면 則巡守之不爲煩費를 可知니라

嚴陵方氏 : 천자가 나갈 적에 반드시 아버지 사당에 나아가고 돌아와서는 반드시 할아버지와 아버지의 사당에 이르니, 나갈 때에 〈아버지 사당에〉 나아감은 살았을 때 반드시 고함을 형상한 것이고, 돌아와서 〈아버지의〉 사당에 이름은 살았을 때에 반드시 얼굴을 뵙는 것을 형상한 것이다.

'特'은 한 마리의 소이니, 한 마리의 소를 사용한 것은 간략함을 보인 것이다. 先王이 〈평소 먹는〉 음식은 박하게 하고 鬼神에게는 효성을 지극히 하여 감히 간략히 하지 않았으나, 그 간략함이 이와 같다면 巡狩에 낭비하지 않았음을 알 수 있다.

052001 天子는 將出할새 類乎上帝하며 宜乎社하며 造乎禰하고 諸侯는 將出할새 宜乎社하며 造乎禰하나니라

천자는 장차 나갈 적에 上帝께 類祭를 지내고 〈토지신인〉 社에 宜祭를 지내고 아버지 사당에 造祭를 지내며, 제후는 장차 나갈 적에 社에 의제를 지내고 아버지 사당에 조제를 지낸다.

≪集說≫

類宜造는 皆祭名이라 後章에 言天子將出征하니 則此出은 爲巡守也요 諸侯則朝覲會同之出歟인저

'類'·'宜'·'造'는 모두 제사 이름이다. 뒷장에 "천자가 장차 出征하려 한다." 했으니, 여기에서 나감은 巡狩를 위한 것이다. 제후의 경우는 朝覲會同을 위해 나가는 것이다.

≪大全≫

石林葉(섭)氏曰 天子는 君也니 君則天道故로 類乎上帝하고 諸侯는 臣也니 臣則地道故로 宜乎社니라

石林葉氏 : 천자는 군주이니, 군주는 하늘의 道이기 때문에 上帝에게 類祭를 지낸다. 제후는 신하이니, 신하는 땅의 道이기 때문에 社에 宜祭를 지낸다.

○ 李氏曰 類는 其禮有類于正祭也요 宜는 其義有稱于事也요 造는 造而告之也라 天神은 遠人而尊故로 言禮以致其敬하고 地祇(기)는 近人而親故로 言義以致其意하고 于祖禰則以生道事之而已라 故로 告以道其事라 類乎上帝하고 宜乎社하고 造乎禰는 尊卑之序也라 泰誓曰 受命于文考하야 類于上帝하며 宜乎冢土는 告之先後之序也니라

李氏 : '類'는 그 禮가 正祭와 유사함이 있고, '宜'는 그 義가 일에 걸맞음이 있고, '造'는 나아가 고하는 것이다. 天神은 사람과 멀리 있어 높기 때문에 禮를 말하여 〈천신에 대한〉 공경을 지극히 하고, 地祇는 사람과 가까워 친하기 때문에 義를 말하여 〈지기에 대한〉 뜻을 지극히 하고, 할아버지와 아버지 사당에는 산 〈사람의〉 道로 섬길 뿐이므로 고하여 그 일을 말하는 것이다.

上帝에 類祭를 지내고 社에 宜祭를 지내고 아버지 사당에 造祭를 지냄은 尊卑의 순서이다. ≪書經≫ 〈周書 泰誓 上〉에 이르기를 "文王의 사당에서 명을 받아 상제에 유제를 지내고 冢土(社)에 의제를 지낸다." 한 것은 告하는 先後의 순서이다.

052101 天子無事하야 與諸侯로 相見曰朝니 考禮하며 正刑하며 一德하야 以尊于天子니라

천자가 일이 없어 제후와 더불어 만나보는 것을 '朝'라 하니, 이때에 禮를 상고하며 형벌을 바로잡으며 덕을 한결같이 하여 천자를 높인다.

≪集說≫

無事는 無死喪寇戎之事也라 考禮者는 稽考而是正之하야 使無違僭也요 正刑者는 行以公平하야 使無偏枉也요 一德은 無貳心也니 三者는 皆尊天子之事라

'無事'는 초상이나 전쟁 같은 일이 없는 것이다. '考禮'는 〈예를〉 상고하여 잘못된 것을 바로잡아서 어기거나 참람한 짓을 함이 없게 하는 것이고, '正刑'은 공평하게 행하여 편벽된 일이나 억울한 일이 없게 하는 것이고, '一德'은 두마음을 품지 않는 것이니, 이 세 가지는 모두 천자를 높이는 일이다.

052102 天子賜諸侯樂할새 則以柷(축)으로 將之하고 賜伯子男樂할새 則以鼗(도)로 將之니라

천자가 여러 侯에게 음악을 하사할 때 〈천자의 使者는 연주의 시작을 알리는 악기인〉 柷을 잡고서 〈천자의 명을〉 받들고, 伯・子・男의 제후에게 음악을 하사할 때는 〈사자가 연주의 끝을 알리는 악기인〉 鼗를 잡고서 〈천자의 명을〉 받든다.

≪集說≫

柷은 形如漆桶하니 方二尺四寸이요 深一尺八寸이니 中有椎柄하야 連底撞之하야 令左右擊하니 所以合樂之始요 鼗는 如鼓而小하고 有柄하니 持而搖之면 則旁耳自擊하니 所以節樂之終이라 將之는 謂使者執此以將命也라

'柷'은 형태가 옻칠한 통과 같다. 둘레가 2尺 4寸에 깊이는 1척 8촌으로 가운데에 椎柄(자루)이 있어서 연달아 쳐서 좌우에 부딪치게 하니, 음악 합주를 시작하는 것이다. '鼗'는 북과 같은데 작고 자루가 있다. 잡고서 흔들면 옆의 귀가 절로 쳐지니, 음악 연주를 끝맺는 것이다. '將之'는 使者가 이것을 잡고서 命을 받듦을 이른다.

○ 疏曰 柷은 節一曲之始니 其事寬이라 故以將諸侯之命이요 鼗는 節一唱之終이니 其事狹이라 故以將伯子男之命이니라

疏 : 柷은 한 曲의 처음을 연주하니, 연주하는 일이 그 속도가 느리므로 그것을 잡고서 여러 후의 命을 받든다. 鼗는 한 곡의 끝을 연주하니, 연주하는 일이 그 속도가 빠르므로 그것을 잡고서 伯・子・男의 명을 받든다.

柷

鼗鼓

052103 **諸侯賜弓矢然後**에 **征**하고 **賜鈇鉞然後**에 **殺**하고

제후는 〈천자에게〉 활과 화살을 하사받은 뒤에 정벌을 나가고, 鈇鉞을 하사받은 뒤에 사람을 죽이고,

≪集說≫

鈇는 莝斫(좌작)刀也요 鉞은 斧也라

'鈇'는 꼴을 베는 斫刀이고, '鉞'은 도끼이다.

052104 **賜圭瓚然後**에 **爲鬯**이니 **未賜圭瓚**이어든 **則資鬯於天子**니라

圭瓚을 하사받은 뒤에 울창주를 만드니, 규찬을 하사받지 않았으면 울창주를 천자에게 구한다.

≪集說≫

圭瓚璋瓚은 皆酌鬯酒之爵이니 以大圭爲瓚之柄者曰圭瓚이라 釀秬鬯爲酒하야 芬香이 條鬯於上下故로 曰鬯이라 祭酒灌地降神에 必用鬯이라 故로 未賜圭瓚이면 則求鬯於天子요 賜圭瓚然後에 得自爲也라

圭瓚과 璋瓚은 모두 울창주를 따르는 술잔이니, 大圭로 술잔의 자루를 만든 것을 '圭瓚'이라 한다. 찰기장과 울창(울금)을 빚어서 술을 만드는데 그 향이 아래위로 퍼지므로〔條鬯〕 '鬯'이라 한 것이다. 술로 제사하여 땅에 부어 降神할 적에 반드시 울창주를 사용한다. 그러므로 규찬을 하사받지 않았으면 울창주를 천자에게 구하고, 규찬을 하사받은 뒤에야 스스로 울창주를 만들 수 있다.

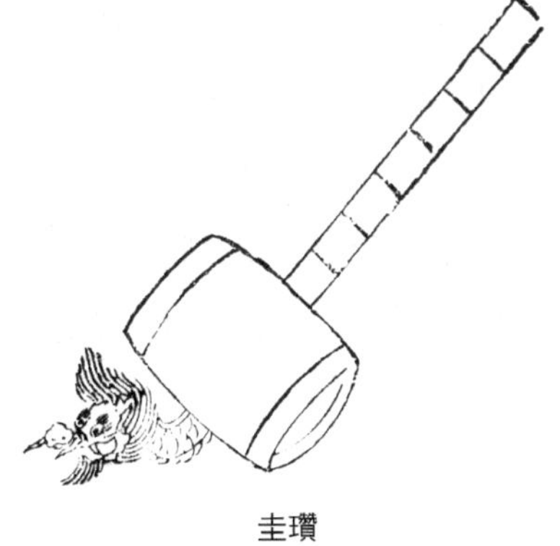
圭瓚

≪大全≫

馬氏曰 春朝夏宗秋覲冬遇가 皆所以爲朝也라 禮與刑은 天子之所出이니 而諸侯則

謹其法而已라 所謂一德者는 使之同謀協慮하야 而不敢有二心也니 凡此는 皆所以尊于天子라 征與殺은 先王所以致天討요 弓矢鈇鉞은 皆先王之所以致天討之器니 諸侯必俟天子之賜然後에 得以征伐者는 蓋臣無有作威하야 而所用則唯君之所賜而已라 以征對殺이면 則殺爲重하고 以弓矢對鈇鉞이면 則鈇鉞爲重이라 諸侯之出討有罪에 未賜鈇鉞하야 而有所不敢殺이니 則亦征之而已라 記曰 獻莫重於祼[80)]이라하니 則是鬯은 爲禮之至也요 孔子亦曰 鬯者는 敬之至也[81)]라하시니 以鬯爲敬之至시니 則天子未賜圭瓚이면 則諸侯有所不敢也라 雖然이나 宗廟之禮를 不可廢하니 未賜圭瓚이면 則資鬯於天子하고 而所用者璋瓚而已니라

馬氏 : '春朝'·'夏宗'·'秋覲'·'冬遇'가 모두 조회하는 것이다. 禮와 刑罰은 천자로부터 나오는 것이니, 제후는 그 법을 삼가 지킬 뿐이다. 이른바 '一德'은 제후로 하여금 함께 도모하고 協議하여 감히 두마음을 가지지 못하게 하는 것이니, 무릇 이것은 모두 천자를 높이는 것이다.

정벌과 죽임은 先王이 하늘의 토벌을 이룬 것이고, 弓矢와 鈇鉞은 모두 선왕이 하늘의 토벌을 이룰 때 사용한 기구이니, 제후가 반드시 천자의 하사를 기다린 뒤에 정벌할 수 있는 것은, 신하는 위엄을 일으키는 일이 없어서 쓰게 되면 오직 군주가 하사한 것을 쓸 뿐이기 때문이다. 정벌을 죽임과 對比하면 죽임이 중하고, 궁시를 부월과 대비하면 부월이 중하다. 제후가 출정하여 죄 있는 자를 토벌할 때에 부월을 하사받지 못하여 감히 죽이지 못하는 바가 있으면 또한 정벌할 뿐이다.

≪禮記≫ 〈祭統〉에 이르기를 "獻은 降神祭보다 더 중한 것이 없다." 하였으니 이 울창주는 禮가 지극한 것이고, 孔子 또한 말씀하기를 "울창주는 공경이 지극한 것이다." 하셨으니, 울창주를 공경의 지극함으로 삼은 것이다. 그렇다면 천자가 圭瓚을 하사하지 않았으면 제후가 감히 이것을 쓸 수 없는 것이다. 비록 그렇더라도 宗廟의 禮를 폐할 수가 없으니, 규찬을 하사받지 못했으면 울창주를 천자에게 구하는 것이

---

80) 記曰 獻莫重於祼 : ≪禮記≫ 〈祭統〉에 "무릇 제사에는 세 가지 중히 여기는 것이 있다. 올리는 것들 중에는 울창주를 따라 降神하는 것보다 더 중한 것이 없고, 음악은 堂 위에 올라가 연주하는 악가보다 더 중한 것이 없고, 춤은 武宿夜보다 더 중한 것이 없으니, 이것이 周나라의 禮이다.〔夫祭有三重焉 獻之屬 莫重於祼 聲莫重於升歌 舞莫重於武宿夜 此周道也〕"라고 보인다.

81) 孔子亦曰 鬯者敬之至也 : 출전이 자세하지 않다.

고, 사용하는 것은 璋瓚일 뿐이다.

○ 嚴陵方氏曰 考禮者는 考天子之禮而行之也요 正刑者는 正天子之刑而用之也라 行天子之禮면 則禮樂自天子出矣요 用天子之刑이면 則征伐自天子出矣니 禮樂征伐이 皆出自天子면 則諸侯豈有異心者哉리오 故로 能一德以尊于天子也라 弓矢는 利以用於遠하고 鈇鉞은 利以用於近하니 征者는 以行於遠爲主故로 賜弓矢然後에 得專征하고 殺者는 以制於近爲主故로 賜鈇鉞然後에 得專殺이라 鬯은 卽秬鬯也라 秬黍는 一稃二米[82]하야 和氣所生이니 以爲酒曰鬯은 以其至和之氣鬯焉故也니라

嚴陵方氏 : '考禮'는 천자의 禮를 상고하여 행하는 것이고, '正刑'은 천자의 刑罰을 바로잡아 쓰는 것이다. 천자의 禮를 행하면 禮樂이 천자로부터 나오고 천자의 형벌을 쓰면 정벌이 천자로부터 나오니, 예악과 정벌이 모두 천자로부터 나오면 제후가 어찌 딴 마음을 가질 수 있겠는가. 그러므로 덕을 한결같이 하여 천자를 높일 수 있는 것이다.

弓矢는 먼 곳에 쓰기에 편리하고 鈇鉞은 가까운 곳에 쓰기에 편리하니, 정벌은 먼 곳에 시행하는 것을 위주로 삼기 때문에 궁시를 하사받은 뒤에야 마음대로 정벌할 수 있고, 죽임은 가까운 곳을 제어함을 위주로 삼기 때문에 부월을 하사받은 뒤에야 마음대로 죽일 수 있는 것이다.

'鬯'은 바로 '秬鬯(울창주)'이다. 秬黍(검은 기장)는 왕겨 하나에 쌀알 둘을 가지고 氣를 조화롭게 하여 생성시킨 것이니, 이것으로 술을 만든 것을 '鬯'이라 함은 지극히 和한 기운이 暢達하기 때문이다.

052201 天子命之教然後에 爲學이니 小學은 在公宮南之左하고 大(태)學은 在郊하니 天子曰辟雍이요 諸侯曰頖宮이니라

천자가 〈제후에게〉 가르치기를 명한 뒤에야 〈제후가〉 학교를 세울 수 있다. 小學은 公宮의 남쪽 왼편에 있고 太學은 교외에 있으니, 〈태학을〉 천자국에서는 '辟雍'이라 하고 제후국에서는 '頖宮'이라 한다.

---

82) 一稃二米 : 검은 기장을 이르는바, ≪詩經≫ 〈大雅 生民〉의 "검은 기장과 검은 기장이다.〔維秬維秠〕"에 대한 朱子의 ≪集傳≫에 "秬는 검은 기장을 말하고, 秠는 검은 기장으로서 왕겨 하나에 쌀알 둘이 들어 있는 것을 가리킨다.〔秬 黑黍也 秠 黑黍 一稃二米者也〕" 하였다.

≪集說≫

疏曰 百里之國은 國城居中하야 面有五十里하니 二十里에 置郊하고 郊外에 仍有三十里하며 七十里之國은 國城居中하야 面有三十五里하니 九里에 置郊하고 郊外에 仍有二十六里하며 五十里之國은 國城居中하야 面有二十五里하니 三里에 置郊하고 郊外에 仍有二十二里하니 此是殷制라 若周制則畿內千里니 百里爲郊하고 諸侯之郊는 公은 五十里요 侯伯은 三十里요 子男은 十里니 近郊各半之라 天子諸侯는 皆近郊半遠郊라 此小學大(태)學은 殷制니 周則大學在國하고 小學在西郊라 辟은 明也요 雍은 和也니 君則尊明雍和하니 於此學中에 習道藝하야 使天下之人으로 皆明達諧和也라 頖之言은 班이니 所以班政教也라

疏 : 100리의 나라는 도성이 중앙에 있어서 한쪽 面에 50리가 있으니, 20리에 郊를 두고 교 밖에 30리가 있다. 70리의 나라는 도성이 중앙에 있어서 한쪽 면이 35리가 있으니, 9리에 교를 두고 교 밖에 26리가 있다. 50리의 나라는 도성이 중앙에 있어서 한쪽 면에 25리가 있으니, 3리에 교를 두고 교 밖에 22리가 있다. 이것은 殷나라 제도이다.

周나라 제도는, 王畿 안이 1,000리이니 100리가 郊가 되고, 제후의 교는 公은 50리이고 侯와 伯은 30리이고 子와 男은 10리이니, 近郊는 각각 그것의 반이다. 天子國과 諸侯國은 모두 근교가 遠郊의 반이다. 여기의 小學과 太學은 은나라 제도이니, 주나라는 태학이 수도에 있고, 소학은 西郊에 있다.

'辟'은 밝음이고, '雍'은 和함이다. 군주는 높고 밝으며 조화로우니 이 학교 안에서 道藝를 익혀 천하 사람들로 하여금 모두 밝게 통달하고 조화롭게 되도록 한다는 뜻이다. '頖'이라는 말은 반포함이니, 政教를 반포하는 것이다.

○ 張子曰 辟雍은 古無此名이러니 蓋始於周하니 周有天下에 遂以名天子之學하니라 說文云 頖宮은 諸侯鄕射之宮也라

張子 : '辟雍'이라는 명칭은 옛날에는 없었다. 이 명칭은 周나라에서 시작되었으니, 주나라가 천하를 소유하자 마침내 천자의 학교를 〈'벽옹'이라고〉 명명하였다. ≪說文解字≫ '泮' 조에 이르기를 "頖宮은 제후들이 鄕射禮를 행하던 宮이다." 하였다.

○ 舊說에 辟雍은 水環如璧하고 泮宮은 半之하니 蓋東西門이요 以南은 通水하고 北은 無水也라

舊說 : '辟雍'은 물이 둘러싼 모양이 璧처럼 둥글다. '泮宮'은 璧의 절반 모양이니, 동쪽과 서쪽에 문이 있고 남쪽은 물이 통하고 북쪽은 물이 없다.

≪大全≫

臨川王氏曰 天下不可一日無敎요 學不可一日廢於天下어늘 王制所謂命之敎然後爲學者는 何也오 曰 學固不可一日無於天下나 然其敎를 不可不資之天子니 資之天子는 道德所以一也라 命之敎然後爲學이 禮乎아 曰 立諸侯矣면 未有不命之敎而不得立學也라 蓋古之立國也에 必資禮於天子하니 所謂命之敎矣니라

臨川王氏 : 〈自問하였다.〉 "천하에는 단 하루도 가르침이 없을 수 없고, 학교는 천하에서 단 하루도 폐할 수 없는데, 〈王制〉에 이른바 '〈천자가〉 가르치기를 명한 뒤에야 학교를 세울 수 있다.'는 것은 무엇인가?"

〈自答하였다.〉 "학교는 진실로 단 하루도 천하에 없을 수 없으나 그 가르침을 천자에게 의뢰하지 않을 수가 없으니, 천자에게 의뢰함은 道德을 한결같이 유지하는 방법이다."

〈자문하였다.〉 "〈천자가〉 가르치기를 명한 뒤에야 학교를 만드는 것이 禮인가?"

〈자답하였다.〉 "제후를 세우면 가르치기를 명하지 않아서 학교를 세울 수 없는 경우는 있지 않다. 옛날 나라를 세울 적에 반드시 禮를 천자에게 의뢰하였으니, 이른바 '가르침을 명했다.'는 것이다."

○ 嚴陵方氏曰 命之敎然後爲學은 所以一道德也라 言小學在左면 則以見大學之在右요 言大學在郊면 則以見小學之在國이니 小學은 所以處學之小者요 大學은 所以處學之大者라 若灑掃應對之類는 則小學之道也요 若致知格物之類는 則大學之道也라 小學之道는 方生而進하고 大學之道는 已成而定하니 方生而進者는 宜養之於內요 已成而定者는 可達之於外라 故로 或在國하고 或在郊者는 以此爲制也니라

嚴陵方氏 : 〈천자가〉 가르치기를 명한 뒤에야 학교를 세움은 道德을 한결같이 유지하기 위한 것이다. 小學이 왼쪽에 있다고 말했으면 太學이 오른쪽에 있음을 알 수

있고, 태학이 郊에 있다고 말했으면 소학이 도성에 있음을 알 수 있으니, 소학은 학문의 작은 것을 처하게 하는 곳이고, 태학은 학문의 큰 것을 처하게 하는 곳이다. 물 뿌리고 청소하고 應對하는 것과 같은 종류는 소학의 道이고, 致知와 格物과 같은 종류는 태학의 도이다.

소학의 도는 막 태어나서부터 진전되고 태학의 도는 이미 이루어지고 나서 정해지니, 막 태어나서부터 진전되는 것은 마땅히 안에서 길러야 하고, 이미 이루어지고 나서 정해지는 것은 밖으로 펼 수 있다. 그러므로 혹은 도성에 있고 혹은 郊에 있는 것은 이것으로써 제도를 삼은 것이다.

052301 天子將出征이어든 類乎上帝하고 宜乎社하고 造乎禰하고 禡於所征之地하고 受命於祖하고 受成於學하나니라

천자가 장차 출정하려 할 때에는 上帝에게 類祭를 지내고, 社에 宜祭를 지내며, 禰廟에 造祭를 지내고, 정벌하는 땅에서 禡祭를 지내고, 祖廟에서 〈출정의 길흉을 점쳐〉 명을 받고, 學宮에서 〈군사에 관한〉 계책을 결정한다.

≪集說≫

禡는 行師之祭也라 受命於祖는 卜於廟也요 受成於學은 決其謀也라

'禡'는 군대를 출정할 때 지내는 제사이다. '受命於祖'는 祖廟에서 〈길흉을〉 점치는 것이고, '受成於學'은 〈학교에서〉 그 계책을 결정하는 것이다.

052302 出征하야 執有罪하야 反하야 釋奠于學하야 以訊馘(괵)으로 告니라

출정하여 죄인을 잡아 돌아와서 學宮에서 釋奠을 지내 신문할 자와 베어온 왼쪽 귀의 수를 고한다.

≪集說≫

獲罪人而反이면 則釋奠于先聖先師하야 而告訊馘焉하니 訊은 謂其魁首當訊問者요

馘은 所截彼人之左耳라 告者는 告其多寡之數也라

죄인을 잡아 돌아오면 先聖과 先師에게 釋奠을 지내 신문할 자와 베어온 왼쪽 귀의 수를 고하니, '訊'은 魁首로 신문해야 할 자를 이르고, '馘'은 베어온 저들의 왼쪽 귀이다. '告'는 그 수량의 많고 적음을 고하는 것이다.

≪大全≫

長樂陳氏曰 造乎禰면 則造乎祖를 可知요 受命于祖면 則用命于社를 可知요 受命于學이면 則謀始於朝를 可知라 類宜造禡는 先後之次요 受命受成은 尊卑之次라 訊者는 問其首요 馘者는 截其耳라 釋奠于學而告之者는 以學者文德之地요 征者威武之事니 於其文德之地에 告以(成)〔威〕[83]武之功은 以明用武以文하고 任威以德而已라 此는 僖公所以在頖獻馘에 而國人所以頌其文武也[84]니라

長樂陳氏 : 禰廟에 造祭를 지내면 祖廟에 조제를 지냄을 알 수 있고, 祖廟에서 명을 받았으면 社에서 명을 씀을 알 수 있고, 學宮에서 명을 받았으면 조정에서 처음의 명을 도모했음을 알 수 있다. 類・宜・造・禡는 선후의 차례이고, 명을 받고 이루어진 계책을 결정함은 존비의 차례이다. '訊'은 魁首를 신문하는 것이고, '馘'은 귀를 자르는 것이다.

學宮에서 釋奠을 지내 고하는 것은 배움은 文德의 자리이고 정벌은 威武의 일이기 때문이니, 그 문덕의 자리에서 위무의 功을 고함은, 文으로 武를 쓰고 德으로 威를 맡김을 밝힌 것일 뿐이다. 이것은 魯 僖公이 頖宮에 적군의 왼쪽 귀를 바칠 적에 나라 사람들이 그의 文武를 칭송한 이유이다.

---

83) (成)〔威〕 : 저본에는 '成'으로 되어 있는데, 문맥을 따져 '威'로 수정하였다.

84) 僖公所以在頖獻馘 而國人所以頌其文武也 : 魯 僖公이 泮宮을 잘 修理함을 칭송한 시가 ≪詩經≫ 〈魯頌 泮水〉로, "목목하신 魯侯여, 그 덕을 공경하여 밝히셨도다. 威儀를 공경하고 삼가시니 백성의 법이시도다. 진실로 문무겸전하사 烈祖께 밝게 이르시니, 효도하지 않음이 없어 스스로 복을 구하시도다. 밝고 밝으신 노후여, 능히 그 덕을 밝히셨도다. 이미 泮宮을 지으니 淮夷들이 복종하는 바로다. 굳세고 굳센 범 같은 신하들이 반궁에서 적군의 왼쪽 귀를 바치며, 皐陶(고요)와 같이 신문을 잘하는 자가 반궁에서 죄수를 바치리로다.〔穆穆魯侯 敬明其德 敬愼威儀 維民之則 允文允武 昭假烈祖 靡有不孝 自求伊祜 明明魯侯 克明其德 旣作泮宮 淮夷攸服 矯矯虎臣 在泮獻馘 淑問如皐陶 在泮獻囚〕"라고 보인다.

052401 天子諸侯無事어든 則歲三田이니 一爲乾豆요 二爲賓客이요 三爲充君之庖니라

천자나 제후가 일이 없으면 해마다 세 가지 일을 위해 사냥을 하니, 첫 번째는 〈제사에 올릴〉 乾豆를 위함이고, 두 번째는 賓客을 대접하기 위함이고, 세 번째는 임금의 주방을 채우기 위함이다.

≪集說≫

無事는 無征伐出行喪凶之事也라 歲三田者는 謂每歲田獵이 皆是爲此三者之用也라 乾豆는 腊(석)之하야 以爲祭祀之豆實也라

'無事'는 征伐·出行·喪凶의 일이 없는 것이다. '歲三田'은 해마다 사냥하는 것이 모두 이 세 가지의 용도를 위해서임을 말한 것이다. '乾豆'는 脯를 만들어서 제사의 豆에 채울 것으로 삼은 것이다.

○ 疏曰 先宗廟하고 次賓客者는 尊神敬賓之義라

疏 : 宗廟를 먼저 하고 賓客을 다음에 둔 것은 神을 높이고 빈객을 공경하는 뜻이다.

≪大全≫

長樂陳氏曰 蒐(수)苗獮(선)狩[85]를 必法於田故로 皆謂之田이요 田有三禮故로 謂之三田이니 則猶祭八神을 謂之八蜡(사)[86]也라 田必於無事之時면 則異夫好田獵畢(戈)〔弋〕[87]하야 不修民事與喪蒐[88]者也라 乾豆는 所以祭祀니 祭祀而後에 賓客이요

85) 蒐(수)苗獮(선)狩 : ≪儀禮≫ 〈鄕射禮〉에 따르면 '蒐'는 봄 사냥, '苗'는 여름 사냥, '獮'은 가을 사냥, '狩'는 겨울 사냥이다. 이 가운데 봄·여름·가을은 農繁期이므로 사냥을 간단하게 시행하며, 겨울은 農閑期이므로 군사훈련을 중점적으로 시행하여 대대적인 사냥을 한다.

86) 八蜡(사) : ≪禮記≫ 〈郊特牲〉 鄭玄의 注에 따르면 농사를 끝내고 12월에 지내는 여덟 가지 제사로, 先嗇·司嗇·農·郵表畷·猫虎·坊·水庸·昆蟲이다.

87) (戈)〔弋〕: 저본에는 '戈'로 되어 있으나, ≪詩經≫ 〈齊風 盧令〉의 毛序에 의거하여 '弋'으로 바로잡았다.

88) 喪蒐 : ≪春秋≫ 昭公 11년의 "比蒲에서 군사훈련을 대대적으로 거행하였다.〔大蒐于比蒲〕"라고 하였는데, 淸代 毛奇齡(1623~1716)이 편찬한 ≪春秋毛氏傳≫ 권30에 "군사훈련을

賓客而後에 充庖하니 此頤卦先所養而後所自養之意也[89]라 祭祀賓客은 以上殺(쇄)次殺(쇄)하고 充庖는 以下殺는 厚所養而薄所自養也라 周官大(태)宰之九式에 先祭祀賓客之式而後羞服[90]하고 內饔에 先祭祀燕飮之割亨(팽)而後羞膳하고 籩人醢人에 先祭祀賓客之薦羞而後內羞[91]하고 鹽人에 先祭祀賓客之鹽而後王之飴鹽[92]하니 是亦先所養而後自養之意也라

長樂陳氏 : 蒐・苗・獮・狩를 반드시 田地에서 〈하는 사냥을〉 본받기 때문에 모두 '田(사냥)'이라 이르고, 사냥에는 세 가지 禮가 있기 때문에 '三田'이라 이르니, 여덟 神에게 제사함을 '八蜡'라 이르는 것과 같다. 사냥을 반드시 일이 없을 때에 한다면, 이것은 田獵을 하고 짐승 잡는 그물을 치고 새를 주살질하기를 좋아하여 백성의 일을 닦지 않고 喪中에 사냥하는 것과는 다르다.

乾豆는 제사에 쓰기 위한 것이다. 제사에 쓸 것을 마련한 뒤에 賓客에게 바칠 것을 마련하고, 빈객에게 바칠 것을 마련한 뒤에 주방을 채우니, 이는 ≪周易≫ 頤卦에서 남을 기르는 바를 먼저 하고 자신을 기르는 바를 뒤에 하는 뜻이다. 제사와 빈객은 上殺와 次殺로 삼고, 주방을 채움은 下殺로 삼는 것은 남을 기르는 바를 후하게 하고 자신을 기르는 바를 박하게 한 것이다.

≪周禮≫ 〈天官 大宰〉의 '九式'에 제사와 빈객에 대한 法式을 먼저 하고 〈자신을

하여 무예를 익힌다. 그러나 小君의 상이 있는데 크게 군사훈련을 하였으니, 이것은 상중에 군사훈련을 한 것이다.〔蒐以習武 然有小君之喪 而大蒐 是喪蒐也〕"라고 하였다.

89) 頤卦先所養而後所自養之意也 : ≪周易≫ 頤卦 〈彖傳〉에 "'觀頤'는 남을 기르는 바를 보는 것이고, '自求口實'은 스스로 기름을 보는 것이다.〔觀頤 觀其所養也 自求口實 觀其自養也〕"라고 하였다.

90) 周官大(태)宰之九式 先祭祀賓客之式而後羞服 : '九式'은 周나라 때의 財用을 조절하는 데 관한 아홉 가지 법식으로, 祭祀・賓客・喪荒(死喪이나 재해)・羞服(음식과 車服)・工事・幣帛・芻秣(가축의 사료)・匪頒(녹봉)・好用(우호) 등의 비용 지출을 알맞게 하기 위한 법식이다.(≪周禮≫ 〈天官 大宰〉) '匪頒(분반)'은 왕이 신하들에게 물건을 나누어주는 것을 말한다. '匪'은 分과 같고, '頒'은 班布의 '班'과 같으니, 班賜나 分賜와 뜻이 같다. '好用'은 사랑하는 자에게 잔치를 베풀거나 물품을 하사하는 것을 이른다.

91) 內羞 : 일반적으로 제사에 쓰기 위하여 궁궐 안에 있는 女官이 만들어 바치는 각종의 음식물을 말하는데, 여기서는 왕을 비롯한 궁중에서 생활하는 사람들이 먹는 음식을 말한 것으로 보인다.

92) 飴鹽 : 戎鹽으로, 단맛 나는 巖鹽인데, 옛날 왕의 수라상에 올렸다.

위한〉 羞服(음식과 의복)을 뒤에 하며, 〈天官 內饔〉에 제사와 燕飮의 割烹(썰고 조리한 음식)을 먼저 하고 〈자신을 위한〉 羞膳(맛있는 음식)을 뒤에 하며, 〈天官 籩人〉과 〈天官 醢人〉에 제사와 빈객에 올릴 음식을 먼저 하고 內羞를 뒤에 하며, 〈天官 鹽人〉에 제사와 빈객에게 쓸 소금을 먼저 하고 王의 飴鹽을 뒤에 하니, 이 또한 "남을 기르는 바를 먼저 하고 자신을 기르는 바를 뒤에 한다."라는 뜻이다.

○ 嚴陵方氏曰 事는 謂喪荒之類니 天子諸侯於無事之歲然後田이면 則其田也可謂有節矣라 春蒐夏苗秋獮冬狩는 則田所行之時也요 乾豆賓客充君之庖는 則田所爲之事也니 所行之時有四하고 所爲之事有三이라 故로 曰 歲三田也라 與易言田獲三品同義[93)]하니 所謂三田은 如是而已어늘 公羊氏以夏不田[94)]이라하니 誤矣라 夫乾豆는 所以奉神이요 賓客은 所以奉人이요 充庖는 所以奉己니 先神而後人하고 先人而後己라 故로 其序如此하니라

嚴陵方氏 : '事'는 喪荒(초상과 흉년)의 따위를 이르니, 천자와 제후가 일이 없는 해가 된 뒤에 사냥을 하면 그 사냥이 節度가 있다고 이를 수 있다. 봄의 蒐와 여름의 苗와 가을의 獮과 겨울의 狩는 사냥을 행하는 시기이고, 乾豆와 賓客과 君主의 주방을 채움은 사냥을 하는 이유이니, 사냥을 행하는 시기는 네 가지가 있고 사냥을 하는 이유는 세 가지가 있다. 그러므로 '歲三田'이라 한 것이다. 이는 ≪周易≫ 巽卦 六四에 "사냥하여 세 가지 용도에 쓸 짐승을 얻는다."라는 것과 뜻이 같으니, 이른바 '三田'은 이와 같을 뿐인데, 公羊氏는 "여름에 사냥을 하지 않는다." 하였으니, 잘못이다.

乾豆는 神을 받드는 것이고, 빈객은 사람을 받드는 것이고, 주방을 채움은 군주 자신을 받드는 것이니, 神을 먼저 하고 사람을 뒤에 하며, 남을 먼저 하고 자기를 뒤에 한다. 그러므로 그 순서가 이와 같은 것이다.

---

93) 易言田獲三品同義 : ≪周易≫ 巽卦 六四에 "뉘우침이 없어지니, 사냥하여 세 가지 용도에 쓸 짐승을 얻는다.〔悔亡 田獲三品〕" 하였다.

94) 公羊氏以夏不田 : 이 내용은 公羊高가 편찬한 ≪春秋公羊傳≫에는 보이지 않고 ≪春秋≫ 桓公 4년 조의 "4년 봄 정월에 桓公이 郎에서 사냥하였다.〔四年春正月 公狩于郎〕"라는 기사에 대한 ≪春秋穀梁傳注疏≫의 疏에 東漢의 何休(129~182)가 공양고의 이 말을 인용한 것이 기록되어 있다.

052402 **無事而不田**을 **曰 不敬**이요 **田不以禮**를 **曰 暴天物**이니 **天子**는 **不合圍**하고 **諸侯**는 **不掩群**이니라

〈征伐・出行・喪凶의〉 일이 없는데도 사냥하지 않는 것을 "不敬하다." 하고, 사냥하되 禮로써 하지 않는 것을 "하늘이 낸 물건을 함부로 해친다." 하니, 천자는 四面을 포위하여 사냥하지 않고, 제후는 몰래 襲擊해서 일거에 짐승 무리를 잡지 않는다.

≪集說≫

書曰 暴殄天物이라하니라 合圍는 四面圍之也요 掩群者는 掩襲而擧群取之也라

≪書經≫ 〈周書 武成〉에 이르기를 "하늘이 낸 물건을 함부로 해친다." 하였다. '合圍'는 사면을 포위하는 것이고, '掩群'은 몰래 襲擊하여 一擧에 짐승 무리를 잡는 것이다.

≪大全≫

馬氏曰 謂祭無益이라 故로 無事而不田을 曰 不敬이요 謂暴無傷[95]이라 故로 田不以禮를 曰 暴天物이라 無事而田은 非以從獸無厭[96]이라 蓋田者는 所以供祖廟니 可田而不田이면 則是謂祭無益也라 故로 曰 不敬이요 田雖以殺爲上이나 而殺之中에 又有禮焉이라 故로 曰 不以禮니 雖爲之詭遇하야 一朝而獲十[97]이라도 君子不取也니라

馬氏 : 제사 지내는 것을 無益하다고 생각하기 때문에 일이 없는데도 〈제사에 쓸

---

95) 謂祭無益……謂暴無傷 : ≪書經≫ 〈周書 泰誓 中〉에 "〈商나라의 紂王〉 受는 죄악이 〈夏나라의〉 桀王보다 더하니, 元良을 박해하여 지위를 잃게 하고 諫하는 輔弼들에게 殘虐한 짓을 하며, 자기가 天命을 소유했다 하고 공경을 굳이 행할 것이 없다 하며, 제사를 지내는 것이 무익하다 하고 포악한 행동이 해로울 것이 없다고 하였다. 〈受가〉 거울삼은 것이 멀리 있지 않으니, 저 夏王에게 있다.〔惟受 罪浮于桀 剝喪元良 賊虐諫輔 謂己有天命 謂敬不足行 謂祭無益 謂暴無傷 厥鑒 有不遠 在彼夏王〕"라고 보인다.

96) 從獸無厭 : ≪孟子≫ 〈梁惠王 下〉에 "짐승을 쫓아 만족함이 없음을 '荒'이라 이르고, 술을 즐겨 만족함이 없음을 '亡'이라 이른다.〔從獸無厭 謂之荒 樂酒無厭 謂之亡〕"라고 보인다.

97) 爲之詭遇 一朝而獲十 : ≪孟子≫ 〈滕文公 下〉에 보인다.

짐승을〉 사냥하지 않는 것을 "不敬하다." 하고, 포악한 행동이 해로울 것이 없다고 생각하기 때문에 사냥하되 禮로써 하지 않는 것을 "하늘이 낸 물건을 함부로 해친다." 한 것이다. 일이 없을 때 사냥하는 것은 짐승을 따라 사냥하여 만족함이 없는 것이 아니다.

사냥은 선조의 사당에 祭肉을 바치기 위한 것이니, 사냥을 할 수 있는데도 사냥하지 않는다면 이것은 제사를 무익하다고 여기는 것이므로 "불경하다." 하였다. 사냥은 비록 殺生을 높게 치지만 살생하는 가운데에 또 禮가 있으므로 "禮로써 하지 않는다."고 말했으니, 비록 부정한 방법으로 짐승을 만나 하루아침에 열 마리를 잡더라도 君子는 취하지 않는다.

052403 **天子殺則下大綏**(유)하고 **諸侯殺則下小綏**하고 **大夫殺則止佐車**니 **佐車止**면 **則百姓**이 **田獵**이니라

천자가 짐승을 잡으면 큰 깃발을 눕혀놓고, 제후가 짐승을 잡으면 작은 깃발을 눕혀놓고, 대부가 짐승을 잡으면 佐車를 멈추니, 좌거가 멈추면 백성들이 사냥을 한다.

≪集說≫

殺은 獲也니 獲所驅之禽獸也라 綏는 旌旗之屬也요 下는 偃仆(부)之也라 佐車는 卽周禮驅逆之車[98)]니 驅者는 逐獸하야 使趨於田之地요 逆者는 要逆其走而不使之散亡也라 此는 言田獵之禮에 尊卑貴賤之次序하니라

'殺'은 잡음이니, 몰던 짐승을 잡는 것이다. '綏(緌)'는 旌旗의 등속이고, '下'는 눕혀놓는 것이다. '佐車'는 바로 ≪周禮≫의 '驅逆의 수레'이니, '驅'는 짐승을 몰아서 사냥터로 달려가게 하는 것이고, '逆'은 달려오는 놈을 맞이하여 흩어져 도망가지 못하도록 하는 것이다. 이는 사냥하는 禮에 신분의 높고 낮음과 귀하고 천함에 따른 차례가 있음을 말한 것이다.

緌(綏)

98) 驅逆之車 : ≪周禮≫ 〈夏官 田僕〉에 보인다.

≪大全≫

馬氏曰 自天子不合圍로 至百姓田獵은 此田以禮之事也라 天子는 勢足以合圍故로 曰 不合圍하고 諸侯는 勢足以掩群故로 曰 不掩群하니 此는 非特田之以禮요 又示其有愛物之仁也니라

馬氏 : '천자가 사면을 포위하여 사냥하지 않음'으로부터 '백성들이 사냥을 함'에 이르기까지는 禮에 따라 사냥하는 일이다. 천자는 권세가 충분히 사면을 포위하여 사냥할 수 있기 때문에 "사면을 포위하여 사냥하지 않는다." 하였고, 제후는 권세가 충분히 무리를 습격하여 잡을 수 있기 때문에 "무리를 습격하여 잡지 않는다."고 한 것이니, 이는 다만 禮에 따라 사냥할 뿐만이 아니고, 또 물건을 사랑하는 仁이 있음을 보인 것이다.

052404 獺이 祭魚然後에야 虞人이 入澤梁하며 豺 祭獸然後에야 田獵하며 鳩化爲鷹然後에야 設罻(위)羅하며 草木이 零落然後에야 入山林하며 昆蟲이 未蟄이어든 不以火田하며 不麛(미)하며 不卵하며 不殺胎하며 不殀夭하며 不覆(복)巢니라

〈10월에〉 수달이 물고기로 제사한 뒤에 〈산과 못을 관장하는 관원인〉 虞人이 澤梁에 들어가 〈물고기를 잡으며,〉 승냥이가 짐승으로 제사한 뒤에 사냥을 하며, 뻐꾸기가 변하여 새매가 된 뒤에 새그물을 설치하며, 草木의 잎이 떨어진 뒤에 산림에 들어가며, 곤충이 〈땅속에 들어가 겨울잠을 자는〉 칩거를 하지 않았으면 불을 놓아 사냥하지 않으며, 짐승의 어린 새끼를 잡지 않으며, 알을 취하지 않으며, 새끼 밴 것을 죽이지 않으며, 어린 짐승을 잘라서 죽이지 않으며, 새집을 뒤엎지 않는다.

≪集說≫

梁은 絶水取魚者라 周禮註云 水堰也니 堰水爲關空하야 以笱承其空[99]이라하니라 月令에 仲春에 鷹化爲鳩라하니 此言鳩化爲鷹은 必仲秋也[100]라 罻羅는 皆捕鳥之網이라

麛는 獸子之通稱이라 殀는 斷殺之也요 夭는 禽獸之稚者라 此十者는 皆田之禮니 順時序, 廣仁意也라

'梁'은 물을 막아 물고기를 잡는 것이다. ≪周禮≫의 註에 "梁은 魚梁이니, 물을 막고 물고기가 드나들 빈 곳을 만들어 통발을 빈 곳에 댄다." 하였다. 〈月令〉에 "仲春에 새매가 변하여 뻐꾸기가 된다." 하였으니, 여기에서 "뻐꾸기가 변하여 새매가 된다."라는 것은 필시 仲秋일 것이다. '罻'와 '羅'는 모두 새를 잡는 그물이다. '麛'는 짐승 새끼의 통칭이다. '殀'는 잘라서 죽이는 것이고, '夭'는 禽獸의 어린 것이다. 이 열 가지는 모두 사냥하는 禮이니, 四時의 순서를 따르고 仁의 마음을 넓히는 것이다.

魚梁

≪大全≫

長樂劉氏曰 天生萬物以時어든 聖人贊之以德하고 地生萬物以氣어든 聖人贊之以禮하나니 德正於內하면 則時罔不和하고 禮正於外하면 則氣罔不順이라 和順鍾於萬物이면 則生成不失其宜하고 和順浹於人心이면 則動用不違於法이니 此聖王所以盡人之性於上하야 而盡萬物之性於天下也[101]라 堯舜禹湯文武之爲道 莫不以是先

99) 水堰也……以笱承其空 : ≪周禮≫ 〈天官 漁人〉에 "〈漁人은〉 때맞춰 고기 잡을 적에 어량을 만드는 것을 관장한다.〔掌以時漁爲梁〕"라고 한 것에 대한 鄭玄의 注에 鄭司農(鄭衆)이 한 말로 인용되어 있다.

100) 月令仲春……必仲秋也 : 이것은 모두 현실적으로 이루어지기 힘든 일인데, ≪禮記≫에 실려 있는 이유를 자세히 설명해놓은 주석은 찾을 수 없다.

101) 聖王所以盡人之性於上 而盡萬物之性於天下也 : '盡人之性'과 '盡萬物之性'은 ≪中庸章句≫ 제22장의 "오직 천하의 지극한 성실함만이 그 性을 다할 수 있다. 그 성을 다할 수 있으면 사람의 성을 다할 수 있고, 사람의 성을 다할 수 있으면 사물의 성을 다할 수 있고, 사물의 성을 다할 수 있으면 천지의 화육을 도울 수 있고, 천지의 화육을 도울 수 있으면 천지와 나란히 셋이 될 수 있다.〔惟天下至誠 爲能盡其性 能盡其性 則能盡人之性 能盡人之性 則能盡物之性 能盡物之性 則可以贊天地之化育 可以贊天地之化育 則可以與天地參矣〕"

焉하시니 乃能嗣天以仁하야 而使萬物各正其性命也라 故로 取之各有其時하면 則物得以曲遂其生하야 而材無不(戒)〔成〕[102]矣요 用之各有其制하면 則民得以禮節其欲하야 而德罔不礪矣니라

長樂劉氏 : 하늘이 萬物을 사계절에 따라 내면 聖人이 덕으로 돕고 땅이 만물을 기운으로 내면 성인이 禮로 도우니, 덕이 안에 바루어지면 사계절이 和하지 않음이 없고 禮가 밖에 바루어지면 기운이 순하지 않음이 없다. 和함과 順함이 만물에 모이면 낳고 이루는 것이 마땅함을 잃지 않고, 화함과 순함이 人心에 흡족하면 사용함이 법을 어기지 않으니, 이는 聖王이 위에서 사람의 性을 다하여 만물의 性을 천하에 다하는 이유이다.

堯임금・舜임금・禹王・湯王・文王・武王의 道가 이것을 우선으로 삼지 않음이 없었으니, 이는 바로 능히 仁으로 하늘을 이어서 만물로 하여금 각각 그 性命을 바르게 간직하도록 한 것이다. 그러므로 물건을 취함에 각각 마땅한 때가 있으면 물건이 타고난 삶을 곡진히 이룰 수가 있어서 재질이 이루어지지 않음이 없고, 물건을 쓰는 것이 각각 마땅한 제도가 있으면 백성이 禮로써 욕심을 절제할 수 있어서 덕이 닦이지 않음이 없는 것이다.

○ 嚴陵方氏曰 獺祭魚는 蓋孟春之月也요 豺祭獸는 蓋季秋之月也라 魚는 陰物也니 其性이 隨陽而上이라 春爲陽中하니 魚於是時면 則易(이)取焉이라 故로 獺祭魚면 而入澤梁者 因以爲取魚之候也라 獸는 陽物也니 其質이 乘陰而成이라 秋爲陰中하니 獸於是時면 則可取焉이라 故로 豺祭獸면 而田獵者 因以爲取獸之候也라 虞는 澤虞也니 周官에 有山虞하고 有澤虞[103]라 月令에 於季秋之月에 言草木이 黃落하고 蟄蟲이 咸

라는 데에서 원용한 것이다. 조선의 朴光一(1655~1723)은 "'자기의 성을 다한다.〔盡己之性〕'는 것은 君臣간에 義롭고, 부자간에 親하며, 형제간에 우애〔愛〕 있는 것과 같은 종류이니, 어느 하나라도 다하지 않음이 없는 것이다. '사람의 성을 다한다.〔盡人之性〕'는 것은 백성들이 이에 和하여 각각 제자리를 얻는 것과 같다. '물건의 성을 다한다.〔盡物之性〕'는 것은 鳥獸와 草木이 모두 타고난 性을 順히 따르는 것과 같다. 이와 같다면 천지의 化育을 도울 수 있을 것이다."라고 풀이하였다.(≪遜齋集≫ 권6 〈中庸健順解集說〉)

102) (戒)〔成〕 : 저본에는 '戒'로 되어 있는데, 앞뒤 문맥을 따져 '成'으로 수정하였다.

103) 有山虞 有澤虞 : '山虞'와 '澤虞'는 모두 ≪周禮≫ 〈地官〉의 관직으로, 산우는 山林에 관한 政令을 관장하고, 택우는 國澤의 정령을 관장하였다.

俯라하니 則凡此所言은 皆主季秋를 可知라 然이나 考之周官하면 則有不合은 特殷之制異爾라 麛卵은 已見(현)曲禮士不取麛卵解라 然이나 經言秋宜犢麛[104)]하고 又言韭以卵[105)]하니 非不取也요 亦禁之하야 使有節而已라 不覆巢者는 不特惡(오)傷其孚乳요 而又惡(오)其盡物之利焉이니라

嚴陵方氏 : 수달이 물고기로 제사하는 것은 孟春의 달이고, 승냥이가 짐승으로 제사하는 것은 季秋의 달이다. 물고기는 陰의 물건이니, 그 성질이 陽을 따라 올라온다. 봄은 陽中이 되니, 물고기는 이때가 되면 취하기가 쉽다. 그러므로 수달이 물고기로 제사하면 澤梁에 들어가는 자가 인하여 이때를 물고기를 취할 절후로 삼은 것이다. 짐승은 陽의 물건이니, 그 성질이 陰을 타고 이루어진다. 가을은 陰中이 되니, 짐승은 이때가 되면 취할 수 있다. 그러므로 승냥이가 짐승으로 제사하면 사냥하는 자가 인하여 이때를 짐승을 잡을 절후로 삼은 것이다.

'虞'는 澤虞이니, ≪周禮≫에 山虞가 있고 澤虞가 있다 하였고, 〈月令〉에 季秋의 달에 草木이 잎이 누렇게 되어 떨어지고 겨울잠을 자는 동물이 모두 고개를 숙인다 하였으니, 그렇다면 여기에서 말한 것은 모두 계추를 위주로 삼았음을 알 수 있다. 그러나 ≪주례≫를 상고해보면 부합하지 않음이 있는 것은 다만 殷나라의 제도가 다르기 때문이다.

'麛'와 '卵'은, 이미 〈曲禮〉의 "士는 사냥할 때 짐승의 새끼와 알을 취하지 않는다."라는 해석에 보인다. 그러나 經文에 "가을에는 송아지와 짐승의 새끼가 마땅하다." 하였고, 또 "부추에는 알을 곁들인다." 하였으니, 이는 취하지 않는 것이 아니고, 또한 금하여 節度가 있게 한 것일 뿐이다. "새집을 뒤엎지 않는다."는 것은 다만 새끼 치는 것을 상하게 함을 미워해서일 뿐만 아니라, 또 물건의 이익을 다 취함을 미워해서이다.

052501 冢宰制國用호되 必於歲之杪(요)는 五穀이 皆入然後에야 制國用이니라 用地小大하며 視年之豐耗하야 以三十年之通으로 制國用하고 量入以爲出이니라

104) 秋宜犢麛 : ≪禮記≫ 〈內則〉에 보인다.
105) 韭以卵 : ≪禮記≫ 〈王制〉에 보인다.

冢宰가 국가의 財用(재정)을 제정하되 반드시 연말에 하는 것은 五穀이 모두 수확된 뒤에 국가의 재용을 제정하기 위해서이다. 〈조세는〉 田地의 크고 작음을 따르며, 그해 농사의 豐凶을 살펴서 30년의 통계에 따라 국가의 재용을 제정하고 수입을 헤아려 지출을 정한다.

≪集說≫

以三十年之通者는 通計三十年所入之數하야 使有十年之餘也라 蓋每歲所入을 均析爲四而用其三하고 每年餘一이면 則三年而餘三이니 又足一歲之用矣니 此所以三十年而有十年之餘也라 鄭註에 以九年言之하니 蓋積三十年內에 閏月이 當一歲也라 一說에 二十七年則有九年之餘하니 言三十者는 擧成數耳[106)]라

'以三十年之通'은 30년 동안 수입의 수치를 통계하여 10년의 여유분이 있게 하는 것이다. 매년의 수입을 똑같이 넷으로 등분하여 그중에 셋을 쓰고 매년 하나를 남겨 두면, 3년이 되면 남은 것이 셋이니, 〈남은 것으로〉 또 1년의 비용을 충당할 수 있다. 이는 30년에 10년의 여유분을 만드는 방법이다. 鄭玄의 註에는 '9년'이라고 말했으니, 30년 안에 윤달이 1년 정도 있기 때문이다. 일설에는 27년이면 9년의 재용이 남으니, 30년이라고 말한 것은 成數를 든 것이라고 한다.

052502 祭는 用數之仂(륵)이니라

제사에는 1년 경비의 10분의 1을 쓴다.

≪集說≫

鄭註에 以仂으로 爲十一이라하고 疏에 以爲分散之名이라하니 大概是總計一歲經用之數하야 而用其十分之一하야 以行常祭之禮也라

鄭玄의 註에는 '仂'을 '10분의 1'이라 하고, 疏에는 '分散하는 명칭'이라 하였으니, 대개 이것은 1년 경비의 수치를 통계하여 그 10분의 1을 써서 常祭의 禮를 행하는 것이다.

---

106) 二十七年……擧成數耳 : 孔穎達의 疏에서 인용한 王肅의 설에 보인다.(≪禮記正義≫)

052503 喪엔 三年은 不祭니 唯祭天地社稷호되 爲越紼而行事니 喪은 用三年之仂이니라

喪에는 3년 동안 제사하지 않는데, 오직 天地와 社稷의 神에게만 제사하되 輴車(널을 실은 수레)에 달아놓은 喪紼(상여줄)을 넘어가서 제사 지내니, 喪에는 3년 비용의 10분의 1을 쓴다.

≪集說≫

喪은 凶事요 祭는 吉禮니 吉凶異道하야 不得相干이라 故로 三年不祭호되 唯祭天地社稷者는 不敢以卑廢尊也라 未葬以前에 常屬紼於輴(춘)車하야 以備火災하니 喪在內而行祭於外는 是踰越喪紼而往也라 喪三年而除하니 中間禮事繁難이라 故로 總計三歲經用之數하야 而用其十之一也라

喪은 凶事이고 祭는 吉禮이니, 吉・凶이 道가 달라서 서로 간섭할 수 없다. 그러므로 3년 동안 제사하지 않는데, 오직 天地와 社稷의 神에게 제사하는 것은 감히 낮은 것으로써 높은 것을 폐하지 못해서이다. 장례하기 전에 항상 輴車에 줄을 달아서 화재에 대비하니, 喪이 안에 있는데 제사를 밖에서 행할 경우에는 喪紼을 넘어가서 제사한다. 喪은 3년이면 마치니, 중간에 行禮의 일들이 어려움이 많다. 그러므로 3년 경비의 수치를 통계하여 10분의 1을 쓰는 것이다.

≪大全≫

金華邵氏曰 先王之制에 國用을 不爲定法하니 非若後世之拘於繁文하야 守常而不知變者라 故로 爲法也에 必於歲之杪하니 則五穀皆入하야 可以視其所入而爲所出也일새라 又用地小大하고 視年之豐耗하야 以三十年通融之法으로 留九年之蓄하고 然後에 計見(현)在之數하야 以爲用度之法하야 豐不使之有餘하고 耗不使之不足하니 曷嘗有定法哉리오 如此故로 天不能使之災하고 地不能使之窮하니 而凶荒水旱에 其民이 不至於流離饑餓者는 此也라 祭用經用之什一者는 不敢略於神也요 喪用三年之仂은 抑亦送死之禮는 尤所不當略乎인저

金華邵氏 : 先王의 제도에 나라의 財用에 대해 법을 정하지 않았으니, 후세에 번거로운 형식에 구애되어 떳떳한 것을 지키고 변통할 줄을 알지 못하는 것과는 같지 않다. 그러므로 법을 만들 적에 반드시 연말에 하였으니, 이는 五穀이 모두 수확되어 그 수확된 바를 살펴보아 지출을 할 수 있기 때문이다. 또 田地의 크고 작음을 따르고 한 해 농사의 豐凶을 살펴보아 30년을 통계하는 법으로 9년의 저축을 남긴다. 그런 뒤에 현재의 숫자를 계산하여 用度의 법으로 삼아서 풍년이 들어도 남지 않게 하고 흉년이 들어도 부족하지 않게 하니, 어찌 일찍이 일정한 법이 있었겠는가.

이와 같이 하기 때문에 하늘이 재앙이 들게 하지 못하고 땅이 궁핍하게 하지 못하니, 凶荒(흉년)과 水害와 旱害에 백성들이 流離나 饑餓에 이르지 않는 것은 이 때문이다. 경비의 10분의 1을 제사에 쓰는 것은 감히 神에게 간략히 하지 못하기 때문이고, 3년 비용의 10분의 1을 喪에 씀은 또한 죽은 자를 葬送하는 禮는 더욱 마땅히 소략하게 해서는 안 되기 때문일 것이다.

052601 **喪祭**에 **用不足**을 **曰 暴**(포)요 **有餘**를 **曰 浩**니 **祭**는 **豐年**에 **不奢**하며 **凶年**에 **不儉**이니라

喪·祭에 비용이 부족한 것을 '暴'라 하고 남는 것을 '浩'라 하니, 제사는 풍년에도 사치하게 지내지 않고 흉년에도 검소하게 지내지 않는다.

≪集說≫

暴者는 **殘敗之義**니 **言不齊整也**요 **浩者**는 **汎濫之義**니 **所謂以美沒禮**[107]**也**라 **惟其制用**이 **有一定之則**(칙)이라 **是以**로 **歲有豐凶**이나 **而禮無奢儉**하니 **此**는 **記者之言**이라 **雜記云 凶年**에 **祀以下牲**이라하니 **孔子之言也**라

'暴'는 '害치고 敗하게 한다.'는 뜻이니 가지런히 정돈되지 않음을 말하고, '浩'는 '넘친다.'는 뜻이니 이른바 '〈물건이〉 아름답다 하여 禮를 없앤다.'는 것이다. 오직 비용을 제정하는 것은 일정한 법칙이 있다. 이 때문에 한 해 농사에는 풍년과 흉년

107) 美沒禮 : ≪禮記≫ 〈坊記〉에 "孔子께서 말씀하셨다. '공경하면 제기를 사용한다. 그러므로 군자는 물건이 박하다 하여 예를 폐하지 않으며, 물건이 아름답다 하여 예를 없애지 않는다.'〔子云 敬則用祭器 故君子不以菲廢禮 不以美沒禮〕"라고 보인다.

이 있으나 禮에는 사치와 검소가 없으니, 이는 기록한 자의 말이다. 〈雜記〉에 "흉년에 〈낮은 등급의 희생인〉 下牲으로 제사를 지낸다." 하였으니, 이것은 孔子의 말씀이다.

052701 **國**이 **無九年之蓄**을 **曰 不足**이요 **無六年之蓄**을 **曰 急**이요 **無三年之蓄**을 **曰 國非其國也**니라 **三年耕**에 **必有一年之食**이요 **九年耕**에 **必有三年之食**이니 **以三十年之通**이면 **雖有凶旱水溢**이나 **民無菜色**이니 **然後**에 **天子食**호되 **日擧以樂**(악)이니라

나라에 9년분의 저축이 없는 것을 "부족하다."고 하고, 6년분의 저축이 없는 것을 "급하다."고 하고, 3년분의 저축이 없는 것을 "나라가 나라답지 않다."고 한다. 3년간 경작함에 반드시 1년분의 양식이 있어야 하고, 9년간 경작함에 반드시 3년분의 양식이 있어야 한다. 30년의 통계로 보면 비록 흉년이 들고 가뭄을 만나며 범람하는 홍수가 발생하더라도 백성들이 굶주린 기색이 없게 되니, 그런 뒤에야 천자가 밥을 먹되 날마다 음악을 연주하게 하여 성찬을 든다.

≪集說≫

飢而食菜則色病故로 云 菜色이라 殺牲盛饌曰擧니 周禮에 王日一擧호되 鼎十有二하니 物皆有俎하고 以樂侑食이라 又云 大荒則不擧者는 蓋偶値凶年이니 雖有備나 亦當貶損耳라

굶주려 채소만을 먹으면 병든 기색이 되므로 '菜色'이라 한 것이다. 犧牲을 잡아 盛饌을 드는 것을 '擧'라 하니, ≪周禮≫ 〈天官 膳夫〉에 "王은 하루에 한 번 성찬을 드는데 鼎이 12개이니, 鼎에서 꺼낸 삶은 희생을 모두 俎에 담고 음악을 연주하여 식사를 돕게 한다." 하였다. 〈天官 膳夫〉에 또 이르기를 "큰 흉년이 들면 성찬을 들지 않는다." 한 것은 우연히 흉년을 만난 경우이니, 비록 備蓄한 것이 있더라도 또한 마땅히 줄여야 하는 것이다.

≪大全≫

馬氏曰 禮之薄厚는 與年之上下라 豐年則用豐年之仂하고 凶年則用凶年之仂이니 豐年而加於仂之外하면 則謂之奢요 凶年而略於仂之內하면 則謂之儉이니 乃所以與年之上下也라 預備不虞者는 古之善政也라 急者는 迫而不緩也라 無九年六年之蓄이면 雖非完國이나 猶足以爲國也어니와 至於無三年之蓄이면 非其國也라 蓋國之所以爲國者는 以其民也요 民之所以爲民者는 以有財也니 苟無其財면 則民散而之四方矣라 故曰 無三年之蓄이면 非其國也라하니라 三年耕에 必有一年之食하니 推而至於二十七年耕이면 必有九年之食하니 以三十年言之者는 擧成數也라 說者以爲三十年爲一世하니 三年耕에 必有一年之食하야 至三十年之通은 此人力也요 雖有凶旱水溢이나 此天變也니 人力備면 則可以應天變이라 蓋王者與民同患이라 故로 雖有凶旱水溢이나 而民無菜色於下니 然後에 天子食에 日擧庶羞[108]하고 備禮而以樂侑之也니라

馬氏 : 禮를 박하게 함과 후하게 함은 농사의 잘됨과 못됨을 따른다. 豐年에는 풍년 때 필요한 비용의 10분의 1을 쓰고, 凶年에는 흉년 때 필요한 비용의 10분의 1을 쓰니, 풍년이 들었다 하여 10분의 1보다 더 많은 비용을 쓰면 이것을 '사치'라 이르고, 흉년이 들었다 하여 10분의 1보다 더 적은 비용을 쓰면 이것을 '검소'라 이른다. 이 때문에 농사의 잘됨과 못됨에 따르는 것이다.

非常事態에 미리 대비하는 것은 옛날의 훌륭한 정사이다. '急'이란 급박하여 느슨하지 않은 것이다. 9년과 6년의 저축이 없으면 비록 완전한 나라는 아니더라도 '나라'라 할 수 있지만, 3년의 저축도 없게 되면 그 나라는 나라다운 나라가 아니다. 나라가 나라가 될 수 있는 까닭은 백성이 있기 때문이고, 백성이 백성이 될 수 있는 까닭은 재물이 있기 때문이니, 만일 재물이 없으면 백성들이 흩어져 사방으로 갈 것이다. 그러므로 "3년분의 저축이 없으면 나라가 나라답지 않다." 한 것이다.

3년간 경작함에 반드시 1년분의 양식이 있어야 하니, 이것을 미루어 27년의 경작

---

108) 庶羞 : 牲體를 올리고 난 뒤 남은 희생 부위로 만든 음식이다. 아래 '庶羞不踰牲'에 대한 鄭玄의 注에 따르면 천자의 서수는 120가지인데, 대표적으로 조미료를 넣은 쇠고기 육수인 牛膷(우향), 조미료를 넣은 양고기 육수인 羊臐(양훈), 조미료를 넣은 돼지고기 육수인 豕膮(시효), 희생을 크게 자른 살코기인 胾(자), 희생으로 담근 젓갈인 醢(해) 등이 있다.(≪禮記正義≫)

에 이르면 반드시 9년분의 먹을 것이 있게 된다. 30년으로 말한 것은 成數를 든 것이다. 해설하는 자가 30년을 '1世'라 하니, 3년간 경작함에 반드시 1년분의 양식을 두어서 30년의 통계에 이름은 사람의 힘이다.

비록 흉년이 들고 가뭄을 만나며 범람하는 홍수가 발생하더라도 이는 하늘의 변고이니, 사람의 힘이 갖추어지면 하늘의 변고에 응할 수 있다. 王者는 백성과 더불어 근심을 함께하므로 비록 흉년이 들고 가뭄을 만나며 범람하는 홍수가 발생하더라도 백성들이 아래에서 굶주리는 기색이 없으니, 그런 뒤에 천자가 밥을 먹을 적에 날마다 庶羞를 들고 禮를 갖추어서 음악을 연주하여 식사를 돕는다.

052801 天子는 七日而殯하야 七月而葬하고 諸侯는 五日而殯하야 五月而葬하고 大夫士庶人은 三日而殯하야 三月而葬이니 三年之喪은 自天子達이니라

천자는 〈죽은 지〉 7일 만에 殯을 하여 7개월 만에 장례하고, 제후는 〈죽은 지〉 5일 만에 빈을 하여 5개월 만에 장례하고, 大夫와 士・庶人은 〈죽은 지〉 3일 만에 빈을 하여 3개월 만에 장례하니, 3년상은 천자로부터 모두 똑같다.

≪集說≫

諸侯는 降於天子而五月이요 大夫는 降於諸侯而三月이요 士庶人은 又降於大夫라 故로 踰月也라 今總云 大夫士庶人三日而殯이라하니 此固所同이어니와 然이나 皆三月而葬則非也라 其以上文降殺(쇄)俱兩月하니 在下可知라 故로 略言之歟인저 孔(子)〔氏〕[109)]引左傳大夫三月士踰月者[110)]는 謂大夫除死月爲三月이요 士數死月爲三月이니 是踰越一月이라 故로 言踰月耳라 誠如此면 則是大夫四月이요 士三月이니 謂大夫踰越一月은 猶可어니와 豈得謂士踰越一月乎아 此는 不可通이니 當從左氏說爲正이니라

---

109) (子)〔氏〕: 저본에는 '子'로 되어 있는데, ≪禮記正義≫ 孔穎達의 疏에 의거하여 '氏'로 수정하였다.

110) 孔(子)〔氏〕引左傳大夫三月士踰月者 : ≪禮記正義≫의 孔穎達의 疏에 보인다.

제후는 천자보다 줄여 5개월 만에 장례하고, 대부는 제후보다 줄여 3개월 만에 장례하고, 士와 庶人은 또 대부보다 줄여 장례하므로 죽은 달을 넘겨 장례한다. 지금 통틀어서 대부와 사와 서인이 3일 만에 殯을 한다고 하였는데, 이것은 진실로 똑같지만, 모두 3개월 만에 장례한다는 것은 잘못이다. 윗글에서 모두 2개월씩 줄였으니, 그보다 아래인 자의 경우도 〈이렇게 했음을〉 알 수 있으므로 대략 말한 것이다.

孔穎達이 ≪春秋左氏傳≫을 인용하여 ≪춘추좌씨전≫에서 대부는 3개월 만에 장례하고 士는 그달을 넘겨서 장례한다고 한 것은 대부는 죽은 달을 제외하고 3개월이고 士는 죽은 달을 계산하여 3개월임을 이르니, 士는 1개월을 넘겨서 지내는 것이므로 달을 넘긴다고 말한 것뿐이다. 진실로 이와 같다면 대부는 4개월 만에 장례하고, 士는 3개월 만에 장례하는 것이니, 대부가 1개월을 넘긴다고 말하는 것은 그래도 괜찮지만, 어찌 士가 1개월을 넘긴다고 말할 수 있겠는가. 이는 통할 수 없으니, 마땅히 ≪춘추좌씨전≫의 설을 바른 것으로 삼아야 한다.

≪大全≫

長樂劉氏曰 殯與葬은 生者送死之事也라 天子功德은 施於四海하고 諸侯功德은 洽於一國하고 大夫士恩德은 孚於一家하고 庶人恩德은 著於其族하니 固有大小之差矣라 及其終也에 臣子之心이 未忍死之하야 猶冀其復(부)生也라 故로 其殯也에 不得已而殯之라 是以로 有七日五日之差하고 雖庶人之殯이라도 猶俟三日하니 是豈得已哉아 若夫葬者는 當其朝歲하면 諸侯雖在六服[111]이라도 罔有弗至하야 或奔喪也하고 或會葬也하고 或會於練祥也하야 亦如四時之朝焉이요 其不當朝歲之諸侯는 則爲位하야 服於其國하고 而遣卿以會葬하니 同軌之內畢至[112]者는 謂此也라 七月而葬은 所以極四海之哀誠也라 諸侯之葬을 必五月者는 相爲賓也니 同盟之諸侯也요 雖非同盟이나 而爲其舅甥姑姊妹之邦也라 大夫士庶人은 三月而葬하니 其事具하고 其誠盡矣[113]니라

---

111) 六服 : 천자의 직할지인 京畿를 기준으로 5백 리씩 바깥에 위치한 侯服, 甸服, 男服, 采服, 衛服, 要服의 제후국을 가리킨다.(≪周禮≫ 〈秋官 司寇 大行人〉)

112) 同軌之內畢至 : '同軌'는 王者가 일어나 천하를 통일함에 온 세계가 수레바퀴 규격을 같이하고 사용하는 문자를 같이하게 되었다는 뜻으로, 중국의 제후를 가리킨다. ≪春秋左氏傳≫ 隱公 원년 조에 "천자는 7개월 만에 장례하니, 同軌가 모두 온다.〔天子七月而葬 同軌畢至〕" 하였다.

長樂劉氏 : 殯과 장례는 산 자가 죽은 자를 전송하는 일이다. 천자의 功德은 四海에 베풀어지고, 제후의 공덕은 한 나라를 흡족하게 하고, 大夫와 士의 恩德은 한 집안을 믿고 따르게 하고, 庶人의 은덕은 그 종족에 드러나니, 진실로 크고 작은 차등이 있다. 죽었을 때에 臣子의 마음이 차마 죽은 것으로 여기지 못하여 오히려 다시 살아나기를 바라므로 殯을 할 때에 부득이하게 빈을 하는 것이다. 이 때문에 7일과 5일의 차등이 있고 비록 서인의 빈이라도 오히려 3일을 기다리니, 이 어찌 그만둘 수 있겠는가. 장례로 말하면, 조회할 해가 되면 제후가 비록 멀리 六服에 있더라도 이르지 않은 자가 없어서 혹은 곧바로 喪에 달려가고 혹은 장례하는 자리에 참여하고 혹은 小祥과 大祥에 모여서 또한 四時의 조회와 같이 한다. 그리고 조회하는 해가 되지 않은 제후는 神位를 만들어 자기 나라에서 服을 입고 卿을 보내어 장례에 참여하게 하니, "同軌 안이 다 이른다."라는 것은 이것을 이른다. 〈천자는〉 7개월 만에 장례하는 것은 사해의 슬픔과 정성을 다하는 것이다. 제후의 장례를 반드시 5개월 만에 하는 것은 서로 손님이 되는 것이니 同盟한 제후를 이르고, 비록 동맹이 아니라 하더라도 舅甥(외숙과 생질)간과 姑姊妹(고모와 여자 형제)간의 나라가 되는 것이다. 大夫・士・庶人은 3개월 만에 장례하니, 〈이것은〉 일이 구비되고 정성이 극진한 것이다.

052802 庶人은 縣封(폄)하며 葬은 不爲雨止하며 不封不樹하며 喪不貳事니라

庶人은 관에 줄을 매달아 下棺하며, 장례는 비 때문에 중지하지 않으며, 봉분을 만들지 않고 묘역에 나무도 심지 않으며, 喪中에는 다른 일을 하지 않는다.

≪集說≫

此는 言庶人之禮라 庶人은 無碑繂(율)하고 縣繩下棺이라 故云 縣窆也라 不封은 不爲丘壟也라 大夫士는 旣葬에 公政을 入於家하고 庶人은 則終喪에 無二事也니라

113) 諸侯之葬……其誠盡矣 : ≪春秋左氏傳≫ 隱公 원년 조에 "제후는 5개월 만에 장례하니 동맹국이 오고, 대부는 3개월 만에 장례하니 같은 지위에 있는 관원이 오고, 사는 한 달을 넘겨 장례하니 인척이 온다.〔諸侯五月 同盟至 大夫三月 同位至 士踰月 外姻至〕" 하였다.

이것은 庶人의 禮를 말한 것이다. 서인은 비석과 밧줄을 사용하지 않고 줄을 매달아 下棺하므로 '縣窆(縣封)'이라고 말한 것이다. '不封'은 무덤에 봉분을 만들지 않는 것이다. 大夫와 士는 장례를 지낸 뒤에 공적인 정사를 자기 집에 들이고, 庶人은 喪을 마칠 때까지 다른 일을 하지 않는다.

052803 自天子로 達於庶人히 喪從死者요 祭從生者니라

天子로부터 庶人에 이르기까지 喪禮는 죽은 자의 〈爵位를〉 따르고 祭禮는 산 자의 〈祿을〉 따른다.

≪集說≫

中庸曰 父爲大夫요 子爲士어든 葬以大夫하고 祭以士하며 父爲士요 子爲大夫어든 葬以士하고 祭以大夫[114)]라하니 蓋葬用死者之爵이요 祭用生者之祿이니 與此意同이라

≪中庸≫에 이르기를 "아버지가 大夫이고 자식이 士라면 장례는 대부의 禮로 하고 제례는 사의 예로 하며, 아버지가 사이고 자식이 대부라면 장례는 사의 예로 하고 제례는 대부의 예로 한다." 하였다. 이는 장례는 죽은 자의 爵位를 따르고 제례는 산 자의 祿을 따르는 것이니, 이것과 뜻이 같다.

052804 支子는 不祭니라

支子는 제사를 지내지 않는다.

≪集說≫

說見(현)曲禮[115)]하니라

설명이 〈曲禮〉에 보인다.

---

114) 父爲大夫……祭以大夫 : ≪中庸章句≫ 제18장에 보인다.

115) 說見(현)曲禮 : 〈曲禮〉에 "支子는 제사를 지내지 않으니, 〈宗子가 질병 등의 사유로 제사를 지낼 수 없어 지자가 대신〉 제사를 지낼 경우에는 반드시 종자에게 알려야 한다.〔支子不祭 祭必告于宗子〕"라고 보인다.

≪大全≫

長樂陳氏曰 縣棺而下之하고 封土而窆(예)之하되 不爲雨止는 以其有進無退也요 喪不二事는 以其不可奪親[116]也라 魯葬定公與敬嬴(영)에 以雨不克葬한대 而春秋譏之[117]하니 則不爲雨止者는 不特庶人而已라 天子崩이면 王世子聽於冢宰三年하니 則喪不貳事亦不特庶人而已어늘 必以庶人爲言은 以其葬具之不備하야 易(이)以雨止하고 食用之不足하야 易以事奪故也라 祭從生者로되 而有所謂從死者라 故로 父爲士하고 子爲天子諸侯어든 其尸服은 則以士服이라 支子雖不祭나 而有所謂祭라 故로 宗子爲士하고 庶子爲大夫면 則以上牲으로 祭於宗子之家[118]니라

長樂陳氏 : 〈庶人의 장례에는〉 棺에 줄을 매달아 下棺하고 봉분을 만들어 매장하되 '비 때문에 중지하지 않음'은 〈喪事는〉 나아감은 있고 물러감이 없기 때문이고, '상중에는 다른 일을 하지 않음'은 어버이를 〈위하는 일을〉 빼앗을 수 없기 때문이다.

魯나라가 定公과 敬嬴을 장례할 적에 비가 내리기 때문에 장례하지 못하자 ≪春秋≫에서 이것을 비판하였으니, 그렇다면 비가 내린다는 이유로 중지하지 않음은

116) 不可奪親 : 〈曾子問〉에 "子夏가 묻기를 '부모의 삼년상에 卒哭을 하고서 〈군주가 명하면〉 金革(전쟁)의 일을 피하지 않는 것이 원래의 예입니까? 아니면 처음에 〈그 일을 피하지 않도록〉 유사가 억지로 시키는 것입니까?' 하니, 孔子께서 말씀하셨다. '夏后氏는 삼년상에 殯을 하고 나면 일을 내놓았고, 殷나라 사람은 장례를 마치고 나면 일을 내놓았다. 기록에 「군자는 남의 어버이 상에 슬퍼하는 마음을 빼앗지도 않으며 자신의 어버이를 잃은 슬픔을 빼앗기지도 않는다.」 하였으니, 이것을 말한 것일 것이다.'〔子夏問曰 三年之喪 卒哭 金革之事 無辟也者 禮與 初有司與 孔子曰 夏后氏 三年之喪 旣殯而致事 殷人旣葬而致事 記曰 君子不奪人之親 亦不可奪親也 此之謂乎〕"라고 하였다.

117) 魯葬定公與敬嬴(영)……而春秋譏之 : ≪春秋≫ 宣公 8년에 "겨울 10월 기축일에 우리 小君(왕비의 호칭) 敬嬴을 장사 지내는데 비가 내려 하지 못하고 경인일 정오에 장사 지냈다.〔冬十月己丑 葬我小君敬嬴 雨不克葬 庚寅日中而克葬〕" 하였는데, 이를 ≪春秋左氏傳≫에서 "비가 내려 장사를 지내지 않은 것이 예이다. 예에 점을 쳐서 장례일을 잡을 때 먼저 먼 날을 택하는 것은 죽은 자를 추모하지 않는다는 혐의를 피하기 위함이다.〔雨不克葬 禮也 禮 卜葬 先遠日 辟不懷也〕"라고 풀이하였다.

118) 宗子爲士……祭於宗子之家 : 〈曾子問〉에 "曾子가 묻기를 '宗子가 士가 되고 庶子가 대부가 되었으면 제사 지낼 적에 어떻게 해야 합니까?' 하니, 孔子께서 말씀하셨다. '上牲(대부의 제물인 小牢)으로 〈사당이 있는〉 종자의 집에서 제사 지내되 祝이 아뢰기를 「〈종자인〉 孝子 아무개가 〈서자인〉 介子 아무개를 위해 〈해마다 일정하게 지내는 제사인〉 常事를 올린다.」라고 한다.'〔曾子問曰 宗子爲士 庶子爲大夫 其祭也 如之何 孔子曰 以上牲祭於宗子之家 祝曰 孝子某爲介子某 薦其常事〕"라고 보인다.

다만 庶人뿐만이 아니다.

천자가 붕어하면 王世子가 冢宰에게서 3년 동안 명을 들으니, 그렇다면 상중에 다른 일을 하지 않는 것은 또한 다만 서인뿐만이 아니다. 그런데 반드시 서인을 가지고 말한 것은, 서인은 장례 도구를 구비하지 못해서 비가 내린다는 이유로 중지하기가 쉽고, 먹고 쓰는 것이 부족하여 일 때문에 빼앗기기가 쉽기 때문이다.

제사는 산 자를 따르나 이른바 '죽은 자를 따르는 경우'가 있다. 그러므로 아버지가 士가 되고 자식이 천자나 제후가 되었으면 그 尸童의 의복은 사의 의복을 쓰는 것이다. 支子는 비록 제사하지 않으나 이른바 '제사'라는 것이 있다. 그러므로 宗子가 사가 되고 庶子가 대부가 되었으면 〈대부의 예인〉 상등의 희생으로 종자의 집에서 제사하는 것이다.

052901 天子는 **七廟**니 **三昭三穆**과 **與大**(태)**祖之廟而七**이요 **諸侯**는 **五廟**니 **二昭二穆**과 **與大祖之廟而五**요 **大夫**는 **三廟**니 **一昭一穆**과 **與大祖之廟而三**이요 **士**는 **一廟**요 **庶人**은 **祭於寢**이니라

천자는 7廟이니 3昭·3穆과 太祖의 廟를 합하여 7개이고, 제후는 5廟이니 2昭·2穆과 태조의 廟를 합하여 5개이고, 대부는 3廟이니 1昭·1穆과 태조의 廟를 합하여 3개이고, 士는 1廟이고 庶人은 寢에서 제사한다.

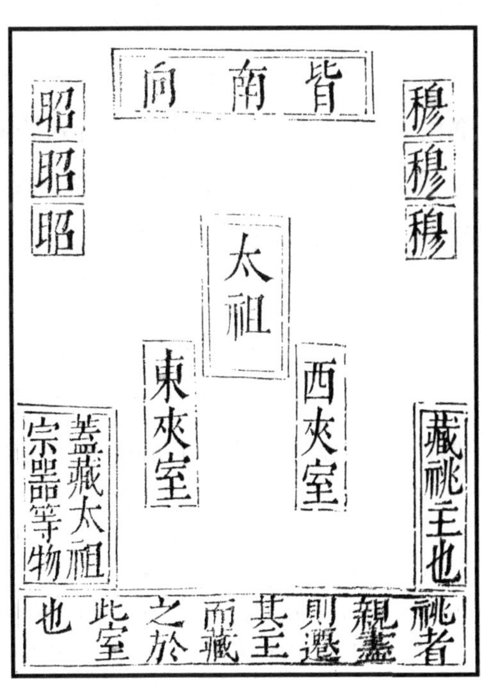

天子七廟圖

≪集說≫

諸侯太祖는 始封之君也요 大夫太祖는 始爵者也라 士一廟는 侯國中下士也니 上士는 二廟라 天子諸侯正寢을 謂之路寢이요 卿大夫士曰適室이니 亦謂之適寢이라 庶人은 無廟라 故로 祭先於寢也니라

제후의 太祖는 처음 봉해진 군주이고, 대부의 태조는 처음 작위를 받은 사람이다. '士는 1廟'라는 것은 제후국의 中士와 下士이니, 上士는 2廟이다. 천자와 제후의 正寢을 '路寢'이라 하고, 경대부와 士는 '適室'이라 하니 또한 '適寢'이라고도 한다. 庶人은 廟가 없으므로 선조를 寢에서 제사하는 것이다.

≪大全≫

朱子曰 昭之爲言은 明也니 以其南面而向明也니라 曰 其爲向明은 何也오 曰 此不可以空言曉也니 今且假設諸侯之廟以明之호리라 蓋周禮建國之神位 左宗廟[119]하니 則五廟皆當在公宮之東南矣라 其制는 則孫毓(육)[120]以爲外爲都宮[121]하야 大(태)祖在北하고 二昭二穆이 以次而南이 是也라 蓋大祖之廟엔 始封之君居之하고 昭之北廟엔 二世之君居之하고 穆之北廟엔 三世之君居之하고 昭之南廟엔 四世之君居之하고 穆之南廟엔 五世之君居之하니 廟皆南向하고 各有門堂室寢이요 而牆宇四周焉이라 大祖之廟는 百世不遷하고 自餘四廟는 則六世之後에 每一易世而一遷하나니 其遷之也에 新主를 祔于其班之南廟하고 南廟之主를 遷於北廟하며 北廟親盡이면 則遷其主于大廟之西夾室하니 而謂之祧라 凡廟主在本廟之室中엔 皆東向이요 及其祫(협)于大廟之室中이면 則唯大廟東向自如하야 而爲最尊之位하고 群昭之入乎此者는 皆列於北牖下而南向하고 群穆之入乎此者는 皆列於南牖下而北向하니 南向者는 取其向明故로 謂之昭요 北向者는 取其深遠故로 謂之穆이라 蓋群廟之列은 則左爲昭而右爲穆이요 祫祭之位는 則北爲昭而南爲穆也니라

朱子 : '昭'라는 말은 '밝다'는 뜻이니, 南向하여 밝은 곳을 향하였기 때문이다.
〈或者〉 : 밝은 곳을 향함은 어째서입니까?
〈朱子〉 : 이는 빈말로 깨우칠 수가 없으니, 이제 우선 제후의 廟를 가설하여 밝히겠다. ≪周禮≫에 나라의 神位를 세울 적에 宗廟를 왼쪽에 두었으니, 다섯 廟가 모

---

119) 建國之神位 左宗廟 : ≪周禮≫ 〈春官 小宗伯〉에 보인다.

120) 孫毓(육) : 魏末晉初 때 사람으로 博士, 汝南太守 등을 지냈으며, ≪毛詩異同評≫ 10권, ≪春秋左氏傳義注≫ 18권 등을 편찬하였다.

121) 都宮 : 始祖의 廟를 '太廟'라 하고, 群公의 묘를 '貴宮'이라 하고, 기타의 묘를 '下宮'이라 하는데, 태묘·귀궁·하궁을 합하여 '都宮'이라 한다.(≪日講禮記解義≫ 권23 〈文王世子〉)

두 公宮의 동남쪽에 있다. 그 제도는, 孫毓의 "밖은 都宮을 만들어 太祖가 북쪽에 있고 2昭와 2穆이 차례로 남쪽에 있다."라는 것이 이것이다.

태조의 廟에는 처음 봉한 군주가 거하며, 昭의 북쪽 廟에는 2세의 군주가 거하고 穆의 북쪽 廟에는 3세의 군주가 거하고 昭의 남쪽 廟에는 4세의 군주가 거하고 穆의 남쪽 廟에는 5세의 군주가 거하니, 廟은 모두 남향을 하고 각각 門·堂·室·寢이 있고 담장이 사방을 둘러싼다.

태조의 廟은 100世토록 옮기지 않고, 나머지 네 廟부터는 6세가 지난 뒤에 代가 한 번 바뀔 때마다 한 번씩 옮기니, 옮길 적에 새 신주를 그 반열의 남쪽 廟에 祔廟하고, 남쪽 廟의 신주를 북쪽 廟에 옮기며, 북쪽 廟에 親이 다하면 그 신주를 太廟의 서쪽 夾室에 옮기니, 이것을 '遞遷한다〔祧〕'라 이른다.

무릇 廟의 신주는 본 廟의 室 안에 있을 때에는 모두 동향을 하고, 태묘의 室 안에서 祫祭를 지내게 되면 오직 태묘의 신주만 본래대로 동향하여 가장 높은 지위가 된다. 그리고 여러 昭 중에 여기에 들어온 것은 북쪽 창문 아래에 진열하여 남향을 하고, 여러 穆 중에 여기에 들어온 것은 남쪽 창문 아래에 진열하여 북향을 하니, 남향을 한 것은 밝은 곳을 향함을 취하였기 때문에 '昭'라 이르고, 북향을 한 것은 깊고 먼 것을 취하였기 때문에 '穆'이라 이른다. 여러 廟의 진열은 왼쪽은 '昭'가 되고 오른쪽은 '穆'이 되며, 협제의 위치는 북쪽이 '昭'가 되고 남쪽이 '穆'이 된다.

曰 六世之後에 二世之主旣祧면 則三世爲昭而四世爲穆하고 五世爲昭而六世爲穆乎아 曰 不然也라 昭常爲昭하고 穆常爲穆하니 禮家之說이 有明文矣라 蓋二世祧면 則四世를 遷昭之北廟하고 六世를 祔昭之南廟矣요 三世祧면 則五世를 遷穆之北廟하고 七世를 祔穆之南廟矣라 昭者祔면 則穆者不遷하고 穆者祔면 則昭者不動하니 此所以祔必以班하고 尸必以孫하며 而子孫之列도 亦以爲序니라 若武王이 謂文王爲穆考하고 成王이 稱武王爲昭考하야는 則自其始祔而已然이니 而春秋傳에 以管蔡郕霍으로 爲文之昭하고 邘(우)晉應韓으로 爲武之穆[122]하니 則雖其旣遠이나 而猶不易也니 豈其交

122) 以管蔡郕霍……爲武之穆 : ≪春秋左氏傳≫ 僖公 24년 조에 "친척을 封建하여 周나라 王室의 울타리로 삼았으니, 管·蔡·郕·霍·魯·衛·毛·聃·郜·雍·曹·滕·畢·原·酆·郇나라는 文王의 昭이고, 邘·晉·應·韓나라는 武王의 穆이며, 凡·蔣·邢·茅·胙·祭나라는 周公의 후손이다."라고 보인다.

錯彼此를 若是之紛紛哉아

〈或者〉: 6세가 지난 뒤에 2세의 신주가 이미 체천되었으면 3세가 昭가 되고 4세가 穆이 되고 5세가 昭가 되고 6세가 穆이 됩니까?

〈朱子〉: 그렇지 않다. 昭는 항상 昭가 되고 穆은 항상 穆이 되니, 禮家의 설에 분명한 글이 있다. 2세가 체천되면 4세를 昭의 북쪽 廟에 옮기고 6세를 昭의 남쪽 廟에 祔廟하며, 3세가 체천되면 5세를 穆의 북쪽 廟에 옮기고 7세를 穆의 남쪽 廟에 부묘한다. 昭에 해당하는 신주를 부묘하면 穆은 옮기지 않고, 穆에 해당하는 신주를 부묘하면 昭는 옮기지 않으니, 이것은 부묘는 반드시 반열을 따르고 尸童은 반드시 손자로 하며, 아들과 손자의 배열 또한 이로써 순서를 삼는 것이다.

武王이 文王을 일러 '穆考'라 하고 成王이 무왕을 칭하여 '昭考'라 한 것으로 말하면 처음 부묘 때부터 이미 그러한 것이다. ≪春秋左氏傳≫에 管·蔡·郕·霍나라를 문왕의 昭라 하고 邘·晉·應·韓나라를 무왕의 穆이라 하였으니, 비록 그 세대가 이미 멀어졌는데도 오히려 바꾸지 않았으니, 어찌 昭穆을 서로 뒤섞어서 이렇게 어지럽게 하겠는가.

曰 廟之始立也에 二世昭而三世穆하고 四世昭而五世穆이면 則固當以左爲尊而右爲卑矣어늘 今乃三世穆而四世昭하고 五世穆而六世昭면 是則右反爲尊而左反爲卑矣니 而可乎아 曰 不然也라 宗廟之制는 但以左右爲昭穆하고 而不以昭穆爲尊卑라 故로 五廟同爲都宮이면 則昭常在左하고 穆常在右하야 而外有以不失其序하며 一世自爲一廟니 則昭不見穆하고 穆不見昭하야 而內有以各全其尊이라 必大祫(협)而會於一室然後에 序其尊卑之次하니 則凡已毁未毁之主를 又畢陳而無所易이요 唯四時之祫에 不陳毁廟之主하니 則高祖有時而在穆이나 其禮未有考焉이라 意或如此면 則高之上無昭하야 而特設位於祖之西하고 禰之下無穆하야 而特設位於曾之東也與인저

〈或者〉: 廟를 처음 세울 적에 2세가 昭가 되고 3세가 穆이 되며 4세가 昭가 되고 5세가 穆이 된다면, 진실로 마땅히 왼쪽을 높은 분으로 삼고 오른쪽을 낮은 분으로 삼는데, 이제 도리어 3세가 穆이 되고 4세가 昭가 되며 5세가 穆이 되고 6세가 昭가 된다면, 이는 오른쪽이 도리어 높음이 되고 왼쪽이 도리어 낮음이 되니, 어찌 옳겠습니까?

〈朱子〉: 그렇지 않다. 宗廟의 제도는 다만 왼쪽과 오른쪽을 가지고 昭와 穆으로

삼고, 昭와 穆을 가지고 높은 분과 낮은 분으로 삼지는 않는다. 그러므로 5廟가 함께 都宮이 되면 昭가 항상 왼쪽에 있고 穆이 항상 오른쪽에 있어서 밖으로는 그 순서를 잃지 않으며, 한 代가 따로 한 廟가 되니 昭는 穆을 보지 못하고 穆은 昭를 보지 못해서 안으로 그 높음을 각각 온전히 할 수 있다.

반드시 큰 祫祭를 지내어 한 室에 모인 뒤에야 그 높고 낮은 차례를 서열하니, 무릇 이미 훼철한 신주와 아직 훼철하지 않은 신주를 또 모두 진열하여 순서가 바뀌는 것이 없다. 오직 四時의 협제에는 훼철한 廟의 신주를 진열하지 않으니, 高祖가 때로 穆에 있는 경우가 있으나 그 禮는 상고할 것이 없다. 생각하건대 혹 이와 같다면 고조의 위에 昭가 없으니 단독으로 신위를 태조의 서쪽에 설치하고, 禰廟의 아래에 穆이 으니 단독으로 신위를 曾祖의 동쪽에 설치하는가 보다.

曰 然則毁廟云者는 **何也**오 **曰 春秋傳曰 壞廟之道**는 **易檐可也**요 **改塗可也**[123)]라하니 **說者以爲將納新主**에 **示有所加耳**라하니 **非盡撤而悉去之也**니라

〈或者〉: 그렇다면 훼철한 廟라고 말함은 어째서입니까?

〈朱子〉: ≪春秋穀梁傳≫에 이르기를 "廟를 허무는 방도는 서까래를 바꾸어도 되고 칠을 고쳐도 된다." 하였는데, 해석하는 자들은 장차 새 신주를 넣을 적에는 더하는 바가 있음을 보이는 것뿐이라고 하였으니, 모두 철거하여 다 제거하는 것은 아니다.

曰 然則天子之廟는 **其制若何**오 **曰 唐之文祖**와 **虞之神宗**과 **殷之七世三宗**은 **其詳**을 **今不可考**요 **獨周制 猶有可言**이라 **然則漢儒之記 又已有不同矣**라 **謂后稷始封**하고 **文武受命而王**이라 **故**로 **三廟不毁**하야 **與親廟四而七者**는 **諸儒之說也**요 **謂三昭三穆**과 **與太祖之廟而七**하고 **文武爲宗**하야 **不在數中者**는 **劉歆之說也**라 **雖其數之不同**이나 **然其位置遷次**는 **宜亦與諸侯之廟**로 **無甚異者**리라 **但如諸儒之說**이면 **則武王初有天下之時**에 **后稷爲太祖**하야 **而組紺居昭之北廟**하고 **大**(태)**王居穆之北廟**하고 **王季居昭之南廟**하고 **文王居穆之南廟**하야 **猶爲五廟而已**요 **至成王時**면 **則組紺祧**하야 **王季遷而武王祔**하고 **至康王時**면 **則大王祧**하야 **文王遷而成王祔**하고 **至昭王時**면 **則王季祧**하야 **武王遷而康王祔**리니 **自此以上**은 **亦皆且爲五廟**요 **而祧者**는 **藏于太祖之廟**라

123) 壞廟之道……改塗可也 : ≪春秋穀梁傳≫ 文公 2년 조에 보인다.

至穆王時면 則文王親盡當祧로되 而以有功當宗故로 別立一廟於西北하야 而謂之文世室이라하니 於是에 成王遷하고 昭王祔하야 而爲六廟矣요 至共王時면 則武王親盡當祧로되 而亦以有功當宗故로 別立一廟於東北하야 謂之武世室이라하니 於是에 康王遷하고 穆王祔하야 而爲七廟矣라 自是以後는 則穆之祧者를 藏於文世室하고 昭之祧者를 藏於武世室하야 而不復藏於大廟矣리라 如劉歆之說이면 則周自武王克殷으로 卽增二廟於二昭二穆之上하야 以祀高圉亞圉如前하고 遞遷至於懿王하야 而始立文世室於三穆之上하고 至孝王時하야 始立武世室於三昭之上이리니 此爲少不同耳니라

〈或者〉: 그렇다면 천자의 廟는 그 제도가 어떻습니까?

〈朱子〉: 堯임금의 〈선조인〉 文祖와 舜임금의 〈선조인〉 神宗과 殷나라 7世의 三宗(太宗인 太甲, 中宗인 太武, 高宗인 武丁)은 그 자세함을 지금 상고할 수 없고, 오직 周나라 제도만 그나마 말할 수 있다. 그러나 漢나라 학자들의 기록이 또 이미 똑같지 않다. "后稷이 처음 봉해졌고 文王과 武王이 天命을 받아 왕이 되었으므로 이 세 廟를 훼철하지 아니하여 네 親廟와 더불어 7묘가 되었다." 한 것은 여러 학자의 설이다. "3昭・3穆과 太祖의 廟를 합하여 7묘가 되고 문왕과 무왕은 宗이 되어 이 숫자 가운데에 포함되지 않는다." 한 것은 劉歆의 설이다. 비록 그 숫자는 똑같지 않으나 그 위치와 옮기는 차례는 마땅히 또한 제후의 廟와 크게 다르지 않을 것이다.

다만 여러 학자의 설과 같다면, 무왕이 처음 천하를 소유하였을 때에는 후직이 태조가 되어서 組紺(周 太王의 아버지)이 昭의 북쪽 廟에 거하고 太王이 穆의 북쪽 廟에 거하고, 王季가 昭의 남쪽 廟에 거하고 문왕이 穆의 남쪽 廟에 거하여, 여전히 다섯 廟가 되었을 뿐이다. 成王 때에 이르면 조감이 체천되어 왕계를 옮기고 무왕을 祔廟하며, 康王 때에 이르면 태왕이 체천되어 문왕을 옮기고서 성왕을 부묘하며, 昭王 때에 이르면 왕계가 체천되어 무왕을 옮기고 강왕을 부묘했을 것이니, 이로부터 이상은 또한 모두 우선 다섯 廟가 되고 체천한 신주는 태조의 廟에 보관하였을 것이다.

그리고 穆王 때에 이르면 문왕이 親이 다하여 마땅히 체천하여야 하나 功이 있어 마땅히 높여야 하기 때문에 별도로 한 廟를 서북쪽에 세워서 이것을 '文世室'이라 일렀으니, 이에 성왕을 옮기고 소왕을 부묘하여 여섯 廟가 되었을 것이다. 共王 때에 이르면 무왕이 親이 다하여 마땅히 체천하여야 하나 또한 功이 있어 마땅히 높여야 하기 때문에 별도로 한 廟를 동북쪽에 세워서 '武世室'이라 일렀으니, 이에 강왕을

옮기고 목왕을 부묘하여 일곱 廟가 되었을 것이다. 이후로는 체천한 穆의 신주를 문세실에 보관하고, 체천한 昭의 신주를 무세실에 보관하여 다시는 太廟에 보관하지 않았을 것이다.

그리고 유흠의 설과 같다면 周나라는 무왕이 殷나라를 이긴 뒤로부터 두 廟를 2昭와 2穆의 위에 더하여 高圉(무왕의 6대조)와 亞圉(무왕의 5대조)를 제사하기를 예전과 같이 하고, 체천하여 懿王 때에 이르러 비로소 문세실을 3穆의 위에 세우고, 孝王 때에 이르러 비로소 무세실을 3昭의 위에 세웠을 것이니, 이것이 조금 같지 않을 뿐이다.

曰 然則諸儒與劉歆之說이 孰爲是오 曰 前代說者 多是劉歆하니 愚亦意其或然也로라

〈或者〉: 그렇다면 여러 학자와 劉歆의 설 중에 어느 것이 더 옳습니까?

〈朱子〉: 前代에 해설하는 자들이 대부분 劉歆을 옳다 하였는데 나 또한 그것이 혹 옳을 것이라고 생각한다.

然則大夫士之制奈何오 曰 大夫三廟는 則視諸侯而殺(쇄)其二나 然其太祖昭穆之位는 猶諸侯也요 適士二廟는 則視大夫而殺其一이요 官師[124]一廟는 則視大夫而殺其二나 然其門堂室寢之備는 猶大夫也니라

〈或者〉: 그렇다면 大夫와 士의 제도는 어떻습니까?

〈朱子〉: 대부의 세 廟는 제후에 비하여 둘을 줄인 것이지만, 太祖와 昭와 穆의 위치는 제후와 같다. 適士(上士)의 두 廟는 대부에 비하여 하나를 줄인 것이고, 官師의 한 廟는 대부에 비하여 둘을 줄인 것이지만, 門·堂·室·寢을 구비한 것은 대부와 같다.

曰 廟之爲數 降殺以兩이어늘 而其制不降은 何也오 曰 降也라 天子之山節藻棁하고 復廟重檐[125]을 諸侯固有所不得爲者矣요 諸侯之黝堊斲礱(유악착롱)[126]을 大夫有不得爲

124) 官師 : 鄭玄의 注에 따르면 '中士·下士·庶士·府史의 등속'을 이른다.(≪禮記正義≫ 〈祭法〉)

125) 復廟重檐 : '復廟'는 重廟로, 지붕을 이중으로 설치한 廟를 말한다. '重檐'은 처마에 婦椽을 달아 비바람이 들이치는 것을 방지한 것이다.(≪禮記≫ 〈明堂位〉)

126) 黝堊斲礱(유악착롱) : 鄭玄의 注에 "黝堊은 堊室의 꾸밈이니, 바닥의 꾸밈을 黝라 하고 벽의 꾸밈을 堊이라 한다." 하였다. '斲礱'은 서까래를 깎고 갈아 곱게 다듬는 것이다.

矣요 大夫之倉楹斲桶을 士又不得爲矣니 曷爲而不降哉리오 獨門堂室寢之合然後에 可名於宮하니 則其制有不得而殺耳라 蓋由命士以上은 父子皆異宮[127]하니 生也異宮이어늘 而死不得異廟면 則有不得盡其事生事存[128]之心者라 是以로 不得而降也니라

〈或者〉: 廟의 숫자는 둘씩 줄어드는데 그 제도가 줄어들지 않음은 어째서입니까?

〈朱子〉: 〈제도도〉 줄인다. 천자의 廟에는 〈큰 거북의 등껍질을 보관하되,〉 그 방의 斗栱에 산 모양을 새기고 동자기둥에 마름 모양을 그리고 廟와 처마를 거듭 겹쳐 지음을 제후는 진실로 할 수 없다. 제후의 黝堊과 斲礱을 대부는 할 수 없으며, 대부의 기둥을 푸르게 하고 서까래를 깎는 것을 士는 또 할 수 없으니, 어찌 줄어들지 않는다 하겠는가. 다만 門·堂·室·寢이 갖추어진 뒤에야 '宮(집)'이라 이름할 수 있으니, 그 제도를 줄일 수 없을 뿐이다.

命士 이상은 父子가 모두 宮을 달리하니, 살아서 宮을 달리하였는데 죽어서 廟를 달리할 수 없으면 〈처음 초상을 당했을 때〉 살아있는 이를 섬기듯 하고, 〈장례 뒤에〉 몸이 있는 이를 섬기듯 하는 마음을 다할 수 없는 것이다. 이 때문에 이것은 줄일 수 없는 것이다.

○ 長樂陳氏曰 積厚者는 流澤廣하고 積薄者는 流澤狹이라 故로 天子七廟요 諸侯五廟요 大夫三廟요 士一廟라 廟而祭之는 仁之至也요 以七以五以三以一은 義之盡也라 舜之時에 禋于六宗하야 與藝祖[129]而七이요 商書亦曰 七世之廟에 可以觀德[130]이라하니 則

---

127) 由命士以上 父子皆異宮: 〈內則〉에 보인다.

128) 事生事存: ≪中庸章句≫ 제19장에 "〈초상에〉 돌아가신 분 섬기기를 생존하신 것처럼 섬기고 〈장례 뒤에〉 육신이 없는 분 섬기기를 육신이 있는 것처럼 섬기는 것이 효의 지극함이다.〔事死如事生 事亡如事存 孝之至也〕"라고 보인다.

129) 藝祖: 文德을 소유한 始祖라는 뜻으로, ≪書經≫ 〈虞書 舜典〉에 나오는데, 宋나라 때에는 송나라 태조를 가리키는 말로 쓰였다. 이에 대해 淸나라 顧炎武는 "사람들은 송나라 사람들이 자기 太祖를 藝祖로 부르는 것만 알지, 이전 시대부터 태조를 예조라고 해온 사실은 모르고 있다." 하였다.(≪日知錄≫ 〈藝祖〉)

130) 商書亦曰……可以觀德: ≪書經≫ 〈商書 咸有一德〉에 보이는바, ≪서경≫의 뜻은, 天子의 廟는 3昭·3穆에 太祖의 廟를 포함하여 7廟라는 것이다. 즉 제사하는 대수가 다하면 7묘에서 해당 신주를 옮기게 되는데, 덕이 있는 임금만은 영원히 옮겨지지 않는다. 그러므로 商나라 伊尹이 '덕이 있나 없나는 7묘에서 볼 수 있는 것이다.' 하여, 그 임금 太甲에게 덕을 닦도록 권했던 것이다. 이 글의 뜻은, '역대 제왕의 廟에 모셔진 분들은 덕이 있었기 때문에 이렇게 대대로 제사를 받게 되는 것이니, 7묘에서만 그 덕이 있나 없나를

七廟之制 其來尙矣라 先王之於死者에 常待之以生하야 由士而上은 生而異宮하고 死則爲之立廟하며 庶人則生非異宮하고 死則祭於寢而已니라

長樂陳氏 : 쌓은 功業이 두터운 자는 流澤이 넓고, 쌓은 공업이 얇은 자는 유택이 좁다. 그러므로 천자는 7廟이고 제후는 5廟이고 대부는 3廟이고 士는 1廟인 것이다. 廟를 세워 제사함은 仁이 지극한 것이고, 7廟를 세우고 5廟를 세우고 3廟를 세우고 1廟를 세우는 것은 義가 극진한 것이다. 舜임금 때에는 6宗에 제사하여 藝祖와 더불어 일곱이었고, 〈商書〉에 또한 이르기를 "7世의 廟에서 덕을 관찰할 수 있다." 하였으니, 그렇다면 일곱 廟의 제도가 그 유래가 오래된 것이다.

先王이 죽은 자에 대해 항상 산 사람으로 대하여 士 이상은 살아서는 宮을 달리하고 죽어서는 그를 위하여 廟을 세우며, 庶人은 살아서 宮을 달리하지 않고 죽으면 寢에서 제사할 뿐이었다.

053001 天子諸侯의 宗廟之祭를 春曰礿(약)이요 夏曰禘요 秋曰嘗이요 冬曰烝이니라

천자나 제후가 지내는 宗廟의 제사를 봄 제사는 '礿(禴)'이라 하고, 여름 제사는 '禘'라 하고, 가을 제사는 '嘗'이라 하고, 겨울 제사는 '烝'이라 한다.

≪集說≫

鄭氏曰 此는 蓋夏殷之祭名이니 周則春曰祠요 夏曰礿이요 以禘爲殷祭하니라

鄭氏 : 이것은 아마도 夏나라와 殷나라의 제사 이름일 것이다. 周나라에서는 봄 제사를 '祠'라 하고, 여름 제사를 '礿'이라 하며, 禘祭를 '殷祭(성대한 제사)'로 삼았다.

○ 疏曰 礿은 薄也니 春에 物未成하야 祭品鮮薄也요 禘者는 次第也니 夏에 時物雖未成이나 宜依時次第而祭之라 嘗者는 新穀熟而嘗也요 烝者는 衆也니 冬에 時物成者衆也라 鄭이 疑爲夏殷祭名者는 以其與周不同이요 其夏殷之祭 又無文이라 故로 稱蓋以疑之하니라

볼 뿐이겠는가.'라는 것이다.

疏 : '礿'은 '박하다'는 뜻이니, 봄에는 時物이 성숙하지 않아서 祭需가 적다. '禘'는 '차례'라는 뜻이니, 여름에는 시물이 비록 성숙하지 않았으나 마땅히 철의 차례를 따라 제사하여야 한다. '嘗'은 '새 곡식이 익어서 맛본다.'는 뜻이다. '烝'은 '많다'는 뜻이니, 겨울에는 시물이 성숙한 것이 많다.

鄭玄이 夏나라와 殷나라의 제사 이름이라고 의심한 것은 〈제사의 명칭이〉 周나라와 똑같지 않고 하나라와 은나라의 제사에 관한 기록이 또 문헌에 없기 때문이다. 그러므로 '蓋(아마도)'라는 글자를 써서 의심하였다.

053101 天子는 祭天地하고 諸侯는 祭社稷하고 大夫는 祭五祀니라 天子는 祭天下名山大川하나니 五嶽은 視三公하고 四瀆은 視諸侯니라 諸侯는 祭名山大川之在其地者요 天子諸侯는 祭因國之在其地而無主後者니라

천자는 하늘과 땅에 제사하고, 제후는 社稷에 제사하고, 대부는 五祀에 제사한다. 천자는 천하의 名山大川에 제사하니, 五嶽의 제사는 三公에 비견하고, 四瀆(長江·黃河·淮水·濟水)의 제사는 제후에 비견한다. 제후는 자기 封地 안에 있는 명산대천에 제사하고, 천자와 제후는 자기 경내의 〈제사를〉 주관할 후사가 없는 옛 왕조의 시조에게 제사한다.

≪集說≫

視三公視諸侯는 謂視其饔(옹)餼牢禮之多寡하야 以爲牲器之數也라 因國은 謂所建國之地 因先代所都之故墟也라 今無主祭之子孫이면 則在王畿者는 天子祭之하고 在侯邦者는 諸侯祭之하니 以其昔嘗有功德於民하야 不宜絶其祀也일새니라

'3公에 비견하고 제후에 비견한다.'는 것은 饔餼(죽은 희생과 산 희생)를 바치는 牢禮의 많고 적음에 비견하여 犧牲과 器物의 숫자로 삼음을 이른다.

'因國'은 建國한 땅이 先代가 도읍했던 옛터를 인함을 이른다. 지금 제사를 주관할 자손이 없으면 王畿에 있는 것은 천자가 제사하고 제후의 나라에 있는 것은 제후가 제사하니, 옛날에 일찍이 백성에게 功德이 있어 그 제사를 끊어서는 안 되기 때문이다.

○ (周官制度)〔長樂陳氏〕[131]云 五祀는 見(현)於周禮禮記儀禮하고 雜出於史傳이 多

矣요 獨祭法에 加爲七[132]이라 左傳家語엔 以爲重該修熙句龍之五官[133]이라하고 月令엔 以爲門行戶竈中霤라하니 然則所謂五祀者는 名雖同이나 而祭各有所主也라 鄭氏以七祀로 爲周制하고 五祀로 爲商制라하니라 然이나 大宗伯에 亦云 祭社稷五祀라하고 儀禮에 士疾病에 禱五祀라하니 則五祀는 無尊卑隆殺(쇄)之辨矣라 愚意 鄭氏已是臆說이요 祭法之言도 亦未可深信이로다

長樂陳氏가 "5祀는 ≪周禮≫·≪禮記≫·≪儀禮≫에 보이고, 史와 傳에 뒤섞여 나오는 것이 많다. 유독 〈祭法〉에서만 더하여 '7祀'라고 하였다. ≪春秋左氏傳≫과 ≪孔子家語≫에는 '重·該·修·熙·句龍의 5官에 제사한다.' 하였고, 〈月令〉에는 '門·行·戶·竈·中霤에 제사한다.' 하였으니, 그렇다면 이른바 '5祀'라는 것은 명칭은 비록 똑같지만 제사는 각각 주장하는 바가 있는 것이다. 鄭玄은 7祀를 周나라 제도로 여겼고, 5祀를 商나라 제도로 여겼다." 하였다.

그러나 ≪周禮≫ 〈春官 大宗伯〉에 또한 "社稷과 5祀에 제사한다." 하였고, ≪儀禮≫ 〈旣夕禮〉에 士가 병이 위중해지면 주인이 5祀에 기도한다고 하였으니, '5祀'는 높음과 낮음, 높임과 줄임의 구분이 없는 것이다. 내가 생각하건대 정현의 주장은 이미 억설이고, 〈제법〉의 말 또한 크게 믿을 것이 못 된다.

≪大全≫

馬氏曰 天子祭天地하고 諸侯祭社稷하고 大夫祭五祀는 所以報本反始요 抑以防僭

131) (周官制度)〔長樂陳氏〕: 저본에는 '周官制度'로 되어 있는데, 陳澔 당시에 ≪周官制度≫라는 책이 있었는지 알 수 없고, 인용한 내용이 北宋 陳祥道(長樂陳氏)의 ≪禮書≫와 南宋 衛湜의 ≪禮記集說≫에 모두 진상도의 말로 기록되어 있는 것에 의거하여 '長樂陳氏'로 수정하였다.

132) 祭法 加爲七 : 〈祭法〉에 "왕이 〈백관 이하〉 억조창생을 위하여 7祀를 세우니, 〈三命을 주관하는〉 司命과 〈堂室을 주관하는〉 中霤와 〈성문인〉 國門과 〈국문 밖 도로인〉 國行과 〈후사가 없는 옛 왕인〉 泰厲와 〈출입을 주관하는〉 戶와 〈음식을 주관하는〉 竈다. 왕은 자신을 위하여 7祀를 세운다. 제후가 국가를 위하여 5사를 세우니, 사명과 중류와 국문과 국행과 〈후사가 없는 옛 제후인〉 公厲이다." 하였다.

133) 左傳家語 以爲重該修熙句龍之五官 : 인용한 내용은 ≪春秋左氏傳≫ 昭公 29년 조와 ≪孔子家語≫ 〈五帝〉에 보인다. ≪禮記補註≫에 따르면 진호의 주에 火正인 黎를 누락하였는데, '熙'자 아래에 마땅히 '黎'자를 첨가해야 한다. 또 '修'는 마땅히 '脩'가 되어야 하고, '句'는 마땅히 '勾'가 되어야 한다. 水正은 脩와 熙 두 사람이 겸하였으니, 여섯 사람이 五官이 된 것이다.

亂之階也라 蓋天地者는 有域之最大者也요 而天子者는 域中之所尊也라 故로 祭天地하고 社稷者는 土穀之神也요 而諸侯者는 爲天子守土也라 故로 祭社稷하고 大夫則有家라 故로 祭五祀라 蓋在上者는 可以兼下故로 天子祭天地社稷五祀하고 在下者는 不可以兼上故로 諸侯祭社稷而不得祭天地하고 大夫祭五祀而不得祭社稷이라 荀子曰 郊止乎天子하고 社止乎諸侯하고 道及乎大夫[134] 是也라 古之爲祀典에 有功於民則祀之하니 而名山大川者는 有功於民이요 而民之取材用也라 蓋天子는 君天下하야 而其所報者衆故로 祭天下之名山大川하고 諸侯는 君一國하야 而所報者寡故로 祭名山大川之在其地者니라

馬氏 : '천자는 하늘과 땅에 제사하고 제후는 社稷에 제사하고 대부는 5祀에 제사함'은 근본에 보답하고 시작으로 돌아가는 것이고, 또한 참람하고 혼란하게 되는 계제를 막는 것이다. 하늘과 땅은 영역 중에 가장 큰 것이고 천자는 영역 안의 사람들이 높이는 대상이므로 하늘과 땅에 제사하며, 사직은 土神과 穀神이고 제후는 천자를 위하여 땅을 지키므로 사직에 제사하며, 대부는 집이 있으므로 5祀에 제사하는 것이다.

위에 있는 자는 아래를 겸할 수 있으므로 천자는 천지·사직·5祀에 제사하고, 아래에 있는 자는 위를 겸할 수 없으므로 제후는 사직에만 제사하고 천지에는 제사할 수 없으며, 대부는 5祀에만 제사하고 사직에는 제사할 수 없는 것이다. ≪荀子≫에 말하기를 "郊祭는 천자에 그치고, 社祭는 제후에 그치고, 道祭(길에 지내는 제사)는 대부에 미친다." 한 것이 이것이다.

옛날 祀典을 만들 적에 백성에게 功이 있으면 제사하였으니, 名山大川은 백성에게 功이 있는 곳이고 백성들이 材料나 用具를 취하는 곳이다. 천자는 천하에 군주 노릇 하여 보답할 것이 많으므로 천하의 명산대천에 제사하고, 제후는 한 나라에 군주 노릇 하여 보답할 것이 적으므로 자기 지역에 있는 명산대천에 제사하는 것이다.

○ 朱子曰 一家之主는 則一家鬼神屬焉하고 諸侯守一國하니 則一國鬼神屬焉하고 天子有(大)〔天〕[135]下하니 則天下鬼神屬焉이라 看來爲天下者는 這一箇神明是甚麽

---

134) 郊止乎天子……道及乎大夫 : ≪荀子≫ 〈禮論〉에 보이는데, 원문은 '郊止乎天子 而社止於諸侯 道及士大夫'로 되어 있는바, 馬氏는 여기서 大夫를 설명하기 위해서 '士'자를 빼고 인용한 것으로 보인다.

135) (大)〔天〕 : 저본에는 '大'로 되어 있으나, ≪朱子語類≫에 의거하여 '天'으로 바로잡았다.

大하니 如何有些子差忒得이리오 若縱欲無度면 天上許多星辰과 地下許多山川이 如何不變怪리오

朱子 : 한 집안의 주인에게는 한 집안의 鬼神이 속하고, 제후는 한 나라를 지키니 한 나라의 귀신이 속하고, 천자는 천하를 소유하였으니 천하의 귀신이 속한다. 살펴보건대 천하를 다스리는 자에게는 이 神明 하나가 무엇보다 크니, 어떻게 조금이라도 법도에 어긋남이 있을 수 있겠는가. 만약 욕심을 법도 없이 마음대로 부리면 天上의 허다한 星辰과 地下의 허다한 山川이 어찌 변괴를 일으키지 않겠는가.

053201 天子는 犆(특)礿하며 祫禘하며 祫嘗하며 祫烝이요

천자는 〈봄 제사인〉 礿祭를 〈각 廟마다〉 단독으로 지내고, 〈여름 제사인〉 禘祭를 〈여러 묘의 신주를 모두 太祖廟에 합하여〉 祫祭로 지내며, 〈가을 제사인〉 嘗祭를 협제로 지내며, 〈겨울 제사인〉 烝祭를 협제로 지낸다.

≪集說≫

祫은 合也라 其禮有二하니 時祭之祫은 則群廟之主를 皆升하야 而合食於太祖之廟호되 而毁廟之主는 不與하고 三年大祫엔 則毁廟之主도 亦與焉이라 天子之禮 春礿則特祭者는 各於其廟也요 禘嘗烝은 皆合食이니라

'祫'은 합함이다. 그 禮에 두 가지가 있으니, 時祭의 祫祭일 경우는 여러 廟의 신주를 모두 올려 太祖의 廟에서 合食을 하되 훼철한 廟의 신주는 여기에 참여하지 못하고, 3년 만에 지내는 大祫祭에는 훼철한 廟의 신주도 여기에 참여한다.
'천자의 禮에 봄의 礿祭에는 特祭를 한다.'는 것은 각각의 廟에서 따로 제사하는 것이며, 禘祭·嘗祭·烝祭에는 모두 合食을 하는 것이다.

○ 石梁王氏曰 特礿者는 春엔 物全未成이라 止一時祭而已니 於此時에 不祫也요 夏엔 物稍成이라 可於此時而祫이요 秋엔 物大成하고 冬엔 物畢成하야 皆可祫이라 故曰 祫禘祫嘗祫烝이요 而礿則特也니라

石梁王氏 : '特礿'은 봄에 時物이 전혀 성숙하지 않았으므로 다만 한 철의 제사에 그칠 뿐이니, 이때에는 祫祭를 하지 않는다. 여름에는 시물이 조금 성숙하였으므로

이때에는 협제를 할 수 있다. 가을에는 시물이 크게 성숙하고, 겨울에는 시물이 성숙을 마쳐 모두 협제를 할 수 있다. 그러므로 '禘祭·嘗祭·烝祭에는 협제를 하며, 礿祭에는 特祭를 한다.' 한 것이다.

053202 諸侯는 礿則不禘하며 禘則不嘗하며 嘗則不烝하며 烝則不礿이니라

제후는 礿祭를 지내면 禘祭를 지내지 않으며, 체제를 지내면 嘗祭를 지내지 않으며, 상제를 지내면 烝祭를 지내지 않으며, 증제를 지내면 약제를 지내지 않는다.

≪集說≫

南方諸侯는 春祭畢則夏來朝라 故로 闕禘祭하고 西方諸侯는 夏祭畢而秋來朝라 故로 闕嘗祭하니 四方皆然하니라

남방의 제후는 봄 제사를 마치면 여름에 조회하러 오므로 禘祭를 지내지 않으며, 서방의 제후는 여름 제사를 마치면 가을에 조회하러 오므로 嘗祭를 지내지 않으니, 사방이 모두 그러하다.

○ 石梁王氏曰 諸侯歲朝하야 爲廢一時之祭는 王事重也일새니라

石梁王氏 : 제후가 해마다 천자에게 조회하러 와서 한 철의 제사를 폐하는 것은 〈군주가 나라를 위해 행해야 하는〉 王事가 중요하기 때문이다.

053203 諸侯는 礿犆(특)하며 禘一犆一祫하며 嘗祫하며 烝祫이니라

제후는 礿祭를 〈각각의 廟마다〉 단독으로 지내며, 禘祭를 한 해는 단독으로 지내고 다음해는 祫祭로 지내며, 嘗祭를 협제로 지내며, 烝祭를 협제로 지낸다.

≪集說≫

犆礿礿犆은 非有異也요 變文而已니 祫嘗祫烝과 與嘗祫烝祫이 亦然이라 諸侯所以降於天子者는 禘一犆一祫而已니 言夏祭之禘를 今歲犆이면 則來歲祫하고 祫之明年에

又犆하야 不如天子每歲三時皆祫也니라

'犆礿'과 '礿犆'은 차이가 있는 것이 아니고 글자를 바꾸었을 뿐이니, '祫嘗'・'祫烝'과 '嘗祫'・'烝祫'이 또한 그러하다. 제후가 천자보다 낮은 것은 禘祭를 한 해는 犆祭로 지내고 한 해는 祫祭로 지내는 것뿐이니, 여름 제사인 체제를 금년에 특제로 지냈으면 내년에는 협제로 지내고, 협제를 지낸 다음해에는 또 특제로 지내서 천자가 매년 세 철에 모두 협제로 지내는 것과는 같지 않음을 말한다.

○ 石梁王氏曰 物稍成이 未若大成이요 其成을 亦未可必이라 故로 夏禘之時에 可祫可犆하야 不可(嘗)〔常〕[136)]也요 秋冬엔 物成을 可必이라 故로 此二時에 必可祫이라 故不云犆而云嘗祫烝祫하니 此一節은 專爲祫祭發也니라

石梁王氏 : 時物이 조금 성숙한 것은 크게 성숙한 것과는 같지 않고, 성숙함을 또한 기필할 수 없으므로, 여름에 禘祭를 지낼 때에는 祫祭로도 할 수 있고 犆祭로도 할 수 있어서 일정하게 할 수가 없다. 가을과 겨울에는 시물의 성숙을 기필할 수 있으므로 이 두 철에는 반드시 협제를 지내는 것이다. 그러므로 '犆'이라고 말하지 않고 "嘗祭를 협제로 지내며, 烝祭를 협제로 지낸다." 하였으니, 이 한 절은 오로지 협제를 위주로 말한 것이다.

○ 愚按 此章을 先儒以爲夏殷之制[137)]라 然이나 禘는 王者之大祭也어늘 今以爲四時常祭之名은 何歟오 豈周更時祭之名而後에 禘專爲大祭歟아 又(周官制度)〔長樂陳氏〕[138)] 云 先王制禮에 必象天道라 故로 月祭는 象月하고 時享은 象時하고 三年之祫, 五年之禘는 象閏이라하고 又云 王制之言祫은 非三年之制也라하니라

愚按(陳澔) : 이 장을 先儒는 夏나라와 殷나라의 제도라 하였다. 그러나 禘祭는 王者의 큰 제사인데 지금 四時에 항상 지내는 제사 명칭으로 삼은 것은 어째서인가? 아마 周나라가 時祭의 명칭을 바꾼 뒤에 체제가 오로지 大祭가 되었는가 보다.

---

136) (嘗)〔常〕 : 저본에는 '嘗'으로 되어 있는데, 문맥을 따져 '常'으로 수정하였다.

137) 夏殷之制 : 孔穎達의 疏에 보인다.(≪禮記正義≫)

138) (周官制度)〔長樂陳氏〕 : 저본에는 '周官制度'로 되어 있는데, 陳澔 당시에 ≪周官制度≫라는 책이 있었는지 알 수 없고, 인용한 두 가지의 내용이 北宋 陳祥道(長樂陳氏)의 ≪禮書≫ 권71 〈祫禮〉에 진상도의 말로 기록되어 있는 것에 의거하여 '長樂陳氏'로 수정하였다.

또 長樂陳氏가 말하기를 "先王이 禮를 제정할 때에 반드시 天道를 본받았다. 그러므로 달마다 지내는 제사는 달을 형상하고, 사시에 지내는 제사는 사시를 형상하고, 3년에 지내는 祫祭와 5년에 지내는 禘祭는 윤달을 형상한다." 하였고, 또 "〈王制〉에서 말한 협제는 3년의 제도가 아니다." 하였다.

053301 **天子**는 **社稷**에 **皆太牢**요 **諸侯**는 **社稷**에 **皆少牢**니라 **大夫士**는 **宗廟之祭**를 **有田則祭**하고 **無田則薦**하고 **庶人**은 **春薦韭**(구)하며 **夏薦麥**하며 **秋薦黍**하며 **冬薦稻**니 **韭**는 **以卵**이요 **麥**은 **以魚**요 **黍**는 **以豚**이요 **稻**는 **以雁**이니라

천자는 社稷의 제사에 모두 太牢를 쓰고, 제후는 사직의 제사에 모두 少牢를 쓴다. 大夫와 士는 宗廟의 제사를 田地가 있으면 제사 지내고 전지가 없으면 薦新하며, 庶人은 봄에는 부추를 바치고 여름에는 보리를 바치고 가을에는 찰기장을 바치고 겨울에는 벼를 바치니, 부추에는 알을 곁들이고 보리에는 물고기를 곁들이고 찰기장에는 돼지를 곁들이고 벼에는 기러기를 곁들인다.

≪集說≫

祭는 有常禮하고 有常時어니와 薦은 非正祭요 但遇時物卽薦이라 然이나 亦不過四時各一擧而已라 註云 祭以首時하고 薦以仲月이라하니 首時者는 四時之孟月也라

祭는 일정한 禮가 있고 일정한 때가 있지만, 薦은 正祭가 아니고 다만 時物을 얻으면 곧바로 바친다. 그러나 또한 四時에 각각 한 번 거행함에 불과할 뿐이다. 〈鄭玄의〉 註에 이르기를 "제사는 首時에 하고 薦은 仲月에 한다." 하였는데, '首時'는 사시의 孟月이다.

≪大全≫

嚴陵方氏曰 牢者는 圈也니 以能有所畜故로 所畜之牲을 皆曰牢也라 大(태)牢는 具牛羊豕焉하니 以其大故로 曰太요 少牢則羊豕而已니 以其小故로 曰少라 天子之社稷은 主天下之土穀故로 用太牢以祭之하고 諸侯之社稷은 主一國之土穀故로 用少牢以祭

之하니 此隆殺(쇄)之別也라 薦은 以時物而已요 祭則備庶物焉하니 備庶物이면 則其禮爲盛하야 非有田者면 不足以共[139]之也라 大夫士而有無田者는 謂諸侯之大夫士而已니 大夫無田이면 且不祭어든 而庶人得祭於寢者는 祭於寢은 其禮略而易(이)備故也라 且通而言之하면 薦之於神을 亦可謂之祭也라 韭之性溫하니 則陽類也라 故(以配)〔配以〕[140]卵하니 卵은 陰物故也요 麥與黍는 皆南方之穀이니 亦陽類也라 故配以魚與豚하니 魚與豚은 皆陰物也라 稻爲西方之穀하니 則陰類也라 故配以雁하니 雁은 陽物故也라 植物之陽者는 配以動物之陰하고 植物之陰者는 配以動物之陽하니 亦使陽不勝陰하고 陰不勝陽而已니라

嚴陵方氏 : '牢'는 〈동물을 가두어 기르는〉 '우리'이니, 우리에는 기르는 동물이 있기 때문에 기르는 犧牲을 모두 '牢'라 이른다. 太牢에는 소·양·돼지를 갖추니 크기 때문에 '태뢰'라 하고, 少牢에는 양·돼지뿐이니 작기 때문에 '소뢰'라 이른다. 천자의 社稷은 천하의 땅과 곡식을 주관하므로 태뢰를 사용하여 제사하고, 제후의 사직은 한 나라의 땅과 곡식을 주관하므로 소뢰를 사용하여 제사하니, 이는 높이고 낮추는 구별이다.

薦新은 時物로써 할 뿐이고, 제사는 여러 제물을 구비하니, 여러 제물을 구비하면 禮가 성대하므로 田地가 있는 자가 아니면 공급할 수가 없다. 大夫와 士로서 전지가 없는 자는 제후의 대부와 사를 이를 뿐이니, 대부는 전지가 없으면 제사할 수가 없는데 庶人은 寢에서 제사할 수 있는 것은, 〈서인이〉 침에서 제사함은 그 禮가 간략하여 〈제물을〉 구비하기가 쉽기 때문이다. 또 통틀어 말하면 神에게 올리는 것을 또한 '제사'라 이를 수 있는 것이다.

부추의 성질은 따뜻하니, 陽의 종류이다. 그러므로 알로 배합하니, 알은 陰의 물건이기 때문이다. 보리와 찰기장은 모두 南方의 곡식이니, 또한 양의 종류이다. 그러므로 물고기와 돼지로 배합하니, 물고기와 돼지는 모두 음의 물건이다. 벼는 西方의 곡식이 되니, 음의 종류이다. 그러므로 기러기로 배합하니, 기러기는 양의 물건이기 때문이다.

식물 중에 양인 것은 동물 중에 음인 것으로 배합을 하고, 식물 중에 음인 것은

139) 共 : '供(공급하다)'의 뜻이다.

140) (以配)〔配以〕 : 저본에는 '以配'로 되어 있는데, 뒤에 모두 '配以'로 되어 있는 것에 의거하여 '配以'로 수정하였다.

동물 중에 양인 것으로 배합하니, 또한 양이 음을 이기지 않고 음이 양을 이기지 않게 한 것일 뿐이다.

053401 祭天地之牛는 角이 繭栗이요 宗廟之牛는 角이 握이요 賓客之牛는 角이 尺이니라

하늘과 땅의 제사에 〈희생으로〉 쓰는 소는 뿔이 누에고치나 밤톨만 한 것을 쓰고, 宗廟의 제사에 쓰는 소는 뿔이 한 줌 정도인 것을 쓰고, 賓客의 대접에 쓰는 소는 뿔이 한 자 정도인 것을 쓴다.

≪集說≫

如繭如栗은 犢也라 握은 謂長不出膚라 側手爲膚니 〔鋪〕[141)]四指也라 賓客之用은 則取其肥大而已니라

〈뿔의 크기가〉 누에고치와 같고 밤톨과 같은 것은 송아지이다. '握'은 〈뿔의〉 길이가 네 손가락〔膚〕 밖으로 벗어나지 않는 것이다. 손의 언저리가 '膚'이니, 〈'膚'는〉 네 손가락을 펼친 것의 크기이다. 빈객을 대접할 때 쓰는 소는 살지고 큰 것을 취할 뿐이다.

≪大全≫

長樂陳氏曰 大禮必簡이면 則小禮必繁이니 簡則內心而貴誠이라 故天地之牛는 角繭栗이요 繁則外心而貴味라 故宗廟之牛는 角握이요 賓客之牛는 角尺이라 角繭栗은 非必繭栗也요 以其過於繭栗이면 則非禮며 角握은 非必握也요 以其過於握이면 則非禮니 至於角尺하야도 亦若是而已니라

長樂陳氏 : 큰 禮는 반드시 간략하게 하니, 그렇다면 작은 禮는 반드시 번다하다. 간략하면 마음을 안으로 하여 정성을 귀하게 여기므로 天地의 제사에 쓰는 소는 뿔이 누에고치와 밤톨만 한 것을 쓰고, 번다하면 마음을 밖으로 하여 맛을 귀하게 여기므로 宗廟의 제사에 쓰는 소는 뿔이 한 줌 정도인 것을 쓰고, 賓客의 대접에 쓰는 소는 뿔이 한 자 정도인 것을 쓴다.

141) 〔鋪〕 : 저본에는 '鋪'가 없으나, 陳祥道의 ≪禮書≫를 참고하여 보충하였다.

'뿔이 누에고치나 밤톨만 한 것을 쓴다.'는 것은 누에고치와 밤톨만 한 것으로 쓰기를 기필하는 것은 아니고, 누에고치와 밤톨보다 더 크면 禮가 아니기 때문이다. '뿔이 한 줌 정도인 것을 쓴다.'는 것은 한 줌인 것을 기필하는 것은 아니고, 한 줌을 넘으면 禮가 아니기 때문이다. 〈빈객의 대접에 쓰는 소의〉 뿔이 한 자인 경우에도 이와 같을 뿐이다.

053501 **諸侯無故**어든 **不殺牛**하며 **大夫無故**어든 **不殺羊**하며 **士無故**어든 **不殺犬豕**하며 **庶人無故**어든 **不食珍**이니라

제후는 〈제사나 연향의〉 연고가 없으면 소를 잡지 않으며, 대부는 연고가 없으면 양을 잡지 않으며, 士는 연고가 없으면 개와 돼지를 잡지 않으며, 庶人은 〈관례나 혼례 등의〉 연고가 없으면 珍味를 먹지 않는다.

≪集說≫

烹牛羊豕는 必爲鼎實이니 鼎은 非常用之器라 有禮事則設하니 所以無故不殺也라 珍之名物은 見內則(칙)하니라 庶人無故는 亦以非冠昏之禮歟아

소・양・돼지를 삶아 요리하는 것은 반드시 鼎에 담기 위한 것인데, 鼎은 평소에 쓰는 그릇이 아니고 禮事가 있을 때 설치하니, 이 때문에 연고가 없이 犧牲을 잡지 않는 것이다. 珍味의 이름과 물건은 〈內則〉에 보인다. '庶人이 연고가 없다.'라는 것은 또한 관례나 혼례의 禮가 아닌 경우로 말한 것이다.

053502 **庶羞**를 **不踰牲**하며 **燕衣**를 **不踰祭服**하며 **寢**을 **不踰廟**니라

〈여러 종류의 맛있는 음식인〉 庶羞를 제사의 犧牲보다 더 좋은 것으로 하지 않으며, 평상시에 입는 의복을 祭服보다 더 좋은 것으로 입지 않으며, 正寢을 宗廟보다 더 좋은 것으로 꾸미지 않는다.

≪集說≫

羞不踰牲者는 如牲是羊이면 則不以牛肉爲庶羞也라 此三者는 皆言薄於奉己하고 厚

於事神也라

'庶羞를 제사의 犧牲보다 더 좋은 것으로 하지 않는다.'는 것은 만약 희생이 양이면 소고기로 서수를 만들지 않는 것이다. 이 세 가지는 모두 자기를 봉양함에 박하고 神을 섬김에 후함을 말한 것이다.

≪大全≫

石林葉(섭)氏曰 庶羞는 常薦이어늘 而踰牲이면 嫌於備物이요 燕衣는 常用이어늘 而踰祭服이면 嫌於事神이요 寢所는 常安이어늘 而踰廟면 嫌於享親이라 故로 禮皆不與也니라

石林葉氏 : 庶羞는 항상 올리는 것인데 犧牲보다 더 좋으면 물건을 구비하는 데 혐의가 있게 되고, 평상시에 입는 의복은 항상 입는 것인데 祭服보다 더 좋으면 神을 섬기는 데 혐의가 있게 되고, 寢所는 항상 편안히 있는 곳인데 사당보다 더 좋으면 조상을 제향하는 데 혐의가 있게 된다. 그러므로 禮에 모두 허여하지 않은 것이다.

053503 大夫는 祭器를 不假하니 祭器未成하야는 不造燕器니라

대부는 〈田地와 祿이 있으면〉 祭器를 빌리지 않으니, 제기를 아직 장만하지 못했으면 평상시에 사용하는 기물을 만들지 않는다.

≪集說≫

此一節은 舊在庶人耆老不徒食之後러니 今考其序에 當移在此라 大夫有田祿이면 則不假借祭器於人이요 無田祿者 不設祭器면 則假之可也라 凡家造는 祭器爲先이요 養器爲後[142]니라

이 한 節은 舊本에 '庶人耆老不徒食'의 뒤에 있었는데, 지금 그 순서를 상고해보면 마땅히 여기로 옮겨야 한다. 대부가 田地와 祿이 있으면 祭器를 남에게 빌리지 않고, 전지와 녹이 없는 경우 제기를 만들지 않았으면 빌리는 것이 가하다. 무릇 대부

---

142) 凡家造……養器爲後 : 〈曲禮 下〉에 "무릇 〈대부가〉 집에서 물건을 장만할 때에는 〈선조를 섬기는 데 필요한〉 祭器를 가장 먼저 장만하고, 〈고을 백성에게 세금으로 제사에 쓸 희생을 내게 하는〉 犧賦를 그다음에 장만하고, 〈내 자신을〉 봉양하는 기물을 맨 나중에 장만한다.〔凡家造 祭器爲先 犧賦爲次 養器爲後〕"라고 보인다.

의 집에서 물건을 장만할 때에는 제기를 우선으로 하고, 〈자기 자신을〉 봉양하는 기물을 맨 뒤로 한다.

053601 古者에 公田을 藉而不稅하며

옛날에 公田을 〈백성의 힘을〉 빌려 경작하고 〈私田에는〉 세금을 거두지 않았으며,

≪集說≫

孟子曰 殷人은 七十而助하니 助者는 藉也[143)]라하시니 但借民力하야 以助耕公田하고 而不取其私田之稅라

孟子가 말씀하기를 "殷나라 사람들은 70畝에 助法을 실시하였으니, '助'는 빌림이다." 하셨으니, 단지 백성들의 힘을 빌려 公田을 도와 경작하게 하기만 하고 私田의 세금을 취하지 않은 것이다.

053602 市를 廛而不稅하며

시장을 점포세만 받고 〈그 재화에는〉 세금을 물리지 않았으며,

≪集說≫

廛은 市宅也니 賦其市地之廛하고 而不征其貨也라

'廛'은 시장의 점포이니, 시장의 점포에 대한 세금을 부과하고 그 재화에는 세금을 물리지 않았다.

053603 關을 譏而不征하며

關門을 기찰하기만 하고 〈왕래하는 貨物에〉 세금을 물리지 않았으며,

---

143) 殷人……藉也 : ≪孟子≫ 〈滕文公 上〉에 "하후씨는 50畝에 貢法을 썼고, 은나라 사람은 70무에 助法을 썼고, 주나라 사람은 100무에 徹法을 썼으니, 그 실제는 모두 10분의 1이다. 徹은 '통한다'는 뜻이고, 助는 '빌린다'는 뜻이다.〔夏后氏五十而貢 殷人七十而助 周人百畝而徹 其實皆什一也 徹者徹也 助者藉也〕"라고 보인다.

≪集說≫

關之設은 但主於譏察異服異言之人이요 而不征其往來貨物之稅也라

關門을 설치한 이유는 다만 이상한 옷차림이나 이상한 말을 하는 사람을 기찰하는 것만을 위주로 하려는 것이고, 왕래하는 貨物에는 세금을 물리지 않는다.

053604 林麓川澤을 以時入而不禁이니라

山林川澤을 정해진 때에 들어가게 하고, 〈채취하는 것을〉 금하지 않았다.

≪集說≫

山澤采取之物은 其入也雖有時나 然與民共其利하니 卽孟子所謂澤梁無禁[144)]也라

山澤에서 채취하는 물건은 〈채취하기 위해 산택에〉 들어가는 것은 비록 정해진 때가 있으나 백성과 더불어 〈그곳에서 얻는〉 이익을 함께하였으니, 바로 ≪孟子≫에 이른바 "澤梁에는 〈생산물을 취하는 것을〉 금지함이 없었다."는 것이다.

≪大全≫

長樂陳氏曰 公田을 藉而不稅는 所以寬農이요 市를 廛而不稅는 所以寬商이요 關을 譏而不征은 所以寬旅요 山澤을 以時入而不禁은 所以寬萬民이니라

長樂陳氏 : 公田을 〈백성의 힘을〉 빌려 경작하고 〈私田에는〉 세금을 거두지 않은 것은 농민에 〈대한 통제를〉 느슨하게 한 것이고, 시장을 점포에 대한 세금만 받고 〈그 재화에는〉 세금을 물리지 않은 것은 商人에 〈대한 통제를〉 느슨하게 한 것이고, 關門을 기찰하기만 하고 〈왕래하는 貨物에〉 세금을 물리지 않은 것은 여행자에 〈대한 통제를〉 느슨하게 한 것이고, 山澤을 정해진 때에 들어가게 하고 〈채취하는 것을〉 금하지 않은 것은 萬民에 〈대한 통제를〉 느슨하게 한 것이다.

---

144) 澤梁無禁 : ≪孟子≫ 〈梁惠王 下〉에 왕도 정치를 묻는 齊 宣王의 질문에 대해 맹자가 周 文王의 정치를 예로 들어 "농부에게는 9분의 1의 세금만 받았으며, 벼슬아치에게는 대대로 녹봉을 주었으며, 관문과 시장은 기찰만 하고 세금을 걷지 않았으며, 택량에는 〈생산물을 취하는 것을〉 금지함이 없었으며, 죄인을 처벌하되 처자는 연좌시키지 않았습니다.〔耕者九一 仕者世祿 關市譏而不征 澤梁無禁 罪人不孥〕" 하였다.

053605 夫圭田은 無征이니라

〈祭田인〉 圭田에 대해서는 세금을 거두지 않는다.

≪集說≫

圭田者는 祿外之田이니 所以供祭祀니 不稅는 所以厚賢也라 曰圭者는 潔白之義也라 周官制度云 圭田이 自卿至士히 皆五十畝[145]니 此는 專主祭祀라 故로 無征이라하니라 然이나 王制에 言 大夫士宗廟之祭에 有田則祭하고 無田則薦이라하고 孟子亦曰 惟士無田則亦不祭[146]라하시니 旣云皆有田이면 何故又云無田則薦이리오 以此로 知賜圭田이 亦似有功德이면 則賜圭瓚耳로라

'圭田'은 祿俸 외의 땅으로 제사에 이바지하기 위한 것이니, 세금을 거두지 않은 것은 어진 이를 후하게 대우한 것이다. '圭'라는 것은 '潔白하다.'는 뜻이다.

周나라 官職 制度에 이르기를 "규전은 卿으로부터 士에 이르기까지 모두 50畝니, 이는 오로지 제사를 주관하는 땅이므로 세금을 물리지 않는 것이다." 하였다. 그러나 〈王制〉에 "大夫와 士가 宗廟의 제사에 田地가 있으면 제사하고 전지가 없으면 薦新을 한다." 하였고, ≪孟子≫에서 또한 "사가 전지가 없으면 또한 제사하지 않는

---

145) 圭田……皆五十畝 : 이 내용은 ≪周禮≫에는 보이지 않고, ≪孟子≫ 〈滕文公 上〉에 맹자가 周나라의 제도를 설명하면서 "경 이상은 반드시 圭田이 있으니, 규전은 50무이다.〔卿以上 必有圭田 圭田五十畝〕"라고 한 것에 대한 趙岐의 注에 "옛날에는 卿 이하 士에 이르기까지 모두 규전 50무를 받았으니 함께 지내는 제사 때문이다. 圭는 깨끗함이다. 士田은 옛날에 규전이라고 하였는데, 이른바 사에게 밭이 없으면 또한 제사를 지내지 못할 뿐이라는 것이니, 겸손한 사에게 깨끗한 밭이 없는 것을 말한다.〔古者 卿以下至於士 皆受圭田五十畝 所以共祭祀 圭 絜也 士田 古謂之圭田 所謂惟士無田 則亦不祭 言絀士無絜田也〕"라고 보인다.(≪孟子注疏≫)

146) 惟士無田則亦不祭 : ≪孟子≫ 〈滕文公 下〉에 "士가 지위를 잃는 것은 제후가 나라를 잃는 것과 같다. 禮에 이르기를 '제후가 밭을 갈면 백성들이 도와서 粢盛을 바치고, 제후의 부인이 누에를 치고 실을 켜서 祭服을 만든다. 희생이 이루어지지 못하고 자성이 정결하지 못하며 제복이 구비되지 못하면 감히 제사 지내지 못하고, 사가 田地가 없으면 또한 제사하지 않는다.'라고 하였다. 희생과 기물과 제복이 구비되지 못하여 감히 제사 지내지 못하면 감히 잔치하지 못하게 되니, 또한 조문할 만하지 않은가.〔士之失位也 猶諸侯之失國家也 禮曰 諸侯耕助 以供粢盛 夫人蠶繅 以爲衣服 犧牲不成 粢盛不潔 衣服不備 不敢以祭 惟士無田 則亦不祭 牲殺器皿衣服不備 不敢以祭 則不敢以宴 亦不足弔乎〕"라고 보인다.

다.” 하였다. 이미 모두 ‘전지가 있다.’고 말했으면 무슨 이유로 또 ‘전지가 없으면 천신한다.’고 하였는가? 이로써 규전을 하사하는 것이 또한 功德이 있으면 圭瓚을 하사하는 것과 같았음을 알 수 있다.

053701 用民之力호되 歲不過三日하며

백성의 힘을 쓰되 1년에 3일을 넘지 않으며,

≪集說≫

用民力은 如治城郭塗巷溝渠宮廟之類니 周禮에 豐年三日이요 中年二日이요 無年則一日[147]而已라 若師旅之事는 則不拘此制니라

‘백성의 힘을 쓴다.’라는 것은 城郭과 塗巷(도로), 溝渠(도랑)와 宮廟(궁실과 종묘)를 정비하는 일이니, ≪周禮≫에 “풍년에는 3일을 부역시키고, 평년에는 2일을 부역시키고, 흉년에는 1일만 부역시킬 뿐이다.” 하였다. 전쟁과 같은 일이 있으면 이 제도에 구애받지 않는다.

053702 田里를 不粥(육)하며 墓地를 不請이니라

농지와 택지를 팔지 못하며, 墓地를 청하지 못한다.

≪集說≫

田里는 公家所授니 不可得而粥이라 墓地는 有族葬之序하니 人不得而請求요 己亦不得以擅與라 故로 爭墓地者는 墓大夫聽其訟焉[148]하니라

‘田里’는 公家에서 주는 것이니 팔 수가 없다. 墓地는 族葬의 서열이 있으니, 남들이 달라고 청할 수도 없고 자기도 남에게 멋대로 줄 수 없는 것이다. 그러므로 묘지

---

147) 豐年三日……無年則一日 : ≪周禮≫ 〈地官 均人〉에 “무릇 賦役을 균일하게 하는 것은 한 해 농사의 豐凶을 따르니, 풍년에는 균일하게 3일을 부역시키고 평년에는 균일하게 2일을 부역시키고, 흉년에는 균일하게 하루를 부역시킨다.〔凡均力政以歲上下 豐年則公旬用三日焉 中年則公旬用二日焉 無年則公旬用一日焉〕”라고 보인다. 鄭玄의 注에 “公은 일이고, 旬은 균일함이다.〔公 事也 旬 均也〕” 하였다.(≪周禮注疏≫)

148) 爭墓地者 墓大夫聽其訟焉 : 이 내용은 ≪周禮≫ 〈春官 墓大夫〉에 보인다.

를 다투는 자는 墓大夫(백성의 묘지를 관장하던 관원)가 그 소송을 처리해준다.

≪大全≫

長樂陳氏曰 起一人之繇(요)면 則百畝不擧하고 起十人之繇면 則千畝不擧하나니 先王知其如此故로 用民之力호되 歲不過三日하니 所以寬之也라 周官에 豐年에 旬用三日하고 中年에 旬用二日하고 無年에 旬用一日[149)]하니 則歲不過三日云者는 非周制也라 田里는 鄕遂[150)]官之所頒이니 不可以粥이요 墓地는 墓大夫之所掌이니 不可以請이라 田里不粥이면 則生者無相兼幷하야 而民無憾於養生이요 墓地不請이면 則死者有所安厝(조)하야 而民無憾於送死라 用民之力은 義也요 不過三日은 仁也며 頒之田里墓地는 仁也요 禁之以不粥不請은 義也라 事在於義면 則輔之以仁하고 事在於仁이면 則處之以義하니 此所以爲良法也니라

長樂陳氏 : 한 사람의 부역을 일으키면 100畝가 경작되지 못하고, 열 사람의 부역을 일으키면 1,000무가 경작되지 못한다. 先王이 이와 같음을 아셨기 때문에 백성의 힘을 쓰되 1년에 3일을 넘지 않았으니, 이는 농민에 대한 통제를 느슨하게 해준 것이다. ≪周禮≫ 〈地官 均人〉에 "풍년에는 열흘에 3일을 부역시키고 평년에는 열흘에 2일을 부역시키고 흉년에는 열흘에 1일을 부역시킨다." 하였으니, 그렇다면 '1년에 3일을 넘지 않는다.'는 것은 周나라 제도가 아니다.

田里는 鄕遂의 관원이 나누어준 것이니 팔 수가 없고, 墓地는 墓大夫가 관장하는 것이니 달라고 청할 수가 없다. 전리를 팔지 않으면 산 자가 서로 겸병하는 일이 없어서 〈물건이 부족하지 않으므로〉 백성들이 산 사람을 봉양함에 유감이 없을 것이고, 묘지를 청하지 않으면 죽은 자를 편안히 모실 곳이 있어서 백성들이 죽은 자를 葬送함에 유감이 없을 것이다.

---

149) 豐年……旬用一日 : 앞뒤 문맥상 長樂陳氏는 ≪周禮≫ 〈地官 均人〉의 원문을 인용하면서 '旬'자를 鄭玄이 '균일함'의 뜻으로 본 것과 달리 '열흘'의 뜻으로 해석한 것으로 보이므로, 본고에서도 이에 따라 '열흘'로 번역하였다.

150) 鄕遂 : 周나라 때 天子의 國城 또는 王城에서 100리까지를 鄕이라 하여 이를 六鄕으로 나누고, 100리에서 200리까지를 遂라 하여 이를 六遂로 나누었다. 육향에는 각각 鄕大夫를 세워 政務를 관할하게 하였고, 육수에는 遂人을 두어 政令을 관장하게 하였다. (≪周禮≫ 〈地官 小司徒〉)

'백성의 힘을 씀'은 義이고, '3일을 넘지 않음'은 仁이며, 전리와 묘지를 나누어준 것은 인이고, 금하여 팔지 못하고 청하지 못하게 한 것은 의이다. 일이 의에 달려 있는 것이면 인으로써 이것을 보조하고, 일이 인에 달려 있는 것이면 의로써 이것을 처리하니, 이것이 훌륭한 법이 되는 이유이다.

053801 司空執度(도)하야 度(탁)地居民호되 山川沮(저)澤에 時四時하며 量地遠近하야 興事任力이니

司空은 度(자)를 잡고서 땅을 측량하여 백성을 거주하게 하되 山川과 沮澤에 四時의 변화에 맞추어 살게 하며, 땅의 원근을 헤아려 공사를 일으키고 부역을 시킨다.

≪集說≫

書曰 司空掌邦土라하니라 執度度地하야 量地遠近은 蓋定邑井城郭廬舍之區域也라 山川沮澤이 有燥濕寒暖之不同하니 以時候其四時하야 知其氣候早晩하야 使居者로 不失寒暖之宜也라 興事任力은 亦謂公家力役之征也라

≪書經≫ 〈周書 周官〉에 "司空이 나라의 토지를 관장한다." 하였다. 度를 잡고서 땅을 측량하여 땅의 원근을 헤아리는 것은 邑井(촌락)·城郭·廬舍(주택)의 구역을 정하는 것이다. 山川과 沮澤은 건조함과 습함, 추움과 더움의 차이가 있으니, 철에 따라 四時의 기후를 살펴서 그 기후의 이르고 늦음을 알아 여기에 사는 자들로 하여금 춥거나 따뜻한 제철을 誤認하지 않게 한다. '興事任力'은 또한 나라에서 부역을 시킴을 말한다.

○ 方氏曰 小而水所止曰沮요 大而水所鍾曰澤이라

方氏 : 작은 곳에 물이 고여 있는 것을 '沮'라 하고, 큰 곳에 물이 모여 있는 것을 '澤'이라 한다.

053802 凡使民호되 任老者之事하고 食(사)壯者之食이니라

무릇 백성을 부리되 〈젊은이라도〉 노인이 할 정도의 쉬운 일을 맡기고, 〈노인이라도〉 젊은이가 먹는 정도의 많은 것을 먹인다.

≪集說≫

老者는 食少而功亦少요 壯者는 功多而食亦多로되 今之使民에 雖少壯이라도 但責以老者之功程하고 雖老者라도 亦食(사)以少者之飮食은 寬厚之至也라

노인은 먹는 것도 적고 功 또한 적으며, 젊은이는 공도 많고 먹는 것 또한 많다. 그런데 지금 백성을 부림에 비록 젊은이라도 다만 〈젊은이에게〉 노인의 功程을 요구하고, 비록 노인이라도 또한 〈노인에게〉 젊은이가 먹는 음식을 먹이는 것은 지극히 너그럽고 후하게 하는 것이다.

≪大全≫

長樂陳氏曰 居民호되 山川沮澤은 所以辨地宜요 時四時는 所以候天氣요 量地遠近하야 興事任力은 所以均人力이라 書曰 司空掌邦土하야 居四民하고 時地利라하니 如此而已라 司空은 事官也니 而度地居民者는 蓋四民이 各以其職分地而處然後에 造事면 則居民者는 正事之始也라 夫力出於下하고 食出於上하니 以下益上이면 則不足이요 以上益下면 則有餘[151)]라 故로 壯者任以老者之事는 所以寬其力이니 此所謂事擧其中[152)]也요 老者食(사)以壯者之稍는 所以豐其食이니 此所謂施從其厚[153)]也라 周官之法에

---

151) 以下益上……則有餘 : ≪周易≫ 損卦 〈彖傳〉에 "損은 아래를 덜어 위에 더하는 것이다.〔損 損下益上〕" 하고, 益卦 〈彖傳〉에 "益은 위를 덜어 아래에 더하는 것이다.〔益 損上益下〕" 한 것을 원용하였다.

152) 事擧其中 : ≪春秋左氏傳≫ 哀公 11년 조에 "季孫이 田畝의 다소에 따라 賦稅를 징수하고자 하여 冉有를 보내어 仲尼에게 의견을 묻자, 중니는 '나는 모르겠다.' 하였다. 〈계손이 연달아 염유를〉 세 차례 보내어 물었으나 〈대답하지 않자 염유를〉 마지막으로 보내어 말하기를 '그대는 국가의 원로라서 그대의 대답을 기다려 일을 처리하려 하는데, 어찌하여 그대는 말을 하지 않는가?' 하였다. 중니는 대답하지 않고 염유에게 사사로이 말하기를 '군자가 일을 처리함에는 예를 헤아려 은혜를 베풂은 후한 쪽을 취하고〔施取其厚〕, 일은 中道를 거행하고〔事擧其中〕, 세금을 거둠은 박한 쪽을 따라야 한다. 이와 같이 하면 丘賦만으로도 충분하지만, 만약 예를 헤아리지 않고 탐욕을 부려 만족을 모른다면 비록 田畝에 따라 부세를 징수하더라도 또한 부족할 것이다. 장차 자네의 계손씨가 만약 일 처리를 법에 맞게 하고자 한다면 周公의 법이 있으니 〈참조할 수 있다.〉 만약 구차하게 일을 처리하고자 한다면 또 남의 의견을 물을 게 뭐 있는가?'라고 하였다. 〈계손은 중니의 말을〉 듣지 않았다."라고 보인다.

153) 施從其厚 : 長樂陳氏가 위 주석의 ≪春秋左氏傳≫ 哀公 11년 조에 보이는 '施取其厚'를 인용하면서 이렇게 쓴 것이다.

上地之入이 可食九人이로되 而其家準以七人은 與食壯者之食으로 同意요 家雖七人이나 而以三人爲可任은 與任老者之事로 同意하니라

長樂陳氏 : '백성을 거주하게 하되 山川과 沮澤에서 함'은 〈거주하기에〉 마땅한 땅을 분별하는 것이고, '四時의 변화에 맞춤'은 하늘의 氣候를 살피는 것이고, '땅의 원근을 헤아려서 공사를 일으키고 부역을 시킴'은 사람의 힘을 고르게 사용하는 것이다. ≪書經≫ 〈周書 周官〉에 이르기를 "司空이 나라의 토지를 관장하여 〈士·農·工·商의〉 四民을 거주하게 하고 땅의 이로움을 때에 맞추어 일으킨다." 하였으니, 이와 같이 할 뿐이다. 司空은 〈土地와 民事에 관한 것을〉 관장하는 관리이니, '땅을 헤아려서 백성을 거주하게 하는 것'은 사민이 각각 직분에 따라 땅을 분배받아 거처하게 된 뒤에 일을 일으키는 것이다. 그렇다면 백성을 살게 하는 것은 政事를 바르게 다스림의 시작인 것이다.

힘은 아랫사람(農民)에게서 나오고 음식(食祿)은 윗사람(임금)에게서 나오니, 아랫사람의 것을 덜어 윗사람에게 더하면 부족하게 되고 윗사람의 것을 덜어 아랫사람에게 더하면 有餘하게 된다. 그러므로 〈젊은이라도〉 노인이 할 정도의 쉬운 일을 맡김은 힘쓰는 것을 너그럽게 하는 것이니, 이것이 이른바 "일은 中道를 거행한다."라는 것이고, 〈노인이라도〉 젊은이가 먹는 정도의 많은 것을 먹임은 먹는 것을 풍성하게 하는 것이니, 이것이 이른바 "베풂에는 후한 쪽을 따른다."라는 것이다.

≪周官≫의 법에 제일 좋은 땅에서 거두어들인 것으로 9명을 먹일 수 있는데도 7명이 사는 집을 기준으로 삼은 것은 〈노인이라도〉 젊은이가 먹는 정도의 많은 것을 먹이는 것과 뜻이 같고, 집에 사는 식구가 비록 7명이더라도 3명을 기준으로 하여 일을 맡기게 함은 〈젊은이라도〉 노인이 할 정도의 쉬운 일을 맡기는 것과 뜻이 같다.

○ 嚴陵方氏曰 山川沮澤之異處면 則四時所至之氣 不能無差라 故로 必候天時하야 以異地利焉이라 時則候其時之謂요 量地遠近은 將以制邑故也라 制邑則必興役事하고 興役事則必任民力이라 故로 繼言興事任力焉하니라

嚴陵方氏 : 山川과 沮澤이 장소가 다르면 四時에 이르는 기운이 차이가 없을 수 없다. 그러므로 반드시 하늘의 철을 살펴서 땅의 이로움을 달리하는 것이다. '時'는 '그 철을 살핌'을 이르고, '땅의 원근을 헤아림'은 장차 邑을 만들려 하기 때문이다. 읍을 만들면 틀림없이 役事를 일으킬 것이고 역사를 일으키면 틀림없이 백성에게

부역을 시킬 것이다. 그러므로 뒤이어 공사를 일으키고 부역을 시킴을 말한 것이다.

053901 **凡居民材**는 **必因天地寒煖燥濕**하며 **廣谷大川異制**라 **民生其間者異俗**하야 **剛柔輕重遲速**이 **異齊**하며 **五味異和**하며 **器械異制**하며 **衣服**이 **異宜**하니 **修其教**하고 **不易其俗**하며 **齊其政**하고 **不易其宜**니라

무릇 백성이 일상생활에 필요한 물건을 비축하는 것은 반드시 천지 기후의 차가움과 따뜻함, 건조함과 습함에 따르며, 골짜기의 폭과 하천의 크기에 따라 그 제도를 달리해야 한다.

그 사이에서 사는 사람들이 풍속을 달리하여 〈기질의〉 강함과 부드러움, 경박함과 후중함, 느림과 빠름이 가지런함을 달리하며, 〈음식의〉 다섯 가지 맛이 조화를 달리하며, 〈사용하는〉 기물과 무기가 제도를 달리하며, 〈입는〉 의복이 마땅함을 달리하니, 교화를 닦고 풍속을 바꾸지 않으며, 政令을 가지런히 하고 마땅함을 바꾸지 않는다.

≪集說≫

居는 謂儲積以備用이니 如懋遷有無化居[154)]之居라 材者는 夫人日用所須之物이니 如天生五材[155)]之材라 天地之氣는 東南多煖하고 西北多寒하며 地勢는 高者必燥하고 卑者必濕하니 因其地之所宜而爲之備니 如氈(전)裘可以備寒이요 絺綌(치격)可以備暑요 車以行陸하고 舟以行水하니 此皆因天地所宜也라 廣谷大川은 自天地初分으로 其形制已不同矣라 民生異俗은 理有固然이요 其情性之緩急은 亦氣之所稟이 殊也라 飮食器械衣服之有異를 聖王이 亦豈必强之使同哉아 惟修其三綱五典之教하고 齊其禮樂刑政之用而已니 所謂財成輔相하야 以左右民也[156)]라

154) 懋遷有無化居 : ≪書經≫ 〈虞書 益稷〉에 "禹가 舜임금에게 말하기를 '后稷과 함께 파종하여 여러 곡식과 생선을 제공하고, 있고 없는 물품을 힘써 교역하게 하여 쌓아둔 것을 변화하게 하였다.〔暨稷播 奏庶艱食鮮食 懋遷有無 化居〕' 하였다."라고 보인다.

155) 天生五材 : 五材는 水·火·金·木·土 5종의 재료로, ≪春秋左氏傳≫ 襄公 5년 조에 "하늘이 오재를 내니, 백성들이 모두 다 사용한다.〔天生五材 民幷用之〕" 하였다.

'居'는 저축하여 쓰임에 대비함을 이르니, ≪書經≫의 "있고 없는 물품을 힘써 교역하게 하여 쌓아둔 것〔居〕을 변화하게 한다."의 '쌓아둔 것〔居〕'과 같다. '材'는 사람들이 일상생활하는 데 필요한 물건이니, "하늘이 다섯 가지 材를 낳았다."의 '材'와 같다.

天地의 기운은 동쪽과 남쪽은 溫氣가 많고 서쪽과 북쪽은 寒氣가 많으며, 地勢는 높은 곳은 반드시 건조하고 낮은 곳은 반드시 습하므로, 그 땅의 마땅한 바를 따라 대비해야 한다. 예컨대 담요와 갖옷은 추위를 대비할 수 있고 고운 갈포와 굵은 갈포는 더위를 대비할 수 있으며, 수레로 육지를 다니고 배로 물길을 가는 것과 같다. 이는 모두 천지의 마땅한 바를 따른 것이다.

골짜기의 폭과 하천의 크기는 하늘과 땅이 처음 나뉠 때부터 형태가 이미 똑같지 않았다. 그 사이에 사는 백성들이 풍속을 달리함은 이치상 진실로 그러하며, 人情과 性質의 느림과 빠름은 또한 기운을 부여받은 것이 달라서이다. 음식과 기계와 의복에 차이가 있는 것을 聖王이 또한 어찌 억지로 똑같게 하려고 기필하였겠는가. 오직 三綱과 五倫의 가르침을 닦고 禮樂과 刑政의 쓰임을 가지런히 했을 뿐이니, 이른바 "〈하늘과 땅의 도를〉 마름질하여 이루고 〈하늘과 땅의 마땅함을〉 돕고 살펴 백성을 도와준다."라는 것이다.

≪大全≫

馬氏曰 剛柔輕重遲速異齊가 雖出於天이나 抑亦地氣之使然也라 夫居則有寒煖燥濕之殊하고 俗則有廣谷大川之異하고 材則有剛柔遲速之不一하며 至於口之於甘과 器之於用과 體之於安하야도 亦不可得而一이라 五味者는 春宜酸하고 夏宜苦하고 秋宜辛하고 冬宜鹹이요 而調之以滑甘하니 此五味之常也니 其曰異和者는 言其變也라 同器械는 先王之所務요 而異物則有所禁하니 其曰異制者는 因其性有剛柔輕重而制之也라 同衣服은 先王之所務요 而異服則有所禁하니 其曰異宜者는 因天地有寒煖燥濕而制之也라 教는 所以導民俗이니 則因民之所欲也라 故로 修其教하고 不易其俗하니 不易其俗者는 不咈其所欲也라 政은 所以正民이요 而宜者는 事得其義之謂也라 故로

---

156) 財成輔相 以左右民也 : ≪周易≫ 泰卦 〈象傳〉에 "하늘과 땅이 사귐이 泰이니, 군주가 이것을 보고서 하늘과 땅의 도를 마름질하여 이루고 하늘과 땅의 마땅함을 돕고 살펴 백성을 도와준다.〔天地交泰 后以 財成天地之道 輔相天地之宜 以左右民〕"라고 보인다. '財'는 '裁(마름질하다)'와 같다.

齊其政하고 不易其宜라 夫唯修其敎하고 不易其俗이라 故로 先王有以省方觀民設敎라 夫唯齊其政하고 不易其宜라 故로 周官司徒에 有山林엔 其動物은 宜毛物하고 其植物은 宜皁(조)物하며 川澤엔 其動物은 宜鱗物하고 其植物은 宜膏物[157] 也니라

馬氏 : 굳셈과 부드러움, 가벼움과 무거움, 느림과 빠름의 차이가 비록 하늘로부터 타고난 것이나 또한 地氣가 그렇게 만드는 것이다. 거처에는 차고 따뜻함과 건조하고 습함의 차이가 있고, 풍속에는 골짜기의 폭과 하천의 크기의 차이가 있고, 재질은 굳셈과 부드러움, 느림과 빠름의 차이가 있고, 입이 달게 여기는 맛과 기물의 용도와 몸이 편안하게 여기는 것에 있어서도 또한 통일할 수가 없다.

'5味'는 봄에 신맛이 마땅하고 여름에 쓴맛이 마땅하고 가을에 매운맛이 마땅하고 겨울에 짠맛이 마땅하며, 여기에 매끄럽고 단맛으로 조미한 맛이 있다. 이것이 일반적인 5味인데, 여기에 '조화롭게 함이 다르다.' 한 것은 〈일반적인 맛에서〉 변화한 것이 있음을 말한다.

기계를 〈제도가〉 똑같게 함은 先王이 힘쓴 것이고 다른 물건은 금하는 것이 있었는데, '제도가 다르다.' 한 것은 인정과 성질에 굳셈과 부드러움, 가벼움과 무거움의 차이가 있음을 따라 다르게 만든 것이다.

의복을 〈제도가〉 똑같게 함은 선왕이 힘쓴 것이고 다른 의복은 금하는 것이 있었는데, '마땅함이 다르다.' 한 것은 天地에 추움과 따뜻함, 건조함과 습함의 차이가 있음을 따라 다르게 만든 것이다.

'敎化'는 백성의 풍속을 바른 쪽으로 인도하는 것인데, 백성이 하고자 하는 바를 따르기 때문에 교화는 닦고 그 풍속은 바꾸지 않는 것이니, '그 풍속은 바꾸지 않는다.'는 것은 하고자 하는 바를 어기지 않는 것이다. '政事'는 백성을 바로잡는 것이고, '마땅함'은 '일이 그 마땅함을 얻음'을 이른다. 그러므로 정사는 가지런히 하고 그 마땅함은 바꾸지 않는 것이다.

오직 교화는 닦고 그 풍속은 바꾸지 않기 때문에 선왕이 지방을 살피고 백성을 관찰하여 가르침을 베푼 것이다. 오직 정사는 가지런히 하고 그 마땅함은 바꾸지 않기

157) 膏物 : 鄭玄의 注에 "'膏'는 마땅히 '櫜'자를 잘못 쓴 것이다. 연꽃〔蓮芡〕 열매에 활집 모양의 外皮가 있다.〔膏當爲櫜字之誤也 蓮芡之實有櫜韜〕" 하였다. 본서에서는 정현의 견해에 따라 번역하였다.(≪周禮注疏≫)

때문에 ≪周禮≫ 〈地官 大司徒〉에, 山林에서는 동물은 털 달린 동물이 마땅하고 식물은 껍질이 검은 〈밤이나 도토리 같은〉 식물이 마땅하며, 川澤에서는 동물은 비늘 달린 동물이 마땅하고 식물은 연밥과 같은 식물이 마땅하다 한 것이다.

○ 石林葉(섭)氏曰 寒煖燥濕은 天地之氣요 廣谷大川은 天地之形이니 有氣與形이면 則生有豐瘠長短好惡習尙之異하니 此所以修其教하고 不易其俗也라 剛柔輕重遲速者는 民之性이요 食味器械者는 民之用이니 器用之便於俗하야 亦不必同하니 此所以齊其政하고 不易其宜也라 所謂教者는 其屬有七하니 具於天而自然者也라 父子有親兄弟有愛夫婦有別君臣有義長幼有序朋友有信賓客有禮하니 其教成於人而使然也라 天雖自然이나 而成乎人者는 亦必使然이라 故曰 修其教라 所謂政者는 其屬有八하니 所用以相養者也라 衣服有常하고 飮食有節하고 事爲有度하고 異別有法하고 度量有權하고 數制有等하니 上所用以防淫者也라 物之相養을 雖不可齊나 淫辟[158)]을 亦不可無禁이라 故曰 齊其政이라하니라

石林葉氏 : '추움과 따뜻함, 건조함과 습함'은 天地의 기운이고, '골짜기의 폭과 하천의 크기'는 천지의 형체이다. 기운과 형체가 있으면 〈그에 따라〉 생물에 풍부하고 수척하거나 길고 짧거나 좋고 나쁜 風氣의 차이가 있으니, 이것이 教化는 닦고 그 풍속은 바꾸지 않은 이유이다. '굳셈과 부드러움, 가벼움과 무거움, 느림과 빠름'은 백성의 성질이고, '음식의 맛과 器械'는 백성이 사용하는 것인데, 사용하는 기물은 풍속에 편리하도록 만든 것이므로 또한 굳이 똑같을 필요가 없으니, 이것이 政事는 가지런히 하고 그 마땅함은 바꾸지 않는 이유이다.

이른바 '교화'란 그 종류가 일곱 가지가 있으니, 이것은 하늘(천성)로부터 갖추어져 자연스러운 것이다. 父子간에는 친함이 있고, 兄弟간에는 우애가 있고, 夫婦간에는 분별이 있고, 君臣간에는 義가 있고, 長幼간에는 차례가 있고, 朋友간에는 信이 있고, 賓客간에는 禮가 있는 것이니, 그 교화가 사람에게 이루어져 이렇게 되도록 하는 것이다. 하늘이 비록 자연스러운 것이나 사람에게 이루어지는 것은 또한 반드시 사람이 그렇게 되도록 하는 것이므로 '그 교화를 닦는다.' 한 것이다.

이른바 '정사'라는 것은 여덟 가지 종류가 있으니, 사용하여 서로 길러주는 것이

158) 辟 : '僻(간사함)'과 같다.

다. 의복에는 떳떳함이 있고, 음식에는 節度가 있고, 〈百工의 기예인〉 事爲에는 법도가 있고, 〈5方의 무기와 기물인〉 異別에는 법이 있고, 度와 量에는 權이 있고, 數와 〈布帛의 너비인〉 制에는 등급이 있으니, 위에서 사용하여 넘침을 막는 것이다. 물건들이 서로 길러줌을 비록 가지런하게 할 수 없으나, 넘침과 간사함을 또한 금하지 않을 수 없으므로 '그 정사를 가지런히 한다.' 한 것이다.

054001 **中國戎夷五方之民**이 **皆有性也**라 **不可推移**니라

中國·西戎·東夷·〈南蠻·北狄〉5方의 백성들은 모두 〈각각 독특한〉 성품이 있으므로 〈가지런하게〉 변화시킬 수 없다.

≪集說≫

馮氏曰 五方之民이 **以氣稟之不齊**하고 **兼習俗之異尙**이라 **是以**로 **其性**이 **各隨氣稟之昏明**과 **習俗之薄厚**하야 **而不可推移焉**이어니와 **若論其本然之性**이면 **則一而已矣**라 **鄭氏亦曰 地氣使之然**이라하니라

馮氏 : 5方의 백성은 氣稟이 가지런하지 않은 데다 習俗이 숭상하는 것도 다르다. 이 때문에 그 성품이 각각 기품의 어둡고 밝음과 습속의 박하고 후함에 따라 〈밝고 후한 쪽으로 똑같게〉 변화시킬 수 없지만, 만약 本然의 〈善한〉 性을 논한다면 똑같을 뿐이다. 鄭玄 또한 "地氣가 그렇게 만든 것이다." 하였다.

054002 **東方曰夷**니 **被髮文身**하야 **有不火食者矣**며 **南方曰蠻**이니 **雕題交趾**하야 **有不火食者矣**며 **西方曰戎**이니 **被髮衣皮**하야 **有不粒食者矣**며 **北方曰狄**이니 **衣羽毛穴居**하야 **有不粒食者矣**니라

東方을 '夷'라 하니, 산발하고 몸에 문신을 하여 〈살며 음식을〉 火食하지 않는 자가 있다. 南方을 '蠻'이라 하니, 이마에 문신을 새기고 〈양쪽의〉 엄지발가락이 서로 향하도록 하여 〈서거나 걸으며, 음식을〉 화식하지 않는 자가 있다. 西方을 '戎'이라 하니, 산발을 하고 가죽옷을 입고서 〈살며 음식으로〉 곡식을 먹지 않는 자가 있다. 北方을 '狄'이라 하니, 새의 깃털

과 짐승의 털로 옷을 만들어 입고 굴에서 거처하여 〈살며 음식으로〉 곡식을 먹지 않는 자가 있다.

≪集說≫

雕는 刻也요 題는 額也니 刻其額하고 以丹靑涅(날)之라 交趾는 足拇指相向也라 東南은 地氣煖이라 故有不火食者요 西北은 地寒하야 少五穀이라 故有不粒食者니라

'雕'는 새김이고 '題'는 이마이니, 이마에 〈무늬를〉 새기고 丹靑으로 물들이는 것이다. '交趾'는 발의 엄지발가락이 서로 향하는 것이다. 동쪽과 남쪽은 地氣가 溫煖하므로 火食하지 않는 자가 있고, 서쪽과 북쪽은 지기가 寒冷해서 五穀이 적으므로 곡식을 먹지 않는 자가 있다.

054003 中國夷蠻戎狄이 皆有安居와 和味와 宜服과 利用과 備器니라

中國・東夷・南蠻・西戎・北狄이 모두 편안히 여기는 거처와 입에 맞는 음식과 생활 환경에 맞는 의복과 이용하기에 적당한 道具와 일정하게 갖추어두고 사용하는 器物이 있다.

≪集說≫

俗雖不同이나 亦皆隨地以資其生하야 無不足也라

風俗은 비록 똑같지 않으나 또한 모두 지역에 따라 생계를 도모해서 부족함이 없는 것이다.

054004 五方之民이 言語不通하고 嗜欲이 不同이라 達其志하며 通其欲이니 東方曰寄요 南方曰象이요 西方曰狄鞮(제)요 北方曰譯이니라

5方의 백성이 言語가 통하지 않고 좋아하는 것이 똑같지 않으므로 〈통역하는 관직을 두어〉 뜻을 소통시키고 좋아하는 것을 통하게 하니, 〈그 통역하는 관직을〉 東方에서는 '寄'라 하고 南方에서는 '象'이라 하고 西方에서는 '狄鞮'라 하고 北方에서는 '譯'이라 한다.

≪集說≫

方氏曰 以言語之不通也하야 則必達其志하고 以嗜欲之不同也하야 則必通其欲하니 必欲達其志, 通其欲인댄 非寄象鞮譯이면 則不可라 故로 先王이 設官以掌之하시니라 寄는 言能寓風俗之異於此요 象은 言能倣象風俗之異於彼요 鞮는 則欲別其服飾之異요 譯은 則欲辨其言語之異니 周官엔 通謂之象胥[159]요 而世俗則通謂之譯也라

方氏 : 언어가 통하지 않기 때문에 반드시 그 뜻을 통하게 하고, 좋아하는 것이 똑같지 않기 때문에 반드시 그 좋아하는 것을 소통시켜야 하는 것이니, 반드시 그 뜻을 통하게 하고 좋아하는 것을 소통시키고자 한다면 寄・象・鞮(狄鞮)・譯이 아니면 안 된다. 그러므로 先王이 통역하는 관직을 설치하여 이것을 관장하게 한 것이다. '寄'는 풍속의 다름을 여기에 붙일 수 있음을 말한 것이고, '象'은 풍속의 다름을 저기에서 模倣할 수 있음을 말한 것이고, '鞮'는 복식의 다름을 구별하고자 한 것이고, '譯'은 언어의 다름을 구분하고자 한 것이니, ≪周禮≫에서는 통틀어 '象胥'라 하고 세속에서는 통틀어 '譯'이라 한다.

○ 劉氏曰 此四者는 皆主通遠人言語之官이라 寄者는 寓也니 以其言之難通하야 如寄託其意於事物而後에 能通之요 象은 像也니 如以意倣像其形似而通之니 周官象胥가 是也라 狄은 猶逖也요 鞮는 戎狄屨名이니 猶履也라 遠履其事하야 而知其言意之所在而通之니 周官鞮屨氏[160]도 亦以通其聲歌하야 而以舞者所履爲名이니라 譯은 釋也니 猶言謄也라 謂以彼此言語로 相謄釋而通之也니 越裳氏重九譯而朝[161]가 是也라

---

159) 象胥 : ≪周禮≫ 〈秋官 大行人〉에 "왕이 방국의 제후들을 위무하는 것은 해마다 두루 存하고, 3년마다 두루 覜하고, 5년마다 두루 省하고, 7년마다 象胥를 모아 언어를 깨닫게 하고 辭命을 알맞게 하며, 9년마다 瞽史(樂官과 史官)를 모아 書名을 깨우치고 聲音을 듣게 하며, 11년마다 瑞節을 통달하게 하고 度量을 통일시키고 牢禮를 이루고 數器를 똑같게 하고 법칙을 닦으며, 12년마다 왕이 여러 나라를 巡狩한다."라고 보인다.

160) 鞮屨氏 : ≪周禮≫ 〈春官〉의 '鞮鞻氏'를 가리키는데, 鄭玄의 注에 "'鞻'는 '屨'와 같이 읽으니, '鞮屨'는 사방 오랑캐에서 춤추는 자가 신는 짚신이다.〔鞻 讀如屨也 鞮屨 四夷舞者所扉也〕"라고 하였고, 賈公彦의 疏에 "사방 오랑캐의 음악과 聲歌를 관장하니, 이것 또한 음악의 일이다. 그러므로 여기에 관직을 나열한 것이다.〔掌四夷之樂與其聲歌 亦是樂事 故列職於此也〕"라고 하였다.

161) 越裳氏重九譯而朝 : '越裳'은 옛날 南海에 있었다는 먼 나라의 이름으로 '越常'이라고도

劉氏 : 이 네 가지는 모두 먼 지방 사람의 언어를 소통시키는 일을 주관하는 관원이다. '寄'는 붙인다는 뜻이니, 말이 소통하기 어려워서 뜻을 사물에 기탁한 것과 같이 한 뒤에 통할 수 있는 것이다. '象'은 형상함이니, 뜻을 가지고 형체가 비슷함을 모방하는 것처럼 하여 통하게 하는 것이니, ≪周禮≫ 〈秋官〉의 '象胥'가 이것이다. '狄'은 '逖'과 같다. '鞮'는 戎狄의 신발 이름이니, '履'와 같다. 그 일을 먼 곳까지 履行하여 말뜻의 소재를 알아서 통하게 하니, ≪周禮≫ 〈春官〉의 '鞮屨氏' 또한 음악과 노래에 통달했기 때문에 춤추는 자들이 신는 신을 가지고 이름한 것이다. '譯'은 해석함이니, '謄'이라는 말과 같다. 피차간의 언어를 가지고 서로 해석하여 통하게 함을 이르니, 越裳氏가 "아홉 번 거듭 통역을 하여 조회했다."라는 것이 여기에 해당한다.

≪大全≫

嚴陵方氏曰 夷는 以其易(이)而無文이요 蠻은 以其小而有屬이요 戎은 以其剛이요 狄은 以其勇이라 於題曰雕요 於身曰文은 互言之矣라 安居는 若所居異俗이 是矣요 和味는 若五味異和 是矣요 宜服은 若衣服異宜 是矣요 備器는 若器械異制 是矣요 利用은 言所利之用이니 謂居山에 不以魚鼈爲禮하고 居澤에 不以鹿豕爲禮[162] 是矣니라

嚴陵方氏 : '夷'는 함부로 하여 禮文이 없기 때문에 이름하였고, '蠻'은 작아서 소속됨이 있기 때문에 이름하였고, '戎'은 강함으로 이름하였고, '狄'은 용맹으로 이름하였다. 이마에는 '雕'라 하고 몸에는 '文'이라 한 것은 互文으로 말한 것이다.

'安居'는 사는 사람이 풍속을 달리함과 같은 것이 이것이고, '和味'는 다섯 가지 맛이 조화를 달리함과 같은 것이 이것이고, '宜服'은 의복이 마땅함을 달리함과 같은 것이 이것이고, '備器'는 기물과 무기가 제도를 달리함과 같은 것이 이것이고, '利用'은 이용하는 도구를 말한 것이니, 산중에 살 때에는 물고기와 자라를 禮에 사용하지 않고, 川澤에 살 때에는 사슴과 멧돼지를 禮에 사용하지 않는다고 말한 것이 여기에 해당한다.

하며, '重九譯'은 여러 차례 통역을 거쳐야만 말이 통한다는 뜻으로 매우 먼 변방 이국을 뜻하는바, ≪韓詩外傳≫ 권5에 "월상씨가 아홉 번 거듭 통역을 하여 〈周나라에〉 이르러서 주공에게 흰 꿩을 바쳤다.〔越裳氏重九譯而至 獻白雉於周公〕"라고 보인다.

162) 居山……不以鹿豕爲禮 : 〈禮器〉에 "산중에 살 때에는 물고기와 자라를 예에 사용하고, 川澤에 살 때에는 사슴과 돼지를 예에 사용한다면, 군자는 〈이것을〉 예를 모른다고 말한다.〔居山 以魚鼈爲禮 居澤 以鹿豕爲禮 君子謂之不知禮〕"라고 한 것을 인용한 말이다.

○ 馬氏曰 性受於天則同이나 而中國戎夷有若天地之降者는 抑亦地氣之使然也라 東者는 陽氣之發이요 而南者는 陽氣之所積이니 蓋陽之氣熱하야 有可不火食者矣요 西者는 陰氣之發이요 而北者는 陰氣之所積이니 蓋陰主乎殺하야 而五穀不生하야 有可不粒食者矣라 志與欲은 言語之蘊이니 言語者는 志欲之寓라 達其志하고 通其欲은 必在於言語之際라 故로 古者에 有(道)〔通〕163)言語之官을 謂之寄象鞮譯이라하니라

馬氏 : 하늘에서 받은 性은 똑같으나 中國과 戎夷가 하늘과 땅이 내린 것과 같은 〈차이가 있는〉 것은 또한 地氣가 그렇게 만든 것이다. 동쪽은 陽氣가 발하는 곳이고 남쪽은 양기가 쌓이는 곳이니, 陽의 기운이 뜨거워서 火食하지 않아도 되는 경우가 있다. 서쪽은 陰氣가 발하는 곳이고 북쪽은 음기가 쌓이는 곳이니, 陰은 죽임을 주장하여 五穀이 자라지 못해서 곡식을 먹을 수 없는 경우가 있다.

뜻과 좋아하는 것은 언어에 온축되어 있으니, 언어에는 뜻과 좋아하는 것이 담겨 있다. 뜻을 소통시키고 좋아하는 것을 통하게 함은 반드시 언어의 소통에 달려 있다. 그러므로 옛날에 언어를 통하게 하는 관원을 '寄'·'象'·'鞮'·'譯'이라 한 것이다.

054101 凡居民은 量地以制邑하고 度(탁)地以居民하야 地邑民居를 必參相得也니라

무릇 백성을 거주하게 함은 토지를 측량하여 城邑을 만들고, 토지를 헤아려 백성을 거주하게 해서 토지와 성읍과 백성들이 사는 곳을 반드시 서로 맞게 해야 한다.

≪集說≫

九夫爲井이요 四井爲邑이니 田有常制하고 民有定居면 則無偏而不擧之弊라 地也邑也居也三者 旣相得이면 則由小以推之大하야 而通天下 皆相得矣니 此所謂井田之良法也라

9夫를 '井'이라 하고 4井을 '邑'이라 하니, 농지가 일정한 제도가 있고 백성들이 정

---

163) (道)〔通〕 : 저본에는 '道'로 되어 있는데, 문맥을 따져 '通'으로 수정하였다.

해진 거처가 있으면 치우쳐서 거행하지 못하는 병폐가 없다. 토지와 城邑과 거주하는 곳 세 가지가 이미 서로 맞으면 작은 것을 말미암아 큰 것으로 미루어가서 온 천하가 모두 서로 맞을 것이니, 이것이 이른바 '井田'이라는 좋은 법이다.

054102 **無曠土**하며 **無游民**하며 **食節事時**하며 **民咸安其居**하야 **樂**(락)**事勸功**하며 **尊君親上然後**에 **興學**이니라

〈버려져〉 비어 있는 토지가 없으며, 노는 백성이 없으며, 먹는 것이 節度에 맞고 일이 때에 맞으며, 백성들이 모두 거처를 편안히 여겨 일하는 것을 즐거워하고 功을 〈세우기를〉 권면하며, 군주를 높이고 윗사람을 친애한 뒤에야 학교를 일으킨다.

≪集說≫

劉氏曰 富而後敎는 理勢當然이니 若救死恐不贍이면 則必疾視其上하야 而欲與偕亡矣리니 雖欲興學이나 其可得乎아 此篇은 自分田制祿으로 命官論材하고 朝聘巡守하며 行賞罰하고 設國學하고 爲田漁하며 制國用하고 廣儲蓄하며 修葬祭定賦役하며 安邇人하고 來遠人하며 使中國五方으로 各得其所하야 而養生喪死無憾은 是王道之始也라 至此면 則君道旣得하야 而民德當新이니 然後에 立鄕學以敎民하야 而興其賢能이라 下文司徒修六禮以下로 至庶人耆老不徒食은 皆化民成俗之事니 是王道之成也라 後段自方一里者爲田九百畝以下로 至篇終은 是王制傳文이니라

劉氏 : 부유하게 한 뒤에 가르치는 것은 이치와 형세상 당연한 것이다. 만약 가난해서 죽음을 구제하기에도 부족할까 두려워한다면 반드시 윗사람을 미워하여 그와 함께 망하고자 할 것이니, 비록 학교를 일으키고자 하더라도 될 수 있겠는가.

이 편은 위의 토지를 나누어주고 祿을 제정하는 것으로부터 관직을 명하고 인재를 논하며, 朝聘하고 巡守하며, 賞罰을 행하고 國學을 설치하며, 사냥하고 물고기 잡는 법을 만들며, 국가의 재용을 제정하고 저축을 넓히며, 장례와 제사를 닦고 賦役을 정하며, 가까이 있는 사람을 편안히 하고 멀리 있는 사람을 오게 하며, 中國과 5方으로 하여금 각각 제 살 곳을 얻게 하여 산 사람을 봉양하고 죽은 자를 장송함에

유감이 없게 함에 이르기까지는 王道의 시작이다. 여기에 이르면 군주의 도가 이미 얻어져서 백성의 덕을 마땅히 새롭게 해야 하니, 그런 뒤에야 鄕學을 세워 백성을 가르쳐서 어진 이와 재능 있는 이를 일으킨다.

아랫글의 '司徒가 6禮를 닦는다.' 이하로부터 '庶人의 耆老는 맛좋은 음식 없이 밥을 먹지 않는다.'에 이르기까지는 모두 백성을 교화하고 좋은 풍속을 이루는 일이니, 이는 왕도의 완성이다. 뒤 단락의 '사방 1里는 전지가 900畝이다.' 이하로부터 이 편의 끝까지는 〈王制〉에 대한 傳文(주석)에 해당한다.

≪大全≫

長樂陳氏曰 先王之於民에 居之然後養之하고 養之然後教之하니 量地制邑으로 以至必參相得者는 居之也요 無曠土로 以至尊君親上은 養之也요 然後興學은 教之也라 蓋人之生에 莫不有親親長長之良心하니 養其良心而不陷溺之면 則由其親親하야 以至於親上하고 由其長長하야 以至於尊君하니 則尊君親上은 天地之道也요 然後興學은 裁成天地之道也니라

長樂陳氏 : 先王이 백성들에 대하여 거주하게 한 뒤에 길러주고 길러준 뒤에 가르쳤으니, '토지를 측량하여 城邑을 만드는 것'부터 '반드시 서로 맞게 함'에 이르기까지는 백성들을 거주하게 하는 것이고, '비어 있는 토지가 없음'으로부터 '군주를 높이고 윗사람을 친애함'에 이르기까지는 백성들을 기르는 것이고, '그런 뒤에 학교를 일으킴'은 백성들을 가르치는 것이다.

사람이 태어남에 어버이를 친애하고 어른을 공경하는 良心이 있지 않은 이가 없으니, 양심을 잘 길러서 〈悖倫에〉 빠지지 않게 하면 어버이를 친애함으로 말미암아 윗사람을 친애하게 되고, 어른을 공경함으로 말미암아 군주를 높임에 이르게 되니, 군주를 높이고 윗사람을 친애함은 天地의 道이고, 그런 뒤에 학교를 일으킴은 천지의 도를 마름질하여 이루는 것이다.

○ 嚴陵方氏曰 量은 猶龠合升斗斛五量之所量이니 以量其多少요 度(탁)은 猶分寸尺丈引五度(도)之所度(탁)이니 以度(탁)其長短이라 故로 多少足以知其所容하고 長短足以知其所至라 故로 於制邑之地曰量이요 於居民之地曰度이라 然邑制之所容이 莫非民이요 民居之所至 莫非邑이니 則邑可言度이요 居亦可言量矣라 兩之爲竝이요 三之

爲參이니 地也民也에 長短多少를 不可相失也라 無曠土면 則地無遺利요 無游民이면 則人無遺力이니 曠은 言虛而無墾闢之功이요 游는 言散而無興作之業也라 食節이면 則無不足之患하고 事時면 則無不及之務하니 居民之道 亦期其如此而已라 故로 效至於民咸安其居也라 樂事면 則不至於勞苦요 勸功이면 則不由於勉强이요 尊君이면 則爲民者有遜志요 親上이면 則在下者無離心이니 上은 則不止於君이요 凡在上者皆是也라 教不可一日廢로되 必待樂事勸功尊君親上然後興學者는 則以至此然後에 教學之道 可致其詳故也라 且禮樂之教 豈一日之所可無哉리오 然이나 制作이 必在於治定功成之後者는 亦此之意也니라

嚴陵方氏 : '量'은 龠·合·升·斗·斛의 다섯 가지 量器로 헤아림과 같으니, 많고 적음을 헤아리는 것이다. '度'은 分·寸·尺·丈·引의 다섯 가지 度로 헤아림과 같으니, 길고 짧음을 헤아리는 것이다. 그러므로 많고 적은 것으로 수용하는 바를 알 수 있고, 길고 짧은 것으로 이르는 바를 알 수 있는 것이다. 이 때문에 城邑을 제정하는 땅에는 '量'이라 말하였고, 백성을 거주하게 하는 토지에는 '度'이라고 말하였다. 그러나 성읍을 만들어 수용하는 것이 백성 아님이 없고, 백성이 거주하여 이르는 곳이 성읍 아님이 없으니, 성읍에도 度을 말할 수 있고 거주하는 곳에도 量을 말할 수 있는 것이다.

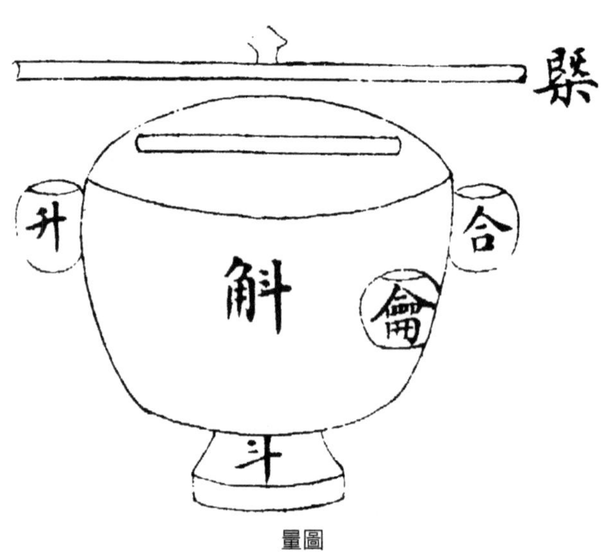

量圖

둘이 어우러지는 것을 '竝'이라 하고 셋이 어우러지는 것을 '參'이라 하니, 토지이든 백성이든 長短과 多少를 서로 잃을 수가 없다. 비어 있는 토지가 없으면 토지에 버려지는 이익이 없고, 노는 백성들이 없으면 사람에게 버려지는 힘이 없으니, '曠'은 〈토지를〉 비워두어 개간하는 功이 없음을 말하고, '游'는 〈사람들이〉 흩어져서 일으켜 착수하는 공사가 없음을 말한다.

먹는 것이 節度에 맞으면 〈음식이〉 부족할 염려가 없고, 일이 때에 맞으면 미처

하지 못하는 일이 없으니, 백성을 거주하게 하는 道는 또한 이와 같음을 기약할 뿐이다. 그러므로 백성들이 모두 거처를 편안히 여기는 효험이 있게 되는 것이다.

일하는 것을 즐거워하면 勞苦에 이르지 않고, 功을 권면하면 억지로 할 이유가 없고, 君主를 높이면 백성이 된 자가 사양하는 마음이 있고, 윗사람을 친애하면 아래에 있는 자가 離叛하는 마음이 없으니, '윗사람'은 군주에 그치지 않고 윗자리에 있는 사람 모두가 여기에 해당한다.

가르침은 단 하루도 폐할 수가 없으나, 반드시 일하는 것을 즐거워하고 功을 권면하고 군주를 높이고 윗사람을 친애하기를 기다린 뒤에 학교를 일으키는 것은, 여기에 이른 뒤에야 가르치고 배우는 도가 상세함을 지극히 할 수 있기 때문이다. 그리고 禮樂의 가르침이 어찌 단 하루라도 없을 수 있겠는가. 그러나 예악을 제작함이 반드시 다스림이 정해지고 功이 이루어진 뒤에 있는 것은 또한 이 뜻이다.

054201 **司徒修六禮**하야 **以節民性**하며 **明七教**하야 **以興民德**하며 **齊八政**하야 **以防淫**하며 **一道德**하야 **以同俗**하며 **養耆老**하야 **以致孝**하며 **恤孤獨**하야 **以逮不足**하며 **上賢**하야 **以崇德**하며 **簡不肖**하야 **以絀**(출)**惡**하나니라

司徒가 6禮를 닦아 백성의 〈속된〉 品性을 절제하며, 7教를 밝혀 백성의 덕을 일으키며, 8政을 가지런히 하여 과실을 방지하며, 道德을 통일하여 풍속을 똑같게 하며, 耆老를 봉양하여 효도를 일으키며, 고아와 홀로 사는 노인을 구휼하여 부족한 자들에게 미치며, 賢者를 높여 덕을 숭상하며, 不肖한 자를 가려내어 악한 자를 내친다.

≪集說≫

此는 鄉學教民取士之法이니 而大司徒는 則總其政令者也라 六禮七教八政은 見篇末하니 皆道德之用也요 道德은 則其體也라 體既一이면 則俗無不同矣니라

이것은 鄉學에서 백성을 가르치고 선비를 취하는 법이니, 大司徒는 그 政令을 총괄하는 자이다. 6禮와 7教와 8政은 이 편 끝에 보이니, 모두 道德의 用이고, 도덕은 그 體이다. 체가 통일되고 나면 풍속은 똑같아지지 않음이 없게 된다.

≪大全≫

嚴陵方氏曰 禮는 惡(오)乎壞하니 則六禮를 其可以不修며 敎는 惡乎隱하니 則七敎를 其可以不明이리오 性은 非禮以節之면 則易(이)以流라 故로 修六禮以節民性하고 德은 非敎以興之면 則易以廢라 故로 明七敎以興民德이라 政以正之하니 其可以差忒乎아 則八政在乎齊矣라 道者는 人所共由요 德者는 人所同得이니 其可以二乎아 則道德在乎一矣라 齊八政은 所以使之無過行이라 故曰 防淫이요 一道德은 所以使之無異習이라 故曰 同俗이라 養耆老면 則推愛親之心이 於是爲至요 恤孤獨이면 則損有餘之心이 無所不及이라 且六十曰耆요 七十曰老니 耆老在所養이면 則耄期[164)]를 固可知矣며 無父曰孤요 無子曰獨이니 孤獨在所恤이면 則鰥寡를 固可知矣라 賢者는 難於進故로 上之하고 不肖者는 惡其雜故로 簡之니라

嚴陵方氏 : 禮는 무너짐을 싫어하니 6禮를 어찌 정비하지 않을 수 있으며, 가르침은 隱蔽됨을 싫어하니 7敎를 어찌 밝히지 않을 수 있겠는가. 性은 禮로써 절제하지 않으면 방탕한 데로 흐르기 쉬우므로 6禮를 정비해서 백성의 성품을 절제하고, 德은 가르쳐서 일으키지 않으면 폐해지기 쉬우므로 7敎를 밝혀서 백성의 덕을 일으키는 것이다.

政事로써 바로잡으니 어찌 어긋날 수 있겠는가. 그렇다면 8政은 가지런해짐에 달려있는 것이다. '道'는 사람이 함께 행하는 것이고, '德'은 사람이 함께 얻은 것이니, 어찌 두 가지로 나눌 수 있겠는가. 그렇다면 道德은 통일함에 달려있는 것이다. '8政을 가지런히 함'은 백성들로 하여금 잘못된 행실이 없게 하는 것이므로 "과실을 방지한다." 하였다. '도덕을 통일함'은 백성들로 하여금 다른 것을 익힘이 없게 하는 것이므로 "풍속을 똑같게 한다." 하였다.

'耆老를 봉양하면' 어버이를 사랑하는 마음을 미루어가는 것이 이에 지극하게 되고, '고아와 홀로 사는 노인을 구휼하면' 여유 있는 마음을 덜어냄이 미치지 않는 바가 없게 된다. 또 60세를 '耆'라 하고 70세를 '老'라 하니, 기로가 봉양할 대상에 있으면 耄와 期도 봉양함을 진실로 알 수 있다. 부모가 없는 자를 '孤'라 하고 자식이

164) 耄期 : 90세, 100세를 이르는바, ≪書經≫ 〈虞書 大禹謨〉 蔡沈의 ≪集傳≫에 "90세를 '耄'라 하고, 100세를 '期'라 한다.〔九十曰耄 百年曰期〕" 하였다.

없는 자를 '獨'이라 하니, 孤와 獨이 구휼할 대상에 있으면 홀아비와 과부도 구휼함을 진실로 알 수 있는 것이다.

賢者는 벼슬길에 나아가는 것을 어렵게 여기므로 숭상하고, 不肖한 자는 그가 현자와 뒤섞여 있는 것이 싫으므로 가려내는 것이다.

054301 **命鄕**하야 **簡不帥**(솔)**教者**하야 **以告**하야든 **耆老皆朝于庠**하야 **元日**에 **習射上功**하고 **習鄕上齒**하거든 **大司徒帥國之俊士**하야 **與執事焉**이니라

〈司徒가 왕성 밖 100리 이내의〉 鄕에 명하여 가르침을 따르지 않는 자들을 가려서 고하게 하면, 耆老가 모두 〈鄕學인〉 庠에 모여 〈가르침을 따르지 않는 사람을 분발시키기 위해〉 吉日에 〈州學에 나아가〉 鄕射禮를 익혀 공이 많은 자를 상석에 앉히고, 〈가르침을 따르지 않는 사람으로 하여금 장로를 공경하게 하기 위해 黨學에 나아가〉 鄕飮酒禮를 익혀 연치를 숭상한다. 그리하면 大司徒가 나라의 俊士를 거느리고 참여하여 禮事를 행한다.

≪集說≫

此下는 言簡不肖以絀惡之事라 鄕은 畿內六鄕也니 在遠郊之內하니 每鄕이 萬二千五百家라 庠은 則鄕之學也라 耆老는 鄕中致仕之卿大夫也라 元日은 所擇之善日也라 期日定이면 則耆老皆來會聚하야 於是에 行射禮與鄕飮酒之禮하니 射는 以中爲上이라 故曰 上功이요 鄕飮則序年之高下라 故曰 上齒라 大司徒는 教官之長也라 率其俊秀者하야 與執禮事는 蓋欲使不帥教之人으로 得於觀感而改過以從善也라

이 이하는 不肖한 자를 가려서 악한 자를 내치는 일을 말하였다. '鄕'은 畿內의 6鄕이니, 遠郊의 안에 있는데, 매 鄕마다 12,500家戶이다. '庠'은 바로 鄕學이다. '耆老'는 鄕內의 致仕한 卿大夫이다. '元日'은 간택한 좋은 날이다.

기일이 정해지면 기로가 모두 와서 모여 여기에서 鄕射禮와 鄕飮酒禮를 행하는데, 활쏘기는 命中시키는 것을 上으로 삼기 때문에 "공이 많은 자를 상석에 앉힌다.〔上功〕" 하였고, 鄕飮酒는 나이의 많고 적음에 따라 순서를 정하기 때문에 "연치

를 숭상한다.〔上齒〕" 한 것이다.

大司徒는 교육을 맡은 관원의 우두머리이다. 그 俊秀한 자를 거느리고서 참여하여 禮事를 행하는 것은, 가르침을 따르지 않는 사람들로 하여금 보고 감동하여 허물을 고쳐서 善을 따르게 하고자 한 것이다.

054302 不變이어든 命國之右鄕하야 簡不帥(솔)敎者하야 移之左하고 命國之左鄕하야 簡不帥敎者하야 移之右하고 如初禮하며

그래도 바뀌지 않거든 國都의 右鄕에 명하여 가르침을 따르지 않는 자를 가려서 左鄕으로 옮기고, 국도의 좌향에 명하여 가르침을 따르지 않는 자를 가려서 우향으로 옮기고, 처음에 했던 禮와 같이 한다.

≪集說≫

左右對移는 以易其藏修游息[165]之所하고 新其師友講切之方하야 庶幾其變也라

左와 右를 상대하여 옮기는 것은, 〈학문에 대하여〉 마음에 간직하고 공부하여 쉬기도 하고 놀기도 하는 곳을 바꾸고 師友와 강론하고 切磋하는 방법을 새롭게 하여 행여 그가 변하기를 바라는 것이다.

054303 不變이어든 移之郊하고 如初禮하며 不變이어든 移之遂하고 如初禮하며 不變이어든 屛之遠方하야 終身不齒니라

그래도 바뀌지 않거든 郊外로 옮기고 처음에 했던 禮와 같이 하며, 그래도 바뀌지 않거든 〈왕성 밖 100리 밖에서 200리 이내의〉 遂로 옮기고 처음에 했던 禮와 같이 하며, 그래도 바뀌지 않거든 먼 지방으로 내쳐서 종신토록 끼워주지 않는다.

---

165) 藏修游息 : 〈學記〉에 "군자는 학문에 대하여 마음에 간직하고 공부하며 쉬기도 하고 놀기도 한다.〔君子之於學也 藏焉修焉息焉游焉〕"라고 한 데서 온 말로, 藏은 늘 학문에 대한 생각을 품고 있는 것이고, 修는 방치하지 않고 늘 익힌다는 의미이고, 游는 한가하게 노닐며 함양하는 것이고, 息은 피곤하여 쉬면서 함양하는 것이다.

≪集說≫

四郊는 去國百里하니 在鄕界之外하고 遂는 又在遠郊之外하니 蓋示之以漸遠之意也라 四次示之以禮教로되 而猶不悛焉이면 則其人이 終不可與入德矣라 於是에 乃屛棄之니라

'四郊'는 國都에서 100리 떨어져 있으니 鄕 경계의 밖에 있고, '遂'는 또 遠郊의 밖에 있으니 점점 멀어지는 뜻을 보인 것이다. 네 차례에 걸쳐 禮教를 보여주었으나 그래도 바뀌지 않으면 그 사람은 끝내 덕을 갖춘 〈군자의 경지에〉 함께 진입할 수 없다. 이 때문에 마침내 물리쳐 버리는 것이다.

≪大全≫

石林葉(섭)氏曰 古者에 輕進人以善하고 重絶人以惡이라 一鄕以爲不帥教면 則無往而不爲惡也라 然而耆老朝于庠하야 習鄕射以教之는 欲其改悔以從善이라 猶不知帥而後에 移之左右하고 移之鄕遂하며 終至於不帥教하면 則屛之遠方하니 所以重絶其爲惡也라 雖然이나 射以觀德이어늘 不曰德而曰功하고 鄕飮酒以行禮어늘 不曰禮而曰齒는 何也오 蓋中多者以爲勝하야 以勝不勝이면 則是有功者爲上이요 飮酒以正齒位하야 長者坐而幼者立하야 以聽役이면 則是有齒者爲上이니 上其有功이면 則人知心平體正[166]之爲德이요 上其有齒면 則人知長幼尊卑之爲禮하니 此는 賢者所以勸於爲善이요 而不肖懲於爲惡이니라

石林葉氏 : 옛날에 사람을 善으로써 올려줌을 쉽게 여기고, 사람을 惡으로써 끊음을 어렵게 여겼다. 한 鄕에서 가르침을 따르지 않는다고 하면 가는 곳마다 惡을 하지 않음이 없을 것이다. 그런데도 耆老가 庠에 모여서 鄕射禮를 익혀 가르치는 것은 그로 하여금 허물을 고치고 뉘우쳐서 善을 따르게 하고자 해서이다. 그래도 따를 줄을 모르면 그런 뒤에 左鄕과 右鄕으로 옮기고 鄕과 遂로 옮기며, 끝내 가르침을 따르지 않으면 먼 지방으로 물리치니, 惡을 행하는 자를 끊기를 어렵게 여기기 때문이다.

---

166) 心平體正 : 〈射義〉에 "'射'라는 말은 '繹(찾음)'의 뜻이니, 혹은 '그침'이라고 한다. '繹'은 각각 자신의 도리가 있는 바를 찾는 것이다. 그러므로 마음이 평온하고 몸이 바르면 활과 화살을 잡음이 견고하고 조준이 정확하며, 활과 화살을 잡음이 견고하고 조준이 정확하면 활을 쏘아 정곡에 맞히게 된다.〔射之爲言者 繹也 或曰舍也 繹者 各繹己之志也 故心平體正 持弓矢審固 持弓矢審固則射中矣〕"라고 보인다.

비록 그렇더라도 활쏘기로써 德을 관찰하는데 '덕'이라고 말하지 않고 '功'이라 말하고, 鄕飮酒로써 禮를 행하는데 '禮'라고 말하지 않고 '연치〔齒〕'라고 말함은 어째서인가?

활쏘기는 많이 명중시킨 자를 이긴 자로 삼아서 이김과 이기지 못함으로 말하면 이는 공이 있는 자가 위가 되는 것이다. 그리고 술을 마시는 것으로써 연치와 지위를 바로잡아 어른은 앉아 있고 어린 자가 서서 〈어른이〉 시키는 일을 들으면 이는 연치가 높은 자가 위가 되는 것이다. 그래서 공이 있는 자를 위로 하면 사람들이 마음이 화평하고 몸이 바루어짐이 德이 됨을 알 것이고, 연치가 있는 자를 높이면 사람들이 어른과 어린이와 높은 이와 낮은 이를 분별함이 禮가 됨을 알 것이다. 이것이 賢者가 善行을 권면하는 것이고 不肖한 자가 惡行을 징계받는 것이다.

054401 **命鄕**하야 **論秀士**하야 **升之司徒**하나니 **曰選士**요 **司徒論選士之秀者**하야 **而升之學**하나니 **曰俊士**라

〈司徒가 왕성 밖 100리 이내의〉 鄕에 명하여 뛰어난 士를 논하여 사도에게 올리게 하니 이를 '選士'라 하고, 사도가 선사 중에 뛰어난 자를 논하여 太學에 올리니 이를 '俊士'라 한다.

≪集說≫

此는 言上賢崇德之事라

이는 현자를 높이고 德을 숭상하는 일을 말한 것이다.

○ 劉氏曰 論者는 述其德藝而保擧之也라 苗之穎出曰秀라 大司徒命鄕大夫하야 論述鄕學之士才德穎出於同輩者하야 而禮賓之하야 升其人於司徒어든 司徒考試之하야 量才而用之하야 爲鄕遂之吏하나니 曰 選士니 選者는 擇而用之也라 其有才德이 又穎出於選士하야 不安於小成하야 而願升國學者어든 司徒論述其美하야 而擧升之於國學하나니 曰 俊士니 俊者는 才過千人之名也라

劉氏 : '論'은 그의 덕과 재주를 기술하고 보증하여 천거하는 것이다. 모의 이삭이 팬 것을 '秀'라 한다. 大司徒가 鄕大夫에게 명해서 鄕學의 선비 중에 재주와 덕이 同

輩들 중에 뛰어난 자를 평가하고 기술하여 禮로 대우해서 그 사람을 司徒에게 올리게 하면, 사도가 그를 상고하고 시험해서 재능을 헤아려 등용하여 鄕과 遂의 관리로 삼는다. 이 사람을 '選士'라 하니, '選'은 선발하여 등용한다는 뜻이다.

그리고 그의 재주와 덕이 또 선사들 중에 뛰어나 작은 성취를 편안히 여기지 아니하여 國學에 오르기를 원하는 자가 있으면 사도가 그의 아름다움을 평가하고 기술하여 천거해서 국학에 올린다. 이 사람을 '俊士'라 하니, '俊'은 재주가 1,000명보다 뛰어난 자를 일컫는 명칭이다.

054402 升於司徒者는 不征於鄕하고 升於學者는 不征於司徒하나니 曰造士라

司徒에게 올라간 자(選士)는 鄕에서 徭役을 시키지 않고, 國學에 올라간 자(俊士)는 사도가 요역을 시키지 않으니, 이 사람을 〈재능과 덕을 이루었다는 의미에서〉 '造士'라 한다.

≪集說≫

旣升於司徒면 則免鄕之徭役이나 而猶給徭役於司徒也요 及升國學이면 則幷免司徒之役矣라 造者는 成也니 言成就其才德也라

이미 司徒에게 올라갔으면 鄕의 徭役을 면제하나 여전히 사도에게 요역을 제공하고, 國學에 오르게 되면 사도의 요역도 아울러 면제한다. '造'는 '이룬다'는 뜻이니, 그 재주와 덕을 성취함을 말한다.

≪大全≫

嚴陵方氏曰 秀는 言秀而有所出이요 造는 言造而有所成이요 選은 言美而可擇이요 俊은 言敏而可用이니 升之司徒曰選士는 以其猶在所擇故也요 升之學者曰俊士는 以其皆在所用故也라 秀而爲選士면 則出於一鄕之士요 秀而爲俊士면 則出於六鄕之士라 有選士之造者하고 有俊士之造者하니 選士之造는 不征於鄕하고 俊士之造는 不征於司徒하니 此其別也라 不征者는 所以優賢者也라

嚴陵方氏 : '秀'는 빼어나서 드러난 바가 있음을 말하고, '造'는 이루어서 성취한 바가 있음을 말하고, '選'은 아름다워서 골라 뽑을 수 있음을 말하고, '俊'은 민첩하여 쓸 수 있음을 말하니, 司徒에게 올려진 자를 '選士'라 함은 아직 가릴 바에 있기 때문이고, 國學에 올린 자를 '俊士'라 함은 모두 쓸 바에 있기 때문이다.

빼어나서 선사가 되면 한 鄕의 士에서 드러난 것이고, 빼어나서 준사가 되면 6鄕의 사에서 드러난 것이다.

'선사의 造士'란 것이 있고 '준사의 조사'란 것이 있으니, '선사의 조사'는 鄕에서 요역을 시키지 않고 '준사의 조사'는 司徒가 요역을 시키지 않으니, 이것이 그 구별이다. 요역을 시키지 않음은 현자를 우대한 것이다.

054501 樂正이 崇四術하야 立四敎하야 順先王詩書禮樂하야 以造士하나니 春秋에 敎以禮樂하고 冬夏에 敎以詩書니라

樂正이 네 가지 방도를 높여 네 가지 가르침을 세워서 先王의 詩・書・禮・樂을 따라 士를 이루니, 봄과 가을에는 예와 악을 가르치고, 겨울과 여름에는 시와 서를 가르친다.

≪集說≫

此以下는 言國學敎國子民俊及取賢才之法하니 樂正은 掌其敎하고 司馬는 則掌選法也라 術者는 道路之名이니 言詩書禮樂四者之敎 乃入德之路라 故로 言術也라 文王世子에 言春誦夏絃이라하야 與此不同者는 古人之敎 雖曰四時各有所習이나 其實은 亦未必截然棄彼而習此니 恐亦互言耳라 非春秋에 不可敎詩書요 冬夏에 不可敎禮樂也니 舊註陰陽之說[167]은 似爲拘泥니라

이 이하는 國學에서 〈公・卿・大夫의 자제인〉 國子와 백성 중에 뛰어난 자를 가르치는 것과 현자와 재주 있는 이를 취하는 법을 말하였다.

---

167) 舊註陰陽之說 : 鄭玄의 注에 "봄과 여름은 陽이고 詩와 樂은 聲(음악)이니 성 또한 양이며, 가을과 겨울은 陰이고 書와 禮는 일이니 일 또한 음이다. 互文으로 말한 것은 모두 그 방법을 가지고 서로 이루어주는 것이다.〔春夏 陽也 詩樂者聲 聲亦陽也 秋冬 陰也 書禮者事 事亦陰也 互言之者 皆以其術相成〕" 한 것을 가리킨다.(≪禮記正義≫)

樂正은 그 가르침을 관장하고, 司馬는 선발하는 법을 관장한다. '術'은 길을 이름한 것이니, 詩·書·禮·樂 네 가지의 가르침이 바로 덕을 갖춘 〈군자의 경지에〉 진입하는 길임을 말하였으므로 '術'이라 하였다.

〈文王世子〉에 "봄에는 시를 외고 여름에는 현악기를 탄다." 하여 이 經文과 똑같지 않은 것은, 옛사람들의 가르침이 비록 四時에 각각 익히는 바가 있다 하나, 그 실제는 또한 반드시 딱 자르듯이 저것을 버리고 이것을 익히는 것은 아니니, 아마도 또한 互文으로 말한 듯하다. 봄과 가을에 詩와 書를 가르쳐서는 안 되고 겨울과 여름에 禮와 樂을 가르쳐서는 안 된다는 것은 아니니, 舊註의 '陰·陽을 따랐다'는 설은 너무 한쪽에 얽매이고 빠져있는 듯하다.

054502 **王大**(태)**子**와 **王子**와 **群后之大子**와 **卿大夫元士之適子**와 **國之俊選**이 **皆造焉**하나니 **凡入學**은 **以齒**니라

王의 太子와 王子와 여러 제후의 태자와 卿·大夫·元士의 適子와 국가의 俊士·選士들이 모두 樂正에게 나아가니, 무릇 入學은 年齒 순으로 한다.

≪集說≫

皆造는 皆來受敎于樂正也라 惟次長幼之序요 不分貴賤之等이라

'皆造'는 모두 와서 樂正에게 가르침을 받는 것이다. 오직 어른과 어린 자의 次序대로 할 뿐이고, 귀한 이와 천한 이의 등급으로 구분하지 않는다.

≪大全≫

嚴陵方氏曰 禮者는 體也라 故於秋敎之하니 蓋秋主揫斂하야 所以成體故也요 樂(악)者는 樂(락)也라 故於春敎之하니 蓋春主發散하야 所以爲樂故也라 詩者는 言也라 故於夏敎之하니 蓋言爲事之文하니 夏與物交而成文故也요 書者는 事也라 故於冬敎之하니 蓋事爲言之實한대 冬與物辨而反實故也니 則順之之道又有見於此라 凡言春秋에 必以春爲前者는 先後之序也라 然誦亦詩也요 弦亦樂也어늘 而文王世子에 乃言春誦夏弦은 又何也오 蓋弦誦者는 詩樂之用이요 詩樂者는 弦誦之體니 方言其體故로 以樂爲先하고 方言其用故로 以誦爲先하니 其實은 四者以其陽類故로 敎之詔之를 皆於春夏而已라

春之敎樂에 未始無詩나 要之以樂爲主爾요 夏之敎詩에 非無樂也나 要之以詩爲主爾니 弦之與誦이 其義亦猶是也라 故로 文王世子에 弦誦則一詔之以大(태)師하고 書禮則或詔之以典書者하고 或詔之以執禮者也라 於春夏에 通而敎之하고 秋冬에 別而敎之者는 順陽交陰辨之義故也요 此則一敎之以樂正者는 以夏殷之制略이 未若周之制詳故也라 大(태)子는 適子也니 大는 則以大言之也니 適子大而庶子小故로 謂之大子라 諸侯有君道故로 謂之后나 然非一人也라 故로 以群加之라 天子之子를 亦謂之大子는 則以特大於天下之子요 諸侯之世子를 亦謂之大子는 則以特大於一國之子而已니 名之以大는 雖同이나 所以名之以大는 則異也라 至於卿大夫之與元士하야는 則全乎臣矣니 其子不足以大言之라 故로 曰適子而已라 自王大子로 以至於國之俊選히 皆造焉者는 皆從其詩書禮樂之敎故也라 天子之子는 則適庶皆與하고 諸侯而下는 則庶子不與者는 隆殺(쇄)之別也요 選士方升於司徒하야 亦得與在學之敎者는 敎無內外之別故也니 則與帥(솔)之而執事하야 以激群衆之時異矣라 故로 彼特曰俊士而已라 學은 所以明人倫이니 人倫之大는 莫先乎孝弟라 故로 入學者必以齒로되 曰凡이면 則無貴賤히 皆以齒矣라 然以大子而與俊選相爲齒하니 所謂行一物而三善皆得[168)]이 是也니라

嚴陵方氏 : '禮'는 '體'이므로 가을에 가르치니, 가을은 收斂을 위주하여 體를 이루기 때문이다. '樂'은 '즐거워함'이므로 봄에 가르치니, 봄은 발산을 위주하여 즐겁기 때문이다. '詩'는 '말'이므로 여름에 가르치니, 말은 일의 문채가 되는데, 여름은 물건과 사귀어 문채를 이루기 때문이다. '書'는 일이므로 겨울에 가르치니, 일은 말의 실제가 되는데, 겨울은 물건과 분별되어 실제로 돌아가기 때문이다. 그렇다면 철을 순히 따르는 道를 또 여기에서 볼 수 있는 것이다.

무릇 봄과 가을을 말할 적에 반드시 봄을 앞에 말하는 것은 先後의 순서이다. 그러나 誦 또한 詩이고 弦 또한 樂인데 〈文王世子〉에서 마침내 "봄에 誦하고 여름에 弦樂器를 탄다."고 말함은 또 어째서인가?

弦과 誦은 詩와 樂의 用이고 詩와 樂은 弦과 誦의 體이니, 막 體를 말하기 때문에

168) 行一物而三善皆得 : 世子가 國學에서 신분을 따지지 않고 나이의 순서에 따라 長幼의 도리를 지키게 되면, 그로 인하여 사람들이 父子・君臣・長幼의 세 가지 도리를 알 수 있게 되고, 부자・군신・장유의 도리가 바르게 이루어지면 나라가 바르게 다스려지게 된다는 말로, 〈文王世子〉에 보인다.

樂을 먼저 말하였고 막 用을 말하기 때문에 誦을 먼저 말하였는데, 그 실제는 네 가지가 陽의 부류이기 때문에 가르치고 가르치기〔教詔〕를 모두 봄과 여름에 할 뿐이다. 봄에 樂을 가르칠 적에 일찍이 詩가 없지는 않았으나 요컨대 樂을 위주로 할 뿐이고, 여름에 詩를 가르칠 적에 또한 樂이 없지는 않았으나 요컨대 詩를 위주로 할 뿐이니, 弦과 誦이 그 뜻이 또한 이와 같다. 그러므로 〈문왕세자〉에서 弦과 誦은 한결같이 太師를 통해 가르치고, 書와 禮는 혹은 書를 맡은 자를 통해 가르치고, 혹은 禮를 집행하는 자를 통해 가르친 것이다.

봄과 여름에는 통틀어 가르치고 가을과 겨울에는 구별하여 가르치는 것은, 陽이 사귀고 陰이 분별하는 뜻을 순히 따르기 때문이다. 여기서 한결같이 樂正으로 가르치게 한 것은 夏나라와 殷나라의 제도가 간략하여 周나라 제도처럼 상세하지 않기 때문이다.

'大子(태자)'는 適子이니, '大'는 '크다'의 의미로 말한 것이다. 適子는 크고 庶子는 작으므로 '大子'라 이른 것이다. 제후는 군주의 道가 있으므로 '后'라 이르나, 한 사람이 아니므로 群을 덧붙인 것이다. 천자의 아들을 또한 '大子'라 이른 것은 특별히 천하의 아들들보다 크기 때문이고, 제후의 世子를 또한 '大子'라 이른 것은 특별히 한 나라의 아들들보다 크기 때문이니, '大'로써 명명함은 비록 같으나 '大'로써 명명한 이유는 다르다. 卿大夫와 元士의 경우에는 완전히 신하이니, 그 아들을 '大'라고 말할 수 없으므로 '適子'라고 말할 뿐이다.

王의 大子로부터 나라의 俊士와 選士에 이르기까지 모두 〈樂正에게〉 나아가는 것은 전부 詩·書·禮·樂의 가르침을 따르기 때문이다. 천자의 아들은 適子와 庶子가 모두 참여하고 제후 이하는 서자가 참여하지 못하는 것은, 높고 낮음을 분별한 것이다. 選士가 막 司徒에게 올라가서 마찬가지로 학교에 있는 가르침에 참여할 수 있는 것은, 가르침에는 내·외의 구별이 없기 때문이니, 이들을 거느려 일을 집행해서 여러 사람을 격려할 때와는 차이가 있다. 그러므로 저기에서는 다만 '俊士'라고 한 것이다.

학교는 人倫을 밝히는 곳이니, 인륜의 크기로는 효도와 공경보다 큰 것이 없다. 그러므로 학교에 들어가는 것은 반드시 年齒 순으로 하였는데, '무릇〔凡〕'이라고 말했으면 貴賤에 상관없이 모두 연치를 따르는 것이다. 그러나 大子로서 俊士·選士와 더불어 서로 연치를 따지니, 이른바 "한 가지 일을 행하여 세 가지의 善한 것을 얻는다."라는 것이 여기에 해당한다.

054601 將出學에 小胥와 大胥와 小樂正이 簡[169]不帥(솔)敎者하야 以告于大樂正하야든 大樂正이 以告于王하야든 王이 命三公九卿大夫元士하야 皆入學[170]하고 不變이어든 王이 親視學하고 不變이어든 王이 三日을 不擧하고 屛之遠方하나니 西方曰棘이요 東方曰寄니 終身不齒하나니라

장차 학교에서 내보낼 때에 小胥와 大胥와 小樂正이 가르침에 따르지 않는 자를 가려서 大樂正에게 보고하면 대악정은 왕에게 보고한다. 그러면 왕이 3公・9卿・大夫・元士에게 명하여 〈國子 및 그들의 適子들로 하여금〉 모두 〈禮를 익혀 교화되도록〉 학교에 들어가게 하고, 〈그런 뒤에〉 변화되지 않거든 왕이 직접 학교를 시찰하며, 〈그런데도〉 변화되지 않거든 3일 동안 〈盛饌을〉 들지 않고 〈그들을〉 먼 지방으로 물리치니, 서방으로 물리치는 것을 '棘'이라 하고 동방으로 물리치는 것을 '寄'라 하는데, 종신토록 〈士에〉 끼워주지 않는다.

≪集說≫

古之敎者 九年而大成하니 出學은 九年之期也라 小胥大胥는 皆樂官之屬이라 鄭注에 以棘爲僰(북)하고 又以僰訓偪하니 僰本西戎地名이라 愚謂不若讀如本字니 急也니 欲其遷善之速也라 寄者는 寓也니 暫寓而終歸之意니 蓋雖屛之하야 終身不齒나 然猶爲此名하야 以示不忍終棄之意라 蓋國子는 皆世族之親이니 與庶人疏賤者異라 故로 親親而有望焉이니라

옛날의 교육은 9년에 大成을 하였으니, '出學'은 〈그때가〉 9년을 마치는 시기이다. '小胥'와 '大胥'는 모두 樂官의 등속이다.

---

169) 簡 : 鄭玄의 注에 따르면 여기에서 가리는 대상은 왕의 太子와 왕자, 여러 제후의 태자와 卿・大夫・元士의 適子를 이른다.(≪禮記正義≫)

170) 王命三公九卿大夫元士 皆入學 : 鄭玄의 注에 "또한 '그들로 하여금 예를 익혀 교화하게 하였다.'라는 말이다.〔亦謂使習禮以化之〕" 하였다.(≪禮記正義≫)

鄭玄의 注에 '棘'을 '僰(북)'이라 하였고 또 '僰'을 '핍박함'이라 풀이하였으니, '僰'은 본래 西戎의 지명이다. 나는 생각하건대 본 글자대로 읽는 것만 못하다. 〈본 글자대로 읽으면〉 '급하다'는 뜻이니, 善으로 옮겨가게 하기를 속히 하고자 하는 것이다. '寄'는 '부쳐있음'이니, 잠시 부쳐있다가 끝내 돌아온다는 뜻이다. 비록 물리쳐서 종신토록 〈士에〉 끼워주지 않으나 오히려 이렇게 명명을 하여 차마 끝내 버리지 않는 뜻을 보인 것이다. 國子는 모두 世族의 친족이니, 소원하고 천한 庶人과는 다르다. 그러므로 친척을 친애하여 기대함이 있는 것이다.

○ 方氏曰 賤者는 至於四不變然後에 屛之하고 貴者는 止於二不變에 遂屛之者는 陳氏謂 先王이 以衆庶之家爲易(이)治요 世祿之家爲難化하니 以其易治也라 故로 鄕遂之所考는 常在三年大比[171]之時하고 以其難化也라 故로 國子之出學은 常在九年大成之後하니 以三年之近而考焉이라 故로 必四不變而後屛之하고 以九年之遠而簡焉이라 則雖二不變屛之라도 可也니라

方氏 : 천한 자는 네 번에 걸쳐 변화하지 않은 뒤에 물리치고, 귀한 자는 다만 두 번에 걸쳐 변화하지 않으면 마침내 물리치는 것은, 陳氏는 先王이 여러 庶人의 집안은 다스리기가 쉽고 世祿의 집안은 교화하기가 어렵다고 여겼기 때문이라고 하였다. 〈서인의 집안은〉 다스리기가 쉽기 때문에 鄕과 遂에서 상고하는 바가 항상 3년의 大比 때에 있고, 〈세록의 집안은〉 교화하기가 어렵기 때문에 國子를 학교에서 내보내는 것은 항상 大成하는 때인 9년 뒤에 있는 것이다.

3년이라는 가까운 시기에 상고하기 때문에 반드시 네 번에 걸쳐 변하지 않은 뒤에 〈가려서〉 물리치고, 9년이라는 먼 시기에 가리기 때문에 비록 두 번에 걸쳐 변하지 않으면 〈가려서〉 물리치더라도 되는 것이다.

○ 疏曰 周는 立四代之學[172]於國하고 而以有虞氏之庠으로 爲鄕學하니라

疏 : 周나라는 四代의 학교를 國都에 세우고, 舜임금의 庠을 '鄕學'이라고 했다.

---

171) 三年大比 : 3년마다 賢能한 사람을 등용하는 시험을 치른 것을 말한다. ≪周禮≫ 〈地官 鄕大夫〉에 "3년이 되면 크게 시험을 실시해서 德行과 道藝를 상고하여 현능한 자를 일으킨다.〔三年則大比 考其德行道藝 而興賢者能者〕" 하였다.

172) 四代之學 : '四代'는 夏・殷・周 三代에 舜임금을 더한 것인바, 순임금의 上庠, 夏의 東序, 殷의 右學, 周의 東膠를 가리킨다.

≪大全≫

長樂陳氏曰 聖人之有天下也에 以學教로 爲朝廷之大政하야 使大(태)子齒於俊選하고 使樂正磨其性情하야 必順先王詩書禮樂하야 以性其情然後已也라 不變者九年이면 則雖王子라도 亦屛遠方하야 其公於教化而不私其子하니 則凡在學者 孰敢不性其情以蹈於中和之域哉리오 此三代之王이 所以後世無及也니라

長樂陳氏：聖人이 천하를 소유함에 배우고 가르치는 것을 조정의 큰 정사로 여겨서 太子로 하여금 俊士・選士와 연치를 따지게 하고 樂正으로 하여금 性情을 연마하게 하여 반드시 先王의 詩・書・禮・樂을 순히 따라서 情을 〈善한〉 性에 따라 발현되도록 한 뒤에야 그만두었다.

9년이 되도록 변화하지 않으면 비록 王子라 하더라도 먼 지방으로 물리쳐서 教化를 공정하게 행하고 자기 자식을 사사로이 차별하지 않았다. 그렇다면 무릇 학교에 있는 자가 누가 감히 情을 〈선한〉 性에 따라 발현하여 中和의 경지를 밟지 않겠는가. 이것이 三代의 왕을 후세의 왕이 미칠 수 없는 이유이다.

054602 大樂正이 論造士之秀者하야 以告于王하고 而升諸(저)司馬하나니 曰進士라

大樂正이 造士 중에 우수한 자를 평가하여 왕에게 고하고 司馬에게 올리니, 이 사람을 '進士'라 한다.

≪集說≫

疏曰 司馬掌爵祿하니 但入仕者를 皆司馬主之라

疏：司馬는 爵位와 祿을 관장하니, 다만 들어와 벼슬하는 자를 모두 사마가 주관한다.

054701 司馬辨論官材하나니 論進士之賢者하야 以告于王하야 而定其論하니 論定然後에 官之하고 任官然後에 爵之하고 位定然後에 祿之니라

司馬가 벼슬 시킬 만한 인재를 분별하고 평가하는데, 進士 중에 어진 자를 평가하여 王에게 보고해서 그 평가한 결과를 확정하니, 평가한 결과가 확정된 뒤에 벼슬을 시키고, 벼슬을 맡긴 뒤에 爵位를 주고, 작위가 정해진 뒤에 祿을 준다.

≪集說≫

劉氏曰 古者鄕學에 教庶人하고 國學에 教國子及庶人之俊호되 而其仕進이 有二道하니 鄕學秀者之升曰選士요 國學秀者之升曰進士라 其選士者는 不過用爲鄕遂之吏한대 而選用之權이 在司徒也요 其進士則必命爲朝廷之官한대 而爵祿之定이 其權이 皆在大司馬하니 此는 鄕學國學教選之異가 所以爲世家編戶之別이라 然이나 庶人仕進도 亦是二道니 可爲選士者는 司徒試用之하니 此其一也요 司徒升之國學이면 則論選之法이 與國子弟同矣니 此其二也니라

劉氏 : 옛날 鄕學에서는 庶人을 가르치고 國學에서는 國子와 서인 중에 우수한 자를 가르쳤는데 그들이 벼슬에 나아가는 길이 두 가지가 있었으니, 향학의 우수한 자를 올린 것을 '選士'라 하고, 국학의 우수한 자를 올린 것을 '進士'라 하였다.

선사들은 鄕과 遂의 관리로 등용함에 불과한데 선발하여 등용하는 권한이 司徒에게 있었고, 진사들은 반드시 명하여 朝廷의 관원으로 삼는데 爵位와 祿을 결정하는 권한이 모두 大司馬에게 있었으니, 이는 향학과 국학에서 가르치고 선발하는 차이가 世家와 〈호적에 편입된 일반 백성인〉 編戶의 구별이 되는 것이다.

그러나 서인이 벼슬길에 나아가는 것 또한 두 가지 길이 있었는데, 선사가 될 만한 자는 사도가 시험하여 등용하니 이것이 그 첫 번째 길이고, 사도가 이들을 국학에 올리면 평가하여 선발하는 법이 國子弟와 동등하니 이것이 그 두 번째 길이다.

≪大全≫

嚴陵方氏曰 鄕論秀士而升之司徒하고 司徒論選士而升之學은 所以屬于大樂正也라 故로 大樂正이 又論造士之秀하야 以告于王而升諸司馬하면 則以將使之臨政故로 隷於政官之長也라 以其成材하야 將使之臨政이면 則可以進於王所故로 以進士名之요 司馬는 辨論官材者나 將使之臨政이면 則必隨其大小而官之故로 曰官材니 定其論이면

則賢否之理하야 各止於一矣라 前曰造士之秀라하고 後曰進士之賢은 何也오 秀는 特有才之稱이요 賢則有德之稱이니 此輕重之別이라 若司徒司馬之類는 所謂官이요 若公卿大夫는 所謂爵이요 若或食(사)九人이어나 或食八人은 所謂祿이니 官은 所以居之요 爵은 所以貴之요 祿은 所以富之也라 官은 非賤者之可居라 故로 旣官之면 必爵之하고 爵之矣면 宜有以養其廉이라 故로 旣爵之면 必祿之하니 其序如此하나니라

嚴陵方氏 : 鄕에서 秀士를 평가하여 司徒에게 올리고 사도가 選士를 평가하여 太學으로 올림은 大樂正에게 예속시키는 것이다. 그러므로 대악정이 또다시 造士 중에 우수한 자를 평가하여 왕에게 보고하고 司馬에 올리면 장차 그로 하여금 정사를 다스리게 할 것이므로 政官의 長인 大司馬에게 예속시키는 것이다.

그가 훌륭한 人材가 되어 장차 정사를 다스리게 되면 왕의 처소에 나아갈 수 있으므로 '進士'라 이름하였다. 그리고 사마는 벼슬 시킬 만한 재주가 있는 자를 분별하고 평가하는 자이나, 장차 정사를 다스리게 하려면 반드시 재능의 크기에 따라 벼슬을 시켜야 하므로 '官材'라 말하였으니, 평가 결과가 결정되면 어진 자와 어질지 못한 자가 변별되어 각각 일정한 곳에 머무르게 된다.

앞에서는 '조사 중의 우수한〔秀〕 자'라 하고, 뒤에서는 '진사 중의 어진〔賢〕 이'라고 말함은 어째서인가? '秀'는 다만 '재주가 있다.'는 칭호이고, '賢'은 '德이 있다.'는 칭호이니, 이것은 〈상대적으로〉 중요하지 않은 것(秀)과 중요한 것(賢)을 구별한 것이다.

사도·사마와 같은 따위는 이른바 '官'이라는 것이고, 公·卿·大夫와 같은 것은 이른바 '爵'이라는 것이고, 혹 9명을 먹이고 혹 8명을 먹이는 것과 같은 것은 이른바 '祿'이라는 것이니, '官'은 〈직책을〉 차지하게 하는 것이고, '爵'은 〈신분을〉 귀하게 하는 것이고, '祿'은 부유하게 하는 것이다. 官은 천한 자가 차지할 수 있는 것이 아니므로 이미 벼슬을 시키면 반드시 爵位를 내리며, 작위를 내리면 마땅히 그에 걸맞은 淸廉을 길러야 하므로 작위를 내리고 나면 반드시 祿을 주는 것이니, 그 순서가 이와 같다.

054702 大夫廢其事어든 終身不仕하고 死커든 以士禮로 葬之하나니라

大夫가 맡은 일을 폐하면 종신토록 벼슬을 시키지 않고, 죽으면 士의 禮로 장례한다.

≪集說≫

廢其事는 如戰陳無勇하야 而敗國殄民이어나 或荒淫失行하야 而悖常亂俗이니 生則擯棄하고 死則貶降이니라

'맡은 일을 폐한다.'는 것은 交戰하고 對陣하는 일에 용감하지 못하여 나라를 패하게 하고 백성을 병들게 하거나 혹은 함부로 음탕한 짓을 하여 품행을 실추해서 떳떳한 도리를 거스르고 풍속을 어지럽히는 것이니, 〈이러한 자는〉 살아있을 때에는 배척하여 버리고 죽었을 경우에는 〈벼슬이나 신분을〉 강등한다.

≪大全≫

嚴陵方氏曰 廢其事는 謂居大夫之位而不能興大夫之事也라 終身不仕면 則不特貶之於其始요 而又貶之於其終也며 死어든 以士禮葬之면 則不特貶之於其生이요 而又貶之於其死也라 夫終身不仕면 則與民同耳로되 猶以士禮葬之者는 以其曾居大夫之位故也라 然이나 是法也上不及於公卿하고 下不及於士하야 擧中以該之也니라

嚴陵方氏 : '맡은 일을 폐한다.'는 것은 大夫의 지위에 있으면서 대부의 일을 다스리지 못함을 이른다.

'종신토록 벼슬을 시키지 않는다면' 당초의 벼슬을 박탈할 뿐만 아니고 또 마지막 벼슬도 박탈하는 것이며, '죽으면 士의 禮로 장례한다면' 살았을 때의 신분을 강등할 뿐만 아니고 또 죽었을 때의 신분도 강등하는 것이다.

종신토록 벼슬을 시키지 않으면 일반 백성과 같을 뿐인데 오히려 사의 예로 장사함은 그가 일찍이 대부의 지위에 있었기 때문이다. 그러나 이 법은 위로 公卿을 언급하지 않고 아래로 士를 언급하지 않고서 중간(大夫)을 들어 〈上·下를〉 아우른 것이다.

054703 有發이어든 則命大司徒하야 敎士以車甲이니라

〈군대를〉 징발할 일이 있으면 大司徒에게 명하여 兵車를 타고 갑옷을 입는 법을 士에게 가르치게 한다.

≪集說≫

發은 師旅之役也라

'發'은 군대의 賦役이다.

○ 方氏曰 先王設官이 未嘗不辨이로되 亦未嘗不通하니 司徒掌教하고 司馬掌政은 是分職而辨之也요 有發이어든 則司徒教士以車甲하고 造士어든 則司馬辨論官材는 是聯事而通之也라

方氏 : 先王이 관직을 설치한 것이 일찍이 분별하지 않은 적이 없으나 또한 일찍이 통용하지 않은 적이 없다. 司徒가 교육을 관장하고 司馬가 정사를 관장함은 직책을 나누어 분별한 것이다. 〈士를〉 징발할 일이 있으면 사도가 사에게 兵車를 타고 갑옷을 입는 법을 가르치고, 사를 造成할 경우에는 사마가 벼슬 시킬 인재를 분별하여 평가함은 일을 연관시켜 通하게 한 것이다.

≪大全≫

延平周氏曰 辨論官材를 責之司馬하고 教習車甲을 責之司徒는 何也오 先王之用人에 非有成材면 不取하고 唯其有成材면 則責之以事而無不能也라 又況司馬掌政典이면 則其所辨論官材者 豈特文而已며 司馬掌教典이면 則其所教習者 豈特武而已리오 此文武所以混爲一途也니라

延平周氏 : 벼슬 시킬 인재를 분별하여 평가함을 司馬에게 책임지게 하고, 군사들에게 兵車를 타고 갑옷을 입는 법을 가르쳐 익히게 함을 司徒에게 책임지게 한 것은 어째서인가?

先王이 사람을 등용할 적에 材木을 이룬 자가 아니면 취하지 않았고, 오직 재목을 이룬 자가 있을 경우에만 그에게 일을 책임지게 하므로 일을 제대로 하지 못함이 없었다. 또 더구나 사마가 政典를 관장하면 벼슬 시킬 인재를 분별하여 평가하는 것이 어찌 文 한 가지일 뿐이겠으며, 사마가 教典을 관장하면 가르쳐 익히게 하는 것이 어찌 武 한 가지일 뿐이겠는가. 이는 文과 武가 어우러져 하나의 길이 되는 이유이다.

○ 李氏曰 司徒教士면 則使司馬論其材라 故로 出任之爲比長鄉大夫伍長軍將[173)]하야 其材無不宜요 司馬治軍이면 則使司徒教其事라 故로 入以之爲比閭族黨州鄉과 伍兩

卒旅(軍帥)〔師軍〕[174]하야 其事無不治하니 先王之取人治民이 未嘗不如此하니라

李氏 : 司徒가 士를 가르치면 司馬로 하여금 그 재능을 평가하게 하였으므로 나가서는 그들에게 관직을 맡겨 比長·鄕大夫·伍長·軍將으로 삼아 그 재능이 마땅하게 발휘되지 않음이 없었다. 그리고 사마가 軍을 다스리면 사도로 하여금 그 일을 가르치게 하였으므로 들어와서는 그들을 比·閭·族·黨·州·鄕의 長과 伍·兩·卒·旅·師·軍의 장수로 삼아 그 일이 다스려지지 않음이 없었다. 先王이 사람을 취하여 백성을 다스림이 일찍이 이와 같지 않은 적이 없었다.

054704 凡執技는 論力하야 適四方이니 臝(라)股肱하야 決射御니라

무릇 技藝를 가진 자는 힘의 우열을 평가하여 四方 각지로 가게 하니, 팔과 다리를 걷고서 활쏘기와 말 모는 기술을 겨룬다.

≪集說≫

射御之技는 四方惟所之라 然이나 但論力之優劣而已니 所以擐衣而出其股肱者는 欲以決勝負而示武勇也라

활쏘기와 말 모는 기예를 가진 자는 四方에 오직 가고자 하는 대로 가게 한다. 그러나 다만 힘의 우열을 평가할 뿐이니, 옷을 걷어 팔과 다리를 노출하는 까닭은 승부를 겨루어 武勇을 보이고자 해서이다.

---

173) 比長鄕大夫伍長軍將 : 다섯 가호로 이루어진 鄕을 '比'라고 하고, '比長'은 比를 관리하는 관직이다. 王城 밖 100里 이내의 땅에 여섯 개 향(六鄕)을 두었는데, 각 향마다 향을 다스리는 대부를 '鄕大夫'라고 하였다. '伍長'과 '軍將'은 군사 훈련을 할 때나 전쟁을 할 때에 '비장'과 '향대부'가 각각 맡게 되는 직책이다.(≪周禮≫ 〈地官〉, 〈夏官〉)

174) 比閭族黨州鄕 伍兩卒旅(軍帥)〔師軍〕: 저본에는 '軍帥'로 되어 있는데, ≪周禮≫에 의거하여 '師軍'으로 수정하였다. 比·閭·族·黨·州·鄕은 鄕里의 編成 單位로, ≪周禮≫ 〈地官 司徒〉에 따르면 5家가 比가 되어 서로 보호해주도록 하고, 5比가 閭가 되어 서로 수용해주도록 하며, 4閭가 族이 되어 서로 葬事를 지내주도록 하고, 5族이 黨이 되어 서로 구원해주도록 하며, 5黨이 州가 되어 서로 구휼해주도록 하고, 5州가 鄕이 되어 서로 賓禮를 행하도록 하였는바, 12,500家가 1鄕이 된다. 伍·兩·卒·旅·師·軍은 군사 훈련을 할 때나 전쟁을 할 때의 군대 편성 단위로, ≪周禮≫ 〈夏官 司馬〉에 따르면 5명이 伍, 25명이 兩, 100명이 卒, 500명이 旅, 2,500명이 師, 12,500명이 軍이고, 각 編制의 長은 伍長, 兩司馬, 卒長, 旅帥, 師帥, 軍將이다.

054705 凡執技하야 以事上者는 祝史射御醫卜及百工이니라 凡執技하야 以事上者는 不貳事하며 不移官하며 出鄕하얀 不與士로 齒니 仕於家者도 出鄕하얀 不與士로 齒니라

무릇 기예를 가지고 윗사람을 섬기는 자는 祝·史·射手·御者·醫師·卜師·百工이다. 무릇 기예를 가지고서 윗사람을 섬기는 자는 두 가지 일을 〈겸하여〉 하지 않으며, 관직을 옮기지 않으며, 자기 本鄕을 나가서는 士와 연치로 서열을 따지지 못하니, 大夫의 집에서 벼슬하는 자도 자기 본향을 나가서는 사와 연치로 서열을 따지지 못한다.

≪集說≫

不貳事면 則所業이 彌至於精이요 不移官은 恐他職非其所長이라 以技名者는 賤이요 爲大夫之臣도 亦賤이라 故로 不得與爲士者齒列이라 然이나 必出鄕이라야 乃爾者는 於其本鄕엔 有族人親戚之爲士者하야 或不忍卑之故也니라

'두 가지 일을 겸하지 않으면' 맡은 일이 더욱 정밀하게 될 것이다. '관직을 옮기지 않는 것'은 다른 직책은 그가 잘하는 바가 아닐까 염려해서이다. 기예로 이름난 자는 賤하고, 大夫의 家臣이 된 자 또한 천하므로 士가 된 자와 연치로 서열을 따질 수 없는 것이다. 그러나 반드시 本鄕을 나가서야 마침내 이와 같이 하는 것은, 본향에서는 族人이나 親戚 중에 사가 된 자가 있어서 아마도 차마 그를 낮출 수 없기 때문일 것이다.

≪大全≫

嚴陵方氏曰 莊子曰 能有所藝를 謂之技[175]라하니 則凡執技者는 不足以德論之也요 特論其力而已라 適四方은 謂有故而之外也라 贏股肱은 則所以宣手足之力也요 決

175) 能有所藝 謂之技 : ≪莊子≫ 〈天地〉에 "재능이 많은 것을 유능한 것으로 여기는 것은 기이다.〔能有所藝者 技也〕"라고 보이는데, 郭象의 註에 "'技'는 만물의 말단적인 쓰임이다.〔技者 萬物之末用也〕" 하였다.

射御는 則決勝負於射御也니 此其所以爲力歟인저 技不止於射御어늘 而此止以是爲言者는 以二技尤論其力故也라 祝은 若周官大(태)祝之類요 史는 若周官大(태)史之類니 祝史는 皆事神之官이니 以其作辭以事神故로 曰祝이요 以其執書以事神故로 曰史라 射는 則周官之五射[176)]니 若曰白矢參連之類요 御는 則周官之五御[177)]니 若鳴和鑾, 逐禽左之類요 醫는 則醫師之類요 卜은 則卜師之類라 百工은 則土工木工金工石工之類니 以其類之非一故로 以百言之하고 以其足以興事故로 謂之工焉이니 凡此者는 蓋執技之名也라 不貳事는 則欲其無異習이요 不移官은 則欲其有常守요 出鄕不

---

176) 五射 : 활 쏘는 방법으로 白矢·參連·剡注·襄尺·井儀인데, 賈公彦의 疏에 "先鄭이 말한 '五射의 白矢' 이하는 正文이 없으니, 혹 선정이 별도로 본 것이 있거나 혹 義로써 말한 것이다. '白矢'라고 한 것은 화살이 과녁에 꽂혔는데 과녁을 관통해 나와서 살촉의 흰 부분이 보이는 것이다. '參連'이라고 한 것은 먼저 화살 한 개를 쏘고 뒤에 화살 세 개가 잇달아서 과녁을 향해 가는 것이다. '剡注'라고 한 것은 살깃의 머리는 높고 살촉은 낮게 하여 과녁을 향해 감이 剡剡然한 것이다. '襄尺'이라고 한 것은 신하가 군주와 활쏘기를 할 적에 군주와 나란히 서지 않고 군주에게 1척 정도를 양보하여 물러나는 것이다. '井儀'라고 한 것은 화살 네 개가 과녁을 관통함이 '井'자의 모습과 같은 것이다." 하였다.(≪周禮注疏≫ 〈地官 保氏〉) 先鄭은 後漢의 鄭衆으로, 鄭玄보다 前代의 사람이므로 학자들이 정중을 '先鄭', 정현을 '後鄭'이라 한다. 정중은 ≪周易≫·≪詩經≫·≪周禮≫·≪國語≫ 및 曆算에 밝았다.

177) 五御 : 수레를 모는 방법으로 鳴和鸞·逐水曲·過君表·舞交衢·逐禽左인데, 賈公彦의 疏에 "'五御'라고 한 것은 수레를 모는 방법에 다섯 가지가 있는 것이다. '鳴和鸞'이라고 한 것은, 和는 수레 앞의 가로 댄 나무에 있고 鸞은 멍에에 있는 것이다.……'逐水曲'이라고 한 것은 正文이 없으니 先鄭이 뜻으로 말한 것으로, 수레를 몲에 水勢의 굴곡을 따라서 물에 떨어지지 않음을 말한다. '過君表'라고 한 것은……'과군표'는 바로 '褐纏旃'이라는 것이 이것이다. '舞交衢'라고 한 것은, 衢는 길이니, 수레를 몰아 교차로에 있을 적에 수레의 회전이 춤의 절주에 응함을 말한다. '逐禽左'라고 한 것은 驅逆의 수레를 몰아서 짐승을 거슬러 몰아 왼쪽으로 가게 하여 군주에게 당하여 쏘게 하면 군주가 왼쪽으로부터 쏨을 이른다."라고 하였다.(≪周禮注疏≫ 〈地官 保氏〉)

'和'와 '鸞'은 모두 방울인바, 말이 움직이면 和와 鸞이 울려서 그 소리가 호응하므로 '鳴和鸞'이라고 한 것이다. 가공언은 '過君表'를 '전렵이나 전장에서 軍陣을 만들 적에 毛褐布로 순색 깃발의 장대를 감아서 군영 문의 양쪽 곁으로 삼는 것'으로 해석하였는데, 孫詒讓의 ≪周禮正義≫에는 이를 비판하며 "'君表'는 '군주의 자리'라고 말하는 것과 같다.……대개 회동과 정벌과 전렵에 군주가 있으면 반드시 '表位'가 있으니, 무릇 수레가 그곳을 지날 적에는 마땅히 별도로 공경을 지극히 하는 의절이 있기 때문에 五御에 '과군표'의 법이 있는바, 이는 治朝에 들어가는 자가 군주의 자리를 지날 적에 공경을 펴 보이는 것과 같다." 하였다. '驅逆'은 짐승을 전렵의 범위 안으로 몰아넣고 막아서 달아나지 못하게 하는 것이다.

與士齒者는 以執技之賤하야 不得與執德者序長幼也라 然必出鄕而後에 不與之齒者는 以鄕黨尙齒故也니라

嚴陵方氏 : ≪莊子≫에 이르기를 "재능이 많은 것을 유능한 것으로 여기는 것을 '技'라 이른다." 하였으니, 무릇 기예를 가진 자는 德으로 평가할 수 없고 다만 그 힘을 평가할 뿐이다. '四方 각지로 가게 한다.'라는 것은 緣故가 있어서 지방에 가게 함을 이른다. '팔과 다리를 걷는다.'라는 것은 팔과 다리의 힘을 펴기 위한 것이고, '활쏘기와 말 모는 기술을 겨룬다.'라는 것은 활쏘기와 말 몰기로 승부를 결단하는 것이니, 이것이 힘을 평가하는 방법일 것이다. 기예는 활쏘기와 말 모는 데 그치지 않는데 여기에서 다만 이것을 가지고 말한 것은, 이 두 가지 기예가 힘을 평가하기에 더 좋기 때문이다.

'祝'은 ≪周官≫의 '太祝'과 같은 종류이고, '史'는 ≪주관≫의 '太史'와 같은 종류이다. 祝과 史는 모두 神을 섬기는 관원이니, 祝辭를 지어 神을 섬기기 때문에 '祝'이라 하였고, 글을 가지고 神을 섬기기 때문에 '史'라 하였다. '射'는 ≪주관≫의 '五射'이니, 白矢·參連과 같은 종류이다. '御'는 ≪주관≫의 '五御'이니, 鳴和鑾·逐禽左와 같은 종류이다. '醫'는 醫師의 종류이고 '卜'은 卜師의 종류이다. '百工'은 土工·木工·金工·石工과 같은 종류이니, 종류가 하나가 아니므로 '百'이라고 말하였고, 충분히 일을 일으킬 수 있으므로 '工'이라고 일렀다. 무릇 이것들은 기예를 가진 자의 명칭이다.

'두 가지 일을 겸하지 않음'은 다른 것을 익힘이 없게 하고자 한 것이고, '관직을 옮기지 않음'은 일정하게 맡는 것이 있게 하고자 한 것이고, '자기 本鄕을 나가서는 士와 年齒로 서열을 따지지 않음'은 기예를 가진 자가 賤하여 德을 가진 자와 더불어 長幼를 차례 지을 수 없기 때문이다. 그러나 반드시 자기 본향을 나간 뒤에 〈士와〉 더불어 연치를 따지지 않는 것은 〈자기의〉 鄕黨에서는 연치를 숭상하기 때문이다.

○ 延平周氏曰 先王이 不責備於人하야 苟有一藝면 皆得與於有司而食於上이라 然이나 古之學者 以禮樂爲始終이로되 而未嘗不從事於射御라 雖孔子라도 亦曰 吾何執고 執御乎아 執射乎[178]아하야시늘 此則以射御爲執技之賤者는 蓋古人之志於道據於德依於仁然後에 游於藝[179] 可也라 果道不能志之하고 德不能據之하고 於仁에 又不能依之하고

而止游於藝者는 此上之人이 所以賤之也라 不貳事移官은 非執技之所能也일새라 執技爲百工하고 仕於卿大夫하야 爲家臣이면 不與士齒는 所以貴其爲士也라 古之爲士면 其貴於鄉이 如此하니 此人人所以遠恥而有常心也니라

延平周氏 : 先王은 사람들에게 완비하기를 요구하지 아니하여 만일 한 가지 재주가 있으면 모두 有司의 직임에 참여하여 윗사람이 주는 祿을 먹을 수 있었다. 그러나 옛날 배우는 자가 禮樂을 始終으로 〈종사해야 할 것으로〉 삼았으나, 일찍이 활쏘기와 말 몰기에 종사하지 않은 적이 없었다. 비록 孔子라 하더라도 또한 말씀하시기를 "내 무엇을 잡겠는가. 말 모는 것을 잡겠는가? 활쏘기를 잡겠는가?" 하셨는데, 여기서는 활쏘기와 말 모는 것을 기예를 가진 천한 자로 삼은 것은, 옛사람의 道에 뜻하고 德에 의거하고 仁에 의지한 뒤에 藝에 노닐 수 있기 때문이다. 과연 道에 뜻하지 못하고 德에 의거하지 못하고 仁에 또 의지하지 못하고서 藝에 노니는 것만 하는 것은 윗사람이 천하게 여긴 것이다.

'두 가지 일을 겸하지 않고 관직을 옮기지 않음'은 〈두 가지 일을 겸하고 관직을 옮기는 것이〉 기예를 가진 자가 능히 할 수 있는 것이 아니기 때문이다. 기예를 가지고 百工이 되고 卿大夫에게 벼슬하여 家臣이 되었으면 士와 연치로 서열을 따지지 못함은 士가 됨을 귀하게 여긴 것이다. 옛날 士가 되면 鄉에서 귀하게 대접받음이 이와 같았으니, 이는 사람마다 치욕을 멀리하여 떳떳한 마음을 가지게 한 방법이다.

054801 司寇正刑明辟하야 以聽獄訟호되 必三刺(자)니 有旨호되 無簡이어든 不聽하나니 附를 從輕하고 赦를 從重이니라

司寇가 형벌을 바르게 하고 죄를 밝혀서 獄訟을 판결하되 반드시 죽을 죄에 대해 세 차례 묻는데, 〈드러난 범죄의〉 의도는 있으나 〈죄를 증명할 수 있는〉 實證이 없으면 판결하지 않으니, 죄에 붙이는 것은 〈형벌이〉 가벼운 것을 따르고, 사면하는 것은 〈죄가〉 무거운 것을 따른다.

---

178) 吾何執……執射乎 : ≪論語≫ 〈子罕〉에 보인다.
179) 志於道……游於藝 : ≪論語≫ 〈述而〉에 보인다.

≪集說≫

周禮에 以三刺로 斷庶民獄訟之中하니 一曰訊群臣이요 二曰訊群吏요 三曰訊萬民[180]이라 刺는 殺也니 有罪當殺者를 先問之群臣하고 次問之群吏하고 又問之庶民하야 然後決其輕重也라 若有發露之旨意로되 而無簡覈之實迹이면 則難於聽斷矣라 於是에 有附有赦焉하니 附而入之면 則施刑從輕하고 赦而出之면 則宥罪從重하니 所謂與其殺不辜론 寧失不經也[181]라

≪周禮≫에 三刺로써 여러 백성의 獄訟을 中正하게 판결하였으니, 첫 번째는 여러 신하에게 묻는 것이고, 두 번째는 여러 관리에게 묻는 것이고, 세 번째는 萬民에게 묻는 것이다. '刺'는 죽임이니, 죄가 있어 마땅히 죽여야 할 자를 먼저 여러 신하에게 묻고, 다음은 여러 관리에게 묻고, 또 여러 백성에게 물은 뒤에 그 죄의 輕·重을 결정하는 것이다.

만약 드러난 의도는 있으나 實證할 증거가 없으면 訟事를 판결하기가 어렵다. 이 때문에 〈죄에〉 붙임이 있고 사면함이 있으니, 붙여서 죄에 넣게 되면 형벌을 시행함에 가벼운 쪽을 따르고, 사면해서 내보내게 되면 죄를 용서하되 〈죄의〉 무거운 쪽을 따른다. 이것은 ≪書經≫에 이른바 "죄 없는 이를 죽이기보다는 차라리 형벌을 법대로 하지 못한 잘못을 범하겠다."라는 것이다.

≪大全≫

石林葉(섭)氏曰 司寇所掌者刑禁而以治寇爲主라 刑有典而或失其平이니 則言正이요 罪有辟而或失其情이니 則言明이라 訟不決하야 係於囹圄면 則爲獄이요 以曲直言於公이면 則爲訟이요 訊其可殺可刑이면 則爲刺하니 一訊群臣은 欲其左右可也요 再訊群吏는 欲其大夫可也요 三訊萬民은 欲其國人可也[182]라 至其罪有可疑면 則附而從

---

180) 以三刺……三曰訊萬民 : ≪周禮≫ 〈秋官 小司寇〉에 보인다.

181) 與其殺不辜 寧失不經也 : ≪書經≫ 〈虞書 大禹謨〉에 보인다.

182) 一訊群臣……欲其國人可也 : ≪孟子≫ 〈梁惠王 下〉에 "左右의 측근들이 모두 그 사람이 현명하다고 해도 아직 안 되며, 大夫들이 모두 그 사람이 현명하다고 해도 아직 안 되며, 백성들이 모두 그 사람이 현명하다고 한 뒤에 관찰하고서 현명함을 본 뒤에 등용해야 합니다. 좌우의 측근들이 모두 그 사람은 안 된다고 해도 들어주지 말고, 대부들

輕은 所以誘其爲善이요 情有可恕면 則赦而從重은 所以勸其改過而已矣니라

石林葉氏 : 司寇가 관장한 것은 형벌과 禁令이고 도둑을 다스리는 것을 주요 임무로 한다. 형벌은 법이 있으나 혹 공평함을 잃기도 하므로 '바름〔正〕'을 말한 것이고, 죄는 형벌이 있으나 혹 實情을 잃기도 하므로 '밝음〔明〕'을 말한 것이다.

訟事가 판결이 나지 못하여 圄圄(교도소)에 갇혀있으면 '獄'이 되고, 曲直을 가지고 公廳에서 말하면 '訟'이 되며, 죽일 만하고 형벌 내릴 만한 것을 물으면 '刺'가 되니, 첫 번째로 여러 신하에게 묻는 것은 左右의 許可를 바라서이고, 두 번째로 여러 관리에게 묻는 것은 大夫의 허가를 바라서이고, 세 번째로 萬民에게 묻는 것은 國人의 허가를 바라서이다.

죄에 의심스러운 점이 있을 경우에는 죄에 붙이되 가벼운 쪽을 따름은 그 사람이 善을 행할 수 있도록 유도하는 것이고, 실정에 용서할 만한 점이 있을 경우에는 사면하되 〈죄의〉 무거운 쪽을 따름은 그 사람이 허물을 고치기를 권면하는 것일 뿐이다.

054802 凡制五刑은 必卽天論(륜)이니 郵罰을 麗(리)於事니라

무릇 다섯 가지 형벌을 判斷하는 것은 반드시 〈至公無私한〉 하늘의 이치〔天論〕대로 해야 하니, 罪責〔郵〕이 있어 벌을 주는 것을 〈해당하는〉 事案에 符合하게 한다.

≪集說≫

制는 斷也라 天倫[183]은 天理也라 天之理 至公而無私하니 斷獄者 體而用之하면 亦至公而無私라 郵與尤同하니 責也라 凡有罪責而當誅罰者를 必使罰與事相附麗면 則至公無私而刑當其罪矣리라

'制'는 判斷이다. '天倫(天論)'은 하늘의 이치이다. 하늘의 이치는 지극히 공정하여

이 모두 그 사람은 안 된다고 해도 들어주지 말고, 백성들이 모두 그 사람은 안 된다고 한 뒤에 관찰하여 불가함을 본 뒤에 물리쳐야 합니다. 좌우의 측근들이 모두 〈그를〉 죽일 만하다고 말하더라도 듣지 말며, 대부들이 모두 죽일 만하다고 말하더라도 듣지 말고, 백성들이 모두 죽일 만하다고 말한 뒤에 관찰하여 죽일 만한 점을 발견한 뒤에 죽여야 합니다. 그러므로 백성들이 죽였다고 말하는 것입니다."라고 보인다.

183) 倫 : ≪孔子家語≫ 권7 〈觀鄕射〉에도 '倫'으로 되어 있다.

사사로움이 없으니, 獄訟을 판단하는 자가 〈하늘의 이치를〉 체득하여 적용하면 또한 지극히 공정하여 사사로움이 없게 된다.

'郵'는 '尤(詰責)'와 같으니, 〈잘못을〉 責함이다. 무릇 罪責이 있어서 마땅히 주벌해야 할 자에게 반드시 罰을 〈해당하는〉 事案과 서로 符合하게 내리면 지극히 공정하여 사사로움이 없어서 집행하는 刑이 죄에 합당할 것이다.

≪大全≫

嚴陵方氏曰 五刑不簡然後에 正乎五罰하고 五罰不服然後에 正乎五過[184)]라하니 則罰輕於刑이요 而過又輕於罰矣라 此止以郵罰爲言者는 輕且如此면 其重을 可知矣라 其言以郵罰爲序者는 亦先輕以明之也니라

嚴陵方氏 : "五刑에서 실증할 증거가 없은 뒤에 五罰에 質正하고, 오벌에 복종하지 않은 뒤에 五過로 질정한다." 하였으니, 罰은 刑보다 가볍고 過는 또 벌보다 가볍다. 여기서는 다만 '罪責이 있어 벌을 주는 것'을 가지고 말한 것은 가벼운 죄도 이와 같다면 무거운 죄를 〈유추하여〉 알 수 있기 때문이다. 그 말에 '죄책이 있어 벌을 주는 것'을 序頭로 삼은 것은 또한 가벼운 것을 먼저 밝힌 것이다.

054803 凡聽五刑之訟호되 必原父子之親하며 立君臣之義하야 以權之하고 意論輕重之序하며 愼測淺深之量하야 以別之하고 悉其聰明하며 致其忠愛하야 以盡之하고 疑獄은 氾與衆共之호되 衆疑어든 赦之니 必察小大之比하야 以成之니라

---

184) 五刑不簡然後……正乎五過 : ≪書經≫ 〈周書 呂刑〉에 보인다. '五刑'은 얼굴에 刺字하는 墨刑, 코를 베는 劓刑, 발을 자르는 剕刑, 생식기를 못 쓰게 하는 宮刑, 사형인 大辟이다. '五罰'은 五刑에 상응하는 벌금형으로, 묵형을 내리기 의심스러울 때 1백 鍰(환)의 贖錢을 받고서 사면하고, 의형에는 묵형의 두 배인 2백 환, 비형에는 의형의 두 배인 4백 환, 궁형에는 6백 환, 대벽에는 1천 환을 속전으로 받고 사면한다.(≪書經≫ 〈周書 冏命〉) '五過'는 '용서해줄 수 있는 다섯 가지 罪過'라는 뜻인데, 구체적인 내용은 자세하지 않다. 참고로, '오과'를 적용받아 형을 면제받으려고 하는 사람들이 있어서 그에 따른 병폐가 발생하였는데, ≪서경≫ 〈주서 여형〉에 "오형에 해당되는데도 과실로 인정하여 방면해주는 병폐는, 관의 위세에 눌려서거나, 은혜에 보답하려 해서거나, 궁녀가 청탁해서거나, 뇌물 때문이거나, 찾아와서 간청하기 때문에 발생하는 것인데, 이 죄는 모두 똑같으니, 제대로 살펴서 判斷하라."라고 보인다.

무릇 五刑의 訟事를 판결하되 반드시 父子의 친함을 자세히 헤아리고 君臣의 義를 定立하여 저울질해서 〈변별하며,〉 가볍고 무거운 차례를 마음속으로 따져 헤아리고 깊고 얕은 刑量을 신중히 헤아려 변별하며, 총명을 다하고 충성과 사랑을 지극히 하여 〈죄인의 실정을 다 알아내며,〉 의심스러운 獄事는 널리 여러 사람과 함께 판결하되 여러 사람이 의심하면 사면할 것이니, 반드시 크고 작은 판례를 살펴서 〈裁判을〉 이루어야 한다.

≪集說≫

父爲子隱하고 子爲父隱에 而直在其中[185]者는 以其有父子之親也요 刑亂國用重典은 以其無君臣之義也니 推類면 可以通其餘니 顧所以權之何如耳라 父子君臣은 人倫之重者라 故特擧以言之하니 亦承上文天倫之意라 所犯雖同이나 而有輕重淺深之殊者를 不可槪議也라 故別之하니 所謂權也라 明視聰聽하야 而察之於詞色之間하고 忠愛惻怛하야 而體之於言意之表하면 庶可以盡得其情也라 汎은 猶廣也라 其或在所可疑면 則泛然而廣詢之衆見焉하야 衆人이 共謂可疑면 則宥之矣라 比는 猶例也라 小者는 有小罪之比하고 大者는 有大罪之比하니 察而成之하면 無往非公也라

아버지가 자식을 위하여 숨겨주고 자식이 아버지를 위하여 숨겨줌에 정직함이 이 가운데 들어 있는 것은 父子간의 친함이 있기 때문이고, 혼란한 나라를 형벌할 때에 무거운 법전을 적용함은 君臣의 의리가 없기 때문이다. 이러한 종류를 가지고 다른 것을 미루어 헤아리면 나머지를 통할 수 있으니, 다만 저울질하여 변별하기를 어떻게 하는가에 달려있을 뿐이다.

부자와 군신은 人倫 중에서 중한 것이므로 특별히 들어 말하였으니, 또한 윗글의 天倫의 뜻을 이은 것이다. 법을 범한 내용이 비록 똑같으나 가볍고 무거움과 깊고 얕음의 차이가 있는 것을 일률적으로 논할 수 없으므로 변별하는 것이니, 이른바 '저울질한다.'는 것이다.

밝게 보고 분명히 들어서 죄인의 말과 얼굴빛 사이에서 관찰하며, 충성하고 사랑하며 불쌍히 여겨 밖으로 드러난 말뜻을 몸소 꼼꼼히 살핀다면 〈죄인의〉 實情을 거

185) 父爲子隱……而直在其中 : ≪論語≫ 〈子路〉에 보인다.

의 다 알아낼 수 있을 것이다.

'汎(氾)'은 '廣'과 같다. 혹 의심스러운 점이 있으면 널리〔廣〕 여러 사람의 견해를 물어서 여러 사람이 모두 의심스럽다고 말하면 사면하는 것이다. '比'는 '例'와 같다. 작은 것은 작은 죄의 판례가 있고 큰 것은 큰 죄의 판례가 있으니, 살펴서 〈裁判을〉 이룬다면 어떤 재판이든 공정하지 않음이 없을 것이다.

≪大全≫

嚴陵方氏曰 父子之親은 本乎情故로 曰原이요 君臣之義는 錯(조)諸事故로 曰立이라 親主於愛而已니 一於愛면 則刑有所不忍加하고 義主於敬而已니 一於敬이면 則刑有所不敢及이니 一皆如是면 豈足以爲法之經哉리오 其或於親有所原하고 於義有所立者는 特從法之權而已라 故曰 以權之也라 事之輕重이 各有序也하야 而不可亂焉하니 行其事者 其可以無倫乎아 亦在乎論之而已요 情之淺深이 各有量也하야 而不可過焉하니 原其情者 其可無測乎아 亦在乎測之而已라 事非有惑이면 無所用論이라 故曰 意論이니 以意生乎有惑故也요 情非用誠이면 不可以測이라 故曰 愼測이니 以愼由乎用誠故也니 若是면 則輕重淺深이 各得其辨矣라 故曰 以別之也라 悉其聰이면 則所聽者無遺矣요 悉其明이면 則所見者無遺矣요 致其忠이면 則不欺之至矣요 致其愛면 則不忍之至矣니 若是면 則有不盡於刑之道乎아 故曰 以盡之也라 汎은 與泛愛之汎同이라 可信則斷之以己요 可疑則資之於衆也라 衆疑赦之者는 又不以偏愛而有所釋하야 必察其罪之在大辟이면 則比於大辟以成其獄하고 察其罪之在小辟이면 則比於小辟以成其獄이라 比之爲言은 附也니 呂刑所謂上下比罪[186] 是矣라 其序則首言權之者는 以見先王之用刑이 非以爲常也라 然이나 事情을 不可以不辨이라 故로 繼言以別之하고 別之면 則理無遺矣라 故로 繼言以盡之하고 盡之면 則獄可以決矣라 故言以成之終焉하니라

186) 呂刑所謂上下比罪 : ≪書經≫ 〈周書 呂刑〉에 "墨罰의 종류가 1천 가지이고 劓罰의 종류가 1천 가지이고 剕罰의 종류가 5백 가지이고 宮罰의 종류가 3백 가지이고 大辟의 종류가 2백 가지이니, 五刑의 종류가 3천 가지이다. 올리고 내려 죄에 맞추어 어지러운 말에 잘못되지 말며, 지금에 시행하지 않는 법을 쓰지 말고 법을 잘 살펴서, 살펴 능하게 하라.〔墨罰之屬千 劓罰之屬千 剕罰之屬五百 宮罰之屬三百 大辟之罰 其屬二百 五刑之屬三千 上下比罪 無僭亂辭 勿用不行 惟察惟法 其審克之〕"라고 보인다.

嚴陵方氏：父子의 친함은 情에 근원하므로 '原(근원하다)'이라고 하였고, 君臣의 義는 일에 시행되기 때문에 '立(세우다)'이라고 하였다. 친함은 사랑을 주장할 뿐이니 사랑에 한결같이 하면 형벌을 차마 가하지 못하는 바가 있고, 義는 敬을 주장할 뿐이니 敬에 한결같이 하면 형벌을 감히 주지 못하는 바가 있게 된다. 한결같이 모두 이와 같다면 어찌 법의 원칙이 될 수 있겠는가. 혹 친함에 자세히 헤아리는 바가 있고 義에 정립한 바가 있는 것은 다만 법의 저울을 따라 〈변별할〉 뿐이다. 그러므로 '저울질하다.〔以權之〕'라고 한 것이다.

일의 가볍고 무거움이 각각 순서가 있어서 어지럽힐 수 없으니, 일을 행하는 자가 어찌 차등을 둠이 없을 수 있겠는가. 또한 이것을 따져 헤아리는 데에 달려 있을 뿐이다. 情의 얕고 깊음이 각각 정해진 分量이 있어서 〈그 분량을〉 지나칠 수 없으니, 情을 자세히 헤아리는 자가 어찌 〈그 분량을〉 헤아림이 없을 수 있겠는가. 또한 이것을 헤아림에 달려 있을 뿐이다. 일에 의혹이 있는 것이 아니면 따져 헤아리는 것을 쓸 필요가 없으므로 '마음속으로 따져 헤아린다.〔意論〕' 하였으니, 마음속의 뜻은 의혹이 있는 데에서 생기기 때문이다. 情은 성실함을 쓰지 않으면 헤아릴 수가 없으므로 '신중히 헤아린다.〔愼測〕' 하였으니, 신중함은 성실함을 쓰는 것에 말미암기 때문이다. 이와 같다면 가볍고 무거움과 깊고 얕음이 각각 마땅한 변별을 얻게 될 것이므로 '변별한다.〔以別之〕' 한 것이다.

〈귀의〉 聰氣를 다하면 듣는 것이 빠트림이 없게 되고, 〈눈의〉 聰明을 다하면 보는 것이 빠트림이 없게 되고, 충성을 지극히 하면 속이지 않는 마음이 지극하게 되고, 사랑을 지극히 하면 차마 하지 못하는 마음이 지극하게 된다. 이와 같다면 형벌의 道에 지극하지 못함이 있겠는가. 그러므로 '지극히 하다.〔以盡之〕' 한 것이다.

'汎(氾)'은 '널리 사랑한다〔泛(汎)愛〕'의 '汎'자와 같다. 확실히 증명할 수 있으면 자신의 견해로써 결단하고, 의심스러우면 여러 사람에게 의뢰하는 것이다. '여러 사람이 의심하면 사면하는 것'은 또 〈죄인을〉 偏愛하여 풀어주는 것이 아니어서 반드시 그 죄를 살펴 큰 죄에 해당하면 큰 죄에 맞추어〔比〕 獄事를 판결하고, 그 죄를 살펴 작은 죄에 해당하면 작은 죄에 맞추어〔比〕 옥사를 판결하는 것이다. '比'라는 말은 '맞추다〔附〕'는 뜻이니, 〈呂刑〉에 이른바 '올리고 내려서 죄에 맞춘다.〔上下比罪〕'는 것이 이것이다.

순서상 '저울질함〔權之〕'을 먼저 말한 것은 先王이 형벌을 사용했던 것이 떳떳함으로 삼을 수 있는 것이 아님을 보인 것이다. 그러나 事情을 변별하지 않을 수가 없으므로 뒤이어 '변별함〔別之〕'을 말하였고, 변별하면 다스림에 빠트림이 없으므로 뒤이어 '지극하게 함〔盡之〕'을 말하였고, 지극하게 하면 옥사를 결단할 수 있으므로 '〈裁判을〉 이루다.〔成之〕'는 것을 말하여 끝마쳤다.

054804 成獄辭어든 史以獄成으로 告於正이어든 正이 聽之하고 正이 以獄成으로 告于大司寇어든 大司寇聽之棘木之下[187)]하고 大司寇以獄之成으로 告於王이어든 王命三公하야 參聽之하고 三公이 以獄之成으로 告於王이어든 王이 三又니 然後에 制刑이니라

獄辭를 이루거든 史가 옥사가 이루어졌다고 正에게 보고하면 정이 이것을 살펴보고, 정이 옥사가 이루어졌다고 大司寇에게 보고하면 대사구가 가시나무 아래에서 살펴보고, 대사구가 옥사가 이루어졌다고 왕에게 보고하면 왕이 3公에게 명하여 참여하여 살펴보게 하고, 3공이 옥사가 이루어졌다고 왕에게 보고하면 왕이 세 가지 사유로 사면하니〔又〕, 그런 뒤에야 형벌을 단정한다.

≪集說≫

成獄詞者는 謂治獄者 責取犯者之言辭하야 已成定也라 史는 掌文書者라 正은 士師之屬이라 聽은 察也라 棘木은 外朝之卿位也라 又는 當作宥라 周禮에 一宥曰不識이요 再宥曰過失이요 三宥曰遺忘[188)]이라하니 謂行刑之時에 天子猶欲以此三者로 免其罪

---

187) 棘木之下 : ≪周禮≫ 〈秋官 朝士〉에 보이는데, ≪周禮注疏≫에 따르면 '棘木之下'는 왕궁의 다섯 개 문 중 가장 바깥문인 皐門과 그 안쪽의 庫門 사이에 있는 外朝를 가리킨다. 천자는 外朝·內朝·燕朝의 三朝가 있는데, 외조는 나라에 비상한 일이 있어 만백성에게 물을 일이 있을 때 열린다. 외조는 동서 양쪽에 가시나무를 심었는데, 왼쪽 九棘 아래에는 孤와 卿과 大夫가 자리하고, 오른쪽 구극 아래에는 公·侯·伯·子·男 5등 제후가 자리하고, 앞쪽에는 세 그루의 홰나무〔槐〕가 있어 3公이 자리한다.

188) 一宥曰不識……三宥曰遺忘 : ≪周禮≫ 〈秋官 司刺〉에 "司刺는 세 차례의 물음, 세 종류의 용서, 세 항목의 사면에 관한 법을 관장하여 司寇를 도와 옥송을 결단한다. 첫 번째 물음은 신하들에게 묻는 것이고, 두 번째 물음은 하급관리들에게 묻는 것이고, 세 번째

也라 自下而上하야 咸無異說이라도 而天子猶必三宥而後에 有司行刑者는 在君에 爲愛下之仁이요 在臣에 有守法之義也라

'獄詞(獄辭)를 이룬다.'는 것은 獄을 다스리는 사람이 범죄자의 言辭를 取調하여 이미 判定을 이루었음을 이른다. '史'는 文書를 관장하는 자이다. '正'은 士師(법관)의 官屬이다. '聽'은 살핌이다. '棘木'은 外朝의 卿의 자리이다.

'又'는 마땅히 '宥'가 되어야 한다. ≪周禮≫에 "첫 번째로 사면하는 경우는 잘 살피지 못해서 죽인 경우이고, 두 번째로 사면하는 경우는 실수로 사람을 죽인 경우이고, 세 번째로 사면하는 경우는 사람이 있는 것을 잊어버리고 사람을 죽인 경우이다." 하였으니, 형벌을 시행할 때에 천자가 오히려 이 세 가지 경우에 입각하여 그 죄를 사면해주고자 함을 이른다. 아래에서부터 위에까지 모든 사람이 異見이 없더라도 천자가 오히려 반드시 세 가지 사유로 사면한 뒤에 有司가 형벌을 시행하는 것은, 군주의 입장에서는 아랫사람을 사랑하는 仁이 되고, 신하의 입장에서는 法을 지키는 의리가 있는 것이다.

≪大全≫

嚴陵方氏曰 成獄辭는 謂訊獄之辭已成하야 而不可變也니 則非謂無簡矣라 故로 史得以獄成으로 告於正也라 獄辭始於史者는 以掌官書故也라 正之聽也는 特於獄而已요 至於大司寇之聽也하야는 則又於朝焉하니 聽之於朝하야 而獄之辭又成矣라 故로 可以告之於王이라 然而獄正은 特刑官之屬而已요 大司寇는 特刑官之長而已니 專以一官之聽이면 猶慮不能無私焉이라 故로 王又命三公參聽之하야 以合乎公議也라 三公參聽之하야 而獄之辭又成矣어든 於是에 又告於王하니 若是면 則以五刑治之固可矣라 然이나 以三又之法原之는 或在所赦焉이라 故로 三又然後制刑也니 君子之盡心을 尤見於此니라

嚴陵方氏 : '獄辭를 이룸'은 獄을 신문하는 말이 이미 이루어져서 변동할 수 없음

물음은 만백성에게 묻는 것이다. 첫 번째로 사면하는 경우는 잘 살피지 못해서 죽인 경우이고, 두 번째로 사면하는 경우는 실수로 사람을 죽인 경우이고, 세 번째로 사면하는 경우는 사람이 있는 것을 잊어버리고 사람을 죽인 경우이다.〔司刺掌三刺三宥三赦之法 以贊司寇聽獄訟 一刺曰訊群臣 再刺曰訊群吏 三刺曰訊萬民 一宥曰不識 再宥曰過失 三宥曰遺忘 一赦曰幼弱 再赦曰老旄 三赦曰惷愚〕"라고 보인다.

을 말한 것이니, 그렇다면 〈죄를 증명할 수 있는〉 實證이 없다고 말한 것이 아니다. 그러므로 史가 옥사가 이루어졌다고 正에게 고할 수 있는 것이다. 옥사가 사에게서 시작됨은 〈사는〉 官의 문서를 관장하기 때문이다.

정이 살펴보는 것은 다만 獄에서 할 뿐이고, 大司寇가 살펴보는 경우에는 또 朝廷에서 하니, 조정에서 살펴보아 옥사가 또다시 이루어졌으므로 왕에게 고할 수 있는 것이다.

그러나 獄正은 다만 刑官의 등속일 뿐이고, 대사구는 다만 형관의 우두머리일 뿐이니, 오로지 한 官司의 사람으로 살펴 다스리게 하면 오히려 사사로움이 없지 않을까 염려된다. 그러므로 왕이 또다시 3公에게 명해서 참여하여 살펴 公議에 부합하게 하는 것이다.

3공이 참여하여 살펴 옥사가 또 이루어졌으면 이에 또다시 왕에게 고하니, 이와 같다면 5刑으로 죄를 다스리는 것이 참으로 옳다. 그런데도 세 번 사면하는 법으로 살피는 것은 혹 사면할 대상에 있을 수 있으므로 세 번 사면한 뒤에 형벌을 단정하는 것이니, 군자가 마음을 다함을 여기에서 더욱더 볼 수 있다.

054805 凡作刑罰은 輕이라도 無赦니라

무릇 刑罰을 제정한 〈뜻은 형벌이 확정되면 죄가 비록〉 가벼워도 사면해서는 안 된다는 것이다.

≪集說≫

馮氏曰 此는 言立法制刑之意니 雖輕無赦는 所以使人難犯也라 惟其當刑必刑하야 輕且不赦온 而況於重者乎아 故로 君子不容不盡心焉이니라

馮氏 : 이는 法을 정립하고 형벌을 제정하는 뜻을 말한 것이니, 비록 죄가 가볍더라도 사면하지 않는 것은 사람들로 하여금 犯法을 어렵게 여기게 하기 위해서이다. 오직 마땅히 형벌해야 하는 경우는 반드시 형벌하여 가벼운 죄라 하더라도 사면하지 않는데 하물며 무거운 죄를 지은 자에 있어서이겠는가. 그러므로 군자가 〈옥사를 재판함에〉 마음을 다하지 않을 수 없는 것이다.

054806 刑者는 侀也요 侀者는 成也니 一成而不可變이니 故로 君子盡心焉이니라

'형벌〔刑〕'은 '형체〔侀〕'라는 뜻이고, '侀'은 '이루어지다〔成〕'라는 뜻이니, 한번 이루어지면 변경할 수 없으므로 군자가 마음을 다한다.

≪集說≫

疏曰 侀은 是形體라

疏 : '侀'은 形體이다.

○ 馬氏曰 刑之所以爲刑者는 猶人之有侀也니 一辭不具면 不足以爲刑이요 一體不備면 不足以爲成人이라 辭之所成엔 則刑有所加而不可變이라 故로 君子盡心焉이니 君子無所不盡其心이로되 至於用刑하야는 則尤愼焉者也니라

馬氏 : 형벌이 올바른 형벌이 되는 까닭은 사람에게 형체〔侀〕가 있는 것과 같으니, 한 가지 獄辭라도 구비하지 못하면 올바른 형벌이 될 수 없고, 한 가지 形體라도 구비하지 못하면 온전한 사람이 될 수 없는 것이다. 옥사가 이루어진 경우에는 형벌이 가해져 변동할 수 없다. 그러므로 군자가 마음을 다하는 것이니, 군자가 마음을 다하지 않는 곳이 없으나 형벌을 적용하는 경우에는 더욱더 신중히 하는 것이다.

≪大全≫

長樂陳氏曰 蓋無赦면 則民不至於犯罪하고 盡心이면 則吏不至於濫刑이라 有無赦之法하야 以禁於未然之前하고 有盡心之吏하야 以應於已然之後하니 此民所以畏法而親上也니라

長樂陳氏 : 〈함부로〉 사면함이 없으면 백성이 죄를 저지르는 데 이르지 않고, 〈형벌을 적용함에〉 마음을 다하면 관리가 형벌을 남용하는 지경에 이르지 않는다. 〈함부로〉 사면함이 없는 법이 있어서 아직 일어나기 전에 〈범죄를〉 금지하고, 〈형벌을 적용함에〉 마음을 다하는 관리가 있어서 이미 그렇게 된 뒤에 〈더욱 신중히〉 대응하니, 이는 백성들이 법을 두려워하고 윗사람을 친애하는 이유이다.

054807 析言破律하며 亂名改作하며 執左道하야 以亂政이어든 殺하고

말을 〈교묘하게〉 분석하여 法律을 파괴하며 〈사물의〉 명칭을 〈변경하여〉 문란하게 하고 〈제도를〉 고쳐 만들며 〈異端의〉 간사한 道를 가지고 정사를 어지럽히면 죽이며,

≪集說≫

剖析言辭하야 破壞法律은 所謂舞文弄法[189]者也요 變亂名物하고 更改制度하며 或挾異端邪道하야 以罔惑于人은 皆足以亂政이라 故로 在所當殺이니라

言辭를 〈교묘하게〉 분석하여 法律을 파괴하는 것은 이른바 '舞文弄法'이란 것이고, 사물의 명칭을 변경하여 문란하게 하고 제도를 고치며, 혹 이단의 간사한 道를 가지고 사람들을 속이고 迷惑하게 하는 것은 모두 정사를 어지럽힐 수 있다. 그러므로 마땅히 죽여야 할 대상에 있는 것이다.

054808 作淫聲異服과 奇技奇器하야 以疑衆이어든 殺하고 行僞而堅하며 言僞而辨하며 學非而博하며 順非而澤하야 以疑衆이어든 殺하고 假於鬼神時日卜筮하야 以疑衆이어든 殺이니 此四誅者는 不以聽이니라

음탕한 음악과 괴이한 의복과 기이한 기예와 기괴한 기물을 만들어서 여러 사람을 疑惑하게 하면 죽이며, 행실이 거짓되면서도 꿋꿋하고 말이 거짓되면서도 논리적이고 학문이 그르면서도 해박하고 그릇된 행실을 그럴듯하게 잘 꾸며 여러 사람을 의혹하게 하면 죽이며, 귀신과 時日과 卜筮에 가탁해서 여러 사람을 의혹하게 하면 죽인다. 이 네 가지의 주살하는 경우는 〈다시 마음을 다하여 신중히〉 조사하지 않는다.

---

189) 舞文弄法 : 붓을 교묘하게 놀려 법령을 사실과 다르게 해석해서 사회에 폐단을 끼치는 것을 말한다.(≪史記≫ 〈貨殖列傳〉)

≪集說≫

淫聲은 非先王之樂也요 異服은 非先王之服也라 奇技奇器는 如偃師舞木[190]之類니 書云 紂作奇技淫巧하야 以悅婦人[191]이라하니라 所行雖僞나 而堅不可攻이요 所言雖僞나 而辨不可屈은 如白馬非馬[192]之類라 所學雖非正道나 而涉獵甚廣이면 則亦難於窮詰이요 順非는 文過也니 所行雖非나 而善於文飾하야 其言이 滑澤無滯면 衆皆疑其爲是也라 至於假託鬼神之禍福과 時日之吉凶과 卜筮之休咎하야도 皆足以使人惑於見聞하야 而違悖禮法이라 故로 亂政者一과 疑衆者三은 皆決然殺之요 不復審聽이니 亦爲其害大而辭不可明也니라

음탕한 음악은 先王의 음악이 아니고, 괴이한 의복은 선왕의 의복이 아니다. 기이한 기예와 기괴한 기물은 예컨대 偃師가 나무를 가지고 춤추게 한 것과 같은 따위이니, ≪書經≫에 이르기를 "紂가 기이한 재주와 음탕한 기교를 부려 婦人을 기쁘게 했다." 하였다.

所行이 비록 거짓되나 〈진실한 소행을 한 것처럼〉 꿋꿋하여 공격할 수가 없고, 말하는 것이 비록 거짓되나 논리적이어서 굴복시킬 수 없는 것은 예컨대 白馬가 말이 아니라고 우기는 것과 같은 따위이다. 배운 것이 비록 正道가 아니지만 섭렵한 것이 매우 넓으면 또한 끝까지 힐난하기가 어렵다. '順非'는 과실을 文飾한 것이니, 所行

---

190) 偃師舞木 : ≪事文類聚≫ 〈民業部 梓匠者 造草木人〉에 "偃師는 周 穆王 때의 사람이니, 풀을 묶어 사람을 만들어서 춤추게 하였고 또 나무로 인형을 만들어 손으로 왕의 미인을 불러오게 하였다. 이에 왕이 노하여 언사를 죽였다.〔偃師 周穆王時人 縛草爲人 使之舞 又作木人以手招王美人 王怒 殺偃師〕" 하였다. '偃師'에 대한 자세한 내용은 ≪列子≫ 〈湯問〉에 보인다.

191) 紂作奇技淫巧 以悅婦人 : 周 武王이 紂를 치러 가기에 앞서 군사들에게 훈시한 말 가운데 "아침에 물을 건너가는 자의 정강이를 찍고, 어진 사람의 배를 갈라 심장을 도려내며, 위엄을 세워 살육함으로 천하에 해독을 끼치며, 간사한 사람을 높이고 믿으며 師保들을 추방하고 내치며, 典刑을 버리고 바른 선비들을 가두어 노예로 삼으며, 郊·社를 닦지 않고 종묘를 祭享하지 않으며, 기이한 재주와 도에 지나친 솜씨를 만들어 부인을 기쁘게 하였다.〔斮朝涉之脛 剖賢人之心 作威殺戮 毒痡四海 崇信姦回 放黜師保 屛棄典刑 囚奴正士 郊社不修 宗廟不享 作奇技淫巧 以悅婦人〕"라고 보인다.(≪書經≫ 〈周書 泰誓 下〉)

192) 白馬非馬 : 흰 말〔白馬〕은 말이 아니라는 주장이다. '말〔馬〕'은 형체에 따라 이름을 붙인 것이고, '白'은 색깔에 의해 이름을 붙인 것이니, '말'은 형체를 가리키고, '백'은 색깔을 가리킨다. 그러므로 '백'은 말의 형체를 말할 수 없으니, '백'과 '말' 두 개의 개념이 합해졌을 때 거기에 포함된 의미는 '말'이 아니라는 주장이다.(≪公孫龍子≫ 〈白馬論〉)

이 비록 잘못되었으나 문식을 잘하여 말이 流麗하여 막힘이 없으면 사람들이 모두 옳은 것으로 혼동한다.

귀신의 禍福과 時日의 吉凶과 卜筮의 좋고 나쁨에 가탁하는 경우에도 모두 충분히 사람들로 하여금 보고 들은 것에 미혹하고 禮法을 어기게 할 수 있다. 그러므로 정사를 어지럽히는 것 한 가지와 무리를 의혹하게 하는 것 세 가지는 모두 결연히 죽이고 다시 자세히 조사하지 않으니, 또한 그 폐해가 크나 말로 밝힐 수 없기 때문이다.

≪大全≫

延平周氏曰 此四誅者를 不以聽은 以其非過而其情不待於聽也니라

延平周氏 : 이 네 가지 죽임을 다시 살피지 않는 것은 과실이 아니어서 그 實情을 살필 필요가 없기 때문이다.

○ 金華邵氏曰 論其罪면 雖未至於可殺이라도 究其實이면 則蠱(고)民心이 甚矣라 故로 不聽而殺之하니 聖人防微之意也니라

金華邵氏 : 그 죄를 논하면 비록 죽일 만한 大罪에 이르지 않더라도 그 실정을 따져 보면 백성의 마음을 蠱惑함이 심하다. 그러므로 다시 조사하지 않고 죽이는 것이니, 聖人이 〈큰 폐해로 발전할 만한〉 幾微를 막으신 뜻이다.

054809 凡執禁하야 以齊衆은 不赦過니라

무릇 禁令을 집행하여 무리를 가지런히 하는 경우에는 過失을 용서하지 않는다.

≪集說≫

立法有典하고 司刑有官하니 雖過失이라도 不赦는 所以齊衆人之不齊也라 若先示之以赦過之令이면 則人將輕於犯禁矣리니 豈能齊之乎아

法을 제정하는 데에는 〈의거할〉 典則이 있고 형벌을 담당하는 것에는 〈담당할〉 관원이 있으니, 비록 過失이라도 용서하지 않는 것은 여러 사람의 가지런하지 않음을 가지런히 하는 방법이다. 만약 먼저 과실을 용서한다는 법령을 보여주면 사람들은 장차 가벼이 금령을 범할 것이니, 어찌 가지런히 할 수 있겠는가.

054810 有圭璧金璋을 不粥(육)於市하며 命服命車를 不粥於市하며 宗廟之器를 不粥於市하며 犧牲을 不粥於市하며 戎器를 不粥於市하며

〈백성의 不敬함을 금하기 위해 존귀한 이들이 쓰는 玉器인〉 圭璧과 금으로 장식한 璋을 시장에서 팔지 못하며, 〈천자가 하사한〉 命服과 命車를 시장에서 팔지 못하며, 宗廟의 기물을 시장에서 팔지 못하며, 犧牲을 시장에서 팔지 못하며, 〈민란을 방지하기 위해〉 兵器를 시장에서 팔지 못하게 한다.

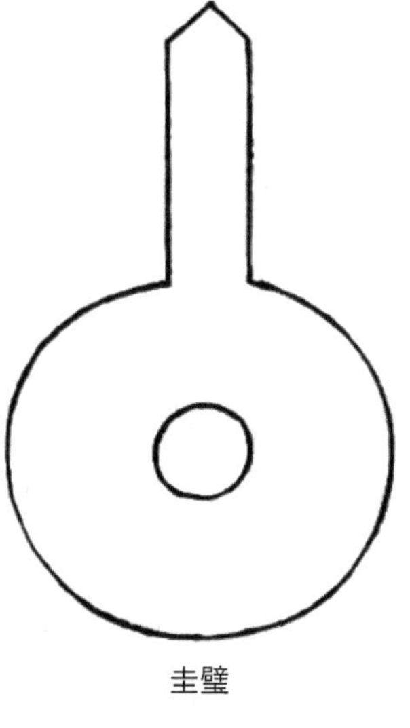

圭璧

≪集說≫

方氏曰 此는 所以禁民之不敬이라 金璋은 以金飾之니 考工記에 大璋中璋黃金勺青金外[193)]者 是矣라

方氏 : 이것은 백성의 不敬함을 금하는 것이다. '金璋'은 金으로 꾸민 것이니, 〈考工記〉의 大璋, 中璋, 푸른 쇠로 밖을 장식한 黃金勺이라는 것이 여기에 해당한다.

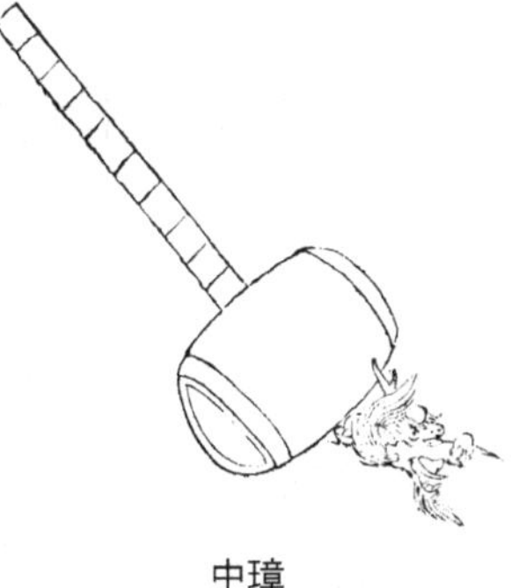

中璋

054811 用器不中度어든 不粥於市하며 兵車不中度어든 不粥於市하며 布帛이 精麤不中數하고 幅廣狹이 不中量이어든 不粥於市하며 姦色이 亂正色이어든 不粥於市하며

그리고 일생 생활에 필요한 기물이 법도에 맞지 않으면 시장에서 팔지

193) 大璋中璋黃金勺青金外 : ≪周禮≫ 〈冬官 考工記 玉人〉〉에 "大璋과 中璋은 9촌이고 邊璋은 7촌인데, 射(圭璋의 상단에 뾰족하게 나온 부분)는 4촌이고 두께는 1촌이다. 黃金勺은 푸른 쇠로 밖을 장식하고 붉은색으로 안을 장식한다."라고 보인다. 鄭玄의 注에 따르면 '대장'·'중장'·'변장'은 모두 천자가 巡狩하여 祼祭를 지낼 때 술 따르는 데 쓰는 玉器로, 각각 大山·大川, 中山·中川, 小山·小川에 제사 지낼 때 사용한다. 황금작은 앞의 세 옥기에 술을 따를 때 쓰는 구기이다.(≪周禮注疏≫)

못하며, 兵車가 법도에 맞지 않으면 시장에서 팔지 못하며, 布帛의 고움이 〈정해진 올의〉 수에 맞지 않고 〈포백의〉 폭 너비가 규격에 맞지 않으면 시장에서 팔지 못하며, 〈바르지 못한〉 姦色이 正色을 어지럽히면 시장에서 팔지 못하게 한다.

≪集說≫

此는 所以禁民之不法이라 用器는 人生日用之器也라 數는 升縷多寡之數也라 布는 幅廣二尺二寸이요 帛은 廣二尺四寸이라

이것은 백성들의 不法을 금하는 방법이다. '用器'는 사람이 생활 속에서 날마다 쓰는 기물이다. '數'는 升縷(올)의 많고 적은 수이다. '布'는 폭의 너비가 2尺 2寸이고, '帛'은 너비가 2척 4촌이다.

054812 錦文珠玉成器를 不粥於市하며 衣服飮食을 不粥於市[194)]하며

그리고 〈값비싼〉 아름다운 비단과 珠玉과 좋은 기물을 시장에서 팔지 못하며, 의복과 음식을 시장에서 팔지 못하게 한다.

≪集說≫

此는 所以禁民之不儉이라

이것은 백성들의 검소하지 못함을 금하는 방법이다.

054813 五穀이 不時하며 果實이 未熟이어든 不粥於市하며 木不中伐이어든 不粥於市하며 禽獸魚鼈이 不中殺이어든 不粥於市니라

194) 衣服飮食 不粥於市 : 이 내용은 ≪孔子家語≫ 권7 〈刑政〉에도 실려 있는데, 王肅의 注에 "만들어서 파는 의복은 사치한 것이 아니면 반드시 불량품이므로 파는 것을 금한 것이다. 익혀서 파는 음식을 금함은 염치를 장려하기 위해서이다.〔賣成衣服 非侈必僞 故禁之 禁賣熟食 所以厲恥也.〕"라고 하였다. 孔穎達의 疏에 따르면 시장에서 익힌 음식을 팔면 사람들이 익힌 음식을 사서 부끄러운 줄도 모르고 시장 거리에서 먹기 때문에 금한 것이다.(≪禮記正義≫)

五穀이 제철에 난 것이 아니고 果實이 익은 것이 아니면 시장에서 팔지 못하며, 나무가 제때 벤 것이 아니면 시장에서 팔지 못하며, 짐승과 물고기・자라가 제때 잡은 것이 아니면 시장에서 팔지 못하게 한다.

≪集說≫

此는 所以禁民之不仁이라 凡十有四事는 皆所以齊其衆而使風俗之同也라

이것은 백성들의 不仁을 금하는 것이다. 무릇 위의 14가지 일은 모두 사람들을 가지런히 하여 풍속을 똑같게 한 것이다.

054814 關이 執禁以譏하야 禁異服하며 識(지)異言이니라

關門을 담당하는 관리는 禁令을 가지고 〈입국하는 사람을〉 기찰하여 괴이한 의복을 입은 자의 〈입국을〉 금하며 괴이한 말을 하는 자를 식별한다.

≪集說≫

劉氏曰 凡上文所當禁戒之事는 雖有司刑司市之屬以治之나 然不有以譏察之면 則犯者衆하고 而獲者寡矣라 故로 令司關者로 執禁戒之令하야 以譏察之하야 見異服則禁之하고 聞異言則識(지)之하니 衣服은 易(이)見이라 故로 直曰禁이요 言語는 難知라 故로 必曰識(지)라 關은 境上門이니 擧關이면 則郊門城門이 亦在其中矣라 司徒之屬에 有司門司關者하니 皆其職之大略也라

劉氏 : 윗글에서 마땅히 금하고 경계해야 할 바의 일은 비록 司刑과 司市의 등속이 있어서 이것을 다스리나, 기찰하는 자가 있지 않으면 범하는 자가 많고 잡히는 자가 적다. 그러므로 司關으로 하여금 금하고 경계하라는 명령을 가지고 기찰하게 하여, 괴이한 의복을 〈입은 자를〉 보면 〈입국을〉 금하고〔禁〕 괴이한 말을 들으면 식별하게〔識〕 하였으니, 의복은 보기가 쉽기 때문에 다만 '禁'이라고 말하였고, 언어는 알기가 어렵기 때문에 반드시 '識'라고 말하였다.

'關'은 국경의 관문이니, 관문을 들었으면 郊門과 城門 또한 이 안에 포함되어 있다. 司徒의 등속 가운데 司門과 司關이 있는데, 모두 그 직책의 대략이다.

≪大全≫

石林葉(섭)氏曰 以令示於衆而使之避者는 禁也니 一弛其禁而赦之면 則犯者必多라 故로 不赦過라 自圭璧金璋으로 至於禽獸魚鼈은 皆設禁於市者也요 至於關者는 人所道以出入이니 而其所禁이 尤嚴於市라 故로 衣服貳而民德不歸於一이니 則禁異服하고 議論異而道德不合於一이니 則識異言이라 異服은 見(현)於用하니 則易(이)知라 故曰禁이요 異言은 必辨而後審之라 故曰識라 先王一道德以同俗하고 明刑以析言이라 異服者殺은 所以誅其已然하야 正法이요 而異言異服者譏는 所以禁其未然이니 凡此는 皆治民之具라 諱惡(오)者는 亦人情所不免이라 故로 下에 太史執簡以記其言動하고 奉諱惡(오)以示禁者는 所以治天下之終也니라

石林葉氏 : 法令을 백성들에게 보여주어 피하게 하는 것이 '禁'이니, 한번 그 禁令을 느슨히 하여 사면하면 범하는 자가 반드시 많게 되므로 과실을 사면하지 않는 것이다.

圭璧과 金璋으로부터 짐승과 물고기·자라에 이르기까지는 모두 시장에 금령을 설행한 것이고, 關門에 이르러서는 사람이 따라 출입하는 곳이니, 금하는 것이 시장보다 더욱 엄하다. 그러므로 의복이 다르면 백성의 德이 하나로 돌아가지 않으니 괴이한 의복을 금하고, 의론이 다르면 道德이 하나로 합치되지 않으니 괴이한 말을 식별하는 것이다. 괴이한 의복은 사용함에서 나타나니 알기가 쉬우므로 '금한다'고 말하였고, 괴이한 말은 반드시 식별해낸 뒤에 살필 수 있으므로 '식별한다'고 말하였다.

先王이 도덕을 하나로 하여 풍속을 똑같게 하고 형벌을 밝혀 말을 분석하였다. 괴이한 의복을 입은 자를 죽이는 것은 이미 그러함을 처벌하여 法을 바로잡는 것이고, 괴이한 말과 괴이한 의복을 입은 자를 기찰함은 미연에 금하는 것이니, 무릇 이것은 모두 백성을 다스리는 도구이다.

〈廟諱(先王의 諱)나 忌日(싫어하여 꺼리는 날)인〉 諱惡는 또한 人情에 면할 수 없는 것이다. 그러므로 아래에서 太史가 簡冊을 가지고 그 말과 행동을 기록하고, 휘오를 받들어 금함을 보인 것은 천하를 다스리는 것 중에 맨 마지막이다.

054901 大(태)史典禮하야 執簡記하야 奉諱惡(오)[195]어든 天子齊(재)戒하야 受諫하고

太史가 禮를 주관하여 簡冊에 기록된 것을 가지고 諱惡를 받들어 올리면 천자가 재계하고서 가르침〔諫〕을 받는다.

≪集說≫

周官大(태)史가 典歷代禮儀之籍하야 國有禮事면 則豫執簡策하야 記載所當行之禮儀와 及所當知之諱惡하니 如廟諱忌日之類를 奉而進之天子어든 天子重其事라 故로 齊(재)戒以受其所教詔하나니 諫은 猶教詔也라 不言大宗伯者는 體貌尊하야 惟詔相大禮於臨時耳라

≪周官≫의 太史가 역대 禮儀의 전적을 관장해서 나라에 禮를 행할 일이 있으면 미리 簡冊을 가지고서 마땅히 행해야 할 예의와 마땅히 알아야 할 諱惡를 기재하니, 예컨대 廟諱·忌日과 같은 것들을 천자에게 받들어 올리면 천자가 그 일을 중하게 여긴다. 그러므로 재계하여 그 가르치는〔教詔〕 바를 받으니, '諫'은 '教詔(가르침)'와 같다. 大宗伯을 말하지 않은 것은, 대종백은 體貌가 높아 오직 禮를 행할 때에 大禮를 教導할 뿐이기 때문이다.

≪大全≫

嚴陵方氏曰 執簡記는 卽周官太史所謂執書抱法이 是也요 奉諱惡는 卽小史所謂詔王之忌諱 是也니 此一言之於太史者는 以小史爲太史之佐라 故로 得以兼之라 簡記는 謂簡冊所記之言也라 執은 言執之於此요 奉은 言奉之於上이니 凡此特用之於行禮之時라 故로 以典禮言之하니라

嚴陵方氏 : '簡冊에 기록된 것을 가짐'은 ≪周禮≫ 〈春官 大史〉에 이른바 "책을 잡는다", "法을 잡는다"라는 것이 이것이고, '諱惡를 받듦'은 바로 〈春官 小史〉에 이른

195) 諱惡(오) : 注疏에 따르면 '諱'는 先王의 諱(이름)를 가리키며, '惡(오)'는 夏나라의 마지막 왕인 桀王이 죽은 乙卯日이나 殷나라의 마지막 왕인 紂王이 죽은 甲子日처럼 忌諱하는 날을 가리킨다.(≪禮記正義≫)

바 "先王의 忌日과 廟諱를 고한다."라는 것이 이것이니, 이것을 한결같이 '太史'에 말한 것은 小史는 태사의 보좌가 되므로 태사가 겸할 수 있기 때문이다.

'簡記'는 간책에 기록된 말을 이른다. '執'은 이것을 잡음을 말한 것이고, '奉'은 받들어 위에 올림을 말한 것이니, 무릇 이것은 특별히 禮를 행할 때에 사용하므로 '〈태사가〉 禮를 주관한다.'고 말한 것이다.

054902 司會(괴)以歲之成으로 質於天子어든 冢宰齊(재)戒하야 受質하고

그리고 司會가 1년의 會計 帳簿를 가지고 천자에게 질정하면 〈천자에게 올리기 전에〉 冢宰가 재계하고서 그 질정을 받는다.

≪集說≫

司會는 冢宰之屬이니 掌治法之財用會計와 及王與冢宰廢置等事라 故로 歲之將終也에 質乎其一歲之計要於天子호되 而先之冢宰어든 冢宰重其事하야 而齊戒以受其質하나니 質者는 質於上而考正其當否也라

'司會'는 冢宰의 관속이니, 法治상의 財用과 會計를 관장하고 〈제후들의 잘잘못을 살펴〉 왕과 총재를 도와 폐하거나 승진시키는 등의 일을 〈처리하도록 고하는 것을〉 관장한다. 그러므로 〈사괴가〉 한 해가 장차 끝날 적에 그 한 해의 會計 帳簿를 천자에게 질정하되 먼저 총재에게 올리면 총재가 그 일을 중대하게 여겨 재계하고 질정을 받는다. '質'은 윗사람에게 여쭈어 마땅하고 마땅하지 않음을 심사하여 바로잡는 것이다.

054903 大樂正[196)]과 大司寇와 市의 三官이 以其成으로 從質於天子어든 大司徒와 大司馬와 大司空이 齊(재)戒하야 受質하고

그리고 大樂正과 大司寇와 司市 세 관원이 각자 맡은 일의 회계 장부를 가지고 〈司會를〉 따라 천자에게 질정하면 〈천자에게 올리기 전에〉 大司徒와 大司馬와 大司空이 재계하고서 〈먼저〉 그 질정을 받는다.

---

196) 大樂正 : 孔穎達의 疏에 따르면 周나라의 大司樂에 해당하는 관직 이름인데, 대사악의 다른 이름인지 아니면 다른 시대의 이름인지 자세하지 않다.(≪禮記正義≫)

≪集說≫

市는 司市也라 周官司市는 下大夫二人[197)]이라 司會所質을 冢宰既受之矣하니 此三官이 各以其計要之成으로 從司會而質於天子면 則司徒司馬司空이 亦齊戒而受之니라

'市'는 司市이다. ≪周官≫에 따르면 '司市'는 下大夫 두 사람이다. 司會가 질정한 바를 冢宰가 이미 받았으니, 이 司市 세 관원이 각자 〈자기가 맡은 업무의〉 회계 장부의 〈1년〉 성과를 가지고 사회를 따라 천자에게 질정하면 〈천자에게 올리기 전에〉 大司徒·大司馬·大司空이 또한 재계하고 그것을 받는 것이다.

054904 **百官**이 **各以其成**으로 **質於三官**이어든 **大司徒**와 **大司馬**와 **大司空**이 **以百官之成**으로 **質於天子**어든 **百官**이 **齊**(재)**戒**하야 **受質**하나니 **然後**에 **休老勞農**하며 **成歲事**하며 **制國用**이니라

그리고 百官이 각자 〈자기가 맡은 업무의 1년〉 회계 장부를 가지고 司市 세 관원에게 질정하면 大司徒와 大司馬와 大司空이 백관의 〈1년〉 회계 장부를 〈사시 세 관원에게서 받아〉 천자에게 질정한다. 그러면 백관이 재계하고서 천자로부터 〈내려온〉 질정한 결과를 받으니, 그런 뒤에야 노인을 쉬게 하고 농부를 위로하며, 1년의 결산을 확정하고 국가의 財用을 제정한다.

≪集說≫

百官位卑하야 不敢專達이라 故로 但質於三官하니 三官이 達於司徒司馬司空하야 而爲之質於天子어든 天子與六卿으로 受而平斷하니 畢이면 則還報其平於下라 故로 百官齊戒하야 以受上之平報焉이라 君臣上下가 莫不齊戒以致其敬者는 以天功天職을 不敢忽也일새라 六官[198)]에 獨不言大宗伯者는 宗伯은 禮樂事行이면 則天子六卿이 皆

---

197) 司市 下大夫二人 : ≪周禮≫ 〈地官 序官〉에 보인다.

198) 六官 : 周나라 시대에 중앙의 행정기관으로, 天官 冢宰, 地官 司徒, 春官 宗伯, 夏官 司馬, 秋官 司寇, 冬官 司空을 말한다.(≪周禮≫ 〈秋官 大司寇〉)

在하니 無可歲會者요 惟大樂正이 教國子와 及一歲禮樂之費用을 當質正之爾라 然雖不言宗伯이라도 而先言大(태)史典禮於前하니 則其尊重禮樂之意를 可見矣니라 已上은 竝劉氏說이라

百官은 지위가 낮아서 감히 마음대로 〈천자에게〉 보고할 수 없다. 그러므로 다만 司市 세 관원에게 질정하니, 사시 세 관원이 大司徒·大司馬·大司空에게 보고해서 〈백관을〉 위하여 천자에게 질정하면 천자가 6卿과 함께 그것을 받아 평가하여 결단하는데, 〈결단이〉 마무리되면 평가하여 결단한 것을 아래에 돌려보낸다. 그러므로 백관이 재계하여 위에서 평가하여 결단한 것을 받는 것이다. 군주와 신하, 윗사람과 아랫사람이 재계하여 공경을 다하지 않음이 없는 것은 하늘의 功과 하늘의 직책을 감히 소홀히 할 수 없기 때문이다.

6官 중에 유독 大宗伯을 말하지 않은 것은, 宗伯은 禮樂의 일이 행해질 때면 천자의 6卿이 모두 자리에 있으므로 해마다 회계할 것이 없고, 오직 大樂正만이 國子를 가르치는 것과 한 해에 쓰는 예악의 비용을 질정해야 할 뿐이기 때문이다. 그러나 비록 종백을 말하지 않았더라도 앞에서 먼저 "太史가 禮를 주관한다." 했으니, 예악을 존중하는 뜻을 볼 수 있다. 이상은 모두 劉氏의 설이다.

○ 石梁王氏曰 大(태)史典禮以下로 至制國用此一節은 與周制異하고 與夏殷無考하니라

石梁王氏 : '大史典禮' 이하로 '制國用'까지 이 한 節은 周나라 제도와 다르고, 夏나라와 殷나라의 제도에서는 상고할 수가 없다.

≪大全≫

嚴陵方氏曰 齊(재)以齊(제)其內志之動하고 戒以防其外物之侵하니 古之人이 將有思也하고 將有爲也에 未嘗不齊(재)戒者는 凡以致其謹而已라 故로 君之齊戒는 所以謹其所受之諫於下也요 臣之齊戒는 所以謹其所受之質於上也라 然而一歲之內에 所諫과 所質이 多矣로되 必於歲之終에 乃齊戒受之는 何哉오 蓋今歲於是乎歲終하고 來歲於是乎更(갱)始하니 朔易之事는 將有所平在[199]하고 始和之政은 將有所布宣[200]하니

---

199) 朔易之事 將有所平在 : ≪書經≫ 〈虞書 堯典〉에 "화숙에게 거듭 명하여 삭방에 머물게 하시니, 유도라는 곳이다. 여기서 삭역을 고르게 살피게 하셨다.〔申命和叔 宅朔方 曰幽都 平在朔易〕" 하였다. '朔易'은 한 해가 끝나 천하에 冊曆를 새로 나누어주는 것을 가리킨다.

既驗者는 可因爲之監하고 未然者는 可豫爲之防이니 君臣上下 其可以不愼乎아 則齊戒以受之 不爲過矣라 成은 卽周官司會(괴)之職이 以歲會考歲成者 是矣니 謂之成은 以其計要所成之績故也라 計要는 正司會之所掌이라 故로 其質於天子에 獨先於衆焉이라 冢宰齊戒受質者는 蓋天子以司會之成으로 降於冢宰하니 必降於冢宰者는 以冢宰爲天官之長이요 司會則天官之屬故也라 大樂正大司寇市三官은 雖非冢宰之屬이나 然以計要正司(馬)〔會〕[201)]之所掌이라 故로 以其成으로 質於天子를 特從司會而已라 大司徒大司馬大司空이 齊戒受質者는 是蓋各以其類受之也라 大司徒는 掌邦教, 敷五典者也요 而樂正은 則崇四術, 立四敎焉이라 故로 樂正之質은 則司徒受之하고 司馬는 掌邦政, 統六師者也요 而司寇는 則詰姦慝하고 刑暴亂焉이라 故로 司寇之質은 則司馬受之하고 司空은 掌邦事, 居四民者也요 而司市는 則掌僞飾之禁한대 在民在商在賈在工者 各十有二焉이라 故로 司市之質은 則司空受之하니 此非各以其類乎아 百官은 蓋三官之屬이니 以其職卑而不敢專達이라 故로 必質於三官然後에 其成이 得達於天子也니 然後에 休老勞農이라 蓋物作於春하야 長於夏하고 斂於秋하고 藏於冬하니 則一歲之終은 固可休之時也요 帝出乎震하야 見乎離하고 說(열)乎兌하고 勞乎坎[202)]하니 則一歲之終은 固可勞之時也라 老者는 血氣旣衰하니 是爲可休之人이요 農之稼穡이 亦已勤矣니 是爲可勞之人이라 於可休之時에 而休其可休之人하고 於可勞之時에 而勞其可勞之人하니 蓋先王所以奉天時而爲政者 如是而已라 成歲事는 則所以計今歲之所入이요 制國用은 則所以待來歲之所出也니 前經에 言量入以爲出이라 故로 成歲事然後에 可以制國用焉이라 且歲事繫乎天하니 則成其終者는 存乎人이요 國用出乎下하니 則制其始者는 本乎上이라 故로 於歲事曰成이요 於國用曰制也니라

嚴陵方氏 : 정돈〔齊〕함으로써 內心의 동함을 가지런하게 하고, 경계함〔戒〕으로써

---

200) 始和之政 將有所布宣 : ≪周禮≫ 〈天官 大宰〉의 "1월 1일에 처음을 조화롭게 하여 나라와 도성·지방에 法令을 선포한다.〔正月之吉 始和 布法于邦國都鄙〕"라는 것을 이른다.

201) (馬)〔會〕 : 저본에는 '馬'로 되어 있는데, ≪禮記補註≫의 설에 따라 '會'로 수정하였다.

202) 帝出乎震……勞乎坎 : ≪周易≫ 〈說卦傳〉에 "상제가 震에서 나와 巽에서 갖추고, 離에서 서로 만나고, 坤에서 일을 맡기고, 兌에서 기쁘게 말하고, 乾에서 싸우고, 坎에서 위로하고, 艮에서 말을 이룬다.〔帝出乎震 齊乎巽 相見乎離 致役乎坤 說言乎兌 戰乎乾 勞乎坎 成言乎艮〕"라고 보인다.

바깥 물건의 침입을 막으니, 옛사람이 장차 무슨 뜻을 갖게 되거나 장차 무슨 일을 하려고 할 적에 일찍이 齋戒하지 않음이 없었던 것은 모두 지극히 삼가려고 한 것일 뿐이다. 그러므로 군주의 재계는 아랫사람에게서 받는 諫을 삼가려고 한 것이고, 신하의 재계는 윗사람에게서 받는 질정을 삼가려고 한 것이다.

그러나 한 해의 안에 간하는 것과 질정하는 것이 많은데도 반드시 한 해가 끝날 때 마침내 재계하고 받음은 어째서인가? 금년은 이때에 한 해가 끝나고 내년은 이때에 다시 시작하니, 朔易의 일은 장차 공평히 살필 것이 있고 처음을 조화롭게 하는 정사는 장차 펼 것이 있게 된다. 이미 징험된 것은 인하여 귀감으로 삼고 아직 오지 않은 것은 미리 방비하여야 하니, 군주와 신하, 윗사람과 아랫사람이 어찌 삼가지 않을 수 있겠는가. 그러니 재계하여 받는 것이 지나친 일이 되지 않는다.

'成'은 바로 《周禮》 〈天官〉의 司會의 직책에 "1년의 회계〔歲會〕를 가지고 1년의 회계 장부〔歲成〕를 상고한다." 한 것이 이것이니, '成'이라 이른 것은 회계 장부의 成績을 계산하기 때문이다. '計要'는 바로 사회가 관장한 것이므로 천자에게 질정할 적에 홀로 〈다른 직책의〉 여러 사람보다 먼저 하는 것이다. 冢宰가 재계하여 질정을 받는 것은 천자가 사회의 1년 회계 장부를 가지고 〈裁決하여〉 총재에게 내리니, 반드시 총재에게 내리는 까닭은 총재는 天官의 장관이 되고 사회는 천관의 속관이기 때문이다.

大樂正·大司寇·司市 세 관원은 비록 총재의 소속이 아니나 회계 장부는 바로 사회가 관장하므로 1년의 회계 장부를 가지고 천자에게 질정하는 것을 다만 사회를 따를 뿐이다. 大司徒·大司馬·大司空이 재계하고 질정을 받는 것은 각각 그 종류에 따라 받는 것이다. 대사도는 나라의 교육을 관장하고 五典을 펴는 자이고, 대악정은 四術(詩·書·禮·樂)을 높이고 四教를 세우므로 대악정의 질정은 대사도가 받는다. 대사마는 나라의 정사를 관장하고 六師(六軍)를 통솔하는 자이고, 대사구는 간특한 것을 힐문하고 포악함과 亂을 형벌하므로 대사구의 질정은 대사마가 받는다. 대사공은 나라의 일을 관장하고 四民을 거주하게 하는 자이고, 司市는 거짓과 꾸밈을 금하는 것을 관장하는데, 〈거짓과 꾸밈이〉 백성(농민)에게도 있고 行商에게도 있고 일반 商人에게도 있고 工人에게도 있는 것이 각각 12가지이므로 사시의 질정은 대사공이 받는다. 이것이 각각 종류에 따름이 아니겠는가.

百官은 司市 세 관원의 屬官이니, 직위가 낮아서 감히 〈천자에게〉 마음대로 보고하지 못한다. 그러므로 반드시 사시 세 관원에게 질정한 뒤에 1년의 회계 장부가 천자에게 보고될 수 있는 것이니, 그런 뒤에 노인을 쉬게 하고 농민을 위로하는 것이다. 물건은 봄에 시작되어 여름에 자라고 가을에 거두고 겨울에 갈무리하니, 한 해의 끝은 진실로 휴식할 만한 때이다. 上帝가 震(봄)에서 나와 離(여름)에서 만나보고 兌(가을)에서 기뻐하고 坎(겨울)에서 위로받으니, 한 해의 끝은 진실로 위로할 만한 때인 것이다. 노인은 血氣가 이미 쇠하였으니 휴식할 만한 사람이 되고, 농민의 심고 거두는 것이 또한 이미 수고로우니 〈농민은〉 위로할 만한 사람이 되는 것이다. 휴식할 만한 때에 휴식할 만한 사람을 쉬게 하고, 위로할 만한 때에 위로받을 만한 사람을 위로하니, 先王이 天時를 받들어 정사를 행한 것이 이와 같을 뿐이다.

'1년의 결산을 확정함'은 금년의 수입을 계산하는 것이고, '국가의 財用을 제정함'은 내년의 지출을 대비한 것인데, 앞 經文에 '수입을 헤아려 지출한다.'고 말하였으므로 1년의 결산을 확정한 뒤에 국가의 재용을 제정할 수 있는 것이다. 또 한 해의 일이 하늘에 달려 있으니 그 끝을 이루는 것은 사람에게 달려 있고, 나라의 재용이 下層의 백성에게서 나오니 그 시작을 만듦은 上層의 군주에 근본한다. 그러므로 한 해의 일에는 '成'이라 하였고, 국가의 재용에는 '制'라 한 것이다.

055001 凡養老를

무릇 노인을 봉양하는 禮를

≪集說≫

養老之禮 其目有四하니 養三老五更[203)]이 一也요 子孫死於國事면 則養其父祖 二也요 養致仕之老 三也요 養庶人之老 四也라 一歲之間에 凡七行之하니 飮養陽氣는 則用春夏하고 食(사)養陰氣는 則用秋冬하니 四時各一也요 凡大合樂에 必遂養老하니 謂春入學에 舍菜合舞하고 秋頒學에 合聲[204)]하니 則通前爲六이요 又季春大合樂에 天

---

203) 三老五更 : 周代에 天子가 父兄의 禮로 봉양하는 노인을 가리키는바, '三德'인 正直·剛克(강함으로 이김)·柔克(부드러움으로 이김)과 五事인 貌(공손한 모습)·言(이치에 맞는 말)·視(밝은 안목)·聽(밝게 들음)·思(슬기로운 사고)를 겸비한 노인을 이른다.(≪禮記≫ 〈文王世子〉)

204) 春入學……合聲 : ≪周禮≫ 〈春官 大胥〉에 "봄에 學士들을 學宮에 들여서 先師에게 釋菜를 행하고 合舞를 하게 하며, 가을에 그 才藝의 高下를 분별하고 合聲을 하게 한다.〔春入學 舍采 合舞 秋頒學 合聲〕"라고 보인다. 鄭玄의 注에 "'합무'는 그 나아감과 물러남을 똑같게 하

子視學하고 亦養老하니 凡七也라

노인을 봉양하는 禮는 그 조목이 네 가지가 있으니, 三老와 五更을 봉양함이 첫 번째이고, 子孫 중에 國事에 죽은 자가 있으면 그의 아버지와 할아버지를 봉양함이 두 번째이고, 致仕(벼슬을 내놓음)한 노인을 봉양함이 세 번째이고, 庶人의 노인을 봉양함이 네 번째이다.

〈노인을 봉양하는 예를〉 1년에 모두 일곱 번을 시행하는데, 음료로 陽氣를 기르는 것은 봄과 여름에 하고, 밥으로 陰氣를 기르는 것은 가을과 겨울에 하니, 四時에 각각 한 번이다.

그리고 무릇 음악을 크게 합주할 때에 반드시 노인을 봉양하는 예를 이루는데, 봄에 學士들을 學宮에 들여서 先師에게 釋菜를 행하고 合舞를 하게 하며, 가을에 그 才藝의 高下를 분별하고 合聲을 하게 할 때를 이르니, 앞의 것과 통계하여 여섯 번이 된다. 또 季春에 음악을 크게 합주할 때에 천자가 학교를 시찰하고 또한 노인을 봉양하는 예를 거행하니, 〈앞의 것과 합하여〉 모두 일곱 번이다.

055002 有虞氏는 以燕禮하고

有虞氏(舜)는 〈陽氣를 기르는〉 燕禮로 하였고,

≪集說≫

燕禮者는 一獻之禮既畢에 皆坐而飮酒하야 以至於醉하니 其牲用狗라 其禮亦有二하니 一은 是燕同姓이요 二는 是燕異姓也라

여 절주에 맞도록 하는 것이다.〔合舞 等其進退 使應節奏〕" 하였는데, 賈公彦의 疏에 "나아가기도 하고 물러나기도 함에 주선하여 八音의 악기가 음악을 연주하는 절도에 응하여 부합하게 하는 것이다.〔或進或退 周旋使應八音奏樂之節合也〕"라고 하였다. 또 정현의 주에 "'합성' 또한 그 곡절을 똑같게 하여 절주에 맞도록 하는 것이다.〔合聲 亦等其曲折 使應節奏〕" 하였는데, 가공언의 소에 "봄이 陽이 되니, 양은 動함을 주장한다. 춤 또한 동함이니, 봄에 합무를 함은 만물이 땅에서 나옴에 고무됨을 형상한 것이다. 가을이 陰이 되니, 음은 靜함을 주장한다. 聲 또한 정함이므로 가을에 합성을 함은 가을의 정함을 형상한 것이다. 다만 춤과 聲이 번갈아 서로 부합하기 때문에 정현이 '합성 또한 그 곡절을 똑같게 하여 절주에 맞도록 하는 것이다.'라고 한 것이다.〔春爲陽 陽主動 舞亦動 春合舞 象物出地 鼓舞 秋爲陰 陰主靜 聲亦靜 故秋合聲 象秋靜也 但舞與聲遞相合 故鄭云合聲 亦等其曲折 使應節奏也〕" 하였다. '합악'은 노래를 부르면서 모든 악기를 동시에 연주함을 이른다.(≪周禮注疏≫)

'燕禮'는 一獻의 禮가 끝나고 나면 모두 앉아 술을 마셔 취함에 이르는 것이니, 犧牲은 개를 사용하였다. 이 禮에는 또 두 가지가 있으니, 하나는 同姓에게 잔치하는 것이고, 다른 하나는 異姓에게 잔치하는 것이다.

055003 夏后氏는 以饗禮하고

夏后氏는 〈陽氣를 기르는〉 饗禮로 하였고,

≪集說≫

饗禮者는 體薦而不食하고 爵盈而不飮하며 立而不坐하고 依尊卑爲獻하야 數畢而止라 然이나 亦有四焉하니 諸侯來朝 一也요 王親戚及諸侯之臣來聘이 二也요 戎狄之君使來 三也요 享宿衛及耆老孤子 四也라 惟宿衛及耆老孤子는 則以酒醉爲度하니 酒正에 云205)하니라

'饗禮'는 犧牲을 통째로 올리기만 하고 먹지 않으며, 술잔을 채우기만 하고 마시지 않으며, 서 있고 앉지 않으며, 신분의 높고 낮은 순서에 따라 술잔을 올려서 數爻가 다하면 그치는 것이다.

그러나 이 또한 네 가지가 있으니, 제후가 와서 조회하는 것이 첫 번째이고, 王族의 친척 및 제후의 신하가 와서 聘問하는 것이 두 번째이고, 戎狄의 君主가 보낸 사신이 오는 것이 세 번째이고, 宿衛하는 군사와 耆老(國老)와 孤子(國事에 죽은 자의 아들)들에게 연향을 베푸는 것이 네 번째이다. 오직 숙위하는 군사와 기로와 고자들은 술이 취하는 것을 한도로 삼으니, 이는 〈酒正〉에서 말한 것이다.

055004 殷人은 以食(사)禮하고

殷나라 사람은 〈陰氣를 기르는〉 食禮로 하였고,

---

205) 惟宿衛及耆老孤子……酒正云 : 酒正은 周나라 때 天官에 속한 酒官의 우두머리를 이른다. ≪周禮≫ 〈天官 酒正〉에 "왕이 燕飮할 적에 〈이때 사용할 술의 양을〉 헤아려 바치는데 주정이 받들어 모신다. 무릇 士庶子(경·대부와 사의 여러 아들)를 접대하고 耆老와 孤子를 접대할 적에는 모두 술을 제공하는데 술잔의 수에 제한이 없다.〔凡王之燕飮 共其計 酒正奉之 凡饗士庶子 饗耆老孤子 皆共其酒 無酌數〕"라고 하였는데, 鄭玄의 注에 "요컨대 취하는 것을 한도로 삼는다.〔要以醉爲度〕"라고 하였다.(≪周禮注疏≫)

≪集說≫

食(사)禮者는 有飯有殽하고 雖設酒而不飮하니 其禮以飯爲主라 故로 曰 食(사)也라 然이나 亦有二焉하니 大行人云 食(사)禮九擧[206]와 及公食(사)大夫之類를 謂之禮食(사)요 其臣下自與賓客으로 旦夕共食이면 則謂之燕食(사)也라 饗食(사)는 禮之正이라 故로 行之於廟하고 燕은 以示慈惠라 故로 行之於寢也라

'食禮'는 밥이 있고 고기가 있고 비록 술을 진설하나 마시지 않으니, 그 禮는 밥을 위주로 하기 때문에 '사례'라고 한 것이다.

그러나 이 또한 두 가지가 있으니, 〈大行人〉에 "사례에 아홉 번 盛饌을 든다." 한 것과 公이 대부에게 먹이는 종류를 '禮食'라 이르고, 신하가 직접 賓客과 아침저녁을 함께 먹으면 이것을 '燕食'라 이른다.

饗禮와 食禮는 바른 禮이므로 사당에서 거행하고, 燕禮는 은혜를 보이는 것이므로 正寢에서 거행한다.

055005 周人은 脩而兼用之하니라

周나라 사람은 이것을 정비해서 겸하여 사용하였다.

≪集說≫

春夏엔 則用虞之燕, 夏之饗하고 秋冬엔 則用殷之食(사)하니 周尙文이라 故로 兼用三代之禮也라

봄과 여름에는 虞나라의 燕禮와 夏나라의 饗禮를 사용하였고, 가을과 겨울에는 殷나라의 食禮를 사용하였으니, 周나라는 文飾을 숭상하기 때문에 三代의 禮를 겸하여 사용한 것이다.

≪大全≫

長樂陳氏曰 虞氏以燕에 則以恩勝禮하고 夏后氏以享에 則以禮勝恩하고 殷人以食(사)에

206) 食(사)禮九擧 : ≪周禮≫ 〈秋官 大行人〉에 "상공의 饗禮는 9번 올리고 食禮는 9번 든다.〔上公饗禮九獻 食禮九擧〕" 하였는데, 賈公彦의 疏에 "牲體를 9번 들면 예가 끝나는 것이다.〔九擧牲體 而禮畢〕"라고 하였다.(≪周禮注疏≫)

則趣恩禮之中하고 而周則文備라 故로 脩而兼用之하니라 周官外饔에 言享耆老하니 此周人以享禮養老也요 行葦에 言飮射而繼之以祈黃耇[207]하니 此周人以燕禮養老也요 祭義曰 食三老五更於太學호되 天子袒而割牲하고 執醬而饋하고 執爵而酳(윤)하니 此周人以食禮養老也니라

長樂陳氏 : 虞나라는 燕禮에 은혜로 禮를 이기고, 夏后氏는 享禮(饗禮)에 예로 은혜를 이기고, 殷나라 사람은 食禮에 은혜와 예의 중간에 나아가고, 周나라는 文飾이 구비되었으므로 정비해서 겸하여 사용한 것이다.

≪周禮≫ 〈天官 外饔〉에 "耆老에게 연향을 베푼다." 하였으니, 이는 주나라 사람이 향례로 노인을 봉양한 것이고, ≪詩經≫ 〈大雅 行葦〉에 鄕飮酒禮와 鄕射禮를 시행하고 黃耇(노인)에게 장수를 기원하는 것으로 뒤를 이었으니, 이는 주나라 사람이 연례로 노인을 봉양한 것이고, 〈祭義〉에 이르기를 "三老와 五更을 太學에서 밥을 먹이되 천자가 윗옷을 벗고 犧牲을 자르며, 醬을 잡고 음식을 나누어주며, 술잔을 잡고 술로 입을 헹군다." 하였으니, 이는 주나라 사람이 사례로 노인을 봉양한 것이다.

○ 延平周氏曰 以燕享對食(사)면 則燕享은 以酒爲主하고 食는 以食爲主하며 以燕對享이면 則燕은 以恩爲主하고 享은 以禮爲主라 虞氏以燕에 則其恩已致詳矣라 故夏后氏易以享하니 享則其禮已致隆矣라 然이나 燕與享은 不過養陽而已라 故로 殷人易以食(사)하니 所以養陰也요 周則文極矣라 故로 兼用之하니 亦各趨時而已니라

延平周氏 : 燕禮와 享禮를 가지고 食禮와 상대하면 연례와 향례는 술을 위주로 하고 사례는 밥을 위주로 하며, 연례를 가지고 향례와 상대하면 연례는 은혜를 위주로 하고 향례는 禮를 위주로 한다. 有虞氏는 연례를 할 때에 그 은혜가 이미 매우 상세하므로 夏后氏는 향례로 바꾸었으니, 향례는 그 예가 이미 지극히 융성하다. 그러나 연례와 향례는 陽을 기르는 것에 지나지 않으므로 殷나라 사람은 사례로 바꾸었으니 사례는 陰을 기르는 것이고, 周나라는 文이 지극하므로 겸하여 사용하였으니 또한 각기 때를 따랐을 뿐이다.

---

207) 行葦言飮射而繼之以祈黃耇 : ≪詩經≫ 〈大雅 行葦〉는 총 4章으로 이루어진 작품인데, 제2장과 3장이 각각 鄕飮酒禮와 鄕射禮를 베푸는 내용으로 되어 있고, 마지막 장이 黃耇에게 장수를 기원하는 내용으로 되어 있기 때문에 이렇게 말한 것이다.

055006 五十이어든 養於鄕하고 六十이어든 養於國하고 七十이어든 養於學이니 達於諸侯니라

50세가 되면 鄕學에서 봉양하고, 60세가 되면 國都의 〈小學에서〉 봉양하고, 70세가 되면 太學에서 봉양하니, 〈이 禮는〉 제후에게도 공통적으로 적용된다.

≪集說≫

鄕은 鄕學也요 國은 國中小學也요 學은 大(태)學也라 達於諸侯者는 天子養老之禮를 諸侯通得行之요 無降殺(쇄)也라

'鄕'은 鄕學이고, '國'은 國中의 小學이고, '學'은 太學이다. '제후에게도 공통적으로 적용된다.'는 것은 천자가 노인을 봉양하는 禮를 제후가 공통적으로 행할 수 있고 줄임이 없다는 것이다.

055101 八十이어든 拜君命호되 一坐에 再至하고 瞽亦如之라 九十이어든 使人으로 受니라

〈노인을 봉양하는 禮를 행할 때 노인이〉 80세가 되면 〈연로하여 太學에 오라고 할 수 없으므로 군주가 사람을 보내 饗食(향사)의 예를 노인의 집에 보내는데, 노인이 도착한〉 군주의 命에 절하되 한 번 〈무릎 꿇고〉 앉았을 때 〈머리는 땅에〉 두 번 닿게 하고, 눈이 먼 사람 또한 이와 같이 한다. 90세가 되면 〈임금의 恩賜를〉 남을 시켜서 받게 한다.

≪集說≫

人君有命에 人臣拜受가 禮也로되 惟八十之老와 與無目之人은 爲難備禮라 故로 其拜也에 足一跪而首再至地하야 以備再拜之數라 九十則又不必親拜요 特使人代受하니 此는 言君致享食(사)之禮於其家어든 而受之之禮如此라 然이나 他命則亦必然矣니라

군주의 命이 있을 적에 人臣이 절하고 받는 것이 禮이나 오직 80세의 노인과 눈이 먼 사람은 예를 갖추기가 어려우므로, 절할 적에 다리는 한 번 무릎 꿇되 머리는 두 번 땅에 닿게 하여 再拜의 數를 갖춘다. 90세에는 또 반드시 몸소 절하지 않고 다만 남을 시켜 대신 받게 한다. 이는 군주가 享食(饗食)의 예를 그 집에 전달하면 그것을 받는 예가 이와 같음을 말한 것이다. 그러나 다른 명 또한 틀림없이 이러할 것이다.

≪大全≫

長樂陳氏曰 年彌高者는 養彌厚하고 養彌厚者는 禮彌敬이라 故로 五十에 養於鄕而不從力政하고 六十에 養於國而不與服戎하고 七十에 養於學이면 則天子袒而割牲하고 執醬而饋하고 執爵而酳하니 此禮之所以彌敬也라 周之養老에 遺人掌委積(자)[208]하고 外饔掌割亨(팽)[209]으로 以至羅氏共羽物[210]하고 酒正共酒[211]하고 稾人共食[212]히 其禮之備具如此하며 又視學以事之하니 豈非仁之至, 義之盡哉아 孔子於瞽者에 見之에 雖少나 必作하시고 過之에 必趨[213]하시며 相之엔 則每事必告[214]하사 其致恭敬如此하시니

---

208) 遺人掌委積(자) : '委積'는 곡식, 땔나무, 꼴 등 각종 세입 가운데 1년간의 國用을 제외한 나머지를 비축해두었다가 백성을 구휼하고 노인을 봉양할 때 사용하거나 賓客·여행자 등에게 지급하는 것인데, 소규모의 것을 '委'라 하고, 좀 더 대규모의 것을 '積'라고 하였다. '遺人'은 이것을 관장하던 관원이다.(≪周禮≫ 〈地官 遺人〉)

209) 外饔掌割亨(팽) : ≪周禮≫ 〈天官〉에 "〈外饔은〉 나라에서 耆老와 孤子를 대접할 때면 음식을 조리하는 일을 관장한다.〔邦饗耆老孤子 則掌其割亨之事〕" 하였다.

210) 羅氏共羽物 : 羅氏는 그물로 날짐승을 잡아 바치는 일은 관장하는바, ≪周禮≫ 〈夏官〉에 "〈나씨는〉 中春에 春鳥를 그물로 잡되 비둘기를 바쳐 國老를 봉양한다.〔中春 羅春鳥 獻鳩以養國老〕" 하였다.

211) 酒正共酒 : ≪周禮≫ 〈天官 酒正〉에 보인다.

212) 稾人共食 : '稾'자는 ≪周禮≫ 〈地官〉에는 '槀'자로 되어 있는데, 현재에는 두 글자가 같은 의미로 통용되는 글자이고 周나라 당시에 구분해서 썼는지 자세하지 않으므로 수정하지 않았다. ≪周禮≫ 〈地官〉에 따르면 稾人은 外朝와 內朝에서 숙직하는 자의 음식을 바치는 것과 노인·고아와 왕궁을 宿衛하는 卿·大夫의 자제에게 연향을 베풀 때 그 음식을 바치는 것과 제사에 쓸 개〔犬〕를 기르는 일을 관장한다.

213) 孔子於瞽者……必趨 : 이 내용은 ≪論語≫ 〈子罕〉에 보인다.

214) 相之 則每事必告 : ≪論語≫ 〈衛靈公〉의 다음 내용을 가리킨다. "樂師〔師〕 冕이 뵈올 적에 섬돌에 이르자 孔子께서 '섬돌이다.' 하셨고, 자리에 이르자 공자께서 '자리이다.' 하셨고, 모두 앉자 공자께서 '아무개는 여기에 있고 아무개는 저기에 있다.'고 말씀해주셨다. 악사 면이 나가자, 子張이 묻기를 '악사와 더불어 말하는 도리입니까?' 하였다.

則先王待之之禮 均於老者 不爲過矣니라

長樂陳氏 : 나이가 더욱 높은 자에게는 봉양함이 더욱 후하고, 봉양함이 더욱 후한 자에게는 禮가 더욱 鄭重하다. 그러므로 50세에는 鄕學에서 봉양을 받아 賦役에 종사하지 않고, 60세에는 國都의 〈小學에서〉 봉양을 받아 군대의 일에 참여하지 않고, 70세에는 太學에서 봉양을 받으면 천자가 왼쪽 겉옷 소매를 벗고 犧牲을 잡으며 醬을 잡고 음식을 대접하며 술잔을 잡고 술로 입을 헹구도록 하니, 이는 예가 더욱 정중한 것이다.

周나라는 노인을 봉양할 적에 遺人이 委·積를 관장하고 外饔이 음식 조리를 관장하는 것으로부터, 羅氏가 깃 달린 짐승을 바치고 酒正이 술을 바치고 稾人이 음식을 바침에 이르기까지, 그 예를 구비함이 이와 같으며, 또 천자가 太學을 시찰하면서 노인을 섬기니, 어찌 仁이 지극하고 義가 극진한 것이 아니겠는가.

孔子는 봉사에 대하여 만나보실 적에 비록 나이가 젊더라도 반드시 일어나셨고 그 앞을 지나가실 적에는 반드시 종종걸음을 걸으셨으며, 눈먼 자를 도울 때에는 每事를 반드시 알려주시어 그 공경을 지극히 함이 이와 같으셨으니, 先王이 눈먼 자를 대한 예가 노인을 대한 예와 똑같이 한 것이 지나침이 되지 않는다.

055102 五十이어든 異粻(장)하고 六十이어든 宿肉하고 七十이어든 貳膳하고 八十이어든 常珍하고 九十이어든 飮食을 不離寢하며 膳飮을 從於遊 可也니라

50세가 되면 양식을 〈搗精한 정도를 젊은이와〉 달리하고, 60세가 되면 고기를 하루 전에 미리 준비하고, 70세가 되면 좋은 음식을 부차적으로 준비해두고, 80세가 되면 항상 珍味를 준비해두고, 90세가 되면 음식을 잠자거나 거처하는 곳에서 떠나지 않게 하며 좋은 음식과 음료를 〈사람을 시켜 노인이〉 노니는 곳에 따르게 하는 것이 옳다.

≪集說≫

粻은 糧也라 異者는 精粗與少者殊也라 宿肉은 謂恒隔日備之하야 不使求而不得也라

공자께서 말씀하셨다. '그러하다. 진실로 악사를 도와주는〔相〕 도리이다.'" 이에 대한 朱子의 集註에 "師는 樂師이니 봉사〔瞽〕이다." 하였다.

膳은 食之善者니 每有副貳하야 不使闕乏也라 常珍은 常食이 皆珍味也라 不離寢은 言寢處之所에 恒有庋閣之飮食也라 美善之膳과 水漿之飮을 隨其常遊之處하야 而爲之備具 可也니라

'粻'은 양식이다. '달리한다.'는 것은 양식의 精하고 거친 정도를 젊은이와 달리하는 것이다. '宿肉'은 항상 하루 전에 준비해서 구하지 못하는 일이 없게 하는 것이다. '膳'은 음식 중에 좋은 것인데, 매번 부차적인 음식이 있어서 동나거나 모자라지 않게 하는 것이다. '常珍'은 평상시의 음식이 모두 珍味인 것이다. '잠자거나 거처하는 곳에서 떠나지 않게 한다.'는 것은 잠자거나 거처하는 곳에 항상 饌欌의 음식이 있음을 말한 것이다. 맛 좋은 음식과 물과 漿의 음료를 항상 노니는 곳에 따라 위하여 갖추는 것이 옳다.

≪大全≫

嚴陵方氏曰 粻은 則地産以養其陰이요 肉은 則天産以養其陽이라 膳은 用六牲[215]以爲膳而已요 珍은 用八物[216]하니 則爲貴라 有膳이면 則肉可知요 有肉이면 則粻可知라 異者는 不必宿이요 宿者는 不必貳요 貳者는 不必常이니 言之輕重은 其禮之隆殺(쇄)也라 由八十而下는 飮食을 或庋於閣而已니 於寢則亦離焉하고 膳飮을 止於所居而已니 於遊에 固不從焉이라 故로 必九十然後에 飮食을 不離寢하고 飮食을 從於遊也니라

嚴陵方氏 : '양식'은 땅에서 생산되어 陰을 기르고, '고기'는 하늘에서 생산되어 陽을 기른다. '膳'은 여섯 가지 犧牲을 사용하여 膳을 만들 뿐이고, '珍'은 여덟 가지 물건을 사용하니 귀한 것이다. 膳이 있으면 고기가 있음을 알 수 있고, 고기가 있으면 양식이 있음을 알 수 있다.

'〈50세 노인에게 바치는 도정한 정도를〉 달리한 양식〔異〕'은 반드시 〈60세 노인에게 바치는 것처럼〉 하루 전에 미리 준비해둘 필요는 없고, '〈고기를〉 하루 전에 미리 준비하는 것〔宿〕'은 반드시 〈70세 노인에게 바치는 것처럼〉 부차적으로 준비할 필요는 없고, '부차적으로 준비하는 것〔貳〕'은 반드시 〈80세 노인에게 바치는 것처럼 珍味를〉 항

---

215) 六牲 : 소, 양, 돼지, 말, 닭, 개 여섯 가지의 희생이다.

216) 八物 : ≪周禮≫ 〈天官 膳夫〉에 "珍은 여덟 가지 물건을 쓴다.〔珍用八物〕"라고 하였는데, 鄭玄의 注에 "진은 준오, 준모, 포돈, 포장, 도진, 자, 오, 간료를 이른다.〔珍 謂淳熬淳毋炮豚炮牂擣珍漬熬肝膋也〕"라고 하였다.(≪周禮注疏≫)

상 갖출 필요는 없으니, 말의 가볍고 무거운 차이는 그 禮를 높이고 줄이는 차이이다.

80세 이하의 노인에게는 음식을 혹 찬장에 보관할 뿐이니 〈음식이〉 잠자는 곳에서는 또한 떨어지게 하고, 맛 좋은 음식과 음료를 거처하는 곳에 둘 뿐이니 노니는 곳에는 본디 따르게 하지 않는다. 그러므로 반드시 90세가 된 뒤에야 음식을 잠자는 곳에서 떠나지 않게 하고 음식을 노니는 곳에 따르게 하는 것이다.

055103 **六十**이어든 **歲制**하고 **七十**이어든 **時制**하고 **八十**이어든 **月制**하고 **九十**이어든 **日修**니 **唯絞紟衾冒**는 **死而后**에 **制**니라

60세가 되면 〈棺처럼〉 1년의 시간을 들여야 만들 수 있는 것을 준비하고, 70세가 되면 한 철의 시간을 들여야 만들 수 있는 것을 준비하고, 80세가 되면 한 달의 시간을 들여야 만들 수 있는 것을 준비하고, 90세가 되면 〈그동안 준비해 온 것들을〉 날마다 수리하니, 오직 〈시신을 묶는〉 끈[絞]과 〈염할 때 쓰는〉 홑이불[紟]과 이불[衾]과 〈시신을 싸는 자루인〉 冒는 죽은 뒤에 만든다.

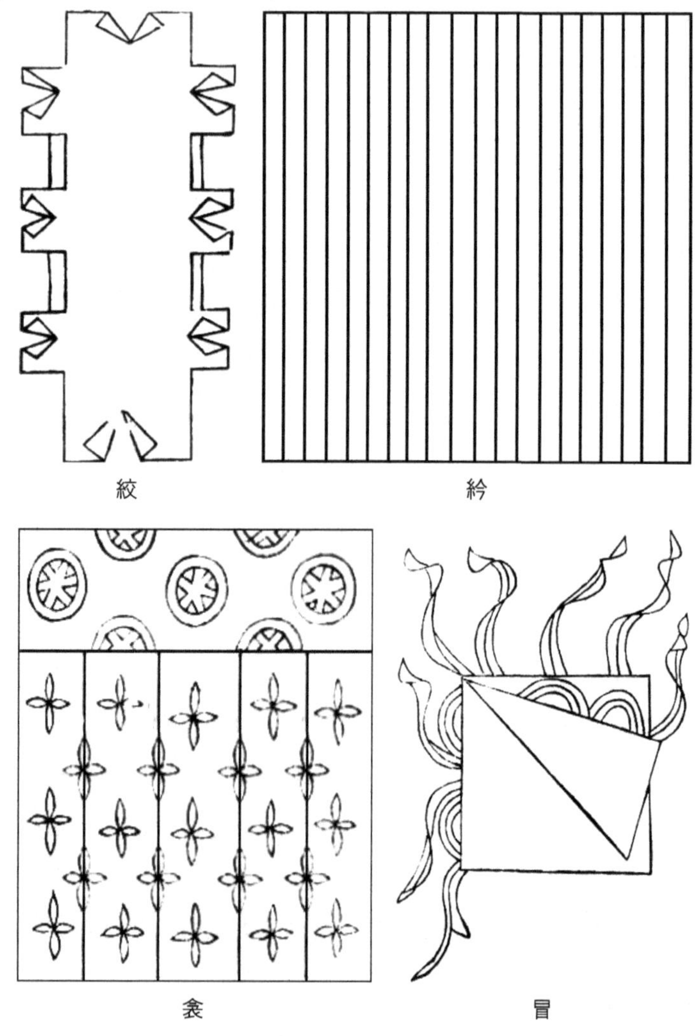

≪集說≫

此는 言漸老則漸近死期하니 當豫爲送終之備也라 歲制는 謂棺也니 不易(이)可成이라 故歲制요 衣物之難得者는 須三月可辦이라 故云時制요 衣物之易得者는 則一月可就라 故云月制라 至九十이면 則棺衣皆具하야 無事於制作이요 但每日修理之하니 恐或有不完整也라 絞는 所以收束衣服하야 爲堅急者也요 紟은 單被也니 絞與紟은 皆用十五升布爲之라 凡衾이 皆五幅이니 士는 小斂에 緇衾赬(정)裏요 大斂則二衾이라 冒는 所以韜尸니 制如直囊하니 上曰質이요 下曰殺(쇄)니 其用之 先以殺韜足而上하고 次以質韜首而下하야 齊于手하나니 士는 緇冒赬殺니 象生時玄衣纁裳也라 此四物은 須死乃制하니 以其易成故也라

이것은 점점 늙을수록 죽을 시기에 점점 가까워지므로 마땅히 장례 치를 준비를 미리 해야 함을 말한 것이다. '1년의 시간을 들여야 만들 수 있는 것'은 棺을 이르니, 쉽게 완성할 수 없기 때문에 1년의 시간을 들여야 만들 수 있는 것을 준비하는 것이고, 〈장례 때 사용할〉 옷과 물건 중에 얻기 어려운 것은 모름지기 3개월의 시간을 들여야 장만할 수 있으므로 "한 철의 시간을 들여야 만들 수 있는 것을 준비한다."라고 한 것이다. 그리고 옷과 물건 중에 얻기 쉬운 것은 1개월이면 만들 수 있으므로 "한 달의 시간을 들여야 만들 수 있는 것을 준비한다."라고 한 것이고, 90세가 되면 棺과 의복이 모두 갖추어져 제작할 필요가 없고 다만 날마다 수리만 하니, 혹시 完整하지 못한 것이 있을까 염려해서이다.

'絞'는 의복을 거두어 묶어서 단단히 묶는 것이고 '紟'은 홑이불이니, '絞'와 '紟'은 모두 15升 베를 사용하여 만든다. '이불〔衾〕'은 모두 다섯 폭이니, 士는 小斂할 적에는 검은 이불에 붉은 속을 댄 것을 쓰고 大斂할 적에는 두 장의 이불을 사용한다. '冒'는 시신을 감싸는 것이니, 제도가 直囊(곧은 자루)과 같다. 위에서부터 덮는 것을 '質'이라 하고, 아래에서부터 씌우는 것을 '殺'라 하니, 그 사용하는 방법은 먼저 殺를 가지고 발을 싸서 올라가고, 다음은 質을 가지고 머리를 싸서 내려와 손에 가지런히 이르게 한다. 士는 검은 冒에 붉은 殺를 쓰니, 이는 생전의 검은 윗옷에 붉은 치마를 입는 것을 형상한 것이다. 이 네 가지 물건은 죽을 때가 되어서야 만드니, 만들기가 쉽기 때문이다.

≪大全≫

馬氏曰 自五十異粻而下는 此養生之禮也요 自六十歲制而下는 此送死之禮也라 人之至於五十이면 其氣始衰하니 食不可以不異라 故異粻이요 自五十而上이면 事親之日短하니 人子之於親에 養之必有加焉이라 故宿肉至膳飮을 必從於遊也라 有始必有終하고 有生必有死하니 此必然之理也니 人之至六十以上이면 則送死之禮를 不可以不具니라

馬氏 : '五十異粻' 이하는 산 사람을 봉양하는 禮이고, '六十歲制' 이하는 죽은 사람을 葬送하는 예이다. 사람이 50세에 이르면 기운이 쇠하기 시작하니, 음식을 달리하지 않을 수 없으므로 '양식을 달리하는' 것이다. 〈어버이가〉 50세 이상이 되면 〈자식이〉 어버이를 섬기는 날이 짧아지니, 자식이 어버이에 대하여 봉양함이 반드시 더함이 있어야 하므로 '宿肉'부터 '膳飮'까지를 반드시 〈어버이가〉 노니시는 곳에 따르게 하는 것이다. 시작이 있으면 반드시 끝마침이 있고 삶이 있으면 반드시 죽음이 있다. 이는 필연적인 이치이니, 사람이 60세 이상이 되면 죽은 자를 장송하는 예를 갖추지 않을 수 없는 것이다.

055104 五十에 始衰하고 六十에 非肉이면 不飽하고 七十에 非帛이면 不煖[217)]하고 八十에 非人이면 不煖하고 九十에 雖得人이나 不煖矣라 五十이어든 杖於家하고 六十이어든 杖於鄕하고 七十이어든 杖於國하고 八十이어든 杖於朝니 九十者는 天子欲有問焉則就其室호되 以珍으로 從이니라

50세에 쇠하기 시작하고, 60세에 고기가 아니면 〈먹어도〉 배부르지 않고, 70세에 비단옷이 아니면 〈입어도〉 따뜻하지 않고, 80세에 사람이 〈옆에서 모시지〉 않으면 따뜻하지 않고, 90세에는 비록 사람이 〈모시고〉 있

217) 六十……不煖 : 참고로 이 내용은 ≪孟子≫ 〈盡心 上〉에서 "사람이 50세에는 비단옷이 아니면 따뜻하지 않으며, 70세에는 고기가 아니면 배부르지 않으니, 따뜻하지 않고 배부르지 않은 것을 춥고 배고프다고 이른다.〔五十 非帛不煖 七十 非肉不飽 不煖不飽 謂之凍餒〕"라고 한 것과 다소 차이가 있다.

더라도 따뜻하지 않다.

50세에는 〈자기〉 집에서 지팡이를 짚고, 60세에는 〈자기가 사는〉 고을에서 지팡이를 짚고, 70세에는 國都에서 지팡이를 짚고, 80세에는 조정에서 지팡이를 짚으니, 90세에는 천자가 묻고자 하는 일이 있으면 그 〈노인의〉 집에 찾아가되 진귀한 음식을 가지고 뒤따르게 한다.

≪集說≫

杖은 所以扶衰弱이니 五十에 始衰라 故로 杖이니 未五十者는 不得執也라 巡守而就見百年者[218]는 泛言衆庶之老也요 此就見九十者는 專指有爵者也라 祭義에 又言八十이어든 君問則就之者는 亦異禮也라 珍은 與常珍之珍으로 同하니 從之以往은 致尊養之義也라

지팡이는 쇠약한 자를 부축하는 것인데, 50세에 쇠하기 시작하기 때문에 지팡이를 짚는 것이니, 50세가 못 된 자는 지팡이를 짚을 수 없다. '巡狩할 때 100세가 된 이를 찾아가 본다.'는 것은 여러 庶人의 노인을 범연히 말한 것이고, 여기서 '90세가 된 이를 찾아가 본다.'는 것은 오로지 官爵이 있는 자를 가리킨 것이다. 〈祭義〉에 또 80세가 되면 임금이 물을 일이 있을 경우 찾아간다고 한 것은 또한 특별한 禮이다. '珍'은 위의 '常珍'의 '珍'과 같으니, 〈진귀한 음식을〉 뒤따르게 하여 가는 것은 높이고 봉양하는 뜻을 지극히 하는 것이다.

≪大全≫

嚴陵方氏曰 三十曰壯이요 四十曰强이니 壯强則盛極矣요 盛之極이면 亦趨於衰而已라 故로 五十에 爲始衰之年하니 自此以往으로 宜有以扶其衰라 九十엔 雖得人이라도 不煖이면 則以衰之極하니 養之에 宜無所不至故也니라

嚴陵方氏 : 30세를 '壯'이라 하고, 40세를 '强'이라 하니, 장성하고 강하면 성함이

---

218) 巡守而就見百年者 : 이 내용은 ≪禮記≫ 〈祭義〉에 "천자가 순수를 하면 제후가 국경에서 기다리니, 천자가 먼저 100세가 된 자를 만나본다. 팔구십 세가 된 자가 동쪽으로 길을 가면 서쪽으로 가는 자(천자나 제후)가 감히 〈만나지 않고〉 지나가지 않으며, 서쪽으로 가면 동쪽으로 가는 자가 감히 〈만나지 않고〉 지나가지 않는다. 〈팔구십 세가 된 자와〉 정사를 말하고자 하면 군주가 찾아가는 것이 옳다.〔天子巡守 諸侯待於竟 天子先見百年者 八十九十者東行 西行者弗敢過 西行東行者弗敢過 欲言政者 君就之可也〕"라고 보인다.

지극하고, 성함이 지극하면 또한 쇠함으로 달려갈 뿐이다. 그러므로 50세를 쇠하기 시작하는 나이로 삼았으니, 이후로는 마땅히 그 쇠함을 붙들어줌이 있어야 한다. 90세에는 비록 사람이 〈모시고〉 있더라도 따뜻하지 않다면 쇠함이 지극한 것이니, 봉양함에 마땅히 지극하지 않는 바가 없어야 하는 이유이다.

○ 馬氏曰 人之大化有四하니 嬰孩也와 少壯也와 老耄也와 死亡也라 始衰는 離於少壯之年하야 而入於老耄之時也라 先王之時에 下無凍餒之民者는 蓋五畝之宅에 樹之以桑하야 而七十可以衣帛矣요 鷄豚狗彘之畜(휵)하야 無失其時하야 而六十則可以食肉矣[219)]니라

馬氏：사람의 큰 변화가 네 단계가 있으니, 嬰孩(어릴 때)와 少壯(젊고 장성할 때)과 老耄(늙을 때)와 사망할 때이다. 쇠하기 시작할 때는 소장의 나이에서 떠나 노모의 때로 들어간다. 先王의 때에 아래로 춥고 굶주린 백성이 없었던 것은, 5畝의 택지 주위에 뽕나무를 심어서 70세 된 자가 비단옷을 입을 수 있고, 닭・돼지・개・큰 돼지를 길러 번식할 시기를 놓치지 않아서 60세가 되면 고기를 먹을 수 있었기 때문이다.

○ 延平周氏曰 貴貴老老를 不可偏廢也라 八十與之杖은 老老也로되 而不免於朝者는 貴貴也라 九十則天子必就其室而問之者는 豈特老老而已리오 蓋將以尊賢也라 尊賢則北面도 可也니 就其室而問之 何歉哉리오

延平周氏：귀한 사람을 귀하게 여기고 노인을 노인으로 섬김을 한 가지도 폐할 수 없다. 80세에 지팡이를 줌은 노인을 노인으로 섬기는 것이고, 조회 때에 〈지팡이를〉 제거하지 않음은 귀한 사람을 귀하게 여기는 것이다. 90세가 되면 천자가 반드시 그 〈노인의〉 집에 찾아가 자문하는 것은 어찌 다만 노인을 노인으로 섬기는 것일 뿐이겠는가. 장차 어진 이를 높이려고 한 것이다. 어진 이를 높일 경우에는 〈南面하는〉 군주가 〈노인을 향해〉 北面도 할 수 있으니, 그 집에 나아가 자문하는 것이 어찌 겸연쩍겠는가.

219) 五畝之宅……而六十則可以食肉矣：이 내용은 ≪孟子≫ 〈梁惠王 上〉에 보인다. 다만 ≪맹자≫에는 '七十'이 '五十'으로 되어 있고, '六十'이 '七十'으로 되어 있다.

055105 七十이어든 不俟朝하고 八十이어든 月告存하고 九十이어든 日有秩이니라

70세가 되면 조회가 〈끝나기를〉 기다리지 않고, 80세가 되면 〈임금이〉 달마다 〈좋은 음식을 보내어〉 안부를 묻고, 90세가 되면 〈임금이〉 날마다 일정한 〈음식을〉 보낸다.

≪集說≫

不俟朝者는 謂朝君之時에 入至朝位어든 君出揖卽退하고 不待朝事畢也니 此는 謂當致仕之年而不得謝者라 告는 猶問也니 君이 每月에 使人致膳하야 告問存否也라 秩은 常也니 日使人以常膳致之也라

'조회가 끝나기를 기다리지 않는다.'는 것은 군주에게 조회할 때에 들어가 조회하는 자리에 이르거든 군주가 나와 揖을 하면 즉시 물러가고 조회하는 일이 끝나기를 기다리지 않는 것을 이르니, 이것은 致仕할 나이가 되었으나 사직할 수 없는 자를 이른다. '告'는 '問'과 같으니, 군주가 달마다 사람을 시켜 좋은 음식을 보내어 〈건강의〉 保全 여부를 묻는 것이다. '秩'은 일정함이니, 날마다 사람을 시켜서 일정한 음식을 보내주는 것이다.

≪大全≫

延平周氏曰 不俟朝는 所以全其筋力也요 月告存은 所以欲其生也요 日有秩은 所以厚其養也라 先王之於人也에 必有養廉之具하니 然後에 責之廉이라 故로 卿大夫旣有田以處子孫이나 而至於九十이면 則又日有秩하니 此仕於朝者 所以無累於終身而有恥於貪汚者也니라

延平周氏 : '조회가 끝나기를 기다리지 않는다.'는 것은 그의 筋力을 保全하기 위한 것이고, '달마다 안부를 묻는다.'는 것은 그가 살아있기를 바라고자 한 것이고, '날마다 일정한 음식을 보낸다.'는 것은 그를 후하게 봉양하기 위한 것이다.

先王이 사람에 대하여 반드시 淸廉을 기르는 도구가 있었으니, 그런 뒤에 청렴해질 것을 요구하였다. 그러므로 卿·大夫가 이미 田地가 있어서 자손이 살아가게 할 수 있는데도 90세가 되면 또 날마다 일정하게 보내는 〈음식이〉 있었으니, 이 때문에

조정에서 벼슬하는 자가 종신토록 욕심이 많고 행실이 더럽다는 치욕을 받는 일에 연루되지 않는 것이다.

055106 五十이어든 不從力政하고 六十이어든 不與服戎하고 七十이어든 不與賓客之事하고 八十이어든 齊(재)喪之事弗及也[220]니라

50세에는 賦役에 종사하지 않고, 60세에는 군대의 일에 참여하지 않고, 70세에는 賓客을 접대하는 일에 참여하지 않고, 80세에는 〈제사 때의〉 齋戒와 喪禮의 일에 미치지 않는다.

≪集說≫

方氏曰 力政은 力役之政也요 服戎은 兵戎之事也라 力政은 事之常者라 故로 五十에 已不從矣요 服戎은 則事之變者니 必六十然後에 不與焉이라 從은 謂行其事也요 與는 則與之而已요 及은 則旁有所加之謂니 以其老甚하야 非特不能從與於事라 而事固不當及於我矣니라

方氏 : '力政'은 힘으로 부역하는 政事이고, '服戎'은 군대의 일이다. '역정'은 일 중에 항상 있는 것이므로 50세가 되면 이미 종사하지 않고, '복융'은 일 중의 변고이니 반드시 60세가 된 뒤에야 참여하지 않는다. '從'은 그 일을 행함을 이르고, '與'는 그 일에 참여할 뿐이다. '及'은 옆으로 보태는 바가 있음을 이르니, 늙음이 심하여 다만 일에 종사하거나 참여할 수 없을 뿐만 아니라 일이 진실로 자신에게 미치는 것이 마땅하지 않기 때문이다.

---

220) 齊(재)喪之事弗及也 : ≪禮記補注≫에 "〈80세에는〉 재계하지 않으면 제사하지 않으니 자식이 대신 제사한다.〔不齊 則不祭也 子代之祭〕"라는 鄭玄의 주를 소개하고, 이어서 "'弗及'은 喪事에 관여하지 않음을 이른다. 그러나 자식이 어버이의 상에 어찌 관여하지 않을 수 있겠는가. 아랫글 小註 方氏의 설에는 服을 입지 않는 것인 듯한 점이 있으니, 잘못인 것 같다.〔弗及 謂不與喪事 然親喪則何可不與乎 下文小註方說 有若不受服者然 恐誤〕"라고 하였다. ≪예기보주≫에서 말한 '방씨의 설'은 아래의 "50세가 되면 작위를 받고 60세가 되면 직접 배우지 않고 70세가 되면 정사를 내놓으니, 〈死喪이 있어도〉 오직 衰麻服을 입는 것을 喪禮로 삼는다.〔五十而爵 六十不親學 七十致政 唯衰麻爲喪〕"라는 經文에 대한 소주에 보이는 '嚴陵方氏'의 설을 가리킨다.

≪大全≫

長樂陳氏曰 弛而不張을 文武不爲하고 張而不弛를 文武不能[221)]하시니 晝作而暮息은 一日之理也요 三時作而冬息은 一歲之理也요 少壯作而老息은 一世之理也라 先王이 知其理如此라 故로 爲之禮以息之하니 此經是已니라

長樂陳氏 : 풀어놓기만 하고 조이지 않음을 文王과 武王도 하지 않았고, 조이기만 하고 풀어놓지 않음을 문왕과 무왕도 능히 하지 못하셨으니, 낮에 일하고 저녁에 쉼은 하루의 이치이고, 세 계절(봄·여름·가을) 동안 일하고 겨울에 쉼은 한 해의 이치이고, 젊었을 때 일하고 늙어서 쉼은 한 世代의 이치이다. 先王이 그 이치가 이와 같음을 아셨으므로 禮를 만들어서 쉬게 하셨으니, 이 經文이 여기에 해당한다.

055107 五十而爵하고 六十이어든 不親學하고 七十이어든 致政이니 唯衰(최)麻爲喪이니라

50세가 되면 爵位를 받고 60세가 되면 직접 배우지 않고 70세가 되면 정사를 내놓으니, 〈喪事가 있어도〉 오직 衰麻服을 입는 것을 喪禮로 삼는다.

≪集說≫

五十而爵은 命爲大夫也라 不親學은 以其不能備弟子之禮也요 致政事는 以其不能勝職任之勞也라 或有死喪之事라도 惟備衰麻之服而已요 其他禮節은 皆在所不責也라

'50세가 되면 작위를 받는 것'은 〈조정에서〉 명하여 大夫로 삼는 것이다. '직접 배우지 않는 것'은 弟子의 禮를 갖출 수가 없기 때문이고, '정사를 내놓는 것'은 職任의 노고를 감당할 수 없기 때문이다. 혹 喪事가 있더라도 오직 衰麻服을 갖출 뿐이고 기타의 예절은 모두 요구하지 않는다.

---

221) 弛而不張……文武不能 : ≪禮記≫ 〈雜記 下〉에 "〈백성을 오랫동안 부리기만 하고 풀어주지 않아〉 마치 활시위를 조이기만 하고 풀어놓지 않듯이 함은 〈백성들이 견디지를 못하므로〉 문왕과 무왕도 하지 못하셨으며, 〈백성을 편안히 즐기게만 하여〉 마치 활시위를 풀어놓기만 하고 조이지 않듯이 함은 〈백성들을 게으르고 방종하게 하므로〉 문왕과 무왕도 하지 않으셨으니, 한 번 조이고 한 번 풀어놓는 것이 문왕과 무왕의 도이다.〔張而不弛 文武不能也 弛而不張 文武不爲也 一張一弛 文武之道也〕"라고 보인다.

≪大全≫

嚴陵方氏曰 五十曰艾니 服官政故로 受爵於朝하니 蓋受爵則服官政故也라 六十曰耆니 指使故로 不親學하니 所以事人이요 非所以使人故也라 七十曰老而傳[222)]故로 致政하니 蓋外則致其政於君하고 內則傳其事於子孫也라 唯衰麻爲喪은 則與曲禮言唯衰麻在身으로 同義라 然이나 此는 齊喪之事猶及也니 所以異於八十者歟인저

嚴陵方氏 : 50세를 '艾'라 하는데 국가의 정사에 복무하므로 조정에서 작위를 받으니, 작위를 받으면 국가의 정사에 복무하기 때문이다. 60세를 '耆'라 하는데 〈60세에는〉 지시하여 부리기 때문에 친히 배우지 않으니, 〈배움은〉 남을 섬기는 것이고 남을 부리는 것이 아니기 때문이다. 70세를 '老'라 하는데 〈자기가 맡았던 일을 다른 사람에게〉 傳授하므로 정사를 내놓으니, 밖으로는 정사를 군주에게 내놓고 안으로는 家事를 자손에게 전해주는 것이다.

'오직 衰麻服을 입는 것을 喪禮로 삼는 것'은 〈曲禮 上〉에 '〈70세에는〉 오직 衰麻가 몸에 있다.'고 말한 것과 뜻이 같다. 그러나 이는 〈제사 때의〉 齋戒와 喪禮의 일이 아직 〈자기에게〉 미치고 있는 것이니, 80세와 다른 이유일 것이다.

055201 有虞氏는 養國老於上庠하고 養庶老於下庠하고

有虞氏(舜) 때는 國老를 上庠에서 봉양하고 庶老를 下庠에서 봉양하였다.

≪集說≫

行養老之禮를 必於學은 以其爲講明孝弟禮義之所也라 國老는 有爵有德之老요 庶老는 庶人及死事者之父祖也라 國老는 尊故로 於大(태)學하고 庶老는 卑故로 於小學하니 上庠大學은 在西郊하고 下庠小學은 在國中王宮之東하니라

養老의 禮를 반드시 학교에서 행하는 것은 이곳이 孝弟와 禮義를 講明하는 장소이기 때문이다. '國老'는 작위와 德이 있는 노인이고, '庶老'는 庶人의 아버지와 할아버지 및 國事에 죽은 자의 아버지와 할아버지이다. 국로는 존귀하기 때문에 太學에

---

222) 五十曰艾……七十曰老而傳 : ≪禮記≫ 〈曲禮 上〉에 "五十曰艾 服官 六十曰耆 指使 七十曰老而傳"이라는 내용이 보인다.

서 봉양하고 서로는 비천하기 때문에 小學에서 봉양하니, 上庠인 태학은 西郊에 있고 下庠인 소학은 國中의 王宮 동쪽에 있었다.

055202 **夏后氏**는 **養國老於東序**하고 **養庶老於西序**하고

그리고 夏后氏(夏)는 國老를 東序에서 봉양하고 庶老를 西序에서 봉양하였다.

≪集說≫

東序는 大學이니 在國中王宮之東하고 西序는 小學이니 在西郊하니라

'東序'는 太學이니 國中의 王宮 동쪽에 있었고, '西序'는 小學이니 西郊에 있었다.

055203 **殷人**은 **養國老於右學**하고 **養庶老於左學**하고

그리고 殷나라 사람은 國老를 右學에서 봉양하고 庶老를 左學에서 봉양하였다.

≪集說≫

右學은 大學이니 在西郊하고 左學은 小學이니 在國中王宮之東하니라

'右學'은 太學이니 西郊에 있었고, '左學'은 小學이니 國中의 王宮 동쪽에 있었다.

055204 **周人**은 **養國老於東膠**하고 **養庶老於虞庠**하더니 **虞庠**은 **在國之西郊**하니라

그리고 周나라 사람은 國老를 東膠에서 봉양하고 庶老를 虞庠에서 봉양하였는데, 우상은 國都의 西郊에 있었다.

≪集說≫

東膠는 大學이니 在國中王宮之東하고 虞庠은 小學이니 在西郊하니라

'東膠'는 太學이니 國中의 王宮 동쪽에 있었고, '虞庠'은 小學이니 西郊에 있었다.

≪大全≫

嚴陵方氏曰 四代之養老를 必以學은 何也오 蓋王者之養老는 所以教天下之孝也요 孝者는 所以盡子道니 而父子者는 人倫之始也일새라 學은 所以明人倫而已니 於之以養老 不亦宜乎아 皆學也로되 虞曰庠이요 夏曰序요 殷曰(校)〔學〕[223]이요 周曰膠는 又何也오 庠者는 養也니 養以生物爲事하니 天道也라 故虞曰庠이요 序者는 射也니 射以正己爲事하니 人道也라 故夏曰序요 學者는 覺也니 覺民者는 所以反其質이라 故殷曰學이요 膠者는 飾也니 飾物者는 所以致其文也라 故周曰膠니라

嚴陵方氏 : 四代(虞·夏·殷·周나라)가 노인을 봉양함을 반드시 학교에서 함은 어째서인가? 王者가 노인을 봉양함은 천하 사람들에게 효도를 가르치는 것이고, 효도는 자식의 도리를 다하는 것이니, 부자간은 人倫의 시작이기 때문이다. 학교는 인륜을 밝히는 곳이니, 학교에서 노인을 봉양하는 것이 당연하지 않겠는가.

모두 학교인데 虞나라(舜임금)에서는 '庠'이라 하고, 夏나라에서는 '序'라 하고, 殷나라에서는 '學'이라 하고, 周나라에서는 '膠'라 함은 또 어째서인가? '庠'은 '기른다'는 뜻인데, 기름은 물건을 내는 것을 일로 삼으니, 이는 하늘의 道이므로 虞나라에서는 '庠'이라 하였다. '序'는 '활쏜다'는 뜻인데, 활쏘기는 자기를 바르게 하는 것을 일로 삼으니, 이는 사람의 道이므로 夏나라에서는 '序'라 하였다. '學'은 '깨닫는다'는 뜻이니, 백성을 깨닫게 하는 자는 질박함으로 돌아가게 하므로 殷나라에서는 '學'이라 하였다. '膠'는 '꾸민다'는 뜻이니, 물건을 꾸미는 자는 文飾을 지극히 하므로 周나라에서는 '膠'라 하였다.

○ 延平周氏曰 上庠下庠은 以尊卑言之也요 東序西序는 以方言之也요 右學左學은 以位言之也라 國老庶老를 皆養之者는 恩也요 國老를 必於大學하고 庶老를 必於小學者는 義也니라

延平周氏 : '上庠'과 '下庠'은 신분의 높고 낮음으로 말하였고, '東序'와 '西序'는 방위로 말하였고, '右學'과 '左學'은 위치로 말하였다. 國老와 庶老를 모두 봉양하는 것

---

223) (校)〔學〕: 저본에는 '校'로 되어 있는데, 衛湜의 ≪禮記集說≫에 인용된 嚴陵方氏의 설에 의거하여 '學'으로 수정하였다.

은 은혜이며, 국로를 반드시 太學에서 봉양하고 서로를 반드시 小學에서 봉양하는 것은 〈은혜의 輕重을 구분한〉 義이다.

055205 **有虞氏**는 **皇而祭**하고 **深衣而養老**하고

有虞氏 때는 皇冠을 쓰고 제사하고 深衣를 입고 노인을 봉양하였다.

≪集說≫

皇收冔(후)는 **皆冠冕之名**이라 **然**이나 **制度詳悉**은 **則不可考矣**라 **深衣**는 **白布衣也**라

〈有虞氏 때의〉 皇·〈夏나라의〉 收·〈殷나라의〉 冔는 모두 冠冕의 이름이다. 그러나 제도의 자세한 내용은 상고할 수가 없다. '深衣'는 흰 삼베옷이다.

深衣

055206 **夏后氏**는 **收而祭**하고 **燕衣而養老**하고

그리고 夏나라는 收冠을 쓰고 제사하고 燕衣를 입고 노인을 봉양하였다.

≪集說≫

燕衣는 **黑衣也**라 **夏后氏尙黑**하니 **君與群臣燕飮之服**이니 **卽諸侯日視朝之服也**라 **其冠**은 **則玄冠**이요 **而緇帶素韠白舃**(석)**也**라

'燕衣'는 검은 옷이다. 夏后氏는 검은색을 숭상하였으니, 군주와 群臣이 燕飮할 때 입은 의복인데, 바로 제후들이 날마다 조회 볼 때 입은 의복이다. 〈거기에 착용한〉 冠은 검은 관이고, 검은 띠에 흰 폐슬을 차고 흰 신을 신었다.

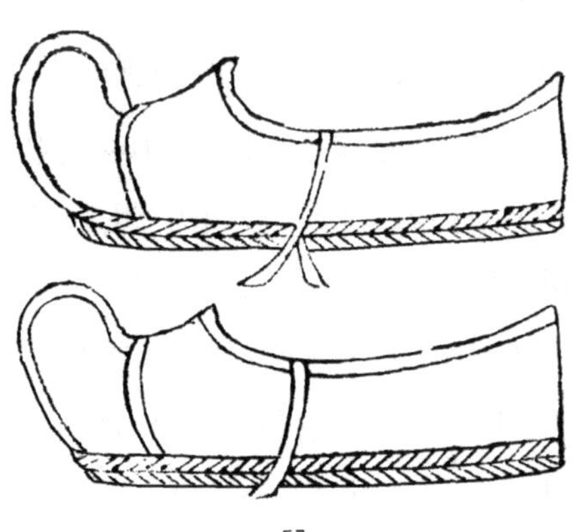

舃

055207 殷人은 冔(후)而祭하고 縞衣而養老하고

그리고 殷나라 사람은 冔冠을 쓰고 제사하고 흰 베로 만든 深衣를 입고 노인을 봉양하였다.

≪集說≫

縞는 生絹이니 亦名素하니 此縞衣는 則謂白布深衣也라

'縞'는 生絹인데, 또한 이름을 '素(흰 깁)'라고 하니, 이 縞衣는 '흰 베로 만든 深衣'를 이른다.

055208 周人은 冕而祭하고 玄衣而養老하니라

그리고 周나라 사람은 冕冠을 쓰고 제사하고 玄衣를 입고 노인을 봉양하였다.

冕

≪集說≫

玄衣는 亦朝服也라 緇衣素裳이니 十五升布爲之하니라 六入爲玄이요 七入爲緇라 故로 緇衣를 亦名玄衣也라 又按夏氏尙黑하야 衣裳皆黑하고 殷尙白하야 則衣裳皆白하고 周兼用之라 故로 玄衣而素裳이라 凡諸侯朝服은 卽天子燕服이요 而諸侯之行燕禮에도 亦此服也라

'玄衣' 또한 朝服이다. 검은 윗옷에 흰 치마이니, 15升 베로 만들었다. 〈검은색이〉 6할 들어간 것을 '玄'이라 하고, 7할 들어간 것을 '緇'라 한다. 그러므로 '緇衣'를 또한 '玄衣'라고 한다.

또 살펴보건대 夏나라는 검은색을 숭상하여 윗옷과 치마를 모두 검은색으로 하였고, 殷나라는 흰색을 숭상하여 윗옷과 치마를 모두 흰색으로 하였고, 周나라는 두 가지를 겸하여 사용하였으므로 검은 윗옷에 흰 치마를 입은 것이다. 무릇 제후의 朝服은 천자의 燕服이고, 제후가 燕禮를 행할 때에도 이 의복을 입는다.

≪大全≫

嚴陵方氏曰 祭非無衣也나 然主冠言之者는 蓋冠在首하야 有尊尊之義하고 而祭는 所以推尊尊之義者也요 養老非無冠也나 然主衣言者는 蓋衣在體하야 有親親之仁焉하고 而養老는 所以明親親之仁故也니라

嚴陵方氏 : 제사에 입는 의복이 없는 것이 아니나 冠을 위주하여 말한 것은, 관은 머리에 있어서 높은 것을 높이는 義가 있고 제사는 높은 것을 높이는 義를 미루는 것이기 때문이다. 그리고 노인을 봉양할 때에 관이 없는 것이 아니나 의복을 위주하여 말한 것은, 의복은 몸에 착용해서 어버이를 친애하는 仁이 있고 노인을 봉양함은 어버이를 친애하는 仁을 밝히는 것이기 때문이다.

○ 馬氏曰 先言祭者는 蓋祭는 所以追養繼孝요 而年之貴乎天下久矣하야 次乎事親也라 故로 以祭爲先이라 皇與收冔與冕은 首所加之冠也요 深衣燕衣縞衣玄衣는 身所衣之服也라 在祭祀하얀 則言冠而不言衣者는 言冠則知其有衣라 故로 虞則十有二章이요 周則九章[224]이니 推此면 則二代를 可知矣라 在養老하얀 則言衣而不言冠者는 言衣則知其有冠이라 故로 毋追(모퇴)는 夏后氏之道也요 章甫는 殷道也요 委貌는 周道也[225]라하니 推此면 則有虞氏를 亦可知矣니라

---

224) 虞則十有二章 周則九章 : 천자의 冕服에 수놓은 무늬가 虞나라 때는 12가지였고, 周나라 때는 9가지였다는 말이다. ≪書經≫ 〈虞書 益稷〉에 "내가 옛사람의 物象을 관찰하여 해와 달과 星辰과 山과 龍과 華蟲을 그림으로 그리며, 宗彝와 마름과 불과 粉米와 黼와 黻을 수놓고자 한다.〔予欲觀古人之象 日月星辰山龍華蟲 作會 宗彝藻火粉米黼黻 絺繡〕"라고 하였는데, 蔡沈의 ≪書集傳≫에 "해·달·성신·산·용·화충의 여섯 가지는 윗옷에 그리고 종이·마름·불·분미·보·불의 여섯 가지는 치마에 수놓으니, 이른바 '12章'이라는 것이다. 周나라 제도는 해와 달과 성신을 旂에 그리며, 冕服의 9장은 용과 산과 화충과 불과 종이 다섯 가지를 윗옷에 그리고, 마름과 분미와 보와 불 네 가지를 치마에 수놓는다. 袞冕의 9장은 용을 첫 번째로 삼고(천자의 용은 하나는 올라가고 하나는 내려온다. 상공은 다만 내려오는 용만 있다.), 鷩冕의 7장은 화충을 첫 번째로 삼고, 毳冕의 5장은 虎蜼(바로 宗彝이다.)를 첫 번째로 삼는다. 이 또한 有虞氏의 제도를 가감하여 만든 것일 뿐이다."라고 하였다.

225) 毋追(모퇴)……周道也 : 이 내용은 〈郊特牲〉에 보인다. 陳澔의 註에는 "이는 모두 先王이 禮를 제정한 道이므로 '道'라고 이름한 것이다. '委貌'는 玄冠이다. 옛말에 '「委」는 편안함이니 용모를 편안하고 바르게 하는 것을 말하고, 「章」은 밝음이니 丈夫(장보)를 表明하는 것이다. 「毋」는 발어사이고, 「追」는 「椎(추)」와 같으니, 그 형상을 가지고 이름하

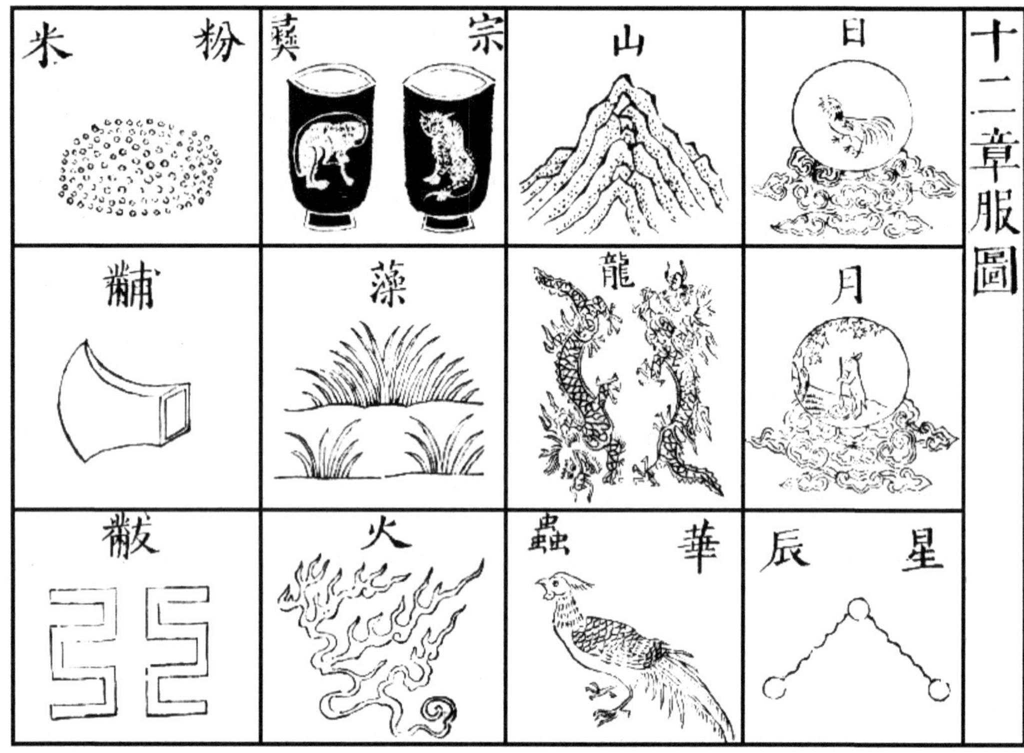

十二章服圖

馬氏 : 먼저 祭祀를 말한 것은, 제사는 추후에 봉양하여 효도를 계속하는 것이기 때문이다. 연세가 많은 분이 천하에 귀하게 여겨진 지가 오래되어서 어버이를 섬기는 것에 버금가므로 제사를 맨 앞에 놓은 것이다.

皇과 收, 冔와 冕은 머리에 쓰는 冠이고, 深衣와 燕衣, 縞衣와 玄衣는 몸에 착용하는 의복이다. 제사에서는 冠을 말하고 의복을 말하지 않은 것은 관을 말하면 의복이 있음을 알 수 있는 것이다. 그러므로 虞나라 때는 〈冕服이〉 12章이고 周나라는 〈면복이〉 9章이니, 이것을 미루어보면 두 왕조(夏나라와 殷나라)를 알 수 있다.

였다.' 하였다." 하였는데, ≪禮記補註≫에서는 "≪禮記≫ 古經 및 ≪儀禮≫의 注疏에 모두 '追는 堆(퇴)와 같다. 그 형상을 가지고 이름을 붙였다.〔追猶堆也 以其形名之〕' 하였으니, 지금 진호의 주에 '椎(추)'라고 한 것은 잘못된 듯하다." 하였다. 그리고 陸德明의 音義에 '毋'의 음을 '牟(모)'라고 하였는바, 본서에서는 ≪예기보주≫의 설과 육덕명의 음의에 따라 音을 달아주었다. '毋追'는 夏나라 때에 썼던 冠의 명칭인데, 술잔을 엎어 놓은 모양으로 길이는 7촌, 높이는 4촌이며, 앞쪽은 높고 넓으며 뒤쪽은 낮고 뾰족하다. 일설에 의하면 殷나라의 章甫冠, 周나라의 委貌冠과 같은 것으로 명칭만 다를 뿐이라고 한다.(≪禮記注疏≫ 〈郊特牲〉, ≪後漢書≫ 〈輿服志 下〉)

노인을 봉양함에서는 의복을 말하고 관을 말하지 않은 것은 의복을 말하면 관이 있음을 알 수 있다. 그러므로 "'毋追'는 夏后氏의 〈관을 만든〉 道이고 '章甫'는 殷나라의 〈관을 만든〉 도이고 '委貌'는 周나라의 〈관을 만든〉 도이다." 하였으니, 이것을 미루어보면 有虞氏를 또한 알 수 있는 것이다.

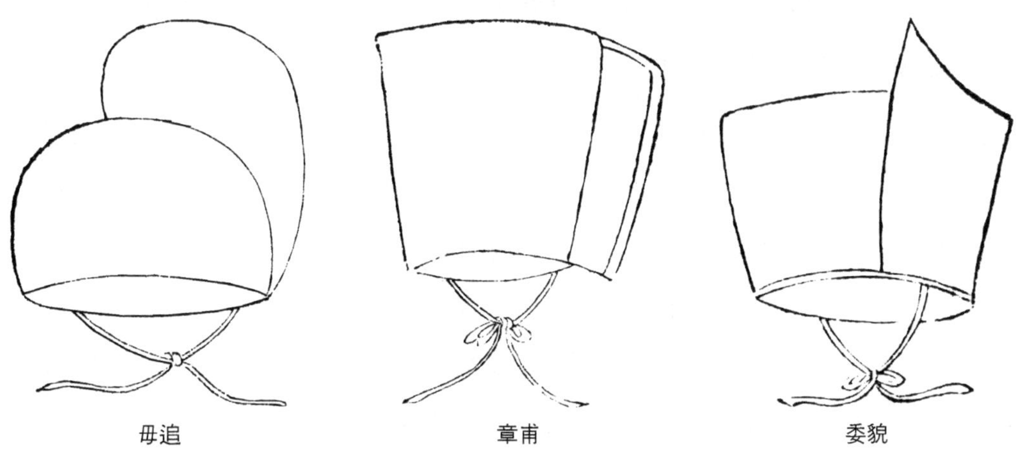

毋追　　章甫　　委貌

055301 凡三王이 養老호되 皆引年[226]하시니라

무릇 〈夏, 殷, 周 三代의 聖君인〉 三王(禹王, 湯王, 文王・武王)이 노인을 봉양하되 모두 집집마다 찾아가서 나이의 〈많고 적음을〉 헤아리셨다.

≪集說≫

四海之內에 老者衆矣니 安得人人而養之리오 待國老庶老之禮畢이면 卽行引戶校年之令하야 而恩賜其老者焉이니라

四海의 안에 노인이 많으니, 어떻게 사람마다 모두 봉양할 수 있겠는가. 國老와 庶老를 대우하는 禮가 끝나면 즉시 '집집마다 찾아가서 나이의 〈많고 적음을〉 비교하라.'는 명령을 실행하여 그 노인에게 〈천자의 賞을〉 은혜롭게 하사하는 것이다.

---

226) 引年 : 鄭玄의 注에 "집집마다 찾아가서 나이의 많고 적음을 비교하여 마땅히 復除를 행해야 하는데, 노인이 많아서 현자가 아니면 모두 봉양할 수가 없다.〔引戶校年 當行復除也 老人衆多 非賢者 不可皆養〕"라고 하였으나, 여기서는 "'引'은 헤아림과 같으니, 그 나이의 많고 적음을 헤아려 차등하는 것이다.〔引 猶計也 計其年之多少爲差〕"라는 陽村 權近의 설에 따라 번역하였다.(≪禮記正義≫, ≪禮記淺見錄≫, ≪禮記補註≫) 復除는 부역이나 조세를 면제함을 이른다.

055401 八十者는 一子不從政하고 九十者는 其家不從政하고 廢疾이라 非人不養者는 一人이 不從政하고 父母之喪엔 三年을 不從政하고 齊衰(자최) 大功之喪엔 三月을 不從政하고 將徙於諸侯어든 三月을 不從政하고 自諸侯來徙家어든 期不從政이니라

80세가 된 자는 〈가족 중에〉 한 자식이 負役에 종사하지 않고, 90세가 된 자는 온 집안 식구가 부역에 종사하지 않고, 廢疾이 있어서 남의 도움 없이는 봉양받을 수 없는 자는 〈가족 중에〉 한 사람이 부역에 종사하지 않는다. 그리고 부모의 喪에는 3년 동안 부역에 종사하지 않고, 齊衰와 大功의 상에는 3개월 동안 부역에 종사하지 않는다. 그리고 〈大夫의 采地에 소속된 백성이〉 장차 옮겨가서 제후의 백성이 되고자 하면 〈땅이 넓고 일이 적어 사람들이 원하는 것이므로 그 백성에게 오직〉 3개월 동안 부역에 종사하지 않게 하고, 제후의 백성에서 대부의 고을로 옮겨 왔으면 〈일이 많고 땅이 좁으므로 사람들에게 동기부여를 시키는 뜻에서 그 백성에게〉 1년 동안 부역에 종사하지 않게 한다.

≪集說≫

從政은 謂給公家之力役也라

'從政'은 公家(국가)에 力役을 바침을 이른다.

○ 方氏曰 將徙는 欲去者요 來徙는 已來者라 夫人은 莫衰於老요 莫苦於疾이요 莫憂於喪이요 莫勞於徙니 此는 王政之所宜恤者라 故로 皆不使之從政焉이니라

方氏 : '將徙'는 떠나가고자 하는 자이고, '來徙'는 이미 온 자이다. 사람은 〈쇠약하기로는〉 노인보다 더 쇠약한 이가 없고 〈괴로운 것으로는〉 질병보다 더 괴로운 것이 없고 〈근심으로는〉 喪禮보다 더한 근심이 없고 〈수고로운 것으로는〉 이사보다 더 수고로운 것이 없으니, 이러한 상황에 처한 사람은 王道政治에서 마땅히 구휼해야 할 대상이다. 그러므로 모두 부역에 종사하게 하지 않는 것이다.

○ 舊說에 將徙於諸侯者는 謂大夫采地之民이 徙於諸侯爲民이요 自諸侯來徙者는 謂諸侯之民이 來徙於大夫之邑이니 以其新徙일새 當復(복)除로되 諸侯는 地寬役少라 故로 惟三月不從政하고 大夫는 役多地狹하니 欲令人貪慕라 故로 期不從政이라하고 一說에 謂從大夫家出仕諸侯하고 從諸侯退仕大夫라하니 未知孰是라

舊說에는 "'將徙於諸侯'는 대부의 采地에 있는 백성이 諸侯國에 이사 와서 백성이 되는 것을 이르고, '自諸侯來徙'는 제후국의 백성이 대부의 采邑으로 이사함을 이르니, 처음 이사 왔기 때문에 마땅히 부역을 면제해주어야 하나 제후국은 땅이 넓고 부역이 적기 때문에 오직 3개월만 부역에 종사하지 않게 하고, 대부는 부역이 많고 땅이 좁으니 사람들로 하여금 〈대부의 채읍으로 이사 오는 것을〉 탐하고 사모하게 하고자 하므로 1년 동안 부역에 종사하지 않게 한 것이다." 하고, 一說에는 "대부의 집으로부터 나가서 제후에게 벼슬하고, 제후로부터 물러나 대부에게 벼슬함을 이른다." 하는데, 무엇이 옳은지 알 수 없다.

≪大全≫

延平周氏曰 一子一人이 不從政이면 則老者廢疾者有所養이요 居喪不從政이면 則生者得以盡其哀戚이라 將徙者不從政은 所以寬之也요 始來者不從政은 所以安之也니라

延平周氏 : 한 자식과 한 사람이 부역에 종사하지 않으면 늙은 자와 폐질이 있는 자가 봉양받는 바가 있을 것이고, 居喪할 때 부역에 종사하지 않으면 산 자가 슬픔을 다할 수 있을 것이다. 장차 이사하려는 자에게 부역에 종사하지 않게 함은 〈그에게〉 관대함을 베푸는 것이고, 처음 이사 온 자에게 부역에 종사하지 않게 함은 〈그를〉 편안하게 해주는 것이다.

055501 少而無父者를 謂之孤요 老而無子者를 謂之獨이요 老而無妻者를 謂之矜(환)[227)]이요 老而無夫者를 謂之寡니 此四者는 天民之窮而無告者也라 皆有常餼(희)니라

227) 矜(환) : '鰥'과 같다.

어린 나이에 아버지가 없는 자를 '孤(고아)'라 이르고, 늙은 나이에 자식이 없는 자를 '獨(독신자)'이라 이르고, 늙은 나이에 아내가 없는 자를 '矜(鰥, 홀아비)'이라 이르고, 늙은 나이에 지아비가 없는 자를 '寡(과부)'라 이르니, 이 네 경우는 하늘이 낸 백성 중에 곤궁하면서도 하소연할 데가 없는 자들이므로 모두 일정하게 내려주는 곡식이 있다.

≪集說≫

左傳에 崔杼生成及彊而寡[228]라하니 是無妻者도 亦可言寡也라 皆有常餼는 謂君上이 養以餼廩(희름)하야 有常制也라

≪春秋左氏傳≫에 "崔杼가 成과 彊을 낳고 寡가 되었다." 하였으니, 아내가 없는 자도 '寡'라고 말할 수 있는 것이다. '모두 일정하게 내려주는 곡식이 있다.'는 것은 임금이 〈國庫의 곡식인〉 餼廩으로 길러주어 일정한 제도가 있음을 이른다.

≪大全≫

嚴陵方氏曰 若此之人은 雖欲有所赴愬而求通이나 莫之得矣라 故로 曰 天民之窮而無告者也라 文王發政施仁에 必先斯四者[229]는 其以是歟인저 皆有常餼 固所宜矣라

嚴陵方氏 : 이와 같은 사람들은 비록 달려가 하소연하여 통하기를 구하더라도 할 수가 없다. 그러므로 "하늘이 낸 백성 중에 곤궁하면서도 하소연할 데가 없는 자들"이라고 한 것이다. 文王이 훌륭한 정사를 펴고 仁을 베풀 때에 반드시 이 네 종류의 사람에게 먼저 베푸신 것은 이 때문일 것이다. 이들에게 모두 일정하게 내려주는 곡식이 있는 것이 진실로 마땅하다.

---

228) 崔杼生成及彊而寡 : ≪春秋左氏傳≫ 襄公 27년에 "제나라 최저가 아들 성과 강을 낳고서 혼자가 되자 동곽강을 아내로 맞아 아들 명을 낳았다.〔齊崔杼生成及彊而寡 取東郭姜生明〕"라고 보인다

229) 天民之窮而無告者也……必先斯四者 : ≪孟子≫ 〈梁惠王 下〉에 "늙어 아내가 없는 자를 鰥이라 하고, 늙어 남편이 없는 자를 寡라 하고, 늙어 자식이 없는 자를 獨이라 하고, 어려 부모가 없는 자를 孤라 한다. 이 네 부류는 하소연할 데 없는 천하의 곤궁한 백성들인데, 문왕이 정사를 펴고 인정을 행할 때 반드시 이 네 부류의 사람들을 우선하였다.〔老而無妻曰鰥 老而無夫曰寡 老而無子曰獨 幼而無父曰孤 此四者 天下之窮民而無告者 文王發政施仁 必先斯四者〕"라고 보인다.

055601 瘖(음)과 聾과 跛와 躄(벽)과 斷者와 侏儒와 百工은 各以其器로 食(사)之니라

벙어리와 귀머거리와 절름발이와 앉은뱅이와 팔다리가 잘린 자와 난쟁이와 각종 기술을 가진 자들은 각각 재능에 따라 〈나라에서 일을 주어〉 먹여 살린다.

≪集說≫

瘖者는 不能言이요 聾者는 不能聽이요 跛者는 一足廢요 躄者는 兩足俱廢요 斷者는 支節脫絶이요 侏儒는 身體短小者也요 百工은 衆雜技藝也라 器는 猶能也라 此六類者는 因其各有技藝之能하야 足以供官之役使라 故로 遂因其能而以廩給하야 食(사)養之라 疏에 引國語戚施(이)植鎛等六者[230)]하야 爲證하니라

'瘖'은 말을 못하는 것이고, '聾'은 듣지 못하는 것이고, '跛'는 한쪽 다리가 불구인 것이고, '躄'은 양쪽 다리가 모두 불구인 것이고, '斷'은 四肢가 끊긴 것이다. '侏儒'는 신체가 짧고 작은 자이고, '百工'은 여러 가지 기예를 가진 자이다. '器'는 '能'과 같다. 이 여섯 부류는 각자 지닌 기예의 재능으로 인하여 관청의 役使에 이바지할 수 있다. 그러므로 마침내 그 재능에 따라 창고의 곡식을 주어서 먹여 기르는 것이다. 疏에서 ≪國語≫의 "戚施는 종〔鎛〕을 치게 한다." 라는 등의 여섯 가지를 인용하여 증거로 삼았다.

鎛

230) 戚施(이)植鎛等六者 : ≪國語≫ 〈晉語〉에 文公이 여덟 가지 병(신체의 결함)이 있는 사람들을 활용함에 대하여 묻자, 胥臣이 대답하기를 "〈꼽추인〉 戚施는 종을 치게 합니다. 〈천상바라기인〉 籧篨(거저)는 옥 경쇠를 쳐다보며 치게 합니다. 〈난쟁이인〉 侏儒(주유)는 창 자루를 잡게 합니다. 〈소경인〉 矇瞍(몽수)는 음악을 닦고 귀머거리는 불을 맡게 합니다. 무식하고 우매한 자, 불손한 말을 하는 자, 僬僥(난쟁이)는 관청의 우두머리가 재량껏 맡길 바가 아니니, 변방에 충원시킵니다.〔戚施直鎛 籧篨蒙球 侏儒扶廬 矇瞍脩聲 聾聵司火 其童昏嚚喑僬僥 官師所不材 以實裔土〕" 하였다. 鎛은 청동으로 만든 종 모양의 악기이다.

≪大全≫

嚴陵方氏曰 百工은 則凡執一藝者是也라 先王之時에 瘖者以之實土[231]하고 聾者以之司火하고 刖者以之守囿하니 刖은 則跛躃斷者之類也라 侏儒以之扶廬로 以至陶者之治埴하고 匠者之治木하고 冶氏之攻金하고 玉人之切玉은 所謂各以其器食之也라 荀子曰 五疾[232]을 上收而養之하야 材而事之 蓋謂是矣라 先王之政이 必如是는 何也오 所以使在下者로 無廢才하야 而人人各得其養하고 在上者로 無虛用하야 而事事各極其精而已라 是는 能也로되 而曰器者는 以隨其大小長短而用之故로 謂之器耳니 孔子所謂使人也器之[233]是矣니라

嚴陵方氏 : '百工'은 무릇 한 기예를 지닌 자이다. 先王의 때에 벙어리는 변방에 충원시키고 귀머거리는 불을 맡게 하였다. 그리고 발 잘린 자에게 동산을 지키게 하였는데, '刖'은 절름발이와 발 잘린 자의 무리이다. 侏儒에게 창 자루를 잡게 함으로부터 〈질그릇 만드는〉 陶者가 진흙을 다루고 목수가 나무를 다스리고 〈대장장이인〉 冶氏가 쇠를 다스리고 玉人이 玉을 다스림에 이르기까지는 이른바 각각 '그 재능에 따라 먹여 살린다.'는 것이다. ≪荀子≫ 〈王制篇〉의 "다섯 가지 병이 있는 자를 윗사람이 거두어 길러서 재목에 따라 일을 시킨다."라는 것이 이것을 말한 것이다.

先王의 정사가 반드시 이와 같았던 것은 어째서인가? 아래에 있는 자로 하여금 버려진 재주가 없어서 사람마다 각각 길러주는 혜택을 받게 하고, 위에 있는 자로 하여금 헛되이 씀이 없어서 일마다 각각 그 정밀함을 지극하게 했을 뿐이다. 이것은 재능인데도 '器'라고 말한 것은 재능의 크고 작음과 길고 짧음의 차이에 따라 쓰기 때문에 '器'라고 말한 것일 뿐이니, 孔子께서 이른바 "사람을 부릴 때에 재능에 따른다."라는 것이 이것이다.

---

231) 實土 : 앞의 '戚施(이)植鎛等六者'에 대한 譯註에 보이는 '以實裔土(변방에 충원시키다.)'를 의미한다.

232) 五疾 : 楊倞의 ≪荀子注≫에 따르면 "말을 못하는 '瘖', 듣지 못하는 '聾', 한쪽 다리가 불구인 '跛'와 양쪽 다리가 불구인 '躃', 사지가 절단된 '斷', 신체가 짧은 '侏儒'이다. 위의 集說에도 보인다.

233) 使人也器之 : 사람을 재능의 차이를 헤아려 쓴다는 말로, ≪論語≫ 〈子路〉에 "군자는 섬기기는 쉬워도 기쁘게 하기는 어려우며, 사람을 부리는 것은 재능에 따른다.〔君子易事而難說也 及其使人也 則器之〕" 한 데서 온 말이다.

055701 **道路**에 **男子**는 **由右**하고 **婦人**은 **由左**하고 **車**는 **從中央**이니라

도로를 갈 적에 남자는 〈부인의〉 오른쪽으로 가고, 부인은 〈남자의〉 왼쪽으로 가고, 수레는 중앙으로 간다.

≪集說≫

凡男子婦人이 同出一塗者는 則男子는 常由婦人之右하고 婦人은 常由男子之左하니 爲遠別也라

무릇 남자와 부인이 똑같이 한쪽 길로 나가는 경우에는 남자는 항상 부인의 오른쪽으로 가고 부인은 항상 남자의 왼쪽으로 가니, 〈남·녀의〉 분별을 크게 하기 위해서이다.

≪大全≫

嚴陵方氏曰 道路는 所以通四方이니 四方者는 男子所有事也요 女子則深宮固門而已라 右有力而左無爲라 故로 其所由如此라 道路旣曰中이요 又曰央은 何也오 蓋央은 以適當言之耳니 或上或下或左或右는 皆非適當焉이요 唯中이라야 乃可以言央也니라

嚴陵方氏 : 도로는 四方으로 통하는 곳인데, 사방은 남자가 일삼음이 있는 곳이고 여자는 깊은 집에서 문을 단단히 닫고 있을 뿐이다. 오른쪽은 힘을 쓰는 쪽이고 왼쪽은 하는 것이 없는 쪽이므로 〈도로에서〉 따르는 바가 이와 같은 것이다.

도로를 이미 '中'이라 말하였는데, 또 '央'이라 말함은 어째서인가? '央'은 적당함으로 말한 것이니, 위나 아래, 왼쪽이나 오른쪽은 모두 적당한 곳이 아니고, 오직 中이어야 비로소 '央'을 말할 수 있는 것이다.

055801 **父之齒**는 **隨行**하고 **兄之齒**는 **雁行**하고 **朋友**는 **不相踰**니라

아버지 年齒의 어른은 뒤따라가고, 형의 연치는 기러기 떼처럼 〈조금 뒤처져〉 가고, 朋友는 서로 앞서가지 않는다.

≪集說≫

父之齒와 兄之齒는 謂其人年이 與父等이어나 或與兄等也라 隨行은 隨其後也요 雁行은 竝行而稍後也라 朋友年相若이면 則彼此不可相踰越而有先後니 言竝行而齊也라

'아버지 연치'와 '형 연치'는 그 사람의 나이가 아버지와 같거나 형과 같음을 이른다. '隨行'은 그 뒤를 따르는 것이고, '雁行'은 나란히 가되 조금 뒤처지는 것이다. 朋友가 나이가 서로 같으면 피차간에 앞서거니 뒤서거니 先後가 있어서는 안 되니, 함께 걸어가되 나란히 감을 말한 것이다.

055901 輕任이면 幷하고 重任이면 分하고 斑白者는 不提挈이니라

〈늙은이와 젊은이의 짐이 모두〉 가벼운 짐이면 〈젊은이가〉 혼자 들고, 〈모두〉 무거운 짐이면 〈좀 더 무거운 것은 젊은이에게 주고 좀 더 가벼운 것은 늙은이에게 주어〉 나누고, 斑白이 된 자는 〈짐을 젊은이가 대신 들어서〉 물건을 들지 않는다.

≪集說≫

幷은 己獨任之也요 分은 析而二之也라

'幷'은 자기가 혼자서 맡는 것이고, '分'은 나누어서 둘로 만드는 것이다.

056001 君子耆老는 不徒行하고 庶人耆老는 不徒食이니라

어진 덕이 있는 耆老는 탈 것 없이 걸어 다니지 않고, 일반적인 기로는 맛좋은 음식 없이 밥을 먹지 않는다.

≪集說≫

方氏曰 徒行은 謂無乘而行也요 徒食은 謂無羞而食也라

方氏 : '徒行'은 탈 것 없이 걸어감을 이르고, '徒食'은 맛좋은 음식 없이 먹음을 이른다.

○ 應氏曰 非人皆好德而士不失職이면 安能使在路無徒行之賢이며 非人各有養而俗尙孝敬이면 安能使在家無徒食之老리오

應氏 : 사람들이 모두 덕을 좋아하고 士가 직책을 잃지 않는 경우가 아니면 어떻게 길에 탈 것 없이 걸어 다니는 어진 자가 없게 할 수 있으며, 사람들이 각자 봉양

함이 있고 풍속이 孝와 敬을 숭상하는 경우가 아니면 어떻게 집에 맛 좋은 음식 없이 먹는 노인이 없게 할 수 있겠는가.

≪大全≫

長樂劉氏曰 帝王之爲治也는 不出人倫하야 天下之人을 入于五品爾라 故로 其天下外薄[234]四海히 行路之民이 皆服敎化하야 父之齒隨行이면 父子之敎 著於道路矣요 兄之齒雁行이면 兄弟之敎 著於道路矣요 朋友不相踰면 禮義之敎 著於道路矣요 輕任幷하고 重任分이면 任恤之行이 著於道路矣요 斑白不提挈이면 孝友之行이 著於道路矣라 故로 君子耆老不徒行하고 庶人耆老不徒食하니 君子小人之爲子弟者 莫不知尊德而養老也니라

長樂劉氏 : 帝王의 다스림은 人倫에서 벗어나지 아니하여 천하의 사람들을 五品(五倫)에 들어가게 하였을 뿐이다. 그러므로 천하가 밖으로 四海에 이르기까지 길 가는 백성들이 모두 敎化를 받아서 아버지 年齒의 어른을 〈조금 뒤쳐져〉 가면 父子의 가르침이 도로에서 드러나고, 兄의 연치인 사람을 기러기 떼처럼 따라서 가면 형제의 가르침이 도로에서 드러나고, 붕우간에 서로 앞서거니 뒤서거니 하지 않으면 禮義의 가르침이 도로에서 드러난다. 그리고 가벼운 짐은 〈젊은이가〉 혼자 들고 무거운 짐은 〈늙은이와 젊은이가〉 나누어 들면 〈남에게〉 믿음을 주고 〈어려운 사람을〉 구휼하는 행실이 도로에서 드러나고, 斑白이 된 자가 물건을 들지 않으면 효도하고 우애하는 행실이 도로에서 드러난다. 그러므로 어진 덕을 갖춘 耆老는 탈 것 없이 걸어 다니지 않고 일반적인 耆老는 맛 좋은 음식 없이 먹지 않으니, 君子와 小人의 子弟 된 자들이 덕이 있는 분을 높이고 노인을 봉양할 줄 알지 못하는 이가 없는 것이다.

056101 方一(百)[235]里者는 爲田이 九百畝요

사방 1리는 田地가 900畝이다.

---

234) 薄 : '迫'과 같다.

235) (百) : 저본에는 '百'이 있으나, ≪渼湖集≫ 권6 〈答柳季方〉에 "〈王制〉에 '方一百里者 爲田九百畝'라고 하였는데, 開方筭法으로 계산하면 사방 100里는 전지 90億 畝가 되어야 하고, 900畝 또한 사방 1리가 되어야 한다. 이로 미루어보면 '一百'의 '百'자는 衍文인 듯하다." 하였고, 四庫全書本 ≪禮記大全≫에도 '百'이 없으므로, 이에 의거하여 衍文으로 처리하였다.

≪集說≫

步百爲畝니 是는 長一百步에 闊一步요 畝百爲夫니 是一頃이니 長闊一百步요 夫三爲屋이니 是三頃이니 闊三百步에 長一百步요 屋三爲井이니 則九百畝也니 長闊一里라 孟子曰 方里而井[236]이니 井은 九百畝라하시니라

100步가 1畝가 되니, 이는 길이가 100보에 너비가 1보이다. 100무가 1夫가 되는데 이는 1頃이니, 길이와 너비가 100보이다. 3夫가 1屋이 되는데 이는 3頃이니, 너비가 300보에 길이가 100보이다. 3屋이 1井이 되는데 이는 900무이니, 길이와 너비가 1里이다. ≪孟子≫에 이르기를 "사방 1리를 '井'이라 하니, 1井은 900무이다." 하였다.

056102 方十里者는 爲方一里者百이요 爲田이 九萬畝요 方百里者는 爲方十里者百이요 爲田이 九十億畝요

사방 10里는 사방 1리인 것이 100개이고 田地가 90,000畝이며, 사방 100리는 사방 10리인 것이 100개이고 전지가 900만 무이다.

≪集說≫

一箇十里之方이 旣爲田九萬畝면 則十箇十里之方은 爲田九十萬畝요 一百箇十里之方은 爲田九百萬畝라 今云九十億畝라하니 是는 一億有十萬이요 十億有一百萬이니 九十億은 乃九百萬畝也라

사방 10里 1개가 이미 田地 90,000畝가 된다면 사방 10리 10개는 전지 90만 무가 되고, 사방 10리 100개는 전지 900만 무가 된다. 지금 '九十億畝'라고 하였는데, 이는 1억이 10만 무가 있는 것이고 10억이 100만 무가 있는 것이니, '90억'은 곧 900만 무이다.

056103 方千里者는 爲方百里者百이요 爲田이 九萬億畝니라

236) 方里而井 : ≪孟子≫ 〈滕文公 上〉에 보인다.

사방 1,000리인 것은 사방 100리인 것이 100개이고 田地가 9만억 畝가 된다.

≪集說≫

計千里之方하면 爲方百里者百이니 一箇百里之方이 旣爲九十億畝면 則十箇百里之方은 爲九百億畝요 百箇百里之方은 爲九千億畝어늘 今乃云九萬億畝라하야 與數不同者니 若以億言之하면 當云九千億畝요 若以萬言之하면 當云九萬萬畝니 經文이 誤也라

사방 1,000里인 것을 계산해보면 사방 100리인 것이 100개이니, 사방 100리 1개가 이미 90억 畝가 된다면 사방 100리 10개는 900억 무가 되고, 사방 100리의 100개는 9,000억 무가 되는데, 지금 '九萬億畝'라 하여 그 숫자가 똑같지 않다. 만약 億을 기준으로 말한다면 마땅히 '九千億畝'라 해야 할 것이고, 만약 萬을 기준으로 말한다면 '九萬萬畝'라 해야 할 것이니, 經文이 잘못된 것이다.

○ 應氏曰 自此至篇末히 皆覆解篇首及中間井田封建地里之界하니라

應氏 : 여기서부터 이 편 끝까지는 모두 편 머리와 중간의 井田·封建·地里의 경계를 거듭 해석한 것이다.

056201 **自恒山으로 至於南河는 千里而近하고 自南河로 至於江은 千里而近하고 自江으로 至於衡山은 千里而遙하고 自東河로 至於東海는 千里而遙하고 自東河로 至於西河는 千里而近하고 自西河로 至於流沙는 千里而遙하니 西不盡流沙하며 南不盡衡山하며 東不盡東海하며 北不盡恒山이니라**

〈冀州 지역인〉 恒山에서 南河까지는 〈거리가〉 1,000리에 가깝고, 〈豫州 지역인〉 남하에서 長江까지는 1,000리에 가깝고, 〈荊州 지역인〉 장강에서 衡山까지는 1,000리가 더 되고, 〈徐州 지역인〉 東河에서 東海까지는 1,000리가 더 되고, 〈冀州 지역인〉 동하에서 西河까지는 1,000리에 가깝고, 〈雍州 지역인〉 서하에서 〈서쪽 변방의〉 流沙까지는 1,000리가 더 되니, 서쪽으로 유사까지 다 〈개척하지는〉 않았으며, 남쪽으로 형산까

지 다 〈개척하지는〉 않았으며, 동쪽으로 동해까지 다 〈개척하지는〉 않았으며, 북쪽으로 항산까지 다 〈개척하지는〉 않았다.

≪集說≫

方氏曰 不足을 謂之近이요 有餘를 謂之遙라

方氏 : 부족한 것을 '近'이라 이르고, 남는 것을 '遙'라 이른다.

○ 應氏曰 此獨言東海者는 東海在中國封疆之內하고 而西南北은 則夷徼之外也일새라 南은 以江與衡山爲限하니 百越이 未盡開也라 河擧東西南北者는 河流縈帶周遶하야 雖流沙分際나 亦與河接也라 自秦而上은 西北袤(무)而東南蹙하고 秦而下는 東南展而西北縮이라 先王盛時에 四方에 各有不盡之地하니 不勞中國以事外也라 禹貢에 東漸西被하며 朔南咸暨는 特聲教所及이요 非貢賦所限也라

應氏 : 여기에서 다만 東海만을 말한 것은 동해는 중국의 국경 안에 있고 西海·南海·北海는 오랑캐의 변방 밖에 있기 때문이다. 남쪽은 長江과 衡山을 한계로 삼았으니, 百越이 아직 다 개척되지 않은 것이다.

河에 동쪽·서쪽·남쪽·북쪽을 든 것은 河의 흐름이 띠를 두른 것처럼 빙 둘러 있어서 비록 〈서쪽 변방의〉 流沙 지역이라도 또한 河와 접해있기 때문이다.

秦나라를 중심으로 위쪽 지역은, 서북지방으로는 길게 뻗어 있고 동남지방으로는 위축되어 있으며, 秦나라를 중심으로 아래쪽 지역은, 동남지방으로는 펴져 있고 서북지방으로는 위축되어 있다.

先王의 전성기에도 사방에 각각 다 〈개척하지〉 않은 땅이 있었으니, 이것은 中國에 힘을 들여서 外夷에 從事하지 않은 것이다. ≪書經≫ 〈夏書 禹貢〉에 "동쪽으로 〈동해에〉 젖어들고 서쪽으로 〈유사에〉 입혀지고, 북쪽과 남쪽에 모두 이르렀다."라는 것은 다만 聲教가 미친 것이고, 貢賦로 한계를 정한 것이 아니다.

056202 凡四海之內에 斷長補短하면 方三千里니 爲田이 八十萬億一萬億畝요 方百里者는 爲田이 九十億畝니 山陵林麓과 川澤溝瀆과 城郭宮室塗巷을 三分去一하고 其餘六十億畝니라

무릇 四海 안에 긴 곳을 떼어 짧은 곳을 보충하면 〈1州가 사방 1,000里여서 9주는〉 사방 3,000리니, 田地가 81만억 畝이다. 사방 100리는 전지가 900만 무이니, 산릉과 林麓과 川澤과 溝瀆과 성곽과 궁실과 도로와 골목이 〈점유하고 있는 땅 900만 무를〉 셋으로 나누어 하나를 빼고 〈전지로〉 남는 것이 600만 무이다.

≪集說≫

爲田八十萬億一萬億畝者는 以一州方千里요 九州方三千里하야 三三爲九니 爲方千里者九요 一箇千里에 有九萬億畝하니 九箇千里에 九九八十一이라 故로 有八十一萬億畝라 於八十整數之下에 云萬億하니 是八十箇萬億이요 又云一萬億하니 言八十箇萬億之外에 更(갱)有一萬億이니 是共爲八十一萬億畝라 先儒以萬億二字爲衍이라하니 非也라 此竝疏義어니와 然愚按方百里에 爲田九十億畝면 則方三千里에 當云八萬一千億畝니 如疏義도 亦承誤釋之也[237)]니라

'田地가 81만억 畝이다.'라는 것은 한 州가 사방 1,000리이고, 9州는 사방 3,000里여서 3×3은 9가 되니, 사방 1,000리인 것이 9개이다. 그리고 1개의 1,000리에 9만억 무가 있으니, 9개의 1,000리에는 9×9=81이므로 81만억 무가 있는 것이다. 80개의 정돈된 숫자 아래에 '만억'을 말하였으니, 이것은 80개의 만억이다. 여기에 또 1만억을 말하였는데, 80개의 만억 외에 다시 1만억이 있음을 말한 것이니, 이는 합하여 모두 81만억 무가 된다. 先儒는 '萬億' 두 자를 衍文이라 하였으니, 잘못이다.

이것은 모두 疏의 뜻에 보이는 말이다. 그러나 내가 살펴보건대 사방 100리에 田地가 90억 무가 된다면 사방 3,000리에 마땅히 81,000억 무가 된다고 해야 하니, 疏의 뜻 또한 오류를 계승하여 해석한 것이다.

---

237) 疏義 亦承誤釋之也 : ≪禮記補註≫에서는 "이른바 '오류를 이었다'는 것은, 사방 1,000리는 마땅히 '9천억 무'가 되어야 하는데 위의 경문에 '9만억 무'로 잘못 썼고, 여기 경문에서는 또 그 오류를 이어서 '사방 3,000리는 田地 80만억 1만억 무가 된다.'고 하였는데, 疏에서 또 경문의 오류를 그대로 받아서 해석한 것이다.〔所謂承誤者 蓋方千里者 當爲九千億畝 而經上文誤作九萬億畝 此又因其誤而曰方三千里爲田八十萬億一萬億畝 疏又承經文之誤而釋之也〕" 하였다.

≪大全≫

嚴陵方氏曰 高而藏曰山이요 大而平曰陵이요 木所積曰林이요 林所附曰麓이니라

嚴陵方氏 : 높으면서 〈많은 것을〉 보관하는 곳을 '山'이라 하고, 크면서 평평한 곳을 '陵'이라 하고, 나무가 쌓인 곳을 '林'이라 하고, 숲이 붙어 있는 곳을 '麓'이라 한다.

056301 古者에 以周尺八尺으로 爲步하고 今엔 以周尺六尺四寸으로 爲步하나니 古者의 百畝는 當今東田[238]百四十六畝三十步하고 古者의 百里는 當今百二十一里六十步四尺二寸二分이니라

옛날에는 周尺 8尺으로 1步를 삼고 지금은 주척 6尺 4寸으로 1보를 삼으니, 옛날의 100畝는 지금의 東田 146무 30보에 해당하고, 옛날의 100里는 지금의 121리 60보 4척 2촌 2푼에 해당한다.

≪集說≫

疏曰 古者에 八寸爲尺하니 以周尺八尺으로 爲步하니 則一步에 有六尺四寸이러니 今以周尺六尺四寸으로 爲步하니 則一步에 有五十二寸이니 是는 今步比古步컨대 每步에 剩出一十二寸이라 以此計之하면 則古者百畝는 當今東田百五十二畝七十一步有餘하니 與此百四十六畝三十步로 不相應이라 又今步는 每步에 剩古步十二寸하니 以此計之하면 則古之百里는 當今百二十三里一百一十五步二十寸이니 與此百二十一里六十步四尺二寸二分으로 又不相應이라 經文錯亂하야 不可用也로다

疏 : 옛날에 8寸을 1尺으로 하였는데, 周尺으로 8척을 1步로 삼았으니 1보에 6척 4촌(즉 64촌)이 된다. 지금은 주척으로 6척 4촌을 1보로 삼으니 1보에 52촌이 된다. 이는 지금의 1보가 옛날의 1보에 비해 보마다 12촌이 남는 것이다. 이로써 계

238) 東田 : 秦·漢 때 陜縣(지금의 河南省 三門峽市 부근) 동쪽 여섯 나라의 田畝에 대한 통칭으로, 商鞅이 법을 바꾼 뒤의 秦나라 田畝와 구별되는 것이다. 淸나라 兪正燮의 ≪癸巳類稿≫ 〈王制東田名制解義〉에 따르면 '今東田'의 '東田'은 漢 文帝 때 洛濱(지금의 陝西省 蒲城縣 부근) 동쪽과 河北의 燕·趙, 그리고 南方의 옛 井田을 가리키는데, 武帝 이후에 없어졌다.

산해보면 옛날의 100畝는 지금의 東田 152무 71보 남짓에 해당하니, 이 經文의 146무 30보와는 서로 맞지 않는다. 또 지금의 1보는 보마다 옛날의 1보보다 12촌이 남는다. 이로써 계산해보면 옛날의 100里는 지금의 123리 115보 20촌에 해당하니, 이 경문의 121리 60보 4척 2촌 2푼과 또한 서로 맞지 않는다. 경문은 착오가 있고 혼란하여 따를 수가 없다.

○ 愚按 疏義所算이 亦誤라 當云 古者에 八寸爲尺하니 以周尺八尺으로 爲步면 則一步에 有六尺四寸이러니 今以周尺六尺四寸으로 爲步면 則一步에 有五尺一寸二分[239)]하니 是는 今步比古步컨대 每步에 剩出一尺二寸八分이라 以此計之하면 則古者百畝는 當今東田百五十六畝二十五步一寸六分千分寸之四하니 與此百四十六畝三十步로 不相應이라 里亦倣此推之[240)]니라

내가 살펴보건대 疏의 뜻에서 계산한 것 또한 잘못되었다. 마땅히 다음과 같이 말해야 한다.

"옛날에는 8寸을 1尺이라 하였으니 周尺으로 8척을 1步라 한다면 1보는 6척 4촌이 되는데, 지금은 주척으로 6척 4촌을 1보라 하니 1보는 5척 1촌 2푼이 된다. 이는 지금의 1보가 옛날의 1보에 비해 매 보마다 1척 2촌 8푼이 남는 것이다. 이로써 계산해보면 옛날의 100畝는 지금의 東田 156무 25보 1촌 6푼과 1,000푼의 4촌에

239) 今以周尺六尺四寸……有五尺一寸二分 : ≪禮記補註≫에 "周尺 1尺은 바로 元尺 8寸이며 주척 6척 4촌이 1步가 된다. 그렇다면 6×8은 48이니, 주척 6척은 원척 4척 8촌이 된다. 또 여기에다 4촌을 더하면 5척 2촌이 되니, 疏에 이른바 '1보는 52촌이다.'라는 것이 이것이다. 그러나 소에서 척수를 계산함은 옳으나 촌수를 계산함은 잘못되었다. 주척 1척이 이미 원척 8촌이 된다면 주척 1촌 또한 원척 8푼이 되어서 4×8은 32인데, 주척 4촌은 원척 3촌 2푼이 되어서 원척 4촌 8푼을 겸하면 1보는 바로 5척 1촌 2푼이 되니, 陳氏의 설이 옳다.〔周尺一尺乃是元尺八寸 而周尺六尺四寸爲一步 則六八四十八 周尺六尺爲元尺四尺八寸 又加此四寸 爲五尺二寸 疏所謂一步有五十二寸者此也 然疏之筭尺數則是 而筭寸數則誤 周尺一尺旣爲元尺八寸 則周尺一寸亦爲元尺八分 四八三十二 周尺四寸爲元尺三寸二分 幷元尺四尺八寸 則一步正爲五尺一寸二分 陳說是〕"라고 보충 설명하였다.

240) 古者百畝……里亦倣此推之 : ≪禮記補註≫에 "옛날의 100畝는 지금의 156무 25步에 해당하고, 옛날의 100里는 지금의 125리에 해당한다.〔古者百畝 當今百五十六畝二十五步 古者百里 當今百二十五里〕"라는 鄭玄의 주를 인용하고서 "疏의 설은 정현의 주와 똑같지 않고 陳澔의 설은 정현과 부합하는데, 다만 156무 25보 외에 1촌 6푼과 1,000푼의 4촌은 정현의 주에 비하여 더 많다.〔疏說與鄭不同 陳說與鄭合 而但百五十六畝二十五步之外 一寸六分千分寸之四 比鄭註加剩〕"라고 하였다.

해당하니, 이 원문의 146무 30보와 서로 맞지 않는다."

里의 크기 또한 이러한 방식을 따라 미루어보아야 한다.

○ 方氏曰 東田者는 卽詩言南東其畝[241)]也니 言南은 則以廬在其北而向南이요 言東은 則以廬在其西而向東이니라

方氏 : '東田'은 바로 ≪詩經≫에 "그 이랑을 남쪽으로도 내고 동쪽으로도 낸다." 한 것이니, '南'이라고 말한 것은 농막이 북쪽에 있으면서 남쪽을 향했기 때문이고, '東'이라고 말한 것은 농막이 서쪽에 있으면서 동쪽을 향했기 때문이다.

○ 嚴氏說南東其畝云 或南其畝하며 或東其畝는 順地勢及水之所趨也라하니라

嚴氏는 '南東其畝'를 해설하여 "'혹은 그 이랑을 남쪽으로도 내고 혹은 그 이랑을 동쪽으로도 낸다.'는 것은 지형과 물이 흐르는 곳을 따른 것이다." 하였다.

056401 方千里者는 爲方百里者百이니

사방 1,000里인 것은 사방 100리인 것이 100개이니,

≪集說≫

天下九州에 (主)〔王〕[242)]畿居中하고 外八州니 每州에 各方千里니 是一百箇百里라 以開方之法으로 推之하면 合萬里也라

천하의 9州에 王畿가 중앙에 있고 8주가 밖에 있는데, 매 주마다 각각 사방 1,000里이니, 이는 사방 100리가 100개인 것이다. 開方法으로 미루어보면 합하여 10,000리가 된다.

056402 封方百里者 三十國이요 其餘方百里者 七十이어든

사방 100里를 봉한 것이 30개국이고, 그 나머지 사방 100리인 것이 70개면

---

241) 南東其畝 : ≪詩經≫ 〈小雅 信南山〉에 "내 경계를 내가 다스려서, 그 이랑을 남쪽으로도 내고 동쪽으로도 낸다.〔我疆我理 南東其畝〕"라고 보인다.

242) (主)〔王〕 : 저본에는 '主'로 되어 있으나, 四庫全書本에 의거하여 '王'으로 바로잡았다.

≪集說≫

公侯는 皆方百里니 封三十箇百里하고 剩七十箇百里라

公·侯는 모두 사방 100里이니, 30개의 100리를 봉하고 남은 것이 70개의 100리이다.

056403 又封方七十里者 六十하나니 爲方百里者 二十九요 方十里者 四十이요

또 사방 70里를 봉한 것이 60개국이니, 사방 100리 되는 것이 29개이고 사방 10리 되는 것이 40개이다.

≪集說≫

伯은 七十里니 封六十箇七十里면 是는 占二十九箇百里와 四十箇十里니 於三十箇百里內에 剩六十箇十里라

伯은 70里이다. 60개의 70리를 봉하면 이는 29개의 100리와 40개의 10리를 차지하는 것이니, 30개의 100리 안에 60개의 10리가 남는다.

056404 其餘方百里者四十이요 方十里者六十이어든 又封方五十里者百二十하나니 爲方百里者三十이요 其餘方百里者十이요 方十里者六十이니라

그 나머지 사방 100里인 것이 40개이고 사방 10리인 것이 60개이면 또 사방 50리를 봉한 것이 120개국이니, 사방 100리 되는 것이 30개이다. 그 나머지 사방 100리인 것이 10개이고 사방 10리인 것이 60개이다.

≪集說≫

除上封二等國에 共占六十箇百里外하면 止剩四十箇百里와 及六十箇十里니 於此地內에 封子男五十里之國者 百二十箇니 每一百里에 封四箇면 實占三十箇百里니 通三等封하고 止剩十箇百里와 六十箇十里니라

위에 봉한 두 등급의 나라에서 모두 60개의 100里를 차지한 것을 제외하면 다만 40개의 100리와 60개의 10리가 남는다. 이 땅 안에 子와 男의 50리 나라를 봉한 것이 120개인데, 매 100리에 4개를 봉해주면 실제로 30개의 100리를 차지하는 것이니, 세 등급의 封地을 통계하고 다만 10개의 100리와 60개의 10리가 남는다.

○ 伯國은 方七十里니 七七四十九하야 是四十九箇十里라

伯의 나라는 사방 70里이니, 7×7은 49여서 이는 49개의 10리가 되는 것이다.

○ 子男은 方五十里니 五五二十五하야 是二十五箇十里라

子와 男은 사방 50里이니, 5×5는 25여서 이는 25개의 10리가 되는 것이다.

056405 **名山大澤을 不以封하고 其餘는 以爲附庸間田하나니 諸侯之有功者를 取於閒田하야 以祿之하고 其有削地者어든 歸之閒(한)田하나니라**

名山과 大澤을 봉해주지 않고 그 나머지는 〈사방 50里가 안 되는〉 附庸國과 閒田으로 삼으니, 제후 중에 功이 있는 자를 한전에서 취하여 祿을 주고, 〈제후 중에 죄를 지어 그 벌로〉 땅을 깎은 것이 있으면 〈그 땅을〉 한전으로 귀속시킨다.

≪集說≫

除名山大澤之外엔 皆爲附庸之國及閒田이라

名山과 大澤을 제외하고는 모두 附庸國과 閒田으로 삼는다.

≪大全≫

嚴陵方氏曰 諸侯之有功者는 取於閑田以祿之하니 卽巡守之禮에 言有功德於民者加地 是也요 其有削地者면 歸之閒田하니 卽巡守之禮에 言不敬者君削以地[243] 是也니라

嚴陵方氏 : 제후 중에 功이 있는 자는 閒田에서 취하여 祿을 더 보태주니, 바로 巡狩하는 禮에 "백성에게 功德이 있는 자에게는 땅을 더한다."고 말한 것이 이것이다.

243) 卽巡守之禮……言不敬者君削以地 : 본 편(〈王制〉)의 윗글에 보인다.

〈제후 중에 不敬한 짓을 하여〉 그 땅을 깎아낸 자가 있으면 〈깎아낸 땅을〉 한전으로 귀속시키니, 바로 순수하는 예에 "불경하는 자에게는 군주가 땅을 깎는다."고 말한 것이 이것이다.

056501 **天子之縣內**[244] **方千里者**는 **爲方百里者百**이니 **封方百里者九**하고 ○ **其餘方百里者九十一**이니라 **又封方七十里者二十一**이니 **爲方百里者十**이요 **方十里者二十九**요 ○ **其餘方百里者八十**이요 **方十里者七十一**이니라 **又封方五十里者六十三**이니 **爲方百里者十五**요 **方十里者七十五**니라 ○ **其餘方百里者六十四**요 **方十里者九十六**이니라

천자의 縣內(畿內)가 사방 1,000里인 것은 사방 100리인 것이 100개니, 사방 100리를 봉한 것이 9개이고, ○ 그 나머지가 사방 100리인 것이 91개다. 또 사방 70리를 봉해준 것이 21개니, 이것은 사방 100리인 것이 10개고 사방 10리인 것이 29개요, ○ 그 나머지가 사방 100리인 것이 80개고 사방 10리인 것이 71개다. 또 사방 50리를 봉한 것이 63개니, 사방 100리인 것이 15개이고 사방 10리인 것이 75개다. ○ 그 나머지는 사방 100리인 것이 64개고 사방 10리인 것이 96개다.

≪集說≫

此는 **倣上章畿外之法**이니 **推之可見**이라 **畿外**에 **封國多而餘地少**는 **廣封建之制於天下也**요 **畿內**에 **封國少而餘地多**는 **備采邑之分於王朝也**니라

이것은 위 章의 王畿 밖의 법을 따른 것이니, 미루어보면 알 수 있다. 왕기 밖에 봉한 나라가 많아서 남은 땅이 적은 것은 封建의 제도를 천하에 넓히는 것이고, 왕기 안에 봉한 나라가 적어서 남은 땅이 많은 것은 천자의 조정에서 〈대부들에게〉 采邑을 나누어주는 것에 대비한 것이다.

---

244) 縣內 : 夏나라 때 천자가 다스리던 지역을 이르던 말이며, 殷·周나라 때는 '畿內'라고 하였다.

056601 諸侯之下士는 祿이 食(사)九人이요 中士는 食十八人이요 上士는 食三十六人이요 下大夫는 食七十二人이요 卿은 食二百八十八人이요 君은 食二千八百八十人이니라

제후의 下士는 祿이 〈上農夫에 비견하여〉 9명을 먹여 살리고, 中士는 18명을 먹여 살리고, 上士는 36명을 먹여 살리고, 下大夫는 72명을 먹여 살리고, 卿은 288명을 먹여 살리고, 군주는 2,880명을 먹여 살린다.

≪集說≫

此는 言大國之數라

이것은 大國인 경우의 수를 말한 것이다.

056602 次國之卿은 食二百一十六人이요 君은 食二千一百六十人이니라

〈封地 면적이 70里인〉 次國의 卿은 216명을 먹여 살리고, 군주는 2,160명을 먹여 살린다.

≪集說≫

次國大夫도 亦食七十二人이니 卿은 三大夫祿이라 故로 食二百一十六人이니라

次國의 大夫 또한 72명을 먹여 살리니, 卿은 대부 祿의 3배이다. 그러므로 216명을 먹여 살리는 것이다.

056603 小國之卿은 食百四十四人이요 君은 食千四百四十人이니라

〈封地 면적이 50里인〉 小國의 卿은 144명을 먹여 살리고, 군주는 1,440명을 먹여 살린다.

≪集說≫

小國大夫도 亦食七十二人이니 卿은 倍大夫祿이라 故로 食百四十四人이니라

小國의 大夫 또한 72명을 먹여 살리니, 卿은 대부 祿의 2배이다. 그러므로 144명을 먹여 살리는 것이다.

056604 次國之卿이 命於其君者는 如小國之卿이니라

次國의 卿으로 그 군주에게 임명받은 자는 小國의 경과 같다.

≪集說≫

降於天子所命也라

천자가 임명한 卿보다 줄어든 것이다.

≪大全≫

嚴陵方氏曰 凡此는 皆言制祿多寡之法이니 篇首所言中士倍下士로 至於君十卿祿者 是也니 此特重釋之爾니라

嚴陵方氏 : 이것은 모두 祿을 제정함에 많고 적은 법을 말한 것인데, 편 머리에 말한바 "中士는 下士의 2배가 된다."라는 것으로부터 "군주는 卿이 받는 녹의 10배이다."라는 것에 이르기까지가 이것이니, 이는 다만 거듭 해석했을 뿐이다.

○ 金華應氏曰 由下士로 以至於君은 其祿愈厚면 則其所食(사)愈衆하니 豈非以人徒服役이 漸增而漸廣歟아 然由卿而下는 皆服役乎君者也니 則旣各給之田以爲祿矣니 君祿之所入이 豈盡以食二千八百八十哉아 以二千八百八十人之食로 而養一國之君하야 所養極其厚면 則所食兼於衆也라 然必析其數하야 以見其所食之多는 亦欲居人上者 知吾之所奉이 合衆力而共爲之니 則必思其有以稱此요 且不至壅利以自私하야 而必推己以養人이라 故로 君所食之人이 十倍於卿이요 而由士至卿히 所食者次第加衆하니 皆欲其無獨富之心하야 而助君以養民也니라

金華應氏 : 下士로부터 군주에 이르기까지는 祿이 더 많으면 〈그 녹으로〉 먹여 살리는 사람이 더 많으니, 어찌 이로써 服役하는 사람들이 더욱더 증가하는 것이 아니겠는가.

그러나 卿으로부터 이하는 모두 군주에게 복역하는 자인데, 이미 각각 田地를 주어 녹으로 삼았으니, 군주 녹의 수입이 어찌 2,880명을 전부 먹여 살리겠는가.

2,880명을 먹여 살리는 것을 가지고 한 나라의 군주를 봉양하여 봉양하는 것이 지극히 후하면 먹여 살리는 것이 여러 사람을 아우르게 된다.

그러나 반드시 그 숫자를 나누어서 먹여 살리는 사람이 많음을 드러낸 것은, 또한 백성의 위에 있는 자로 하여금 자신을 받드는 것이 여러 사람의 힘을 합하여 함께 만든 것임을 알게 한 것이다. 이렇게 하면 반드시 자신의 직무가 여기에 걸맞음이 있어야 함을 생각할 것이고, 또 이익을 축적하여 자기 배만 불리는 지경에 이르지 않아서 반드시 자기를 미루어 남을 기를 것이다.

그러므로 군주가 먹여 살리는 사람이 경보다 10배가 되고, 士로부터 경에 이르기까지 먹여 살리는 사람이 차례로 더 많아지니, 이는 모두 자기만 부유해지려는 마음을 없애어서 군주를 도와 백성을 기르게 하고자 한 것이다.

056701 **天子之大夫 爲三監**하야 **監於諸侯之國者**는 **其祿**이 **視諸侯之卿**이요 **其爵**이 **視次國之君**이니 **其祿**를 **取之於方伯之地**니라

천자의 대부로 三監이 되어서 諸侯國을 감독하는 자는 그 祿이 제후국의 卿에 비견하고 그 爵位가 次國의 군주에 비견하니, 그 녹을 方伯의 땅에서 취한다.

≪集說≫

祿視諸侯之卿의 可食(사)二百八十八人者也라

〈三監의〉 祿을 제후의 卿 중에 288명을 먹일 수 있는 자에 비견하는 것이다.

056801 **方伯**이 **爲朝天子**하야 **皆有湯沐之邑於天子之縣內**호되 **視元士**니라

方伯이 천자에게 조회하기 위하여 모두 湯沐邑을 천자의 縣內(畿內)에 두되 〈그 크기가 사방 50里가 안 되어 천자의〉 元士의 50리에 비견한다.

≪集說≫

謂之湯沐者는 言入至畿內면 卽暫止頓於此하야 齊(재)絜而往也니 春秋傳에 謂之朝宿之邑[245]이라하니 惟方伯이라야 有之하고 其餘는 否라 許愼云 周千八百諸侯 若皆有

之면 則盡京師地라도 亦不能容[246)]이라하니라

'湯沐'이라 한 것은 〈제후가 천자의〉 王畿 안에 이르면 이곳에 잠시 머물러 齋戒하고 감을 말한다. ≪春秋公羊傳≫에 이것을 '朝宿邑'이라고 하였으니, 오직 〈한 지방의 제후의 長인〉 方伯이라야 이것을 두었고, 그 나머지는 두지 않았다. 許愼이 말하기를 "周나라 1,800국의 제후가 만약 모두 이것(朝宿邑)을 소유한다면 〈그 양이 많아서〉 京師(천자의 畿內)의 땅을 다하더라도 또한 〈전부〉 수용할 수 없다." 하였다.

≪大全≫

長樂陳氏曰 湯沐은 則朝宿之邑也니 不曰朝宿而曰湯沐者는 齋戒以見(현)君故也라 方伯之於天子는 猶天子之於神하니 巡守에 有湯沐之邑於泰山之下면 則方伯爲朝에 有湯沐之邑於天子之縣內 宜矣니라

長樂陳氏 : '湯沐'은 朝宿邑이니, '朝宿'이라고 말하지 않고 '湯沐'이라고 말한 것은 재계하여 군주를 뵙기 때문이다. 方伯이 천자에게 있어서는 천자가 神에게 있어서와 같으니, 천자가 巡狩할 때에 泰山의 아래에 湯沐邑이 있다면 방백이 조회할 때에 천자의 縣內에 탕목읍이 있는 것이 당연하다.

056901 諸侯世子는 世國하고 大夫는 不世爵이니 使以德이요 爵以功하나니 未賜爵이어든 視天子之元士하야 以君其國하고 諸侯之大夫는 不世爵祿이니라

제후의 世子는 나라를 세습하고 〈천자의〉 大夫는 爵位를 세습하지 않으니, 〈관직을〉 시키는 것은 德으로써 하고 작위를 내리는 것은 功으로써 한다. 만약 작위를 하사받지 못하였으면 천자의 元士에 비견하여 그 나라에서 군주 노릇을 하고, 제후의 대부는 작위와 祿을 세습하지 않는다.

---

245) 朝宿之邑 : ≪春秋公羊傳≫ 桓公 원년에 "제후가 때때로 천자에게 조회하였는데, 천자의 郊에 제후들이 모두 朝宿邑을 두었다.〔諸侯時朝乎天子 天子之郊 諸侯皆有朝宿之邑焉〕"라고 보인다.

246) 許愼云……亦不能容 : 許愼(30?~121? 또는 58?~147?)은 後漢의 학자로, 인용한 내용은 ≪禮記正義≫의 孔穎達 疏에 보인다. 허신은 자가 叔重으로, 박학했으며 經學을 연구하고 六書의 의의를 규명했다. 그가 한자의 구조와 의미를 논술한 ≪說文解字≫는 중국 文字學의 선구이다. 그 밖에도 五經의 내용을 해석한 ≪五經異義≫가 있다.

≪集說≫

世子世國은 畿外之制也라 天子大夫는 不世爵而世祿이니 先王이 使人爵人에 必取其有德有功者라 列國之君이 薨하고 其子未得爵賜면 則其衣服禮數를 視天子之元士하고 賜爵而後에 得如先君之舊也라 諸侯之大夫는 不世爵祿이로되 而有大功德者는 亦世之하니 左傳에 言官有世功이면 則有官族[247]이라하니라

世子가 나라를 세습하는 것은 王畿 바깥 지방의 제도이다. 천자의 대부는 爵位를 세습하지 않고 祿을 세습하니, 先王이 사람에게 〈관직을〉 시키고 작위를 줄 적에 반드시 德이 있고 功이 있는 자를 택하였다. 列國의 군주가 죽고 그 아들이 작위를 하사받지 못했으면 그 의복과 禮數를 천자의 元士에 비견하고, 작위를 하사받은 뒤에 예전의 先君과 똑같이 할 수 있는 것이다.

제후의 대부는 작위와 녹을 세습하지 않으나 큰 功德이 있는 자는 또한 세습하였으니, ≪春秋左氏傳≫에 이르기를 "벼슬하여 대대로 공이 있으면 〈그 후손들은〉 官名을 族으로 삼는다." 하였다.

057001 六禮는 冠과 昏과 喪과 祭와 鄕과 相見이요

六禮는 冠禮와 昏禮와 喪禮와 祭禮와 鄕飮酒禮·鄕射禮와 士相見禮이다.

≪集說≫

今所存者는 士冠士昏士喪特牲少牢饋食(사)鄕飮酒士相見이니라

---

247) 官有世功 則有官族 : ≪春秋左氏傳≫ 隱公 8년에 "無駭가 죽자 羽父가 諡와 族을 청하였다. 은공이 衆仲에게 族에 대해 물으니, 중중이 대답하기를 '천자는 덕이 있는 자를 제후로 세우고서 그가 출생한 지명을 그의 姓으로 정해주고, 땅을 봉해주고서 그 땅의 이름으로 氏를 命하며, 제후는 그 字로써 諡를 주고, 그 자손은 이 諡를 族으로 삼으며, 관직을 맡아 대대로 공이 있으면 〈그 후손들은〉 그 官名을 족으로 삼기도 하며, 先祖의 封邑을 족으로 삼기도 합니다.' 하니, 은공은 字로써 族을 명하여 展氏로 삼았다.〔無駭卒 羽父請諡與族 公問族於衆仲 衆仲對曰 天子建德 因生以賜姓 胙之土而命之氏 諸侯以字爲諡 因以爲族 官有世功 則有官族 邑亦如之 公命以字 爲展氏〕"라고 보인다. '諡'는 사후에 그 생전의 행적을 참조하여 주는 號이며, '族'은 氏와 같다. 姓은 영원히 바꿀 수 없는 것이고, 氏는 갈려 나온 조상의 字나 혹은 封地의 명칭으로 정하기도 하는바, 우리나라의 本貫과 유사하다. 官名을 氏로 삼은 대표적인 예로는 司馬氏, 司空氏, 司徒氏, 司城氏 등을 들 수 있고, 食邑을 族으로 삼은 대표적인 예로는 晉나라의 韓氏, 魏氏, 趙氏 등을 들 수 있다.

지금 남아있는 것은 士冠禮・士昏禮・士喪禮・特牲饋食禮・少牢饋食禮・鄕飮酒禮・士相見禮이다.

057002 **七教**는 **父子**와 **兄弟**와 **夫婦**와 **君臣**과 **長幼**와 **朋友**와 **賓客**이요 **八政**은 **飮食**과 **衣服**과 **事爲**와 **異別**과 **度**와 **量**과 **數**와 **制**니라

七教는 父子・兄弟・夫婦・君臣・長幼・朋友・賓客에 관한 것이고, 八政은 飮食・衣服・事爲・異別・度・量・數・制(布帛의 폭의 너비)이다.

≪集說≫

六禮七教八政은 皆司徒所掌이니 禮節民性하고 教興民德하야 修則不壞하고 明則不渝라 然非齊八政以防淫이면 則亦禮教之害也라 事爲者는 百工之技藝니 有正有邪요 異別者는 五方之械器니 有同有異라 度量은 則不使有長短小大之殊요 數制는 則不使有多寡廣狹之異라 若夫飮食衣服은 尤民生日用之不可闕者라 所以居八政之首니 齊之는 則不使有僭儗詭異之端矣라 此篇은 先儒謂雜擧歷代之典이라하니 雖一一分別이나 而不能皆有明證이요 又且多祖緯書하니 豈可謂決然無疑哉아 朱子有言 漢儒說制度에 有不合者면 多推從殷禮去[248]라하시니 此亦疑其無徵矣라 然이나 只據大綱而言인댄 興學以上과 修六禮以下에 其坦明者는 亦可爲後王之法也니라

六禮・七教・八政은 모두 司徒가 관장하는 것이니, 禮는 백성의 성품을 절제하고, 教는 백성의 덕을 일으켜서 〈예가〉 닦이면 〈綱常이〉 파괴되지 않고 〈교가〉 밝아지면 〈강상이〉 변하지 않는다. 그러나 팔정으로 가지런히 하여 음탕함을 막지 않으면 또한 예・교에 해를 끼친다.

'事爲'는 百工의 技藝이니 바르고 간사한 차이가 있고, '異別'은 5方의 械器(무기와 기물)이니 同・異의 차이가 있다. '度'와 '量'은 長短과 小大의 차이가 있지 않게 하고, '數'와 '制'는 많고 적음과 넓고 좁음의 차이가 있지 않게 하는 것이다. 飮食과 衣服으로 말하면 더욱 民生이 날마다 사용하는 것이어서 없어서는 안 되는 것이다. 이 때문에 팔정의 앞에 있는 것이니, 이것을 가지런하게 함은 분수를 뛰어넘어 함부로

---

248) 漢儒說制度……多推從殷禮去 : ≪朱子語類≫ 권87 〈禮四 小戴禮〉에 보인다.

비견하거나 詭異한 짓을 하는 단서가 생기지 않게 하려는 것이다.

이 편에 대하여 先儒들은 역대의 제도를 뒤섞어 늘어놓았다고 말하였는데, 비록 일일이 분별하더라도 다 명확한 증거가 있지 못하고, 또 대부분 緯書에 근거하였으니, 어찌 결단코 의심할 것이 없다고 이를 수 있겠는가. 朱子가 말씀하기를 "漢나라 儒者들이 제도를 설명할 때에 부합되지 않는 것이 있으면 대부분 殷나라 禮로 추측하여 따랐다." 하였으니, 이 또한 증거가 없는 것에 의문을 가진 것이다. 그러나 다만 大綱에 의거하여 말한다면 '興學' 이상과 '修六禮' 이하에 분명한 것은 또한 後王이 법으로 삼을 만한 것이다.

≪大全≫

嚴陵方氏曰 冠昏은 嘉禮也요 喪은 凶禮也요 祭는 吉禮也요 鄕相見은 賓禮也니 不及軍禮者는 六禮를 司徒修之하야 以節民性하고 而有發이면 司徒敎士以車甲하니 則軍禮固在其中矣라 政在養民故로 以飮食爲首로되 飮養陽而食(사)養陰故로 先飮而後食라 有飮食以養之면 必有衣服以成之故로 繼之以衣服焉하고 有所服이면 必有所事故로 繼之以事하고 有所事면 必有所異故로 繼之以異別焉하고 有異別矣면 則必有度以度其所至하고 量以量其所容하고 有度量矣면 則必有數以計其多少하고 有制以定其等差故로 繼之以數制焉이니라

嚴陵方氏 : 冠禮와 昏禮는 嘉禮이고, 喪禮는 凶禮이고, 祭禮는 吉禮이고, 鄕飮酒禮·鄕射禮와 士相見禮는 賓禮이니, 軍禮를 언급하지 않은 것은 六禮를 司徒가 닦아서 백성의 성품을 절제하고, 징발이 있으면 司徒가 군사들에게 兵車를 타고 갑옷 입는 방법을 가르치니, 군례가 진실로 이 가운데 들어 있기 때문이다. 정사는 백성을 기름에 달려 있기 때문에 '飮食'을 첫 번째로 삼되, 음료는 陽을 기르고 밥은 陰을 기르기 때문에 음료를 먼저 하고 밥을 뒤로 한 것이다.

음식으로 길러줌이 있으면 반드시 의복으로 이룸이 있어야 하므로 '의복'으로 뒤를 이었고, 입는 의복이 있으면 반드시 일삼는 바가 있어야 하므로 '事爲'로 뒤를 이었고, 일삼는 바가 있으면 반드시 달리하는 바가 있어야 하므로 '異別'로 뒤를 이었고, 異別이 있으면 반드시 '度'로써 그 이르는 바를 헤아리고 '量'으로써 그 수용하는 바를 헤아려야 하며, 度와 量이 있으면 반드시 數로써 그 많고 적음을 계산하고 制로써 그 差等을 정해야 한다. 그러므로 '數'와 '制'로써 뒤를 이은 것이다.

禮記集說大全 卷之六

月令 第6

≪集說≫

060000 呂不韋[1)]集諸儒하야 著十二月紀하야 名曰呂氏春秋[2)]라하고 篇首에 皆有月令하니 言十二月政令所行也라 月用夏正[3)]하고 令則雜擧三代及秦事하니 禮家記事者 抄合爲此篇하니라

呂不韋가 여러 儒者를 모아 12개월의 紀를 짓고서 ≪呂氏春秋≫라 이름하고 편 머리에 모두 '月令'을 두었으니, 12개월 동안 政令의 행할 바를 말한 것이다. 月은 夏正을 사용하였고 令은 三代 시대와 秦나라의 일을 섞어 기록하였으니, 禮家로서 일을 기록하는 자가 이 내용을 뽑아 모아서 〈월령〉편을 만들었다.

≪大全≫

馬氏曰 曆象日月星辰하야 以授人時는 自堯以來로 未之有改也라 舜齊七政[4)]하고 周

---

1) 呂不韋 : ?~B.C. 235. 戰國時代 말기 陽翟(河南)의 商人으로 趙나라의 邯鄲(한단)에 갔을 때, 秦나라의 庶公子로서 볼모로 잡혀 있는 子楚를 도왔다. 그의 도움으로 귀국한 자초는 왕위에 올라 莊襄王이 되었고, 여불위는 자초를 도운 공로로 丞相이 되어 文信侯에 봉해져 진나라의 정치에 관여하였다. 전국시대 말기의 귀중한 사료인 ≪呂氏春秋≫는 그가 빈객들을 모아 편찬한 책이다.

2) 著十二月紀 名曰呂氏春秋 : ≪여씨춘추≫는 전체 26권으로 十二紀·八覽·六論으로 구성되어 있는데, 십이기는 〈孟春紀〉·〈仲春紀〉·〈季春紀〉·〈孟夏紀〉·〈仲夏紀〉·〈季夏紀〉·〈孟秋紀〉·〈仲秋紀〉·〈季秋紀〉·〈孟冬紀〉·〈仲冬紀〉·〈季冬紀〉 열두 항목으로 되어 있다.

3) 夏正 : 夏代에 사용한 曆法으로, 지금의 음력 1월인 寅月을 歲首로 삼는 것을 말한다. 商代에는 하대의 음력 12월인 丑月을 세수로 삼았고, 周代에는 하대의 음력 11월인 子月을 세수로 삼았다.(≪史記≫ 〈曆書〉)

4) 七政 : 日·月 및 水·火·金·木·土 5星을 이르는바, ≪書經≫ 〈虞書 舜典〉에 "〈천체 관측 기구인〉 璿璣玉衡을 살펴서 칠정을 고르게 한다.〔在璿璣玉衡 以齊七政〕" 하였다.

用五紀[5)]하니 其究一也라 蓋日月星辰之往來不窮하야 或離或合하고 或贏或縮하야 進退相代하고 終始相循者니 天以是而命萬物하고 而人奉之以爲令者 亦因是也라 方周之時하야 以馮相氏會天位하고 保章氏辨地域[6)]하고 又以太史正歲年하야 而頒官府都鄙以序事하고 頒邦國以告(곡)朔[7)]하야 其爲象法則(칙)하야 使萬民觀之於正月之吉하고 又使官帥(솔)其屬而觀之於正歲하고 且法則하야 使徇焉한대 而夏之政典[8)]에 先時與不及時者 其罪至於殺하니 蓋欲百官萬民이 謹其令而順承之也라 月令之爲書 亦祖先王之餘요 而後儒傳會增益하야 以成之也니라

馬氏 : 日月星辰의 운행을 관측하여 사람들에게 농사철을 가르쳐줌은 堯임금 이래로 변함이 없었다. 舜임금은 七政을 고르게 하셨고, 周나라는 五紀를 사용하였으니, 그 귀결은 똑같다. 日月星辰이 끊임없이 왕래하여 헤어지기도 하고 모이기도 하며 남기도 하고 부족하기도 해서 나아감과 물러감이 서로 交代하고 마침과 시작함이 서로 循環하니, 하늘이 이로써 萬物을 命하고 사람이 이것을 받들어 令으로 삼는 것은 또한 이것을 따른 것이다.

周나라 때에 馮相氏는 하늘의 〈日月星辰 등 천체 운행의〉 자리를 맞추고 保章氏

---

5) 五紀 : 箕子가 周 武王에게 政事의 요체를 전한 洪範九疇에 포함되는 것으로, 歲·月·日·星辰·曆數를 가리킨다.(≪書經≫ 〈周書 洪範〉)

6) 馮相氏會天位 保章氏辨地域 : 馮相氏와 保章氏는 모두 周나라 때 春官에 소속된 직책으로 천체의 운행을 관측하였는데, ≪周禮≫ 〈春官〉에 따르면 풍상씨는 歲·月·日·星의 차례를 관장하고, 보장씨는 星·辰·日·月의 변동을 관장하였다.

7) 太史正歲年……頒邦國以告(곡)朔 : 이 내용은 ≪周禮≫ 〈春官 大史〉에 보인다. '告朔'은 告朔禮를 행하여 正朔을 반포하는 것으로, 周나라 때 천자가 매년 季冬에 다음해의 曆書를 제후들에게 반포하는 것을 이른다. 제후들은 역서를 받아 祖廟에 보관하였다가, 매달 초하루에 廟에서 양 한 마리를 희생 제물로 써서 고한 뒤 이를 시행하였다.(≪周禮注疏≫, ≪論語集註≫ 〈八佾〉)

8) 夏之政典 : '政典'은 先王의 정치를 적은 전적이다. ≪書經≫ 〈夏書 胤征〉에 "희화가 덕을 전복하고 술에 빠져 관직을 어지럽히고 처한 바의 位次를 버렸다. 이때에 와서 비로소 천기를 어지럽혀 맡은 일을 멀리 버려서 계추의 월삭에 별이 房宿(방수)에 조화롭지 않았다. 악사가 북을 울리고 색부가 달리며 서인들이 분주한데도 희화는 제 관직을 지키기만 하여 듣고 앎이 없어 천상에 혼미해서 선왕의 주벌을 범하였다. 정전에 이르기를 '때보다 앞서는 자도 죽여 용서하지 말며, 때에 미치지 못하는 자도 죽여 용서하지 말라.' 하였다.〔惟時羲和 顚覆厥德 沈亂于酒 畔官離次 俶擾天紀 遐棄厥司 乃季秋月朔 辰弗集于房 瞽奏鼓 嗇夫馳 庶人走 羲和尸厥官 罔聞知 昏迷于天象 以干先王之誅 政典曰 先時者 殺無赦 不及時者 殺無赦〕"라고 보인다.

는 〈星宿(성수)의 분야로〉 지역을 분별하였으며, 또 太史로서 歲와 年의 〈오차를〉 바로잡아 官府와 都鄙(都城과 지방)에 나눠주어 일을 조리있게 하고, 여러 제후국에 告朔禮를 행할 수 있도록 〈正朔을〉 반포하였다. 그리하여 歷象의 法則을 만들어 萬民에게 正月의 길함을 보게 하고, 또 관원으로 하여금 관속을 거느리고 正歲를 살펴 보게 하였으며, 또 이것을 법칙으로 삼아서 따르게 하였다. 그런데 夏나라의 政典에 따르면 때보다 앞서는 자와 때에 미치지 못하는 자는 그 죄가 死刑에 이르렀으니, 이는 百官과 萬民으로 하여금 그 命을 삼가 순히 받들게 하고자 한 것이다. 〈月令〉은 또한 先王이 남기신 것을 祖述한 것으로 後代의 儒者들이 부회하고 增補하여 완성한 것이다.

060101 孟春之月에 日在營室[9]하나니 昏에 參中이요 旦에 尾中이니라

孟春의 달에 해가 〈亥方의 室宿(실수)인〉 營室宿(영실수)에 있으니, 황혼에 〈西方의〉 參宿(삼수)가 〈남방의 하늘〉 가운데에 있고 새벽에 〈東方의〉 尾宿(미수)가 〈남방의 하늘〉 가운데에 있다.

≪集說≫

孟春은 夏正建寅之月也라 營室이 在亥[10]하니 娵訾(추자)之次[11]也라 昏時에 參星이

---

9) 營室 : 恒星 28宿(수) 중 北方七宿의 하나인 室宿를 이른다. '북방칠수'는 북방의 일곱 별자리인 斗·牛·女·虛·危·室·壁의 통칭으로, '玄武七宿'라고도 하는데, 현무는 거북으로 나타내며 북방의 太陰神을 상징한다. 참고로 '東方七宿'는 동방에 위치한 角·亢·氐·房·心·尾·箕 일곱 별자리의 통칭인데 동방에 있고 모양이 龍과 같다 하여 '蒼龍七宿'라고도 한다. '西方七宿'는 서방에 있는 奎·婁·胃·昴·畢·觜·參 일곱 별자리의 통칭인데 서방에 있고 모양이 범과 같다 하여 '白虎七宿'라고도 한다. '南方七宿'는 남방에 있는 井·鬼·柳·星·張·翼·軫 일곱 별자리의 통칭인데 남방에 있고 모양이 새와 같다 하여 '朱雀七宿'라고도 한다.

10) 營室在亥 : 四方에 十二地支를 배치했을 때 '亥'의 방향은 正北에 가까운 서북방인바, 營室宿가 여기에 위치함을 이른다. '子'의 방향은 正北, '卯'는 正東, '午'는 正南, '酉'는 正西이니, 子의 다음인 丑은 정북에 가까운 동북방, 寅은 정동에 가까운 동북방이고, 卯의 다음인 辰은 정동에 가까운 남동방, 巳는 정남에 가까운 남동방이고, 午의 다음인 未는 정남에 가까운 서남방, 申은 정서에 가까운 서남방이고, 酉의 다음인 戌은 정서에 가까운 서북방이다.

11) 娵訾(추자)之次 : '娵訾'는 十二星次의 하나인데, 십이성차는 星辰의 운행과 절기의 변환을

在南方之中하고 旦則尾星이 在南方之中이라

孟春은 夏正으로 北斗星 자루가 寅方을 가리키는 〈현재의 陰曆 正月〉 달이다. 營室宿가 〈正北方에 가까운 西北方인〉 亥方에 있으니, 〈북방의 室·壁 자리인〉 娵訾의 자리이다. 어두울 때에는 參宿가 南方의 하늘 가운데에 있고, 새벽에는 尾宿가 남방의 하늘 가운데에 있다.

十二分星

○ 疏曰 月令의 昏明中星은 皆大略而言하야 不與曆同하니 但一月之內에 有中者면 卽得載之라 二十八宿(수)가 星體有廣狹하고 相去有遠近하며 或月節月中之日과 昏明之時에 前星이 已過於午나 後星이 未至正南하며 又星有明暗하고 見(현)有早晩하니 所以昏明之星을 不可正依曆法이니 但擧大略耳니라

疏 : 〈月令〉의 어두울 때와 밝을 때에 〈남방 하늘〉 가운데의 별은 모두 대략 말하여 冊曆과 똑같지 않은데, 다만 한 달 안에 〈남방 하늘〉 가운데에 있는 것이 있으면 바로 기재하였다. 28宿는 별의 형체에 넓고 좁은 차이가 있고 서로의 거리가 멀고 가까운 차이가 있으며, 혹은 月의 節氣·月의 中氣의 날과 어둡고 밝을 때에 앞 별은 이미 〈正南方인〉 午方를 지나갔으나 뒤 별은 아직 正南에 이르지 않으며, 또 별에는 밝고 어두운 차이가 있고 나타남에는 이르고 늦음의 차이가 있다. 이 때문에

설명하기 위하여 黃道와 赤道 부근의 周天을 서쪽에서 동쪽 방향으로 12등분한 것으로, 星紀·玄枵(현효)·娵訾·降婁·大梁·實沈·鶉首·鶉火·鶉尾·壽星·大火·析木이다. 참고로 십이성차의 위치에 따라 지상에서 해당하는 지역이나 나라의 위치를 대응시켰는데, 이것을 천상에서는 '分星'이라 하고 지상에서는 '分野'라고 한다. 고대에는 점성가들이 천상의 변화를 빌려 인간 세상의 길흉화복을 점치면서 천상의 구역을 지상의 지역이나 나라와 서로 대응시키고 '분야'라고 하였다. 고대의 점성술에서는 지상의 각 지역과 나라를 천상의 특정한 구역과 대응시키고 천상의 해당 구역에서 발생하는 천문현상을 그에 대응하는 지역의 길흉화복에 대한 전조로 여겼다.

어두울 때와 밝을 때의 〈남방 하늘 가운데에 보이는〉 별을 曆法에 따라 바로잡을 수 없는 것이니, 다만 대략을 말할 뿐이다.

≪大全≫

嚴陵方氏曰 日在營室者는 日月會於營室之辰[12)]也라 會在營室하면 以知月之建寅하고 會在於胃하면 以知月之建卯라 故日月所會를 謂之辰者는 以此니 每一歲而十二會焉이라 日與月會어늘 而此獨稱日者는 蓋陽以成歲爲事하고 而陰特從之라 故以日爲主하니 與書言出日納日而不及月[13)]同意라 二十八宿(수) 分布於四方하야 晝夜運而歲一周焉하니 季冬之月에 言星回于天이 是也라 故每月之內에 或見(현)乎昏而中者하고 或見乎旦而中者하니 昏參中하고 旦尾中이면 則知月之建寅也니 推此면 則餘月亦可知也라 中은 謂中於南方也니 先昏而後旦者는 順陰陽之義也라 書於春言星鳥하고 夏言星火하고 秋言星虛하고 冬言星昴[14)]하야 乃與此不同은 何也오 蓋書言分至之所中者요 此言昏旦之所中者니 彼以時爲主하고 此以月爲主라 故詳略不同이나 然其見於南方은 則一也니라

嚴陵方氏 : '해가 營室宿(영실수)에 있다.'는 것은 해와 달이 영실수의 자리에서 만난 것이다. 만남이 〈북방의〉 영실수에서 있으면 이로써 달이 〈北斗星 자루가 正東方에 가까운 東北方의〉 寅方을 가리킬 때의 달(正月)임을 알고, 만남이 〈서방의〉

---

12) 辰 : 해와 달이 만나는 지점을 이른다. ≪春秋左氏傳≫ 昭公 7년 조에 "晉 平公이 '무엇을 六物이라 하는가?'라고 물으니, 伯瑕가 '歲(歲星), 時(四時), 日(甲日에서 癸日까지), 月(正月에서 12월까지), 星(28宿), 辰(1년 매달 초하루에 해와 달이 만나는 지점)을 이릅니다.'라고 대답하였다. 진 평공이 '寡人에게 「辰」에 대해 말한 사람이 많은데 그 말이 모두 같지 않으니, 무엇을 「辰」이라 하는가?' 하니, 백하가 '해와 달이 만나는 곳을 「辰」이라 합니다. 그러므로 地支를 天干〔日〕에 配合합니다. 〈그래서 날짜를 기록합니다.〉' 하였다.〔公曰 何謂六物 對曰 歲時日月星辰 是謂也 公曰 多語寡人辰而莫同 何謂辰 對曰 日月之會是謂辰 故以配日〕"라고 보인다.

13) 書言出日納日而不及月 : ≪書經≫ 〈虞書 堯典〉에 "나오는 해를 공경히 맞이하여 봄에 경작하는 일을 고르게 차례대로 한다.〔寅賓出日 平秩東作〕" 하였고, 또 "들어가는 해를 공경히 전송하여 가을에 수확하는 일을 고르게 차례대로 한다.〔寅餞納日 平秩西成〕" 하였다.

14) 書於春言星鳥……冬言星昴 : 모두 ≪書經≫ 〈虞書 堯典〉에 보인다. 蔡沈의 註에 따르면 '星鳥'는 남방의 朱雀 7宿이니, 唐나라 승려 一行이 〈남방의 柳·星·張 자리의 별인〉 鶉火를 춘분날 어두울 때 남방 하늘 가운데에 있는 별이라고 推定하였다. '星火'는 동방의 蒼龍 7수인데 '火'는 大火 心宿를 이르니, 하짓날 어두울 때 남방 하늘의 가운데에 있는 별이다. '星虛'는 북방의 玄武 7수의 虛宿이니, 추분날 어두울 때 남방 하늘의 가운데에 있는 별이다. '星昴'는 서방의 白虎 7수의 昴宿이니, 동짓날 어두울 때 남방 하늘의 가운데에 있는 별이다.

胃宿(위수)에서 있으면 이로써 달이 〈북두성 자루가 정동방의〉 卯方을 가리킬 때의 달(2월)임을 안다. 그러므로 해와 달이 만나는 지점을 '辰'이라 이르는 것은 이 때문이니, 〈해와 달은〉 1년마다 12번 만난다.

해와 달이 만나는데 여기서 홀로 해만 칭한 것은 陽은 해〔歲〕를 이루는 것을 일삼고 陰은 다만 陽을 따를 뿐이다. 그러므로 해〔日〕를 위주하였으니, ≪書經≫에서 '나오는 해'와 '들어가는 해'를 말하고 '달'을 언급하지 않은 것과 뜻이 같다.

28宿가 사방에 분포되어서 밤낮으로 운행하여 1년에 한 번 1周하니, 季冬의 달에 '28수의 별이 하늘의 옛 자리로 돌아온다.'고 말한 것이 이것이다. 그러므로 매월 안에 혹 어두울 때 나타나 〈남방 하늘의〉 가운데에 있기도 하고, 혹 새벽에 나타나 〈남방 하늘의〉 가운데에 있기도 하니, 어두울 때에는 參宿(삼수)가 〈남방 하늘의〉 가운데에 있고, 새벽에는 尾宿(미수)가 〈남방 하늘의〉 가운데에 있으면 달이 〈북두성의 자루가〉 寅方을 가리킬 때의 달임을 알 수 있으니, 이것을 미루어가면 남은 달 또한 알 수 있다. '中'은 남방의 가운데에 딱 맞음을 이르니, 어두울 때를 먼저 하고 새벽을 뒤에 한 것은 陰陽의 뜻을 順히 따른 것이다.

≪서경≫에서 봄에는 '星鳥'라 하고, 여름에는 '星火'라 하고, 가을에는 '星虛'라 하고, 겨울에는 '星昴'라 하여 여기와 똑같지 않음은 어째서인가? ≪서경≫은 春分·秋分·冬至·夏至에 〈남방 하늘〉 가운데에 있는 것을 말하였고, 여기서는 어두울 때와 새벽에 〈남방 하늘〉 가운데에 있는 것을 말했으니, 저기(≪서경≫)에서는 四時를 위주하였고 여기에서는 달을 위주하였다. 그러므로 상세하고 간략함이 똑같지 않은 것이다. 그러나 그 별이 남방에 나타난 것은 동일하다.

060102 其日은 甲乙이요

그 날짜(日辰)는 甲과 乙이고

≪集說≫

春於四時에 屬木하니 日之所繫에 十干循環이어늘 獨言甲乙者는 木之屬也니 四時皆然이니라

봄은 四時에 있어 五行의 木에 속한다. 날짜를 소속시킬 때 十干이 순환하는데 다만 甲과 乙을 말한 것은 〈갑과 을이〉 木에 속하기 때문이니, 사시가 모두 그러하다.

≪大全≫

馬氏曰 甲丙戊庚壬은 陽也요 乙丁己辛癸는 陰也니 蓋一陰一陽이 每相爲用者也라 十日이 分麗於五行하야 用事者王이라 故甲乙은 用事於春하야 爲木王也요 丙丁은 用事於夏하야 爲火王也요 戊己는 用事於中央하야 爲土王也요 庚辛은 用事於秋하야 爲金王也요 壬癸는 用事於冬하야 爲水王也라 此王則彼竭矣라 故曰 五行之用이 迭相竭也[15]라하니라

馬氏 : 甲·丙·戊·庚·壬은 陽이고, 乙·丁·己·辛·癸는 陰이니, 한 陰과 한 陽이 매번 서로 쓰임이 되는 것이다. 10일이 五行에 나누어 붙어서 用事하는 것이 왕성하다. 그러므로 甲과 乙은 봄에 용사하여 木王이 되고, 丙과 丁은 여름에 용사하여 火王이 되고, 戊와 己는 〈계절의〉 중간에서 용사하여 土王이 되고, 庚과 辛은 가을에 용사하여 金王이 되고, 壬과 癸는 겨울에 용사하여 水王이 된다. 이것이 왕성하면 저것이 고갈되므로 "오행의 운용은 번갈아 서로 마침이 된다." 한 것이다.

060103 其帝는 太皞(호)요 其神은 句芒이요

그 帝는 太皞이고, 그 神은 句芒이고,

伏羲氏 句芒

15) 五行之用 迭相竭也 : 〈禮運〉에 "오행의 운용은 번갈아 서로 마침이 되니, 오행·사시·열두 달이 번갈아 서로 근본이 되고, 오성·육률·열두 管이 돌아가며 서로 宮이 되는 것이다.〔五行之動 迭相竭也 五行四時十二月 還相爲本也 五聲六律十二管 還相爲宮也〕"라고 보이는데, 〈예운〉의 '動'자를 '運用'의 뜻으로 보고 '用'으로 바꿔 쓴 것으로 보인다.

≪集說≫

太皞는 伏羲니 木德之君이요 句芒은 少皞氏之子로 曰重이니 木官之臣이라 聖神이 繼天立極하야 生有功德於民이라 故로 後王이 於春에 祀之하니 四時之帝與神이 皆此義니라

'太皞'는 伏羲이니, 木德으로 王 노릇 한 군주이다. '句芒'은 少皞氏의 아들로 이름이 重이니, 木官(木正)의 신하이다. 聖神한 군주가 하늘의 뜻을 이어서 極(표준)을 세워 살아 있을 때 백성에게 功德이 있었다. 그러므로 後王이 봄에 그 군주에게 제사를 지냈으니, 四時의 帝와 神이 모두 이러한 뜻이다.

≪大全≫

馬氏曰 太皞는 以木德王하고 而句芒者는 木正重也라 故祀以主春하고 炎帝以火德王하고 而祝融者는 火正黎也라 故祀以主夏하고 黃帝는 以土德王하고 而后土者는 土正句龍也라 故祀以主中央하고 少皞는 以金德王하고 而蓐(욕)收者는 金正該也라 故祀以主秋하고 高陽은 以水德王하고 而玄冥者는 水正熙也라 故祀以主冬이라 蓋天地以五行成萬物호되 必有以尸之하니 則生而有功德於民者를 沒而祀之하야 以主時事가 不亦宜乎아

馬氏 : 太皞는 木德으로 王 노릇 하였고, 句芒은 木正인 〈少皞氏의 아들〉 重이므로 〈봄에〉 제사 지내어 봄을 주관하게 하였다. 炎帝는 火德으로 왕 노릇 하였고, 祝融은 火正인 〈顓頊(전욱)의 손자〉 黎이므로 〈여름에〉 제사 지내어 여름을 주관하게 하였다. 黃帝는 土德으로 왕 노릇 하였고, 后土는 土正인 〈共工의 아들〉 句龍이므로 〈季夏에〉 제사 지내어 중앙을 주관하게 하였다. 소호씨는 金德으로 왕 노릇 하였고 蓐收는 金正인 〈소호씨의 아들〉 該이므로 〈가을에〉 제사 지내어 가을을 주관하게 하였다. 高陽은 水德으로 왕 노릇 하였고, 玄冥은 水正인 〈소호씨의 아들〉 熙이므로 〈겨울에〉 제사 지내어 겨울을 주관하게 하였다.

하늘과 땅은 五行으로 萬物을 이루는데 반드시 이것을 주관하는 것이 있으니, 그렇다면 살아서 백성에게 功德이 있는 자를 죽은 뒤에 제사 지내어 철의 일을 주관하게 함이 마땅하지 않겠는가.

060104 **其蟲**은 **鱗**이요 **其音**은 **角**이요 **律**은 **中太蔟**(주)요 **其數**는 **八**이요 **其味**는 **酸**이요 **其臭**는 **羶**(전)이요 **其祀**는 **戶**니 **祭先脾**하나니라

그 동물은 鱗蟲이고, 그 音은 角이고, 律은 太蔟에 응하고, 그 數는 8이고, 그 맛은 신맛이고, 그 냄새는 누린내이고, 그 제사는 戶神에게 지내니, 제사 지낼 때에는 지라를 먼저 올린다.

≪集說≫

鱗蟲은 **木之屬**이라 **五聲**에 **角爲木**하니 **單出曰聲**이요 **雜比曰音**이니 **調樂於春**에 **以角爲主也**라 **律者**는 **候氣之管**이니 **以銅爲之**하니 **或云 竹爲之**라 **中**은 **猶應也**라 **太蔟**는 **寅律**이니 **長八寸**이라 **陰陽之氣 距地面各有淺深**이라 **故**로 **律之長短**이 **如其數**라 **律管**을 **入地**하고 **以葭灰實其端**이라가 **其月氣至**면 **則灰飛而管通**하나니 **是氣之應也**[16]라 **天三生木**하고 **地八成之**하니 **其數八**은 **成數也**[17]라 **通於鼻者**를 **謂之臭**니 **臭**는 **卽氣也**요 **在口者**를 **謂**

---

16) 律者……是氣之應也 : 이 내용은 後漢의 경학가인 蔡邕의 候氣法을 인용한 것이다. 각 계절마다 그에 속하는 하늘의 陽氣가 이르면 땅의 陰氣가 응하여 계절을 이루어주는데, 12律과 1년의 12개월이 서로 응하므로 그 地氣의 숫자에 상응하는 길이를 가진 律管 내의 갈대 재가 날려 管이 통하는 것을 살펴서 그 계절의 기운이 도래하였음을 알게 되는 것이 후기법의 주요 내용이다. 이것을 토대로 이 부분의 내용을 살펴보면, 太蔟는 길이가 8寸인 율관으로 孟春인 寅月에 해당하는데, 天三이 봄에 해당하는 木의 양기를 낳으면 地八의 음기가 이것에 배합하여 동쪽에서 봄을 이루어주므로 맹춘의 기운이 도래하면 지팔의 숫자에 상응하는 8촌 길이의 태주의 율관에 채운 재가 날려 관이 통하게 되는바, 이를 통해 맹춘의 기운이 도래하였음을 알 수 있다는 것이다. 후대로 가면서 天文·曆算 분야가 점점 발전함으로써 이 방식 또한 쇠퇴하였기 때문에 율관의 구체적인 모양이나 설치·관찰 방법 등을 자세히 알 수 없다. 조선 후기의 丁若鏞은 과학적으로 신빙성이 많이 떨어지는 후기법에 대해 거짓된 설이고 요상한 술법이라고 비판하기도 하였다.(은석민, 〈候氣法에 대한 연구〉, ≪한국의사학회지≫ 19권 2호, 2006 ; ≪與猶堂全書≫ 〈樂書孤存 辨葭灰埋管不足以候氣定律〉)

17) 天三生木……成數也 : ≪周易≫ 〈繫辭傳〉에 天地의 수를 '天一, 地二, 天三, 地四, 天五, 地六, 天七, 地八, 天九, 地十'으로 제시하였는데, 이 가운데 1·2·3·4·5는 生數(생성하는 수)이고, 6·7·8·9·10은 成數(이루는 수)이다. 이를 五行에 대비하면 天一은 水를 낳고, 地二는 火를 낳고, 天三은 木을 낳고, 地四는 金을 낳고, 天五는 土를 낳는데, 또 水는 天一에서 생겨나 地六과 배합하여 북쪽에서 이루어지고, 火는 地二에서 생겨나 天七과 배합하여 남쪽에서 이루어지고, 木은 天三에서 생겨나 地八과 배합하여 동쪽에서

之味니 酸羶은 皆木之屬이라 戶者는 人所出入이니 司之有神하니 此神은 是陽氣요 在戶之內하니 春에 陽氣出故로 祀之라 祭先脾者는 木克土也[18)]라

'鱗蟲'은 五行 중 木에 속하는 동물이다. 五聲에서 角은 木이 되니, 한 가지 소리만 내는 것을 '聲'이라 하고, 여러 소리를 섞어서 맞추는 것을 '音'이라 하는데, 봄에 音樂을 연주할 적에 角을 위주로 하는 것이다.

'律'은 기운을 살피는 管이니, 구리로 만드는데 혹자는 "대나무로 만든다." 하였다. '中'은 '應'과 같다. '太蔟'는 寅月(孟春)의 律管이니, 길이가 8寸이다. 陰과 陽의 기운이 地面과의 거리에 따라 각각 얕고 깊은 차이가 있다. 그러므로 律의 길고 짧음이 그 숫자와 같은 것이다. 율관을 땅속에 넣고 갈대 재를 그 끝에 채워두는데 〈그러다가〉 그달의 기운이 이르면 재가 날아 管이 통하니, 이는 기운이 응하는 것이다. 하늘이 3으로 木을 낳고 땅이 8로 이것을 이루니, 그 수 8은 〈木의〉 成數이다.

코에 통하는 것을 '냄새'라 이르니 냄새는 바로 기운이고, 입에 있는 것을 '맛'이라 이르니 신맛과 누린내는 모두 木에 속한다. '戶'는 사람이 출입하는 곳이니, 〈戶를〉 맡고 있는 神이 있다. 이 신은 바로 陽氣이고 戶의 안에 있으니, 봄에는 양기가 나오므로 戶에 제사 지내는 것이다. 제사 지낼 때 지라를 먼저 올리는 것은 木이 土(지라)를 이기기 때문이다.

○ 蔡邕獨斷[19)]曰 戶는 春爲少陽이니 其氣始出生養이라 祀之於戶하니 祀戶之禮는 南

이루어지고, 金은 地四에서 생겨나 天九와 배합하여 서쪽에서 이루어지고, 土는 天五에서 생겨나 地十과 배합하여 중앙에서 이루어진다.

18) 木克土也 : 신체 臟器와 五行의 관계에서 肝臟은 木에 속하고 脾臟은 土에 속하고 肺臟은 金에 속하고 腎臟은 水에 속하고 心臟은 火에 속하는데, 오행의 相克 관계에서 봄의 木 기운이 土의 기운인 지라를 이긴다는 말이다.(≪說文解字≫ 〈肉部 肺〉) 오행의 상극 관계는, 水는 火를 이기고 火는 金을 이기고 金은 木을 이기고 木은 土를 이기고 土는 水를 이기는 것이다. 반대로 相生 관계는, 木은 火를 낳고 火는 土를 낳고 土는 金을 낳고 金은 水를 낳고 水는 木을 낳는 것이다.

19) 蔡邕獨斷 : 蔡邕(132~192)은 자가 伯喈이고, 後漢 때 경학가이다. 175년 堂谿典·楊賜·馬日磾(마일제) 등과 六經의 문자를 正定할 것을 건의하였다. 자신이 직접 글씨를 써서 비석에 새기도록 하여 太學의 문 밖에 세워두었는데, 이것이 이른바 '熹平石經'이다. 저술로는 ≪月令章句≫·≪獨斷≫·≪勸學≫·≪蔡中郎集≫ 등이 있다. ≪독단≫은 '자기 單獨의 斷言'이라는 뜻인데, 채옹이 옛 제도를 論考하고 遺文을 기록한 책으로 2권으로 되어 있다. ≪白虎通義≫·≪風俗通義≫와 함께 漢代 학문 연구를 위한 중요 자료로 평가받는다.

面設主於門內之西니라

蔡邕의 ≪獨斷≫ : '戶'는, 봄은 〈東極의〉 少陽이 되는데 그 〈소양의〉 기운이 처음으로 나와서 〈만물을〉 낳아 기르기 때문에 戶에 제사 지내는 것이다. 戶에 제사 지내는 禮는 南向하여 神主를 문 안의 서쪽에 진설한다.

≪大全≫

馬氏曰 蒼龍은 木屬也니 其類爲鱗故로 春則其蟲鱗이요 朱鳥는 火屬也니 其類爲羽故로 夏則其蟲羽요 人은 土屬也니 其類爲倮故로 中央則其蟲倮요 白虎는 金屬也니 其類爲毛故로 秋則其蟲毛요 玄武는 水屬也니 其類爲介故로 冬則其蟲介라 又曰 味生於形하고 臭生於氣라 故로 形成而後有味하고 氣化而後有臭라 春은 以陽中生木하니 木之成形而曲直[20)]이요 曲直作酸[21)]故로 其味酸이요 物以木化하면 則其氣爲羶故로 其臭羶이라 秋는 以陰中生金하니 金之成形而從革이요 從革作辛故로 其味辛이요 物以金化하면 則其氣爲腥故로 其臭腥이라 夏는 以陽極生火하니 火之成形而炎上이요 炎上作苦故로 其味苦요 物以火化하면 則其氣爲焦故로 其臭焦라 冬은 以陰極生水하니 水之成形而潤下요 潤下作鹹故로 其味鹹이요 物以水化하면 則其氣爲朽故로 其臭朽라 中央은 以陰陽之中氣生土하니 土之成形而可以稼穡이요 稼穡作甘故로 其味甘이요 物以土化하면 則其氣爲香故로 其臭香이라 土主四時而分王焉이라 故로 五味也로되 而皆以甘爲主하고 五臭也로되 而皆以香爲主하니 則沖氣之爲用이 如此而已니라

馬氏 : 〈東方의〉 蒼龍은 木(봄)에 속하는 것이니, 그 종류는 비늘이 있는 것이므로 봄은 해당 동물이 몸에 비늘이 있는 것이다. 〈南方의〉 朱鳥는 火(여름)에 속하는 것

---

20) 木之成形而曲直 : ≪書經≫ 〈周書 洪範〉에 "오행은 첫 번째는 水, 두 번째는 火, 세 번째는 木, 네 번째는 金, 다섯 번째는 土이다. 水의 성질은 아래로 내려가 만물을 적셔주며, 火의 성질은 위로 타오르며, 木의 성질은 굽거나 곧게 하며, 金의 성질은 한 번은 따르고 한 번은 변화하며, 土의 성질은 이에 작물을 심고 거둔다.〔五行 一曰水 二曰火 三曰木 四曰金 五曰土 水曰潤下 火曰炎上 木曰曲直 金曰從革 土爰稼穡〕"라고 보인다.

21) 曲直作酸 : ≪書經≫ 〈周書 洪範〉에 "〈五行 중에〉 아래로 만물을 적셔주는 물은 짠맛이 되고, 위로 타오르는 불은 쓴맛이 되고, 굽거나 곧은 나무는 신맛이 되고, 따르기도 하고 변화하기도 하는 쇠는 매운맛이 되고, 작물을 심고 거두는 흙은 단맛이 된다.〔潤下作鹹 炎上作苦 曲直作酸 從革作辛 稼穡作甘〕"라고 보인다.

이니, 그 종류는 깃털이 있는 것이므로 여름은 해당 동물이 몸에 깃털이 있는 것이다. 사람은 土에 속하는 것이니, 人類는 〈몸에 아무것도 나지 않은〉 裸體이므로 중앙은 해당 동물이 裸蟲이다. 〈西方의〉 白虎는 金(가을)에 속하는 것이니, 그 종류는 털이 있는 것이므로 가을은 해당 동물이 몸에 털이 있는 것이다. 〈北方의〉 玄武는 水(겨울)에 속하는 것이니, 그 종류는 〈딱딱한〉 등딱지나 껍질이 있는 것이므로 겨울은 해당 동물이 등딱지나 껍질이 있는 것이다.

또(馬氏) : 맛은 形體에서 생기고 냄새는 氣에서 생긴다. 그러므로 형체가 이루어진 뒤에 맛이 있고 氣가 變化한 뒤에 냄새가 있는 것이다.

봄은 陽 가운데 木을 낳는 때이니, 나무는 형체를 이루면 굽거나 곧은 것이 되고, 굽거나 곧은 것은 신 것이 되므로 그 맛이 신맛인 것이다. 그리고 물건이 나무의 氣를 통해 변화하면 그 氣가 누린 것이 되므로 그 냄새가 누린내인 것이다.

가을은 陰 가운데 金을 낳는 때이니, 쇠는 형체를 이루면 따르기도 하고 변화하기도 하며, 따르기도 하고 변화하기도 하는 것은 매운 것이 되므로 그 맛이 매운맛인 것이다. 그리고 물건이 쇠의 氣를 통해 변화하면 그 氣가 비린 것이 되므로 그 냄새가 비린내인 것이다.

여름은 陽이 지극하여 火를 낳는 때이니, 불은 형체를 이루면 위로 타오르고, 타오르는 불은 쓴 것이 되므로 그 맛이 쓴맛인 것이다. 그리고 물건이 불의 氣를 통해 변화하면 그 氣가 탄 것이 되므로 그 냄새가 탄내가 되는 것이다.

겨울은 陰이 지극하여 水를 낳는 때이니, 물은 형체를 이루면 내려가 만물을 적셔주고, 내려가 만물을 적셔주는 것은 짠 것이 되므로 그 맛이 짠맛인 것이다. 그리고 물건이 물의 氣를 통해 변화하면 그 氣가 썩은 것이 되므로 그 냄새가 썩은내인 것이다.

중앙은 陰과 陽의 가운데 氣가 土를 낳는 때이니, 흙은 형체를 이루면 작물을 심고 거둘 수 있고, 작물을 심고 거두는 것은 단 것이 되므로 그 맛이 단맛인 것이다. 그리고 물건이 흙의 氣를 통해 변화하면 그 氣가 향기 있는 것이 되므로 그 냄새가 향내인 것이다. 土는 四時를 주관하여 〈사시에 고루〉 분배되어 왕성하기 때문에 다섯 가지 맛이 모두 있지만 전부 단 것을 위주로 하고, 다섯 가지 냄새가 있지만 모두 향내를 위주로 하니, 沖和한 氣의 운용이 이와 같을 뿐이다.

長樂陳氏曰 律起於黃鍾하야 終於中呂[22]하니 其長短有度하고 其多寡有數하고 其輕

重有權하야 而萬法之原이 畢會於是라 幽有以辨天地四時之理하고 深有以通神祇祖考之情하며 施之於敎治하면 足以齊風俗而立民信하고 用之於戰伐하면 足以審勝負而詔吉凶하니 則律之爲用이 豈不大哉아 夫黃鍾者는 建子之律也니 黃之爲色은 則陰之盛이요 鍾之爲器는 則陰之聚라 陰盛而極이면 則陽生之矣요 陰盛而止면 則陽散之矣니 由陰終於亥而陽乃始於子也라 故曰黃鍾이라 太蔟(주)者는 建寅之律也니 入乎坎者는 必出乎震하고 否(비)於否者는 必泰乎泰하니 寅之氣 方接乎震泰하야 而(奏)〔泰〕[23]出滯焉이라 故曰太蔟라 姑洗(선)者는 建辰之律也니 物至辰이면 則潔齊[24]하니 其潔齊也는

---

22) 律起於黃鍾 終於中呂 : 黃鍾(황종 11월), 太簇(태주 1월), 姑洗(고선 3월), 蕤賓(유빈 5월), 夷則(이칙 7월), 無射(무역 9월)을 '陽律'이라 하고, 大呂(대려 12월), 夾鍾(협종 2월), 仲呂(중려 4월), 林鍾(임종 6월), 南呂(남려 8월), 應鍾(응종 10월)을 '陰律' 또는 '陰呂'라 하는데, 양률과 음려가 각기 음이나 양을 덜거나 더하면서 다시 음이나 양을 만들어내는 순서가 황종에서 시작하여 중려에서 끝난다고 한 것이다.

〈禮運〉에 "오행의 운용은 번갈아 서로 마침이 되니, 오행・사시・열두 달이 번갈아 서로 근본이 되고, 오성・육률・열두 管이 돌아가며 서로 宮이 되는 것이다.〔五行之動 迭相竭也 五行四時十二月 還相爲本也 五聲六律十二管 還相爲宮也〕" 하였는데, 小註에 長樂陳氏가 "≪禮書≫에 '선왕이 天地와 陰陽의 기운을 인하여 十二辰을 분별하고 십이신을 인하여 十二律을 만들었으니, 그 길고 짧은 것이 일정한 度數가 있고, 많고 적음이 일정한 도수가 있고, 가볍고 무거움이 무게가 있고, 그 덜고 더함이 마땅함이 있다. 이는 黃鍾에서 시작하여 中呂(仲呂)에서 끝마치니, 황종・태주・고선은 양을 덜어 음을 만들어내고, 임종・남려・응종은 음을 더하여 양을 만들어내며, 유빈・이칙・무역은 또 양을 더하여 음을 만들어내고, 대려・협종・중려는 또 음을 덜어 양을 만들어낸다. 어째서인가? 황종으로부터 태주까지는 양 가운데의 양이고, 임종으로부터 응종에 이르기까지는 음 가운데의 음이니, 양 가운데의 양과 음 가운데의 음은 양이 불어나고 음이 사라지는 때이므로 양이 항상 아래로 낳아서 유여하고 음이 항상 위로 낳아서 부족하다. 유빈으로부터 무역에 이르기까지는 음 가운데의 양이고, 대려로부터 중려에 이르기까지는 양 가운데의 음이니, 음 가운데의 양과 양 가운데의 음은 양이 사라지고 음이 자라나는 때이므로 양이 항상 위로 낳아 부족하고 음이 항상 아래로 낳아 유여한 것이다.'라고 하였다." 하였다.

23) (奏)〔泰〕 : 저본에는 '奏'로 되어 있는데, 衛湜의 ≪禮記集說≫에 의거하여 '泰'로 수정하였다. 위식은 字가 正叔이고, 南宋 寶慶(1225~1227)~嘉熙(1237~1240) 연간에 주로 활동했던 문인으로, 벼슬에 여러 차례 천거되었으나 거의 응하지 않고 학문 연구에 매진하였다. 위식의 ≪예기집설≫에는 144명의 학자의 설이 인용되어 있는데, 陳澔의 ≪예기집설≫과 차이도 있으나 중복되는 설도 많다.

24) 物至辰 則潔齊 : ≪周易≫ 家人卦의 程傳에 "만물은 손방에서 깨끗해진다.〔萬物潔齊於巽方〕"라고 보이는데, 周 文王의 〈後天八卦圖〉상에서 '巽'이 南東方이기 때문에 여기에서 남동방을 뜻하는 '辰'으로 바꿔 쓴 것이다. 참고로 ≪주역≫의 팔괘도는 문왕의 후천도인

非實體也요 且然而已라 故謂之姑洗이라 蕤賓者는 建午之律也니 陽至午면 則向衰也요 草木蕤矣니 陰用事而陽爲賓焉이라 故謂之蕤賓이라 夷則(칙)者는 建申之律也니 人至申而夷하고 物至申而有成則이라 故謂之夷則이라 無射(역)者는 建戌之律也니 陰至戌而盛하고 陽至戌而不厭이라 故謂之無射이니 此陽之律也라 陽道는 體變以始物이라 故로 每律異名이요 陰道는 體常以效法이라 故로 止於三鍾三呂而已라 大呂者는 建丑之律也니 是爲陰律之始하니 則陰之所以配陽而行者 於是爲大라 故曰大呂라 夾鍾者는 建卯之律也니 陽生於子하야 終於午하니 則卯爲陽之中矣니 以其位於中而止焉이라 故曰夾鍾이라 中呂者는 建巳之律也니 四時之序 猶伯仲焉하야 春爲伯하고 夏爲仲하니 方是時하야 夏之氣始行焉이라 故曰中呂라 林鍾者는 建未之律也니 萬物之繁茂 止於此矣라 故曰林鍾이라 南呂者는 建酉之律也니 酉는 正西也니 氣至南而化하고 行於西而成하니 西는 所以成南而行爾라 故曰南呂라 應鍾者는 建亥之律也니 始事者陽이요 效法者陰이니 陽始而倡之하고 陰成而應之하니 陰陽之道 如是而止矣라 故曰應鍾이라 周官에 大(태)師掌六律六呂하야 以合陰陽之聲[25)]하니 陽聲은 始之以黃鍾이면 則順而序之하니 以生之序進之也요 陰聲은 始之以大呂면 則逆而序之하니 以成之序退之也라 夾鍾을 亦謂之圜鍾者는 以春主規言之也요 林鍾을 亦謂之函鍾者는 以坤含洪言之也요 中呂를 亦謂之小呂者는 對大呂爲小故也요 南呂를 亦謂之南事者는 以成南爲事故也라 別而言之하면 則律言其用하고 呂言其體라 故陽六爲律이요 陰六爲呂며 合而言之하면 皆所以述氣而已라 故通謂之十二律焉이니라

長樂陳氏 : '律'은 黃鍾에서 시작하여 仲呂〔中呂〕에서 끝나니, 그 길고 짧음에 度(자)

데, 팔괘를 方位에 배정하면 震을 東, 兌를 西, 離를 南, 坎을 北, 艮을 東北, 乾을 西北, 巽을 東南, 坤을 西南에 배정한다. 伏羲의 先天圖에서는 離를 東, 坎을 西, 乾을 南, 坤을 北, 震을 東北, 艮을 西北, 兌를 東南, 巽을 西南에 배정한다.(≪皇極經世書≫)

25) 大(태)師掌六律六呂 以合陰陽之聲 : ≪周禮≫ 〈春官〉에 "태사는 육률과 육동을 관장하여 음양의 소리를 화합시킨다. 양의 소리는 황종·태주·고선·유빈·이칙·무역이고, 음의 소리는 대려·응종·남려·함종(林鐘)·소려(仲呂)·협종이다. 이들은 모두 궁·상·각·치·우의 오성으로 조절하며 금·석·토·혁·사·목·포·죽의 여덟 가지 재료로 만들어진 악기로 연주한다.〔大師掌六律六同 以合陰陽之聲 陽聲 黃鐘大蔟姑洗蕤賓夷則無射 陰聲 大呂應鐘南呂函鐘小呂夾鐘 皆文之以五聲 宮商角徵羽 皆播之以八音 金石土革絲木匏竹〕"라고 보인다.

가 있고, 많고 적음에 數가 있고, 가볍고 무거움에 權(저울)이 있어서 만 가지 법의 근원이 모두 여기에 모여 있다. 멀게는 天地와 四時의 이치를 분별할 수 있고 깊게는 神祇와 祖考의 뜻을 알 수 있으며, 교육과 정치에 베풀면 풍속을 가지런히 하여 백성의 신뢰를 세울 수 있고, 전쟁과 정벌에 쓰면 勝負를 살펴 吉凶을 알 수 있으니, 律의 쓰임 됨이 어찌 크지 않겠는가.

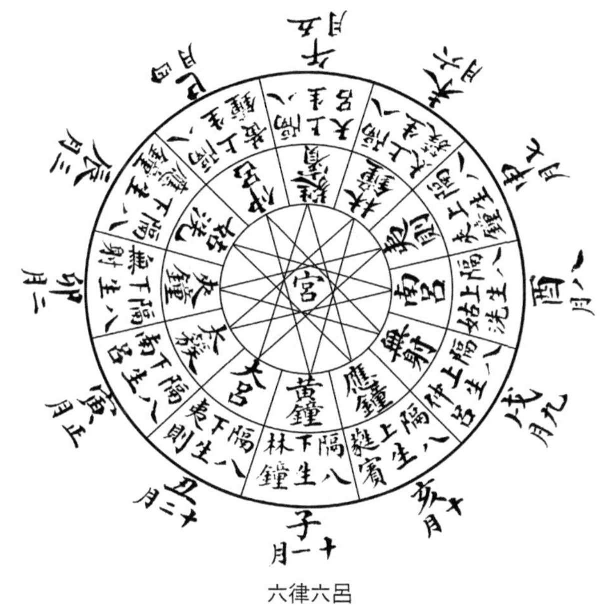

六律六呂

'黃鍾(11월)'은 부두성 자루가 〈正北方인〉 子方을 가리키는 달(동짓달)의 律이니, 黃色은 陰이 성한 것이고, 鍾이라는 기물은 陰이 모인 것이다. 陰이 성하여 지극하면 陽이 생겨나고, 陰이 성하여 다하면 陽이 흩어지니, 陰이 亥方에서 끝남으로 말미암아 陽이 비로소 子方에서 시작되므로 '黃鍾'이라 한 것이다.

'太蔟(1월)'는 〈正東方에 가까운 東北方인〉 寅方을 가리키는 달(정월)의 律이니, 坎에 들어간 것은 반드시 震으로 나오고 否(비)에서 否塞한 것은 반드시 泰에서 通泰한데, 인방의 기운이 막 震方의 통태함을 접해서 막힌 것을 통태하게 뚫어주므로 '太蔟'라 한 것이다.

'姑洗'은 〈정동방에 가까운 南東方인〉 辰方을 가리키는 달(3월)의 律이니, 물건이 진방에 이르면 깨끗한데, '깨끗하다'는 것은 實體가 아니고 우선 그러할 뿐이므로 '姑洗'이라 이른 것이다.

'蕤賓'은 〈正南方인〉 午方을 가리키는 달(5월)의 律이니, 陽이 오방에 이르면 쇠함으로 향하고 초목이 무성한데, 陰이 用事하고 陽이 손님이 되므로 '蕤賓'이라 한 것이다.

'夷則'은 〈正西方에 가까운 西南方인〉 申方을 가리키는 달(7월)의 律이니, 사람은 신방에 이르면 화평하고 물건은 신방에 이르면 법칙을 이룸이 있으므로 '夷則'이라고 한 것이다.

'無射'은 〈정서방에 가까운 西北方인〉 戌方을 가리키는 달(9월)의 律이니, 陰이 술방에 이르면 성하고 陽이 술방에 이르면 싫지 않으므로 '無射'이라 이른 것이다.

이 여섯 개의 律은 陽의 律이다. 陽의 道는 변함을 體로 하여 물건을 시작하기 때문에 매 律마다 명칭이 다르고, 陰의 도는 떳떳함을 체로 삼아 법을 본받기 때문에 三鍾(夾鍾·林鍾·應鍾)과 三呂(大呂·仲呂·南呂)에 그칠 뿐이다.

'大呂'는 〈정북방에 가까운 동북방인〉 丑方을 가리키는 달(섣달)의 律이니, 이것은 陰律의 시작이 되는데, 陰이 陽에 배합하여 행하는 것이 여기에서 크기 때문에 '大呂'라 한 것이다.

'夾鍾'은 〈정동방인〉 卯方을 가리키는 달(2월)의 律이니, 陽은 子方에서 생겨서 午方에서 끝난다. 묘방은 陽의 중앙이 되는데, 그 중앙에 자리하여 머무르기 때문에 '夾鍾'이라 한 것이다.

'仲呂'는 〈정남방에 가까운 남동방인〉 巳方을 가리키는 달(4월)의 律이니, 四時의 순서는 사람의 伯仲(형과 아우)과 같아서 봄이 伯이 되고 여름이 仲이 되는데, 이때를 당하여 여름의 기운이 비로소 행해지므로 '仲呂'라 한 것이다.

'林鍾'은 〈정남방에 가까운 서남방인〉 未方을 가리키는 달(6월)의 律이니, 만물의 번성함이 여기에서 그치기 때문에 '林鍾'이라 한 것이다.

'南呂'는 酉方을 가리키는 달(8월)의 律이니, 酉는 正西方이다. 氣가 南方에 이르러 변화하고 서방에서 행하여 이루니, 서방은 남방을 이루어 행하는 것이므로 '南呂'라 한 것이다.

'應鍾'은 〈정북방에 가까운 서북방인〉 亥方을 가리키는 달(10월)의 律이니, 일을 시작하는 것은 陽이고 법을 본받는 것은 陰인데, 陽이 시작하여 선창하고 陰이 이루어 응한다. 陰陽의 道가 이와 같을 뿐이므로 '應鍾'이라 한 것이다.

≪周禮≫ 〈春官〉에 "太師가 六律·六呂를 관장하여 陰·陽의 소리를 맞춘다." 하였다. 陽의 소리는 黃鍾으로 시작하면 順序에 맞게 되니 낳는 순서에 따라 나아간 것이고, 陰의 소리는 大呂로 시작하면 逆順으로 되니 이루는 순서에 따라 물러간 것이다. '夾鍾'을 또한 '圜鍾'이라고 이르는 것은, 봄은 規(둥근 것)를 위주하여 말한 것이기 때문이다. '林鍾'을 또한 '函鍾'이라 이르는 것은, 坤은 넓은 것을 포용하여 말한 것이기 때문이다. '仲呂'를 또한 '小呂'라고 이르는 것은 大呂와 상대하면 작기 때문이다. '南呂'를 또한 '南事'라고 이르는 것은 남쪽을 이루는 것을 일삼기 때

문이다.

구별하여 말하면 律은 用을 말하고 呂는 體를 말하므로 陽 여섯이 律이 되고 陰 여섯이 呂가 되며, 합하여 말하면 모두 氣를 기술한 것일 뿐이므로 통틀어 '12律'이라 이른 것이다.

○ 嚴陵方氏曰 戶는 奇而在內하니 陽自內出之象也요 春生은 爲陽出之時라 故其祀戶라 門은 耦而在外하니 陰自外入之象也요 秋收는 爲陰入之時라 故其祀門이라 竈(조)者는 物之所以化니 而夏之時엔 則陽已極而陰於是化也라 故其祀竈라 行者는 人之所以往이니 而冬之時엔 則陽來復而陰於是往也라 故其祀行이라 中霤는 蓋中室也니 以居中而奠四隅라 故中央則其祀中霤라 五祀皆有功於人者也라 故立祀以報之하고 而報之之時를 又各從其類焉이라 於戶曰祀요 於脾曰祭는 何也오 蓋戶者는 所祀之神이요 脾者는 所祭之物이니 脾는 土藏也라 五祀之祭에 必有牲焉하니 特各以其藏으로 爲之先爾라 故每以先言之하니라

嚴陵方氏 : '戶'는 외짝으로 된 문이면서 집 내부에 있으니 陽이 안에서 나오는 象이고, 봄에 생성하는 것은 陽이 나오는 때의 일이므로 戶에 제사 지내는 것이다. '門'은 두 짝으로 된 문이면서 집 외부에 있으니 陰이 밖으로부터 들어가는 象이고, 가을에 수확하는 것은 陰이 들어가는 때의 일이므로 門에 제사 지내는 것이다. 부엌〔竈〕은 물건이 변화하는 곳이니 여름철에는 陽이 이미 지극하여 陰이 이때 변화하므로 부엌에 제사 지내는 것이다. 길〔行〕은 사람이 가는 곳이니, 겨울철에는 陽이 와서 회복하고 陰이 이때 가기 때문에 길에 제사 지내는 것이다. '中霤'는 방의 중앙이니, 중앙에 있으면서 사방 모퉁이 자리를 定하기 때문에 중앙(季夏)에는 중류에 제사 지내는 것이다.

五祀는 〈제사 지내는 대상이〉 모두 사람들에게 功이 있는 자이다. 그러므로 제사를 정립하여 보답하고, 보답하는 때를 또 각각의 類를 따른 것이다. '戶'에는 '祀'라 하고 '脾(지라)'에는 '祭'라고 말한 것은 어째서인가? '戶'는 제사 지내는 神이고 '脾'는 제사 지내는 물건이기 때문이다. '脾'는 〈五行 가운데〉 土의 〈성질이 있는〉 臟器이다. 오사의 제사에 반드시 犧牲이 있으니, 다만 각각 그 장기를 우선적인 것으로 삼는다. 그러므로 매번 〈장기를〉 '先'이라고 말한 것이다.

060105 東風解凍이라 蟄蟲始振하며 魚上氷하며 獺祭魚하며 鴻雁來하나니라

東風이 언 것을 녹이므로 겨울잠을 자던 동물이 비로소 꿈틀거리며, 물고기가 얼음 위로 올라오며, 수달이 물고기로 제사 지내며, 기러기가 〈남쪽에서〉 온다.

≪集說≫

此는 記寅月之候라 振은 動也라 來는 自南而北也라

이것은 寅月(孟春)의 징후를 기록한 것이다. '振'은 움직임이다. '來'는 남쪽에서 北上하는 것이다.

≪大全≫

嚴陵方氏曰 夫凍結於重陰堅栗之時하니 東風은 蓋發散之氣也라 東風旣解凍이면 則物之藏於密者 咸起而振하고 潛於深者 咸躍而上矣라 故로 繼之以蟄蟲始振魚上氷也하니라

嚴陵方氏 : 얼음은 짙은 陰氣가 단단할 때에 맺히니, 東風은 〈얼음〉 발산하는 기운이다. 동풍이 언 것을 녹이고 나면 은밀한 곳에 숨어 있던 동물들이 모두 일어나 꿈틀거리고, 깊은 물속에 숨어 있던 동물들이 모두 躍動하여 올라온다. 그러므로 이어서 '겨울잠을 자던 동물들이 비로소 꿈틀거리며 물고기가 얼음 위로 올라온다.' 한 것이다.

060106 天子居靑陽左个[26)]하며

천자가 靑陽左个에 거처하며

---

26) 居靑陽左个 : '靑陽'은 왕이 조회, 제사, 포상, 인재 선발, 양로, 교학 등의 예를 거행하는 明堂 내 동방의 堂이다. 명당은 밖은 둥글고 중앙은 네모지며, 사방과 중앙에 당이 있다. 동방의 당은 靑陽, 남방의 당은 이 건물 전체의 이름과 동일한 明堂, 서방의 당은 總章, 북방의 당은 玄堂, 중앙의 당은 太廟라고 한다. 사방의 正堂도 태묘라고 부르며 각각 청양태묘, 명당태묘, 총장태묘, 현당태묘로 부른다. 사방의 태묘에는 각각 左室과 右室이 있는데, 이를 个라고 한다. '左个'는 청양의 당 북쪽에 있는 室이다. 251쪽의 그림은 明나라 王應電의 ≪周禮圖說≫에 보이는 〈鄭氏明堂圖〉와 송나라 楊甲의 ≪六經圖≫에 보이는 〈月令明堂圖〉이다.

≪集說≫

青陽左个는 註云 太寢東堂北偏也라 疏云 是明堂北偏이어늘 而云太寢者는 明堂이 與太廟太寢으로 制同이라 北偏者는 近北也라 四面旁室을 謂之个라

'青陽左个'는, 〈鄭玄의〉 註에 "太寢의 東堂 북쪽 귀퉁이다." 하였다. 〈孔穎達의〉 疏에 "이는 明堂의 北偏인데 '太寢'이라 한 것은 명당이 太廟·太寢과 제도가 같기 때문이다." 하였다. 북편은 북쪽에 가까운 곳이다. 사면의 側室을 '个'라 이른다.

○ 朱子曰 論明堂之制者 非一이라 竊意當有九室하야 如井田之制니 東之中은 爲青陽太廟요 東之南은 爲青陽右个요 東之北은 爲青陽左个며 南之中은 爲明堂太廟요 南之東은 即東之南이니 爲明堂左个요 南之西는 即西之南이니 爲明堂右个며 西之中은 爲總章太廟요 西之南은 即南之西니 爲總章左个요 西之北은 即北之西니 爲總章右个며 北之中은 爲玄堂太廟요 北之東은 即東之北이니 爲玄堂右个요 北之西는 即西之北이니 爲玄堂左个며 中爲太廟太室이라 凡四方之太廟는 異方所하고 其左右个는 則青陽左个는 即玄堂之右个요 青陽右个는 即明堂之左个요 明堂右个는 即總章之左个요 總章之右个는 乃玄堂之左个也니 但隨其時之方位開門耳라 太廟太室은 則每季十八日에 天子居正歟인저 古人制事에 多用井田遺意하니 此恐然也라

明堂左个 / 青陽右个	明堂太廟	明堂右个 / 總章左个
青陽太廟	太廟太室	總章太廟
青陽左个 / 玄堂右个	玄堂太廟	玄堂左个 / 總章右个

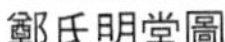
鄭氏明堂圖

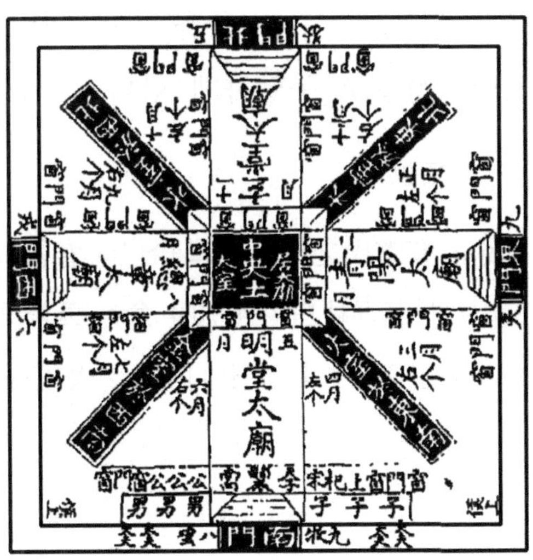
月令明堂圖

朱子 : 明堂의 제도를 논한 자가 한두 명이 아니다. 생각해보건대 마땅히 9개의 방이 있어서 井田의 제도와 같았을 것이다. 〈그 제도는〉 동쪽의 중앙은 '青陽太廟'가 되고, 동쪽의 남쪽은 '青陽右个'가 되고, 동쪽의 북쪽은 '青陽左个'가 된다. 남쪽의 중앙은 '明堂太廟'가 되고, 남쪽의 동쪽은 바로 동쪽의 남쪽이니 '明堂左个'가 되고, 남쪽의 서쪽은 바로 서쪽의 남쪽이니 '明堂右个'가 된다. 서쪽의 중앙은 '總章太廟'가 되고, 서쪽의 남쪽은 바로 남쪽의 서쪽이니 '總章左个'가 되고, 서쪽의 북쪽은 바로 북쪽의 서쪽이니 '總章右个'가 된다. 북쪽의 중앙은 '玄堂太廟'가 되고, 북쪽의 동쪽은 바로 동쪽의 북쪽이니 '玄堂右个'가 된다. 북쪽의 서쪽은 바로 서쪽의 북쪽이니 '玄堂左个'가 되며, 중앙은 '太廟太室'이 된다.

무릇 사방의 太廟는 方所를 달리하고, 그 左右의 个는, '청양좌개'는 바로 玄堂의 右个이고 '청양우개'는 바로 명당의 左个이고, '명당우개'는 바로 總章의 좌개이고, '총장의 右个'는 바로 현당의 좌개이니, 다만 그 철의 방위에 따라 門을 열 뿐이다. 태묘태실은 매 계절의 〈마지막〉 18일 동안 천자가 正中央에 거처하는 곳이리라. 옛사람들은 일을 제정할 때에 정전의 남은 뜻을 많이 사용하였으니, 이것이 옳을 듯하다.

060107 乘鸞(란)路하며 駕倉龍하며 載靑旂하며 衣靑衣하며 服倉玉하며 食麥與羊하며 其器를 疏以達하나니라

鸞路를 타며, 푸른 말에 멍에 하며, 푸른 깃발을 〈수레에〉 꽂으며, 푸른 옷을 입으며, 푸른 옥을 차며, 보리와 양고기를 먹으며, 그릇을 〈조각한 것이〉 성글고 통달하게 한다.

≪集說≫

鸞路는 有虞氏之車니 有鸞鈴也라 春言鸞이면 則夏秋冬이 皆鸞也요 夏云朱하고 冬云玄하면 則春靑秋白을 可知라 倉은 與蒼同이라 馬八尺以上이 爲龍이라 服玉은 冠冕之飾及佩也라 麥은 以金王而生하야 火王而死하니 當屬金이어늘 而鄭云屬木[27)]하고 兌爲

27) 鄭云屬木 : 鄭玄의 注에 "보리 알갱이에는 껍질이 있어서 木에 속한다.〔麥實有孚甲 屬木〕" 하였다.(≪禮記正義≫)

羊이니 當屬金[28]이어늘 而鄭云火畜[29]이라하니 皆不可曉라 疏云 鄭本五行傳[30]言之나 然陰陽多塗하야 不可一定이라 故로 今於四時所食及彘(체)嘗麥과 雛嘗黍之類에 皆略之하야 以俟知者하노라 疏以達者는 春物이 將貫土而出이라 故로 器之刻鏤者를 使文理麤疏하야 直而通達也라

'鸞路'는 有虞氏(舜)의 수레이니, 鸞鈴이 달려있다. 봄에 '鸞'이라고 말했으면 여름과 가을과 겨울에도 모두 鸞이고, 여름에 '朱'라 하고 겨울에 '玄'이라 했으면 봄에는 青色, 가을에는 白色임을 알 수 있다. '倉'은 '蒼'과 같다. 키가 8尺 이상인 말을 '龍'이라 한다. '服玉'은 冠冕의 꾸밈과 佩玉이다.

'보리'는 〈가을에〉 金이 왕성할 때 나서 〈여름에〉 火가 왕성할 때 죽으니 마땅히 金에 속하여야 하는데 鄭氏(鄭玄)는 '木에 속한다.' 하였고, '兌'는 羊이 되니 마땅히 金에 속하여야 하는데 정씨는 '火의 가축'이라 하였으니, 모두 분명히 알 수 없다. 〈孔穎達의〉 疏에서는 정씨가 ≪五行傳≫에 근거하여 말했다 하였으나 陰陽은 多岐하여 하나로 정할 수가 없으므로 이제 四時에 먹는 것 및 〈孟夏에〉 '돼지고기를 먹을 때는 보리를 먹는 것'과 '새고기를 먹을 때는 찰기장을 먹는 것' 따위에 대해서는 모두 생략하여 〈음양에 대해〉 아는 자를 기다린다.

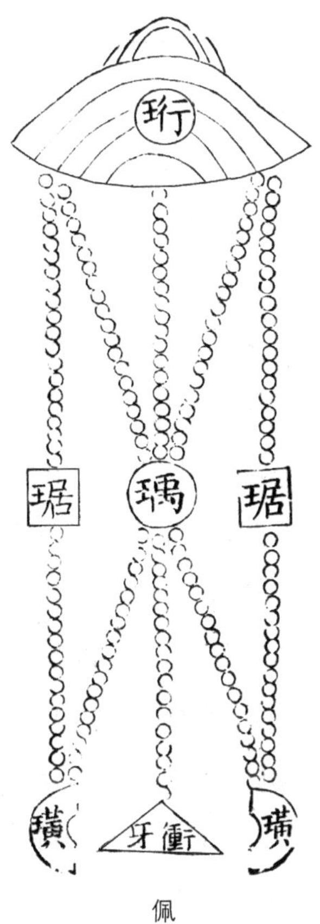

佩

'疏以達'은 봄의 생물이 장차 땅을 뚫고 나오려 하므로

28) 兌爲羊 當屬金 : ≪周易≫ 〈說卦傳〉에, 동물에서 八卦의 象을 취하여 "건은 말이 되고, 곤은 소가 되고, 진은 용이 되고, 손은 닭이 되고, 감은 돼지가 되고, 이는 꿩이 되고, 간은 개가 되고, 태는 양이 된다.〔乾爲馬 坤爲牛 震爲龍 巽爲鷄 坎爲豕 離爲雉 艮爲狗 兌爲羊〕" 하였는데, 文王의 〈後天圖〉상에서 '兌'는 서쪽이 되므로 서쪽의 金에 속한다 한 것이다.

29) 鄭云火畜 : 鄭玄의 注에 "양은 火에 속하는 가축이니, 이때 날씨가 아직 추우므로 양고기를 먹어서 사람의 성품을 편안히 하는 것이다.〔羊火畜 時尙寒 食之以安性也〕" 하였다.(≪禮記正義≫)

30) 五行傳 : 前漢의 劉向이 지은 ≪洪範五行傳≫을 가리키는 것으로 보이는데, 현재는 전하지 않는다.

器物에 조각하는 것을, 〈생물이 쉽게 뚫고 나올 수 있기를 바라는 의미에서〉 그 무늿결을 거칠고 성글게 하여 곧바로 통달하게 하는 것이다.

≪大全≫

嚴陵方氏曰 青陽者는 少陽之稱也니 春爲少陽故로 所居之堂을 名之나 然其堂也 中有太廟하고 左右个處其兩傍이라 故孟月居左하고 季月居右하고 仲月居中하야 各從其類焉이라 謂之太廟는 則以其大饗於此故也요 謂之左个는 則以介於左故也요 謂之右个는 則以介於右故也니 推此면 則秋與冬夏亦若是而已라 總章者는 陰成之稱也라 赤白爲章[31)]者는 文之成이니 秋成之時는 其章總矣라 故所居之堂을 其名以此라 明者는 南之方이요 玄者는 北之色이니 或言方하고 或言色은 互相備也라 春從木色而有青有倉하고 冬從水色而有黑有玄하고 夏從火色而有朱有赤하니 以其色之不一故로 衣服所用이 則互相足焉이요 至於西方하야는 則純以白하고 中央則純以黃者는 以其無餘色故也라 春主發散故로 其器疏以達하니 蓋疏則散하고 達則發故也요 夏主長大故로 其器高以粗하니 蓋高則長하고 粗則大故也요 秋主刻深故로 其器廉以深하니 蓋廉則制하고 深則刻故也요 冬主受藏故로 其器閎以奄하니 蓋閎則受하고 奄則藏故也라 中央土는 其器圜以閎者니 圜若物由是以周旋하고 閎若物由是以出入하니 萬物은 周旋於土者也라 故中央之器는 所象如此하니라

嚴陵方氏 : 青陽은 少陽의 칭호이니, 봄은 소양이 되기 때문에 거처하는 堂을 '青陽'이라 명명한 것이다. 그러나 그 堂은 중앙에 太廟가 있고 左个와 右个가 양옆에 있으므로 孟月에는 왼쪽에 거처하고 季月에는 오른쪽에 거처하며 仲月에는 중앙에 거처하여 각각 그 類를 따른 것이다. '太廟'라 이른 것은 여기에서 크게 祭饗하기 때문이고, '左个'라 이른 것은 왼쪽에 끼어 있기 때문이고, '右个'라 이른 것은 오른쪽에 끼어 있기 때문이니, 이것을 미루어보면 가을과 겨울, 여름 또한 이와 같을 뿐이다. '總章'은 陰이 이루어진 칭호이다. 赤色과 白色을 '章'이라 함은 文이 이루어진 것이니, 가을이 이루어지는 때는 그 文章이 모두 갖추어진다. 그러므로 거처하는 堂을 이것으로 명명한 것이다. '明'은 남쪽의 方位이고 '玄'은 북쪽의 색깔이니, 혹 방

31) 赤白爲章 : ≪周禮≫ 〈考工記 畫繢〉에 보인다.

위를 말하기도 하고 혹 색깔을 말하기도 함은 서로 〈필요한 뜻을〉 구비한 것이다.

봄은 나무의 색깔을 따르는데 青이 있고 倉이 있으며, 겨울은 물의 색깔을 따르는데 黑이 있고 玄이 있으며, 여름은 불의 색깔을 따르는데 朱가 있고 赤이 있으니, 그 색깔이 똑같지 않기 때문에 衣服에 사용하는 것이 서로 충족되는 것이다. 그러나 西方의 경우에는 순수하게 白色을 사용하고 중앙은 순수하게 黃色을 사용하는 것은 남은 색이 없기 때문이다.

봄은 발산을 주장하기 때문에 〈봄에 사용하는〉 기물을 〈조각한 것이〉 성글고 통달하게 하니, 성글면 흩어지고 통달하면 발산하기 때문이다. 여름은 長大를 주장하기 때문에 〈여름에 사용하는〉 기물을 〈조각한 것이〉 높고 굵게 하니, 높으면 길어지고 굵으면 커지기 때문이다. 가을은 철저하고 嚴함을 주장하기 때문에 〈가을에 사용하는〉 기물을 〈조각한 것이〉 모나고 깊게 하니, 모나면 법도가 있게 되고 깊으면 철저해지기 때문이다. 겨울은 받아들이고 감춤을 주장하기 때문에 〈겨울에 사용하는〉 기물을 〈속은〉 크고 〈위는〉 좁게 하니, 크면 받아들여지고 좁으면 감추어지기 때문이다. 중앙의 土는 〈그때 사용하는〉 기물을 둥글고 크게 하니, 둥글면 물건이 이를 통해 두루 운행하게 되는 듯하고 크면 물건이 이를 통해 출입하게 되는 듯하니, 만물은 土에서 두루 운행하게 되므로 중앙의 기물은 형상하는 것이 이와 같다.

060201 **是月也**에 **以立春**이니 **先立春三日**하야 **太史謁之天子曰 某日**이 **立春**이니 **盛德**이 **在木**이라하면 **天子乃齊**(재)하야 **立春之日**에 **天子親帥**(솔) **三公九卿諸侯大夫**하야 **以迎春於東郊**하고 **還**(선)[32]**反**하야 **賞公卿大夫於朝**하고 **命相**하야 **布德和**[33]**令**하야 **行慶施惠**호되 **下及兆民**하야 **慶賜遂行**하야 **毋有不當**이니라

---

32) 還(선) : 이 글자의 음은 저본의 음을 따른 것으로 번역도 그에 준해서 하였다. 참고로 大全의 嚴陵方氏는 본래 음을 따라 "'還'은 교외에서 돌아옴을 이른다.〔還 言還之自郊〕"라고 풀이하였다.

33) 和 : 번역은 大全의 嚴陵方氏 설을 따랐는데, 참고로 중국의 학자 陳奇猷(1917~2006)의 ≪呂氏春秋集釋≫에 따르면 이 글자는 '宣布하다'의 뜻이다. 옛날의 음은 '宣'과 '和'가 서로 비슷하였기 때문에 '宣'자를 '和'자와 통용한 것이다.

이달(孟春)에 立春이 있으니, 입춘이 되기 3일 전에 太史가 천자에게 고하기를 "아무 날이 입춘이니, 盛德이 木에 있습니다." 하면 천자가 이에 齋戒한다. 입춘 날에 천자가 친히 三公·九卿·諸侯·大夫들을 거느리고서 동쪽 郊外에서 봄을 맞이하고 이내 돌아와 삼공과 구경과 〈제후와〉 대부에게 조정에서 賞을 내린다. 그리고 돕는 자(三公)에게 명하여 德을 〈順히〉 펴고 命令을 和順하게 내려 포상을 행하고 은혜를 베풀되 아래로 億兆 백성에게까지 이르게 해서 경사로운 恩賜가 마침내 행해져 합당하지 않음이 없게 한다.

≪集說≫

謁은 告也라 春爲生하니 天地生育之盛德이 在於木位也라 迎春東郊는 祭太皞句芒也니 後倣此推之니라

'謁'은 告함이다. 봄은 낳는 것이 되니, 천지가 낳고 기르는 盛德이 木의 방위에 있다. 동쪽 郊外에서 봄을 맞이하는 것은 〈木德으로 왕 노릇 한〉 太皞와 〈木正인〉 句芒에게 제사 지내는 것이니, 뒤도 이와 같이 미루어볼 수 있다.

○ 疏曰 節氣有早晩하니 是月者는 謂是月之氣요 不謂是月之日也라

疏 : 節氣에는 이르고 늦음이 있으니, '是月'은 이달의 氣를 말한 것이고, 이달의 날짜를 말한 것이 아니다.

≪大全≫

嚴陵方氏曰 四立之日은 則其氣至矣라 故로 天子親帥其臣하야 以迎之於郊焉하니 所以導其氣之至也라 春主寅卯辰하니 其位居東故로 迎之於東郊하고 夏主巳午未하니 其位居南故로 迎之於南郊하고 秋主申酉戌하니 其位居西故로 迎之於西郊하고 冬主亥子丑하니 其位居北故로 迎之於北郊라 五行之氣에 獨不迎土者는 以其居中하야 非自外至也일새라 唯其自外至故로 迎之者 每於郊焉이라 古者에 於寒曰迎은 以客陰故也요 於暑曰逆은 以主陽故也며 此則四時皆謂之迎者는 蓋別而言之하면 雖有陰陽客主之辨이나 合而言之하면 則氣皆自外至하니 主之在我而已라 故通謂之迎焉이라 所

謂還反은 何也오 還은 言還之自郊하고 反은 言反之於朝하니 主彼言故로 曰還이요 主此言故로 曰反也라 古者에 賞以春夏하고 刑以秋冬이어늘 此則四時皆賞은 何也오 蓋春夏非不刑也로되 特順陽義故로 以賞爲主爾요 秋冬非不賞也로되 特順陰義故로 以刑爲主爾니 此則喜其氣之至라 故로 皆行賞以飾其喜焉이라 又曰 德令慶惠出乎君이나 然欲布和行施以下及也하면 則必有以相之者焉이라 故特言命相也라 德貴乎宣利라 故曰布요 令貴乎無乖라 故曰和요 慶則必致用이라 故曰行이요 惠則必有與라 故曰施라 慶賜者는 行慶而賜之也니 慶主禮하고 賜主物이라 前言行慶은 則禮而已요 此言慶賜는 又及於物故也라 遂行은 言行之而無壅也라 毋有不當은 則又惡(오)夫妄與以傷費焉이라 此與孟夏에 皆言慶賜遂行하고 而秋冬則不言者는 賜以春夏爲主故也라 於春則繼之以毋有不當하고 於夏則繼之以無不欣說(열)者하니 蓋慶賜는 所以飾喜니 必能毋有不當然後에 人無不欣說焉이니 亦互相備而已니라

嚴陵方氏：四立(立春・立夏・立秋・立冬)의 날은 각 계절의 氣가 이른다. 그러므로 천자가 친히 신하들을 거느리고서 郊外에서 〈節氣를〉 맞이하는 것이니, 이는 그 氣의 이름을 인도하는 것이다.

봄은 寅・卯・辰을 주장하니, 〈寅方・卯方・辰方의〉 위치가 동쪽에 있으므로 동쪽 교외에서 맞이한다. 여름은 巳・午・未를 주장하니, 〈巳方・午方・未方의〉 위치가 남쪽에 있으므로 남쪽 교외에서 맞이한다. 가을은 申・酉・戌을 주장하니, 〈申方・酉方・戌方의〉 위치가 서쪽에서 있으므로 서쪽 교외에서 맞이한다. 겨울은 亥・子・丑을 주장하니, 〈亥方・子方・丑方의〉 위치가 북쪽에 있으므로 북쪽 교외에서 맞이한다.

五行의 氣 중에 홀로 土를 맞이하지 않는 것은 土는 중앙에 있어서 밖으로부터 오는 것이 아니기 때문이다. 오직 〈木(봄)・火(여름)・金(가을)・水(겨울)의 氣가〉 밖으로부터 오기 때문에 맞이하는 것을 매번 교외에서 하는 것이다.

옛날에 추위를 〈맞이하는 것에〉 대해 '迎'이라 한 것은 陰을 客으로 여기기 때문이고, 더위를 〈맞이하는 것에〉 대해 '逆'이라 한 것은 陽을 주인으로 여기기 때문이며, 여기에서는 四時를 모두 '迎'이라고 말한 것은 분별해서 말하면 비록 陰과 陽, 客과 主人의 구별이 있으나 합하여 말하면 氣가 모두 밖으로부터 이르니, 〈사시는 모두 客이 되고〉 주장함은 나에게 있을 뿐이기 때문이다. 그러므로 통틀어 '迎'이라 이른 것이다.

이른바 '還反'은 무엇을 말하는가? '還'은 교외에서 돌아옴을 말하고, '反'은 조정으로 돌아옴을 말하니, 저쪽을 위주로 말했기 때문에 '還'이라 하고, 이쪽을 위주로 말했기 때문에 '反'이라 한 것이다.

옛날에 봄과 여름에 賞을 내리고 가을과 겨울에 형벌을 내렸는데, 여기서는 모두 사시에 상을 준다고 말한 것은 어째서인가? 봄과 여름에는 형벌을 내리지 않는 것이 아니고 다만 陽의 뜻을 순히 따르기 때문에 상 주는 것을 주장하였을 뿐이며, 가을과 겨울에는 상을 주지 않는 것이 아니고 다만 陰의 뜻을 순히 따르기 때문에 형벌 내리는 것을 주장하였을 뿐이다. 이는 그 氣의 이름을 기뻐하기 때문에 모두 포상을 행하여 기쁨을 꾸미는 것이다.

또(嚴陵方氏) : 德·令·慶·惠는 人君에게서 나오나 〈덕을 順하게〉 펴고 〈명령을〉 和順하게 내리고 〈포상을〉 행하고 〈은혜를〉 베풀어 아래에 미치게 하고자 하면 반드시 이것을 돕는 자가 있어야 한다. 그러므로 특별히 '돕는 자에게 명한다.' 말한 것이다. 德은 이익을 베푸는 것을 귀하게 여기므로 '布'라 하고, 令은 어긋남이 없음을 귀하게 여기므로 '和'라 하고, 慶事는 반드시 씀을 지극히 하므로 '行'이라 하고, 恩惠는 반드시 줌이 있어야 하므로 '施'라 한 것이다.

'慶賜'는 慶事를 행하고 下賜하는 것이니, 慶賜는 禮를 주장하고 하사는 물건을 주장한다. 앞에서 '포상을 행한다.' 한 것은 禮를 말한 것뿐이고, 여기에서 '경사로운 恩賜'라 한 것은 또 물건에까지 미쳤기 때문이다. '遂行'은 행하여 막힘이 없음을 말한다. '합당하지 않음이 없게 한다.'는 것은 또 함부로 주어 財貨를 손상함을 미워한 것이다.

여기와 孟夏에 모두 '慶賜遂行'이라고 말하고 가을과 겨울에서는 말하지 않은 것은, '賜'는 봄과 여름을 위주로 하기 때문이다. 봄에는 이어서 '합당하지 않음이 없게 한다.' 하고, 여름에는 이어서 '기뻐하지 않는 이가 없게 한다.' 하였는데, '慶賜'는 기쁨을 꾸미는 것이니, 반드시 합당하지 않음이 없게 한 뒤에야 사람들이 기뻐하지 않음이 없는 것이다. 이는 또한 서로 〈필요한 뜻을〉 구비한 것일 뿐이다.

060202 乃命太史하야 守典奉法하며 司天日月星辰之行하야 宿離不貸(특)하야 毋失經紀하야 以初爲常이라하나니라

이에 太史에게 명하여, "典章을 지키고 법을 받들며 하늘의 日月星辰의

운행을 살펴 〈天體의〉 머물거나 운행함이 어긋나지 않게 하여 그 운행의 떳떳한 법을 잃지 않게 해서 처음 〈천체의 운행을〉 관측했던 것을 가지고 常道로 삼으라.” 한다.

≪集說≫

宿은 猶止也요 離는 猶行也라 言占候躔次를 不可差貸이니 貸은 與忒(특)同이라 經紀者는 天文進退遲速之度數也라 初者는 曆家推步之舊法이니 以此로 爲占候之常也라

'宿'은 '止'와 같고, '離'는 '行'과 같다. 〈해와 달의〉 躔次(운행하는 길)를 관찰하여 吉凶을 점치는 것을 어긋나게 해서는 안 됨을 말한 것이니, '貸'은 忒과 같다. '經紀'는 天文의 나아가고 물러감에 느리고 빠른 度數이다. '初'는 曆家가 옛날에 천체의 운행을 관측해서 만든 법이니, 이것을 가지고 〈躔次를〉 관찰하여 길흉을 점치는 常道로 삼는다.

≪大全≫

嚴陵方氏曰 月令은 天所命也니 王者는 則繼天以行其事而已라 故言乃焉하니 若後言乃擇元日[34] 乃修祭典之類라 周官太史之職이 掌建邦之六典하야 以逆邦國之治하고 掌八法하야 以逆官府之治[35]하니 卽此所謂守典奉法也요 又言正歲年以序事하야 頒

34) 日 : 아래 단락의 본문에는 '辰'으로 되어 있는데, 같은 의미로 쓴 것이기 때문에 교감하지 않았다.

35) 太史之職……以逆官府之治 : ≪周禮≫ 〈春官 大史〉에 보인다. '六典'은 나라를 다스리는 여섯 가지 방면의 법이다. ≪周禮≫ 〈天官 大宰〉에 “태재의 직책은 왕국의 여섯 가지 법전을 세워서 왕을 도와 제후국을 다스리는 것을 관장한다. 첫째는 '治典'으로, 제후국을 경영하고 관부를 다스리며 모든 민중이 지킬 기강을 세운다. 둘째는 '教典'으로, 제후국을 편안하게 하고 관부를 교육하며 모든 민중을 순화시킨다. 셋째는 '禮典'으로, 제후국을 화평하게 하고 모든 관료를 통솔하며 모든 민중을 화합하게 한다. 넷째는 '政典'으로, 제후국을 평화롭게 하고 모든 관료를 바르게 하며 모든 민중을 균등하게 한다. 다섯째는 '刑典'으로, 제후국에 禁令을 시행하고 모든 관료를 형벌로 다스리며 모든 민중을 규찰한다. 여섯째는 '事典'으로, 제후국을 부강하게 하고 모든 관료를 임명하며 모든 민중을 잘살게 한다.〔大宰之職 掌建邦之六典 以佐王治邦國 一曰治典 以經邦國 以治官府 以紀萬民 二曰教典 以安邦國 以教官府 以擾萬民 三曰禮典 以和邦國 以統百官 以諧萬民 四曰政典 以平邦國 以正百官 以均萬民 五曰刑典 以詰邦國 以刑百官 以糾萬民 六曰事典 以富邦國 以任百官 以生萬民〕”라고 보인다. '八法'은 여덟 가지 법으로 周나라 때 백성을 관리하던 통치법이다. ≪주례≫ 〈천관

之于官府及都鄙[36]하니 卽此所謂司天日月星辰之行也라 在人之六典八法과 在天之日月星辰이 莫不存乎書라 故以是命之於太史焉이라 大而有常者之謂典이라 故曰守요 詳而有變者之謂法이라 故曰奉이라 日月星辰之行이 皆麗乎天之大數[37]하고 數之妙理는 所以成變化而行鬼神이니 非聖人이면 不能與於此也니 若夫有司之事는 特司其末而已라 故以司言之라 日者는 循星以進退者也요 月者는 應日以死生者也요 星者는 日所舍요 辰者는 星所次니 以其得陽之精故로 謂之星이요 以其所次有時故로 謂之辰也라 日月星辰은 卽堯典所言曆象[38]과 洪範所言五紀[39] 是矣라 宿은 言宿之於此요 離는 言離之於彼라 日月星辰之行이 或宿或離하야 有定數焉하니 太史司之하야 不可貸而已니 貸則司天者之過矣니라

嚴陵方氏 : '月令'은 하늘이 명한 것이니, 王者는 하늘을 이어 그 일을 행할 뿐이다. 그러므로 '乃'라고 말하였으니, 뒤에 '마침내 원일을 가리다.〔乃擇元日〕', '이에 제전을 닦다.〔乃修祭典〕'라고 말한 類와 같다.

태재〉에 "팔법으로 官府를 다스리는데, 첫째 官屬으로써 왕국의 다스림을 일으키고, 둘째 官職으로써 왕국의 다스림을 판단하고, 셋째 官聯으로써 官治를 다스리고, 넷째 官常으로써 관치를 청취하고, 다섯째 官成으로써 왕국의 다스림을 경영하고, 여섯째 官法으로써 왕국의 다스림을 경영하고, 일곱째 官刑으로써 왕국의 다스림을 규찰하고, 여덟째 官計로써 왕국의 다스림을 결단한다.〔以八法治官府 一曰官屬 以擧邦治 二曰官職 以辨邦治 三曰官聯 以會官治 四曰官常 以聽官治 五曰官成 以經邦治 六曰官法 以正邦治 七曰官刑 以糾邦治 八曰官計 以弊邦治〕"라고 보인다.

36) 正歲年以序事 頒之于官府及都鄙 : 이 내용도 ≪周禮≫ 〈春官 大史〉에 보인다.

37) 天之大數 : ≪周易≫ 〈繫辭傳 上〉에 "하늘의 수는 25이고, 땅의 수는 30이다. 천지의 수는 55이니, 이것이 변화를 이루고 귀신을 움직이게 한다.〔天數二十有五 地數三十 凡天地之數五十有五 此所以成變化而行鬼神也〕"라고 하였다. 하늘의 수인 1·3·5·7·9를 합하면 25가 되고, 땅의 수인 2·4·6·8·10을 합하면 30이 되어 천지의 수를 합하면 55가 된다.

38) 曆象 : ≪書經≫ 〈虞書 堯典〉에 "희씨와 화씨에게 명하여 하늘을 공경히 따라서 日月星辰을 기록하고 관찰하여 백성들에게 농사철을 공경히 알려주게 하셨다.〔乃命羲和 欽若昊天 曆象日月星辰 敬授人時〕" 하였다.

39) 五紀 : 洪範九疇 가운데 네 번째 조목으로, 歲·月·日·星辰·曆數이다.(≪書經≫ 〈周書 洪範〉) 홍범구주는 천하를 다스리는 아홉 가지 법칙인데, 첫 번째가 '五行'이고, 두 번째가 '오사로 공경함〔敬用五事〕'이고, 세 번째가 '농사에 팔정을 쓰는 것〔農用八政〕'이고, 네 번째가 '오기로 화합하는 것〔協用五紀〕'이고, 다섯 번째가 '황극을 세우는 것〔建用皇極〕'이고, 여섯 번째가 '삼덕으로 다스림〔乂用三德〕'이고, 일곱 번째가 '계의로써 밝힘〔明用稽疑〕'이고, 여덟 번째가 '서징으로 상고함〔念用庶徵〕'이고, 아홉 번째가 '五福'이다.

≪周官(周禮)≫에 太史의 직책은 왕국의 六典을 세워서 邦國의 다스림을 살피고 八法을 관장하여 官府의 다스림을 살핀다고 하였으니, 바로 여기에서 말한 '典章을 지키고 법을 받든다.'는 것이다. 또 "歲와 年의 오차를 바로잡아 일을 조리 있게 하여 官府와 都鄙(都城과 지방)에 나눠준다." 했으니, 바로 여기에서 이른바 '하늘의 日月星辰의 운행을 살핀다.'는 것이다. 사람에게 있는 육전・팔법과 하늘에 있는 日月星辰이 책에 나와 있지 않음이 없으므로 이것을 가지고 태사에게 명한 것이다. 크면서도 일정함이 있는 것을 '典'이라 하기 때문에 '守'라고 말하고, 상세하면서도 변함이 있는 것을 '法'이라 하기 때문에 '奉'이라고 말한 것이다. 日月星辰의 운행이 모두 하늘의 큰 數에 붙어 있고, 수의 묘리는 변화를 이루어 귀신을 움직이게 하는 것이니, 聖人이 아니면 여기에 참여할 수 없는데, 담당 관리의 일로 말하면 다만 그 끝을 살필 뿐이므로 '司'라고 말한 것이다.

'日'은 별을 따라 나아가고 물러가는 것이고, '月'은 해를 따라 죽고 사는 것이다. '星'은 해가 머무는 곳이고, '辰'은 星이 머무는 곳이니, 陽의 精을 얻었기 때문에 '星'이라 이르고 머무는 곳이 일정한 때가 있기 때문에 '辰'이라 이른 것이다. 日月星辰은 ≪書經≫ 〈堯典〉의 이른바 '曆象'과 〈洪範〉의 이른바 '五紀'가 이것이다. '宿'은 여기에서 머묾을 말하고, '離'는 저기로 떠남을 말한다. 日月星辰의 운행이 혹 머물러 있기도 하고 혹 떠나기도 하여 일정한 數가 있는데, 태사가 이것을 살펴서 어긋나지 않게 해야 할 뿐이니, 어긋나면 〈이것은〉 하늘을 살피는 자의 잘못이다.

060301 **是月也**에 **天子乃以元日**로 **祈穀于上帝**하고 **乃擇元辰**하야 **天子親載耒耜**하야 **措之于參保介之御間**하고 **帥**(솔)**三公九卿諸侯大夫**하야 **躬耕帝籍**호되 **天子**는 **三推**(퇴)하고 **三公**은 **五推**하고 **卿諸侯**는 **九推**하나니 **反**하야 **執爵於太寢**이어든 **三公九卿諸侯大夫皆御**하나니 **命曰 勞酒**니라

이달(孟春)에 천자가 마침내 元日을 가려 上帝에게 곡식이 풍년 들기를 기원하고, 이에 元辰을 가려서 천자가 친히 쟁기를 실어 驂乘한 車右와 御者 사이에 두고, 三公・九卿・諸侯・大夫들을 거느리고서 몸소 籍田을 경작하는데, 천자는 세 번 〈쟁기를〉 밀고 삼공은 다섯 번 밀고 경・제후는

아홉 번 민다. 돌아와서 太寢에서 술잔을 들면 삼공·구경·제후·대부가 모두 모시니, 〈이때 마시는 술을〉 이름하여 '勞酒'라고 한다.

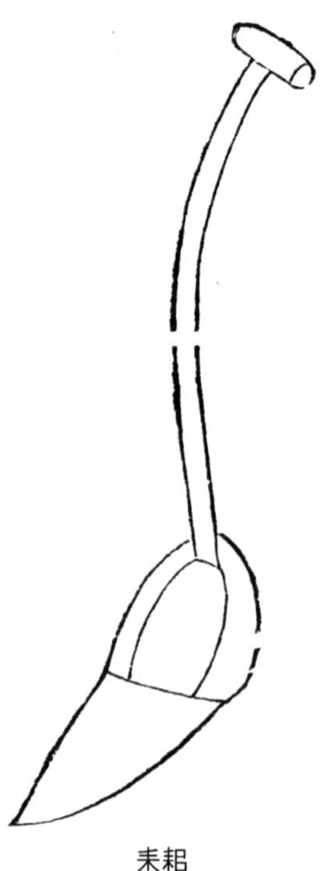

耒耜

≪集說≫

元日은 上辛也라 郊祭天而配以后稷은 爲祈穀也라 元辰은 郊後吉日也라 日以干言하고 辰以支言이니 互文也라 參은 參乘之人也라 保介는 衣甲也니 以勇士爲車右而衣甲이라 御者는 御車之人也라 車右及御人이 皆是參乘이니 天子在左하고 御者居中하고 車右在右하니 以三人故로 曰參也라 置此耕器於參乘保介及御者之間이라 天子籍田[40]千畝에 收其穀하야 爲祭祀之粢盛이라 故曰帝籍이라 九推之後에 庶人終之라 反而行燕禮에 群臣皆侍호되 士賤不與耕이라 故로 亦不與勞酒之賜也라

'元日'은 上旬의 辛日이다. 郊祭에 하늘에 제사 지내고 后稷을 배향함은 곡식이 풍년 들기를 기원하는 것이다. '元辰'은 교제 뒤의 吉日이다. '日'은 天干으로 말하고 '辰'은 地支로 말한 것이니, 互文이다.

'參'은 驂乘하는 사람이다. '保介'는 갑옷을 입은 사람이니, 勇士를 車右로 삼아서 갑옷을 입히는 것이다. '御'는 수레를 모는 사람이다. 거우와 御人이 모두 참승하는 사람이니, 천자는 왼쪽에 있고 御者는 수레의 중앙에 있고 거우가 오른쪽에 있는데, 세 사람이기 때문에 '參'이라고 한 것이다. 이 밭 가는 기구를 참승한 보개와 어자의 사이에 두는 것이다.

천자의 籍田 1,000畝에서 곡식을 거두어 제사의 粢盛으로 삼기 때문에 '帝籍'이라고 한 것이다. 〈천자 이하가〉 아홉 번 쟁기를 민 뒤에 庶人이 일을 끝마친다. 돌아와 燕禮를 행할 적에 여러 신하가 모두 모시는데 士는 賤하여 밭 가는 일에 참여하지 못하였기 때문에 또한 勞酒를 下賜하는 자리에 참여하지 못한다.

---

40) 籍田 : 임금이 백성들에게 勸農하는 뜻으로 친히 시범을 보이기 위해 경작하는 田地인데, 백성들의 힘을 빌려〔籍〕 경작한다 하여 藉田(자전)으로도 표기하는바, 藉와 籍은 서로 통용되며, '적전'으로 읽기도 한다. 여기에서 수확된 곡식으로 상제와 종묘 등의 粢盛에 사용하였다.

≪大全≫

嚴陵方氏曰 帝籍은 蓋籍田也니 以其共[41]上帝之粢盛이라 故曰帝요 以其借民力而終之라 故曰籍이라 夫以千畝之籍으로 自天子로 至於諸侯히 其耕止於三推(퇴)五推九推하니 則其借民力而終之를 可知라 推者는 執耒而進之也니 或以三或以五或以九者는 以貴賤으로 爲逸勞之差等也라

嚴陵方氏 : '帝籍'은 籍田이니, 上帝의 粢盛에 바치기 때문에 '帝'라 하고, 백성의 힘을 빌려 〈농사를〉 끝마치기 때문에 '籍'이라 한 것이다. 1,000畝의 籍田을 가지고 천자로부터 제후에 이르기까지 그 밭 가는 것을 세 번 밀고 다섯 번 밀고 아홉 번 미는데 그친다면 백성의 힘을 빌려 〈농사를〉 끝마침을 알 수 있다. '推'는 쟁기 자루를 잡고 나아가는 것이니, 혹 세 번 하기도 하고 혹 다섯 번 하기도 하고 혹 아홉 번 하기도 하는 것은 〈신분의〉 貴賤에 따라 편안함과 수고로움의 差等을 삼은 것이다.

060401 **是月也**에 **天氣下降**하고 **地氣上騰**하야 **天地和同**하야 **草木**이 **萌動**이어든 **王**이 **命布農事**하나니 **命田**하야 **舍東郊**하야 **皆修封疆**하며 **審端徑術**(수)하며 **善相丘陵阪險原隰**과 **土地所宜**와 **五穀所殖**하야 **以敎道民**호되 **必躬親之**니 **田事旣飭**하야 **先定準直**이라야 **農乃不惑**하나니라

이달(孟春)에 天氣가 아래로 내려오고 地氣가 위로 올라가서 하늘과 땅이 조화를 이루어 초목이 싹트거든 왕이 농사를 시작할 것을 명하는데, 〈勸農官인〉 田畯에게 명하여 "동쪽 교외에 머물면서 모두 밭두둑의 경계를 수리하며 〈田地 사이의〉 步道와 봇도랑을 살펴 단정하게 하며, 丘과 陵, 阪과 險, 原과 隰, 그리고 토지의 마땅한 바와 五穀이 잘 자라는 곳을 꼼꼼히 살펴보고서 백성들을 가르치고 인도하되 〈가르친 것을〉 반드시 몸소 실천해야 할 것이니, 전지의 일을 이미 잘 정돈하고서 먼저 기준을 정하여야 농민들이 이에 의혹하지 않는다." 한다.

---

41) 共 : '供(바치다)'과 같다.

≪集說≫

田은 田畯也요 舍는 居也니 天子命田畯居東郊하야 以督耕者하야 皆使修理其封疆이니 謂井田之限域也라 步道曰徑이요 術與遂同하니 田之溝洫也라 審而端之하야 使無迂壅이라 封疆有界限하고 徑術有闊狹하고 土地有高下하고 五種有宜否하니 皆須田畯이 躬親敎飭之하야 以定其準直이니 則農民이 無所疑惑也라

'田'은 田畯이고, '舍'는 머무는 곳이다. 천자가 전준에게 명하여 동쪽 郊外에 머물면서 농민들을 감독하여 모두 그 封疆을 수리하게 하는 것이니, 〈봉강은〉 '井田의 境界'를 이른다. 보행자의 통로를 '徑'이라 한다. '術'는 '遂'와 같으니, 밭의 봇도랑이다. 이것들을 자세히 살펴 단정하게 해서 구불구불해지거나 막히는 일이 없게 하는 것이다. 봉강에는 경계가 있고 徑·術에는 넓고 좁은 차이가 있으며 토지에는 높고 낮은 차이가 있고 五穀을 심는 데에는 심기에 마땅한 것과 마땅하지 않은 것이 있다. 이 모두는 반드시 전준이 몸소 가르치고 정돈하여 기준을 정해야 하니, 그러면 농민들이 의혹하는 바가 없게 된다.

≪大全≫

臨川吳氏曰 天在上而其氣降下하고 地在下而其氣騰上하면 是天地之氣兩相和同하야 交而爲泰니 和同은 謂不乖異也라 故草木萌生이 發動於其時니라

臨川吳氏 : 하늘은 위에 있는데 그 기운이 아래로 내려오고, 땅은 아래에 있는데 그 기운이 위로 올라가면, 이는 하늘과 땅의 기운이 서로 화합해서 사귀어 通泰가 되는 것이다. '和同'은 어긋나거나 차이가 생기지 않음을 이른다. 그러므로 초목이 싹트는 것이 이때에 발동하는 것이다.

○ 嚴陵方氏曰 上言可耕之候라 故此命布農事하니 蓋農事는 布於春而斂於秋也라 命田舍東郊는 所以順時氣而居요 且帥(솔)民以東作故也라 度(탁)土而積之를 謂之封이요 界畫(획)以守之를 謂之疆이니 封疆은 古所有也니 特以久則不能無壞爾라 故曰修라 每歲孟春에 必修封疆하고 審端徑術者는 所以防終歲交爭之患也라 人以其高則謂之丘요 平而可陵則謂之陵이요 陂而不平者爲阪이요 水之所行者爲險이요 廣而平者爲原이요 下而濕者爲隰이니 地有岸谷之變과 川流之徙한대 非時而修之면 則不

足以盡其利라 故丘陵阪險原隰을 不可以不相之也라 周官에 司空時地利者[42] 如是而已라 土地所宜者는 所宜之物也니 若山林之宜皁와 川澤之宜槖(탁)[43]之類是矣요 五穀所殖者는 所殖之土也니 若黍之利高燥와 稌(도)之利下濕之類是矣라 旣曰土요 又曰地者는 蓋土則地之體요 地則土之名이라 故周官大司徒에 言五地而又言十有二土者[44]以此라 土地之所宜와 五穀之所殖은 以民之愚固하야 不必知之也니 則必有以教道之者焉하니 蓋教之하야 使能其事하고 道之하야 使達其理라 雖有以教道之나 然弗躬弗親이면 則民莫之信矣라 故又言必躬親之라 田事旣飭者는 言皆力田而各有脩治也니 田事之所以旣飭者는 良由先定準直하야 農乃不惑之所致而已라 前曰農事而後曰田事는 又何也오 蓋農田一也니 以人言之曰農이요 以地言之曰田이라 人事興於前然後에 地事成於後라 故先言布農事하고 後言田事旣飭하니 以其序也니라

嚴陵方氏 : 위에서 밭 갈 수 있는 징후를 말하였으므로 여기에서 농사를 시작할 것을 명하였으니, 농사는 봄에 시작하여 가을에 거둔다. 田畯에게 명하여 동쪽 교외에 머물게 함은 〈孟春〉 때의 氣를 순히 따라 거처하게 한 것이고, 또 백성을 거느리고서 봄철의 경작을 하려고 해서이다. 땅을 헤아려 쌓은 곳을 '封'이라 이르고, 경계를 그어 지키는 곳을 '疆'이라 이르니, 封疆은 예부터 있는 것인데, 다만 오래되면 파괴됨이 없지 못하므로 '修'라고 말한 것이다. 매년 맹춘에 반드시 봉강을 수리하고 徑術를 자세히 살펴 단정하게 하는 것은 1년 내내 농민들이 서로 다투는 근심을 막는 것이다.

사람들은 높은 것을 '丘'라 이르고, 평탄하여 넘을 수 있는 것을 '陵'이라 이르고,

42) 司空時地利者 : ≪書經≫ 〈周書 周官〉에 "司空은 나라의 토지를 관장하니 〈士·農·工·商의〉 네 가지 직업의 백성들을 거주하게 하고 地利를 때에 맞추어 일으킨다.〔司空掌邦土 居四民 時地利〕"라고 보인다.

43) 山林之宜皁 川澤之宜槖(탁) : ≪周禮≫ 〈地官 大司徒〉에 "첫 번째는 산림이니,……식물은 상수리나무가 마땅하다.……두 번째는 川澤이니,……식물은 膏物이 마땅하다.〔一曰山林……其植物宜皁物……二曰川澤……其植物宜膏物〕" 하였는데, 정현의 주에 "'膏'는 마땅히 '槖'자의 오자가 되어야 하니, 가시연의 열매로 주머니가 있는 것이다.〔膏當爲槖字之誤也 蓮芡之實有槖韜〕" 하였다.

44) 言五地而又言十有二土者 : ≪周禮≫ 〈地官 大司徒〉에 보인다. '五地'는 山林, 川澤, 丘陵, 墳衍(물가와 평지), 原隰이다. '十二土'는 대사도에게 곡식의 종류를 관장하고 알맞은 재배법을 가르치도록 국토의 토양을 12종류로 분별하게 한 것을 이른다.

기울어 평평하지 않은 것을 '阪'이라 이르고, 물이 흘러가는 곳을 '險'이라 이르고, 넓고 평평한 것을 '原'이라 하고, 낮고 습한 곳을 '隰'이라 한다. 땅에는 언덕과 골짜기가 변하고 냇물의 흐름이 바뀌는 일이 있는데, 이것을 제때 수리하지 않으면 그 이익을 다 이용할 수 없으므로 丘陵·阪險·原隰을 살피지 않을 수 없는 것이다. ≪書經≫ 〈周書 周官〉에 "司空이 地利를 때에 맞추어 일으킨다." 한 것은 이와 같을 뿐이다.

'土地의 마땅한 바'라는 것은 〈토지에 심기에〉 마땅한 작물이니, 山林에는 〈검은 물을 들일 수 있는〉 상수리나무가 마땅하고 川澤에는 〈열매에 껍질이 있는〉 가시연이 마땅한 것과 같은 類가 여기에 해당한다. '五穀이 잘 자라는 곳'이라는 것은 〈오곡이〉 잘 자랄 수 있는 땅이니, 찰기장은 높고 건조한 곳에서 잘 자라고 벼는 낮고 습한 곳에서 잘 자라는 것과 같은 類가 여기에 해당한다. 이미 '土'라 말하고 또 '地'라고 말한 것은, '土'는 地의 實體이고 '地'는 土의 이름이다. 그러므로 ≪周官(周禮)≫ 〈大司徒〉에서 '五地'를 말하고 또 '十二土'를 말한 것은 이 때문이다.

토지의 마땅한 바와 오곡이 잘 자라는 곳은 백성들이 어리석고 固陋해서 반드시 알 수 있는 것이 아니다. 그렇다면 이것을 가르치고 인도하는 자가 필요하니, 〈田畯이 백성들을〉 가르쳐 그 일을 잘하게 하고 인도해서 그 이치를 통달하게 하는 것이다. 비록 이들을 가르치고 인도하더라도 몸소 하지 않고 실천하지 않으면 백성들이 믿지 않는다. 그러므로 또 '반드시 몸소 실천해야 한다.'고 말한 것이다.

'田地의 일을 이미 잘 정돈하였다.'는 것은 백성들이 모두 전지의 일에 힘써서 각각 닦고 다스렸음을 말한 것이니, 전지의 일이 이미 정돈된 까닭은 진실로 먼저 기준을 정해서 농민들이 마침내 의혹하지 않은 所致이다.

앞에서는 '農事'라고 말하고 뒤에서는 '田事'라고 말한 것은 또 어째서인가? '農'과 '田'은 똑같은 것이니, 사람을 기준으로 말하면 '農'이라 하고, 땅을 기준으로 말하면 '田'이라 한다. 사람의 일이 앞에서 일어난 뒤에 땅의 일이 뒤에서 이루어지므로 먼저 '농사를 시작함'을 말하고 뒤에 '전지의 일을 이미 잘 정돈하였다.'고 말하였으니, 이는 그 순서를 따른 것이다.

060501 是月也에 命樂正하야 入學習舞하며

이달(孟春)에 樂正에게 명하여 學校에 들어가서 춤을 고습하게 하며

≪集說≫

教學者以習舞之事라

배우는 자에게 춤 익히는 일을 가르치는 것이다.

060502 乃修祭典하야 命祀山林川澤호되 犧牲을 毋用牝하며

이에 祭典을 닦아서 命하여 山林·川澤에 제사 지내되 犧牲을 암컷으로 사용하지 말게 하며

≪集說≫

不欲傷其生育이라

生育함을 傷하게 하고자 하지 않아서이다.

060503 禁止伐木하며

나무 베는 것을 금지하며

≪集說≫

以盛德在木也라

성한 덕이 木에 있기 때문이다.

060504 毋覆(복)巢하며 毋殺孩蟲胎夭飛鳥하며 毋麛(미)하며 毋卵하며 毋聚大衆하며 毋置城郭하며 掩骼(격)埋胔(자)니라

새의 둥지를 뒤엎지 말며, 어린 벌레와 배 속에 있거나 막 태어난 것과 나는 것을 〈배우는 어린〉 새를 죽이지 말며, 어린 짐승을 해치지 말며, 알을 깨지 말며, 큰 무리를 동원하지 말며, 城郭을 설치하지 말며, 해골을 묻어주고 살이 붙어 있는 뼈를 묻어주게 한다.

≪集說≫

孩蟲은 蟲之稚者라 胎는 未生者요 夭는 方生者라 飛鳥는 初學飛之鳥라 麛는 獸子之通稱이라 卵는 骨之尙有肉者라

'孩蟲'은 벌레 중에 어린 것이다. '胎'는 아직 태어나지 않은 것이고, '夭'는 막 태어난 것이다. '飛鳥'는 처음으로 나는 것을 배우는 새이다. '麛'는 짐승 새끼의 통칭이다. '卵'는 뼈에 아직 살이 남아 있는 것이다.

≪大全≫

嚴陵方氏曰 入學習舞는 則以將釋菜故也라 故로 仲春에 言上丁命樂正하야 習舞釋菜焉이니 若仲丁之習樂은 則以季春將大合樂故也라 孟春之習合禮樂은 則以是月將飮酎用禮樂故也요 仲春之脩鞀鞞鼓之類는 則以是月將大雩用盛樂故也요 季秋之習吹는 則以是月將大饗帝故也요 季冬之大合吹는 則以樂其成於終也라 夫舞與吹皆樂也나 然舞者는 樂之容이니 則貌之類也라 故於春之始에 言舞하니 蓋木爲貌故也요 吹者는 樂之聲이니 則言之類也라 故至秋而後言吹하니 蓋金爲聲故也[45]라 習舞之時에 非不習吹로되 要之以舞爲主爾요 習吹之時에 非不習舞로되 要之以吹爲主爾라 以祭法考之하면 則祭典은 古所有也로되 特因歲之更(갱)始하야 乃脩之而已라 祀不止於山林川澤이나 然止以是爲言者는 蓋天地宗廟之祭는 非春이라도 亦未嘗用

45) 夫舞與吹皆樂也……蓋金爲聲故也 : 이 내용은 ≪前漢紀≫ 권5 〈孝惠 一〉의 "나무는 모양이다. 모양은 공손하고 공손함은 엄숙함을 만든다. 〈임금이〉 엄숙하면 제때 비가 내리고 그 복은 덕을 좋아한다. 〈임금이〉 모양을 잃어 미친 짓을 저지르면 항상 비가 내리게 되는 벌을 받고 그 궁극은 악함이 되니, 때로는 복장의 요상함이 있고 때로는 거북의 재앙이 있고 때로는 닭의 재앙이 있고 때로는 하체가 상체에 생기는 병이 있고 때로는 안과 밖으로 푸른색의 재앙이 있다. 오직 쇠가 나무를 손상시키는데, 쇠는 말〔言〕이다. 말은 순종하고 순종함은 다스림을 만든다. 잘 다스리면 제때에 볕이 나고 그 복은 강녕하다. 〈임금이〉 말을 잘못하여 참람한 짓을 저지르면 항상 볕이 나는 벌을 받게 되고 그 궁극은 우환이 되니, 때로는 유행가의 요상함이 있고 때로는 갑각류의 재앙이 있고 때로는 개의 재앙이 있고 때로는 입과 혀에 병이 생기고 때로는 안과 밖으로 흰색의 재앙이 있다.〔木爲貌 貌曰恭 恭作肅 肅時雨若 厥福攸好 德貌失 厥咎狂 厥罰常雨 厥極惡 時則有服妖 時則有龜孽 時則有雞禍 時則有下體生於上之痾 時則有青眚青祥 惟金沴木 金爲言 言曰從 從作乂 乂時暘若 厥福康寧 言失 厥咎僭 厥罰常暘 厥極憂 時則有詩妖 時則有介蟲之孽 時則有犬禍 時則有口舌之痾 時則有白眚白祥〕"라는 구절에 의거한 것이다.

牝故也라 上言祭典而下言命祀者는 亦互相備也라 禁止伐木은 禁은 以法言이요 止는 以事言也라 孩蟲은 言蟲未成如孩者요 飛鳥는 則鳥之習飛者라 毋覆巢, 殺胎夭, 麛卵은 凡此所以遂其生育之性也니라

嚴陵方氏 : '학교에 들어가 춤을 교습하게 함'은 장차 釋菜를 하려 하기 때문이다. 그러므로 仲春에 '上旬의 丁日에 樂正에게 명하여 춤을 교습하게 하되 釋菜禮를 올리게 하라.' 하였으니, 仲旬의 정일에 음악을 교습하게 하는 것은 季春에 장차 크게 合樂하려고 해서인 것과 같다. 孟春에 禮樂을 합하여 익힘은 이달에 익힌 것으로 〈孟夏에〉 장차 진한 술을 마실 때 예악을 쓰려고 해서이고, 중춘에 鞀(鼗)와 鞞(鼙)와 북을 수리하게 하는 따위는 이달에 수리한 것으로 〈仲夏에〉 장차 큰 祈雨祭를 지내낼 때 성대한 음악을 쓰려고 해서이고, 季秋에 관악기 부는 것을 교습하게 함은 이달에 장차 五帝에게 제사를 크게 지내려고 해서이고, 季冬에 관악기를 크게 합주하게 함은 음악으로 한 해의 마침을 이루려고 해서이다.

'舞'와 '吹'는 모두 음악이나, '舞'는 음악의 모양이니, 모습의 종류이다. 그러므로 봄의 시작에 舞를 말했으니, 나무는 모양이 되기 때문이다. '吹'는 음악의 소리이니, 말〔言〕의 종류이다. 그러므로 가을에 이른 뒤에 '吹'를 말했으니, 金은 소리가 되기 때문이다. 춤을 익힐 때에 관악기 부는 것을 익히지 않는 것이 아니나 요컨대 춤추는 것을 위주로 삼았을 뿐이고, 관악기 부는 것을 익힐 때에 춤을 익히지 않는 것이 아니나 요컨대 관악기 부는 것을 위주로 삼았을 뿐이다.

〈祭法〉을 가지고 살펴보면 祭典은 예부터 있었던 것이나 다만 해가 다시 시작됨으로 인하여 마침내 닦았을 뿐이다. 제사가 山林과 川澤에 그치지 않으나 다만 이것을 가지고 말한 것은 天地・宗廟의 제사는 봄이 아니더라도 또한 암컷을 사용한 적이 없기 때문이다. 위에서는 '祭典'을 말하고 아래에서는 '命祀'를 말한 것은 또한 서로 〈필요한 뜻을〉 구비한 것이다.

'나무 베는 것을 금지한다.' 하였는데, '禁'은 法을 가지고 말하고, '止'는 일을 가지고 말하였다. '孩蟲'은 동물이 成體가 되지 않아 어린 것과 같음을 말한 것이고, '飛鳥'는 〈어린〉 새가 나는 것을 익히는 것이다. '새의 둥지를 뒤엎지 않으며, 배 속에 있거나 막 태어난 것을 죽이지 않으며, 어린 짐승을 해치지 않으며, 알을 깨지 않는 것'은 모두 生育하는 性質을 이루게 하려고 해서이다.

○ 馬氏曰 命祀山林川澤은 百物之所自生也요 毋聚大衆하고 毋置城郭은 爲其害耕事也요 掩骼埋胔는 則推其所愛於其生者하야 以及其死者也니라

馬氏 : '명하여 山林·川澤에 제사 지내게 함'은 온갖 물건이 이로부터 나오기 때문이고, '큰 무리를 동원하지 말고 성곽을 설치하지 말게 함'은 농사를 방해하기 때문이고, '해골을 묻어주고 살이 붙어 있는 뼈를 묻어줌'은 산 것을 사랑하는 마음을 미루어 죽은 것에게 미치는 것이다.

060601 是月也에 不可以稱兵이니 稱兵하면 必天殃이니 兵戎을 不起하야 不可從我始니 毋變天之道하며 毋絶地之理하며 毋亂人之紀니라

이달(孟春)에 군대를 일으켜서는 안 되니, 군대를 일으키면 반드시 하늘의 殃禍가 있다. 군대를 일으키지 말아서 나로부터 전쟁을 시작하지 말아야 하니, 하늘의 道를 변치 말며, 땅의 理致를 끊지 말며, 사람의 倫紀를 어지럽히지 말아야 한다.

≪集說≫

天地大德曰生이니 春者는 生德之盛時也라 兵은 凶器요 戰은 危事니 不得已而禦寇는 猶可也어니와 兵自我起하야 以殺戮之心으로 逆生育之氣면 是는 變易天之生道하고 斷絶地之生理하야 而紊亂生人之紀敍矣니 其殃也宜哉인저

천지의 큰 덕은 낳는 것이니, 봄은 낳는 덕이 성할 때이다. 兵器는 흉한 기물이고 전쟁은 위태로운 일이니, 부득이하여 침략을 막는 것은 그래도 괜찮지만, 兵亂을 나로부터 일으켜서 殺戮하는 마음으로 生育하는 기운을 거스르면, 이는 하늘의 생육하는 도를 바꾸고 땅의 생육하는 이치를 끊어서 산 사람의 倫紀와 秩序를 문란하게 하는 것이니 마땅히 하늘의 殃禍가 있을 것이다.

≪大全≫

嚴陵方氏曰 稱兵은 擧兵也니 兵者는 人之義事요 春者는 天之仁氣니 苟以人之義事로 而逆天之仁氣면 則天災適當之矣라 兵戎之所以不稱而起之者는 非不起也요 特不

可以從我始而已라 旣曰兵하고 又曰戎者는 兵은 以器言이요 戎은 以事言이라 道는 有常也라 故曰毋變이요 理는 可通也라 故曰毋絶이요 紀는 欲定也라 故曰毋亂이라

嚴陵方氏 : '稱兵'은 군대를 일으키는 것이다. '兵'은 사람의 義로운 일이고 봄은 하늘의 仁한 기운이니, 만일 사람의 의로운 일을 가지고 하늘의 仁한 기운을 거스르면 天災를 바로 때맞춰 만나게 된다. 군대를 일으키지 않는 것은 일으키지 않는 것이 아니고, 다만 자신으로부터 시작하지 않을 뿐이다. 이미 '兵'이라고 말하고 또 '戎'이라고 말한 것은, '兵'은 兵器로 말하고 '戎'은 전쟁하는 일로 말하였다. 道는 일정함이 있으므로 '변치 말라.' 하였고, 理致는 통할 수 있으므로 '끊지 말라.' 하였고, 倫紀는 안정되고자 하므로 '어지럽히지 말라.' 한 것이다.

○ 馬氏曰 道可由而不可變이요 理可循而不可絶이요 紀可敍而不可亂이니라

馬氏 : 道는 말미암을 수는 있으나 바꿀 수는 없고, 理致는 따를 수는 있으나 끊을 수는 없고, 倫紀는 펼 수는 있으나 어지럽게 할 수는 없는 것이다.

060701 孟春에 行夏令하면 則雨水不時하며 草木蚤落하며 國時有恐하고

孟春에 여름의 政令을 행하면 비가 제때 내리지 않고, 초목이 일찍 시들고, 나라에 때로 恐慌의 일이 있게 되며,

≪集說≫

此는 巳火[46]之氣所泄也라 言人君이 於孟春之月에 而行孟夏之政令이면 則感召咎證이 如此하니 後皆倣此하니라

이는 〈孟夏의 火氣에 해당하는〉 巳火의 기운이 새어 나온 것이다. 人君이 孟春의 달에 맹하의 政令을 행하면 나쁜 징조를 자극하여 불러옴이 이와 같음을 말하였으니, 뒤도 모두 이와 같다.

○ 疏曰 孟月失令이면 則三時孟月之氣乘之하고 仲月失令이면 則仲月之氣乘之하고

---

46) 巳火 : 十二支상으로 寅・卯는 東方의 木이고, 巳・午는 南方의 火이고, 申・酉는 西方의 金이고, 亥・子는 北方의 水이고, 辰・戌・丑・未는 중앙의 土이므로 '巳火'라 한 것이다. '巳'는 四時에 있어서도 孟夏인 4월에 해당한다.

季月失令이면 則季月之氣乘之하나니 所以然者는 以同爲孟仲季하야 氣情相通하니 如其不和면 則迭相乘之니라

○ 疏 : 孟月에 政令을 잃으면 다른 세 계절의 맹월의 기운이 〈그 계절의 맹월의 기운을〉 타서 이기고, 仲月에 정령을 잃으면 〈다른 세 계절의〉 중월의 기운이 〈그 계절의 중월의 기운을〉 타서 이기고, 季月에 정령을 잃으면 〈다른 세 계절의〉 계월의 기운이 〈그 계절의 계월의 기운을〉 타서 이긴다. 그렇게 되는 까닭은 똑같이 맹월・중월・계월이어서 기운과 실정이 서로 통하기 때문이니, 만일 화합하지 못하면 서로 번갈아 타서 이기게 된다.

060702 行秋令하면

가을의 政令을 행하면

≪集說≫

謂孟秋之令이라

孟秋의 政令을 행함을 이른다.

060703 則其民大疫하며 猋(표)風暴雨總至하며 藜莠(유)蓬蒿竝興하고

백성들이 큰 역병을 앓고, 사나운 바람과 暴雨가 同時에 이르고, 남가새〔藜〕・가라지〔莠〕・쑥대〔蓬蒿〕가 모두 무성해지며,

≪集說≫

此는 申金之氣所傷也라 爾雅에 扶搖를 謂之猋라하니라 風은 謂風之回轉也라 藜莠蓬蒿竝興者는 以生氣逆亂이라 故로 惡物乘之而茂也라

이는 〈孟秋에 해당하는〉 申金의 기운이 상하게 한 것이다. ≪爾雅≫ 〈釋天〉에 "'扶搖'를 '猋'라 이른다." 하였으니, '風'은 바람이 회전함을 이른다. '남가새・가라지・쑥대가 모두 무성해지는 것'은 生氣가 混亂하기 때문에 나쁜 물건이 혼란한 틈을 타고서 무성해지는 것이다.

060704 **行冬令**하면

겨울의 政令을 행하면

≪集說≫

謂孟冬之令이라

孟冬의 政令을 행함을 이른다.

060705 **則水潦爲敗**하며 **雪霜大摯**(지)하며 **首種不入**[47)]하나니라

장맛물이 〈물건을〉 무너트리고, 서리와 눈이 내려 〈물건을〉 크게 상하게 하고, 먼저 심은 메기장을 수확하지 못한다.

≪集說≫

此는 亥水之氣所淫也라 摯는 傷折也니 與摯獸鷙蟲之義로 同이라 百穀에 惟稷先種이라 故云首種이라

이는 〈孟冬의〉 亥水 기운이 넘친 것이다. '摯'는 상하게 하고 꺾는 것이니, '摯獸(사나운 짐승)'・'鷙蟲(사나운 禽獸)'의 뜻과 같다. 수많은 곡식 중에 오직 메기장을 먼저 심기 때문에 '首種'이라고 한 것이다.

≪大全≫

嚴陵方氏曰 夫十有二月之令이 行乎天地之間하니 人君奉之하야 以成位乎其中也[48)]라

---

47) 不入 : 번역은 大全의 臨川吳氏 해석을 따른 것인데, 참고로 ≪禮記補註≫에 "이는 종자를 흙에 넣지 못함(파종하지 못함)을 말한 것이다. 小註에 〈임천오씨가〉 '거두어 倉廩으로 들이지 못하는 것이다.' 하였는데, 잘못인 듯하다.〔此謂種不入土也 小註云 不收入倉廩 恐非〕" 하였다.

48) 成位乎其中也 : ≪周易≫ 〈繫辭傳 上〉에 "乾은 쉬움으로써 주장하고 坤은 간략함으로써 능하다. 쉬우면 알기 쉽고 간략하면 따르기 쉬우며, 알기 쉬우면 친함이 있고 따르기 쉬우면 공이 있으며, 친함이 있으면 오래 할 수 있고 공이 있으면 크게 할 수 있으며, 오래 할 수 있으면 현인의 덕이고 크게 할 수 있으면 현인의 업이다. 쉽고 간략함에 천하의 이치가 얻어지니, 천하의 이치가 얻어짐에 그 가운데에 자리를 이루는 것이다.〔乾以易知 坤

苟唯當此一月之節하야 而行彼三時之令이면 則三者之災 以類應焉하니 是何也요 氣之所召者然爾라 雨水는 蓋仲春之節이니 以陽氣早至故로 不時하고 雨水不時故로 草木蚤落하고 國時有恐하니 則由盛陽之氣所迫故也니 凡此皆巳之氣乘之니라

嚴陵方氏 : 12개월의 政令이 천지의 사이에서 행해지니, 人君이 이것을 받들어 그 가운데에서 자리를 이루는 것이다. 만일 이 한 달의 節氣을 당하여 저 나머지 세 계절의 정령을 행하기만 하면 세 가지의 재앙이 종류별로 응하니, 이것은 어째서인가? 기운이 불러들이는 것이 그러한 것이다. 雨水는 仲春의 절기이니, 陽氣가 일찍 이르렀기 때문에 〈우수가 孟春에 발생하였으니〉 제 시기에 맞지 않는 것이고, 우수가 제 시기에 맞지 않기 때문에 초목이 일찍 시들고 나라에 때로 恐慌의 일이 있는 것이다. 이는 盛한 陽의 기운이 핍박해서이니, 이것은 모두 〈孟夏의〉 巳의 기운이 〈맹춘의 기운을〉 타서 이긴 것이다.

○ 山陰陸氏曰 草木蚤落은 以長養之早故로 彫落之亦早라 總至는 同時也라

山陰陸氏 : 초목이 일찍 떨어짐은 생장시키고 배양하는 기운이 일찍 찾아왔기 때문에 시드는 것 또한 이른 것이다. '總至'는 동시에 〈이르는〉 것이다.

○ 臨川吳氏曰 亥는 水屬이니 亥氣乘陰故로 水潦爲敗라 諸穀에 稷最先種하니 春寒傷其種故로 不收成이라 入은 謂收成而入於倉廩也라

臨川吳氏 : '亥'는 水에 속하니, 亥의 氣가 陰을 탔기 때문에 장맛물이 〈물건을〉 무너트리게 되는 것이다. 여러 곡식 중에 메기장을 가장 먼저 심으니, 봄에 찾아든 추위가 심은 메기장을 상하게 하기 때문에 성숙한 것을 수확하지 못하는 것이다. '入'은 성숙한 것을 수확하여 倉廩으로 들임을 이른다.

060801 仲春之月에 日在奎[49]하나니 昏에 弧中이요 旦에 建星中이니라

以簡能 易則易知 簡則易從 易知則有親 易從則有功 有親則可久 有功則可大 可久則賢人之德 可大則賢人之業 易簡而天下之理得矣 天下之理得而成位乎其中矣〕"라고 보이는데, 朱子의 本義에 "'成位'는 사람의 자리를 이룸을 이르고, '其中'은 하늘과 땅의 가운데를 이르니, 이 경지에 이르면 道를 體行하는 지극한 공부와 聖人의 능사가 천지의 이치와 나란해질 수 있다.〔成位謂成人之位 其中謂天地之中 至此則體道之極功 聖人之能事 可以與天地參矣〕" 하였다.

49) 奎 : 恒星 28宿(수) 중 西方七宿의 하나인 奎宿를 이르는바, '西方七宿'는 서방에 있는 奎·

仲春의 달에 해가 〈戌方의〉 奎宿(규수)에 있으니, 황혼에 〈남방 井宿(정수)와 가까운〉 弧星이 〈남방 하늘〉 가운데에 있고 새벽에 〈북방 斗宿(두수)와 가까운〉 建星이 〈남방 하늘〉 가운데에 있다.

≪集說≫

奎宿는 在戌하니 降(항)婁之次라

'奎宿'는 〈正西方에 가까운 西北方인〉 戌方에 있으니, 〈서방의 奎·婁의 자리인〉 降婁의 星次이다.

○ 疏曰 餘月에 昏旦中星은 皆擧二十八宿로되 此云弧與建星者는 以弧星近井하고 建星近斗하니 井斗度多하고 星體廣하야 不可的指라 故로 擧弧建하야 以定昏旦之中이라

疏 : 나머지 다른 달에서는 황혼과 새벽의 中星은 모두 28宿를 들었는데 여기에서 '弧星'과 '建星'이라고 말한 것은, 호성은 井宿에 가깝고 건성은 斗宿에 가까우니 정수와 두수는 범위가 크고 별의 형체가 커서 꼭 짚어 가리킬 수 없기 때문에 호성과 건성을 들어서 황혼과 새벽의 중성으로 정한 것이다.

060802 其日은 甲乙이요 其帝는 太皥요 其神은 句芒이요 其蟲은 鱗이요 其音은 角이요 律은 中夾鍾이요 其數는 八이요 其味는 酸이요 其臭는 羶이요 其祀는 戶니 祭先脾하나니라

그 날짜는 甲과 乙이고, 그 帝는 太皥이고, 그 神은 句芒이고, 그 동물은 鱗蟲이고, 그 音은 角이고, 律은 夾鍾에 응하고, 그 數는 8이고, 그 맛은 신맛이고, 그 냄새는 누린내이고, 그 제사는 戶神에게 지내니, 제사 지낼 때에는 지라를 먼저 올린다.

≪集說≫

夾鍾은 卯律이니 長七寸二千一百八十七分寸之千七十五라

婁·胃·昴·畢·觜·參 일곱 별의 통칭인데, 그 모양이 범의 모양과 같다 하여 '白虎七宿'라고도 한다.

夾鍾은 卯月(仲春)의 律管이니, 길이가 7촌 2,187푼 촌의 1,075이다.

060803 始雨水하며 桃始華하며 倉庚鳴하며 鷹化爲鳩하나니라

비로소 비가 내리며, 복숭아가 비로소 꽃이 피며, 꾀꼬리가 울며, 새매가 변화하여 뻐꾸기가 된다.

≪集說≫

此는 記卯月之候라 倉鶊은 鸝(리)黃也라 鳩는 布谷也니 王制에 言鳩化爲鷹은 秋時也요 此言鷹化爲鳩는 以生育氣盛故로 鷙鳥感之而變耳라 孔氏云 化者는 反歸舊形之謂[50)]라 故로 鷹化爲鳩와 鳩復(부)化爲鷹은 如田鼠化爲鴽(여)면 則鴽又化爲田鼠라 若腐草爲螢과 雉爲蜃과 爵爲蛤은 皆不言化하니 是는 不再復本形者也라

이는 卯月의 징후를 기록한 것이다. '倉鶊(倉庚)'은 황색 꾀꼬리이다. '鳩'는 布谷(布穀, 뻐꾹새)이니, 〈王制〉에 "뻐꾸기가 변화하여 새매가 된다."고 말한 것은 가을철이고, 여기에서 "새매가 변화하여 뻐꾸기가 된다."고 말한 것은 生育하는 기운이 성하기 때문에 사나운 새가 감응하여 변화한 것이다.

孔氏(孔穎達)가 말하기를 "'化'라는 것은 다시 옛 形體로 돌아감을 이른다." 하였다. 그러므로 '새매가 변화하여 뻐꾸기가 되었다.'는 것과 '뻐꾸기가 다시 변화하여 새매가 되었다.'는 것은 〈季春에〉 두더지가 변화하여 세가락메추라기가 되면 세가락메추라기가 또 변화하여 두더지가 되는 것과 같다. 〈季夏에〉 썩은 풀이 반딧불이가 됨과 〈孟冬에〉 꿩이 이무기가 됨과 〈季秋에〉 참새가 조개가 된 것과 같은 것에는 모두 '化'를 말하지 않았으니, 이는 다시 본래의 형태로 돌아가지 않는 것이다.

≪大全≫

嚴陵方氏曰 自上而下者는 皆曰雨라 然北風凍之면 則凝而爲雪하고 東風解之라야 乃散而爲水라 孟春에 東風旣解凍矣요 仲春에 於是始雨水하야 爲一候[51)]하니 積六候而

---

50) 孔氏云……反歸舊形之謂 : ≪禮記正義≫ 〈月令〉의 孔穎達 疏에 인용된 皇侃의 말이다. ≪예기정의≫에는 "反歸舊形謂之化"로 되어 있다.

51) 候 : ≪黃帝內經素問≫ 〈六節藏象論〉에 "歧伯이 말하였다. '五日을 「候」라 하고, 三候를 「氣」

成月이라 故로 一歲則有七十二候하고 三候爲一氣하니 積六氣而成時라 故로 一歲則有二十四氣라 此之所言者는 候而已니 候는 非其正也라 故或先或後言之하고 曆之所言者는 氣也니 氣則正矣라 故於氣至則言之라 鷹은 好殺而擊以秋하고 鼠는 好貪而出以夜하니 皆陰類也요 鳩鴽는 皆陽類也며 卯辰者는 陽之中이라 故로 仲春則鷹化爲鳩하고 季春則田鼠化爲鴽하니 蓋陰爲陽所化니 物理如此라 爵乳子而集以春하고 雉求雌而鷕以朝하니 皆陽類也며 蛤蜃은 皆陰類也요 戌亥者는 陰之極也라 故秋則爵入大水爲蛤하고 孟冬則雉入大水爲蜃이니 蓋陽爲陰所化니 物理如此라 草腐則幽之類也요 螢則明之類也니 季夏則腐草爲螢은 蓋離之明[52)]이 極於此故也니 是皆化而已라 於鷹鼠言化하고 於腐草爵雉則直言爲는 何哉오 蓋因形移易曰化니 鷹之爲鳩와 鼠之爲鴽는 皆因形移易而已라 故言化라 腐草則植物也요 螢則動物也요 爵雉는 飛物也요 蛤蜃은 潛物也니 植物爲動하고 飛物爲潛은 則不特因形移易矣니 而化固不足以言之라 故皆直言爲而已니라

嚴陵方氏 : 〈하늘〉 위에서 아래로 떨어지는 것은 모두 '비〔雨〕'라 한다. 그러나 北風이 비를 얼리면 엉겨서 눈이 되고, 東風이 해동시켜야 비로소 〈언 것이〉 풀려 물이 된다. 孟春에 동풍이 이미 해동시켰고, 仲春이 되어서야 비로소 비가 내려 한 候가 되니, 여섯 候를 축적하여 한 달을 이루므로 한 해에는 72개의 候가 있는 것이다. 세 候가 한 氣가 되니, 여섯 氣를 축적하여 한 계절을 이루므로 한 해에는 24氣가 있는 것이다. 여기서 말한 것은 '候'일 뿐이니, 候는 바른 것이 아니므로 혹 먼저 말하기도 하고 혹 뒤에 말하기도 하였다. 冊曆에서 말한 것은 '氣'이니, 氣는 바른 것이므로 氣가 이르면 〈氣를〉 말하였다.

새매는 죽이기를 좋아하는데 가을에 공격을 잘하고 두더지는 탐하기를 좋아하는데 밤에 나오니 모두 陰의 종류이고, 뻐꾸기와 세가락메추라기는 모두 陽의 종류이

라 하고, 六氣를 「時」라 하고, 四時를 「歲」라 한다.'〔岐伯曰 五日謂之候 三候謂之氣 六氣謂之時 四時謂之歲〕"라고 하였다. '岐伯'은 중국 古代의 三皇 가운데 한 명인 黃帝의 신하이다. 僦貸季(추이계)에게 의학을 배운 기백은 황제와 의학을 토론하면서 ≪黃帝內經≫을 지어 萬世에 가르침을 주었다고 전한다. 중국 의학의 원형이 담겨 있는 ≪황제내경≫은 황제와 기백이 문답하는 형식으로 구성되어 있지만, 실제로는 훨씬 후대에 다수의 의학자에 의해 저술된 책이다.

52) 離之明 : '離'는 ≪周易≫의 卦名으로 '밝음(明)'을 상징한다. ≪周易≫ 〈說卦傳〉에 "'離'는 밝음이다.〔離也者 明也〕" 하였고, 또 "'離'는 불이 되고 해가 된다.〔離爲火 爲日〕"라고 보인다.

다. 〈正東方의〉 卯와 〈정동방에 가까운 南東方인〉 辰은 陽의 중간이므로 중춘에는 새매가 변화하여 뻐꾸기가 되고 季春에는 두더지가 변화하여 세가락메추라기가 된다. 이는 陰이 陽에 의해 변화된 것이니, 물건의 이치가 이와 같다.

참새는 새끼를 낳을 적에 봄에 모여들고 꿩은 암컷을 구할 적에 아침에 우니 모두 陽의 종류이고, 蛤(백합)과 蜃(이무기)은 모두 陰의 종류이다. 〈正西方에 가까운 西北方인〉 戌과 〈正北方에 가까운 서북방인〉 亥는 陰의 極이므로 가을에는 참새가 큰 물에 들어가 백합이 되고 孟冬에는 꿩이 큰 물에 들어가 이무기가 된다. 이는 陽이 陰에 의해 변화된 것이니, 물건의 이치가 이와 같다.

'풀이 썩음'은 어두움의 종류이고, '반딧불이'는 밝음의 종류이다. 季夏에는 풀이 썩어 반딧불이가 됨은 離의 밝음이 이때 지극하기 때문이니, 이것은 모두 변화하는 것일 뿐이다. 그런데 새매와 두더지는 '변화하다〔化〕'라고 말하고, 썩은 풀과 참새·꿩에는 곧바로 '되다〔爲〕'라고 말함은 어째서인가?

외형을 따라 변화하는 것을 '化'라 하니, 새매가 뻐꾸기가 되고 두더지가 세가락메추라기가 되는 것은 모두 외형을 따라 변화한 것일 뿐이므로 '化'라고 말한 것이다. 썩은 풀은 식물이고 반딧불이는 동물이고, 참새와 꿩은 날아다니는 동물이고 조개와 이무기는 물속에서 사는 동물인데, 식물이 동물이 되고 날아다니는 동물이 물속에 사는 동물이 됨은 다만 외형을 따라 변화하는 데에서 그칠 뿐만이 아니니, '化'는 진실로 〈그 변화를〉 말할 수 없는 것이다. 그러므로 모두 곧바로 '爲'라고 말했을 뿐이다.

060804 天子居青陽太廟하며 **乘鸞路**하며 **駕倉龍**하며 **載青旂**하며 **衣青衣**하며 **服倉玉**하며 **食麥與羊**하며 **其器**를 **疏以達**하나니라

천자가 青陽太廟에 거처하며, 鸞路를 타며, 푸른 말에 멍에 하며, 푸른 깃발을 〈수레에〉 꽂으며, 푸른 옷을 입으며, 푸른 옥을 차며, 보리와 양고기를 먹으며, 그릇을 〈조각한 것이〉 성글고 통달하게 한다.

≪集說≫

青陽太廟는 東堂當太室이라

青陽太廟는 東堂의 太室에 해당한다.

060901 **是月也**에 **安萌芽**하며 **養幼少**하며 **存諸孤**하며

이달(仲春)에 초목의 싹을 편안하게 해주며, 어린 것을 길러주며, 여러 고아를 편안하게 해주며,

≪集說≫

生氣之可見者 莫先於草木이라 故首言之하니라 安은 謂無所摧折之也요 存은 亦安也라

生氣를 볼 수 있는 것으로는 초목보다 먼저 볼 수 있는 것이 없으므로 첫 번째로 말한 것이다. '安'은 꺾는 바가 없음을 이르고, '存'은 〈'安'의 뜻처럼〉 또한 '편안함'이다.

060902 **擇元日**하야 **命民社**하며

吉日을 가려서 백성들에게 명하여 土地神〔社〕에게 제사 지내게 하며,

≪集說≫

令民祭社也라 郊特牲에 言祭社用甲日이라하고 此言擇元日이라하니 是又擇甲日之善者歟인저 召誥에 社用戊日[53)]하니라

백성들로 하여금 토지신에게 제사 지내게 하는 것이다. 〈郊特牲〉에 "토지신에게 제사할 때에 甲日을 쓴다." 하였고, 여기에서는 "吉日을 가린다." 했으니, 이는 또 갑일 중에 좋은 날을 가리는 것이다. ≪書經≫ 〈周書 召誥〉에는 "토지신에게 제사 지낼 때 戊日을 쓴다." 하였다.

060903 **命有司**하야 **省囹圄**(영어)하며 **去桎梏**하며 **毋肆掠**하며 **止獄訟**하나니라

담당 관리에게 명하여 감옥의 죄수를 살피며, 〈발목에 채우는〉 차꼬와 〈손목에 채우는〉 수갑을 제거하며, 〈시신을〉 진열하거나 곤장을 치지 못하게 하며, 獄訟을 그치게 한다.

---

53) 社用戊日 : ≪書經≫ 〈周書 召誥〉에 "3일이 지난 丁巳日에 郊祭에 犧牲을 쓰시니, 소 두 마리였다. 다음날인 戊午日에 새 도읍에서 社祭를 지내시니, 소 한 마리, 양 한 마리, 돼지 한 마리였다.〔越三日丁巳 用牲于郊 牛二 越翼日戊午 乃社于新邑 牛一羊一豕一〕"라고 보인다.

≪集說≫

囹은 牢也요 圄는 止也라 疏云 周曰圜(원)土요 殷曰羑(유)里요 夏曰鈞臺니 囹圄는 秦獄名也라 在手曰梏이요 在足曰桎이라하니 皆木械라 肆는 陳尸也요 掠은 捶(추)治也라 止는 謂論使息爭也라

'囹'은 우리이고, '圄'는 〈出入을〉 금지함이다. 〈孔穎達의〉 疏에 이르기를 "周나라에서는 '圜土'라 하였고, 殷나라에서는 '羑里'라 하였고, 夏나라에서는 '鈞臺'라 하였으니, '囹圄'는 秦나라 감옥의 이름이다." 하였다. 〈또 疏에〉 "손에 있는 것을 '梏'이라 하고, 발에 있는 것을 '桎'이라 한다." 하였는데, 모두 나무로 만든 형틀이다. '肆'는 시신을 진열함이고, '掠'은 볼기를 쳐 다스림이다. '止'는 타일러서 분쟁을 그치게 함을 이른다.

≪大全≫

嚴陵方氏曰 諸孤는 幼而無父者니 蓋有亡之道라 故曰存也라 天之窮民有四[54)]어늘 存之 止及於孤者는 以其爲人後하야 存之爲助陽氣爲大故也라 祭法曰 大夫以下 成群立社曰置社라하니 則民固有社矣라 然이나 非天子命之면 無敢專祭焉이라 故로 擇元日而命之也라 且社는 土示(기)[55)]也니 方春土發生之時하야 擇元日而祭之는 亦祈其土之利 無不善而已라 郊特牲에 言社日用甲[56)]하니 則此言元日은 蓋甲日也라 社

54) 天之窮民有四 : 〈王制〉에 "어린 나이에 아버지가 없는 자를 '孤(고아)'라 이르고, 늙은 나이에 자식이 없는 자를 '獨(독신자)'이라 이르고, 늙은 나이에 아내가 없는 자를 '鰥(홀아비)'이라 이르고, 늙은 나이에 지아비가 없는 자를 '寡(과부)'라 이르니, 이 네 경우는 하늘이 낸 백성 중에 곤궁하면서도 하소연할 데가 없는 자들이다. 〈그리하여〉 모두 일정하게 내려주는 곡식이 있다.〔少而無父者 謂之孤 老而無子者 謂之獨 老而無妻者 謂之矜 老而無夫者 謂之寡 此四者 天民之窮而無告者也 皆有常餼〕"라고 보인다.

55) 土示(기) : '示'는 '祇(토지신)'와 통용하기도 한다. ≪經典釋文≫ 〈周禮音義〉에서 ≪周禮≫ 〈春官 大宗伯〉에 나오는 '地示'의 '示'에 대해 "음이 '祇'이고 본래는 '祇'로 되어 있기도 하다.〔音祇 本或作祇〕" 하였다. 한편, 柳正源(朝鮮)은 "字義에 따르면, '社'자는 '土'를 따르고 '示'를 따르며, '示'는 '二小'이다. 하늘은 '一大'이고 땅은 '二小'이므로, 地神을 '示'라 한다. '土示'는 '社神'이다.〔於字義 社字 從土從示 示者 二小也 天爲一大 地爲二小 故地神謂之示 土示者 社神也〕" 하였다.(≪三山集≫ 권6 〈賜鼎夢記〉)

56) 社日用甲 : 〈郊特牲〉에 "'社祭'는 토지신에게 제사 지내는 것인데 음기를 주관하니, 군주가 북쪽 담장 아래에서 남향함은 음에 응대하는 義이고, 일진으로 甲을 쓰는 것은 날짜

日用甲이면 則得其善矣라 故謂之元日焉이라 凡祭社에 而稷必從之어늘 此止言命民社者는 特擧重以明輕爾라 肆는 則陳其尸요 掠은 則訊以掠이니 夫囹圄는 不可去라 故曰省이니 省은 所以察之也요 桎梏은 可去라 故曰去니 去는 所以除之也라 肆掠之行이 主乎吏라 故曰毋니 所以禁之也요 獄訟之作이 自乎下라 故曰止니 所以息之也니 凡此는 皆所以消陰事而已라

嚴陵方氏 : '諸孤'는 어려서 아버지가 없는 자들이니, 없어질 도가 있으므로 '存'이라고 말한 것이다. 하늘이 낸 백성 중에 곤궁한 백성이 넷이 있는데 보존할 자 중에 孤만 언급한 것은 孤는 남의 후계자가 되므로 그를 보존하여 陽氣를 돕게 함이 중대하기 때문이다.

〈祭法〉에 "대부 이하는 〈士와 庶人에 이르기까지〉 무리를 이루어 〈100家 이상이면 공동으로 모실〉 社를 세우니, 이를 '置社'라 한다." 하였으니, 백성은 진실로 社가 있는 것이다. 그러나 천자가 〈세우라고〉 명하지 않으면 감히 자기 마음대로 제사 지내지 못하므로 元日(吉日)을 가려 명한 것이다. 또 '社'는 土地神이니, 봄 흙에 새 생명이 돋아나려 할 때 원일을 가려 제사를 지냄은 또한 토지의 이로움이 善하지 않음이 없기를 기원하는 것일 뿐이다. 〈郊特牲〉에는 "社日에 甲을 쓴다." 하였으니, 여기에 '원일'이라고 말한 것은 아마도 甲日인 듯하다. 사일에 갑을 쓰면 그 善함을 얻으므로 '원일'이라 한 것이다. 무릇 社에 제사할 때에 '稷'이 반드시 따르는데 여기에서는 '백성들에게 명하여 토지신〔社〕에게 제사 지내게 한다.'고 말하기만 한 것은 단지 중한 것을 들어서 가벼운 것을 밝혔을 뿐이다.

'肆'는 시신을 진열하는 것이고, '掠'은 매를 때려 신문하는 것인데, '囹圄'는 없앨 수가 없으므로 '省'이라 하였으니, '省'은 살펴보는 것이다. 그리고 '桎梏'은 없앨 수 있으므로 '去'라고 말했으니, '去'는 제거하는 것이다. 시신을 진열하고 매를 때리는 것을 행함은 〈담당〉 관리에게 주관하게 하기 때문에 '毋'라고 말하였으니, 금하는 것이다. 그리고 獄訟이 일어남은 아래에서 시작되기 때문에 '止'라고 말하였으니, 그치게 하는 것이다. 이것은 모두 陰의 일을 줄어들게 하는 것일 뿐이다.

의 시초를 쓰는 것이다.〔社 祭土而主陰氣也 君南鄕於北牖下 答陰之義也 日用甲 用日之始也〕" 라고 보인다.

061001 是月也에 玄鳥至하나니 至之日에 以太牢로 祠于高禖(매)호되 天子親往이어든 后妃帥(솔)九嬪御하나니 乃禮天子所御하야 帶以弓韣(독)하고 授以弓矢호되 于高禖之前하나니라

이달(仲春)에 제비가 이르는데, 제비가 이른 날에 太牢로써 高禖에게 제사 지내되 천자가 친히 가면 后妃가 아홉 嬪과 女御들을 거느리고 가니, 마침내 천자를 모신 자에게 예우하여 활과 활집을 차게 하며, 활과 화살을 주되 고매의 앞에서 준다.

≪集說≫

玄鳥는 燕也라 燕以施生時[57)]에 巢人堂宇而生乳라 故以其至로 爲祠禖祈嗣之候라 高禖는 先禖之神也니 高者는 尊之之稱이요 變媒言禖는 神之也라 古有禖氏祓除之祀하야 位在南郊하니 禋祀上帝에 則亦配祭之라 故로 又謂之郊禖라 詩에 天命玄鳥하야 降而生商이라하니 但謂簡狄이 以玄鳥至之時로 祈于郊禖而生契(설)이라 故本其爲天所命하야 若自天而降下耳라 鄭註에 乃有墮卵呑孕之事하니 與生民詩註所言姜嫄이 履巨跡而生棄之事[58)]로 皆怪妄不經하니 削之可也라 后妃帥九嬪御者는 從往而侍奉禮事也라 禮天子所御者는 祭畢而酌酒하야 以飮其先所御幸而有娠者니 顯之以神賜也라 韣은 弓衣也라 弓矢者는 男子之事也라 故以爲祥하니라

'玄鳥'는 제비이다. 제비는 〈하늘이 만물을〉 생육할 때에 사람의 堂宇에 둥지를 틀어 새끼를 낳기 때문에 제비가 찾아오는 때를 高禖에게 제사 지내서 後嗣를 기원하는 節候로 삼는 것이다.

---

57) 燕以施生時 : 沙溪 金長生의 ≪經書辨疑≫에 "하늘이 만물을 생육할 때이다.〔天之施生萬物時也〕" 하였다.(≪禮記補註≫)

58) 生民詩註所言姜嫄 履巨跡而生棄之事 : ≪詩經≫ 〈大雅 生民〉은 周나라의 始祖인 棄(后稷)가 태어난 고사를 읊은 시인데, 이에 대한 朱子의 ≪詩集傳≫에 "姜嫄이 나가 郊禖에 제사하다가 巨人의 발자국을 보고는 그 엄지발가락을 밟으니, 마침내 歆歆然히 〈남녀가 交合하는〉 人道의 느낌이 있는 듯하였다. 이에 바로 중대하게 여겨 멈춘 곳에서 진동하여 임신하였으니, 이것이 바로 周나라 사람이 태어나게 된 시초이다.〔姜嫄出祀郊禖 見大人迹而履其拇 遂歆歆然如有人道之感 於是卽其所大所止之處 而震動有娠 乃周人所由以生之始〕"라고 하였다.

'高禖'는 〈후사를 구하는 신인〉 先禖神이니, '高'는 높이는 칭호이고, '媒'를 바꾸어 '禖'라고 말한 것은 神으로 여긴 것이다. 옛날에 禖氏에게 不祥을 물리쳐주기를 기원하는 제사가 있어서 제사하는 자리가 南郊에 있었으니, 上帝에 제사를 지낼 때에 또한 매씨를 배향하여 제사 지낸다. 그러므로 또 이것을 '郊禖'라 이른다.

≪詩經≫ 〈商頌 玄鳥〉에 "하늘이 현조에게 명하여 내려와 商나라를 낳게 했다." 하였으니, 이는 다만 簡狄(有娀氏의 딸이면서 帝嚳의 처)이 현조가 이를 때에 교매에게 자식 낳기를 기원하여 契을 낳았으므로 그가 하늘에서 명을 받은 것에 근본하여 마치 하늘로부터 내려온 것과 같다고 말한 것일 뿐이다. 그런데 鄭氏(鄭玄)의 註에 "마침내 〈제비가〉 알을 떨어트리자 그 알을 삼키고 잉태한 일이 있다." 하였으니, 이는 ≪詩經≫ 〈大雅 生民〉의 註에 이른바 "姜嫄이 巨人의 발자취를 밟고 棄(后稷)를 낳았다."라는 일과 함께 모두 괴이하고 망령되어 정상적인 이치가 되지 못하니, 삭제하는 것이 옳다.

'后妃가 아홉 嬪과 女御를 거느리고 간다.'는 것은 따라가서 祭禮의 일을 모시고 받드는 것이다. '천자를 모신 자에게 예우한다.'는 것은 제사가 끝나면 술을 따라서 먼저 천자의 총애를 받아 임신한 자에게 마시게 하는 것이니, 神이 하사한 것임을 나타내는 것이다. '韣'은 활집이다. 활과 화살은 남자의 일이므로 祥瑞로 삼은 것이다.

≪大全≫

嚴陵方氏曰 九嬪御者는 九嬪與九御也라 御는 卽女御니 女御八十一人이니 每九人이 則屬一嬪이라 故謂之九御라 言九嬪이면 則包夫人이요 言九御면 則包世婦라 天子所御는 謂御而幸之者라 禮는 謂酌之以酒也라 射者는 男子之事요 弓矢者는 男子之祥也니 男子生而縣[59]弧者는 以此라 韣은 則弓衣也니 帶以弓韣者는 示其有能受之資也요 授以弓矢者는 予之以所求之祥也니라

嚴陵方氏 : '九嬪御'는 九嬪과 九御이다. '御'는 바로 女御인데, 여어가 81명이니, 매번 9명이 한 명의 嬪에 소속되므로 '九御'라고 말한 것이다. 구빈을 말하면 夫人을 포함하고, 구어를 말하면 世婦를 포함한다. '天子所御'는 천자를 모셔 총애받는 자를 이른다. '禮'는 술을 따라줌을 이른다. 활쏘기는 남자의 일이고, 활과 화살은 남자의 祥瑞이니, 남자가 태어나면 활〔弧〕을 매다는 것은 이 때문이다. '韣'은 활집이니, 활

59) 縣 : '懸(매달다)'과 같다.

과 활집을 차는 것은 〈이것을〉 받을 수 있는 바탕이 있음을 보이는 것이고, 활과 화살을 주는 것은 구하는 바의 상서를 주는 것이다.

061101 是月也에 日夜分하며

이달(仲春)에 낮과 밤이 반으로 나누어지며,

≪集說≫

晝夜各五十刻[60)]이라

〈이달에〉 晝·夜가 각각 50刻이 된다.

≪大全≫

嚴陵方氏曰 日은 陽也요 夜는 陰也라 故陽長而陰消면 則日長夜短하고 陰長而陽消면 則夜長日短하니 皆非陰陽之中也라 夫陽生於子하고 終於午하야 至卯而中分하며 陰生於午하고 終於子하야 至酉而中分이라 故春爲陽中하야 而仲月之節이 爲春分이요 秋爲陰中하야 而仲月之節이 爲秋分이라 春秋之分엔 則陰陽適中하야 而日夜無短長之差라 故於其月에 每言日夜分也하니라

嚴陵方氏 : 낮은 陽이고, 밤은 陰이다. 그러므로 陽이 길어지고 陰이 줄어들면 낮이 길고 밤이 짧아지며, 陰이 길어지고 陽이 줄어들면 밤이 길고 낮이 짧아지니, 모두 陰陽의 中이 아니다. 陽은 〈正北의〉 子에서 생기고 〈正南의〉 午에서 끝나서 〈正東의〉 卯에 이르러 반으로 똑같이 나누어지며, 陰은 午에서 생기고 子에서 끝나서 〈正西의〉 酉에 이르러 반으로 똑같이 나누어진다. 그러므로 봄은 陽의 中이 되어 仲月의 절기가 春分이 되고, 가을은 陰의 中이 되어 중월의 절기가 秋分이 되는 것이다. 춘분과 추분에는 陰과 陽이 딱 알맞은 中이 되어 낮과 밤이 길거나 짧은 차이가 없다. 그러므로 그달(仲春)에 매번 '日夜分'이라고 말한 것이다.

---

60) 晝夜各五十刻 : 참고로 ≪禮記補註≫에 "春分과 秋分의 낮과 밤이 각각 50刻인 것은 바로 옛날의 曆法으로, 지금의 역법에서 낮과 밤이 각각 48각인 것은 西洋의 利瑪竇(마테오리치(Matteo Ricci, 1552~1610))가 전한 새로운 방법이다. 이 법은 매 시가 각각 8각이어서 12시간을 합산하면 96각이 되어 〈100각에 비하여〉 4각을 줄인 것이다.〔春秋分晝夜 各五十刻 是古之曆法 而今曆晝夜各四十八刻者 西洋利瑪竇新法也 其法蓋以每時各八刻 合十二時爲九十六刻 而減去四刻云〕"라고 하였다.

061102 **雷乃發聲**하며 **始電**하며 **蟄蟲咸動**하야 **啓戶始出**하나니라

우레가 이에 소리를 내며, 비로소 번개가 치며, 칩거하던 동물이 모두 〈몸을〉 움직여 문을 열고 비로소 나온다.

≪集說≫

謂始穿其穴而出也라

비로소 〈칩거하던〉 구멍을 뚫고 나옴을 이른다.

061103 **先雷三日**하야

우레가 치기 3일 전에

≪集說≫

以節氣言이니 在春分前三日이라

節氣를 가지고 말한 것이니, 春分 3일 전에 있다.

061104 **奮木鐸**하야 **以令兆民**하야 **曰 雷將發聲**하리니 **有不戒其容止者**면 **生子不備**하며 **必有凶災**하리라

木鐸을 쳐서 億兆의 백성에게 명하여 "우레가 장차 소리를 낼 것이니, 각자의 動靜을 경계하지 않는 자가 있으면, 자식을 낳으면 불구자가 되며, 반드시 흉한 재앙이 있을 것이다." 한다.

木鐸

≪集說≫

容止는 猶言動靜이니 不戒容止는 謂房室之事褻瀆天威也라 生子不備는 謂形體有損缺이요 凶災는 謂父母라

'容止'는 '動靜'이라는 말과 같으니, '容止를 경계하지

않는다.'는 것은 房室(交接)의 일이 하늘의 위엄을 褻慢하고 侮辱함을 이른다. '자식을 낳으면 불구자가 된다.'는 것은 형체에 결손이 있음을 이르고, '凶災'라는 것은 부모에게 〈흉한 재앙이 있음을〉 이른다.

061105 **日夜分**이어든 **則同度量**하며 **鈞衡石**하며 **角斗甬**하며 **正權概**하나니라

낮과 밤이 반으로 나누어지면 자〔度〕·되〔量〕를 가지런하게 하며, 저울〔衡〕·섬〔石〕을 공평하게 하며, 말〔斗〕·휘〔甬〕를 비교하며, 저울〔權〕·평미레〔概〕를 바로잡는다.

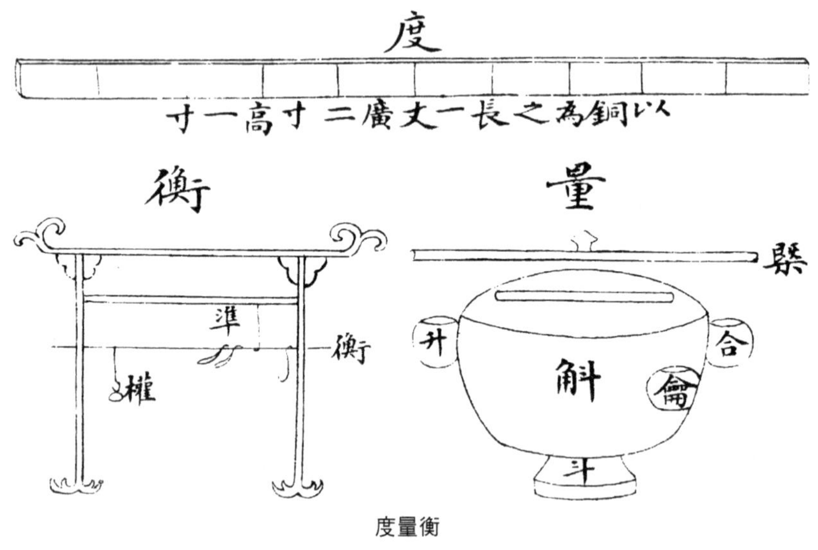

度量衡

≪集說≫

丈尺曰度요 **斗斛曰量**이라 **稱上曰衡**이요 **百二十斤**이 **爲石**이라 **甬**은 **斛也**라 **權**은 **稱錘也**요 **概**는 **執以平量器者**라 **同**은 **則齊其長短小大之制**요 **鈞**은 **則平其輕重之差**요 **角**은 **則較其同異**요 **正**은 **則矯其欺枉**이라

'丈'·'尺'을 '度'라 하고, '말'·'곡'을 '量'이라 한다. 저울의 윗부분을 衡이라 하고, 120斤을 石이라 한다. '甬'은 斛이다. '權'은 저울의 錘이고, '概'는 잡고서 量器에 담긴 것을 평평하게 고르는 것이다. '同'은 길고 짧음과 작고 큰 제도를 가지런하게 하는 것이고, '鈞'은 輕·重의 차이를 공평하게 하는 것이고, '角'은 같고 다름을 비교하는 것이고, '正'은 속인 것을 바로잡는 것이다.

061201 是月也에 耕者少舍하고 乃脩闔扇하며 寢廟를 畢備하고 毋作大事하야 以妨農之事니라

이달(仲春)에 밭 가는 자가 잠시 쉬고서 이에 문을 수리하며, 寢廟를 모두 갖추며, 군대의 일을 일으켜서 농사를 방해하지 못하게 한다.

≪集說≫

少舍는 暫息也라 門戶之蔽以木을 曰闔이요 以竹葦를 曰扇이라 凡廟는 前曰廟요 後曰寢이니 寢은 是衣冠所藏之處라 大事는 謂軍旅之事라

'少舍'는 잠시 쉬는 것이다. 門戶를 나무로 가리는 것을 '闔'이라 하고, 대나무와 갈대로 가리는 것을 '扇'이라 한다. 무릇 사당은 앞을 '廟'라 하고 뒤를 '寢'이라 하니, 寢은 衣冠을 보관하는 곳이다. '大事'는 '軍隊의 일'을 이른다.

≪大全≫

嚴陵方氏曰 農之作也엔 則出而在田하고 農之息也엔 則入而在舍하니 方春東作之時하야 而不可久妨也라 故以少爲言焉하니라

嚴陵方氏 : 농사를 지을 때에는 나가서 밭에 있고 농사를 쉴 때에는 들어와서 집에 있으니, 봄에 농사를 시작할 때를 당하여 오래 〈쉬어 농사를〉 방해하게 할 수가 없으므로 '少(잠시)'라고 말한 것이다.

○ 臨川吳氏曰 闔扇은 人所居也라 脩闔扇하고 而繼之以寢廟畢備는 不敢勤於人而慢於神也니 畢備者는 無一不周完之謂니라

臨川吳氏 : '闔'과 '扇'은 사람이 사는 곳이다. 闔과 扇을 수리하고 이어 寢廟를 모두 갖추는 것은 감히 사람의 일에 부지런히 하고 神에게 소홀히 할 수 없어서이니, '畢備'는 한 가지도 完備하지 않음이 없음을 이른다.

061301 是月也에 毋竭川澤하며 毋漉陂池하며 毋焚山林이니라

이달(仲春)에 川澤을 고갈시키지 말며, 못을 다 말리지 말며, 산림에 불을 놓지 못하게 한다.

≪集說≫

漉은 亦竭也라 三者之禁은 皆謂傷生意라

'漉'은 또한 고갈함이다. 세 가지의 금지 사항은 모두 생장의 뜻을 손상함을 〈금지함을〉 이른다.

061302 天子乃鮮(헌)[61)] 羔開氷하야 先薦寢廟하나니라

천자가 이에 새끼 양을 바쳐 얼음 창고를 열어서 먼저 寢廟에 올린다.

≪集說≫

古者에 日在虛則藏氷[62)]이라가 至此仲春이면 則獻羔以祭司寒之神而開氷하니 先薦寢廟者는 不敢以人之餘로 奉神也라

옛날에 〈季冬에〉 해가 虛宿(허수)에 있으면 얼음을 보관하였다가 이 仲春에 이르면 새끼 양을 바쳐 司寒의 神에게 제사 지내고 얼음 창고를 열었으니, 먼저 寢廟에 올리는 것은 감히 사람이 쓰고 남은 것을 가지고 신에게 바칠 수가 없어서이다.

≪大全≫

長樂陳氏曰 人子之於親에 飮食與藥을 必先嘗而後進하고 四時新物을 必先獻而後食하나니 寢廟之薦新는 蓋亦推其事先之禮하야 以盡其誠敬而已니라

長樂陳氏 : 자식이 어버이를 모심에 있어서 마시고 먹는 것과 약을 반드시 먼저 맛본 뒤에 올리고 四時에 나오는 새로운 먹을거리를 반드시 먼저 드린 뒤에 먹으니, 寢廟에 薦新함은 또한 선조를 섬기는 禮를 미루어 정성과 공경을 다하는 것일 뿐이다.

---

61) 鮮(헌) : '獻(바치다)'과 통용한다.

62) 日在虛則藏氷 : ≪禮記補註≫에 "아래의 '季冬'에 '水澤의 안이 단단히 얼었다.〔水澤腹堅〕'라고 하였다. 이에 대하여 鄭玄의 注에 '이달(季冬)에 해가 北陸에 있으니, 「북륙」은 虛宿를 이른다.〔此月日在北陸 北陸 謂虛也〕' 하였고, 孔穎達의 疏에 말하였다. '이달에 해가 玄枵(현효)의 위치에 있으니, 이 별자리는 女宿・虛宿・危宿에 해당한다. 「陸」은 〈해가 운행하는〉 길이니, 여수・허수・위수는 바로 北方임을 말한 것이다. 「북륙은 허수」라는 것은 〈여수・허수・위수의 세 별자리 가운데〉 중앙의 별자리를 들어 말한 것이다.〔此月日在玄枵之次 其星當女虛危也 陸 道也 言女虛危 是北方也 北陸虛也者 擧中央星言之〕'" 하였다.

061401 **上丁**에

上旬 丁日에

≪集說≫

此月上旬之丁이라 日必用丁者는 以先庚三日後甲三日也[63]라

이달 上旬의 丁日이다. 날짜를 반드시 丁을 사용하는 것은 〈정일은〉 庚日보다 3일이 먼저이고 甲日보다 3일이 뒤에 있기 때문이다.

061402 **命樂正**하야 **習舞釋菜**하고 **天子乃帥**(솔)**三公九卿諸侯大夫**하야 **親往視之**하며 **仲丁**에 **又命樂正**하야 **入學習樂**하나니라

樂正에게 명하여 춤을 교습하되 釋菜禮를 올리게 하고, 천자가 이에 三公·九卿·諸侯·大夫를 거느려 친히 가서 시찰하며, 中旬의 丁日에 또다시 악정에게 명하여 학교에 들어가 음악을 교습하게 한다.

≪集說≫

樂正은 樂官之長也라 習舞釋菜는 謂將教習舞者면 則先以釋菜之禮로 告先師也라

'樂正'은 악관의 우두머리이다. '춤을 교습하되 釋菜禮를 올리게 한다.'는 것은 장차 춤추는 자에게 춤을 교습하려면 먼저 釋菜를 올리는 禮로써 먼저 先師에게 고함을 이른다.

≪大全≫

嚴陵方氏曰 凡言釋奠이면 則有飮焉이요 言釋菜면 則以芹藻之類而已니 學記所謂皮弁祭菜[64]是也라 於仲春釋菜는 則以品物少故也요 於始教祭菜는 則以示敬道故也라

---

63) 先庚三日後甲三日也 : ≪禮記補註≫에 "≪周易≫ 蠱卦 〈彖傳〉에 '甲보다 3일을 먼저 하고 갑보다 3일을 뒤에 한다.〔先甲三日 後甲三日〕' 하였고, 巽卦 九五 爻辭에 '庚보다 3일을 먼저 하고 경보다 3일을 뒤에 한다.〔先庚三日 後庚三日〕' 하였는데, 朱子의 本義에 '갑보다 3일을 뒤에 한다.'와 '경보다 3일을 먼저 한다.'에 대해 모두 '丁이니, 丁寧한 뜻이다.' 하였으니, 진호의 주는 이것을 따른 듯하다." 하였다.

以事言則曰釋이요 以禮言則曰祭니 其實은 一也니라

嚴陵方氏 : 무릇 '釋奠'이라고 말하면 〈올리는 음식에〉 음료도 있고, '釋菜'라고 말하면 미나리와 마름 따위를 올릴 뿐이니, 〈學記〉에 이른바 "皮弁服을 입고 〈질박하면서 깨끗한〉 나물로 제사한다."는 것이 이것이다. 仲春에 釋菜禮를 함은 物品이 적기 때문이고, 처음 가르칠 적에 〈질박하면서 깨끗한〉 나물로 제사함은 공경하는 道를 보이기 위해서이다. 일로 말하면 '釋'이라 하고 禮로 말하면 '祭'라 하니, 그 실제는 똑같다.

馬氏曰 親往視之는 爲道之存故也요 釋菜用丁은 爲文明故也라

馬氏 : 〈천자가〉 친히 가서 시찰함은 〈先聖과 先師의〉 道가 있는 곳이기 때문이고, 釋菜에 丁日을 씀은 〈丁은 火의 기운에 해당하여〉 文明하기 때문이다.

皮弁

061501 是月也에 祀不用犧牲하고 用圭璧하며 更皮幣하나니라

이달(仲春)에 제사에는 희생을 사용하지 않고, 圭璧을 사용하며, 가죽과 비단으로 바꾸어 올린다.

≪集說≫

不用牲은 謂祈禱小祀耳라 如大(태)牢祀高禖는 乃大典禮니 不在此限이라 稍重者는 用圭璧하고 稍輕者는 則以皮幣로 更易之也라

犧牲을 사용하지 않는 것은 祈禱를 하는 작은 제사일 뿐임을 이른다. 太牢로 高禖에게 제사 지내는 것과 같은 것은 바로 큰 典禮이니, 이 한도에 들어 있지 않다. 약간 重한 제사는 圭璧을 사용하고 약간 가벼운 제사는 가죽과 비단으로 바꾸어 사용한다.

---

64) 皮弁祭菜 : 〈學記〉에 "〈평상시에는 玄冠을 입다가〉 태학에서 처음 가르칠 때에 〈正服인〉 皮弁服을 입고 〈질박하면서 깨끗한〉 나물로 제사함은 〈先聖과 先師를〉 공경하는 도를 〈학생들에게〉 보이는 것이다.〔大學始教 皮弁祭菜 示敬道也〕"라고 보인다.

061601 **仲春**에 **行秋令**하면 **則其國大水**하야 **寒氣總至**[65)]하며 **寇戎來征**하고

仲春에 가을의 政令을 행하면 그 나라에 큰 홍수가 발생하여 찬 기운이 모두 몰려오고 도둑과 오랑캐가 와서 정벌하며,

≪集說≫

酉金之氣所傷也라

酉月(仲秋)의 金氣가 상하게 하는 것이다.

061602 **行冬令**하면 **則陽氣不勝**이라 **麥乃不熟**하며 **民多相掠**하나니라

겨울의 政令을 행하면 陽氣가 〈陰氣를〉 이기지 못하므로 보리가 이에 성숙하지 못하고 백성들이 서로 노략질함이 많게 된다.

≪集說≫

子水之氣所淫也라

子月(仲冬)의 水氣가 지나친 것이다.

061603 **行夏令**하면 **則國乃大旱**하야 **煖氣早來**하고 **蟲螟爲害**하나니라

여름의 政令을 행하면 나라에 큰 가뭄이 발생하여 따뜻한 기운이 일찍 오고 마디충이 해를 끼치게 된다.

≪集說≫

午火之氣所泄也라 螟은 食苗心者라

午月(仲夏)의 火氣가 새어 나온 것이다. 螟(마디충)은 벼 싹의 가운데 줄기를 파먹는 해충이다.

---

65) 總至 : 孟春의 大全(山陰陸氏)에서는 '同時'라고 하였으나, 季秋의 集說에서 '엉기고 모여서 이르는 것〔凝聚而至〕'이라 한 것에 의거하여 번역하였다.

≪大全≫

嚴陵方氏曰 多雨故로 其國大水也요 水之氣爲寒故로 寒氣總至요 寇戎來征은 則感金氣而然也니 凡此皆酉之氣乘之라 麥以秋稼하야 至夏乃穡하나니 仲春則向成矣어늘 而陽氣不勝故로 麥乃不熟也요 民多相掠은 則以陽不勝陰故也니 凡此皆子之氣乘之라 行夏令而陽亢故로 大旱하고 大旱故로 煖氣早來하며 蟲螟則煖氣所生也요 且螟食苗心하니 夏以盛德在火而心屬焉이면 則其爲害亦以類而已라 故孟夏仲冬之行春令에 言蝗하고 仲夏之行春令에 言螣하야 各以類應焉하니 凡此皆午之氣乘之니라

嚴陵方氏 : 비가 많이 내리기 때문에 나라에 홍수가 발생하는 것이고, 물의 기운이 차기 때문에 찬 기운이 모두 몰려오는 것이고, 도둑과 오랑캐가 와서 정벌함은 金氣에 감응하여 그러한 것이니, 무릇 이것은 모두 〈仲秋〉 酉月의 기운이 타서 이긴 것이다.

보리는 가을에 심어 여름이 되면 수확하는데, 仲春은 거의 성숙할 때인데 陽氣가 이기지 못하기 때문에 보리가 마침내 익지 않는 것이고, 백성들이 서로 노략질함이 많음은 陽이 陰을 이기지 못하기 때문이니, 무릇 이것은 모두 〈仲冬〉 子月의 기운이 타서 이긴 것이다.

여름의 政令을 행하면 陽이 성해지기 때문에 크게 가물고, 크게 가물기 때문에 따뜻한 기운이 일찍 온다. 그리고 마디충은 따뜻한 기운이 만들어낸 해충이고 또 마디충은 싹의 가운데 줄기를 먹으니, 여름은 盛한 德이 火에 있어서 〈五臟 가운데〉 心臟이 여기에 屬하면 그 害됨이 또한 〈火의〉 종류를 따를 뿐이다. 그러므로 孟夏와 仲冬에 봄의 정령을 행할 때에는 〈메뚜기 종류인〉 蝗을 말하였고, 仲夏에 봄의 정령을 행할 때에는 〈메뚜기 종류인〉 螣을 말하여 각각 종류로 응했으니, 이것은 모두 〈仲夏〉 午月의 氣가 타서 이긴 것이다.

061701 季春之月에 日在胃하나니 昏에 七星[66] 中이요 旦에 牽牛中이니라

季春의 달에 해가 〈西方의〉 胃宿(위수)에 있으니, 황혼에 〈南方星宿(남방칠수) 가운데 일곱 개 별로 되어 있는〉 七星이 〈남방 하늘〉 가운데에 있고 새벽에 〈북방의 牛宿(우수)인〉 牽牛星이 〈남방 하늘〉 가운데에 있다.

66) 七星 : 南方七宿(남방칠수) 가운데 일곱 개의 별로 이루어진 星宿를 가리킨다.

≪集說≫

胃宿(수)는 在酉하니 大梁之次也라 七星은 二十八宿之星宿也라

胃宿는 〈正西方인〉 酉方에 있으니, 〈서방의 胃·昴·畢에 해당하는〉 大梁의 星次이다. 七星은 28宿 중의 星宿이다.

061702 **其日**은 **甲乙**이요 **其帝**는 **大**(태)**皞**요 **其神**은 **句芒**이요 **其蟲**은 **鱗**이요 **其音**은 **角**이요 **律**은 **中姑洗**(선)이요 **其數**는 **八**이요 **其味**는 **酸**이요 **其臭**는 **羶**이요 **其祀**는 **戶**니 **祭先脾**하나니라

그 날짜는 甲과 乙이고, 그 帝는 太皞이고, 그 神은 句芒이고, 그 동물은 鱗蟲이고, 그 音은 角이고, 律은 姑洗에 응하고, 그 數는 8이고, 그 맛은 신맛이고, 그 냄새는 누린내이고, 그 제사는 戶神에게 지내니, 제사 지낼 때에는 지라를 먼저 올린다.

≪集說≫

姑洗은 辰律이니 長七寸九分寸之一이라

姑洗은 辰의 律管이니, 길이가 7촌 9푼 촌의 1이다.

061703 **桐始華**하며 **田鼠化爲鴽**(여)하며 **虹始見**(현)하며 **萍始生**하나니라

오동나무에 처음 꽃이 피며, 두더지가 변화하여 세가락메추라기가 되며, 무지개가 처음 나타나며, 부평초가 처음 자란다.

≪集說≫

此는 記辰月之候라 鴽는 鶉鵪(순암)之屬이라

이는 辰月(季春)의 징후를 기록한 것이다. '鴽'는 메추라기 등속이다.

≪大全≫

馬氏曰 田鼠化爲鴽는 則陰類之慝者 遷乎陽而其性和也요 萍始生은 則以陰物之浮

以承陽者也라

馬氏 : 두더지가 변화하여 세가락메추라기가 됨은 간특한 陰의 종류가 陽으로 옮겨가서 그 성질이 溫和하게 된 것이다. 부평초가 처음 자람은 陰物이 떠올라 陽을 받드는 것이다.

○ 嚴陵方氏曰 虹者는 天地缸潰之氣也니 陰干陽所라야 乃見(현)而出이라 故로 又謂之蝀(동)焉이라 陽方得中이면 則陰莫能干이요 至於辰이면 則已過中矣라 故로 爲陰所干而虹見也니라

嚴陵方氏 : 무지개는 천지의 어지러운 기운이니, 陰이 陽이 있는 곳을 범하여야 비로소 출현한다. 그러므로 또 '蝀(무지개)'이라 이르는 것이다. 陽이 막 中을 얻었으면 陰이 범할 수가 없고 辰月에 이르면 이미 中을 넘었으므로 陰에게 방해를 받아 무지개가 나타나는 것이다.

061704 天子居青陽右个하며 乘鸞路하며 駕倉龍하며 載青旂하며 衣青衣하며 服倉玉하며 食麥與羊하며 其器를 疏以達하나니라

천자가 青陽右个에 거처하며, 鸞路를 타며, 푸른 말에 멍에 하며, 푸른 깃발을 〈수레에〉 꽂으며, 푸른 옷을 입으며, 푸른 옥을 차며, 보리와 양고기를 먹으며, 그릇을 〈조각한 것이〉 성글고 통달하게 한다.

≪集說≫

青陽右个는 東堂南偏이라

'青陽右个'는 東堂의 남쪽 귀퉁이이다.

061801 是月也에 天子乃薦鞠衣于先帝하며

이달(季春)에 천자가 鞠衣(菊衣)를 先帝에게 올리며

≪集說≫

鞠衣는 衣色如鞠花之黃也라 註云 黃桑之服者는 色如鞠塵[67)]하니 象桑葉始生之色也라

鞠字一音은 去六反[68]이라 先帝는 先代木德之君이니 薦此衣于神坐[69]하야 以祈蠶事라

'鞠衣'는 옷의 색깔이 鞠花(菊花)의 黃色과 같은 것이다. 〈≪周禮≫ 〈天官 內司服〉의 鄭玄의〉 주에 "黃桑의 옷은 색깔이 鞠塵과 같으니, 뽕잎이 처음 나올 때의 색깔을 형상한 것이다." 하였다. '鞠'자의 한 가지 음은 去와 六의 反切이다. '先帝'는 先代에 木德이 있었던 군주이니, 이 옷을 神의 자리에 올려서 누에 치는 일이 잘되기를 기원하는 것이다.

≪大全≫

長樂陳氏曰 將耕也에 祈穀于上帝는 所以祈有秋요 將蠶也에 薦鞠衣於先帝는 所以祈有春이니라

長樂陳氏 : 장차 밭을 갈려 할 적에 上帝에게 곡식이 풍년 들기를 기원함은 가을에 농사가 잘되기를 기원하는 것이고, 장차 누에를 치려 할 적에 鞠衣를 先帝에게 올림은 봄에 누에치기가 잘되기를 기원하는 것이다.

061802 命舟牧하야 覆舟어든 五覆五反하고 乃告舟備具于天子焉이어든 天子始乘舟하고 薦鮪(유)于寢廟하고 乃爲麥하야 祈實하나니라

舟牧에게 명하여 배를 뒤엎어 〈살펴보게 하면 주목이〉 다섯 번 뒤엎어 보고 다섯 번 뒤집어 보아서 이에 배가 완비되었음을 천자에게 아뢴다. 그러면 천자가 비로소 배를 타고 〈배를 탄 뒤에〉 다랑어를 寢廟에 올리고, 이에 보리의 풍년을 위하여 잘 영글기를 기원한다.

≪集說≫

舟牧은 主乘舟之官이라 五覆五反은 所以詳視其罅(하)漏傾側之處也라 因薦鮪하고

---

67) 鞠塵 : 賈公彦의 疏에 따르면 누룩에 생기는 담황색 티끌 같은 菌인 麴塵과 통용된다.(≪周禮注疏≫ 〈天官 內司服〉)

68) 鞠字一音 去六反 : ≪經典釋文≫ 〈禮記音義〉에 "〈鞠은 音이〉 居와 六의 반절로 菊華의 〈'菊'과〉 같고, 또 去와 六의 반절로 麴塵의 〈'麴'과〉 같다.〔居六反 如菊華也 又去六反 如麴塵〕" 하였다.

69) 坐 : '座(자리)'와 같다.

幷祈麥實이라

'舟牧'은 배 타는 것을 주관하는 관원이다. '다섯 번 뒤엎어 보고 다섯 번 뒤집어 본다.'는 것은 물이 새거나 기울어진 곳을 자세히 살펴보기 위해서이다. 〈천자가 배를 타고 나서〉 인하여 다랑어를 올리고 아울러 보리가 잘 영글기를 기원하는 것이다.

≪大全≫

嚴陵方氏曰 覆以視表하고 反以視裏하니 待至尊所乘에 不得不防其傾漏故也라 覆反을 必至于五는 則至于再하고 至于三하야 而愼之至也라 禮有告具告備하니 曰具則苟具而已요 曰備則無所不備焉이니 告舟備具于天子者는 以見(현)精粗無不至也라 必乘舟而後薦鮪者는 所以示親漁也니 蓋先王之饗親에 牲必親牽하고 殺必親射는 凡以致其敬而已니 則乘舟而後薦鮪 豈爲過哉아 魚之品多矣나 然薦必以鮪者는 爲其特大니 謂之王鮪者는 以此니라

嚴陵方氏 : 뒤엎어서 겉을 살펴보고 뒤집어서 속을 살펴보니, 至尊이 타실 〈배를 갖추어놓고〉 기다릴 적에 배가 기울거나 새는 것을 豫防하지 않을 수 없기 때문이다. 覆과 反을 반드시 다섯 번까지 하는 것은, 두 번에 이르고 세 번에 이르러 삼감이 지극해지기 때문이다.

禮에 '告具'와 '告備'가 있는데, '具'라고 말한 것은 구차히 갖추는 것일 뿐이고, '備'라고 말한 것은 갖추지 않는 바가 없는 것이니, '배가 완비되었음을 천자에게 아룀'은 정밀함에 지극하지 않음이 없음을 보인 것이다.

반드시 배를 탄 뒤에 다랑어를 올리는 것은 친히 물고기 잡음을 보인 것이다. 先王이 어버이에게 祭饗할 때에 犧牲을 반드시 몸소 끌고 가고, 죽일 때에 반드시 직접 활을 쏘는 것은, 모두 恭敬을 지극히 하는 것일 뿐이니, 배를 탄 뒤에 다랑어를 올리는 것이 어찌 지나침이 되겠는가. 魚物의 종류가 많으나 올리는 제물로 반드시 다랑어를 쓰는 것은 특별히 크기 때문이니, 이것을 '王鮪'라 이르는 것은 이 때문이다.

061901 是月也에 生氣方盛하며 陽氣發泄하야 句[70]者畢出하며 萌者盡達이라 不可以內니라

70) 句 : '勾(굽다)'와 같다.

이달(季春)에 生氣가 바야흐로 성해지며, 陽氣가 발산되어 굽은 것이 다 나오고 싹튼 것이 모두 나온다. 그러므로 안에 감추어두어서는 안 된다.

≪集說≫

句는 屈生者요 萌은 直生者라 不可以內는 言當施散恩惠하야 以順生道之宣泄이요 不宜吝嗇閉藏也라

'句'는 굽어 나오는 것이고, '萌'은 곧게 나오는 것이다. '안에 감추어두어서는 안 된다.'는 것은 마땅히 은혜를 베풀어 낳는 道가 순히 펴지게 해야 하는 것이고, 지나치게 아끼고 감추어서는 안 됨을 말한 것이다.

061902 **天子布德行惠**하나니 **命有司**하야 **發倉廩**하야 **賜貧窮**하고 **振乏絶**하며 **開府庫**하야 **出幣帛**하야 **周天下**하며 **勉諸侯**하야 **聘名士**하고 **禮賢者**하나니라

천자가 덕을 펴고 은혜를 베푸니, 담당 관리에게 명하여 倉廩을 열어 〈필요로 하는 물자를〉 貧窮한 자들에게 나누어주고 궁핍한 자들을 구휼하며, 府庫를 열어 幣帛을 내어 천하를 구휼하게 한다. 그리고 제후들에게 권면하여 名士를 초빙하고 어진 자를 예우하게 한다.

≪集說≫

長無를 謂之貧窮이요 暫無를 謂之乏絶이라 振은 猶救也요 周는 濟其不足也라 在內則命有司奉行하고 在外則勉諸侯奉行하니 皆天子之德惠也라

항상 없는 것을 '貧窮'이라 이르고, 잠시 없는 것을 '乏絶'이라 이른다. '振'은 '구제함〔救〕'과 같고, '周'는 〈먹거나 입을 것 등이〉 부족한 자들을 구제하는 것이다. 王畿 안의 일에 대해서는 담당 관리에게 명하여 받들어 행하게 하고, 왕기 밖의 일에 대해서는 제후에게 권면하여 받들어 행하게 하니, 이는 모두 천자의 덕과 은혜이다.

≪大全≫

嚴陵方氏曰 發倉廩은 所以賜貧窮振乏絶而已라 乏絶은 未至於貧窮이라 故로 於貧窮曰賜之는 則所以予之也요 於乏絶曰振之는 則貸之而已니라

嚴陵方氏 : 倉廩을 여는 것은 貧窮한 사람에게 나누어주고 乏絶한 사람을 구제하는 것일 뿐이다. '핍절'은 아직 빈궁함에 이르지 않았으므로 빈궁한 이에게 '賜'라고 말함은 〈물건을〉 주는 것이고, 핍절한 이에게 '振'이라고 말함은 〈물건을〉 빌려주는 것일 뿐이다.

062001 **是月也**에 **命司空曰 時雨將降**하야 **下水上騰**하나니 **循行國邑**하야 **周視原野**하야 **脩利隄防**하며 **道達溝瀆**하며 **開通道路**하야 **毋有障塞**하라하나니라

이달(季春)에 司空에게 명하기를 "적절한 시기에 맞춰 오는 비가 장차 내려서 아래로 흘러가는 물이 위로 상승할 것이니, 國邑을 차례로 돌아다녀 언덕과 들을 두루 살펴보아 堤防을 수리하여 이롭게 하며, 봇도랑을 〈그 물길을〉 인도하여 통하게 하며, 도로를 개통하여 막힘이 없게 하라." 한다.

≪集說≫

司空은 掌邦土하니 此皆其職也라

司空은 나라의 토지를 관장하니, 이는 모두 그의 직책이다.

≪大全≫

嚴陵方氏曰 司空은 掌土之官이니 凡此所命이 皆土之事라 故以命焉이라 時雨는 應時之雨也니 方春物生하야 需雨澤之時故로 其雨를 謂之時雨라 時雨나 然或過淫이면 則趨下之水 反上騰而爲災라 故로 命以豫備之術也라 循行은 則行之有序也요 周視는 則視之無遺也라 脩利는 則脩而利之하야 使無害요 道達은 則道而達之하야 使無壅이요 開通은 則開而通之하야 使無窮이니 皆欲其無有障塞而已라 障은 言蔽顯以爲隱이요 塞은 言窒虛而爲實이니 凡此는 皆豫備水災之術也니라

嚴陵方氏 : '司空'은 토지를 관장하는 관원이니, 여기에서 명한 것이 모두 토지의 일이므로 이로써 命한 것이다.

'時雨'는 적절한 시기에 맞추어 오는 비이니, 봄은 식물이 자라서 비가 필요한 때

이므로 그 비를 '時雨'라 이른 것이다. 적절한 시기에 오는 비라도 혹 지나치면 아래로 흘러가는 물이 도리어 위로 올라와서 재앙이 되므로 미리 대비하는 방법을 명한 것이다.

'循行'은 돌아다님에 차례가 있는 것이고, '周視'는 살펴봄에 빠트림이 없는 것이다. '修利'는 수리하여 이롭게 해서 해로움이 없게 하는 것이고, '道達'은 인도하여 통달하게 하여 막힘이 없게 하는 것이고, '開通'은 개통해서 궁함이 없게 하는 것이니, 모두 막힘이 없게 하려는 것일 뿐이다. '障'은 드러남을 가려서 숨게 함을 말하고, '塞'은 빈 곳을 막아서 꽉 차게 함을 말하니, 이것은 모두 水災를 미리 대비하는 방법이다.

062002 田獵의 罝罘(저부)와 羅網畢翳(예)와 餧(위)獸之藥을 毋出九門이니라

田獵의 罝・罘와 羅・網・畢・翳와 짐승에게 먹이는 독약을 九門으로 나가지 못하게 한다.

≪集說≫

罝罘는 皆捕獸之罟요 羅網은 皆捕鳥之罟라 小網長柄을 謂之畢이니 以其似畢星之形이라 故名하야 用以掩兎也라 翳는 射者用以自隱也라 餧는 啗(담)之也라 藥은 毒藥也라 七物을 皆不得施用於外는 以其逆生道也라 路門應門雉門庫門皐門城門近郊門遠郊門關門이 凡九門也라

'罝'・'罘'는 길짐승을 잡는 그물이고, '羅'・'網'은 모두 새를 잡는 그물이다. 작은 그물에 긴 자루가 달린 것을 '畢'이라 하니, 畢星의 모습과 비슷하기 때문에 〈'畢'이라〉 이름하여 토끼를 덮치는 데 사용한다. '翳'는 활을 쏘는 자가 자기 몸을 가리는 데 사용하는 것이다. '餧'는 먹이는 것이다. '藥'은 독약이다. 일곱 가지 물건을 모두 밖에서 施用하지 못하게 하는 것은 낳는 도를 거스르기 때문이다. 路門・應門・雉門・庫門・皐門・城門・近郊門・遠郊門・關門이 무릇 九門이다.

≪大全≫

嚴陵方氏曰 慮其傷孚乳之性이라 故로 田獵之具를 制之하야 使毋用이요 餧는 則委之

以食而毒焉이라 故로 以藥言之也니라

嚴陵方氏 : 새끼 치는 성질을 상하게 할까 염려하므로 사냥하는 도구를 제재해서 쓰지 못하게 하는 것이고, '餧'는 먹이를 주되 毒을 넣은 것이므로 '藥'이라고 말한 것이다.

062101 是月也에 命野虞하야 毋伐桑柘(자)니 鳴鳩拂其羽하며 戴勝降于桑이어든 具曲植(치)籧(거)筐하나니라

이달(季春)에 野虞에게 명하여 뽕나무・산뽕나무를 베지 못하게 하니, 산비둘기가 깃을 떨치며, 빼꾸기가 뽕나무에 내려오거든 채반・기둥・둥근 대자리・네모진 광주리를 갖추게 한다.

≪集說≫

野虞는 主田[71]及山林之官이라 拂羽는 飛而翼拍身也라 戴勝은 織紝之鳥라 一名戴鵀(임)이니 鵀은 卽頭上勝也[72]니 此時恒在桑이어늘 言降者는 重之若自天而下也라 曲은 薄也라 植는 槌(추)也[73]니 所以架曲與籧筐者라 籧圓[74]而筐方이니라

'野虞'는 사냥과 山林을 주관하는 관원이다. '拂羽'는 날면서 날개로 몸을 치는 것이다. '戴勝'은 織紝하는 새이다. 일명은 '戴鵀'이니, '鵀'은 바로 頭上勝이다. 이때에 항상 뽕나무에 있는데 '내려온다'고 말한 것은 하늘에서 내려온 것과 같이 소중히 여긴 것이다. '曲'은 薄(채반)이다. '植'는 '槌'이니, 채반 및 둥근 대자리와 네모진 광주리를 매다는 기둥이다. '籧'는 둥근 것이고, '筐'은 네모진 것이다.

---

71) 田 : 〈月令〉(068002)의 "山林과 藪澤에 능히 채소와 먹을 것을 취할 수 있으며, 새와 짐승을 사냥할 수 있는 자가 있으면 野虞가 이들을 가르쳐서 인도한다.〔山林藪澤 有能取蔬食 田獵禽獸者 野虞敎道之〕"라는 내용에 따라 사냥의 의미로 번역하였다.

72) 戴勝……卽頭上勝也 : ≪禮記補註≫에 "≪爾雅≫의 '戴鵀'에 대한 郭璞의 주에 '「鵀」은 바로 頭上勝이다.' 하였는데, 陸佃이 '머리에 「勝」과 같은 文樣이 있다.' 하였고, 顔師古가 '「勝」은 부인의 머리 꾸밈이다.' 하였다.〔爾雅戴鵀註 鵀卽頭上勝 陸佃曰 首有文如勝 師古曰 勝 婦人首飾〕" 하였다.

73) 植 槌(추)也 : 鄭玄의 注에 "'植'는 '槌'이다." 하였는데, 孔穎達의 疏에 "'槌'는 蠶薄을 매다는 기둥이다.〔槌 懸蠶薄柱也〕" 하였다.(≪禮記正義≫)

74) 籧圓 : 참고로 大全의 嚴陵方氏 설에는 "'籧'는 대자리가 거친 것이다.〔籧 席之粗者〕"라고 하였다.

062102 后妃齊(재)戒하야 親東鄕躬桑하며 禁婦女하야 毋觀하며 省(생)婦使하야 以勸蠶事하나니라

后妃가 齋戒하고서 친히 東向하여 몸소 뽕잎을 따며, 婦女들에게 금하여 容觀을 모양내지 못하게 하며, 婦人들에게 〈그녀들의〉 일을 줄여서 누에 치는 일을 권면한다.

≪集說≫

東鄕은 迎時氣也요 躬桑은 親自采桑也라 禁婦女毋觀者는 禁止婦女하야 使不得爲容觀之飾也요 省婦使者는 減省其箴(침)線縫製之事也니 此二者는 皆爲勸勉之하야 使盡力於蠶事也라

'東鄕'은 철의 기운을 맞이하는 것이고, '躬桑'은 직접 뽕잎을 따는 것이다. '禁婦女毋觀'은 부녀에게 禁하여 容觀의 꾸밈을 하지 못하게 하는 것이고, '省婦使'는 바늘과 실로 裁縫하는 일을 줄이는 것이니, 이 두 가지는 모두 권면하여 누에 치는 일에 힘을 다하게 하는 것이다.

062103 蠶事旣登이어든 分繭하야 稱絲效功하야 以共[75]郊廟之服호되 毋有敢惰하나니라

누에 치는 일이 이루어지고 나면 누에고치를 나누어주어서 실의 많고 적음을 헤아려 功績을 심사하여 郊제사와 宗廟 제사에 입을 옷을 바치게 하되 감히 태만하지 못하게 한다.

≪集說≫

登은 成也라 分繭은 分布於衆婦之繅者요 稱絲效功은 以多寡로 爲功之上下라

'登'은 이룸이다. '分繭'은 여러 婦人 중에 누에고치를 켜는 자에게 〈누에고치를〉 나누어주는 것이고, '稱絲效功'은 실의 많고 적음에 따라 功績의 높고 낮음을 삼는 것이다.

---

75) 共 : '供(바치다)'과 같다.

≪大全≫

嚴陵方氏曰 野虞는 周官之山虞[76]니 以主在野之事라 故曰野라 齊(재)戒는 則所以神明其事矣요 東鄕은 則所以迓時氣也라 以致曲而織이라 故曰曲이요 以取直而立이라 故曰植(치)요 籧(거)는 則席之粗者요 筐은 則筥(거)之方者니 凡此皆蠶具라 省婦使者는 不煩以他役也니 凡此欲一意於蠶하야 以勸其事而已라 蠶事旣登者는 事畢而登此年之數也니 與曲禮年穀不登之登으로 同義라 分繭은 所以使之繅요 稱絲는 所以效其功之多少라 以共郊廟之服호되 無有敢惰는 敬之至也니라

嚴陵方氏 : '野虞'는 ≪周官(周禮)≫의 '山虞'이니, 들에 있는 일을 주관하기 때문에 '野'라고 한 것이다. '齊戒(齋戒)'는 그 일을 神明하게 여기는 것이고, '東鄕(東向)'은 봄철의 기운을 맞이하는 것이다. 굽은 성질을 다하여 〈채반을〉 짜기 때문에 '曲'이라 하고, 곧은 성질을 취하여 〈기둥을〉 세우기 때문에 '植'라 하였다. '籧'는 대자리가 거친 것이고 '筐'은 광주리가 네모진 것이니, 이는 모두 누에 칠 때 사용하는 도구이다. '省婦使'는 다른 일로 번거롭게 하지 않는 것이니, 무릇 이것은 누에 치는 데 전념하게 하여 그 일을 권면하고자 하는 것일 뿐이다.

'蠶事旣登'은 누에 치는 일이 끝나면 이해의 수를 이루는 것이니, 〈曲禮〉의 '이해의 곡식 농사가 이루어지지 않았다.〔年穀不登〕'의 '登'자와 뜻이 같다. '分繭'은 〈부인들로〉 하여금 누에고치를 켜게 하는 것이고, '稱絲'는 일한 것의 많고 적은 功績을 심사하는 것이다. 이로써 郊제사와 宗廟 제사에 입을 옷을 바치게 하되 감히 태만하지 못하게 함은 공경함이 지극한 것이다.

062201 是月也에 命工師하야 令百工으로 審五庫之量하야 金鐵皮革筋과 角齒羽箭幹과 脂膠丹漆을 毋或不良이니라

이달(季春)에 工師에게 명하여 百工들로 하여금 다섯 창고의 〈물건의 품질에 관한〉 옛 법을 살펴 金과 鐵, 皮革과 힘줄, 뿔과 이빨, 깃털과 화

76) 山虞 : ≪周禮≫ 〈地官 山虞〉에 "山林에 관한 政令을 관장하여 산에 있는 각종의 물산을 위하여 울타리를 설치하고 나무를 베는 그 땅의 백성을 위하여 禁令을 설행한다.〔掌山林之政令 物爲之厲 而爲之守禁〕" 하였다.

살과 材木, 기름과 아교, 丹砂와 옻을 혹시라도 불량품이 없게 한다.

≪集說≫

工師는 百工之長也라 五庫者는 金鐵爲一庫요 皮革筋爲一庫요 角齒爲一庫요 羽箭幹爲一庫요 脂膠丹漆爲一庫라 視諸物之善惡에 皆有舊法하니 謂之量이라 一說에 多寡之數也라 審而察之故로 云 審五庫之量也라 幹者는 諸器所用之木材也라

'工師'는 百工의 우두머리이다. '다섯 창고'는 金과 鐵이 한 창고가 되고, 皮革과 힘줄이 한 창고가 되고, 뿔과 이빨이 한 창고가 되고, 깃털과 화살과 材木이 한 창고가 되고, 기름과 아교, 丹砂와 옻이 한 창고가 된다. 여러 물건의 좋고 나쁨을 살펴봄에 모두 옛 법이 있으니, 이것을 '量'이라 한다. 一說에는 '많고 적은 수'라고 한다. 자세히 보아 살피므로 "다섯 창고의 量을 살핀다." 한 것이다. '幹'은 여러 기물에 사용하는 木材이다.

062202 百工咸理어든 監工日號호되 毋悖于時하며 毋或作爲淫巧하야 以蕩上心이라하나니라

百工이 모두 일을 다스리거든 〈백공을〉 감독하는 工師가 날로 호령하되, "〈기물을 만들기에 좋은〉 제철을 어기지 말며, 혹시라도 지나치게 공교로운 것을 만들어 上의 마음을 방탕하게 하지 말라." 한다.

≪集說≫

此時에 百工이 皆各理治其造作之事어든 工師監臨之하야 每日號令하야 必以二事爲戒하나니 一은 是造作器物에 不得悖逆時序니 如爲弓에 必春液角하고 夏治筋하고 秋合三材하고 寒定體[77]之類가 是也요 二는 是不得爲淫過奇巧之器하야 以搖動君心하야

---

77) 春液角……寒定體 : ≪禮記補註≫에 "≪周禮≫ 〈考工記 弓人〉의 글이다. '液角'은 그 뿔을 물에 담금을 이른다. '가을에는 세 가지 재료를 합한다.'는 것은, 가을철에는 음양의 기운이 조화로우므로 아교〔膠〕와 옷칠〔漆〕과 실〔絲〕 세 재료로 〈材木·뿔·힘줄을〉 합함을 말한 것이니, 뿔은 활의 안쪽에 있고 힘줄은 활의 바깥쪽에 있고 활의 나무는 중앙에 있다. '추울 때에는 활의 몸통을 고정한다.'는 것은, 겨울에 기후가 몹시 추워 물건이 모두

使生奢侈也라

이때에 百工이 모두 각기 만드는 일을 다스리거든 〈백공의 우두머리인〉 工師가 감독하여 매일 호령해서 반드시 두 가지 일로 경계한다. 하나는 기물을 만들 적에 계절의 철을 거스르지 않게 하는 것이니, 예를 들면 활을 만들 적에는 반드시 봄에 뿔을 물에 담그고, 여름에 〈힘줄이 잘 늘어져 다스리기에 좋으므로〉 힘줄을 다스리고, 가을에 세 가지 재료(아교·실·옻)로 〈材木·뿔·힘줄을〉 합하고, 추울 때에 활의 몸통을 고정하는 것과 같은 따위가 여기에 해당한다. 두 번째는 지나치게 기이하고 공교로운 기물을 만들어 人君의 마음을 동요시켜 사치한 마음이 생기지 않게 하는 것이다.

≪大全≫

嚴陵方氏曰 工固有巧也나 然過乎巧則爲淫矣니 以其淫故로 足以蕩上心焉이라 此與孟冬에 皆言毋或作爲淫巧以蕩上心者하니 此則因其作而戒之요 彼則因其成而又戒之니라

嚴陵方氏 : 工匠은 진실로 공교로운 기술이 있으나 지나치게 공교로운 것을 만들면 지나친 것이 되니, 지나치기 때문에 上의 마음을 방탕하게 할 수 있는 것이다. 이때(季春)와 孟冬에 모두 "혹시라도 지나치게 공교로운 것을 만들어 上의 마음을 방탕하게 하지 말라." 하였는데, 여기서는 시작할 때를 인하여 경계한 것이고, 맹동에서는 완성할 때를 인하여 또다시 경계한 것이다.

062301 是月之末에 擇吉日하야 大合樂하고 天子乃帥(솔)三公九卿諸侯大夫하야 親往視之하나니라

이달(季春)의 끝에 吉日을 택하여 음악을 크게 연주하고, 천자가 이에 三公·九卿·諸侯·大夫를 거느리고 친히 가서 시찰한다.

견고해지기 때문에 도지개〔檠〕 안에 넣어서 활의 몸통이 견고해지게 하는 것을 말한 것이다.〔周禮考工記文 液角 謂浸液其角 秋合三材 言秋時陰陽氣調 合膠漆絲之三材 角在內面 筋在外面 幹在中 寒定體 言冬氣凝寒 物皆牢實 故內之檠中 使弓體堅强〕"하였다.

≪集說≫

鄭氏曰 其禮亡이라

鄭氏(鄭玄) : 그 禮가 없어졌다.

≪大全≫

馬氏曰 凡樂은 陽聲也라 春은 陽中也니 大合樂에 必待陽中之末은 則中聲之所止也라 蓋中聲以降은 非和平이니 君子弗聽也니라

馬氏 : 무릇 음악은 陽의 소리이다. 봄은 陽의 中이니, 음악을 크게 연주함에 반드시 陽中의 끝을 기다림은 中聲이 그치기 때문이다. 중성 이후는 和平한 것이 아니니, 군자가 듣지 않는다.

062401 是月也에 乃合累牛騰馬하야 遊牝于牧하며 犧牲駒犢을 擧書其數하나니라

이달(季春)에 묶어놓은 소와 날뛰는 말을 모아서 암컷을 목장에 풀어놓으며, 犧牲에 쓸 짐승과 망아지·송아지를 그 숫자를 모두 책에 쓴다.

≪集說≫

春陽旣盛하야 物皆產育이라 故合其累繫之牛와 騰躍之馬하야 而遊縱之하야 使牡者로 就牝者于芻牧之地하니 欲其孳生之蕃也라 若其中犧牲之用者와 及馬之駒牛之犢을 皆書其數者는 以備稽校多寡也라

봄에는 陽氣가 이미 성하여 동물이 모두 새끼를 낳아 기른다. 그러므로 매어놓은 소와 날뛰는 말을 모아 풀어놓고서 수컷들로 하여금 목장에서 암컷을 쫓아다니게 하는 것이니, 많이 임신하여 새끼를 낳게 하고자 해서이다. 만약 이 가운데 犧牲으로 쓸 것 및 말의 망아지와 소의 송아지를 모두 그 수를 책에 쓰는 것은 많고 적음을 헤아리는 일에 대비하기 위해서이다.

062402 命國難(나)[78]하야 九門에 磔(책)攘하야 以畢春氣하나니라

나라의 굿을 담당하는 자에게 명하여 九門에 犧牲을 찢어 바쳐 봄의 나쁜 기운을 종식시키게 한다.

≪集說≫

難之事는 在周官에 則方相氏[79]掌之라 裂牲을 謂之磔(책)이요 除禍를 謂之攘이니 春者는 陰氣之終이라 故磔攘以終畢厲氣也라 舊說에 大(태)陵八星이 在胃北하니 主死喪이라 昴中에 有大陵積尸之氣하야 氣佚則厲鬼隨之而行하니 此月初에 日在胃라가 從胃歷昴라 故로 敺疫之事를 當於此時行之也라 九門은 說見(현)上章하니라

굿하는 일은 ≪周官≫에서는 方相氏가 관장한다. 犧牲을 찢어놓는 것을 '磔'이라 이르고, 禍를 제거함을 '攘(禳)'이라 이르니, 봄은 陰氣가 끝나는 시기이므로 희생을 찢어 바쳐 나쁜 기운을 종식시키는 것이다. 舊說에 "胃宿(위수)에 속하는 太陵의 여덟 개의 별이 위수의 북쪽에 있으니, 死喪을 주관한다. 昴宿(묘수) 가운데에 태릉의 시신이 쌓여있는 기운이 있어서 이 기운이 넘치면 惡鬼가 따라다닌다. 이달 초에 해가 위수에 있다가 〈이달의 중반이 되면〉 위수로부터 묘수를 지나가기 때문에 疫病을 몰아내는 일을 마땅히 이때 행해야 하는 것이다." 하였다. '九門'은 해설이 위 장에 보인다.

方相氏

≪大全≫

嚴陵方氏曰 難는 所以難陰慝而敺之라 周官에 方相氏帥(솔)百隸而時難에 以狂夫爲之하니 則狂疾은 以陽有

78) 難(나) : '儺(역귀를 쫓다)'와 같다.

79) 方相氏 : 疫鬼를 몰아내는 사람이다. ≪周禮≫ 〈夏官 方相氏〉에 "곰 가죽을 뒤집어쓰고 황금으로 된 4개의 눈을 하고 검은 上衣에 붉은 치마를 입고 창을 잡고 방패를 쳐들고 여러 관리를 인솔하고, 계절마다 儺法을 행하여 집안을 수색하여 역귀를 몰아내며, 國喪에서는 영구 앞에 가며, 묘지에 이르면 널을 광중에 넣을 때 창으로 광중의 네 모퉁이를 쳐서 도깨비를 몰아내는 일을 관장한다.〔掌蒙熊皮 黃金四目 玄衣朱裳 執戈揚盾 帥百隸而時難 以索室敺疫 大喪先柩 及墓入壙 以戈擊四隅 敺方良〕" 하였다.

餘일새니 唯陽有餘하야 足以勝陰慝故也라 裂牲을 謂之磔이요 除禍를 謂之攘이니 必於九門은 則欲陰慝之出故也니 凡此는 皆慮春氣之不得其終也라 故로 曰 以畢春氣라 此之所難는 則難陰慝之作於春者也요 仲秋又難는 則難陰慝之作於秋者也요 季冬又難는 則難陰慝之作於冬者也라 獨夏不難는 則以陽盛之時엔 陰慝不能作故也라 春曰以畢春氣者는 言畢其功於前也라 故於季月이요 秋於仲月에 言達者는 言達其道於外也라 冬曰以送寒氣者는 以一歲之往故로 以送言之하니 亦行之於季月이라 不曰冬氣而曰寒氣者는 以時言曰冬이요 以氣言曰寒이니 而寒則積陰之所成也라 一歲陰慝之盛이 未有甚於此時者라 故로 本其積陰之氣而言之라 其難를 特謂之大하니 蓋所難而毆之者는 邪氣也라 達之送之者는 正氣也니 曰畢, 曰達, 曰送이 言雖不同이나 皆不過遂其正氣而已라 春曰磔攘하고 冬曰旁磔者는 以大難故로 旁又磔焉이요 不特九門故也라 秋雖不言이나 從可知矣니라

嚴陵方氏 : '難'는 굿을 하여 陰凶하고 奸慝한 것을 몰아내는 것이다. ≪周官≫에 方相氏가 여러 관리를 거느리고 계절마다 儺法을 행할 때에 狂夫로 하게 하였으니, 미친 병은 陽이 有餘하기 때문인데, 陽이 유여하여 충분히 음흉하고 간특함을 이기기 때문이다. 犧牲을 찢어놓는 것을 '磔'이라 하고 禍를 제거함을 '攘(禳)'이라 이르니, 반드시 九門에 함은 음흉하고 간특한 것이 나가기를 바라기 때문이다. 이것은 모두 봄기운이 제대로 끝마치지 못할까 염려해서이다. 그러므로 "봄의 나쁜 기운을 종식시키게 한다." 한 것이다.

여기에서 굿하는 것은 음흉하고 간특함이 봄에 일어나는 것에 대해 굿하는 것이고, 仲秋에 또 굿하는 것은 음흉하고 간특함이 가을에 일어나는 것에 대해 굿하는 것이고, 季冬에 또 굿하는 것은 음흉하고 간특함이 겨울에 일어나는 것에 대해 굿하는 것이다. 오직 여름에만 굿하지 않는 것은 陽이 성할 때에는 음흉하고 간특함이 일어나지 못하기 때문이다.

봄에 "봄의 나쁜 기운을 종식시키게 한다."고 말한 것은 앞에서 이 功을 끝마침을 말하였으므로 季春의 달에 하였고, 가을에는 仲月에 "〈가을 기운을〉 통하게 한다.〔達〕"고 말한 것은 밖에서 이 道를 통함을 말한 것이다. 겨울에 "추운 기운을 송별하게 한다."고 말한 것은 한 해가 지나가기 때문에 '送'이라고 말하였으니, 또한 季冬의 달에 행한다. '冬氣'라고 말하지 않고 '寒氣'라고 말한 것은, 계절로 말하면 겨울이고

기후로 말하면 추위이니, 추위는 陰이 쌓여 이루어지는 것이다. 한 해의 음흉하고 간특한 기운의 성함이 이때보다 더 심한 적이 없으므로 쌓인 陰의 기운을 근본 삼아 말한 것이다.

이 굿을 특별히 '大'라고 일렀으니, 굿하여 몰아내는 것은 간사한 기운이고 통하게 하여 송별하는 것은 바른 기운이니, '畢'이라고 말하고 '達'이라고 말하고 '送'이라고 말함이 글자는 비록 똑같지 않으나 모두 바른 기운을 이루는 것에 지나지 않는다. 봄에 '磔禳'이라 말하고 겨울에 '旁磔'이라 말한 것은, 〈겨울에는〉 큰 굿을 하기 때문에 옆에 또 犧牲을 찢어 바치고, 다만 九門에서만 굿을 하는 것이 아니기 때문이다. 가을에 비록 이것을 말하지 않았더라도 따라서 알 수 있다.

○ 臨川吳氏曰 難者는 聚衆戱劇하야 以盛其喜樂之氣하야 使人之和氣充盈이니 則足以勝天地之乖氣니 此亦先王燮理之一事어늘 而微其機하야 使百姓由之而不知也니라

臨川吳氏 : 굿은 여러 사람을 모아 戱劇을 해서 기쁘고 즐거운 기운을 성하게 하여 사람의 和氣를 충만하게 하는 것이다. 이렇게 하면 천지의 어긋난 기운을 이길 수 있으니, 이 또한 先王이 조화롭게 다스리는 일 중에 한 가지인데 그 기미를 은미하게 해서 백성들로 하여금 이것을 행하면서도 알지 못하게 한 것이다.

062501 季春에 行冬令하면 則寒氣時發하야 草木皆肅하야 國有大恐하고

季春에 겨울의 政令을 행하면 차가운 기운이 때로 일어나서 초목이 모두 시들어 국가에 큰 恐慌이 있게 되며

≪集說≫

丑土之氣所應也라 肅者는 枝葉減縮而急栗也라 大恐은 訛言相驚動也라 舊說에 孟春有恐은 是火訛니 以其行夏令也요 此行冬令이면 當致水訛니 漢王商이 嘗止之矣[80]라하니라

80) 漢王商嘗止之矣 : 漢 成帝 建始 3년 가을에 큰물이 져서 長安으로 밀려온다는 소문에 사람들이 모두 크게 놀라고 소요하였는데, 左將軍 王商만 홀로 "예부터 무도한 나라에도 물이 성곽을 덮치는 일이 없었습니다. 지금은 정치가 화평하고 세상에 전쟁이 없어 상하의 백성이 서로 편안하니, 무엇 때문에 큰물이 하루 만에 갑자기 이를 수 있겠습니까. 이것은 틀림없이 유언비어입니다.〔自古無道之國 水猶不冒城郭 今政治和平 世無兵革 上下相安 何因當有大水一日暴至 此必訛言也〕" 하였다.(≪漢書≫ 〈王商傳〉)

丑月(季冬)의 土氣가 응한 것이다. '肅'은 가지와 잎이 줄어들어 급하게 떠는 것이다. '大恐'은 유언비어로 서로 놀라고 동요하는 것이다. 舊說에 "孟春에 恐慌의 일이 있음은 火災가 있다는 유언비어이니 여름의 政令을 행하기 때문이었고, 이때(季春)에 겨울(季冬)의 정령을 행하면 마땅히 물난리가 있다는 유언비어를 불러오게 되니 漢나라 王商이 일찍이 이것을 그치게 했다." 하였다.

062502 **行夏令**하면 **則民多疾疫**하며 **時雨不降**하며 **山陵不收**하고

여름의 政令을 행하면 백성들이 염병을 앓는 자가 많고 적절한 시기에 내려야 할 비가 내리지 않고, 산과 구릉에서 〈성숙한 것을〉 수확하지 못하며

≪集說≫

未土之氣所應也라

未月(季夏)의 土氣가 응한 것이다.

062503 **行秋令**하면 **則天多沈陰**하야 **淫雨蚤降**하며 **兵革竝起**하나니라

가을의 政令을 행하면 하늘의 기후가 陰沈한 날이 많아서 장맛비가 일찍 내리고 전쟁이 아울러 일어난다.

≪集說≫

戌土之氣所應也라 不收는 謂無所成遂也라

戌月(季秋)의 土氣가 응한 것이다. '不收'는 성숙한 것이 없음을 이른다.

≪大全≫

嚴陵方氏曰 冬之氣爲寒故로 寒氣時發하야 草木皆肅하니 則寒氣之所栗故也요 國有大恐은 則寒氣之所制故也라 亢陽之氣襲於人故로 民多疾疫이요 陽亢而爲旱故로 時雨不降이라 山陵之物不收라하야 特言山陵은 則以高者尤易(이)被旱故也라 天多沈陰은 則感少陰之氣故也라 陽爲暘이요 陰爲雨라 故淫雨早降이라 兵革竝起는 則金氣動故也라

嚴陵方氏 : 겨울의 기운은 춥기 때문에 寒氣가 때로 나와서 초목이 모두 시드니 한

기가 떨게 하기 때문이고, 나라에 큰 恐慌이 있는 것은 한기가 만들었기 때문이다.

盛한 陽의 기운이 사람에게 엄습하기 때문에 백성들이 염병을 앓는 자가 많고, 陽이 盛하면 가뭄이 들기 때문에 적절한 시기에 내려야 할 비가 내리지 않는 것이다. 산과 구릉에서 성숙한 것을 수확하지 못한다 하여 특별히 '산과 구릉'을 말한 것은 높은 곳이 더욱 旱害를 입기가 쉽기 때문이다.

'하늘의 기후가 陰沈한 날이 많음'은 少陰의 기운에 감응하였기 때문이다. 陽은 별이 되고 陰은 비가 되므로 장맛비가 일찍 내리는 것이다. '전쟁이 아울러 일어남'은 金氣가 동하기 때문이다.

062601 孟夏之月에 日在畢하나니 昏에 翼中이요 旦에 婺(무)女中이니라

孟夏의 달에 해가 〈申方의〉 畢宿(필수)에 있으니, 황혼에 〈남방의〉 翼宿(익수)가 〈남방의 하늘〉 가운데에 있고 새벽에 〈북방 女宿(여수)의〉 婺女星이 〈남방의 하늘〉 가운데에 있다.

≪集說≫

畢宿는 在申하니 實沈之次라

畢宿는 〈正西方에 가까운 西南方인〉 申方에 있으니, 〈서방의 畢・觜・參과 남방의 井의 자리인〉 實沈의 星次이다.

062602 其日은 丙丁이요 其帝는 炎帝요

그 날짜는 丙과 丁이고 그 帝는 〈火德으로 왕 노릇 한〉 炎帝이고

≪集說≫

炎帝는 大庭氏니 卽神農也니 赤精[81]之君이라

'炎帝'는 大庭氏인데, 바로 神農이니, 赤精의 군주이다.

神農氏

81) 赤精 : 여름을 맡은 신을 가리킨다. 참고로 봄을 맡은 신은 蒼精, 가을은 白精, 겨울은 黑精이다.

062603 **其神**은 **祝融**이요

그 神은 〈火正인〉 祝融이고

≪集說≫

顓頊氏之子이니 名黎니 火官之臣이라

〈祝融은〉 顓頊氏의 아들인데, 이름이 黎이니, 火官의 신하이다.

062604 **其蟲**은 **羽**요 **其音**은 **徵**(치)요 **律**은 **中中呂**요 **其數**는 **七**이요 **其味**는 **苦**요 **其臭**는 **焦**요 **其祀**는 **竈**니 **祭先肺**하나니라

그 동물은 羽蟲이고, 그 音은 徵이고, 律은 中呂(仲呂)에 응하고, 그 數는 7이고, 그 맛은 쓴맛이고, 그 냄새는 탄내이고, 그 제사는 부엌신에게 지내니, 제사 지낼 때에 폐를 먼저 올린다.

≪集說≫

羽蟲은 飛鳥之屬이라 徵音은 屬火라 中呂는 巳律이니 長六寸萬九千六百八十三分寸之萬二千九百七十四라 地二生火하고 天七成之하니 七者는 火之成數也라 苦焦는 皆火屬이라 夏祭竈는 火之養人者也라 祭先肺는 火克金也라

'羽蟲'은 나는 새의 등속이다. '徵' 음은 火에 속한다. '中呂(仲呂)'는 巳月(孟夏)의 律管이니, 길이가 6촌 19,683푼 촌의 12,974이다. 땅이 2로 火를 낳고 하늘이 7로 이루니, 7은 불의 成數이다. '苦(쓴맛)'・'焦(탄내)'는 모두 火의 등속이다. 여름에 부엌신에게 제사 지냄은 불이 사람을 기르기 때문이다. 제사 지낼 때에 폐를 먼저 올리는 것은 火가 金(肺)을 이기는 것이다.

○ 蔡邕獨斷曰 竈는 夏爲太陽이니 其氣長養이라 祀竈之禮는 在廟門外之東하니 先席于門奧하며 面東하고 設主于竈陘(형)也라

蔡邕의 ≪獨斷≫ : 부엌신에게 제사함은, 여름은 〈四象에 있어〉 太陽이 되니, 기운이 〈만물을〉 기르고 성장하게 하기 때문이다. 부엌신에게 제사 지내는 禮는, 〈부

억신의 제단은〉 사당문 밖의 동쪽에 있으니, 먼저 사당문 밖 모퉁이에 자리를 펴며, 東向하고 신주를 부뚜막 가에 설치한다.

062605 螻蟈(누괵)鳴하며 蚯蚓出하며 王瓜生하며 苦菜秀하나니라

청개구리가 울며, 지렁이가 나오며, 쥐참외가 자라며, 쓴 나물이 꽃 핀다.

≪集說≫

此는 記巳月之候라 王瓜는 注云萆挈(비계)요 本草作菝葜(비계)하니 音同이라 謂之瓜者는 以根之似也니 亦可釀酒라

이는 巳月의 징후를 기록한 것이다. '王瓜'는 〈鄭玄의〉 註에 '萆挈'라 하였고, ≪本草綱目≫에는 '菝葜'로 되어 있으니, 음이 같다. 이것을 '瓜(오이)'라 이르는 것은 뿌리가 유사하기 때문이니, 또한 술을 빚을 수 있다.

○ 朱氏曰 王瓜色赤하니 感火之色而生하고 苦菜味苦하니 感火之味而成이라

朱氏 : '王瓜'는 색이 붉으니 불의 색깔에 자극받아 자란 것이고, '苦菜'는 맛이 쓰니 불의 맛에 자극받아 이루어진 것이다.

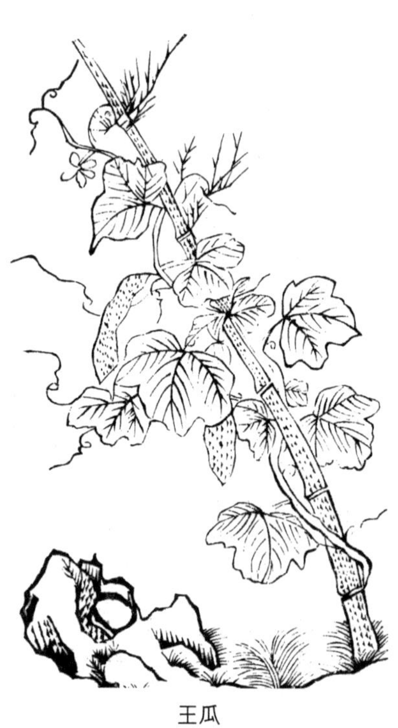
王瓜

≪大全≫

馬氏曰 螻蟈鳴은 則陰而伏者 乘陽而鳴也요 蚯蚓出은 則陰而屈者 乘陽而伸也라 王瓜生은 則陽物之可以勝陰邪者也라 故로 其爲色赤이요 苦菜秀는 則火炎上이라 故로 其爲味苦니라

馬氏 : 청개구리가 우는 것은 陰으로서 엎드려 있던 것이 陽을 타고 우는 것이고, 지렁이가 나오는 것은 陰으로서 구부리고 있던 것이 陽을 타고 펴는 것이다. '쥐참

외가 자람'은 陽物 중에 陰邪를 이길 수 있는 것이므로 그 색깔이 붉고, '쓴 나물이 꽃 핌'은 불이 타오르므로 그 맛이 쓴 것이다.

062606 天子居明堂左个하며

천자가 明堂左个에 거처하며

≪集說≫

太寢南堂東偏이라

太寢의 南堂 동쪽 구석이다.

062607 乘朱路하며 駕赤騮(류)하며 載赤旂하며 衣朱衣하며 服赤玉하며 食菽與鷄하며 其器를 高以粗하나니라

붉은 수레를 타며, 붉은 월따말에 멍에 하며, 붉은 깃발을 〈수레에〉 꽂으며, 붉은 옷을 입으며, 붉은 옥을 차며, 콩과 닭고기를 먹으며, 그릇을 〈조각한 것이〉 높고 굵게 한다.

≪集說≫

騮는 馬名이라 色淺者赤이요 色深者朱라 用器高而粗大는 象物之盛長也라

'騮(월따말)'는 말의 이름이다. 붉은색이 옅은 것을 '赤'이라 하고, 붉은색이 짙은 것을 '朱'라 한다. 사용하는 기물이 높고 굵은 것은 물건이 성하게 자람을 형상한 것이다.

062701 是月也에 以立夏니 先立夏三日하야 太史謁之天子曰 某日立夏니 盛德在火라하면 天子乃齋하야 立夏之日에 天子親帥(솔)三公九卿大夫하야 以迎夏於南郊하며 還(선)反하야 行賞하야 封諸侯하며 慶賜를 遂行하야 無不欣說(열)하나니라

이달(孟夏)에 立夏가 있으니, 입하 3일 전에 太師가 천자에게 아뢰기를

"아무 날이 입하이니, 盛한 덕이 火에 있습니다." 하면, 천자가 齋戒하여 입하의 날에 천자가 친히 三公·九卿·大夫를 거느리고서 여름을 南郊에서 맞이하며, 이내 조정에 돌아와서 賞을 시행하여 제후들을 봉해주며 경사스러운 하사를 마침내 행하여 기뻐하지 않는 이가 없게 한다.

≪集說≫

立春에 言諸侯大夫어늘 而此不言諸侯者는 或在或否하야 不可必同이라 故로 略之也라 迎夏南郊는 祭炎帝祝融也라

立春에는 '諸侯·大夫'라고 말하였는데 여기에서 '제후'를 말하지 않은 것은 있기도 하고 없기도 하여 굳이 똑같을 필요가 없기 때문에 생략한 것이다. 여름을 南郊에서 맞이한 것은 炎帝와 祝融에게 제사 지낸 것이다.

062702 乃命樂師하야 習合禮樂하며

이에 樂師에게 명하여 禮와 樂을 합하여 교습하게 하며

≪集說≫

以將飮酎(주)故也라

장차 진한 술을 마시는 데 〈禮와 樂을〉 사용하기 때문이다.

062703 命太尉하야 贊桀俊하며 遂賢良하며 擧長大하며 行爵出祿을 必當其位하나니라

太尉에게 명하여 俊傑을 이끌어 올리게 하며, 賢良한 자의 뜻을 이루어주며, 長大한 자를 선발하여 등용하게 하며, 爵을 내려주고 祿을 발급함을 반드시 그 자리에 합당하게 한다.

≪集說≫

太尉는 秦官也[82]라 桀俊은 以才言이니 贊은 則引而升之之謂요 賢良은 以德言이니 遂는

謂使之得行其志也라 長大는 以力言이니 王制에 言執技論力이라 擧는 謂選而用之也라 當其位者는 爵必當有德之位하고 祿必當有功之位也라

'太尉'는 秦나라의 관직이다. '桀俊'은 재주로 말하였으니 '贊'은 이끌어 올림을 이르고, '賢良'은 덕으로 말하였으니 '遂'는 그 뜻을 행할 수 있게 함을 이른다. '長大'는 힘으로 말하였으니, 〈王制〉에 "技藝를 가진 자는 힘의 우열을 평가한다." 한 것이다. '擧'는 선발하여 등용함을 이른다. '그 자리에 합당하게 한다.'는 것은 爵은 반드시 德이 있는 자의 자리에 합당하게 하고, 祿은 반드시 功이 있는 자의 자리에 합당하게 하는 것이다.

062801 是月也에 繼長增高하야 毋有壞墮(괴휴)하며 毋起土功하며 毋發大衆하며 毋伐大樹니라

이달(孟夏)에 이어서 더 길게 자라고 더 높아지게 해서 파괴함이 없도록 하며, 토목공사를 일으키지 말며, 많은 무리를 동원하지 말며, 큰 나무를 베지 못하게 한다.

≪集說≫

長者를 繼之而使益長하고 高者를 增之而使益高니 壞墮則傷已成之氣라 起土功과 發大衆은 皆妨蠶農之事라 故禁止之라 伐樹則傷條達之氣라 故亦在所禁이라 一說에 伐大木은 謂營宮室이라

긴 것을 이어서 더 길게 자라게 하고 높은 것을 늘려서 더 높아지게 하는 것이다. '壞墮'는 이미 이루어진 기운을 상하게 하는 것이다. 토목공사를 일으키는 것과 많은 무리를 동원하는 것은 모두 누에 치고 농사짓는 일을 방해하기 때문에 금지하는 것이다. 나무를 베면 가지가 발달하는 기운을 손상하기 때문에 또한 금지 사항에 있는 것이다. 一說에 "큰 나무를 베는 것은 宮室을 경영함을 이른다." 한다.

---

82) 太尉 秦官也 : '太尉'는 秦·漢시대에 軍政을 총괄한 長官으로 丞相·御史大夫와 함께 '三公'으로 불렸으며, 漢 武帝 때에 大司馬로 改稱하였다.

≪大全≫

馬氏曰 萬物所以長而高者는 陽上達故也니 長之者는 天地也요 所以繼長者는 人也며 高之者는 天地也요 所以增高者는 人也라 故曰 人終天地之功[83]者 此也라 欲其長이면 則勿壞焉이요 欲其高면 則勿墮焉이 可也니라

馬氏 : 萬物이 자라고 높아지는 것은 陽이 위로 통달하기 때문이니, 자라게 하는 것은 하늘과 땅이고 이어서 자라게 하는 것은 사람이며, 높아지게 하는 것은 하늘과 땅이고 더 높아지게 하는 것은 사람이다. 그러므로 "사람이 天地의 功을 끝마친다." 한 것이 여기에 해당한다. 자라기를 바라면 파괴하지 말아야 하고, 높아지기를 바라면 무너뜨리지 않는 것이 옳다.

062901 是月也에 天子始絺(치)하나니라

이달(孟夏)에 천자가 비로소 가는 葛布 옷을 입는다.

≪集說≫

絺는 葛布之細者라

'絺'는 葛布 중에 가는 것이다.

≪大全≫

嚴陵方氏曰 絺는 以涼而可以禦暑요 裘는 以溫而可以禦寒이라 孟夏者는 暑之始也라 故言始絺하고 孟冬者는 寒之始也라 故言始裘하니라

嚴陵方氏 : 가는 갈포는 시원하여 더위를 막을 수 있고, 갖옷은 따뜻하여 추위를 막을 수 있다. 孟夏는 더위가 시작되는 때이므로 "비로소 가는 갈포 옷을 입는다." 하였고, 孟冬은 추위가 시작되는 때이므로 "비로소 갖옷을 입는다." 한 것이다.

062902 命野虞하야 出行田原하야 爲天子하야 勞農勸民하야 毋或失時니라

---

83) 人終天地之功 : ≪漢書≫ 〈律曆志〉에 보인다.

野虞에게 명하여 나가서 田地와 언덕을 巡行하여 천자를 위해 농민을 위로하고 백성들을 권면하여 혹시라도 〈농사할〉 때를 놓치지 않게 한다.

≪集說≫

失時는 謂失農時라

'失時'는 농사할 때를 놓침을 이른다.

062903 命司徒하야 循行縣鄙하야 命農勉作하고 毋休于都라하나니라

司徒에게 명하여 縣과 鄙를 巡行해서 농민들에게 명하여 농사일을 권면하고 都邑에서 쉬지 못하게 한다.

≪集說≫

勉其興作於田野之內하고 禁其休息于都邑之間은 皆恐其失農時也라

田野의 안에서 농사일하는 것을 권면하고 都邑의 사이에서 휴식함을 금하는 것은 모두 농사할 때를 놓칠까 염려해서이다.

≪大全≫

嚴陵方氏曰 野虞는 外官也라 故出行田原하고 司徒는 內官也라 故巡行縣鄙하니 以在外也라 故曰出이요 以在內也라 故曰循而已라 農亦民也나 然民不止於農이라 以農營其事之勞라 故勞之하고 欲民趨其事之樂也라 故勸之하니 皆欲無失其事而已라 都者는 君子之所居요 鄙者는 野人之所居니 農以力耕而養人은 則野人之事也요 禁之使無休于都는 則於農에 不能無所彊矣라 故曰勉作也라하니라

嚴陵方氏 : '野虞'는 지방의 관원이므로 나가 田原을 순행하고, '司徒'는 조정의 관원이므로 縣과 鄙를 순행하니, 밖에 있기 때문에 '出'이라 말하였고, 안에 있기 때문에 '循'이라고 말했을 뿐이다. 농민 또한 백성이지만 백성은 농민에 그치지 않는다. 농민은 그 일을 경영하는 것이 고되기 때문에 위로하고, 백성에게는 그 일에 기꺼이 달려가기를 바라기 때문에 권면하였으니, 모두 해야 할 일을 잃지 말기를 바라는 것일 뿐이다. '都'는 君子(벼슬아치)가 사는 곳이고 '鄙'는 野人이 사는 곳이니, 농사에 몸담고서 힘써 밭 갈아

사람을 기르는 것은 야인의 일이다. 금지하여 도읍에서 쉬지 않게 하는 것은 농사일을 억지로 시키는 바가 없을 수 없는 것이다. 그러므로 "농사일을 권면한다." 한 것이다.

○ 臨川吳氏曰 命野虞하고 又命司徒者는 由卑而尊也라 爲農者는 皆天子之民이라 野虞位卑하야 不敢自專하야 其於農也에 但爲天子勞之而勸其民爾요 掌農者는 正地官之職이니 司徒位尊하야 不敢自曠하야 其於農也에 乃自己職命之而勉其作也니라

臨川吳氏 : 野虞에게 명하고 또 司徒에게 명한 것은 낮은 것을 말미암아 높은 것에 이른 것이다. 농사하는 자는 모두 천자의 백성이다. 야우는 지위가 낮아 감히 직접 마음대로 하지 못해서 농사일에 다만 천자를 위하여 백성을 위로하고 권면할 뿐이다. 농사를 관장하는 것은 바로 地官의 직책이니, 사도는 지위가 높아 감히 자기 자리를 비울 수가 없어서 농사에 마침내 자기의 직책으로 명하여 농사일하기를 권면하는 것이다.

063001 是月也에 驅獸하야 毋害五穀하고 毋大田獵하나니라

이달(孟夏)에 짐승을 몰아내어 五穀을 손상시키지 못하게 하고 대규모로 사냥하지 못하게 한다.

≪集說≫

夏獵曰苗니 正爲驅獸之害禾苗者耳라 與三時之大獵으로 自不同이라

여름 사냥을 '苗'라 하니, 〈여름 사냥은〉 바로 벼 싹〔苗〕을 해치는 짐승을 몰아내기 위한 것일 뿐이다. 〈봄·가을·겨울〉 세 철의 대규모 사냥과는 본래 똑같지 않다.

063002 農乃登麥이어든 天子乃以彘嘗麥호되 先薦寢廟하나니라

농민이 이에 보리를 〈타작하는 마당에〉 올리거든 천자가 이에 돼지고기를 갖추어 보리를 맛보되, 〈맛보기 전에〉 먼저 寢廟에 올린다.

≪集說≫

登은 升之於場也라

'登'은 〈타작하는〉 마당에 올리는 것이다.

063101 是月也에 聚畜百藥이니 靡草死하며 麥秋至하나니라

이달(孟夏)에 여러 가지 藥材를 모아서 보관하니, 가느다란 풀이 죽으며 麥秋가 된다.

≪集說≫

聚藥은 爲供醫事也라 靡草는 草之枝葉靡細者니 陰類니 陽盛則死라 秋者는 百穀成熟之期니 此於時에 雖夏나 於麥則秋라 故云麥秋也라

藥材를 모으는 것은 醫員의 일에 공급하기 위해서이다. '靡草'는 풀이 가지와 잎이 가느다란 것인데 陰의 종류이니, 陽이 성하면 죽는다. 가을은 百穀이 성숙하는 시기인데, 이때는 계절상 비록 여름이나 보리에 있어서는 〈보리가 성숙하는〉 가을이기 때문에 '麥秋'라고 말한 것이다.

≪大全≫

嚴陵方氏曰 藥之可採者 不必皆在孟夏로되 則以蕃廡之時는 所可採者爲多故也라 凡物이 感陽而生者는 則彊而立하고 感陰而生者는 則柔而靡하나니 謂之靡草면 則至陰之所生也라 故로 不勝至陽而死니라

嚴陵方氏 : 藥材 중에 채취할 만한 것이 반드시 모두 孟夏에 있는 것은 아니나 〈약재를 맹하에 채취하는 것은〉 번성하는 때에 채취할 수 있는 것이 많기 때문이다. 모든 생물이 陽에 자극받아 태어난 것은 강하여 꼿꼿이 서고 陰에 자극받아 태어난 것은 부드러워 쓰러지니, '靡草'라고 말했으면 지극한 陰이 낳은 것이므로 지극한 陽을 이기지 못하여 죽는 것이다.

063102 斷薄刑하며 決小罪하며 出輕繫하나니라

작은 형벌을 결단하며, 작은 죄를 즉결하며, 가벼운 죄수를 내보낸다.

≪集說≫

刑者는 上之所施요 罪者는 下之所犯이라 斷者는 定其輕重而施刑也라 決은 如決水之

決이니 謂人以小罪相告者를 卽決遣之하고 不收繫也라 其有輕罪而在繫者는 則直縱出之也라

'刑'은 위에서 베푸는 것이고, '罪'는 아래에서 범하는 것이다. '斷'은 죄의 輕·重을 정하여 형벌을 주는 것이다. '決'은 '決水(〈제방이나 저수지의 가두어진〉 물을 트다.)'의 '決'과 같으니, 사람들이 작은 죄로 서로 고발하는 자를 심판하여 보내고 拘禁하지 않는 것이다. 가벼운 죄로 구금되어 있는 자가 있으면 즉시 석방하여 내보낸다.

063201 **蠶事畢**하야 **后妃獻繭**이어든 **乃收繭稅**호되 **以桑爲均**하야 **貴賤長幼如一**하야 **以給郊廟之服**하나니라

누에 치는 일이 끝나서 后妃에게 누에고치를 바치거든 이에 누에고치의 賦稅를 거두되, 뽕잎의 〈많고 적음에〉 따라 균등하게 하여 〈부세를〉 貴·賤과 長·幼에게 똑같이 거두어 郊제사와 宗廟 제사에 입을 〈천자의〉 옷을 바치게 한다.

≪集說≫

后妃獻繭은 謂后妃受內命婦之獻繭也라 收繭稅者는 外命婦養蠶에 亦用國北近郊之公桑하니 近郊之稅十一이라 故로 亦稅其繭十之一이요 其餘는 入己而爲其夫造祭服이라 一說에 再命受服이니 服者는 公家所給이라 故稅其十一者는 爲給其夫祭服也라 受桑多則稅繭多하고 少則稅亦少하니 皆以桑爲均齊也라 貴는 謂卿大夫之妻요 賤은 謂士妻라 長幼는 婦之老少也라 如一은 皆稅十一也라 郊廟之服은 天子祭服也라

'后妃獻繭'은 后妃가 內命婦가 바치는 누에고치를 받음을 이른다. '收繭稅'는 外命婦가 누에를 칠 적에 또한 國都 북쪽의 近郊에 있는 公桑을 사용하니, 근교의 부세가 10분의 1이기 때문에 또한 그 고치의 10분의 1을 세금으로 바치고, 그 나머지는 자기의 수입으로 삼아서 자기 남편을 위하여 祭服을 만드는 것이다. 一說에 "再命에 관복을 받으니, 관복은 公家에서 주는 것이므로 그 10분의 1을 세금으로 내는 것은 그 남편의 祭服을 공급하기 위한 것이다." 한다.

뽕잎을 받은 것이 많으면 부세로 바치는 누에고치가 많고 적으면 부세 또한 적으

니, 모두 뽕잎의 〈많고 적음에〉 따라 균등하게 하는 것이다. '貴'는 卿大夫의 아내를 이르고, '賤'은 士의 아내를 이른다. '長幼'는 부인의 늙음과 젊음이다. '如一'은 모두 그 10분의 1을 세금으로 내는 것이다. '郊廟之服'은 천자의 祭服이다.

063301 **是月也**에 **天子飮酎**호되 **用禮樂**하나니라

이달(孟夏)에 천자가 진한 술을 마시되 禮와 樂을 사용한다.

≪集說≫

重釀之酒를 名之曰酎니 稠醲之義也라 春而造하야 至此始成이라 用禮樂而飮之는 蓋盛會也라

거듭 빚은 술을 '酎'라 이르니, 진하다는 뜻이다. 봄에 만들어 이때 비로소 완성된다. 禮와 樂을 사용하고서 마시는 것은 성대한 연회이다.

≪大全≫

嚴陵方氏曰 凡燕樂엔 則必用禮樂矣로되 於此特言之者는 以用之於是 爲盛故也라 飮酎如此면 則飮烝을 從可知矣니라

嚴陵方氏 : 무릇 연회의 음악에는 반드시 禮와 樂을 쓰나 이때에 특별히 말한 것은 이때 쓰는 것이 성대하기 때문이다. 진한 술을 이와 같이 마시면 겨울 烝祭에도 마신다는 것을 따라서 알 수 있다.

063401 **孟夏**에 **行秋令**하면 **則苦雨數**(삭)**來**하야 **五穀不滋**하며 **四鄙入保**하고

孟夏에 가을의 政令을 행하면 궂은비가 자주 와서 五穀이 번식하지 못하고 사방 변방의 백성들이 작은 城으로 들어와 살며,

≪集說≫

申金之氣所泄也라

申月(孟秋)의 金氣가 새어 나온 것이다.

063402 行冬令하면 則草木蚤枯하고 後乃大水하야 敗其城郭하며

겨울의 政令을 행하면 초목이 일찍 마르고 뒤에 마침내 홍수가 발생하여 성곽을 무너뜨리며,

≪集說≫

亥水之氣所傷也라

亥月(孟冬)의 水氣에 상한 것이다.

063403 行春令하면 則蝗蟲爲災하며 暴風來格하며 秀草不實하나니라

봄의 政令을 행하면 蝗蟲이 재앙이 되고, 폭풍이 닥치고, 꽃이 핀 풀이 열매를 맺지 못한다.

≪集說≫

寅木之氣所淫也라 以孟夏之月而行孟秋孟冬孟春之令이라 故로 感召災異如此라 四鄙는 四面邊鄙之邑也라 保는 與堡同하니 小城也라 入保는 入而依以爲安也라 格은 至也라

寅月(孟春)의 木氣가 지나친 것이다. 孟夏의 달에 孟秋·孟冬·孟春의 政令을 행하기 때문에 災異를 자극하여 부르는 것이 이와 같다. '四鄙'는 사방에 있는 변방의 고을이다. '保'는 '堡'와 같으니, 작은 城이다. '入保'는 〈작은 성에〉 들어와 의지하여 편안히 지내는 것이다. '格'은 이르는 것이다.

≪大全≫

嚴陵方氏曰 陰氣之所召故로 苦雨數(삭)來하니 謂之苦는 則以極備[84)]而爲人之所苦故也니 與詩所謂甘雨[85)]異矣라 夫雨는 固足以滋五穀이나 然至於苦면 則適所以傷

---

84) 極備 : ≪書經≫ 〈周書 洪範〉에 "한 가지가 지극히 갖추어져도 흉하고, 한 가지가 지극히 없어도 흉하다.〔一極備 凶 一極無 凶〕"라고 하였는데, 孔穎達의 疏에 "비가 많으면 장마가 지고 비가 적으면 가물다.〔雨多則澇 雨少則旱〕" 하였다.(≪尙書正義≫)

85) 甘雨 : ≪詩經≫ 〈小雅 甫田〉에 "우리 齊明(자명)과 우리 희생 羊을 가지고 社에 제사하고

之라 故로 言五穀不滋也라 又曰 感肅殺之氣라 故로 草木蚤枯라 大水敗城郭은 則以冬德之所在故也라 蝗之爲蟲은 殘物之末하고 不傷其本하나니 春則木盛之時也라 故로 行春令이면 則蟲之爲災者 特殘其末而已라 春於方爲東하니 東方生風이라 故로 暴風來格이라 秀草不實은 則以盛於末故也니라

嚴陵方氏 : 陰氣가 부른 것이므로 궂은비가 자주 오는 것인데, '苦'라고 한 것은 지극히 갖추어져서 사람이 괴롭게 여기기 때문이니, ≪詩經≫에 이른바 '단비〔甘雨〕'와는 다르다. 비는 진실로 五穀을 번식하게 할 수 있으나, 괴로움에 이르면 다만 손상시킬 뿐이므로 "오곡이 번식하지 않는다." 한 것이다.

또(嚴陵方氏) : 〈초겨울의〉 肅殺한 기운에 자극받았기 때문에 초목이 일찍 마르는 것이다. 홍수가 城郭을 무너트림은 겨울의 덕이 있는 곳이기 때문이다. '蝗'이라는 벌레는 물건의 말엽만 해치고 뿌리를 손상하지 않으니, 봄은 나무가 성한 때이므로 봄의 政令을 행하면 벌레가 災害를 일으킴이 다만 그 말엽을 해칠 뿐이다. 봄은 방위로는 東方이 되니, 동방은 바람을 일으키므로 폭풍이 닥치는 것이다. '秀草不實'은 말엽에 성하기 때문이다.

063501 仲夏之月에 日在東井하니 昏에 亢中이요 旦에 危中이니라

仲夏의 달에 해가 〈未方의 井宿(정수)인〉 東井에 있으니, 황혼에 〈동방의〉 亢宿(항수)가 〈남방의 하늘〉 가운데에 있고 새벽에 〈북방의〉 危宿(위수)가 〈남방의 하늘〉 가운데에 있다.

≪集說≫

東井은 在未하니 鶉首之次라

東井은 〈正南方에 가까운 西南方인〉 未方에 있으니, 〈남방의 井·鬼 자리인〉 鶉首의 星次이다.

方에 제사하니 우리 토지가 이미 좋음이 농부들의 복이로다. 琴과 瑟을 타며 북을 쳐서 田祖를 맞이하여 단비를 기원하니 우리 黍稷을 크게 하여 우리 士女들을 잘 기르겠네. 〔以我齊明 與我犧羊 以社以方 我田既臧 農夫之慶 琴瑟擊鼓 以御田祖 以祈甘雨 以介我稷黍 以穀我士女〕"라고 보인다.

063502 其日은 丙丁이요 其帝는 炎帝요 其神은 祝融이요 其蟲은 羽요 其音은 徵(치)요 律은 中蕤賓이요 其數는 七이요 其味는 苦요 其臭는 焦요 其祀는 竈(조)니 祭先肺하나니라

그 날짜는 丙과 丁이고, 그 帝는 炎帝이고, 그 神은 祝融이고, 그 동물은 羽蟲이고, 그 音은 徵이고, 律은 蕤賓에 응하고, 그 數는 7이고, 그 맛은 쓴맛이고, 그 냄새는 탄내이고, 그 제사는 부엌신에게 지내니, 제사 지낼 때에는 폐를 먼저 올린다.

≪集說≫

蕤賓은 午律이니 長六寸八十一分寸之二十六이라

蕤賓은 午月(仲夏)의 律管이니, 길이가 6촌 81푼 촌의 26이다.

063503 小暑至하며 螳蜋生하며 鵙(격)始鳴하며 反舌이 無聲하나니라

작은 더위가 이르며, 사마귀가 나오며, 왜가리가 비로소 울며, 지빠귀는 소리를 내지 않는다.

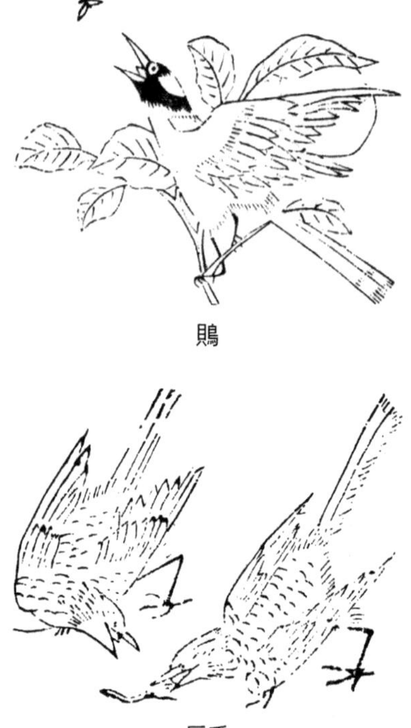
鵙
反舌

≪集說≫

此는 記午月之候라 小暑는 暑氣未盛也라 螳蜋은 一名蚚(기)父요 一名天馬니 言其飛捷如馬也라 鵙은 博勞也라 反舌은 百舌鳥라 凡物이 皆稟陰陽之氣而成質하니 其陰類者는 宜陰時요 陽類者는 宜陽時니 得時則興하고 背時則廢라 疏又以反舌로 爲蝦蟆(하마)[86]라한대 未知是否라

이는 午月의 징후를 기록한 것이다. 小暑는 더운 기운이 아직 성하지 않은 것이다. 螳螂은 일명은 蚚父이고, 일명은 天馬이니, 나는 속도가 말과 같이 빠름을 말한 것이다. '鵙'은 博勞(왜가리)이다. '反舌'은 百舌鳥(지빠귀)이다. 물건이 모두 陰陽의 기운을 받아 형질을 이루니, 陰의 종류인 것은 陰의 때에 마땅하고 陽의 종류인 것은 陽의 때에 마땅한데, 〈각각의〉 때에 합당하면 일어나고 때를 거스르면 폐해진다. 〈孔穎達의〉 疏에 또 반설을 '蝦蟆(개구리)'라 하였는데, 옳은지는 알 수 없다.

≪大全≫

嚴陵方氏曰 螳蜋鵙이 **皆陰類也**라 **故**로 **或感微陰而生**하고 **或感微陰而鳴焉**이라 **反舌**은 **蓋百舌也**니 **以能反覆其舌而爲百鳥語**라 **故**로 **謂之反舌**이라 **然其鳴也感陽中而發**이라 **故**로 **感微陰而無聲焉**이니라

嚴陵方氏 : 사마귀와 왜가리는 모두 陰의 종류이다. 그러므로 혹 작은 陰에 자극받아 생기기도 하고 혹 작은 陰에 자극받아 울기도 하는 것이다. '反舌'은 '百舌'이니, 그 혀를 변화무쌍하게 하여 온갖 새의 소리를 내므로 '반설'이라 이른 것이다. 그러나 그 울음은 陽의 中에 자극받아 나오기 때문에 작은 陰에 자극받으면 소리를 내지 않는 것이다.

063504 天子居明堂太廟하야 乘朱路하며 駕赤駵하며 載赤旂하며 衣朱衣하며 服赤玉하며 食菽與鷄하며 其器를 高以粗하며

천자가 明堂太廟에 거하며, 붉은 수레를 타며, 붉은 월따말에 멍에 하며, 붉은 깃발을 〈수레에〉 꽂으며, 붉은 옷을 입으며, 붉은 옥을 차며, 콩과 닭고기를 먹으며, 그릇을 〈조각한 것이〉 높고 굵게 하며

---

86) 疏又以反舌 爲蝦蟆(하마) : 孔穎達의 疏에 "蔡邕이 '〈「반설」이라는〉 동물은 이름이 「개구리〔鼃〕」이니, 지금은 「하마」라고 이른다. 그 혀뿌리가 앞은 입가에 붙고 끝은 안을 향했으므로 「반설」이라고 한다.' 하였는데,……蟜夙이 반문하기를 '진실로 이 말과 같다면 하마는 5월 중에 처음 물을 얻어서 마침 사람이 듣기에 시끄럽도록 울어대니, 어찌 도리어 소리가 없겠는가.' 하였다.……반설조는 봄에 비로소 울고 5월이 되면 차츰 그쳐서 그 소리가 몇 번 바뀌므로 「반설」이라 이름한 것이다.〔蔡云 蟲名 鼃也 今謂之蝦蟆 其舌本前著口側而末向內 故謂之反舌……蟜夙問曰 誠如此言 蝦蟆五月中始得水 適當聒人耳 何反無聲……反舌鳥春始鳴 至五月稍止 其聲數轉 故名反舌〕" 하여 '反舌'은 蝦蟆가 아니라 반설조라고 설명하였다. 이 때문에 ≪禮記補註≫에서는 陳澔의 이 설명이 잘못된 것임을 지적하였다.

≪集說≫

明堂太廟는 南堂이니 當太室也라

明堂太廟는 南堂이니, 太室에 해당한다.

063505 養壯佼하나니라

건장하고 아름다운 자를 기른다.

≪集說≫

壯은 謂容體碩大者요 佼는 謂形容佼好者니 擇此類而養之는 亦順長養之令이라

'壯'은 신체가 큰 자를 이르고, '佼'는 외모가 아름다운 자를 이르니, 이러한 종류의 사람을 가려서 기름은 또한 기르고 배양하는 政令을 순히 따르는 것이다.

063601 是月也에 命樂師하야 修鞀(도)鞞(비)鼓하며 均琴瑟管簫하며 執干戚戈羽하며 調竽笙箎(지)簧하며 飭鍾磬柷敔(어)하며

이달(仲夏)에 樂師에게 명하여 鞀(鼗)와 鞞(鼙)와 鼓를 수리하며, 琴과 瑟과 管과 簫를 조율하며, 干과 戚과 戈와 羽를 잡고 연습하며, 竽와 笙과 箎(篪)와 簧을 조율하며, 종과 경쇠와 柷과 敔를 整理하도록 한다.

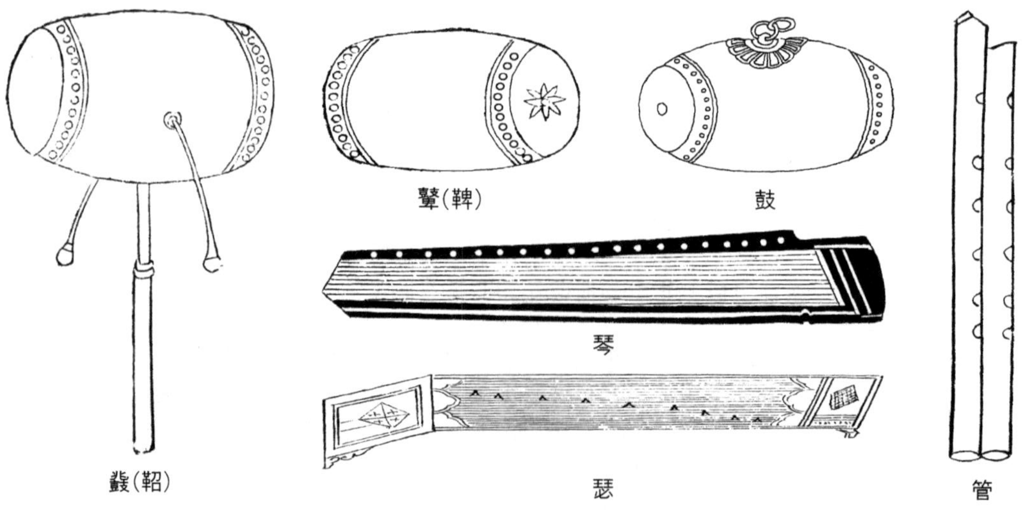
鼗(鞀) 鼙(鞞) 鼓 琴 瑟 管

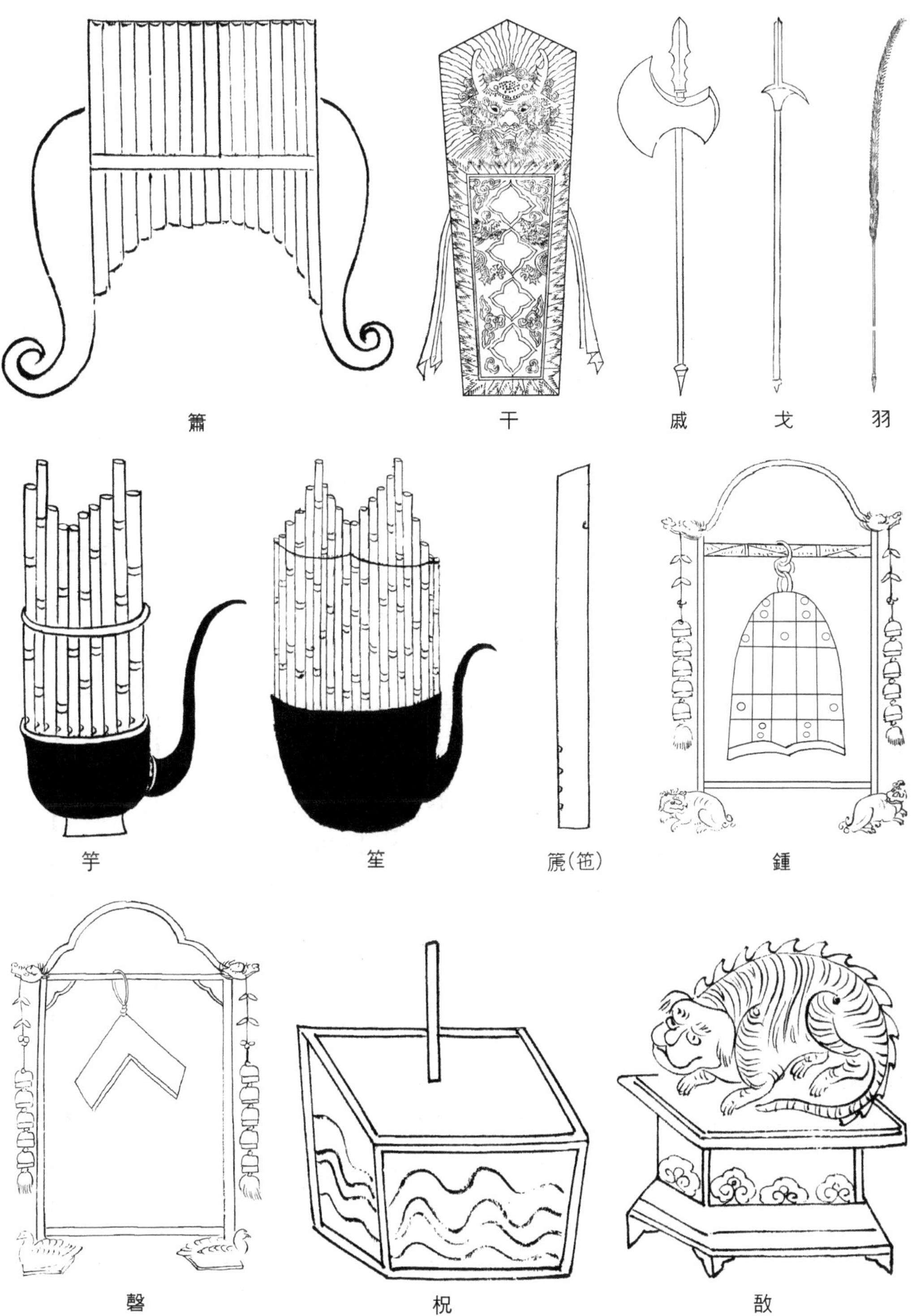

簫 干 戚 戈 羽

竽 笙 箎(竾) 鍾

磬 柷 敔

≪集說≫

凡十九物은 皆樂器也라 鞀鞞鼓三者는 皆革音이니 鞀는 卽鼗(도)也요 鞞는 所以裨助鼓節이라 琴瑟은 皆絲音이요 管簫는 皆竹音이니 管은 如篴(적)而小라 干戚戈羽는 皆舞器니 干은 盾이요 戚은 斧也라 竽笙篪는 皆竹音이니 竽는 三十六簧이요 笙은 十三簧이요 篪는 卽箎(지)也니 長尺四寸이라 簧은 笙之舌이니 蓋管中之金薄鍱也니 竽笙篪三者는 皆有簧也라 鍾은 金音이요 磬은 石音이라 柷敔는 皆木音이니 柷은 如漆桶(통)하고 敔는 狀如伏虎하니 柷以合樂之始요 敔以節樂之終이라 修者는 理其弊요 均者는 平其聲이요 執者는 操持習學이요 調者는 調和音曲이요 飭者는 整治之也라 以將用盛樂雩祀라 故謹備之라

19가지 물건은 모두 악기이다. 鞀・鞞・鼓 세 악기는 모두 〈그 소리가〉 가죽으로 만든 악기의 소리이니, '鞀'는 바로 鼗이고, '鞞'는 鼓의 節奏를 보조하는 악기이다. '琴'과 '瑟'은 모두 〈그 소리가〉 실로 만든 악기의 소리이고, '管'과 '簫'는 모두 〈그 소리가〉 대나무로 만든 악기의 소리이니, 管은 篴(笛)과 같은데 〈篴보다〉 작다. '干'・'戚'・'戈'・'羽'는 모두 춤출 때 사용하는 기물이니, '干'은 방패이고, '戚'은 도끼이다. '竽'・'笙'・'篪'는 모두 〈그 소리가〉 대나무로 만든 악기의 소리이니, '竽'는 簧이 36개이고, '笙'은 簧이 13개이다. '篪'는 바로 箎이니, 길이가 1척 4촌이다. '簧'은 笙의 혀이니, 管 속의 얇은 쇳조각인데, 竽・笙・篪 세 가지는 모두 簧이 있다. '鍾'은 〈그 소리가〉 쇠로 만든 악기의 소리이고, '磬'은 〈그 소리가〉 돌로 만든 악기의 소리이다. '柷'과 '敔'는 모두 〈그 소리가〉 나무로 만든 악기의 소리이니, '柷'은 옻칠한 桶과 같고 '敔'는 모습이 엎드려 있는 호랑이와 같은데, 柷으로는 합주를 시작할 때 연주하고 敔로는 음악 연주를 마디 지어 마칠 때 연주한다.

'修'는 해진 악기를 수리하는 것이고, '均'은 악기 소리를 고르는 것이고, '執'은 잡고서 학습하는 것이고, '調'는 음의 曲調를 고르게 조율하는 것이고, '飭'은 整理하는 것이다. 장차 성대한 음악을 사용하여 雩祀(祈雨祭)를 지내려 하기 때문에 신중하게 준비하는 것이다.

笛(篴)

≪大全≫

嚴陵方氏曰 鞀鞞鼓之與鍾(磐)〔磬〕[87]柷敔는 其聲質而一故로 修飭之而已요 琴瑟管簫竽笙篪簧은 其聲文而雜하니 則必均調之焉이라 干戚戈羽는 以無聲하니 持執之待用이 可也니라

嚴陵方氏 : 鞀・鞞・鼓와 鍾・磬・柷・敔는 그 소리가 질박하고 일정하기 때문에 수리하고 정돈할 뿐이고, 琴・瑟・管・簫・竽・笙・篪・簧은 그 소리가 꾸밈이 있고 잡다하니 반드시 고르게 하고 조율하여야 한다. 干・戚・戈・羽은 소리가 없으니, 다만 잡고서 〈연습하여〉 쓰임에 대비하는 것이 옳다.

063602 命有司하야 爲民하야 祈祀山川百源하며 大雩帝호되 用盛樂하나니라

담당 관리에게 명하여 백성들을 위해 산천의 온갖 水源에 제사 지내며, 上帝에게 크게 祈雨祭를 지내되 성대한 음악을 사용한다.

≪集說≫

山者는 水之源이니 將欲禱雨라 故先祭其本源이니 三王[88]祭川에 先河後海는 示重本也라 雩者는 吁嗟其聲하야 以求雨之祭니 周禮에 女巫凡邦之大災에 歌哭而請[89]이 亦其義也라 帝者는 天之主宰라 盛樂은 卽鞀鞞以下十九物을 竝奏之也라

'山'은 물의 本源이니, 장차 祈雨祭를 지내려고 하기 때문에 먼저 물의 본원에 제사 지내는 것이다. 三王이 大川에 제사 지낼 적에 河에서 먼저 하고 바다에서 나중에 한 것은 본원을 소중히 여김을 보인 것이다. '雩'는 길게 한탄하는 소리를 내어 비를 내려주기를 기원하는 제사이니, ≪周禮≫에 "여자 무당이 일반적으로 나라의 큰 재앙에 노래하고 곡하여 청한다."는 것이 또한 이 뜻이다. '帝'는 하늘의 主宰者이다. '盛樂'은 바로 鞀・鞞 이하 19가지 악기를 모두 연주하는 것이다.

---

87) (磐)〔磬〕: 저본에는 '磐'으로 되어 있으나, 四庫全書本 ≪禮記大全≫에 의거하여 '磬'으로 바로잡았다.

88) 三王 : 설에 따라 다르나 范寧은 夏나라, 商나라, 周나라 3대의 군주를 이른다고 하였다.(≪春秋穀梁傳≫ 隱公 8년 范寧 注)

89) 女巫凡邦之大災 歌哭而請 : ≪周禮≫ 〈春官 女巫〉에 보인다.

063603 **乃命百縣**하야 **雩祀百辟卿士有益於民者**하야 **以祈穀實**하나니라

이에 畿內의 여러 고을에 명하여 百辟(여러 제후왕)·卿士로서 백성을 유익하게 해준 자에게 기우제를 지내어 곡식이 잘 영글기를 기원하게 한다.

≪集說≫

百縣은 畿內之邑也라 百辟卿士는 謂古者上公이니 句龍后稷之類라

'百縣'은 畿內에 있는 고을들이다. '百辟'과 '卿士'는 옛날의 上公을 이르니, 〈土正인〉 句龍이나 〈農官인〉 后稷 같은 부류이다.

≪大全≫

嚴陵方氏曰 此言大雩帝하고 後又言大饗帝는 何也오 蓋雩는 所以祈也요 饗은 所以報也라 祈必於仲夏者는 以陰生於午而物成之始也니 所以祈物之成而已요 報必於季秋者는 以陽窮於成而歲功之終也니 所以報歲之功而已라 百辟은 卽諸侯也요 卿士는 卽六卿也라 百辟卿士 生有益於民者는 死亦有益於民이라 故로 命雩祀之하야 以祈穀實也라 季春之祈實은 爲麥而已요 至此又祈實은 則所祈者衆矣라 故로 以穀該之라 天子之雩는 及於上帝하고 百縣之雩는 止於百辟卿士라 於百辟卿士에 言祈穀實이면 則雩帝之所祈를 又可知矣니라

嚴陵方氏：여기서는 "上帝에게 크게 祈雨祭를 지낸다." 하고, 뒤에 또다시 "상제에게 크게 祭饗한다." 함은 어째서인가? '雩'는 〈풍년을〉 기원하는 것이고, '饗'은 〈풍년이 들게 해준 은혜에〉 보답하는 것이다. 기원하기를 반드시 仲夏에 하는 것은 〈중하는〉 陰이 午月(5월)에서 생겨 농작물이 이루어지기 시작하는 때여서이니, 〈이때에는〉 농작물이 이루어지기를 기원할 뿐이다. 보답하기를 반드시 季秋에 하는 것은 〈계추는〉 陽이 이루기를 끝마쳐 한 해의 〈은혜를 내려준〉 功勞가 끝나는 때여서이니, 〈이때에는〉 한 해의 공로에 보답할 뿐이다.

'百辟'은 바로 제후이고, '卿士'는 바로 六卿이다. 백벽·경사로서 살아서 백성을 유익하게 해주었던 자는 죽어서도 백성에게 유익함이 있다. 그러므로 기우제를 지낼 때에 제사 지내어 곡식이 잘 영글기를 기원하도록 명하는 것이다. 季春에 열매가 잘 영글기를 기원함은 보리를 위한 것일 뿐이고, 여기에 이르러 또다시 열매가 잘

영글기를 기원함은 기원하는 것이 여러 가지이다. 그러므로 '穀'이라는 글자로 포괄한 것이다. 천자의 기우제는 상제에게 미치고, 百縣의 기우제는 백벽·경사에 그친다. 백벽·경사에게 "곡식이 잘 영글기를 기원한다." 하였으면 상제에게 기우제를 지낼 때에 기원하는 바를 또 알 수 있다.

063701 **是月也**에 **農乃登黍**어든 **天子乃以雛嘗黍**하며 **羞以含桃**호되 **先薦寢廟**하나니라

이달(仲夏)에 농부가 찰기장을 〈타작하는 마당에〉 올리거든 천자가 닭고기를 갖추어 찰기장을 맛보며, 앵두를 올리되 〈맛보기 전에〉 먼저 寢廟에 올린다.

≪集說≫

今用登麥穀例하야 移農乃登黍四字하야 在是月也之下[90]하니라 舊註에 以內則(칙)之雛로 爲小鳥하고 此雛로 爲鷄[91]하니 未詳孰是로라 含桃는 櫻桃也라

이제 〈孟夏 때의〉 보리를 〈타작하는 마당에〉 올리는 例를 따라서 '農乃登黍' 네 글자를 옮겨 '是月也'의 아래에 두었다. 舊註에 〈內則〉의 '雛'를 작은 새라 하고 여기의 '雛'를 닭이라고 하였는데, 어느 것이 옳은지 자세하지 않다. '含桃'는 櫻桃이다.

063801 **令民**으로 **毋艾藍以染**하며

백성들로 하여금 쪽을 베어 쪽물을 들이지 못하게 하며,

≪集說≫

藍之色青하니 青者는 赤之母니 刈之면 亦是傷時氣니라

---

90) 移農乃登黍四字 在是月也之下 : '農乃登黍'가 ≪禮記正義≫에는 '是月也' 앞에 있는데, 그것을 '是月也' 뒤로 옮겼다는 것이다.

91) 舊註……爲鷄 : 〈內則〉의 '雛'를 '小鳥'라 한 것은 ≪禮記正義≫ 孔穎達의 疏이고, '雞'라 한 것은 ≪經典釋文≫ 〈禮記音義〉이다. 그런데 ≪경전석문≫의 '雞'가 ≪예기정의≫에도 인용되어 있는데, ≪예기정의≫에는 '雞'가 '雛'로 잘못되어 있다.

쪽의 색은 푸른데, 〈봄의〉 푸름은 〈여름의〉 赤色의 母體이니, 이것을 베면 또한 이 시기의 기운을 손상시키기 때문이다.

063802 毋燒灰하며

불을 태워 재를 만들지 못하게 하며,

≪集說≫

火之滅者爲灰니 禁之는 亦爲傷火氣也라

불이 〈다 타서〉 꺼진 것이 재가 되니, 〈이렇게 하는 것을〉 금하는 것은 또한 불의 기운을 손상시키기 때문이다.

063803 毋暴(폭)布하며

삼베를 햇볕에 쪼이지 못하게 하며,

≪集說≫

暴은 暴之於日也라 布者는 陰功所成이니 不可以小功干盛陽也라

'暴'은 햇볕에 쪼이는 것이다. 삼베는 陰(婦女子)의 功으로 이루어진 것이니, 〈陰의〉 작은 功으로 盛大한 陽을 범하게 해서는 안 되기 때문이다.

063804 門閭[92)]를 毋閉하며

城門과 마을 문을 닫지 말게 하며,

≪集說≫

一則順時氣之宣通이요 一則使暑氣之宣散이라

한편으로는 철의 기운이 순히 통하게 하는 것이고, 다른 한편으로는 더운 기운이 흩어지게 하는 것이다.

---

92) 門閭 : 孔穎達의 疏에 따르면 '門'은 城門을 이르며, '閭'는 25家로 이루어진 마을의 문을 이른다.(≪禮記正義≫)

063805 關市를 毋索하며

關門과 市場을 수색하지 못하게 하며,

≪集說≫

索者는 搜索商旅匿稅之物이라 蓋當時氣盛大之際하니 人君이 亦當體之而行寬大之政也라

'索'은 行商들이 脫稅하려고 숨긴 물건을 수색하는 것이다. 계절의 기운이 성대한 때를 당하였으니, 人君 또한 마땅히 이것을 체득하여 관대한 정사를 행해야 하는 것이다.

063806 挺重囚하고 益其食하며

重罪囚를 뽑아내고 그 음식을 더해주게 하며,

≪集說≫

挺者는 拔出之義라 重囚는 禁繫嚴密이라 故特加寬假하니 輕囚則不如是라 益其食者는 加其養也라

'挺'은 '뽑아내다'는 뜻이다. '重罪囚'는 監禁하는 것이 엄밀하기 때문에 특별히 더 관대하게 해주는 것이니, 輕罪囚는 이렇게 하지 않는다. '益其食'은 그들이 먹을 음식을 더해주는 것이다.

≪大全≫

馬氏曰 毋閉는 利宣也요 毋索은 不恃察以窮民隱也요 益重囚之食은 不以其罪廢不忍人之政[93]也니라

---

93) 不忍人之政 : ≪孟子≫ 〈公孫丑 上〉에 "사람들은 모두 사람을 차마 해치지 못하는 마음을 가지고 있다. 선왕이 사람을 차마 해치지 못하는 마음을 두어 사람을 차마 해치지 못하는 정사를 행하셨으니, 사람을 차마 해치지 못하는 마음으로 사람을 차마 해치지 못하는 정사를 행한다면 천하를 다스리는 것은 손바닥 위에 놓고 움직일 수 있을 것이다.〔人皆有不忍人之心 先王有不忍人之心 斯有不忍人之政矣 以不忍人之心 行不忍人之政 治天下可運之掌上〕"라고 하였다.

馬氏 : 〈城門과 마을 문을〉 '닫지 못하게 함'은 통함을 유리하게 하는 것이다. 〈關門과 市場을〉 '수색하지 못하게 함'은 살핀다는 것을 빙자하여 백성이 숨기고 있는 것까지 모조리 찾아내지 않는 것이다. 중죄수에게 음식을 더해줌은 죄가 있다 하여 사람을 차마 해치지 못하는 政事를 폐하지 않는 것이다.

063807 游牝을 別群하야 則縶(집)騰駒하며 班馬政하나니라

〈목장에〉 풀어놓은 암컷을 무리와 구별하여 떨어트려놓고서 날뛰는 망아지를 매놓으며, 말을 기르는 政令을 반포한다.

≪集說≫

季春엔 遊牝于牧하고 至此하얀 妊孕已遂라 故로 不使同群이라 拘縶騰躍之駒者는 止其踶齧(제설)也라 班은 布也라 馬政은 養馬之政令也니 周禮圉人圉師所掌[94)]이라

季春에는 목장에 암컷을 풀어놓고, 이때 이르러서는 姙娠이 이미 이루어졌기 때문에 무리와 같이 지내지 않게 하는 것이다. 날뛰는 망아지를 묶어놓는 것은 망아지가 발로 차고 무는 것을 방지하는 것이다. '班'은 반포함이다. '馬政'은 말을 기르는 政令이니, ≪周禮≫에 따르면 圉人과 圉師가 관장한 것이다.

063901 是月也에 日長至라 陰陽爭하며 死生分하나니

이달(仲夏)에 낮의 길이가 가장 길므로 陰과 陽이 다투며 죽음과 삶이 나누어지니

≪集說≫

至는 猶極也니 夏至는 日長之極이라 陽盡午中하야 而微陰眇重淵[95)]矣니 此陰陽爭辨之際也라 物之感陽氣而方長者는 生하고 感陰氣而已成者는 死하니 此는 死生分判之際也라

94) 圉人圉師所掌 : ≪周禮≫ 〈夏官 圉師〉에 "어인으로 하여금 말을 기르게 하는 것을 관장한다.〔掌教圉人養馬〕" 하였다.

95) 微陰眇重淵 : 朱子의 「齋居感興」에 보인다.

'至'는 '極'과 같으니, 夏至는 낮의 길이가 가장 길다. 陽이 午月의 가운데에서 지극하여 작은 陰이 深淵에서 작게 싹트니, 이는 陰과 陽이 다투는 때이다. 생물 가운데 陽氣에 자극받아야 비로소 자라게 되는 것들은 살고, 陰氣에 자극받아 이미 이루어진 것은 죽으니, 이는 死와 生이 분리되는 때이다.

063902 **君子齊**(재)**戒**하야 **處必掩身**하야 **毋躁**하며 **止聲色**하야 **毋或進**하며 **薄滋味**하야 **毋致和**하며 **節耆欲**하야 **定心氣**하나니라

군자가 齋戒하여 거처할 적에 반드시 몸을 가려 조급하게 하지 않으며, 음악과 女色을 그쳐서 혹시라도 進御하는 일이 없게 하며, 滋味를 적게 하여 간 맞추는 것을 지극하게 하지 않으며, 嗜慾을 절제하여 心氣를 안정시킨다.

≪集說≫

齊戒以定其心하고 掩蔽以防其身하며 毋或輕躁於擧動하고 毋或御進於聲色하며 薄其調和之滋味하고 節其諸事之愛欲이니 凡以定心氣而備陰疾也라

齋戒하여 마음을 안정시키고 엄폐하여 몸을 지키며, 혹시라도 擧動을 경솔하고 조급하게 하지 말고 혹시라도 음악과 女色을 進御하지 못하게 하며, 입이 맛있어하는 음식의 맛을 싱겁게 하고 여러 일 가운데 사랑하고 탐내는 것을 절제하니, 이는 모두 心氣를 안정시켜 陰의 被害를 대비하는 것이다.

≪大全≫

嚴陵方氏曰 陰陽爭者는 以陰方來而與陽始遇故로 爭也니 仲冬亦言之者는 以陽方來而與陰遇故也라 陽主生하고 陰主死하니 微陰旣生이면 則萬物向乎死矣라 故로 死生之理 於是分也라 君子以陰陽方爭故로 宜潔誠居內退聽하야 以待其定也라 仲冬言此而不言毋躁者는 以暑爲躁하고 寒爲靜故로 於暑之時에 特戒之也라 止聲色하야 毋或進者는 方解緩之時하야 慮搖其精也라 薄滋味하야 毋致和者는 方齊(재)戒之時하야 苟厚滋味而致和면 則或昏憒其志意也일새니라

嚴陵方氏 : 陰과 陽이 다투는 것은 陰이 바야흐로 와서 陽과 처음 만났기 때문에 다투는 것이니, 仲冬에 또한 이것을 말한 것은 〈중동에는〉 陽이 바야흐로 와서 陰과 만났기 때문이다. 陽은 살리는 것을 주장하고 陰은 죽이는 것을 주장하니, 작은 陰이 이미 생기고 나면 萬物이 죽음으로 향한다. 그러므로 죽고 사는 이치가 이에 나누어지는 것이다.

군자는 陰과 陽이 바야흐로 다투기 때문에 마땅히 깨끗하고 정성스럽게 하고서 집안에 거처하여 물러나 〈조용히 명령을〉 들어서 〈心氣가〉 안정되기를 기다리는 것이다. 중동에는 이것을 말했으나 '조급하게 하지 말라.'는 말을 하지 않은 것은, 더위에는 조급하게 되고 추울 때에는 고요하게 되므로 더울 때에 특별히 경계한 것이다. '음악과 女色을 그쳐서 혹시라도 進御하는 일이 없게 함〔止聲色 毋或進〕'은 해이해지는 때를 당하여 精氣를 요동치게 할까 염려해서이다. '滋味를 적게 하여 간 맞추는 것을 지극하게 하지 않음〔薄滋味 毋致和〕'은 齋戒할 때를 당하여 만약 맛을 맛있게 하여 간을 매우 잘 맞추면 혹 意志를 혼란하게 할 수도 있기 때문이다.

063903 百官靜事無刑하야 以定晏陰之所成하나니라

百官들이 〈형벌하는〉 일을 멈추어 형벌을 없게 하여 고요한 陰이 안정되어 이루어지도록 한다.

≪集說≫

刑은 陰事也니 擧陰事則是助陰抑陽이라 故로 百官府刑罰之事를 皆止靜而不行也라 凡天地之氣 順則和하고 (競則逆)〔逆則競〕[96]이라 故로 能致災咎하나니 此陰陽相爭之時라 故로 須如此謹備니라 晏은 安也니 陰道靜이라 故云晏陰이니 及其定而至於成이면 則循序而往하야 不爲災矣라 是以로 未定之前에 諸事를 皆不可忽也니라

'刑'은 陰의 일이니, 陰의 일을 거행하면 이는 陰을 돕고 陽을 억제하는 것이다. 그러므로 여러 官府의 형벌하는 일을 모두 멈추어 행하지 않는 것이다. 무릇 천지의 기운이 順하면 조화로워지고 거스르면 다투게 되므로 재앙을 초래할 수 있다. 이때

96) (競則逆)〔逆則競〕 : 저본에는 '競則逆'으로 되어 있는데, 四庫全書本 ≪禮記大全≫에 의거하여 '逆則競'으로 수정하였다.

는 陰과 陽이 서로 다투는 때이기 때문에 모름지기 이와 같이 삼가고 대비하는 것이다. '晏'은 편안함인데, 陰의 道가 고요하기 때문에 '晏陰'이라고 말하였으니, 안정하여 이루어지게 되면 차례를 順히 따라 가서 재앙이 되지 않는다. 이 때문에 아직 안정되지 못했을 때에는 일들을 모두 소홀히 할 수가 없는 것이다.

063904 鹿角解하며 蟬始鳴하며 半夏生하며 木堇榮하나니라

사슴의 뿔이 빠지며, 매미가 비로소 울며, 半夏(藥草)가 나오며, 무궁화나무에 꽃이 핀다.

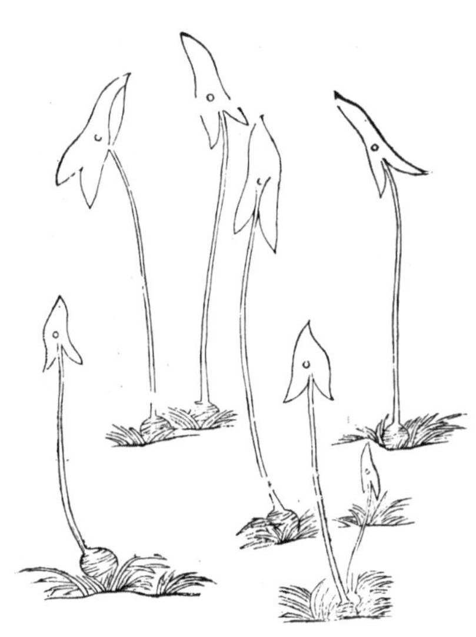

半夏

《集說》

此는 又言午月之候라 解는 脫也라

이는 또 午月(仲夏)의 징후를 말한 것이다. '解'는 '脫(빠짐)'이다.

《大全》

嚴陵方氏曰 鹿好群而相比하니 則陽類也라 故夏至에 感陰生而角解하고 麋多欲而善迷하니 則陰類也라 故冬至에 感陽生而角解하니 此所以不同也라 半夏生者는 蓋居夏之半이면 而是藥生於是時라 故로 因以爲名이라 木堇은 有別於堇草故로 以木言之요 以感微陰而榮故로 其華朝榮夕隕이라 然經或曰秀하고 或曰華하고 或曰生하고 或曰榮은 何也오 以別於苗則曰秀요 以別於實則曰華요 以別於死則曰生이요 以別於枯則曰榮이니 其言이 各有所當也니라

嚴陵方氏 : 사슴은 무리 짓기를 좋아하여 서로 친하니 陽의 종류이므로 夏至에 陰이 생기는 것에 자극받아 뿔이 빠진다. 큰 사슴은 욕심이 많아 잘 미혹하니 陰의 종류이므로 冬至에 陽이 생기는 것에 자극받아 뿔이 빠진다. 이 때문에 똑같지 않은 것이다. '半夏가 나옴'은 여름〔夏〕의 절반〔半〕인 시점에 이르면 이 약초가 이때에 나오므로 이

렇게 명명한 것이다. '木菫'은 菫草(씀바귀)와 구별이 있으므로 '木(나무)'이라고 하였고, 작은 陰에 자극받아 꽃이 피기 때문에 그 꽃이 아침에 피었다가 저녁에 시드는 것이다.

그런데 經文에서 혹 '秀'라 말하고 혹 '華'라 말하고 혹 '生'이라 말하고 혹 '榮'이라 말함은 어째서인가? 싹과 구별하면 '秀'라 하고, 열매와 구별하면 '華'라 하고, 죽은 것과 구별하면 '生'이라 하고, 마른 것과 구별하면 '榮'이라 하니, 그 말이 각각 해당되는 바가 있는 것이다.

064001 是月也에 毋用火南方하며

이달(仲夏)에 남방에 불을 놓지 못하게 하며,

≪集說≫

南方은 火位니 又因其位而盛其用이면 則爲微陰之害라 故戒之라

'남방'은 火의 방위이니, 또 그 〈火의〉 방위를 따라 〈火의〉 사용을 성하게 하면 작은 陰에 害를 끼치기 때문에 경계하는 것이다.

064002 可以居高明이며 可以遠眺望이며 可以升山陵이며 可以處臺榭니라

높고 밝은 곳에 거처할 수 있으며, 멀리 조망할 수 있으며, 산릉에 올라갈 수 있으며, 누대와 정자에 거처할 수 있다.

≪集說≫

凡此는 皆順陽明之時라

이것은 모두 陽明의 때를 순히 따르는 것이다.

≪大全≫

嚴陵方氏曰 夏爲火旺之時요 南方은 火旺之方이니 於旺之時에 而又用於旺之方이면 則其氣太盛而害微陰之生이라 故로 戒之라 居高明故로 可以遠眺望이요 欲遠眺望故로 或升山陵하고 或處臺榭也라 山陵은 自然高明之所也요 臺榭則人爲高明之所也니 順陽在上故로 居處如此하니라

嚴陵方氏 : 여름은 불이 왕성한 철이 되고 南方은 불이 왕성한 방위이니, 〈불이〉 왕성할 때에 또 〈불이〉 왕성한 방위를 쓰면 그 기운이 너무 성하여 작은 陰이 생기는 것을 해치므로 경계한 것이다. 높고 밝은 곳에 거처하기 때문에 멀리 바라볼 수가 있고, 멀리 바라보고자 하기 때문에 혹 산릉에 올라가고 혹 누대와 정자에 거처하는 것이다. 산릉은 자연적으로 높고 밝은 곳이고, 누대와 정자는 사람이 높고 밝게 만든 곳이니, 陽을 순히 따라 위에 있기 때문에 거처하기를 이와 같이 하는 것이다.

064101 **仲夏**에 **行冬令**하면 **則雹凍傷穀**하며 **道路不通**하며 **暴兵來至**하고

仲夏에 겨울의 政令을 행하면 우박과 얼음이 곡식을 손상시키고 도로가 통하지 못하고 사나운 군대가 쳐들어오며,

≪集說≫

子水之氣所傷也라

子月(仲冬)의 水氣가 손상시킨 것이다.

064102 **行春令**하면 **則五穀晚熟**하며 **百螣時起**하야 **其國乃饑**하고

봄의 政令을 행하면 오곡이 늦게 익고 온갖 害蟲이 때로 일어나서 그 나라에 마침내 饑饉이 들며,

≪集說≫

卯木之氣所淫也라

卯月(仲春)의 木氣가 지나친 것이다.

064103 **行秋令**하면 **則草木零落**하며 **果實早成**하며 **民殃於疫**하나니라

가을의 政令을 행하면 초목의 잎이 떨어지고 과실이 일찍 익고 백성들이 染病의 재앙을 받는다.

≪集說≫

酉金之氣所泄也라 螣은 食苗葉之蟲也니 百螣者는 言害稼之蟲이 非一類니라

酉月(仲秋)의 金氣가 새어 나온 것이다. '螣'은 싹과 잎을 먹는 벌레이니, '百螣'은 곡식을 해치는 벌레가 한 종류가 아님을 말한 것이다.

≪大全≫

嚴陵方氏曰 夏行冬令은 是以陰包陽也라 故로 雹凍傷穀이라 道路不通은 則冬爲閉塞하고 暴兵來至은 則陰賊之感也라 春主生하니 夏行春令이면 則生之日長하니 生之日長故로 熟之時晚이라 螣은 食苗葉하니 春之氣盛於末故로 蟲之爲害者 特及葉而已라 五穀晚熟하고 而又百螣時起라 故로 其國乃饑也라 草木零落과 與果實早成은 皆秋之氣候故也라 當盛暑之月而感秋氣면 則相薄[97]而衆成疾이니라

嚴陵方氏 : '여름(仲夏)에 겨울(仲冬)의 政令을 행함'은 陰으로 陽을 감싸는 것이므로 우박과 얼음이 곡식을 손상시키는 것이다. '도로가 통하지 못함'은 겨울의 〈찬 기운이〉 닫고 막기 때문이고, '사나운 군대가 쳐들어옴'은 陰의 나쁜 기운에 자극받기 때문이다.

봄은 사는 것을 주장하는데, 여름(仲夏)에 봄(仲春)의 정령을 행하면 자라는 날이 길어지니, 자라는 날이 길어지기 때문에 익는 때가 늦는 것이다. '螣'은 싹과 잎을 먹는 벌레이니, 봄의 기운은 끝에 성하므로 벌레가 해를 입히는 것이 다만 잎에까지만 미치는 것이다. 五穀이 늦게 익고 또 온갖 해충이 때로 일어나므로 그 나라에 마침내 기근이 드는 것이다.

초목이 떨어짐과 과실이 일찍 익음은 모두 가을의 기후 때문이다. 한창 더운 달을 당하여 가을 기운에 자극받으면 서로 부딪쳐서 여러 곳에 병이 생기는 것이다.

064201 季夏之月에 日在柳하나니 昏에 火中이요 旦에 奎中이니라

季夏의 달에 해가 〈午方의〉 柳宿(유수)에 있고, 황혼에 〈동방 心宿(심수)의 별인〉 火星이 〈남방 하늘의〉 가운데에 있고, 새벽에 〈서방의〉 奎宿(규수)가 〈남방 하늘의〉 가운데에 있다.

---

97) 薄 : '迫(부딪치다)'과 같다.

≪集說≫

柳宿(수)在午하니 鶉火之次也라 火는 大火心宿라

柳宿는 〈正南方인〉 午方에 있으니, 〈남방의 柳·星·張 자리인〉 鶉火의 星次이다. 火는 〈正東方의 卯方 별자리인〉 大火心宿이다.

064202 其日은 丙丁이요 其帝는 炎帝요 其神은 祝融이요 其蟲은 羽요 其音은 徵(치)요 律은 中林鍾이요 其數는 七이요 其味는 苦요 其臭는 焦요 其祀는 竈니 祭先肺하나니라

그 날짜는 丙과 丁이고, 그 帝는 炎帝이고, 그 神은 祝融이고, 그 동물은 羽蟲이고, 그 音은 徵이고, 律은 林鍾에 응하고, 그 數는 7이고, 그 맛은 쓴맛이고, 그 냄새는 탄내이고, 그 제사는 부엌신에게 지내니, 제사 지낼 때에 폐를 먼저 올린다.

≪集說≫

林鍾은 未律이니 長六寸이라

林鍾은 未月(季夏)의 律管이니, 길이가 6寸이다.

064203 溫風始至하며 蟋蟀居壁하며 鷹乃學習하며 腐草爲螢하나니라

따뜻한 바람이 비로소 지극하며, 蟋蟀(귀뚜라미)이 壁에 붙어 살며, 매가 비로소 나는 것을 배우며, 썩은 풀이 반딧불이가 된다.

≪集說≫

此는 記未月之候라 至는 極也라 蟋蟀은 生於土中하니 此時엔 羽翼이 猶未能遠飛하야 但居其穴之壁이요 至七月이면 則能遠飛而在野矣라 學習은 雛學數(삭)飛也라 腐草得暑濕之氣라 故로 變而爲螢이니라

이는 未月의 징후를 기록한 것이다. '至'는 지극함이다. 蟋蟀은 땅속에서 생기니,

이때에는 날개가 아직 〈작아〉 멀리 날 수 없어서 다만 구멍의 壁에 붙어 살 뿐이고, 7월에 이르면 멀리 날아갈 수 있어서 들에 있는 것이다. '學習'은 새 새끼가 자주 날갯짓하는 것을 배우는 것이다. 썩은 풀이 덥고 습한 기운을 얻었으므로 변하여 반딧불이가 된 것이다.

○ 朱氏曰 溫風은 溫厚之極이요 涼風은 嚴凝之始라 腐草爲螢은 離明[98]之極이라 故로 幽類化爲明類也라

朱氏 : '溫風'은 溫厚함이 지극한 것이고, 〈孟秋에 부는〉 '涼風'은 심한 추위가 시작되는 것이다. '썩은 풀이 반딧불이가 됨'은 離明이 지극하기 때문에 어두운 類가 변화하여 밝은 類가 된 것이다.

≪大全≫

金華應氏曰 物得氣之先하니 殺氣未肅에 而鷙猛之鳥 已習於擊은 迎殺氣之微也요 涼風未至에 而鳴陰之物이 已居乎壁은 迎涼氣之微也니라

金華應氏 : 생물은 기운을 맨 먼저 얻으니, 殺氣가 아직 성하지 않을 때에 사나운 새(새매)가 이미 공격을 익히는 것은 微小한 살기를 맞이한 것이고, 시원한 바람이 이르기 전에 陰을 울리는 동물(귀뚜라미)이 이미 벽에 붙어 사는 것은 미소하게 시원한 기운을 맞이한 것이다.

064204 天子居明堂右个하며 乘朱路하며 駕赤駵하며 載赤旂하며 衣朱衣하며 服赤玉하며 食菽與鷄하며 其器를 高以粗하나니라

천자가 明堂右个에 거처하며, 붉은 수레를 타며, 붉은 월따말에 멍에하며, 붉은 깃발을 〈수레에〉 꽂으며, 붉은 옷을 입으며, 붉은 옥을 차며, 콩과 닭고기를 먹으며, 그릇을 〈조각한 것이〉 높고 굵게 한다.

≪集說≫

明堂右个는 南堂西偏也라

98) 離明 : 060803의 大全 註 '離之明'에 대한 설명 참조.

明堂右个는 南堂의 서쪽 귀퉁이이다.

064205 **命漁師**하야 **伐蛟取鼉**(타)하며 **登龜取黿**(원)하며

漁師에게 명하여 이무기를 쳐서 잡고 악어를 잡게 하며, 거북을 바쳐 올리고 큰 자라를 취하게 하며,

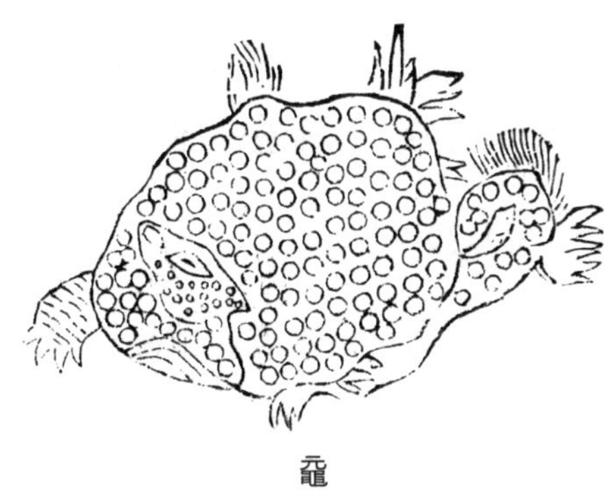

黿

≪集說≫

蛟言伐은 **以其暴惡**하야 **不易**(이)**攻取也**요 **龜言登**은 **尊異之也**요 **鼉黿言取**는 **易而賤之也**라

이무기에 '쳐서 잡음〔伐〕'을 말한 것은 포악해서 공격하여 잡기가 쉽지 않기 때문이고, 거북에 '올림〔登〕'을 말한 것은 높여서 남다르게 여긴 것이다. 악어와 큰 자라에 '취함〔取〕'을 말한 것은 대수롭지 않게 여긴 것이다.

064206 **命澤人**하야 **納材葦**하나니라

澤人에게 명하여 재료로 쓸 갈대를 바치게 한다.

≪集說≫

蒲葦之屬이 **生於澤中而可爲用器**라 **故曰材**니 **澤人納之**는 **職也**라 **此皆煩細之事**니 **非專一月所爲故**로 **不以是月起之**하니라

부들이나 갈대 등속은 늪〔澤〕 가운데에서 자라는 것인데 사용하는 기물을 만들 수 있으므로 '재료'라고 하였는데, 澤人이 이것을 바치는 것은 〈그의〉 직책이기 때문이다. 이것은 다 번잡하고 자잘한 일이니, 오로지 이 한 달 안에 하는 것이 아니다. 그러므로 '이달'이라는 말로 시작하지 않았다.

064301 **是月也**에 **命四監**하야 **大合百縣之秩芻**하야 **以養犧牲**하며 **令民**으로 **無不咸出其力**하야 **以共**[99] **皇天上帝**와 **名山大川四方之神**하며 **以祠宗廟**

社稷之靈하야 以爲民祈福하나니라

이달(季夏)에 네 명의 감독관에게 명하여 여러 고을의 정해진 수량의 꼴을 크게 모아 犧牲을 기르게 하며, 백성들로 하여금 힘을 다 내지 않음이 없게 해서 皇天·上帝와 名山·大川·四方의 神에게 바치게 하고, 이로써 宗廟·社稷의 神靈에게 제사 지내어 백성들을 위하여 복을 기원한다.

≪集說≫

四監은 卽周官山虞澤虞林衡川衡之官也라 前言百縣은 兼內外而言이요 此百縣은 鄕遂之地也라 秩은 常也니 斂此芻하야 爲養犧牲之用이 各有常數라 故云秩芻也니라

'四監'은 바로 ≪周禮≫ 〈地官〉의 〈山林을 주관하는〉 '山虞'와 〈沼澤을 주관하는〉 '澤虞'와 〈산림에 대한 禁令을 주관하는〉 '林衡'과 〈川澤에 대한 금령을 주관하는〉 '川衡'의 관원이다. 앞에서 말한 '百縣'은 안과 밖을 겸하여 말하였고, 여기의 '백현'은 〈밖에 있는〉 六鄕과 六遂의 땅이다. '秩'은 일정함이니, 이 꼴을 거두어 犧牲을 기를 때 사용하는 것이 각각 일정한 수가 있기 때문에 '秩芻'라고 말한 것이다.

≪大全≫

馬氏曰 令民無不咸出其力이면 則所爲祭祀者 非獨恭也니 謂民力之普存也[100]라 以共皇天上帝와 名山大川四方之神하고 以祠社稷宗廟之靈하야 以爲民祈福이면 則爲民神之主也라 故로 聖王이 先成民而後에 致力於神하니 豈私福哉아 凡以爲民也니라

馬氏 : 백성들로 하여금 힘을 다 내지 않음이 없게 한다면 제사 지내는 것이 다만 〈神을〉 공손히 받드는 것만이 아닌 것이니, '백성의 財力이 널리 蓄積되었음'을 말한

---

99) 共 : '供(바치다)'과 같다.

100) 謂民力之普存也 : ≪春秋左氏傳≫ 桓公 6년 조에 "공이 대답하기를 '내가 제사에 올리는 犧牲의 색깔이 純色이고 살이 쪘으며, 粢盛이 풍부하고 구비되었는데, 어째서 神에게 진실하지 못했다고 하는가?' 하니, 季梁이 대답하였다. '백성은 神의 주인입니다. 그러므로 聖王은 먼저 백성의 생활을 풍족하게 한 뒤에 神을 섬기는 일에 힘을 다하였습니다. 그러므로 희생을 올리며 「널리 살찌게 하였습니다.」라고 고하니, 이는 「백성의 財力이 널리 蓄積되었다.」는 것을 이릅니다.'〔公曰 吾牲牷肥腯 粢盛豐備 何則不信 對曰 夫民神之主也 是以聖王先成民而後致力於神 故奉牲以告曰 博碩肥腯 謂民力之普存也〕" 하였다.

것이다. 皇天・上帝와 名山・大川・四方의 神에게 바치고 社稷・宗廟의 神靈에게 제사 지내어 백성을 위해 복을 기원하면 백성과 神의 주인이 된다. 그러므로 聖王이 먼저 백성을 이룬 뒤에 神에게 힘을 다하였으니, 어찌 사사로이 자신의 福을 기원하였겠는가. 모두 백성을 위한 것이다.

○ 嚴陵方氏曰 謂之神은 遠而尊之也요 謂之靈은 近而親之也라 皇天上帝와 山川四方은 外事也라 故로 以神言하고 宗廟社稷은 內事也라 故로 以靈言하니라

嚴陵方氏 : '神'이라고 말함은 멀리하고 존중한 것이고, '靈'이라고 말함은 가까이하고 친하게 여긴 것이다. 皇天・上帝와 名山・大川・四方은 바깥 제사이므로 '神'으로 말하였고, 宗廟・社稷은 안의 제사이므로 '靈'으로 말한 것이다.

064401 是月也에 命婦官하야 染采호되 黼黻文章을 必以法故하야 無或差貸(특)[101]하며 黑黃倉赤을 莫不質良하야 毋敢詐僞하야 以給郊廟祭祀之服하며 以爲旗章하야 以別貴賤等給之度하나니라

이달(季夏)에 부인의 일을 담당한 관원에게 명하여 彩色을 물들이게 하되 黼・黻・文・章을 반드시 옛법과 故事를 따르게 해서 혹시라도 어긋나거나 바뀌는 일이 없게 하며, 흑색과 황색과 청색과 적색을 바르고 좋지 않음이 없게 하여 감히 속이지 못하게 한다. 이로써 郊祭와 宗廟 제사의 옷에 공급하며 旌旗와 章識(장지)를 만들어 貴・賤 등급의 법도를 구별한다.

≪集說≫

周禮典婦功典枲染人[102]等이 皆婦官이니 此는 指染人也라 白與黑을 謂之黼요 黑與青을 謂之黻이요 青與赤을 謂之文이요 赤與白을 謂之章이니 染造는 必用舊法故事하야

---

101) 貸(특) : 저본에는 小字로 음을 '二'로 적어놓았으나 '立春' 조에는 음이 '忒(특)'으로 되어 있고, 陸德明의 音義에는 '二'와 '특〔他得反〕' 두 가지 음을 제시하였다. ≪禮記補註≫에서는 ≪呂氏春秋≫에 '특'으로 되어 있고 육덕명의 음의와 ≪儀禮經傳通解≫에도 '특〔他得反〕'으로 되어 있는 것에 근거하여 마땅히 '특'으로 써야 한다고 하였다.

102) 典婦功典枲染人 : '典婦功・典枲・染人'은 모두 ≪周禮≫ 〈天官〉에 보인다.

毋得有參差貸(치특)變하야 皆欲質正良善也라 旗는 旌旂也요 章者는 畫其象하야 以別名位也니 詳見春官司常하니라

≪周禮≫의 典婦功・典枲・染人 등이 모두 부인의 일을 담당한 관원인데, 여기서는 染人을 가리킨 것이다. 白色과 黑色이 섞인 것을 '黼'라 이르고, 흑색과 青色이 섞인 것을 '黻'이라 이르고, 청색과 赤色이 섞인 것을 '文'이라 이르고, 적색과 백색이 섞인 것을 '章'이라 이르는데, 염색하여 만드는 것은 반드시 옛법과 故事를 따라서 어긋나거나 바뀌는 일이 없게 해서 모두 바르고 좋게 하고자 하는 것이다. '旗'는 旌旂(旗幟)이고, '章'은 그 형상을 그려서 명칭과 지위를 구별하는 것이니, ≪周禮≫ 〈春官 司常〉에 자세히 보인다.

○ 石梁王氏曰 給은 當爲級이니라

石梁王氏 : '給(공급)'은 마땅히 '級(등급)'이 되어야 한다.

≪大全≫

嚴陵方氏曰 衣服旌旂有等有級하야 各隨宜而度之라 故言度하니 若天子龍袞과 諸侯黼[103)]之類는 所以別衣服貴賤等級之度也요 若王建太常과 諸侯建旂[104)]之類는 所以別旌旗貴賤等級之度也라 凡此順文明之時라 故로 染文明之色爾니라

嚴陵方氏 : 衣服과 旌旂에 等이 있고 級이 있어서 각각 마땅함에 따라 法度에 맞게 한다. 그러므로 '度'라고 말했으니, 천자는 龍을 그린 곤룡포를 입는 것과 제후는 黼를 입는 것과 같은 따위는 의복에서 貴賤 등급의 법도를 분별하는 것이고, 王은 太常을 세우고 제후는 旂를 세우는 것과 같은 따위는 旌・旗에서 귀천 등급의 법도를 분별하는 것이다. 무릇 이것은 文明의 때를 순히 따르는 것이므로 문명의 색을 물들이는 것이다.

064501 是月也에 樹木이 方盛하나니 命虞人入山하야 行木하야 毋有斬伐이니라

이달(季夏)에 나무가 한창 무성하게 자라니, 虞人에게 명하여 산에 들어가서 나무를 순찰하여 벌목하는 일이 없게 한다.

---

103) 天子龍袞 諸侯黼 : ≪禮記≫ 〈禮器≫에 보인다.
104) 王建太常 諸侯建旂 : ≪周禮≫ 〈春官 司常〉에 보인다.

≪集說≫

以其方盛故也라

〈나무가〉 한창 무성하게 자라기 때문이다.

064502 **不可以興土功**이며 **不可以合諸侯**며 **不可以起兵動衆**이니 **毋擧大事**하야 **以搖養氣**하며 **毋發令而待**하야 **以妨神農之事也**니라 **水潦盛昌**하야 **神農將持功**이니 **擧大事**하면 **則有天殃**하리라

토목공사를 일으켜서는 안 되고, 제후를 규합해서는 안 되고, 군대를 일으키거나 많은 사람을 동원해서는 안 되니, 大事를 일으켜 길러 양성하는 기운을 흔들어 흩어지게 하지 말며, 명령을 내려 대기하게 해서 神農의 일(농사)을 방해하지 말아야 한다. 장맛물이 성하여 신농이 장차 농사짓는 일을 주관할 것이니, 대사를 일으키면 하늘의 재앙이 있을 것이다.

≪集說≫

大事는 卽興土功合諸侯起兵動衆之事라 搖養氣는 謂動散長養之氣也라 發令而待는 謂未及徭役之期하야 而豫發召役之令하야 使民廢己事而待上之會期也라 神農은 農之神也라 季夏屬中央土하니 土神得位用事之時니 謂之神農者는 土神이 主成就農事也라 東井이 主水在未라 故未月이 爲水潦盛昌之月이라 此時에 神農이 將主持稼穡之功이니 擧大事而傷其功이면 則是는 干造化施生之道矣라 故로 有天殃也라

'大事'는 바로 토목공사를 일으키고 제후를 규합하고 군대를 일으키고 많은 사람을 동원하는 일이다. '搖養氣'는 길러 양성하는 기운을 흔들어 흩어지게 함을 이른다. '發令而待'는 徭役의 시기가 되기 전에 미리 요역에 소집하는 명령을 내려서 백성들로 하여금 자기의 일을 폐하고 윗사람의 회합 시기를 기다리게 함을 이른다. '神農'은 농사의 神이다.

季夏는 〈五行 가운데〉 中央인 土에 속하니, 土神이 지위를 얻고서 用事하는 때인데, 이것을 '신농'이라 이른 것은 토신이 농사일의 성취를 주관하기 때문이다. 東井

(井宿)은 물을 주관하고 未方에 있다. 그러므로 未月(季夏)이 장맛물이 성해지는 달이 되는 것이다. 이때에는 신농이 장차 稼穡(농사)의 功을 주관하게 되니, 대사를 일으켜 그 功을 손상시키면 이는 造化가 만물을 생육하는 道를 범하는 것이다. 그러므로 하늘의 재앙이 있는 것이다.

≪大全≫

嚴陵方氏曰 木之生也 方盛於夏하니 則衰於秋矣라 虞人은 蓋山虞也라 行은 則巡之也라 毋有斬伐은 慮傷方盛之氣也라 興土功合諸侯起兵動衆은 皆大事也라 故로 繼言毋擧大事하니 擧大事면 則人不安이요 且搖養氣矣라 搖者는 振而蕩之之謂라 夫萬物이 作於春而氣主生하고 長於夏而氣主養이라 故로 謂之養氣라 夫興農功而用之於明者는 人也요 持農功而主之於幽者는 神也라 水潦盛昌이면 則百穀被其澤而向乎成矣라 故로 神農將持其功也니 苟擧大事以妨之면 則是違神逆天하야 而天之災適當之矣니라

嚴陵方氏 : 나무의 생육은 여름에 한창 성하니, 가을에는 쇠한다. '虞人'은 山虞이다. '行'은 巡察함이다. '毋有斬伐'은 한창 무성한 기운을 상할까 염려해서이다. 토목공사를 일으키고 제후를 규합하고 군대를 일으키고 많은 사람을 동원함은 모두 大事이다. 그러므로 뒤이어 "대사를 일으키지 말라." 하였으니, 대사를 일으키면 사람들이 편안하지 못하고 또 양성하는 기운을 흔들게 된다. '搖'는 흔들어 움직이게 함을 이른다. 萬物이 봄에 만들어지는데 봄 기운은 낳는 것을 주장하고, 여름에 자라는데 여름 기운은 기름을 주장한다. 그러므로 '양성하는 기운'이라고 말한 것이다. 농사일을 일으켜 밝은 세상에서 쓰는 것은 사람이고, 농사의 功을 가지고 귀신 세계에서 주관하는 것은 神이다. 장맛물이 성하면 온갖 곡식이 그 혜택을 받아 성숙해지기 때문에 神農이 장차 농사의 功을 주관하게 되는 것이니, 만일 대사를 일으켜 농사일을 방해하면 이는 神을 거스르고 하늘을 거역하는 것이어서 하늘의 재앙이 마침 이르게 된다.

064601 是月也에 土潤溽暑하며 大雨時行하나니 燒薙(체)行水하야 利以殺草하야 如以熱湯이라 可以糞田疇며 可以美土疆이니라

이달(季夏)에 땅이 습하여 무더워지고 큰비가 때로 내리니, 풀을 베어 말린 것을 태우고 물을 그 위로 흘러가게 해서 잡풀을 죽이는 데 도움을 주어 마치 끓는 물을 붓는 것같이 한다. 이로써 밭두둑에 거름을 줄 수 있으며, 이로써 단단한 자갈땅을 비옥하게 할 수 있다.

≪集說≫

溽은 濕也니 土之氣潤이라 故蒸鬱而爲濕暑하고 大雨亦以之而時行하니 皆東井之所主也라 除草之法이 先芟(삼)薙之하야 俟乾則燒之하나니라 燒薙者는 燒所薙之草也라 大雨旣行於所燒之地하면 則草不復生矣라 故云 利以殺草라 時暑日烈하야 其水之熱이 如湯이라 草之燒爛者는 可以爲田疇之糞이며 可以使土疆之美니 凡土之磊磈(뢰외)難耕者를 謂之疆이니라

'溽'은 습함이니, 땅의 기운이 젖어 있기 때문에 날씨가 푹푹 찌고 답답하여 무더위가 되고, 큰비가 또한 이로 인해 때로 내리니, 이는 모두 東井(井宿)이 주관하는 것이다. 除草하는 방법은 먼저 풀을 베고 나서 마르기를 기다려 〈다 마르면〉 이것을 불태운다. '燒薙'는 베어 말린 풀을 태우는 것이다. 大雨가 이미 불태운 땅에 내리면 풀이 더 이상 자라지 못한다. 그러므로 "잡풀을 죽이는 데 도움을 준다."고 말한 것이다. 계절이 덥고 햇볕이 뜨거워서 끓는 물과 같다. 풀이 타고 문드러진 것은 밭두둑의 거름으로 사용할 수 있고 자갈이 있는 땅을 비옥하게 할 수 있으니, 무릇 흙 중에 자갈이 있어서 경작하기 어려운 것을 '疆'이라 이른다.

≪大全≫

臨川吳氏曰 田疇는 謂熟耕而其田有界域者요 土疆은 謂難耕而其土磽确(교학)者라

臨川吳氏 : '田疇'는 경작을 잘하여 밭에 境界가 있는 것을 이르고, '土疆'은 경작하기 어려워 토지에 자갈이 많은 것을 이른다.

064701 季夏에 行春令하면 則穀實이 鮮落하고

季夏에 봄(季春)의 政令을 행하면 곡식의 열매가 멀쩡한 상태로 떨어지고

≪集說≫

鮮潔而墮落也라

〈곡식의 열매가 아무런 하자 없이〉 멀쩡한 상태로 떨어지는 것이다.

064702 **國多風欬**하며

나라에 바람으로 인한 기침병이 많이 생기고

≪集說≫

風欬는 因風而致欬疾也라

'風欬'는 바람으로 인하여 기침병이 생기는 것이다.

064703 **民乃遷徙**하고

백성들이 마침내 옮겨 다니며,

≪集說≫

辰土之氣所應也라

辰月(季春)의 土氣가 응한 것이다.

064704 **行秋令**하면 **則丘隰水潦**하며 **禾稼不熟**하며 **乃多女災**하고

가을(季秋)의 政令을 행하면 언덕과 습지에 장맛물이 盛하고 벼가 성숙하지 못하고 마침내 여자의 재앙이 많으며,

≪集說≫

妊孕多敗니 戌土之氣所應也라

임신에 실패가 많으니, 戌月(季秋)의 土氣가 응한 것이다.

064705 行冬令하면 則風寒不時하며 鷹隼蚤鷙하며 四鄙入保하나니라

겨울(季冬)의 政令을 행하면 바람과 추위가 때에 맞지 않고 새매가 일찍 사나워지고 〈때에 맞지 않은 바람과 추위로 인해〉 사방 변방의 백성들이 작은 城으로 들어와 살게 된다.

≪集說≫

丑土之氣所應也라

丑月(季冬)의 土氣가 응한 것이다.

≪大全≫

嚴陵方氏曰 鮮落은 卽莊子所謂草木不待黃而落[105)]이 是也라 (五)〔丑〕[106)]氣過盛故로 (寶)〔實〕[107)]有所不勝이라 國多風欬는 則與孟夏言暴風來格으로 同義하니 以多風故로 人肺受疾而欬也라 民乃遷徙者는 以春主發散故也라 自下升上曰遷이요 舍此適彼曰徙라 丘隰水潦는 以金生水故也니 曰丘隰하야 以見(현)高下皆被其害라 故로 禾稼不熟也라 種曰稼요 斂曰穡이니 以其不熟故로 止言稼라 多女災者는 以純陰之氣過盛하야 而反傷之也일새라 因風而後寒이라 故曰風寒이니 且異乎隆冬之時의 無風而寒矣라 以當暑而寒이라 故曰不時라 鷹隼善擊호되 必待秋焉하야 以感(疫)〔疾〕[108)]厲之氣라 故로 蚤鷙於夏也라 春夏主出하고 秋冬主入이라 故로 四鄙入保라

嚴陵方氏 : '鮮落'은 바로 ≪莊子≫에 이른바 "草木이 누렇게 되기를 기다리지 않고 떨어진다."라는 것이다. 丑月의 土氣가 지나치게 성하기 때문에 열매가 이기지 못하는 것이 있다. '國多風欬'는 孟夏에 "暴風이 닥친다." 한 것과 뜻이 같으니, 바람이

---

105) 草木不待黃而落 : ≪莊子≫ 〈在宥〉에 보인다.

106) (五)〔丑〕 : 저본에는 '五'로 되어 있으나, 衛湜의 ≪禮記集說≫에 인용된 嚴陵方氏(方慤)의 註에 의거하여 '丑'으로 바로잡았다.

107) (寶)〔實〕 : 저본에는 '寶'로 되어 있으나, 衛湜의 ≪禮記集說≫에 인용된 嚴陵方氏(方慤)의 註에 의거하여 '實'로 바로잡았다.

108) (疫)〔疾〕 : 저본에는 '疫'으로 되어 있으나, 衛湜의 ≪禮記集說≫에 인용된 嚴陵方氏(方慤)의 註에 의거하여 '疾'로 바로잡았다.

많기 때문에 사람의 폐가 병을 얻어 기침을 하는 것이다. '民乃遷徙'는 봄이 發散을 주장하기 때문이다. 아래에서 위로 올라가는 것을 '遷'이라 하고, 이곳을 버리고 저곳으로 가는 것을 '徙'라 한다.

언덕과 습지에 장맛물이 성한 것은 金이 水를 낳기 때문이니, 언덕과 습지를 말하여 높은 곳과 낮은 곳이 모두 그 폐해를 입음을 나타내었다. 그러므로 벼가 잘 익지 않는 것이다. 〈곡식을〉 심는 것을 '稼'라 하고 거두는 것을 '穡'이라 하니, 곡식이 익지 않았기 때문에 다만 '稼'를 말한 것이다. '多女災'는 純陰의 氣가 지나치게 성하여 도리어 손상시키기 때문이다.

바람을 인한 뒤에 추워지기 때문에 '風寒'이라 하였으니, 또한 한겨울의 바람 없이 추운 것과는 다른 것이다. 더울 때를 당하여 춥기 때문에 '不時'라 한 것이다. 매와 새매는 공격을 잘하는데 반드시 가을을 기다려 빠르고 사나운 기운에 자극받는다. 그러므로 여름철에 일찍 〈가을의 기운에 자극받아〉 사나워진 것이다. 봄과 여름은 나가는 것을 주장하고 가을과 겨울은 들어가는 것을 주장하므로 사방 변방의 백성들이 작은 城으로 들어와 살게 된다.

064801 中央土는

中央의 土는

≪集說≫

土寄旺四時各十八日이니 共七十二日이요 除此則木火金水가 亦各七十二日矣라 土於四時에 無乎不在라 故無定位하고 無專氣하야 而寄旺於辰戌丑未之末이로되 未月이 在火金之間하고 又居一歲之中이라 故特揭中央土一令於此하야 以成五行之序焉하니라

土는 四時에 각각 18일씩 의지하여 왕성하니, 〈1년에〉 모두 72일이 된다. 土에 해당하는 18일을 제외하면 木・火・金・水가 또한 각각 72일이 된다. 土는 사시에 있지 않음이 없으므로 일정한 위치가 없고 독차지한 기운이 없어서 辰月(季春)・戌月(季秋)・丑月(季冬)・未月(季夏)의 끝에 의지하여 왕성하다. 그러나 〈그중에〉 미월이 火와 金의 사이에 있고 또 한 해의 중앙에 처하였으므로 특별히 중앙 土의 한 月令을 여기에 게시하여 五行의 차례를 완성한 것이다.

064802 **其日**은 **戊己**요

그 날짜는 戊와 己이고

《集說》

戊己는 十干之中이라

戊와 己는 十干의 가운데이다.

064803 **其帝**는 **黃帝**요

그 帝는 黃帝이고

黃帝

《集說》

黃精之君이니 軒轅氏也라

黃精(土의 德)의 군주이니, 軒轅氏이다.

064804 **其神**은 **后土**요

그 神은 后土이고

《集說》

土官之臣이니 顓頊氏之子黎也라 句龍이 初爲后土러니 後祀以爲社하니 后土官闕이라 黎雖火官이나 實兼后土也라 舊說如此라

土官의 臣이니, 顓頊氏의 아들 黎이다. 句龍이 처음 后土가 되었는데 뒤에 그를 제사 지내 社로 삼으니, 후토의 관직이 없어졌다. 그래서 黎가 비록 火官이나 진실로 후토를 겸한 것이다. 舊說이 이와 같다.

《大全》

丘氏曰 五行에 獨土神稱后者하니 后는 君也니 位居中하야 統領四行故로 稱君也니라

丘氏 : 五行에서 유독 土神을 '后'라고 칭하였는데, 后는 군주이니 자리가 중앙에 위치하여 金·木·水·火의 四行을 통솔하기 때문에 '君'이라 칭한 것이다.

064805 其蟲은 倮(라)요

그 동물은 〈털이나 깃 또는 비늘이나 껍질이 없는 동물인〉 倮蟲이고

≪集說≫

人爲倮蟲之長이니 鄭氏以爲虎豹之屬이라하니라

사람은 倮蟲의 우두머리가 되는데, 鄭氏(鄭玄)는 '호랑이와 표범 등속이다.' 하였다.

064806 其音은 宮이요 律은 中黃鍾之宮이요

그 音은 宮이고 律은 黃鍾의 宮에 응하고

≪集說≫

宮音屬土하고 又爲君이라 故配之中央하니라 黃鍾은 本十一月律이니 諸律에 皆有宮音이로되 而黃鍾之宮은 乃八十四調[109]之首라 其聲最尊而大하야 餘音이 皆自此起하니 如土爲木火金水之根本이라 故로 以配中央之土라 土寄旺於四時어늘 宮音이 亦冠於十二律하니 非如十二月에 以候氣言也니라

宮의 음은 土에 속하고 또 君主가 되므로 中央에 배합한 것이다. 黃鍾은 본래 11월의 律이니, 여러 律에 모두 宮音이 있으나 황종의 宮은 바로 84調의 우두머리이다. 그 소리가 가장 높고 커서 나머지 음이 모두 이로부터 시작되니, 마치 土가 木·火·金·水의 근본이 되는 것과 같다. 그러므로 이로써 중앙의 土에 배합한 것이다. 土가 四時에 의지하여 왕성한데 宮의 음이 또한 12律의 으뜸이니, 12개월의 候氣(절기의 변화를 살피는 것)로 말한 것과 같지 않다.

---

109) 八十四調 : 84聲을 이르는바, 宮·商·角·徵(치)·羽의 五聲이 각기 12管이므로 64성이 되고, 여기에 變宮과 變徵의 24성을 더하여 84성이 된 것이다.

064807 其數는 五요

그 數는 5이고

≪集說≫

天五生土하고 地十成之[110]하니 四時에 皆擧成數호되 此獨擧生數者는 四時之物이 無土면 不成이요 而土之成數는 又積水一火二木三金四하야 以成十也니 四者成이면 則土無不成矣니라

하늘의 5가 土를 낳고 땅의 10이 〈土를〉 이루니, 四時에 모두 成數를 들었는데 여기서는 유독 生數를 든 것은 사시의 물건이 土가 없으면 이루어지지 못하기 때문이다. 그리고 土의 성수는 또 水의 1, 火의 2, 木의 3, 金의 4를 쌓아서 10을 이루니, 네 가지가 이루어지면 土가 이루어지지 않음이 없는 것이다.

064808 其味는 甘이요 其臭는 香이요

그 맛은 단맛이고, 그 냄새는 향내이고

≪集說≫

甘香이 皆屬土라

단맛과 향내는 모두 土에 속한다.

110) 天五生土 地十成之 : 五行相生의 수인 1·2·3·4·5를 生數라 하고, 五行相成의 수인 6·7·8·9·10을 成數라 하는데, ≪周易鄭康成注≫에 "하늘의 1은 북쪽에서 水를 낳고, 땅의 2는 남쪽에서 火를 낳고, 하늘의 3은 동쪽에서 木을 낳고, 땅의 4는 서쪽에서 金을 낳고, 하늘의 5는 가운데서 土를 낳는다. 양과 음은 각각 짝이 없으면 서로 이루지 못하므로 땅의 6이 북쪽에서 수를 이루어 하늘의 1과 어우러지고, 하늘의 7이 남쪽에서 화를 이루어 땅의 2와 어우러지고, 땅의 8이 동쪽에서 목을 이루어 하늘의 3과 어우러지고, 하늘의 9가 서쪽에서 금을 이루어 땅의 4와 어우러지고, 땅의 10이 가운데에서 토를 이루어 하늘의 5와 어우러진다.〔天一生水於北 地二生火於南 天三生木於東 地四生金於西 天五生土於中 陽無耦陰無配 未得相成 地六成水於北 與天一幷 天七成火於南 與地二幷 地八成木於東 與天三幷 天九成金於西 與地四幷 地十成土於中 與天五幷也〕" 하였다.

064809 其祀는 中霤(류)니 祭先心하나니라

그 제사는 中霤에 지내니, 제사 지낼 때에는 심장을 먼저 올린다.

≪集說≫

古者에 陶復陶穴[111)]을 皆開其上하야 以漏光明이라 故로 雨霤之러니 後因名室中하야 爲中霤하니 亦土神也라 祭先心者는 心居中하니 君之象이요 又火生土也일새라

옛날에 〈아직 宮室이 없었을 때〉 陶復과 陶穴을 모두 그 위를 열어서 햇빛이 들어오게 하였다. 그러므로 비가 中霤로 내렸는데, 후대에 이로 인하여 방 가운데를 '中霤'라 하였으니, 〈중류〉 또한 土神이다. 제사 지낼 때에 심장을 먼저 올리는 것은, 심장이 중앙에 있으니 君主의 象이기 때문이고, 또 火가 土를 낳기 때문이다.

○ 蔡邕獨斷曰 季夏에 土氣始盛하니 其祀中霤라 霤神在室하니 祀中霤에 設主于牖下라하니라

蔡邕의 ≪獨斷≫ : 季夏에 土氣가 비로소 왕성하니, 그 제사를 中霤에 지낸다. 霤의 神이 방 안에 있으니, 중류에 제사 지낼 때에는 神主를 창문 아래에 진설한다.

064810 天子居太廟太室하며

천자가 太廟太室에 거처하며

≪集說≫

中央之室也라

〈太廟太室은〉 중앙의 방이다.

064811 乘大路하며 駕黃騮하며 載黃旂하며 衣黃衣하며 服黃玉하며 食稷與牛하며 其器를 圜(원)以閎하나니라

---

111) 陶復陶穴 : ≪詩經≫ 〈大雅 緜〉에 보이는데, 이에 대한 朱子의 주에 "'陶'는 窯竈(요조)이고, '復'은 重窯이고, '穴'은 土室이다." 하였다. '窯竈'는 질기와로 만든 구들이고, '重窯'는 이중 구들이고, 土室은 地下室이다.

大路(大輅)를 타며, 누런 월따말에 멍에 하며, 노란 깃발을 〈수레에〉 꽂으며, 노란 옷을 입으며, 노란 옥을 차며, 메기장과 쇠고기를 먹으며, 그릇을 〈조각한 것이〉 둥글고 크게 한다.

大輅

≪集說≫

圜者는 象土之周匝(잡)四時요 閎者는 寬廣之義니 象土之容物也라

'圜'은 土가 四時에 고루 있음을 형상한 것이고, '閎'은 '너그럽고 넓다.'는 뜻이니, 土가 萬物을 용납함을 형상한 것이다.

064901 孟秋之月에 日在翼하나니 昏에 建星中이요 旦에 畢中이니라

孟秋의 달에 해가 〈巳方의〉 翼宿(익수)에 있으니, 황혼에 〈북방 斗宿(두수)와 가까운〉 建星이 〈남방 하늘의〉 가운데에 있고 새벽에 〈서방의〉 畢宿(필수)가 〈남방 하늘의〉 가운데에 있다.

≪集說≫

翼宿在巳하니 鶉尾之次라 建星은 說見(현)仲春하니라

翼宿가 〈正南方에 가까운 南東方의〉 巳方에 있으니, 〈남방의 翼・軫 자리인〉 鶉尾의 星次이다. 建星은 해설이 仲春에 보인다.

064902 其日은 庚辛이요 其帝는 少皞요 其神은 蓐(욕)收요 其蟲은 毛요 其音은 商이요 律은 中夷則(칙)이요 其數는 九요 其味는 辛이요 其臭는 腥이요 其祀는 門이니 祭先肝하나니라

그 날짜는 庚과 辛이고, 그 帝는 少皞이고, 그 神은 蓐收이고, 그 동물은 毛蟲이고, 그 音은 商이고, 律은 夷則에 응하고, 그 數는 9이고, 그 맛은 매운맛이고, 그 냄새는 비린내이고, 그 제사는 門神에게 지내니, 제사 지낼 때에는 간을 먼저 올린다.

少皞

≪集說≫

少皞는 白精之君이니 金天氏也요 蓐收는 金官之臣이니 少皞氏之子該也라 夷則은 申律이니 長五寸七百二十九分寸之四百五十一이라 九는 金之成數也라 辛腥은 皆屬金이라 秋에 陰氣出이라 故祀門이라 祭先肝은 金克木也라

'少皞'는 白精(西方)의 군주이니, 金天氏이다. '蓐收'는 金官의 신하이니, 少皞氏의 아들 該이다. '夷則'은 申月(孟秋)의 律管이니, 길이가 5촌 729푼 촌의 451이다. '九'는 金의 成數이다. 매운맛과 비린내는 모두 金에 속한다. 가을은 陰氣가 나오기 때문에 門에 제사 지내는 것이다. 제사할 때에 간을 먼저 올리는 것은 金이 木을 이기기 때문이다.

○ 蔡邕獨斷曰 門은 秋爲少陰하니 其氣收成이라 祀之於門이니 祀門之禮는 北面하고 設主于門左樞니라

蔡邕의 ≪獨斷≫ : 門은 가을에 少陰이 되니, 그 기운이 성숙한 것을 收斂한다. 門에 제사 지내니, 문에 제사 지내는 禮는 北向을 하고 神主를 문의 왼쪽 지도리에 진설한다.

064903 涼風至하고 白露降하며 寒蟬鳴하며 鷹乃祭鳥하나니 用始行戮하나니라

시원한 바람이 불어오고 이슬이 내리며, 쓰르라미가 울며, 새매가 비로소 새를 잡아 제사 지내니, 처음으로 死刑을 시행한다.

≪集說≫

此는 記申月之候라 鷹欲食鳥之時에 先殺鳥而不食하니 似人之食而祭先代爲食之人也라 用始行戮은 順時令也라

이는 申月(孟秋)의 징후를 기록한 것이다. 새매가 새를 잡아서 먹고자 할 적에 먼저 새를 죽이고서 먹지 아니하니, 마치 사람이 음식을 먹을 적에 〈먹기 전에〉 先代의 음식 만든 사람에게 고수레하는 것과 같다. 처음으로 사형을 시행함은 時令을 순히 따른 것이다.

≪大全≫

馬氏曰 涼風至면 則天地之仁氣散矣요 白露降이면 則陰乘陽而其候交矣라 寒蟬鳴은 則物之生於暑者 其聲變矣요 鷹乃祭鳥하나니 用始行戮은 則時主殺氣하야 而物之司殺者 應是而動也라 於是乎可以設罻羅矣라 鷹至不仁也로되 猶祭然後食이어든 而況於人乎아

馬氏 : 시원한 바람이 불어오면 천지의 仁한 기운이 흩어지고, 이슬이 내리면 陰이 陽을 타서 그 기후가 사귀게 된다. '쓰르라미가 우는 것'은 더울 때 태어난 생물이 그 소리가 변하는 것이고, '새매가 비로소 새를 잡아 제사 지내니, 처음으로 사형을 시행하는 것'은 계절이 殺氣를 주장하는 때여서 죽임을 맡은 물건이 이에 응하여 動하는 것이다. 이때 새그물을 설치할 수 있다. 새매는 지극히 仁하지 못한 것이지만 오히려 제사 지낸 뒤에 〈잡은 것을〉 먹으니, 하물며 사람의 경우에 있어서이겠는가.

064904 天子居總章左个하며

천자가 總章左个에 거처하며

≪集說≫

太寢西堂南偏이라

〈總章左个는〉 太寢의 西堂 남쪽 귀퉁이이다.

064905 乘戎路하며

兵車를 타며

≪集說≫

兵車也라

〈戎路는〉 兵車이다.

064906 駕白駱(락)하며

흰색 가리온에 멍에 하며

≪集說≫

白馬黑鬣(만)을 曰駱이라

흰 말 중에 검은 갈기가 있는 것을 '駱'이라 한다.

064907 載白旂하며 衣白衣하며 服白玉하며 食麻與犬하며 其器를 廉以深하나니라

흰색 깃발을 실으며, 흰색 옷을 입으며, 흰색 옥을 차며, 깨와 개고기를 먹으며, 그릇을 〈조각한 것이〉 모나고 깊게 한다.

≪集說≫

廉은 稜角也니 亦矩之義라 深은 則收藏之意라

'廉'은 모남이니, 또한 '矩(모남)'의 뜻이다. '深'은 '거두어 보관하다.'라는 뜻이다.

065001 是月也에 以立秋니 先立秋三日하야 太史謁之天子曰 某日立秋니 盛德在金이라하야든 天子乃齊(재)하야 立秋之日에 天子親帥(솔)三公九卿諸侯大夫하야 以迎秋於西郊하고 還(선)反하야 賞軍帥(수)武人於朝하나니라 天子乃命將帥하야 選士厲兵하며 簡練桀俊하며 專任有功하야 以征不義하며 詰誅暴慢하야 以明好惡(오)하야 順彼遠方하나니라

이달(孟秋)에 立秋가 있으니, 입추가 되기 3일 전에 太史가 천자에게 고하기를 "아무 날이 입추이니, 盛한 德이 金에 있습니다." 하면 천자가 이에 齋戒하여 입추 날에 천자가 친히 三公·九卿·諸侯·大夫들을 거느리고서 가을을 西郊에서 맞이하고 이내 돌아와서 군대의 장수와 武人들에게 조정에서 賞을 준다. 천자가 이에 장수에게 명하여 군사들을 선발하고 兵器를 갈고 닦으며, 俊傑들을 선발하여 훈련하며, 功이 있는 자에게 전적으로 일을 맡겨서 의롭지 못한 자를 정벌하며, 포악하거나 태만한 자의 죄를 끝까지 물어 주벌해서 〈善을〉 좋아하고 〈惡을〉 미워함을 분명히 밝혀 저 먼 지방을 복종시키게 한다.

≪集說≫

簡練은 簡擇而練習之也라 專任有功은 謂大將有已試之功이어든 乃使之專主其事也라 詰者는 問其罪요 誅者는 戮其人이라 殘下를 謂之暴요 慢上을 謂之慢이라 順은 服也니 好惡(오)明이면 則遠方이 順服하나니라

'簡練'은 簡擇하여 연습시키는 것이다. '專任有功'은 '大將 중에 이미 검증된 功이 있으면 마침내 그로 하여금 군대의 일을 전적으로 주관하게 함'을 이른다. '詰'은 그 죄를 묻는 것이고, '誅'는 그 사람을 죽이는 것이다. 아랫사람에게 잔학한 짓을 하는 것을 '暴'라 이르고, 윗사람에게 불경한 행동을 하는 것을 '慢'이라 이른다. '順'은 복종함이니, 〈윗사람이 善을〉 좋아하고 〈惡을〉 미워함이 분명하면 먼 지방 사람들이 복종한다.

≪大全≫

嚴陵方氏曰 才足以將物而勝之를 謂之將이요 智足以帥(솔)人而先之를 謂之帥(수)라 士는 言其人이요 兵은 言其器니 選士則人無不能於事요 厲兵則器無不利於用이라 桀俊을 簡之면 則無所不擇이요 練之면 則無所不熟이니 既選厲簡練之矣라도 苟非已試之效면 則勝負를 猶未可知라 故로 所任이 必在乎有功之人也요 任有功矣라도 苟置疑貳於其間이면 則知[112]者必不盡其謀하고 能者必不竭其力이라 故로 任之又欲其專也니

凡此는 皆欲以征不義而已라 無以覆(부)下之謂暴요 不能敬上之謂慢이라 詰은 以問其罪하고 誅는 以戮其人하니 所詰誅者暴慢이면 則好惡公而明矣라 故曰 以明好惡요 好惡得其明이면 則合天下之所願而無逆矣라 故曰 順彼遠方이라 必曰遠方者는 柔遠能邇[113] 之意라 既曰 征不義라하고 又曰 詰誅暴慢이라하니 蓋以征不義는 則言其道요 詰誅暴慢은 則言其事니라

嚴陵方氏 : 재주가 충분히 사람들을 거느려 〈전쟁에서〉 승리할 수 있는 사람을 '將'이라 이르고, 지혜가 충분히 사람들을 거느려 솔선할 수 있는 사람을 '帥'라 이른다. '士'는 그 사람을 말하고, '兵'은 그 기물을 말하니, 士를 선발하면 사람이 일에 능하지 못함이 없고, 兵器를 갈고 닦으면 쓰임에 이롭지 않음이 없다.

俊傑을 簡擇하면 간택하지 않는 것이 없고 훈련시키면 익숙하지 않는 것이 없는데, 이미 선발하고 갈고 닦으며 간택하고 훈련시켰더라도 만일 이미 시험해본 효험이 없으면 승부를 아직 알 수 없으므로 맡기는 것이 반드시 功이 있는 사람에게 있는 것이다. 공이 있는 사람에게 맡겼다 하더라도 만일 그에게 의심을 두면, 지혜로운 자는 반드시 자신의 智謀를 다 발휘하지 못하고 능한 자는 반드시 자신의 능력을 다 발휘하지 못하므로 委任할 적에 또 그에게 專任하고자 하는 것이다. 이렇게 하는 것은 모두 의롭지 못한 자를 정벌하고자 해서일 뿐이다.

아랫사람을 보호하지 못함을 '暴'라 이르고, 윗사람을 공경하지 못함을 '慢'이라 이른다. '詰'은 그 죄를 끝까지 묻는 것이고, '誅'는 그 사람을 誅罰하는 것이니, 끝까지 묻고 주벌하는 대상이 포학하고 태만한 자이면 〈善을〉 좋아하고 〈惡을〉 미워함이 공정하고 분명하므로 "좋아하고 미워함을 분명히 밝힌다." 하였다. 좋아하고 미워함이 분명하면 천하 사람들의 소원에 부합하여 반역하는 일이 없으므로 "저 먼 지방을 복종시킨다." 한 것이다. 굳이 '먼 지방'이라고 한 것은 '멀리 있는 자를 회유하고 가까이 있는 자를 길들인다.'는 뜻이다.

이미 "의롭지 못한 자를 정벌한다." 하고, 또 "포학하거나 태만한 자의 죄를 끝까

112) 知 : '智(지혜)'와 같다.

113) 柔遠能邇 : 《書經》 〈虞書 舜典〉에 舜임금이 12牧에 묻기를 "곡식은 때를 잘 맞추어야 하니, 멀리 있는 자를 회유하고 가까이 있는 자를 길들이며 덕이 있는 자를 후대하고 어진 자를 믿으며 간사한 자를 막으면, 蠻夷도 거느리고 와서 복종할 것이다.〔食哉惟時 柔遠能邇 惇德允元 而難任人 蠻夷率服〕"라고 한 데에 보인다.

지 묻고 주벌한다." 하였는데, 의롭지 못한 자를 정벌함은 〈좋아하고 미워함을 분명히 밝히는〉 道를 말한 것이고, 포학하거나 태만한 자의 죄를 끝까지 묻고 주벌함은 〈좋아하고 미워함을 분명히 밝히는〉 일을 말한 것이다.

065101 **是月也**에 **命有司**하야 **脩法制**하며 **繕囹圄**(영어)하며 **具桎梏**하야 **禁止姦**하며 **愼罪邪**하며 **務搏執**하나니라

이달(孟秋)에 담당 관리에게 명하여 法制를 정비하며, 감옥을 수리하며, 차꼬와 수갑을 구비하여 간사한 마음을 금해서 그치게 하며, 사악한 행실이 있는 자에게는 삼가 죄를 주며, 〈죄 있는 자를〉 죽이고 구속하는 것을 일삼게 한다.

≪集說≫

繕은 治也라 姦在人心이라 故로 當有以禁止之요 邪見(현)於行이라 故로 愼以罪之라 務는 事也요 搏은 戮也요 執은 拘也라

'繕'은 다스림이다. 간사함은 사람의 마음속에 있기 때문에 마땅히 이를 禁令으로 제지해야 하는 것이다. 사악함은 행실에 나타나기 때문에 삼가 죄를 주는 것이다. '務'는 일삼음이고, '搏'은 죽임이고, '執'은 구속함이다.

065102 **命理**하야 **瞻傷察創視折**(절)하며 **審斷決**하며 **獄訟**을 **必端平**하며 **戮有罪**하야 **嚴斷刑**하나니라

獄吏에게 명하여 피부가 손상된 자를 굽어보고 육체를 다친 자를 살펴보고 筋骨이 손상된 자를 보살피며, 〈獄事를〉 판결하는 것을 살피며, 獄訟을 반드시 바르고 공평하게 처리하며, 죄가 있는 자를 죽여서 형벌을 신중히 판결하게 한다.

≪集說≫

理는 治獄之官也라 傷者는 損皮膚요 創者는 損血肉이요 折者는 損筋骨也라 嚴者는 謹

重之意요 非峻急之謂也라

'理'는 獄을 다스리는 관원이다. '傷'은 피부가 손상된 것이고, '創'은 피와 살이 상한 것이고, '折'은 힘줄과 뼈가 손상된 것이다. '嚴'은 '신중히 한다.'는 뜻이고, '엄하고 모질다.'는 말이 아니다.

065103 天地始肅이라 不可以贏(영)이니라

천지가 肅殺을 시작하므로 〈陰氣가〉 남게 해서는 안 된다.

≪集說≫

朱氏曰 陽道는 常饒하고 陰道는 常乏이라 故贊化者는 不可使陰氣之贏也라

朱氏 : 陽의 道는 항상 넉넉하고 陰의 道는 항상 부족하다. 그러므로 天地의 조화를 돕는 자는 陰氣가 남게 해서는 안 된다.

≪大全≫

嚴陵方氏曰 修則治其壞요 繕則善其事요 具則完其器니 法制는 古所有也라 故曰修요 囹圄는 禁人之地니 於此有事焉이라 故曰繕이요 桎梏은 禁人之器也라 故曰具라 姦存乎心이라 故止之하고 邪見(현)乎行이라 故罪之라 搏은 所以戮之요 執은 所以拘之라 於仲春엔 則省囹圄하고 去桎梏하고 於孟秋엔 則繕囹圄하고 具桎梏하니 蓋先王奉時之道를 固可見矣라 獄官은 欲得其曲直之理라 故謂之理요 又謂之士하니 則欲致其察故也라 前言命有司하고 後言命理者는 以修法制는 非理之所專故也라 先王之用刑也에 旣務搏執矣요 又命瞻傷察創視折焉하니 則其用心之仁을 可知矣라 端은 言無偏頗之異요 平은 言無輕重之差니 審斷決故로 獄訟必端平也라 有罪然後戮이면 則不及於無辜요 斷刑以嚴이면 則不敢輕易(이)라 上旣言愼罪邪하고 此又言戮有罪하며 上旣言審斷決하고 此又言嚴斷刑者는 蓋反覆言之하야 所以明愼之至而已라 秋者는 陰之始요 冬者는 陰之終이라 故로 於孟秋에 言天地始肅이라 陽道常饒하니 饒則有餘而贏이요 陰道常乏하니 乏則不足而縮이니 孰爲此者오 天地也로되 而君人實輔相焉이라 故로 曰天地始肅이라 不可以贏이라하니라

嚴陵方氏 : '修'는 파괴된 것을 修理하는 것이고, '繕'은 일을 좋게 만드는 것이고, '具'는 기물을 완전하게 만드는 것이다. 法制는 예부터 있었던 것이므로 '修'라 말하였고, 감옥은 사람을 拘禁하는 곳이니 여기에 일이 있으므로 '繕'이라 말하였고, 차꼬와 수갑은 사람을 구금하는 기물이므로 '具'라 말하였다. 간사함은 마음에 달려있으므로 그치게 하고, 사악함은 행실에 나타나므로 罪를 주는 것이다. '搏'은 죽이는 것이고, '執'은 구속하는 것이다. 仲春에는 감옥을 살피고 차꼬와 수갑을 제거하고, 孟秋에는 감옥를 수리하고 차꼬와 수갑을 구비하였으니, 先王이 계절을 받든 道를 진실로 알 수 있다.

獄官은 曲直의 이치를 얻고자 하므로 '理'라고 말한 것이고, 또 '士'라고도 말하니 이는 살핌을 지극히 하기를 바라기 때문이다. 앞에서는 "담당 관리에게 명한다." 하고 뒤에서는 "獄吏에게 명한다." 한 것은, 법제를 정비함은 옥리가 專擔할 수 있는 것이 아니기 때문이다. 선왕이 형벌을 쓸 적에 이미 죽임과 구속〔搏執〕을 일삼고, 또 피부가 손상된 자를 굽어보고 육체를 다친 자를 살펴보고 筋骨이 손상된 자를 보살피라고 명하였으니, 마음 씀이 仁함을 알 수 있다.

'端'은 '偏頗의 다름이 없음'을 말하고, '平'은 '輕重의 차이가 없음'을 말한 것이니, 옥사를 살펴 판결하기 때문에 獄訟이 반드시 바르고 공평한 것이다. 죄가 있은 연후에 죽이면 형벌이 죄 없는 사람에게 미치지 않고, 형벌을 신중히 결단하면 감히 쉽게 결단하지 못한다. 위에서는 이미 "사악한 행실이 있는 자에게는 삼가 죄를 준다." 하고 여기에서는 또 "죄 있는 자를 죽인다." 하며, 위에서는 이미 "판결하는 것을 살핀다." 하고 여기에서는 또 "형벌을 신중히 판결한다." 한 것은 반복하여 말해서 삼가기를 지극히 함을 밝힌 것이다.

가을은 陰이 시작되는 때이고 겨울은 陰이 끝나는 때이므로 맹추에 "天地가 肅殺을 시작한다." 한 것이다. 陽의 道는 항상 넉넉하니 넉넉하면 여유가 있어서 남게 되고, 陰의 道는 항상 부족하니 부족하면 충분하지 못하여 모자란다. 누가 이렇게 하는가? 하늘과 땅이 이렇게 하지만 人君이 실로 이것을 돕는다. 그러므로 "천지가 숙살을 시작하므로 〈陰氣가〉 남게 해서는 안 된다." 한 것이다.

065201 是月也에 農乃登穀이어든 天子嘗新호되 先薦寢廟하고 命百官하야 始收斂하며 完隄坊[114)]하며 謹壅塞하야 以備水潦하며 修宮室하며 坏(배)垣

墻하며 **補城郭**하나니라

이달(孟秋)에 농부가 비로소 곡식을 〈타작하는 마당에〉 올리거든 천자가 햇곡식을 맛보되 먼저 寢廟에 올리며, 百官에게 명하여 처음으로 곡식을 수확하며, 堤防을 완전하게 보수하며, 막힌 곳을 삼가 살펴서 홍수와 장마에 대비하며, 궁실을 수리하며, 담장의 틈을 막으며, 城郭을 보수하게 한다.

≪集說≫

所以爲水潦之備者는 以月建在酉하니 酉中에 有畢星하야 好雨也일새라

홍수와 장마에 대비하는 것은 북두칠성의 자루가 酉方에 있으니, 유방 가운데 畢星이 있어서 비를 좋아하기 때문이다.

≪大全≫

嚴陵方氏曰 穀은 謂稷也니 以稷熟於此故로 農乃登焉이라 然孟夏之麥과 仲夏之黍와 仲秋之麻와 季秋之稻 皆穀也어늘 此以穀言稷者는 以爲五穀之長故也니 若稼穡之官을 謂之后稷이요 土穀之神을 謂之社稷者도 以是而已니라

嚴陵方氏 : 곡식은 '稷(메기장)'을 이르니, 稷이 이때 익기 때문에 농부가 비로소 〈타작하는 마당에〉 올리는 것이다. 그러나 孟夏의 보리와 仲夏의 찰기장과 仲秋의 깨와 季秋의 벼가 모두 곡식인데 여기서 곡식으로 '稷'을 말한 것은 〈稷이〉 五穀의 으뜸이 되기 때문이다. 稼穡을 맡은 관원을 '后稷'이라 이르고, 土稷(土穀)의 神을 '社稷'이라 이르는 것도 이 때문일 뿐이다.

○ 金華應氏曰 夏氣舒發하니 則修利隄防하야 無有壅塞하고 秋氣收斂하니 則全隄防, 謹壅塞이라 水在天地間에 最爲流通不可壅之物이어니와 而其盛衰消長이 亦因乎時라 夏潦는 不可隄也라 故로 修利而無壅하고 秋潦則可隄矣일새 必壅塞之惟謹이라 雖一通一障하야 不同이나 而其爲民禦患은 則一而已니라

金華應氏 : 여름의 기운은 발산하는 것이니 堤防을 수리하여 〈물이 흘러가는 것

---

114) 坊 : '防(제방)'과 같다.

을〉 이롭게 해서 막힌 곳이 〈있어서 물이 범람하는 일이〉 없게 하고, 가을의 기운은 거두어들이는 것이니 제방을 온전히 수리하고 〈제방의〉 막힌 곳이 〈제대로 막혀있는지를〉 삼가 살핀다. 水는 하늘과 땅 사이에 있는 물건 중에 가장 잘 유통되어 막을 수 없는 물건이지만 그 盛衰와 消長이 또한 계절에 따라 다르다. 여름 장맛물은 〈수량이 많아〉 제방으로 막을 수가 없으므로 〈제방을〉 수리하여 〈흘러가는 것을〉 이롭게 해서 막히는 곳이 없게 하고, 가을 장맛물은 제방으로 막을 수 있으므로 반드시 막힌 곳을 삼가 살펴야 하는 것이다. 비록 한 번(여름)은 통하게 하고 한 번(가을)은 막아서 똑같지 않으나 백성을 위하여 재해를 막는 것은 똑같을 뿐이다.

065301 是月也에 毋以封諸侯하며 立大官하며

이달(孟秋)에 제후를 봉하지 말며, 大官을 세우지 말며,

≪集說≫

記者但知賞以春夏刑以秋冬之義하고 不知古者嘗祭之時에 則有出田邑之制라 故注에 謂禁封諸侯及割地는 爲失其義也[115]라하니라

이 글을 기록한 자가 다만 봄과 여름에 賞을 내리고 가을과 겨울에 刑罰을 내리는 의리만 알고, 옛날 〈가을의〉 嘗祭 때에 田地와 邑을 내주는 제도가 있음을 알지 못하였다. 그러므로 〈鄭玄의〉 注에 이르기를 "〈經文에서 가을에〉 '제후를 봉하는 것 및 땅을 떼어주는 것을 금한다.'고 말한 것은 그 本義를 잃은 것이다." 하였다.

065302 毋以割地하며 行大使하며 出大幣니라

땅을 떼어주지 말며, 큰 使臣을 보내지 말며, 큰 幣帛을 내지 말아야 한다.

115) 記者但知……爲失其義也 : 참고로 ≪禮記補註≫에 "이 설이 옳기는 하다. 그러나 세 개의 '大'자를 음미해보면 제후를 봉하는 것과 땅을 떼어주는 것을 아울러서 모두 큰 것을 말했을 뿐이니, 田地와 邑을 내주는 것처럼 평상시에 소소하게 상을 하사하는 따위는 본래 거론해도 무방하다.〔此說然矣 雖然味三大字 則弁封侯割地 皆謂其大者耳 若平常小小慶賜 如出田邑之類 自不妨擧也〕"라는 楊梧의 설을 소개하였다. 양오가 말한 "세 개의 '大'자"는 여기의 '立大官'과 바로 아래에 보이는 '行大使'와 '出大幣'의 '大'자를 가리킨다. 양오는 淸나라 때 禮學에 밝았던 인물인데, 저술로 ≪禮記說義纂訂≫이 전한다.

≪集說≫

以其違收斂之令也라

〈孟秋의〉 收斂하는 政令을 어기기 때문이다.

065401 孟秋에 行冬令하면 則陰氣大(태)勝하며 介蟲敗穀하며 戎兵乃來하며

孟秋에 겨울(孟冬)의 政令을 행하면 陰氣가 크게 기승하고, 介蟲(껍질이 있는 생물)이 곡식을 해치고, 〈적의〉 군대가 마침내 쳐들어오며,

≪集說≫

此亥水之氣所泄也라

이것은 亥月(孟冬)의 水氣가 새어 나온 것이다.

065402 行春令하면 則其國乃旱하며

봄(孟春)의 政令을 행하면 나라에 가뭄이 들고

≪集說≫

蟹有食稻者를 謂之稻蟹니 亦介蟲敗穀之類라 寅中箕星이 好風하니 能散雲雨라 故致旱이니라

게 중에 벼를 먹는 것을 '稻蟹'라 이르니, 또한 곡식을 해치는 介蟲의 종류이다. 寅方의 箕星은 바람을 좋아하니, 구름과 비를 흩어지게 할 수 있으므로 가뭄을 불러오는 것이다.

065403 陽氣復(부)還하야 五穀無實하고

陽氣가 다시 돌아와서 五穀이 제대로 열매를 맺지 못하며,

≪集說≫

寅木之氣所損也라

寅月(孟春)의 木氣가 손상시킨 것이다.

065404 **行夏令**하면 **則國多火災**하며 **寒熱不節**하야 **民多**瘧(학)**疾**하나니라

여름(孟夏)의 政令을 행하면 나라에 화재가 많고, 추위와 더위가 계절에 맞지 않아서 백성들이 瘧疾을 많이 앓는다.

≪集說≫

巳火之氣所傷也라

巳月(孟夏)의 火氣가 손상시킨 것이다.

≪大全≫

嚴陵方氏曰 方一陰之時而行重陰之令이라 故로 陰氣太勝이라 戎兵乃來는 亦以陰太勝而主殺故也니 凡以亥之氣乘之也일새라 陽亢而陰莫能干이 爲旱이니 方陰中之時하야 而行陽中之令이면 則陽亢矣라 故로 旱也라 自夏徂秋면 則陽往而陰來로되 以其旱故로 陽氣復還也라 萬物이 敷華於陽而成實於陰하나니 以陽氣復還故로 五穀無實이라 火旺於南方故로 行夏令이면 則國多火災라 火之氣爲熱하고 水之氣爲寒이어늘 而此幷寒熱不節者는 蓋熱極生寒하니 陰陽之理然也라 民多瘧疾은 則以感寒熱之氣而被虐故也니라

嚴陵方氏 : 한 陰이 나오는 때(孟秋)를 당하여 陰이 중첩된 때(孟冬)의 政令을 행하므로 陰氣가 크게 기승하는 것이다. '〈적의〉 군대가 마침내 쳐들어옴'은 또한 陰이 크게 기승하여 죽임을 주장하기 때문이니, 이는 모두 亥月(孟冬)의 기운이 이기기 때문이다.

陽이 성하여 陰이 범할 수 없는 것이 가뭄이니, 陰中의 때(孟秋)를 당하여 陽中(孟春)의 정령을 행하면 陽이 성하게 되므로 가뭄이 드는 것이다. 여름에서 가을로 가면 陽이 가고 陰이 오지만 가물기 때문에 陽氣가 다시 돌아오는 것이다. 萬物은 陽에서 꽃이 피고 陰에서 열매를 맺으니, 양기가 다시 돌아오기 때문에 五穀이 제대로 열매를 맺지 않는 것이다.

火는 南方에서 왕성하기 때문에 여름(孟夏)의 정령을 행하면 나라에 화재가 많게 된다. 불의 기운은 더운 기운이 되고 물의 기운은 찬 기운이 되는데, 여기에서 한기

와 열기가 모두 節度에 맞지 않은 것은 더위가 지극하면 추위를 낳기 때문이니, 陰陽의 이치가 그러한 것이다. 백성들이 瘧疾을 많이 앓는 것은 차고 더운 기운에 자극받아 재해를 당했기 때문이다.

065501 **仲秋之月**에 **日在角**하나니 **昏**에 **牽牛中**이요 **旦**에 **觜觿**(자휴)**中**이니라

仲秋의 달에 해가 〈辰方의〉 角宿(각수)에 있으니, 황혼에 〈북방의 牛宿(우수)인〉 牽牛宿(견우수)가 〈남방 하늘의〉 가운데에 있고 새벽에 〈서방의 觜宿(자수)인〉 觜觿宿(자휴수)가 〈남방 하늘의〉 가운데에 있다.

≪集說≫

角은 在辰하니 壽星之次也라

角宿는 〈正東方에 가까운 南東方인〉 辰方에 있으니, 〈남방의 軫과 角·亢·氐 자리인〉 壽星의 星次이다.

065502 **其日**은 **庚辛**이요 **其帝**는 **少皞**요 **其神**은 **蓐收**요 **其蟲**은 **毛**요 **其音**은 **商**이요 **律**은 **中南呂**요 **其數**는 **九**요 **其味**는 **辛**이요 **其臭**는 **腥**이요 **其祀**는 **門**이니 **祭先肝**하나니라

그 날짜는 庚과 辛이고, 그 帝는 少皞이고, 그 神은 蓐收이고, 그 동물은 毛蟲이고, 그 音은 商이고, 律은 南呂에 응하고, 그 數는 9이고, 그 맛은 매운맛이고, 그 냄새는 비린내이고, 그 제사는 門神에게 지내니, 제사 지낼 때에는 간을 먼저 올린다.

≪集說≫

南呂는 酉律이니 長五寸三分寸之一이라

南呂는 酉月(仲秋)의 律管이니, 길이가 5촌 3푼 촌의 1이다.

065503 **盲風至**하고 **鴻雁來**하며 **玄鳥歸**하며 **群鳥養羞**하나니라

거센 바람이 불어오고 기러기가 날아오며, 제비가 돌아가며, 여러 새가 맛있는 먹이를 〈다 먹지 않고〉 기른다.

≪集說≫

此는 記酉月之候라 盲風은 疾風也라 孟春에 言鴻雁來는 自南而來北也요 此言來는 自北而來南也라 仲春에 言玄鳥至하고 此言歸하니 明春來而秋去也라 羞者는 所美之食이니 養羞者는 藏之하야 以備冬月之養也라

이것은 酉月의 징후를 기록한 것이다. '盲風'은 거센 바람이다. 孟春에 "기러기가 날아온다." 한 것은 남쪽에서 북쪽으로 오는 것이고, 여기에서 "온다.〔來〕" 한 것은 북쪽에서 남쪽으로 오는 것이다. 仲春에 "제비가 이른다." 하였고 여기서는 "돌아간다.〔歸〕" 했으니, 봄에 왔다가 가을에 돌아감을 밝힌 것이다. '羞'는 맛있는 음식이니, '養羞'는 이것을 보관하여 겨울 달의 保養에 대비한 것이다.

≪大全≫

嚴陵方氏曰 盲者는 閉暗之稱이니 當建酉闔戶之月이라 故로 其風을 謂之盲風이요 又謂之閶闔[116)]은 以此라 玄鳥歸者는 至以陽中故로 歸以陰中也라

嚴陵方氏 : '盲'은 '가려 어둡다.'는 말이니, 北斗星 자루가 酉方을 가리켜 문을 닫는 달을 당했으므로 그 바람을 '盲風'이라 이르고 또 '閶闔'이라 이른 것은 이 때문이다. 제비가 돌아가는 것은 陽中에 왔었기 때문에 陰中에 돌아가는 것이다.

---

116) 閶闔 : 거두어 감춘다는 뜻으로 秋分에 부는 바람을 이른다. 孔穎達의 疏에 "八風은 八方의 바람이다.……冬至에서 45일 만(立春)에 條風이 이르니 '條'는 낳음이고, 다시 45일 만(春分)에 明庶風이 이르니 '明庶'는 무리를 맞이함이고, 다시 45일 만(立夏)에 清明風이 이르니 '清明'은 풀의 싹이 나는 것이고, 다시 45일 만(夏至)에 景風이 이르니 '景'은 큼이니 양기가 성장함을 말한 것이고, 다시 45일 만(立秋)에 涼風이 이르니 '涼'은 차가움이니 음기가 행해지는 것이고, 다시 45일 만(秋分)에 閶闔風이 이르니 '閶闔'은 모두 거두어 감춤이요, 다시 45일 만(立冬)에 不周風이 이르니 '不周'는 사귀지 않음이니 음기가 융합하지 못한 것을 말한 것이고, 다시 45일 만(冬至)에 廣莫風이 이르니 '廣莫'은 넓고 아득함이니 양기를 여는 것이다.〔八風 八方之風也……距冬至四十五日條風至 條者 生也 四十五日明庶風至 明庶者 迎衆也 四十五日清明風至 清明者 芒也 四十五日景風至 景者 大也 言陽氣長養也 四十五日涼風至 涼 寒也 陰氣行也 四十五日閶闔風至 閶闔者 咸收藏也 四十五日不周風至 不周者 不交也 言陰氣未合化也 四十五日 廣莫風至 廣莫者 大莫也 開陽氣也〕"라고 하였다.

○ 山陰陸氏曰 鴻雁을 何不謂之南鄕고 非其居也일새니라

山陰陸氏 : 기러기를 어찌하여 '남쪽으로 향한다.' 하지 않았는가? 그곳이 사는 곳이 아니기 때문이다.

065504 天子居總章太廟하며 乘戎路하며 駕白駱하며 載白旂하며 衣白衣하며 服白玉하며 食麻與犬하며 其器를 廉以深하나니라

천자가 總章太廟에 거처하며, 兵車를 타며, 흰색 가리온에 멍에 하며, 흰색 깃발을 〈수레에〉 꽂으며, 흰색 옷을 입으며, 흰색 옥을 차며, 깨와 개고기를 먹으며, 그릇을 〈조각한 것이〉 모나고 깊게 한다.

≪集說≫

總章太廟는 西堂當太室也라

總章太廟는 西堂에서 太室에 해당한다.

065601 是月也에 養衰老호되 授几杖하며 行糜粥飮食하나니라

이달(仲秋)에 노쇠한 사람을 봉양하되 안석과 지팡이를 주며, 죽과 음식을 하사한다.

≪集說≫

月至四陰[117]하니 陰已盛矣라 時는 以陽衰陰盛으로 爲秋하고 人은 以陽衰陰盛으로 爲老하나니 養衰老는 順時令也라 几杖은 所以安其身이요 飮食은 所以養其體라 行은 猶賜也라 糜는 卽粥也라

달이 四陰(8월)에 이르렀으니, 陰氣가 이미 성하다. 계절상으로는 陽이 쇠하고 陰이

117) 月至四陰 : 仲秋 8월을 이른다. ≪周易≫에 의하면 음력 4월에는 純陽인 乾卦가 되었다가 5월 夏至가 되면 비로소 陰 하나가 생겨 陽이 사라지게 되는 姤卦가 되며, 6월에는 二陰의 遯卦, 7월에는 三陰의 否卦, 8월에는 四陰의 觀卦, 9월에는 五陰의 剝卦, 10월에는 純陰의 坤卦가 되었다가 11월 冬至가 되면 다시 양 하나가 처음 생겨 復卦가 된다.

성한 것을 '秋'라 하고, 사람의 경우 陽氣가 쇠하고 陰氣가 성한 것을 '老'라 하니, 노쇠한 사람을 봉양함은 時令을 순히 따른 것이다. 안석과 지팡이는 몸을 편안히 하는 것이고, 음식은 몸을 기르는 것이다. '行'은 '賜(하사함)'와 같다. '糜'는 바로 죽이다.

≪大全≫

嚴陵方氏曰 授則特授之而已요 行則徧行之也라 几杖之禮爲重하야 非庶人之老可預라 故로 唯於糜粥에 言行焉이라 几杖以養其體하고 糜粥以養其氣하나니 郊特牲曰 飮은 養陽氣也요 食(사)는 養陰氣也라하니 春饗孤子하고 秋食耆老 其義一也라 故로 此於秋言之라 然養陽에 非無食也요 特以飮爲主爾며 養陰에 非無飮也요 特以食爲主爾라 故로 此兼言飮焉하니라

嚴陵方氏 : '授'는 다만 주는 것일 뿐이고, '行'은 〈하사함을〉 두루 행하는 것이다. 안석과 지팡이의 禮는 중하여 庶人의 노인이 참여할 수 있는 것이 아니므로 오직 죽에서만 '行'을 말한 것이다. 안석과 지팡이는 몸을 기르는 것이고 죽은 기운을 기르는 것인데, 〈郊特牲〉에 "음료는 陽氣를 기르고, 밥은 陰氣를 기른다." 하였으니, 봄에 孤子에게 燕饗을 베풀고 가을에 耆老에게 밥을 먹이는 것은 그 뜻이 똑같다. 그러므로 여기에서 가을에 이것을 말한 것이다. 그러나 陽을 기를 적에 밥이 없는 것이 아니고 다만 음료를 위주로 할 뿐이며, 陰을 기를 적에 음료가 없는 것이 아니고 다만 밥을 위주로 할 뿐이다. 그러므로 여기에서 음료를 아울러 말한 것이다.

065602 乃命司服하야 具飭衣裳호되 文繡有恒하며 制有小大하며 度有長短하며 衣服有量하야 必循其故요 冠帶有常이니라

이에 司服에게 명하여 上衣와 下裳을 구비하고 바르게 하되 무늬와 수놓는 것이 일정한 제도가 있으며, 제도에 크고 작은 구별이 있으며, 치수에 길고 짧은 차이가 있으며, 의복에 일정한 헤아림이 있게 한다. 그래서 반드시 옛 것을 따르고, 冠과 띠도 일정함이 있게 한다.

≪集說≫

司服은 官名이라 具飭은 條具而飭正之也라 上曰衣요 下曰裳이니 衣繪而裳繡는 祭服

之制也라 有恒은 有定制也라 小大는 小則玄冕之一章이요 大則袞冕之九章也[118]라 長短은 謂衣長而裳短也라 衣服은 謂朝服燕服及他服之當爲寒備者也니 各有劑量하야 必率(솔)循故法하야 不得更爲新異也라 冠與帶도 亦各有常制하니 因造衣하야 幷作之라

玄冕

'司服'은 官名이다. '具飭'은 조목별로 구비하고 바르게 하는 것이다. 윗옷을 '衣'라 하고 아랫옷을 '裳'이라 하니, 衣에는 그림을 그리고 裳에는 繡를 놓는 것은 祭服의 제도이다. '有恒'은 일정한 제도가 있는 것이다. '小大'는, '小'는 玄冕服의 〈그림을 하나만 그리는〉 1章이고, '大'는 袞冕服의 9章이다. '長短'은 上衣는 길고 下裳은 짧음을 이른다. '衣服'은 朝服·燕服과 기타 옷으로 마땅히 추위를 대비해야 하는 것을 이르는데, 각각 헤아려 반드시 옛 법을 따르게 해서 새롭거나 기이하게 바꾸지 못하게 하는 것이다. 冠과 띠 또한 각각 일정한 제도가 있으니, 옷을 만드는 김에 아울러 만드는 것이다.

袞冕

065603 **乃命有司**하야 **申嚴百刑**호되 **斬殺**을 **必當**하야 **毋或枉橈**(요)니 **枉橈不當**하면 **反受其殃**하나니라

이에 담당 관리에게 명하여 온갖 형벌을 거듭 엄격히 집행하되 참하고 죽이는 것을

118) 小則玄冕之一章 大則袞冕之九章也 : 玄冕은 上衣에는 아무 문양이 없고 下裳에 '黻'의 문양을 그려서 1章이며, 袞冕은 상의에는 龍·山·華蟲·火·宗彝의 문양을 그리고 하상에는 藻(마름)·粉米·黼·黻의 문양을 그려서 9章이다.

반드시 합당하게 하여 혹시라도 법이나 바른 이치를 거슬러 판결하는 일이 없게 하니, 법이나 바른 이치를 거슬러 합당하지 않으면 도리어 그에 따르는 殃禍를 받는다.

≪集說≫

刑罰之令을 前月已行하고 此月에 又申戒之也라 枉橈는 皆屈曲之義니 謂不申正理而違法하야 斷之以逆理라 故必反受殃禍也라

형벌하는 政令을 전달에 이미 행하였고, 이달에는 또 거듭 경계한 것이다. '枉'과 '橈'는 모두 '굽히다'는 뜻이니, 바른 이치를 펴지 않고 법을 어겨 順理를 거슬러서 판결함을 이른다. 그러므로 반드시 도리어 殃禍를 받는 것이다.

≪大全≫

嚴陵方氏曰 孟秋에 既命嚴斷刑矣요 至此하야 又命之라 故曰申嚴焉이니 與堯典言申命[119]同義라 且酉爲陰中하야 物旣告成하니 先王奉天이라 故其所命이 止於是月也라 刑有五[120]而曰百刑者는 據罪言之也니 傳曰罪多而刑五[121] 非謂是乎아 必曰百은 則據成數言之니 與百禮百事同義라 斬者는 則必殺이요 殺者는 不必斬이니 斬殺必當은 慮其及於無辜也라 然刑之所加가 不止於斬殺이어늘 所命이 止及於此者는 以大辟은 尤人所重故也라 枉은 則在上者不直이요 橈는 則在下者不申이니 使斬殺不當은 則以或枉橈故也라 先王奉天如此어늘 而有司或枉橈焉이면 是逆天也니 逆天이면 則天災適當之也라 孟子言出乎爾者反乎爾[122]者 同義니라

---

119) 堯典言申命 : ≪書經≫ 〈虞書 堯典〉에 "거듭 화숙에게 명하여 삭방에 머물게 하니, 이곳을 '유도'라 한다.〔申命和叔 宅朔方 曰幽都〕" 하였다.

120) 刑有五 : 五刑으로, 이마에 먹물로 글자를 새겨 넣는 墨刑, 코를 베는 劓刑, 발꿈치를 베는 刖刑, 생식기를 제거하는 宮刑, 사형에 처하는 大辟을 말한다.

121) 罪多而刑五 : 〈服問〉에 "전에 말하였다. '죄가 많으나 형벌은 다섯 가지뿐이고 상이 많으나 상복은 다섯 가지뿐이다. 〈오형과 오복을〉 위로 붙이고 아래로 붙이니, 〈형벌의 높고 낮음과 상의 친소에 따라〉 배열한 것이다.'〔傳曰 辠多而刑五 喪多而服五 上附下附 列也〕" 하였다. '辠'는 '罪'의 古字이다.

122) 出乎爾者反乎爾 : ≪孟子≫ 〈梁惠王 下〉에 "흉년과 기근이 든 해에 군주의 백성들이 노약자들은 전전하다가 죽어서 시신이 溝壑에 뒹굴고, 장성한 자들은 흩어져서 사방으로

嚴陵方氏 : 孟秋에 이미 〈獄吏에게〉 명하여 형벌을 신중히 판결하게 하였고 이때에 이르러 또 명하였으므로 "거듭 엄격히 집행한다." 하였으니, 〈堯典〉에 "거듭 명한다."는 것과 뜻이 같다. 또 '酉'는 陰中이 되어서 물건이 이미 완성을 고하니, 先王이 하늘을 받들기 때문에 그 명하는 바가 이달에 그친 것이다.

형벌은 다섯 가지가 있는데 '百刑'이라고 말한 것은 죄를 근거하여 말한 것이니, 傳에 "죄가 많으나 형벌이 다섯 가지이다." 한 것은 이것을 말함이 아니겠는가. 반드시 '百'이라고 말한 것은 成數에 의거하여 말한 것이니, '百禮'나 '百事'의 '百'자와 뜻이 같다.

斬하는 것은 반드시 죽이는 것이지만 반드시 참하는 것은 아니니, 참하는 것과 죽이는 것을 반드시 마땅하게 함은 죄가 없는 자에게 미칠까 염려한 것이다. 그러나 형벌을 가하는 것이 참하는 것과 죽이는 것에 그치지 않는데 명하는 바가 다만 여기에 미친 것은 大辟(死刑)은 더욱더 사람들이 중하게 여기기 때문이다.

'枉'은 위에 있는 자가 곧지 못한 것이고, '橈'는 아래에 있는 자가 펴지 못하는 것이니, 가령 참하는 것과 죽이는 것이 마땅하지 않다면 이것은 혹 枉橈하기 때문이다. 先王이 하늘을 받들기를 이와 같이 하는데도 담당 관리가 혹 왕요하다면 이는 하늘을 거스르는 것이니, 하늘을 거스르면 天災가 이에 맞추어 닥쳐오는 것이다. ≪孟子≫의 "너에게서 나온 것이 너에게로 돌아간다."라는 것이 똑같은 뜻이다.

065701 **是月也**에 **乃命宰祝**하야 **循行犧牲**하야 **視全具**하며 **按芻豢**하며 **瞻肥瘠**하며 **察物色**하야 **必比類**하며 **量小大**하며 **視長短**하야 **皆中度**하야 **五者備當**하면 **上帝其饗**하나니라

이달(仲秋)에 太宰와 太祝에게 명하여 희생을 순찰하여 온전히 하나의 색깔인지 몸에 손상이 없는지를 살피고, 꼴을 먹이고 곡물을 먹여 기르는

간 자가 몇천 명이나 됩니다. 그런데도 군주의 倉廩에는 곡식이 꽉 차 있으며 府庫에는 재화가 충만하거늘 有司 중에 이것을 아뢴 자가 없었으니, 이것은 윗사람들이 태만해서 아랫사람을 殘害한 것입니다. 증자가 '경계하고 경계하라. 너에게서 나온 것은 너에게로 돌아간다.' 하였습니다. 백성들이 지금에서야 대갚음을 한 것이니, 군주께서는 허물하지 마소서.〔凶年饑歲 君之民 老弱轉乎溝壑 壯者散而之四方者 幾千人矣 而君之倉廩實 府庫充 有司莫以告 是上慢而殘下也 曾子曰 戒之戒之 出乎爾者 反乎爾者也 夫民 今而後 得反之也 君無尤焉〕"라고 보인다.

것을 살펴보고, 살진 것과 수척한 것을 살펴보고, 색깔을 살펴서 반드시 유형에 따라 쓰게 하고, 〈몸의〉 작고 큰 것을 헤아리고 〈뿔의〉 길고 짧은 것을 살펴보아 모두 法度에 합당하게 한다. 그래서 다섯 가지가 갖추어져 마땅하면 上帝가 歆饗하실 것이다.

≪集說≫

宰는 主牲者요 祝은 告神者라 全은 謂色不雜이요 具는 謂體無損也라 養牛羊曰芻요 養犬豕曰豢이니 得其養則肥하고 失其養則瘠이라 物色은 或騂(성)或黝(유)니 陽祀에 用騂牲하고 陰祀[123]에 用黝牲이라 比類者는 比附陰陽之類而用之也라 小大는 以體言이요 長短은 以角言이니 皆欲中法度也라 所視所案[124]所瞻所察所量五者가 悉備而當於事면 上帝且歆饗之矣어든 況群神乎아

'宰'는 犧牲을 주관하는 자이고, '祝'은 神에게 고하는 자이다. '全'은 색깔이 섞이지 않음을 이르고, '具'는 몸에 손상이 없음을 이른다. 소와 양을 기르는 것을 '芻'라 하고, 개와 돼지를 기르는 것을 '豢'이라 하니, 제대로 기르면 희생이 살지고 제대로 기르지 못하면 희생이 마른다. '物色'은 혹 붉고 혹 검은 것이니, 陽의 제사에는 붉은 희생을 사용하고, 陰의 제사에는 검은 희생을 사용한다. '比類'는 陰과 陽의 유형에 맞추어 사용하는 것이다. '小大'는 몸으로 말하였고, '長短'은 뿔로 말하였으니, 두 가지 모두 법도에 맞게 하고자 하는 것이다.

살피는 바〔所視〕와 살펴보는 바〔所按〕와 보는 바〔所瞻〕와 살피는 바〔所察〕와 헤아리는 바〔所量〕 다섯 가지가 모두 구비되어 일에 합당하면 上帝가 장차 歆饗할 것인데, 하물며 여러 神에 있어서이겠는가.

≪大全≫

嚴陵方氏曰 宰는 以宰牲爲事者요 祝은 以祝神爲事者니 宰牲은 將以祝神也라 故로 循行犧牲에 必命是二官焉이라 夫季夏之養犧牲은 蓋授(克)〔充〕人[125]而芻之也요

123) 陽祀……陰祀 : 陽祀는 南郊에서 하늘에 지내는 제사와 宗廟 제사를 이르고, 陰祀는 北郊에서 땅에 지내는 제사와 社稷 제사를 이른다.

124) 案 : '按(살피다)'과 통용한다.

至此命宰祝은 特循行之而已니 以物至此면 形成而不變故也라 全者는 純而不雜이요 具者는 完而無傷이니 若外祭毁事用尨[126]은 非所謂全也요 若鼷鼠食郊牛角[127]은 非所謂具也라 芻豢은 所以阜蕃其牲이라 春秋傳曰 奉牲以告曰博碩肥腯[128]이라하니 其可以不視乎아 牧人曰 陽祀엔 用騂牲毛之하고 陰祀엔 用黝牲毛之라하니 則物色을 其可以不察而比類之乎아 物色者는 毛色之色이요 比類者는 各比其陰陽之類也라

嚴陵方氏 : '宰'는 犧牲을 주관하는 것을 일로 삼는 자이고, '祝'은 神에게 祝願하는 것을 일로 삼는 자이니, 희생을 주관함은 장차 신에게 축원하려고 하는 것이다. 그러므로 희생을 순찰할 때에 반드시 이 두 관원에게 명하는 것이다. 季夏에 희생을 기름은 充人에게 주어서 꼴을 먹이는 것이고, 이때 이르러 宰와 祝에게 명함은 다만

---

125) (克)[充]人 : 저본에는 '克'으로 되어 있는데, 衛湜의 ≪禮記集說≫과 ≪周禮≫ 〈地官〉에 의거하여 '充'으로 바로잡았다.

≪周禮≫ 〈地官〉에 "充人은 제사에 쓸 희생을 관리하는 일을 관장한다. 오제에게 제사 지낼 때는 〈희생을 선발하여〉 우리에 매어두고 3개월 동안 꼴을 먹이는데, 선왕에게 제사 지낼 때에도 또한 이와 같이 한다.……희생이 살이 충분히 찌면 충인이 희생이 갖추어졌다고 아뢰고, 희생이 비대하게 살졌으면 〈임금이 끌고 갈 때〉 충인이 돕는다.[充人掌繫祭祀之牲牷 祀五帝則繫於牢 芻之三月 享先王亦如之……展牲則告牷 碩牲則贊]"라고 보인다.

126) 外祭毁事用尨 : ≪周禮≫ 〈地官 牧人〉에 보이는데, 鄭玄의 注에 "'外祭'는 〈사냥하거나 出征할 때 陣營의 앞에 표지를 세워 신에게 제사 지내는 것인〉 表貉(표맥) 및 왕이 행차하는 곳의 山川에 제사 지내는 것을 이른다.……'尨'은 잡색이어서 순수하지 못함을 이른다. '毁'는 〈제사 지낼 적에〉 희생을 가르고 찢어 祥瑞를 맞이하고 惡氣를 제거해서 재앙을 없애는 의식 따위를 이른다.[外祭謂表貉及王行所過山川用事者……尨謂雜色不純 毁謂副辜候禳毁除殃咎之屬]" 하였다.

127) 鼷鼠食郊牛角 : ≪春秋≫ 成公 7년 조에 "7년 봄 周王 정월에 생쥐가 교제사에 희생으로 쓸 소의 뿔을 갉아먹으니, 다시 점을 쳐서 다른 소를 선택하였다. 생쥐가 또 그 소의 뿔을 갉아먹으니, 소를 풀어주었다.[七年春王正月 鼷鼠食郊牛角 改卜牛 鼷鼠又食其角 乃免牛]"라고 보인다.

128) 奉牲以告曰博碩肥腯 : ≪春秋左氏傳≫ 桓公 6년 조에 "공이 대답하기를 '내가 제사에 올리는 犧牲의 색깔이 純色이고 살이 쪘으며, 粢盛이 풍부하고 구비되었는데, 어째서 神에게 진실하지 못했다고 하는가?' 하니, 季梁이 대답하였다. '백성은 神의 주인입니다. 그러므로 聖王은 먼저 백성의 생활을 풍족하게 한 뒤에 神을 섬기는 일에 힘을 다하였습니다. 그러므로 희생을 올리며 「널리 살찌게 하였습니다.[博碩肥腯]」라고 고하니, 이는 「백성의 財力이 널리 蓄積되었다.」는 것을 이릅니다.'[公曰 吾牲牷肥腯 粢盛豐備 何則不信 對曰 夫民 神之主也 是以聖王先成民而後致力於神 故奉牲以告曰 博碩肥腯 謂民力之普存也]"라고 보인다.

순찰하는 것일 뿐이니, 동물이 이때가 되면 형체가 이루어져 변하지 않기 때문이다. '全'은 〈색깔이〉 순수하여 섞이지 않은 것이고, '具'는 〈몸이〉 완전하여 손상됨이 없는 것이니, 外祭와 毁事를 지낼 적에 잡색을 씀은 이른바 '완전하다.'는 것이 아니고, 생쥐가 郊祭에 쓸 소의 뿔을 갉아 먹은 것은 이른바 '손상함이 없다.'는 것이 아니다. '꼴을 먹이고 곡물을 먹여 기름〔芻豢〕'은 희생을 繁盛하게 하는 것이다. ≪春秋左氏傳≫에 "희생을 받들어 '널리 살찌게 하였습니다.〔博碩肥腯〕'라고 고하였다." 하였으니, 어찌 살피지 않을 수 있겠는가. ≪周禮≫ 〈地官 牧人〉에 "陽祀에는 붉은 희생을 사용하되 털빛을 살피고, 陰祀에는 검은 희생을 사용하되 털빛을 살핀다." 하였으니, 物色을 어찌 살펴서 합당하게 바로잡지 않을 수 있겠는가. '物色'은 털빛의 색깔이고, '比類'는 陰陽의 종류에 각각 합당하게 하는 것이다.

065702 天子乃難(나)하야 以達秋氣하며 以犬嘗麻호되 先薦寢廟하나니라

천자가 이에 儺祭를 지내어 가을 기운을 통하게 하며, 개고기와 함께 깨를 맛보되 먼저 寢廟에 올린다.

≪集說≫

季春에 命國難하야 以畢春氣어늘 此獨言天子難者는 此爲除過時之陽暑일새니 陽者는 君象이라 故로 諸侯以下 不得難也라 暑氣退면 則秋之涼氣通達이라 故云 以達秋氣也라하니라

季春에는 國都에 명하여 儺祭를 지내어 봄의 〈나쁜〉 기운을 종식시키게 했는데, 여기서는 다만 "천자가 나제를 지낸다." 한 것은 때가 지난 陽의 더위를 제거하기 위한 것이니, 陽은 人君의 象이므로 제후 이하가 나제를 지낼 수 없는 것이다. 더운 기운이 물러가면 가을의 서늘한 기운이 통하여 도달하므로 "가을 기운을 통하게 한다." 한 것이다.

065801 是月也에 可以築城郭이며 建都邑이며 穿竇窖(두교)며 脩囷(균)倉이니라

이달(仲秋)에 성곽을 축조하며, 城市를 세우며, 둥근 움집과 네모진 움집을 파며, 둥근 곡식 창고와 네모진 곡식 창고를 수리할 수 있다.

≪集說≫

四者는 皆爲斂藏之備라 穿地에 圓曰竇요 方曰窖라

네 가지는 모두 거두어 보관함을 대비하기 위한 것이다. 〈움집을 지으려고〉 땅을 팔 적에 둥글게 판 것을 '竇'라 하고, 네모지게 판 것을 '窖'라 한다.

065802 乃命有司하야 趨(촉)民收斂하며 務畜菜하며 多積聚하나니라

이에 담당 관리에게 명하여 백성들을 재촉해서 수확하게 하며, 채소를 힘써 비축하게 하며, 물자를 많이 비축하게 한다.

≪集說≫

孟秋에 已有收斂之命矣어늘 此又趨之는 以時不可緩故也라 菜는 所以助穀之不足이라 故로 蓄之爲備라 多積聚者는 凡可爲歲備者를 無不貯儲也라

孟秋에 이미 收斂하는 명령이 있었는데 여기에서 또 재촉하는 것은 때를 늦출 수 없기 때문이다. 채소는 곡식이 부족한 것을 돕는 것이므로 비축하여 대비하는 것이다. '물자를 많이 비축하는 것'은 무릇 한 해에 갖추어야 하는 것을 貯蓄하지 않음이 없는 것이다.

065803 乃勸種麥하야 毋或失時니 其有失時면 行罪無疑니라

이에 보리 파종을 권장하여 혹시라도 시기를 놓치지 말게 하니, 시기를 놓치는 자가 있으면 벌을 주되 주저하지 말아야 한다.

≪集說≫

麥은 所以續舊穀之盡하야 而及新穀之登이니 尤利於民이라 故로 特勸種而罰其惰者하나니라

보리는 묵은 곡식이 모두 떨어질 때를 이어서 햇곡식을 수확할 때까지 먹을 수 있는 것이니, 더더욱 백성에게 이로우므로 특별히 파종을 권장하고 〈파종을〉 게을리하는 자를 벌주는 것이다.

065901 是月也에 日夜分하고 雷始收聲하며 蟄蟲坏(배)戶하며 殺氣浸盛하고 陽氣日衰하야 水始涸하나니라

이달(仲秋)에 낮과 밤의 길이가 똑같이 나뉘고 우레가 처음 소리를 거두며, 칩거할 동물이 〈칩거할 곳의〉 입구를 더 작게 만들며, 肅殺의 陰氣가 점점 성해지고 陽氣가 날로 쇠해져 물이 마르기 시작한다.

≪集說≫

坏는 益其蟄穴之戶하야 使通明處稍小라가 至寒甚에 乃墐塞之也라 水는 本氣之所爲니 春夏氣至라 故長하고 秋冬氣返이라 故涸也라

'坏'는 칩거하는 구멍의 문을 더 좁혀서 밝은 빛이 통하는 곳을 조금 작게 만들었다가 추위가 심해지게 되면 비로소 완전히 막는 것이다. 물은 본래의 氣가 만드는 것이니, 봄과 여름에는 氣가 이르기 때문에 물이 불어나고, 가을과 겨울에는 氣가 돌아가기 때문에 물이 마르는 것이다.

065902 日夜分이어든 則同度量하며 平權衡하며 正鈞石하며 角斗甬(용)하나니라

〈秋分에〉 낮과 밤의 길이가 똑같이 나뉘면 자〔度〕와 되〔量〕를 통일하며, 저울추〔權〕와 저울대〔衡〕를 고르게 하며, 鈞과 石을 바로잡으며, 말〔斗〕과 휘〔甬〕를 비교한다.

≪集說≫

此與仲春同이라

이는 仲春과 똑같다.

≪大全≫

嚴陵方氏曰 鈞은 蓋三十斤之稱이니 與仲春所謂鈞者異矣라 彼는 特言輕重之鈞而已니 彼는 以用言이요 此는 以體言故也라 石은 蓋四鈞之稱이니 以其尤重而內實故로

謂之石이라 權衡은 皆以致平而已라 故曰平이요 鈞石則歸於正矣라 故曰正이라 然仲春所言不同者하니 則又各有義焉하니라

嚴陵方氏 : '鈞'은 30斤의 명칭이니, 仲春에 이른바 '鈞(가지런하게 하다)'이라는 것과는 다르다. 중춘의 '鈞'은 다만 輕重의 균일함을 말했을 뿐이니 중춘에서는 用으로 말한 것이고 여기서는 體로 말한 것이기 때문이다. '石'은 4鈞의 명칭이니, 더욱 무거워 안이 꽉 찼기 때문에 '石'이라 이른 것이다. '權'과 '衡'은 모두 균평함을 지극히 할 뿐이므로 '平(고르게 하다)'이라 말하였고, '鈞'과 '石'은 바름으로 돌아가게 하는 것이므로 '正(바로잡다)'이라고 말한 것이다. 그러나 중춘에서 말한 것은 이것과 똑같지 않으니, 또 각각 意義가 있는 것이다.

066001 是月也에 易(이)關市하야 來商旅하야 納貨賄하야 以便民事하며 四方來集하며 遠鄕皆至하면 則財不匱하야 上無乏用하야 百事乃遂하나니라

이달(仲秋)에 관문과 시장의 賦稅를 가볍게 하여 상인과 나그네를 오게 해서 재화와 상품을 받아들여 백성의 일을 편리하게 하며, 사방에서 와서 모이게 하고 먼 지방에서 모두 이르게 하면 재화가 바닥나지 않아 위로 재정이 부족하지 않아서 온갖 일이 마침내 이루어진다.

≪集說≫

朱氏曰 關者는 貨之所入이요 市者는 貨之所聚라 易는 謂無重征以致其難也니 易關市는 所以來商旅라 貨는 謂化之以爲利요 賄는 謂有之以爲利니 來商旅는 所以納貨賄也니 凡此는 皆以便民用也라 四方은 散而不一이라 故言來集이요 遠鄕은 邈而在外라 故言皆至하니 此는 言貢賦職修也라 財는 所以待用이니 財不匱則無乏用也요 用은 所以作事니 無乏用則事皆遂也라

朱氏 : '關'은 財貨가 들어오는 곳이고, '市'는 재화가 모이는 곳이다. '易'는 무겁게 세금을 거두어 어려운 처지에 이르는 일이 없게 함을 이르니, '易關市'는 상인과 나그네를 오게 하는 것이다. '貨'는 交易하는 것으로 이로움을 삼는 것을 이르고, '賄'는 쌓아두는 것으로 이로움을 삼는 것을 이르니, 상인과 나그네를 오게 하는 것은 재화와 상

품을 받아들이기 위한 것이다. 이것은 모두 백성의 쓰씀이를 편리하게 하는 것이다.

四方은 분산되어 똑같은 곳이 아니기 때문에 "와서 모인다." 하였고, 먼 지방은 아득히 멀고 밖에 있기 때문에 "모두 이른다." 하였으니, 이는 나라에 바치는 물건과 세금에 대한 일이 잘 다스려짐을 말한 것이다.

'財'는 쓰임에 대비하는 것이니 재화가 바닥나지 않으면 쓰임이 궁핍하지 않고, '用'은 일을 하는 것이니 쓰임이 궁핍하지 않으면 일이 모두 이루어진다.

066002 **凡擧大事**호되 **毋逆大數**하야 **必順其時**하야 **愼因其類**니라

무릇 큰일을 거행하되 〈陰陽의〉 大數(자연법칙)를 거스르지 말아서 반드시 그 時令을 순히 하여 삼가 그 종류를 따라 행한다.

≪集說≫

大事는 如土功徭役合諸侯擧兵衆之事니 皆不可悖陰陽之大數라 因은 猶依也니 如慶賞者는 乃發生之類요 刑罰者는 乃肅殺之類니 必順時令하야 而謹依其類以行之也라

'大事'는 토목공사와 徭役과 제후를 규합하고 군대를 일으키는 일과 같은 것이니, 모두 陰陽의 大數를 거슬러서는 안 된다. '因'은 '依(따르다)'와 같으니, 예컨대 慶賞은 바로 發生시키는 종류이고 刑罰은 바로 肅殺하는 종류인데, 반드시 時令을 순히 하여 삼가 그 종류를 따라 행하는 것이다.

066101 **仲秋**에 **行春令**하면 **則秋雨不降**하야 **草木生榮**하며 **國乃有恐**하고

仲秋에 봄의 政令을 행하면 가을비가 내리지 않아서 초목이 꽃이 피고 나라에 마침내 恐慌의 일이 있으며,

≪集說≫

卯木之氣所應也라 卯中에 有房心하니 心爲大火라 故不雨하고 且有火訛之驚恐也라

卯月(仲春)의 木氣가 응한 것이다. 卯方 가운데 房宿(방수)와 心宿(심수)가 있으니, 심수는 大火가 되기 때문에 비가 내리지 않고, 또 火災가 있다는 유언비어에 놀라고 두려워하는 일이 있게 된다.

066102 **行夏令**하면 **則其國乃旱**하며 **蟄蟲不藏**하며 **五穀復**(부)**生**하고

여름의 政令을 행하면 나라에 마침내 가뭄이 들고 칩거하는 벌레가 숨지 않고 五穀이 다시 싹이 나며,

≪集說≫

午火之氣所傷也라

午月(仲夏)의 火氣가 손상시킨 것이다.

066103 **行冬令**하면 **則風災數**(삭)**起**하며 **收雷先行**하야 **草木蚤死**하나니라

겨울의 政令을 행하면 風害가 자주 일어나고 〈소리를〉 거둔 우레가 미리 동하여 초목이 일찍 죽는다.

≪集說≫

子水之氣所泄也라 收雷는 收聲之雷也라 先行은 先期而動也라

子月(仲冬)의 水氣가 새어 나온 것이다. '收雷'는 소리를 거둔 우레다. '先行'은 時期에 앞서 동하는 것이다.

≪大全≫

嚴陵方氏曰 春雨는 所以生物이요 秋雨는 所以成物이니 曰秋雨不降은 則雨非不降也요 特所降者非成物之雨爾라 以其如此故로 草木生榮而不枯死也라 國乃有恐은 則少陽之所動故也요 其國乃旱은 則陽亢故也요 蟄蟲不藏은 則陰欲執之而有所不勝故也요 五穀復生은 則盛陽作之故也요 風災數起는 則非以時動故也라 雷以陽中發聲하고 陰中收聲하니 收雷先行은 則愆於陽故也라 雷風不節故로 草木蚤死라

嚴陵方氏 : 봄비는 만물을 자라게 하는 것이고, 가을비는 만물을 이루게 하는 것이니, "가을비가 내리지 않는다." 한 것은 비가 내리지 않는 것이 아니고, 다만 내린 것이 만물을 이루는 비가 아닌 것이다. 이와 같기 때문에 초목이 꽃이 피어서 말라

죽지 않는 것이다.

'나라에 마침내 恐慌의 일이 있다.'는 것은 〈봄의 기운인〉 少陽이 동하기 때문이고, '나라에 마침내 가뭄이 듦'은 陽이 성해지기 때문이고, '칩거하는 벌레가 숨지 않음'은 陰이 계절을 통제하고자 하나 〈仲夏의 火氣를〉 이기지 못하는 바가 있기 때문이고, '五穀이 다시 싹이 남'은 성한 陽이 일어났기 때문이고, '風害가 자주 일어남'은 〈仲冬의 水氣가〉 계절에 맞게 동하지 않았기 때문이다.

우레는 陽中에서 소리를 내고 陰中에서 소리를 거두니, 〈소리를〉 거둔 우레가 미리 동함은 〈중동의 수기가〉 陽보다 지나치기 때문이다. 우레와 바람이 계절에 맞지 않으므로 초목이 일찍 죽는 것이다.

066201 **季秋之月**에 **日在房**하나니 **昏**에 **虛中**이요 **旦**에 **柳中**이니라

季秋의 달에 해가 〈卯方의〉 房宿(방수)에 있으니, 황혼에 〈북방의〉 虛宿(허수)가 〈남방 하늘의〉 가운데에 있고 새벽에 〈남방의〉 柳宿(유수)가 〈남방 하늘의〉 가운데에 있다.

《集說》

房은 在卯하니 大火之次也라

房宿는 〈正東方인〉 卯方에 있으니, 大火의 星次이다.

066202 **其日**은 **庚辛**이요 **其帝**는 **少皞**요 **其神**은 **蓐收**요 **其蟲**은 **毛**요 **其音**은 **商**이요 **律**은 **中無射**(역)이요 **其數**는 **九**요 **其味**는 **辛**이요 **其臭**는 **腥**이요 **其祀**는 **門**이니 **祭先肝**하나니라

그 날짜는 庚과 辛이고, 그 帝는 少皞이고, 그 神은 蓐收이고, 그 동물은 毛蟲이고, 그 音은 商이고, 律은 無射에 응하고, 그 數는 9이고, 그 맛은 매운맛이고, 그 냄새는 비린내이고, 그 제사는 門神에게 지내니, 제사 지낼 때에는 간을 먼저 올린다.

≪集說≫

無射은 戌律이니 長四寸六千五百六十一分寸之六千五百二十四라

無射은 戌月(季秋)의 律管이니, 길이가 4촌 6,561푼 촌의 6,524이다.

066203 **鴻雁來賓**하며 **爵入大水**하야 **爲蛤**(합)하며 **鞠**[129)] **有黃華**하며 **豺乃祭獸戮禽**하나니라

기러기가 〈뒤에〉 이르러 손님이 되며, 참새가 큰물에 들어가 조개가 되며, 국화가 노란 꽃이 피며, 승냥이가 마침내 짐승으로 제사를 지내고 짐승을 잡아먹는다.

≪集說≫

此는 記戌月之候라 雁은 以仲秋先至者로 爲主하고 季秋後至者로 爲賓하니 如先登者爲主人이요 從之以登者爲客也라 爵爲蛤은 飛物이 化爲潛物也라 鞠色不一이로되 而專言黃者는 秋令이 在金하니 金自有五色而黃爲貴라 故로 鞠色은 以黃爲正也라 祭獸者는 祭之於天이요 戮禽者는 殺之以食也라 禽者는 鳥獸之總名이니 鳥不可曰獸나 獸亦可曰禽이라 故로 鸚鵡를 不曰獸로되 而猩猩을 通曰禽也라

이것은 戌月의 징후를 기록한 것이다. 기러기는 仲秋에 먼저 이르는 것을 주인으로 삼고 季秋에 뒤늦게 온 것을 손님으로 삼으니, 마치 먼저 〈계단에〉 오른 자가 주인이 되고 뒤따라 오르는 자가 손님이 되는 것과 같다. 참새가 조개가 되는 것은 공중을 나는 물건이 변화하여 물에 잠긴 물건이 된 것이다. 국화의 색깔이 하나가 아닌데 오로지 黃色만을 말한 것은, 가을의 政令이 金에 있으니 金은 본래 五色이 있으나 황색이 귀하기 때문에 국화의 색깔을 황색을 바른 것으로 삼은 것이다. '祭獸'는 하늘에 제사지내는 것이고, '戮禽'은 죽여서 먹는 것이다. '禽'은 새와 짐승〔鳥獸〕의 총칭이니, '鳥'를 '獸'라고 말할 수는 없으나, '獸'는 또한 '禽'이라고 말할 수 있다. 그러므로 鸚鵡를 '獸'라고 말하지 않으나 猩猩(원숭이류의 포유동물)을 통칭하여 '禽'이라고 한다.

---

129) 鞠 : '菊(국화)'과 통용한다.

≪大全≫

嚴陵方氏曰 桃華於仲春하고 桐華於季春이어늘 皆不言有하고 獨於鞠言之者는 以萬物皆華於陽이로되 獨鞠華於陰而已라 故로 特言有라 桃華之紅하고 桐華之白이어늘 皆不言其色하고 獨鞠言其色而曰黃者는 以華於陰中하야 其色이 正應陰之盛故也라

嚴陵方氏 : 仲春에 복사꽃이 피고 季春에 오동나무꽃이 피는데 모두 '有(있다)'를 말하지 않고 유독 국화에만 〈'有'를〉 말한 것은, 萬物이 모두 〈따뜻한〉 陽에서 꽃이 피나 유독 국화는 〈추운〉 陰에서 꽃이 피기 때문에 특별히 '有'를 말한 것이다. 복사꽃은 붉고 오동나무꽃은 흰데 모두 그 색깔을 말하지 않고 오직 국화에서만 그 색깔을 말하여 '黃(노랗다)'이라고 한 것은, 〈국화는〉 陰中에 꽃이 피어 그 색깔이 바로 陰이 성하는 때(季秋)에 응하기 때문이다.

066204 天子居總章右个하며 乘戎路하며 駕白駱하며 載白旂하며 衣白衣하며 服白玉하며 食麻與犬하며 其器를 廉以深하나니라

천자가 總章右个에 거처하며, 兵車를 타며, 흰 가리온에 멍에 하며, 흰 깃발을 〈수레에〉 꽂으며, 흰옷을 입으며, 흰 옥을 차며, 깨와 개고기를 먹으며, 그릇을 〈조각한 것이〉 모나고 깊게 한다.

≪集說≫

總章右个는 西堂北偏也라

總章右个는 西堂의 북쪽 귀퉁이다.

066301 是月也에 申嚴號令하며 命百官貴賤하야 無不務內하야 以會天地之藏하야 無有宣出이니라

이달(季秋)에 號令을 거듭 엄하게 하며, 신분이 높고 낮은 百官에게 명하여 안에 〈거두어들이는〉 것을 힘쓰지 않음이 없어서 천지의 閉藏에 맞추어 방출함이 없게 한다.

≪集說≫

務內는 謂專務收斂諸物於內라 會는 合也니 合天地閉藏之令也라 宣出則悖時令이니라

'務內'는 '여러 물건을 안에 收斂하는 것을 오로지 힘씀'을 이른다. '會'는 부합함이니, 천지의 閉藏하는 時令에 부합하는 것이다. 〈이 시기에〉 放出하면 시령을 거스르게 된다.

066302 乃命冢宰하야 農事備收어든 擧五穀之要하야 藏帝籍之收於神倉호되 祗敬必飭이니라

이에 冢宰에게 명하여 농작물이 다 수확되었으면 租稅로 거두어들인 오곡의 수량을 총계하여 上帝에게 바칠 藉田의 수확을 神倉(제사에 쓰는 곡물을 저장하는 창고)에 보관하되 삼가 마음을 전일하게 하여 반드시 힘을 다하게 한다.

≪集說≫

農事備收는 百穀皆斂也라 要者는 租賦所入之數라 籍田所收를 歸之神倉은 將以供粢盛也라 祗는 謂謹其事요 敬은 謂一其心이요 飭은 謂致其力也라

'農事備收'는 온갖 곡식이 모두 수확된 것이다. '要'는 租稅로 거두어들인 수이다. 籍田에 수확한 바를 神倉에 보관함은 장차 粢盛에 바치려고 해서이다. '祗'는 '그 일을 삼감'을 이르고, '敬'은 '그 마음을 전일하게 함'을 이르고, '飭'은 '그 힘을 다함'을 이른다.

≪大全≫

嚴陵方氏曰 仲秋에 言趣(촉)民收斂이나 然猶未備也요 至此하야 始言備收焉하니 農事備收然後에 五穀之要를 可擧也니라

嚴陵方氏 : 仲秋에 "백성들을 재촉해서 수확하게 한다."고 말했으나 아직 완비하지 못하였고, 여기에 이르러서야 비로소 "다 수확한다." 하였으니, 농사가 수확을 다한 뒤에야 조세로 거두어들인 오곡의 수량을 總計할 수 있는 것이다.

066401 是月也에 霜始降이어든 則百工休하나니 乃命有司曰 寒氣總至하야

民力不堪이니 其皆入室하라하나니라

이달(季秋)에 서리가 비로소 내리거든 뭇 工人이 쉬니, 이에 담당 관리에게 명하여 "寒氣가 모두 몰려와서 백성들의 체력이 감당하지 못하니, 모두 집안으로 들어가게 하라."고 한다.

≪集說≫

總至는 凝聚而至也라

'總至'는 엉기고 모여서 이르는 것이다.

≪大全≫

嚴陵方氏曰 陽氣散而成暑하고 陰氣聚而成寒하니 總者는 聚也라 故曰 寒氣總至라하니 與仲春所言[130)]으로 文雖小異나 其義一也라 以寒氣之至면 則民力或有所不堪勝이라 故命之皆入室以禦之焉이니 詩曰 入此室處[131)]와 書言厥民隩[132)]가 謂是矣라 然寒氣者는 冬之時요 入室者는 冬之事어늘 此乃言之於季秋者는 亦先期而命之爾라 於夏에 言處臺榭하고 至此에 言入室은 亦順陰陽之理也라

嚴陵方氏 : 陽氣가 흩어져 더위를 이루고 陰氣가 모여서 추위를 이루는데, '總'은 '모임'이므로 "찬 기운이 모두 몰려온다." 하였으니, 仲春에서 말한 것과는 글이 비록 조금 다르나 그 뜻은 똑같다. 寒氣가 이르면 백성의 체력이 혹 감당하지 못할 수 있으므로 명하여 모두 집안에 들어가서 추위를 막게 한 것이니, ≪詩經≫에 "이 집안에 들어와 거처하라."는 것과 ≪書經≫에 "백성들이 아랫목에 있다."고 말함이 이것을 말한 것이다. 그러나 한기는 겨울의 때이고 집안에 들어오는 것은 겨울의 일인

---

130) 仲春所言 : "仲春에 가을의 政令을 행하면 그 나라에 홍수가 발생하여 찬 기운이 모두 몰려오고 도둑과 오랑캐가 와서 정벌한다.〔仲春 行秋令 則其國大水 寒氣總至 寇戎來征〕" 라고 한 것을 가리킨다.

131) 入此室處 : ≪詩經≫ 〈豳風 七月〉에 "구멍을 막고 쥐구멍에 불을 놓으며, 북쪽 창을 막고 창문을 바르네. 아, 우리의 처자들아! 해가 바뀌게 되었으니, 이 집안에 들어와 거처할지어다.〔穹窒熏鼠 塞向墐戶 嗟我婦子 曰爲改歲 入此室處〕" 하였다.

132) 厥民隩 : ≪書經≫ 〈虞書 堯典〉에 "바른 仲冬이 되게 하면 백성들은 아랫목에 있고, 鳥獸는 가는 털이 난다.〔以正仲冬 厥民隩 鳥獸氄毛〕" 하였다.

데, 여기에서 마침내 季秋에 말한 것은 또한 시기보다 앞서서 명한 것이다. 여름에는 "누대와 정자에 처한다." 하고, 이때에 이르러서는 "집안에 들어간다." 말함은 또한 陰陽의 이치를 순히 따른 것이다.

066402 上丁에 命樂正하야 入學習吹하나니라

상순의 丁日에 樂正에게 명하여 太學에 들어가 관악기를 교습하게 한다.

≪集說≫

吹는 主樂聲而言이라

'吹'는 음악의 소리를 위주로 말한 것이다.

066501 是月也에 大饗帝하고 嘗[133]호되 犧牲을 告備于天子하나니라

이달(季秋)에 五帝에게 제사를 크게 지내고 〈여러 신에게〉 嘗祭를 지내되 희생을 천자에게 고하여 완비되었다고 한다.

≪集說≫

仲夏大雩는 祈也요 此月大饗은 報也라 饗嘗에 皆用犧牲하나니 仲秋에 已視全具요 至此則告備而後用焉이니라

仲夏에 큰 雩祭를 지낸 것은 祈雨祭이고, 이달의 大饗은 보답하는 제사이다. 祭享과 嘗祭에 모두 犧牲을 사용하니, 仲秋에 이미 색깔이 온전하고 몸에 상처가 없음을 살펴보았고, 여기에 이르러서는 완비됨을 고한 뒤에 쓰는 것이다.

066502 合諸侯하야 制百縣하야 爲來歲하야 受朔日과 與諸侯所稅於民의 輕重之法과 貢職之數호되 以遠近土地所宜로 爲度하야 以給郊廟之事호되 無有所私니라

---

133) 嘗 : 鄭玄의 注에 "'嘗'이란 여러 신에게 嘗祭를 지냄을 이른다.〔嘗者 謂嘗群神也〕" 하였다.(≪禮記正義≫)

제후들을 모두 모아서 뭇 고을들을 신칙하여 내년을 위해 초하루의 날짜와 제후들이 백성들에게 세금으로 거두는 輕重의 법과 貢物의 수량을 받게 하되, 〈도로의〉 원근과 토지의 마땅함을 법도로 삼아서 郊祭와 宗廟의 제사에 공급하게 하되 사사로운 바가 없게 한다.

≪集說≫

石梁王氏曰 合諸侯制百縣을 注云 合諸侯制로 絕句[134]하니 不可從이니라

石梁王氏 : '合諸侯制百縣'을 注에서는 '合諸侯制'로 句를 떼었으니, 이것을 따라서는 안 된다.

○ 劉氏曰 合諸侯者는 總命諸侯之國也라 制는 猶勅也요 百縣은 諸侯所統之縣也니 天子總命諸侯하야 各敕百縣하야 爲來歲하야 受朔日與稅法貢數호되 各以道路遠近土地所宜로 爲度하야 以給上之事而不可有私也라 言郊廟者는 擧其重也라 蓋朔日與稅貢等事를 皆天子總命之諸侯어든 而諸侯頒之百縣하야 使奉行也라 舊說에 秦建亥하니 此月이 爲歲終이라 故로 行此數事者라하니 得之라 或疑是時에 秦未幷天下하야 未有諸侯百縣하니 此仍是古制라하니 愚按 呂不韋相秦十餘年하니 此時에 已有必得天下之勢라 故로 大集群儒하야 損益先王之禮하야 而作此書하고 名曰春秋라하야 將欲爲一代興王之典禮也라 故로 其間에 亦多有未見與禮經合者라 又按 昭襄王之時에 封魏冄穰侯하고 公子市宛侯하고 悝(회)鄧侯[135]하니 則分封諸侯하야 行王者事久矣라 不韋作相時에 已滅東周君하고 六國削甚하야 秦已得天下太半이라 故로 其立制欲如此也러니 其後徙死하고 始皇幷天下에 李斯作相하야 盡廢先王之制하야 而呂氏春秋亦無用矣라 然其書也 亦當時儒生學士有志者의 所爲니 猶能彷彿古制라 故로 記禮者有取焉이니라

劉氏 : '合諸侯'는 제후의 나라에 모두 명한 것이다. '制'는 '勅'과 같고 '百縣'은 제

134) 合諸侯制 絕句 : 鄭玄의 注에 "'合諸侯制'는 제후국의 궁실과 수레와 旗와 의복의 예의를 정하는 것이다.[合諸侯制者 定其國家宮室車旗衣服禮儀也]"라고 한 것을 두고 한 말이다. (≪禮記正義≫)

135) 昭襄王之時……悝(회)鄧侯 : 戰國時代에 秦 昭襄王 16년(B.C. 291)에 魏冄을 穰侯에, 公子 市를 宛侯에, 公子 悝를 鄧侯에 봉한 것을 가리킨다. 위염은 소양왕의 모친인 宣太后의 친정 아우이고, 시와 회는 모두 소양왕의 아우이다.(≪史記≫ 〈秦本紀〉, 〈穰侯列傳〉)

후가 통솔하는 縣이니, 천자가 제후에게 모두 명하여 각각 모든 縣에 신칙해서 내년을 위하여 초하루의 날짜와 稅法과 貢物의 수량을 받게 하되, 각각 도로의 원근과 토지의 마땅한 바를 법도로 삼아서 위에 공급하는 일에 사사로움이 있지 않게 하는 것이다. '郊'와 '廟'를 말한 것은 그 중함을 든 것이다. 초하루의 날짜와 세법과 공물의 수량 등의 일을 모두 천자가 제후에게 모두 명하였으면 제후가 이것을 모든 縣에 반포해서 봉행하게 하는 것이다.

舊說에 "秦나라는 建亥의 달(음력 10월)을 正月로 삼았으니, 이달(戌月)은 해가 끝나는 달이 되므로 이 몇 가지 일을 행했다." 하니, 이 말이 옳다. 혹자는 의심하기를 '이때 秦나라가 아직 천하를 겸병하지 않아서 제후와 百縣이 있지 않았으니, 이는 그대로 옛 制度이다.' 하였는데, 내가 살펴보건대 呂不韋가 秦나라에서 정승을 10여 년 동안 하였으니, 이때 〈秦나라는〉 이미 반드시 천하를 얻을 형세가 있었다. 그러므로 여러 학자를 대대적으로 모아서 先王의 禮를 가감하여 이 책(≪月令≫)을 짓고는 이름을 ≪春秋(呂氏春秋)≫라 하여 장차 한 시대의 王業을 흥기시키는 군주의 典禮로 삼고자 한 것이다. 그러므로 그 사이에 또한 禮經과 부합되는 점을 볼 수 없는 것이 많다.

또 살펴보건대 昭襄王 때에 魏冉을 穰侯로 봉하고 公子 市를 宛侯로 봉하고 悝를 鄧侯로 봉했으니, 그렇다면 〈秦나라에서〉 제후를 分封하여 王者의 일을 행한 지가 오래되었다. 여불위가 정승이 되었을 때에 이미 東周의 君主를 멸망시켰고 六國을 侵削함이 심하여 秦나라가 이미 천하의 太半을 얻었다. 그러므로 제도를 확립하기를 이와 같이 하고자 하였는데, 그 뒤에 여불위가 귀양 가서 죽고 秦始皇이 천하를 겸병하자 李斯가 정승이 되어 선왕의 제도를 모두 폐지해서 ≪여씨춘추≫도 소용이 없게 되었다. 그러나 이 책은 또한 당시의 뜻 있는 儒生과 學士들이 지은 것이니, 그래도 옛날 제도와 거의 비슷하다. 그러므로 禮를 기록한 자가 취한 것이다.

066601 **是月也**에 **天子乃教於田獵**하야 **以習五戎**하며 **班馬政**하나니라

이달(季秋)에 천자가 비로소 田獵을 통해 〈戰陣의 일을〉 가르쳐서 다섯 가지 兵器를 익히게 하며 네 필 말이 끄는 수레의 政令을 班布한다.

≪集說≫

教於田獵은 謂因獵而教之以戰陳之事라 習用弓矢殳(수)矛戈戟之五兵하고 班布乘

馬之政令하야 其毛色之同異와 力之强弱을 各以類相從也라

'敎於田獵'은 '田獵을 인하여 戰陣의 일을 가르침'을 이른다. 弓矢(활과 화살)・殳(날 없는 杖의 등속)・矛(창)・戈(날이 두 갈래로 갈라진 창)・戟(戈와 矛를 합친 형태의 창)의 다섯 가지 兵器를 사용하는 것을 익히고, 네 필 말이 끄는 수레의 政令을 반포해서 말 색깔의 同異와 힘의 强弱을 각각 종류에 따라 서로 따르게 하는 것이다.

≪大全≫

嚴陵方氏曰 敎於田獵하고 繼言以習五戎은 與車攻言因田獵而選車徒[136]로 同意라 上言敎하고 下言習者는 我敎之故로 彼習之也라 戎器必以五者는 則以兵法五人爲伍故也라 田獵은 所以得利요 軍旅는 所以效死니 人之所欲이 莫甚於利하고 所惡(오)莫甚於死하니 以所惡로 寓所欲而習焉하니 亦先王之深意也라 大司馬秋獮(선)敎治兵[137]이 其以是歟인저

嚴陵方氏 : 田獵을 통해 가르치고서 뒤이어 "다섯 가지 兵器를 익히게 한다."고 말한 것은 ≪詩經≫ 〈小雅 車攻〉 朱子 註의 "전렵을 통하여 戰車兵과 步兵을 뽑는다."라는 말과 뜻이 같다. 위에서는 "가르친다" 하고 아래에서는 "익힌다" 한 것은 내가 가르치기 때문에 저들이 익히는 것이다. 병기를 반드시 다섯 가지로 하는 것은 兵法에서 다섯 사람을 伍로 삼기 때문이다. 전렵은 이로움을 얻는 것이고 軍旅는 죽음을 바치는 것이니, 사람이 바라는 바는 이로움보다 더 심한 것이 없고 싫어하는 바는 죽음보다 더 심한 것이 없다. 바라는 바를 구실 삼아 싫어하는 바를 익히니, 또한

136) 因田獵而選車徒 : ≪詩經≫ 〈小雅 車攻〉의 "우리 수레가 이미 견고하며 우리 말이 이미 똑같아 四牡가 충실하니 이것을 타고서 동쪽으로 가네.〔我車旣攻 我馬旣同 四牡龐龐 駕言徂東〕"라고 한 데 대한 朱子의 주에 "주공이 성왕을 도와 낙읍을 경영하여 동도를 만들어 제후에게 조회를 받았는데, 주나라 왕실이 이미 쇠함에 오랫동안 그 예를 폐하였다가 선왕 때에 이르러 안으로 정사를 닦고 밖으로 이적을 물리쳐 文王・武王의 境土를 복구하였으며, 車馬를 수리하고 器械를 갖추어 다시 제후들을 동도에 모으고, 전렵을 통하여 戰車兵과 步兵을 뽑았다. 그러므로 시인이 이 시를 지어 찬미한 것이다.〔周公相成王營洛邑 爲東都 以朝諸侯 周室旣衰 久廢其禮 至于宣王 內脩政事 外攘夷狄 復文武之竟土 脩車馬 備器械 復會諸侯於東都 因田獵而選車徒焉 故詩人作此以美之〕"라고 보인다.(≪詩經集傳≫)

137) 大司馬秋獮(선)敎治兵 : ≪周禮≫ 〈夏官 大司馬〉에 "중추에 군대 훈련을 교련하니, 마치 〈仲春의〉 還軍 훈련을 하는 것처럼 한다.……마침내 가을 사냥을 하니, 마치 봄 사냥처럼 한다.〔中秋敎治兵 如振旅之陳……遂以獮田 如蒐田之法〕" 하였다.

先王의 깊은 뜻이다. 大司馬가 가을에 사냥할 때에 군대 훈련을 교련하는 것은 이 때문일 것이다.

066602 **命僕及七騶**[138)]하야 **咸駕**하고 **載旌旐**(조)하야 **授車以級**하야 **整設于屛外**어든 **司徒搢扑**(복)하고 **北面誓之**하나니라

戎僕과 일곱 趣馬에게 명하여 모두 말에 멍에 하고 旌과 旐 등의 깃발을 싣게 하고서 수레를 등급에 따라 나누어주어 軍門의 가리개 밖에서 정돈하여 늘어세우면 司徒가 회초리를 꽂고서 북향하여 맹세한다.

≪集說≫

僕은 戎僕[139)]也라 天子馬有六種하니 各一騶主之니 幷總主六騶者하면 爲七騶也라 皆以馬車駕車하고 又載析羽之旌[140)]과 龜蛇之旐하야 旣畢而授車于乘者하야 以尊卑爲等級하야 各使正其行列向背하야 而設于軍門之屛外라 於是에 司徒插扑于帶하고 於陳前에 北面誓戒之하나니 此時 六軍[141)]이 皆向南而陳也니라 扑은 卽夏

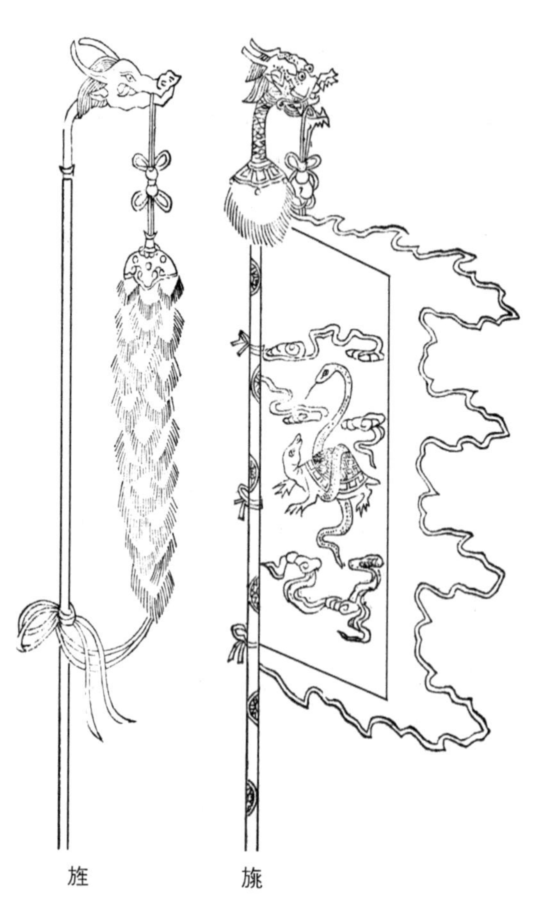

138) 騶 : 鄭玄의 注에 따르면 趣馬를 이른다. '趣馬'는 ≪周禮≫ 〈夏官 趣馬〉 정현의 주에 따르면 왕의 말을 관장하는 관원이다.

139) 戎僕 : 군주의 兵車를 모는 것을 관장하는 관원이다.(≪周禮≫ 〈夏官 戎僕〉)

140) 析羽之旌 : ≪周禮≫ 〈春官 司常〉에 "전우로 旞를 만들고 석우로 旌을 만든다.〔全羽爲旞 析羽爲旌〕" 하였는데, 정현의 주에 "전우와 석우는 모두 다섯 가지 색으로 물들인 것으로, 旞와 旌에 매단다.〔全羽析羽 皆五采 繫之於旞旌之上〕" 하였다.

141) 六軍 : 중국 周나라 때의 군대 편제로 천자가 통솔하는 여섯 부대의 군을 말한다. ≪周

楚二物也라 周禮에 戎僕은 中大夫二人이라

'僕'은 戎僕이다. 天子의 말은 여섯 종류가 있으니, 각각 한 趣馬가 이것을 주관하는데, 六騶를 총괄하여 주관하는 자까지 아우르면 七騶가 된다. 모두 말을 수레에 멍에 하고 또 깃대에 析羽를 장식한 깃발인 旌과 거북과 뱀을 그린 旐를 수레에 싣고서 이 일들이 모두 끝나면 수레 타는 자에게 수레를 주어 尊卑로써 等級을 구분해서 각각 그 行列의 向背를 바르게 하여 軍門의 병풍 밖에 진열하게 한다. 이에 司徒가 회초리를 띠에 꽂고서 陣 앞에서 북향하여 맹세하고 경계하니, 이때 六軍이 모두 남향하여 진열한다.

'扑'은 바로 夏(개오동나무 회초리)와 楚(가시나무 회초리) 두 물건이다. ≪周禮≫ 〈夏官〉에 따르면 '융복'은 中大夫 두 사람이다.

≪大全≫

嚴陵方氏曰 設扑而搢之는 以示有事於教하고 無事於刑也요 誓則欲其不犯命焉이라 必北面은 則以田主殺하야 陰事故也라

嚴陵方氏 : '회초리를 늘어놓고 꽂음'은 가르침을 일삼음이 있고 刑罰을 일삼음이 없음을 보인 것이고, '맹세함'은 〈군사들에게〉 命을 어기지 않기를 바라는 것이다. 반드시 北面함은 田獵이 죽임을 주장하여 陰의 일이기 때문이다.

066603 天子乃厲飾하야 執弓挾矢[142] 以獵하고 命主祠하야 祭禽于四方하나니라

천자가 이에 〈威武의〉 꾸밈을 위엄 있게 하고서 활을 잡고 화살을 〈손가락에〉 끼워 사냥하고, 제사를 주관하는 관원에게 명하여 짐승으로 사방의 신에게 제사 지내게 한다.

禮≫ 〈夏官 序官〉에 "무릇 군대를 편제하여 12,500명을 1군으로 삼는데, 왕은 육군을, 대국은 삼군을, 차국은 이군을, 소국은 일군을 거느린다.〔凡制軍 萬有二千五百人爲軍 王六軍 大國三軍 次國二軍 小國一軍〕"라고 보인다.

142) 挾矢 : ≪儀禮≫ 〈鄕射禮〉에 "화살을 두 손가락 사이에 끼워 가로지른다.〔挾矢於二指之閒橫之〕"라고 하였는데, 鄭玄의 注에 "두 손가락은 왼손과 오른손의 두 번째 손가락을 이른다. 이는 두 번째 손가락과 첫 번째 손가락 사이에 끼는 것이다.〔二指謂左右手之第二指 此以食指將指挾之〕" 하였다.

≪集說≫

天子戎服而嚴厲其威武之飾하야 親用弓矢하야 以殺禽獸니 蓋奉祭祀之物을 當親殺也라 獵竟이면 則命典祀之官하야 取獵地所獲之獸하야 祭於郊하야 以報四方之神이라 禽者는 獸之通名也라

천자가 戎服을 입어 威武의 꾸밈을 위엄 있게 하고서 친히 활과 화살을 사용하여 금수를 잡으니, 제사에 받들어 올릴 동물을 마땅히 직접 잡아야 하기 때문이다. 사냥이 끝나면 제사를 주관하는 관원에게 명하여 사냥터에서 잡은 짐승을 가져다 郊에서 제사 지내어 四方의 神에게 보답한다. '禽'은 '짐승'의 통칭이다.

066701 是月也에 草木黃落이어든 乃伐薪爲炭하나니라

이달(季秋)에 초목의 잎이 누렇게 시들어 떨어지면 이에 땔나무를 베어 숯을 만든다.

≪集說≫

備禦寒也라

추위를 막음을 대비한 것이다.

066702 蟄蟲이 咸俯在內하야 皆墐(근)其戶하나니라

겨울에 칩거하는 동물이 모두 머리를 떨구고 땅속으로 들어가서 전부 그 입구를 막는다.

≪集說

俯는 垂頭也라 內는 穴之深處也라 墐은 塞也라

'俯'는 머리를 떨굼이다. '內'는 굴의 깊은 곳이다. '墐'은 막음이다.

066703 乃趣(촉)獄刑하야 毋留有罪하며

이에 형벌을 판결할 것을 재촉하여 罪가 있는 자에 대한 판결을 보류하지 말게 하며,

≪集說≫

刑於罪相得이어든 卽決之니 留而不決은 亦悖時令也라

刑罰이 罪와 서로 합당하거든 즉시 판결해야 하니, 보류하고 판결하지 않음은 또한 時令을 어기는 것이다.

≪大全≫

嚴陵方氏曰 仲秋엔 命有司하야 申嚴百刑而已요 至此하야는 又趣獄刑하야 毋留有罪焉은 則以奉天威之方至하야 於是亟(극)決之也니라

嚴陵方氏 : 仲秋에는 담당 관리에게 명하여 온갖 刑罰을 거듭 엄하게 할 뿐이고, 이에 이르러서 또다시 형벌을 판결할 것을 재촉하여 죄가 있는 자에 대한 판결을 보류하지 말게 함은, 하늘의 위엄이 바야흐로 이른 것을 받들어 이에 빨리 판결하게 한 것이다.

066704 收祿秩之不當과 供養之不宜者니라

祿俸과 官爵이 서로 합당하지 않은 것과 供養이 마땅하지 않은 것을 회수한다.

≪集說≫

收는 如漢法收印綬[143]之收니 謂索之使還하야 各依本等祿秩이라 不當은 謂不應得而恩命濫賜之者也라 供養은 膳服之具也니 貴賤이 各有宜用이라 不宜는 謂侈僭踰制者니 此亦順秋令之嚴肅也라

'收'는 漢나라 법에서 '收印綬(印綬를 回收한다.)'의 '收'자와 같으니, 찾아 돌려주어서 각각 본래 등급의 녹봉과 관작을 따르게 하는 것이다. '不當'은 마땅히 주어서는

143) 漢法收印綬 : 東漢 順帝 永和 2년(137)에 "宋娥가 간악한 짓을 꾸미고 속인 죄를 지었다가 5월에 일이 발각되자, 인수를 회수하고 그녀를 고향으로 돌려보냈다.〔宋娥構姦誣罔 五月事覺 收印綬 歸田里〕"라고 보인다.(≪後漢書≫ 〈五行志4〉) '송아'는 순제의 乳母였는데, 순제가 126년에 황제가 된 후에 자신을 황제로 옹립한 공이 있다 하여 그녀를 山陽君으로 봉하고 邑 5천 戶를 하사했었다.

안 되는데 恩惠로운 命으로 지나치게 준 것을 이른다. '供養'은 음식과 의복상에 갖추는 것이니, 貴한 자와 賤한 자가 마땅히 써야 할 물건이 각각 구분되어 있다. '不宜'는 사치하고 참람하여 제도를 넘는 것을 이르니, 이 또한 가을의 時令의 嚴肅함을 순히 따르는 것이다.

≪大全≫

山陰陸氏曰 收祿秩之不當과 供養之不宜는 刑官之事也요 罷官之無事와 去器之無用은 事官[144)]之事也니라

山陰陸氏 : 녹봉과 관작이 합당하지 않은 것과 供養이 마땅하지 않은 것을 회수함은 刑官의 일이고, 일이 없는 관직을 혁파하고 쓸모없는 기물을 없애는 것은 事官의 일이다.

066801 是月也에 天子乃以犬嘗稻호되 先薦寢廟하나니라

이달(季秋)에 천자가 비로소 개고기와 함께 벼를 맛보되 먼저 寢廟에 올린다.

066901 季秋에 行夏令하면 則其國이 大水하야

季秋에 여름(季夏)의 政令을 행하면 나라에 큰물이 져서

≪集說≫

未中東井이 主之라

未方의 東井(井宿)이 주관하는 것이다.

066902 冬藏殃敗하며

겨울을 대비하여 보관한 물건이 손상되고

144) 事官 : ≪禮記補註≫에 "'事官'은 바로 冬官(工部)이니, ≪周禮≫에 따르면 太宰는 나라의 六典을 세우는데 여섯 번째가 事典이다.〔事官 卽冬官 周禮太宰建邦之六典 六曰事典〕" 하였다.

≪集說≫

竇窖之藏이 爲水所侵이라

움집에 보관한 물건이 물의 침해를 받는 것이다.

066903 民多鼽嚏(구체)하며

백성 중에 코가 막히거나 기침하는 사람이 많으며,

≪集說≫

未土之氣所應也라 鼽者는 氣窒於鼻요 嚏者는 聲發於口니 皆肺疾이니 以夏火克金故로 病此也라

未月(季夏 6월)의 土氣가 응한 것이다. '鼽'는 숨이 코에서 막히는 것이고 '嚏'는 소리가 입에서 나오는 것이니 모두 肺에 관련된 병인데, 여름의 火가 〈가을의〉 金을 이기기 때문에 이 병을 앓는 것이다.

066904 行冬令하면 則國多盜賊하야 邊竟[145]不寧하고 土地分裂하며

겨울의 政令을 행하면 나라에 도적이 많아져서 邊境이 편안하지 못하고 지표면이 갈라지며,

≪集說≫

丑土之氣所應也라 裂은 坼也라

丑月(季冬)의 土氣가 응한 것이다. '裂'은 갈라지는 것이다.

066905 行春令하면 則煖風來至하야 民氣解[146]惰하고 師興不居하나니라

봄의 政令을 행하면 따뜻한 바람이 불어와서 백성들의 기운이 나태해지고 군대를 일으켜 편안히 쉬지 못한다.

---

145) 竟 : '境(변경)'과 같다.

146) 解 : '懈(게으르다)'와 같다.

≪集說≫

辰土之氣所應也라 不居는 不得止息也라

辰月(季春)의 土氣가 응한 것이다. '不居'는 휴식하지 못하는 것이다.

≪大全≫

嚴陵方氏曰 水潦盛昌이 在於季夏라 故로 行夏令이면 則其國大水하니 大水故로 冬藏殃敗也라 金數窮而氣窒이면 則爲鼽요 氣行逆而發於聲이면 則爲嚏니 皆肺疾也라 肺屬金而金生水로되 反爲水所勝이라 故로 民受是疾焉이라 取非其有를 謂之盜요 毁則(칙)을 謂之賊이니 皆至陰之類也니 以國多盜賊故로 邊竟不寧也라 土地分裂은 則爲嚴凝之氣所拆故也라 巽爲風而春之氣爲煖이라 故行春令이면 則煖風來至라 然孟夏行春令이면 則曰暴風來格者하니 彼以正陽之月而煖不足以言之故也라 此言至而彼言格者는 以其暴故로 與物相抵也라 氣煖則解緩하고 寒則縮栗하나니 以煖風來至故로 民氣解惰也라 師興不居는 則以少陽作之而動故也라

嚴陵方氏 : 장맛물이 성한 것이 季夏에 있으므로 여름의 政令을 행하면 그 나라에 큰물이 지니, 큰물이 지기 때문에 겨울을 대비하여 보관한 물건이 손상되는 것이다. 金의 數가 窮하여 氣가 막히면 鼽가 되고 氣가 逆行하여 소리로 나오면 嚏가 되니, 모두 肺와 관련된 병이다. 肺는 金에 속하며 金은 水를 낳는데 도리어 물에 勝氣를 빼앗기므로 백성들이 이 병을 얻는 것이다.

자기 소유가 아닌 것을 취함을 '盜'라 이르고 法則을 훼손함을 '賊'이라 이르니 모두 지극한 陰의 종류인데, 나라에 盜賊이 많기 때문에 邊境이 편안하지 못한 것이다. 지표면이 갈라짐은 嚴寒의 기운이 터지게 하였기 때문이다.

巽은 風이 되고 봄의 기운은 따뜻함이 되므로 봄(季春)의 정령을 행하면 따뜻한 바람이 불어오는 것이다. 그러나 孟夏에 봄(孟春)의 정령을 행하면 "暴風이 닥친다."고 말하였는데, 맹하는 正陽의 달이어서 따뜻함을 굳이 말할 것이 없기 때문이다. 여기에서는 '至'라고 말하고 맹하에서는 '格'이라고 말한 것은, 바람이 세차기 때문에 물건과 서로 부딪친 것이다. 기후가 따뜻하면 사람이 나태하고 느슨해지며 추우면 위축되고 떠니, 따뜻한 바람이 불어오기 때문에 백성들의 기운이 나태해지는 것이다. '군대를 일으켜 편안히 쉬지 못함'은 少陽이 일으켜서 동하기 때문이다.

067001 孟冬之月에 日在尾하나니 昏에 危中이요 旦에 七星中이니라

孟冬의 달에 해가 〈寅方의〉 尾宿(미수)에 있으니, 황혼에 〈북방의〉 危宿(위수)가 〈남방 하늘의〉 가운데에 있고 새벽에 〈남방 星宿(성수) 가운데 일곱 개 별로 되어 있는〉 七星이 〈남방 하늘의〉 가운데에 있다.

≪集說≫

尾는 在寅하니 析木之次也라 七星은 見季春하니라

尾宿는 〈正東方에 가까운 東北方인〉 寅方에 있으니, 〈동방의 尾·箕 자리인〉 析木의 星次이다. 七星은 季春에 보인다.

067002 其日은 壬癸요 其帝는 顓頊(전욱)이요 其神은 玄冥이요 其蟲은 介요 其音은 羽요 律은 中應鍾이요 其數는 六이요 其味는 鹹이요 其臭는 朽요 其祀는 行이니 祭先腎하나니라

그 날짜는 壬과 癸이고, 그 帝는 顓頊이고, 그 神은 玄冥이고, 그 동물은 介蟲이고, 그 音은 羽이고, 律은 應鍾에 응하고, 그 數는 6이고, 그 맛은 짠맛이고, 그 냄새는 썩은내이고, 그 제사는 길신〔行〕에게 지내니, 제사 지낼 때에는 콩팥을 먼저 올린다.

顓頊

≪集說≫

顓頊은 黑精之君이라 玄冥은 水官之臣이니 少皞氏之子曰修曰熙 相代爲水官하니 左傳云 修及熙爲玄冥[147]이 是也라 介는 甲也니 介蟲에 龜爲長하니 水物也라 羽音은 屬水라

147) 修及熙爲玄冥 : ≪春秋左氏傳≫ 昭公 29년 조에 "獻子가 '사직과 오사는 어느 제왕 때의 오관인가?'라고 묻자, 蔡墨이 다음과 같이 대답하였다. '少皞氏의 자손 중에 重·該·修·熙라는 네 사람이 있었는데, 실로 쇠와 나무와 물을 잘 다루니, 중을 구망으로, 해

應鍾은 亥律이니 長四寸二十七分寸之二十이라 水는 成數六이라 鹹朽는 皆水屬이니 水受惡穢故로 有朽腐之氣也라 行者는 道路往來之處니 冬엔 陰往而陽來故로 祀行也라 春夏秋에 皆祭先所勝하니 冬當先心이로되 以中央祭心이라 故로 但祭所屬하고 又以冬主靜하야 不尙克制故也니라

'顓頊'은 黑精의 군주이다. '玄冥'은 水官의 신하인데, 少皞氏의 아들인 修와 熙가 서로 번갈아 수관이 되었으니, ≪春秋左氏傳≫에 "修와 熙가 현명이 되었다."는 것이 이것이다. '介'는 등딱지이니, 介蟲 중에 거북이가 우두머리가 되는데, 물에서 자라는 동물이다. '羽'의 음은 水에 속한다. '應鍾'은 亥月(孟冬)의 律管이니, 길이가 4촌 27푼 촌의 20이다. 水는 成數가 6이다. 짠맛과 썩은내는 모두 水에 속하니, 물은 더러운 것을 받아들이기 때문에 썩은 냄새가 있는 것이다. '行'은 도로의 왕래하는 곳이니, 겨울에는 陰이 가고 陽이 오기 때문에 길에 제사 지내는 것이다. 봄과 여름과 가을에 모두 제사할 때에 이기는 것을 앞에 놓았으니 겨울에 마땅히 심장을 앞에 놓아야 할 것이나, 중앙 土(6월)에서 심장을 가지고 제사 지냈기 때문에 다만 所屬한 것(콩팥)을 가지고 제사 지내는 것이며, 또 겨울은 고요함을 주장해서 이기고 제압함을 숭상하지 않기 때문이다.

○ 蔡邕獨斷曰 行은 冬爲太陰하고 盛寒爲水라 祀之於行이니 在廟門外之西라하니 軷(발)壤[148)]은 厚二尺廣五尺輪四尺이요 北面하고 設主於軷上하나니라

蔡邕의 ≪獨斷≫ : 길[行]은 겨울에 太陰이 되고, 嚴寒에 물이 된다. 길에 제사 지내니, 위치는 사당 문 밖의 서쪽에 있다. 軷壤은 두께가 2척, 너비가 5척, 둘레가 4척이고, 북향을 하며 神主를 軷 위에 진설한다.

를 욕수로, 수와 희를 현명으로 삼았습니다. 이들은 대대로 그 직분을 잘 지켜 마침내 窮桑의 성공을 도왔으니, 이들이 오사 중의 三祀이고, 顓頊氏에게 犁라는 아들이 있었는데 축융이 되고, 共工氏에게 句龍이란 아들이 있었는데 후토가 되었으니, 이들이 오사 중의 二祀입니다.'〔獻子曰 社稷五祀 誰氏之五官也 對曰 少皞氏有四叔 曰重曰該曰修曰熙 實能金木及水 使重爲句芒 該爲蓐收 修及熙爲玄冥 世不失職 遂濟窮桑 此其三祀也 顓頊氏有子曰犁 爲祝融 共工氏有子曰句龍 爲后土 此其二祀也〕"라고 보인다.

148) 軷(발)壤 : '軷'은 路祭로, 옛날 사람들은 먼 길을 떠나게 되면 길의 신에 제사 지내고 이것을 '軷' 또는 '祖'라 하였는바, '발양'은 길의 신에 제사하는 壇을 이른다.

067003 **水始氷**하며 **地始凍**하며 **雉入大水**하야 **爲蜃**하며 **虹藏不見**(현)하나니라

물이 얼기 시작하며, 땅이 얼기 시작하며, 꿩이 큰물에 들어가서 이무기가 되며, 무지개가 숨어 나타나지 않는다.

≪集說≫

此는 記亥月之候라 蜃은 蛟屬이니 此亦飛物이 化潛物也라 晉武庫中에 忽有雉雊어늘 張華曰 此必蛇化爲雉也라하고 開視하니 雉側에 果有蛇蛻(세)[149]러라 類書에 有言雉與蛇交而生子하면 子必爲蟂(교)[150]라하나 不皆然也라하니 然則雉之爲蜃이 理或有之니라 陰陽氣交而爲虹하나니 此時陰陽이 極乎辨이라 故虹伏이니 虹非有質而曰藏은 亦言其氣之下伏耳라

이는 亥月(孟冬)의 징후를 기록한 것이다. '蜃'은 이무기의 등속이니, 이 또한 나는 동물이 물에 잠겨 사는 동물로 변한 것이다. 晉나라 때에 武庫 가운데에서 갑자기 꿩이 울자, 張華가 "이는 반드시 뱀이 변화하여 꿩이 된 것이다." 하고 창고를 열어 보니, 꿩 옆에 과연 뱀의 허물이 있었다. ≪類書≫에 "'꿩이 뱀과 교미하여 새끼를 낳으면 새끼가 반드시 蟂가 된다.' 하였으나, 반드시 모두 그러한 것은 아니다." 하였으니, 그렇다면 꿩이 이무기가 되는 것은 혹 이치가 있을 듯하다.

陰陽의 기운이 사귀어 무지개가 되니, 이때에는 陰과 陽이 지극히 분변된다. 그러므로 무지개가 숨는 것이니, 무지개는 형질이 있지 않은데도 '감춘다' 한 것은, 또한 그 기운이 내려가 숨음을 말한 것이다.

067004 **天子居玄堂左个**하며

천자가 玄堂左个에 거처하며

---

149) 晉武庫中……果有蛇蛻(세) : ≪晉書≫ 〈張華列傳〉에 보인다.

150) 蟂(교) : ≪禮記補註≫에 "≪字彙≫에 말하였다. '「蟂」는 음이 「驕」이다. 물에 사는 동물이니, 모습이 뱀과 같고 꼬리가 넷이다. ≪續水經≫에 말하였다. '정월에 뱀이 꿩과 교미하여 알을 낳는데, 우레를 만나면 즉시 땅속으로 수 길을 들어가서 뱀의 모습을 이루고 있다가 200~300년이 지나면 몸이 하늘로 솟아오를 수 있으며 땅속으로 들어가지 않으면 다만 꿩이 된다.'〔字彙 蟂音驕 水蟲 似蛇四尾 續水經云 正月蛇與雉交生卵 遇雷 卽入土數丈 成蛇形 二三百年能升騰 不入土 則但爲雉〕" 하였다.

≪集說≫

北堂之西偏也라

〈玄堂左个는〉 北堂의 서쪽 귀퉁이다.

067005 乘玄路하며 駕鐵驪하며

검은 수레를 타며, 검은 말에 멍에 하며

≪集說≫

鐵色之馬라

鐵色(검은색)의 말이다.

067006 載玄旂하며 衣黑衣하며

검은 깃발을 〈수레에〉 꽂으며, 검은 옷을 입으며

≪集說≫

黑深而玄淺하니 如朱深而赤淺也라

黑은 진한 검은색이고 玄은 옅은 검은색이니, 朱는 진한 붉은색이고 赤은 옅은 붉은색인 것과 같다.

067007 服玄玉하며 食黍與彘(체)하며 其器를 閎(핑)以奄하나니라

검은 옥을 차며, 찰기장과 돼지고기를 먹으며, 그릇을 〈조각한 것이〉 넓고 좁게 한다.

≪集說≫

閎者는 中寬이요 奄者는 上窄(착)이라

'閎'은 가운데가 넓은 것이고, '奄'은 위가 좁은 것이다.

067101 是月也에 以立冬이니 先立冬三日하야 太史謁之天子曰 某日立冬이니 盛德在水라하야든 天子乃齊(재)하야 立冬之日에 天子親帥(솔)三公九卿大夫하야 以迎冬於北郊하고 還(선)反하야 賞死事하며 恤孤寡하나니라

이달(孟冬)에 立冬이 있으니, 입동이 되기 3일 전에 太史가 천자에게 아뢰기를 "아무 날이 입동이니, 성한 덕이 水에 있습니다." 하면 천자가 이에 재계하고 입동 날에 천자가 친히 三公·九卿·大夫를 거느려 북쪽 郊外에서 겨울을 맞이하고는 이내 돌아와서 國事를 위해 죽은 자에게 상을 내리며, 그 고아와 과부를 구휼한다.

≪集說≫

死事는 爲國事而死也요 孤寡는 卽死事者之妻子라 不言諸侯는 與夏同이라

'死事'는 國事를 위해 죽은 것이고, '孤寡'는 바로 국사를 위해 죽은 자의 처와 자식이다. 제후를 말하지 않은 것은 여름과 같다.

067201 是月也에 命太史하야 釁(흔)龜筴(책)하야 占兆하며 審卦吉凶하나니라

이달(孟冬)에 太史에게 명하여 거북껍질과 蓍草에 피를 발라서 거북점을 치며 〈시초점을 쳐서 나온〉 卦의 吉凶을 살펴본다.

≪集說≫

馮氏曰 釁龜筴者는 殺牲取血而塗龜與蓍筴也라 古者에 器成而釁以血하니 所以攘卻不祥也라 占兆者는 玩龜書之繇(주)文이요 審卦者는 審易書之休咎니 皆所以豫明其理而待用也라 釁龜而占兆하고 釁筴而審卦吉凶은 太史之職也라

馮氏 : '거북껍질과 蓍草에 피를 바른다.'는 것은 犧牲을 잡아 피를 취해서 거북껍질과 시초에 바르는 것이다. 옛날에 기물이 이루어지면 피를 발랐으니, 이것은 불길한 것을 물리치기 위한 것이다. '占兆'는 거북점 占書의 占辭를 살펴보는 것이고, '審卦'는 ≪周易≫에서 占卦의 좋고 나쁨을 살펴보는 것이니, 그 이치를 미리 밝혀서

쓰임에 대비하고자 해서이다. 거북껍질에 피를 바르고서 조짐을 점치고 시초에 피를 바르고서 卦의 吉凶을 살펴보는 것은 太史의 직책이다.

≪大全≫

嚴陵方氏曰 龜以卜而有兆하고 筴以筮而有卦하니 兆有象故로 言占하고 卦有數故로 言審이니라

嚴陵方氏 : 거북껍질을 가지고 점을 치면 조짐이 있고, 蓍草로 주역점을 치면 卦가 있으니, 조짐에는 象이 있으므로 '占'을 말하고, 卦에는 數가 있으므로 '審(살핌)'을 말한 것이다.

067202 是察阿黨이면 則罪無有掩蔽니라

〈獄吏 중에〉 사사로이 영합하는 자를 〈바로잡아〉 살피면 죄를 지은 자가 엄폐함이 없게 된다.

≪集說≫

獄吏治獄에 寧無阿私리오 必是正而省察之라야 庶幾犯罪者 不至掩蔽其曲直也라

獄吏가 獄事를 다스릴 적에 어찌 한쪽에 붙어 두둔함이 없겠는가. 반드시 바로잡아 살펴야 거의 범죄를 저지른 자가 그 잘잘못을 엄폐하게 되지 않을 수 있다.

067301 是月也에 天子始裘하나니

이달(孟冬)에 천자가 비로소 갖옷을 입으니,

≪集說≫

周禮에 (季)〔仲〕秋에 獻(功)〔良〕裘[151]라하니 至此月하야 乃衣之也라

---

151) (季)〔仲〕秋 獻(功)〔良〕裘 : '仲'과 '良'은 각각 저본에 '季'와 '功'으로 되어 있는데, ≪禮記補註≫의 설명에 의거하여 모두 수정하였다.

≪禮記補註≫에 "≪周禮≫ 〈天官 司裘〉에 '中秋에 良裘를 바친다.' 하였는데, 鄭玄의 注에 「良」은 좋음이니, 왕이 입는 것이다.' 하였다. 그리고 '季秋에 功裘를 올려 골고루 하사하

≪周禮≫에 "仲秋에 良裘를 바친다." 하였으니, 이달에 이르러서야 비로소 〈갖옷을〉 입는 것이다.

067302 **命有司曰 天氣上騰**하고 **地氣下降**하야 **天地不通**하야 **閉塞而成冬**이라하고

담당 관리에게 명하기를 "天氣가 위로 올라가고 地氣가 아래로 내려와 천지가 통하지 않아서 닫히고 막혀서 겨울을 이루었다." 하고,

≪集說≫

不交則不通이요 不通則閉塞이니라

사귀지 않으면 통하지 못하고, 통하지 못하면 닫히고 막힌다.

≪大全≫

嚴陵方氏曰 天氣上騰하고 地氣下降이면 則天地辨而各正其位矣니 冬曰上天은 爲是故也라 以各正其位故로 天地不通이라 閉는 若門之閉요 塞은 若穴之塞이니 以其不通故로 閉塞也라 然則時之所以爲冬은 孰爲此者오 亦天地之氣 閉塞以成之耳니라

嚴陵方氏 : 天氣가 위로 올라가고 地氣가 아래로 내려오면 하늘과 땅이 구분되어 각각 제자리를 바로잡으니, 겨울에 '하늘로 올라간다'고 말함은 이 때문이다. 각각 제자리를 바로잡기 때문에 하늘과 땅이 통하지 않는 것이다. '閉'는 문이 닫힘과 같고, '塞'은 구멍이 막힘과 같으니, 통하지 않기 때문에 닫히고 막히는 것이다. 그렇다면 계절이 겨울이 되는 것은 누가 이렇게 만들었는가? 또한 하늘과 땅의 기운이 닫히고 막혀서 이루었을 뿐이다.

067303 **命百官**하야 **謹蓋藏**하며 **命有司**하야 **循行積(자)聚**하야 **無有不斂**하며

기를 기다린다.' 하였는데, 정현의 주에 '공구는 사람의 공력이 약간 들어간 것이니, 경대부가 입는 것이다.' 하였다. 그렇다면 〈陳澔의〉 이 주에서는 마땅히 중추의 '양구'를 인용해야 하는데 '공구'를 잘못 인용하였다.〔周禮天官司裘 中秋獻良裘 註 良 善也 王所服也 季秋獻功裘 以待頒賜 註 功裘 人功微麤 卿大夫所服 然則此註當引中秋良裘 而誤引功裘矣〕" 하였다.

百官에게 명하여 덮어 저장하는 것을 삼가게 하며, 담당 관리에게 명하여 비축해둔 것을 순찰해서 거두지 않음이 없게 하며,

≪集說≫

申嚴仲秋積聚之令이라

仲秋의 비축하게 하는 政令을 거듭 엄하게 내리는 것이다.

067304 坏(배)城郭하며 戒門閭하며 脩鍵(건)閉하며 愼管籥(약)하며

城郭의 하자를 보수하며, 성문과 마을문을 경계하며, 자물쇠와 자물통을 수리하며, 열쇠를 삼가며,

≪集說≫

坏는 補其缺薄處也라 城郭은 欲其厚實이라 故言坏하고 門閭는 備禦非常이라 故言戒라 鍵은 鎖須也요 閉는 鎖筒也라 管籥은 鎖匙也라 鍵閉는 或有破壞라 故云脩하고 管籥은 不可妄開라 故云愼이니라

'坏'는 모자라고 얇아진 부분을 보수하는 것이다. 城郭은 두텁고 충실하게 하고자 하므로 '坏'라 하였고, 門閭는 비상사태를 대비하기 때문에 '戒'라고 한 것이다. '鍵'은 자물쇠이고, '閉'는 자물통이다. 管籥은 열쇠이다. 鍵閉는 혹 파손이 있을 수 있으므로 '수리한다.' 말하였고, 管籥은 함부로 열어서는 안 되므로 '삼간다.' 말한 것이다.

067305 固封疆하며 備邊竟하며 完要塞(새)하며 謹關梁하며 塞傒(해)徑하나니라

국경을 견고히 하며, 邊境을 수비하며, 요새를 완전하게 하며, 關門과 橋梁을 삼가며, 샛길을 막게 한다.

≪集說≫

要塞는 邊城要害處也라 關은 境上門이요 梁은 橋也라 傒徑은 野獸往來之路也라

'要塞'는 邊方 城의 要害處이다. '關'은 國境의 門이고, '梁'은 橋梁이다. '傒徑'은 들짐승이 오가는 길이다.

≪大全≫

山陰陸氏曰 坏城郭而門閭不戒면 無益也요 脩鍵閉而管籥不愼이면 無益也요 固封疆而邊竟不備면 無益也요 完要塞謹關梁而徯徑不塞이면 無益也니라

山陰陸氏 : 城郭의 하자를 보수하기만 하고 門閭를 경계하지 않으면 유익함이 없고, 자물쇠와 자물통을 수리하기만 하고 열쇠를 삼가지 않으면 유익함이 없고, 국경을 견고히 하기만 하고 邊境을 수비하지 않으면 유익함이 없고, 요새를 완전하게 하며 관문과 교량을 삼가기만 하고 샛길을 막지 않으면 유익함이 없다.

067306 飭喪紀호되 辨衣裳하며 審棺槨之厚薄과 塋丘壟之大小高卑厚薄之度와 貴賤之等級이니라

喪事의 기강을 신칙하되 衣裳을 구별하며, 널・덧널의 두께와 묘역・봉분의 크기・높이・두께의 치수와 귀천의 등급을 살핀다.

≪集說≫

飭喪紀者는 飭正喪事之紀律也니 卽辨衣裳以下諸事가 是已라 上衰(최)下裳을 以布之精麤로 爲親疏故로 曰辨이요 亦謂襲斂之衣數多寡也라 棺槨厚薄은 有貴賤之等이라 塋有大小하고 丘壟有高卑하니 皆不可踰越이라 厚薄之度는 主禮而言이요 貴賤之等級은 主人而言이라 故로 總曰審이라

'喪事의 紀綱을 신칙한다.'는 것은 상사의 紀律을 삼가 바로잡는 것이니, 바로 衣裳을 구별하는 이하 여러 일이 이것이다. 위아래의 상복을 삼베의 고움과 거칢을 가지고 親・疏를 삼으므로 '辨'이라 말하였고, 또한 襲과 殮을 하는 옷의 數가 많고 적음을 이른다. 棺槨의 두께는 貴・賤의 차등이 있는 것이다. 무덤에는 크고 작음의 차이가 있고, 丘壟에는 높고 낮음의 차이가 있으니, 모두 제도를 넘을 수가 없다. 두께의 치수는 禮를 위주하여 말하였고, 貴・賤의 等級은 사람을 위주하여 말하였으므로 총괄하여 '審'이라고 말한 것이다.

○ 朱氏曰 喪者는 人之終이요 冬者는 歲之終이라 故於此時而飭喪紀焉하니라

朱氏：喪은 인생의 끝이고, 겨울은 1년의 끝이다. 그러므로 이때 喪事의 紀綱을 신칙하는 것이다.

≪大全≫

馬氏曰 夫喪者는 所自盡[152]이라 而君子不以天下儉其親[153]이니 則衣裳棺槨丘壟을 孰不欲致美以爲悅이리오 然窮人之欲而莫之節이면 則富者僭於有餘하고 貧者慊於不足하야 而將不安其性命之情이라 故로 先王視貴賤之等級하야 而制爲禮數以紀之하야 使孝子仁人으로 各隨其分而不敢踰也케하니 然後에 得盡其心焉이니라

馬氏：喪은 자신의 역량을 다하여 치르는 것이어서 군자는 천하 때문에 그 어버이에게 검소하게 하지 않으니, 衣裳·棺槨·丘壟을 어느 누가 아름다움을 지극히 하여 기쁘게 하고 싶지 않겠는가. 그러나 사람의 욕망을 다하고 절제함이 없으면 부유한 자는 여유가 있는 데에서 참람하게 되고 가난한 자는 부족한 데에서 불만을 갖게 되어 장차 그 性命의 情을 편안히 하지 못할 것이다. 그러므로 先王이 貴·賤의 등급에 비추어 禮數를 제정하여 기강을 세워서, 孝子와 仁人으로 하여금 각각 그 분수를 따르고 감히 〈분수를〉 넘지 못하게 하였으니, 이렇게 한 뒤에야 그 마음을 다할 수 있는 것이다.

067401 是月也에 命工師效功하야 陳祭器하야 按度程하야 毋或作爲淫巧하야 以蕩上心이요 必功致爲上하며 物勒工名하야 以考其誠호되 功有不當이어든

---

152) 夫喪者 所自盡：≪孟子≫ 〈滕文公 上〉에 "어버이의 상은 진실로 자식이 자신의 역량을 다해 치러야 하는 것이다.〔親喪 固所自盡〕" 하였다.

153) 君子不以天下儉其親：≪孟子≫ 〈公孫丑 下〉에 "맹자가 齊나라에서 魯나라로 돌아가 어머니를 장례하시고 제나라로 돌아오실 적에 嬴땅에 머물러 계셨는데, 充虞가 묻기를 '지난번 선생께서 저의 불초함을 알지 못하시고 저로 하여금 관을 만드는 목수의 일을 맡게 하셨는데, 하도 급하여 제가 감히 묻지 못했습니다. 지금 묻기를 원하오니, 관 재목이 너무 아름다운 듯하였습니다.' 하니, 맹자께서 대답하셨다. '옛적에는 관곽이 일정한 한도가 없었는데, 중고에 관은 7촌이고 곽도 이에 걸맞게 하여 천자로부터 서인에까지 이르렀으니, 이것은 다만 보기에 아름답게 하기 위해서가 아니라 이렇게 한 뒤에야 사람의 마음에 다한 것이기 때문이었다. 〈법제상〉 할 수 없으면 마음에 흡족할 수 없으며, 재력이 없으면 마음에 기쁠 수 없다. 법제상 할 수 있고 또 재력이 있으면 옛사람들이 모두 썼으니, 내 어찌하여 홀로 그렇게 하지 않겠는가.……내가 들으니 「군자는 천하 때문에 그 어버이에게 검소하게 하지 않는다.〔君子不以天下儉其親〕」고 하였다.'"라고 보인다.

必行其罪하야 **以窮其情**하나니라

이달(孟冬)에 工師에게 명하여 功績을 바치게 해서 祭器를 진열하여 法度와 樣式을 살펴보아 혹시라도 지나치게 공교롭게 만들어서 임금의 마음을 방탕해지지 않게 하며, 반드시 功力이 치밀함을 상등으로 삼으며, 기물에 工人의 이름을 새겨서 그 정성을 고찰하되 공적이 합당하지 않음이 있으면 반드시 그 죄를 다스려서 실정을 끝까지 추궁한다.

≪集說≫

工師는 百工之長이라 效는 呈也라 諸器皆成이로되 獨主祭器는 祭器尊也일새라 度는 法也요 程은 式也라 淫巧는 指諸器而言이라 致는 讀爲緻니 謂功力密緻也라 一讀如字하니 亦通[154]이라 勒은 刻也니 刻名於器하야 以考工人之誠僞也라 行은 猶治也라 窮其情者는 究詰其詐僞之情也라

'工師'는 百工의 우두머리이다. '效'는 바침이다. 여러 기물이 다 이루어졌으나 유독 祭器를 위주로 삼은 것은 제기가 尊貴하기 때문이다. '度'는 法이고, '程'은 式이다. '淫巧'는 여러 기물을 가리켜 말한 것이다. '致(다함)'는 '緻'로 읽으니, 功力이 치밀함을 이른다. 一說에는 "본 글자 대로 읽는다." 하니, 또한 통한다. '勒'은 새김이니, 〈만든 사람의〉 이름을 기물에 새겨서 工人의 정성스러움과 거짓됨을 상고하는 것이다. '行'은 '治(다스리다)'와 같다. '그 실정을 끝까지 추궁한다.'는 것은 거짓으로 속인 실정을 끝까지 따져 묻는 것이다.

067501 **是月也**에 **大飮烝**하고

이달(孟冬)에 烝祭를 통해 크게 燕飮하고

≪集說≫

因烝祭하야 而與群臣으로 大爲燕飮也라 舊說에 烝은 升也니 此乃饗禮니 升牲體於俎

154) 一讀如字 亦通 : 致를 본글자대로 읽을 때의 뜻은 '다함', '지극함'의 뜻이 되므로 經文의 '功致'는 '공력이 지극함'이 된다.

上하야 謂之房烝이라하니 未知是否로다

烝祭를 통해 여러 신하와 함께 크게 燕飮하는 것이다. 舊說에 "'烝'은 올림이니, 이는 바로 饗禮이다. 牲體를 俎 위에 올리는 것을 '房烝'이라 한다." 하였는데, 이 말이 옳은지는 알 수 없다.

067502 天子乃祈來年于天宗하고 大割祠于公社及門閭하며 臘先祖五祀하며 勞農以休息之하나니라

천자가 이에 내년의 풍년을 天宗에게 기원하고, 크게 희생을 잡아 公社 및 門閭의 神에게 제사 지내며, 先祖와 五祀의 신에게 臘享 제사를 지내며, 농민들을 위로하여 휴식하게 한다.

≪集說≫

天宗은 日月星辰也라 割祠는 割牲以祭也라 社는 以上公配祭라 故云公社요 又祭及門閭之神也라 臘之言은 獵이니 以田獵所獲之物로 而祭先祖及五祀之神이라 故曰臘也라 又蔡邕云 夏曰淸祀요 殷曰嘉平이요 周曰蜡(사)요 秦曰臘[155]이라하니라 然이나 左傳에 言虞不臘이라하니 是周亦名臘也라 勞農은 卽周禮黨正屬民飮酒[156]之禮也라

'天宗'은 해와 달과 별이다. '割祠'는 犧牲을 잡아 제사 지내는 것이다. '社'는 上公을 配享하는 제사이므로 '公社'라 이르고, 또 제사가 門閭의 神에게까지 미친 것이다. '臘'의 뜻은 사냥이니, 사냥으로 잡은 짐승을 가지고 先祖와 五祀의 神에게 제사 지내므로 '臘'이라 이름한 것이다.

또 蔡邕이 "夏나라는 '淸祀'라 하고, 殷나라는 '嘉平'이라 하고, 周나라는 '蜡'라 하고, 秦나라는 '臘'이라 한다." 하였다. 그러나 ≪春秋左氏傳≫에 "虞나라는 臘祭를 지내지 못하게 될 것이다." 하였으니, 이는 周나라 또한 '臘'이라고 이름한 것이다. '勞

155) 夏曰淸祀……秦曰臘 : ≪春秋左氏傳≫ 僖公 5년 조의 '虞不臘'에 대한 孔穎達 疏에서는 이 말이 ≪風俗通≫의 말로 인용되어 있고, 인용 내용도 '周曰蜡'가 '周曰大蜡'로, '秦曰臘'이 '秦漢改曰臘'으로 되어 있으며, 周나라 때는 '臘'과 '大蜡'가 각각 다른 제사였는데, 秦漢 때 와서 '臘'으로 바꾸고 蜡를 지내지 않게 되었다고 하였다.(≪春秋左傳正義≫)

156) 黨正屬民飮酒 : ≪周禮≫ 〈地官〉에 보인다. '黨正'은 司徒의 속관으로, 周나라 때 500家로 이루어진 黨의 長官이다.

農'은 ≪周禮≫에 따르면 黨正이 백성들을 모아 술을 마시는 禮이다.

≪大全≫

嚴陵方氏曰 天은 尊而不親하니 在致義以求之라 故曰祈요 公社門閭는 親而不尊하니 在致味以祭之라 故曰大割이라 先祖五祀 衆而不一하니 在自盡以饗之라 故曰臘이니 蓋以獵得之肉而祭之라 然古者에 以月在丑爲臘이어늘 此乃行之建亥之月者는 異代之制耳라 祈來年은 則詩所謂以興嗣歲[157]也니 此非歲終之時어늘 而曰祈來年者는 則以陽生於子하야 得天時之正이라 故로 謂建子之月하야 爲來年也라 五祀有門이어늘 而大割祠에 又及門閭者는 蓋五祀之門雖大나 大夫士亦得而祭之하니 則知門閭固有大於此者矣라 夫農於三時之務에 亦已勞矣니 至此勞之하야 使休息이 不亦宜乎아

嚴陵方氏 : 하늘은 높고 친하지 않으니, 의리를 지극히 하여 구하는 데에 달려있으므로 '祈'라 한 것이다. 公社와 門閭는 친하고 높지 않으니, 음식의 맛을 지극하게 하여 제사하는 데에 달려 있으므로 '大割'이라 한 것이다.

先祖와 五祀가 여럿이어서 똑같지 않으니, 스스로 다하여 祭饗함에 달려있다. 그러므로 '臘'이라 하였으니, '臘'은 사냥으로 얻은 고기를 가지고 제사 지내는 것이다. 그러나 옛날에 달이 丑(섣달)에 있을 때 臘祭를 지냈는데, 여기서는 마침내 北斗星이 亥方을 가리키는 달(10월)에 행한 것은 다른 왕조의 제도일 뿐이다.

'내년의 풍년을 기원한다.'는 것은 ≪詩經≫에 이른바 "오는 해를 일으키고 가는 해를 잇는다."는 것이다. 여기에서 한 해가 끝나는 때가 아닌데 "내년의 풍년을 기원한다." 한 것은, 陽이 子에서 생겨나서 天時의 바름을 얻었으므로 북두성 자루가 子方을 가리키는 달을 일러 '來年'이라 한 것이다.

五祀에 門이 있는데 크게 犧牲을 잡아 제사할 때에 또 문려에까지 제사가 미친 것은, 오사의 문이 비록 크나 大夫와 士 또한 제사할 수 있으니, 그렇다면 문려가 진실로 이 오사의 문보다 큼을 알 수 있다. 농민은 三時(봄·여름·가을)의 일에 또한 이미 수고로웠으니, 이에 이르러 위로해서 휴식하게 하는 것이 또한 마땅하지 않겠는가.

157) 以興嗣歲 : ≪詩經≫ 〈大雅 生民〉에 보이는데, 朱子의 주에 "오는 해를 일으키고 가는 해를 잇는 것이다.〔所以興來歲而繼往歲也〕"라고 하였다.

067503 天子乃命將帥하야 講武하야 習射御하며 角力하나니라

천자가 이에 將帥에게 명하여 武藝를 강마해서 활쏘기와 말타기를 익히며 힘을 겨루게 한다.

≪集說≫

以仲冬大閱也라

仲冬에 크게 査閱하기 때문이다.

≪大全≫

嚴陵方氏曰 武는 言其道故로 講之使明이요 射御는 言其事故로 習之使熟이요 力則相抵而已故로 曰角이라하니라

嚴陵方氏 : '武'는 그 道를 말하므로 강마하여 밝아지게 하는 것이고, '射'와 '御'는 그 일을 말하므로 익혀서 익숙하게 하는 것이고, '力'은 서로 겨룰 뿐이므로 '角(겨루다)'이라고 한 것이다.

067601 是月也에 乃命水虞漁師하야 收水泉池澤之賦호되 毋或敢侵削衆庶兆民하야 以爲天子取怨于下니 其有若此者면 行罪無赦니라

이달(孟冬)에 마침내 水虞와 漁師에게 명하여 샘과 못과 늪의 賦稅를 거두되 혹시라도 감히 백성들을 侵奪하여 천자가 아랫사람들에게 원망을 듣는 일이 없게 해야 하니, 만약 이와 같이 하는 자가 있으면 죄를 다스리고 용서하지 말아야 한다.

≪集說≫

水虞는 澤虞也요 漁師는 漁人也니 見周禮라 水冬涸故로 以冬時收賦니라

'水虞'는 〈地官의〉 澤虞이고 '漁師'는 〈天官의〉 漁人이니, ≪周禮≫에 보인다. 물이 겨울에 마르기 때문에 겨울철에 세금을 거두는 것이다.

067701 **孟冬**에 **行春令**하면 **則凍閉不密**하야 **地氣上泄**하며 **民多流亡**하고

孟冬에 봄의 政令을 행하면 얼음이 얼어 폐색하는 것이 치밀하지 못해서 땅 기운이 위로 새어 나오고 백성들이 도망하여 〈다른 지역에 가서 사는 자가〉 많으며,

≪集說≫

寅木之氣所泄也라

寅月(孟春)의 木氣가 새어 나온 것이다.

067702 **行夏令**하면 **則國多暴風**하야 **方冬不寒**하야 **蟄蟲復**(부)**出**하며

여름의 政令을 행하면 나라에 暴風이 많아져서 겨울인데도 춥지 않아서 칩거한 동물들이 다시 나오며,

≪集說≫

巳火之氣所損也라

巳月(孟夏)의 火氣가 손상시킨 것이다.

067703 **行秋令**하면 **則雪霜不時**하야 **小兵時起**하며 **土地侵削**하나니라

가을의 政令을 행하면 눈과 서리가 제때 내리지 않아 작은 병란이 때로 일어나며 영토가 侵削을 당한다.

≪集說≫

申金之氣所淫也라

申月(孟秋)의 金氣가 지나친 것이다.

≪大全≫

嚴陵方氏曰 孟春에 言東風解凍이라 故로 此行春令이면 則凍閉不密하야 地氣上泄也라

然泄與騰異하니 以其不密故로 漏泄而已요 未至於騰也라 民多流亡은 則以春主發散故也라 風은 固四時之所常有也나 而暴則陽之所作焉이라 故로 行夏令이면 則暴風이라 若孟夏行春令이면 則暴風來格者는 彼는 以行少陽之令故로 來格而已요 此는 以行盛陽之令故로 又至於多也라 以盛陽之所作故로 方冬不寒也니 孟冬은 非隆冬故로 言方而已라 夫蟲은 以陰而蟄者也니 方冬不寒故로 蟄蟲復出이라 雪霜不時는 則寒氣遲故也요 小兵時起는 則金氣勝故也요 土地侵削은 則揫(추)斂之所致故也니라

嚴陵方氏：孟春에 "東風이 언 것을 녹인다." 하였으므로 여기에서 봄의 政令을 행하면 얼음이 얼어 폐색함이 치밀하지 못해서 地氣가 위로 새어 나오는 것이다. 그러나 '泄'은 '騰'과 다르니, 치밀하지 않기 때문에 새어 나오는 것일 뿐이고, 솟아오르지는 않는 것이다. '백성들이 도망하여 〈다른 지역에 가서 사는 자가〉 많음'은 봄은 발산을 주장하기 때문이다.

바람은 참으로 四時에 항상 있는 것이나 暴風은 陽이 일으킨 것이므로 여름의 정령을 행하면 폭풍이 일어나는 것이다. 만약 孟夏에 봄의 정령을 행하면 폭풍이 닥치는 것은, 맹하에는 少陽의 정령을 행하기 때문에 닥치는 것뿐이고, 이때에는 성한 陽의 정령을 행하기 때문에 또 많게까지 되는 것이다. 성한 陽이 일으킨 것이므로 겨울인데도 춥지 않은 것이니, 孟冬은 성한 겨울이 아니므로 '方'이라고 말했을 뿐이다. '蟲(동물)'은 陰 때문에 칩거하는 것들이니, 겨울인데도 춥지 않기 때문에 칩거한 동물들이 다시 나오는 것이다.

'눈과 서리가 제때 내리지 않음'은 寒氣가 더디게 오기 때문이고, '작은 병란이 때로 일어남'은 金氣가 이기기 때문이고, '영토가 侵削을 당함'은 收斂하는 〈가을〉 기운이 불러오기 때문이다.

067801 仲冬之月에 日在斗하나니 昏에 東辟[158]中이요 旦에 軫中이니라

仲冬의 달에 해가 〈丑方의〉 斗宿(두수)에 있으니, 황혼에 〈북방의 壁宿(벽수)인〉 東壁宿가 〈남방 하늘의〉 가운데에 있고 새벽에 〈남방의〉 軫宿(진수)가 〈남방 하늘의〉 가운데에 있다.

---

158) 辟 : '壁'과 통용한다.

≪集說≫

斗는 在丑하니 星紀之次也라

斗宿는〈正北方에 가까운 東北方인〉丑方에 있으니,〈북방의 斗·牛 자리인〉星紀의 星次이다.

067802 其日은 壬癸요 其帝는 顓頊이요 其神은 玄冥이요 其蟲은 介요 其音은 羽요 律은 中黃鍾이요 其數는 六이요 其味는 鹹이요 其臭는 朽요 其祀는 行이니 祭先腎하나니라

그 날짜는 壬과 癸이고, 그 帝는 顓頊이고, 그 神은 玄冥이고, 그 동물은 介蟲이고, 그 音은 羽이고, 律은 黃鍾에 응하고, 그 數는 6이고, 그 맛은 짠맛이고, 그 냄새는 썩은내이고, 그 제사는 길신〔行〕에게 지내니, 제사 지낼 때에는 콩팥을 먼저 올린다.

≪集說≫

黃鍾은 子律이니 長九寸이라

黃鍾은 子月(仲冬)의 律管이니, 길이가 9촌이다.

067803 氷益壯하야 地始坼하며 鶡(할)旦不鳴하며 虎始交하나니라

얼음이 더욱 단단히 얼어서 땅이 비로소 갈라지며, 할단새가 울지 않으며, 호랑이가 교미를 시작한다.

≪集說≫

此는 記子月之候라 鶡旦은 夜鳴求旦之鳥也라

이것은 子月의 징후를 기록한 것이다. '鶡旦'은 밤에 울어 날이 밝아 오기를 바라는 새이다.

≪大全≫

嚴陵方氏曰 前言水始氷하고 至此에 又言氷益壯하며 前言地始凍하고 至此에 又言地始坼하니 凍甚而土相坼이라 夜鳴而求旦故로 謂之鶡旦이라 夫夜鳴則陰類也나 然鳴而求旦이면 則求陽而已라 故로 感微陽之生而不鳴은 則以得所求故也라 虎는 陰物而交는 則亦感陽之生故也니라

嚴陵方氏 : 앞(孟冬)에서는 "물이 얼기 시작한다." 하고 여기에서는 또 "얼음이 더욱 단단히 언다." 하였으며, 앞(孟冬)에서는 "땅이 얼기 시작한다." 하고 여기에서는 또 "땅이 비로소 갈라진다." 했으니, 어는 것이 심하여 땅이 갈라진 것이다.

밤에 울면서 날이 밝아오기를 바라기 때문에 '鶡旦'이라고 말한 것이다. 밤에 우는 것은 陰의 종류이나 울면서 날이 밝아오기를 바란다면 陽을 구하는 것일 뿐이므로 작은 陽이 생김에 자극받아도 울지 않는 것은 자기가 바라는 바를 얻었기 때문이다. 호랑이는 陰의 물건인데 교미를 하는 것은 또한 陽이 생김에 자극받았기 때문이다.

067804 天子居玄堂太廟하며 乘玄路하며 駕鐵驪(려)하며 載玄旂하며 衣黑衣하며 服玄玉하며 食黍與彘하며 其器를 閎以奄하나니라

천자가 玄堂太廟에 거처하며, 검은 수레를 타며, 검은 말에 멍에 하며, 검은 깃발을 〈수레에〉 꽂으며, 검은 옷을 입으며, 검은 옥을 차며, 찰기장과 돼지고기를 먹으며, 그릇을 〈조각한 것이〉 넓고 좁게 한다.

≪集說≫

玄堂太廟는 北堂當太室也라

玄堂太廟는 북쪽 堂에서 太室에 해당한다.

067805 飭死事하며

國事를 위해 싸울 때 목숨을 바칠 것을 신칙하며

≪集說≫

誓戒六軍之士호되 以戰陳에 當厲必死之志也라

六軍(천자의 군대)의 군사들에게 맹세하고 신칙하되 戰陣에 마땅히 必死의 각오를 가다듬어야 한다고 신칙한다.

067806 命有司曰 土事毋作하며 愼毋發蓋하며 毋發室屋하며 及起大衆하야 以固而閉니라

담당 관리에게 명하기를 "토목공사를 일으키지 말며, 삼가 저장해 덮어 두었던 것을 열어 헤치지 말며, 집을 헐지 말며, 많은 무리를 동원하지 말아서 그 폐색을 견고히 하라." 한다.

≪集說≫

順閉藏之令하야 以安伏蟄之性也라 固는 堅也라 而는 猶其也라 周禮에 仲冬에 教大閱[159]이어늘 此言毋起大衆이라하니 是誠呂氏之書矣로다

閉藏의 時令을 순히 따라 칩거하는 성질을 편안하게 해주는 것이다. '固'는 堅固함이다. '而'는 '其'와 같다. ≪周禮≫에 "仲冬에 크게 査閱하는 예를 가르친다." 하였는데, 여기서는 "많은 무리를 동원하지 말라." 했으니, 이것은 참으로 呂氏(呂不韋)의 책이다.

067807 地氣沮泄하면 是謂發天地之房이라 諸蟄則死하며 民必疾疫하고 又隨以喪하나니 命之曰暢月이라하나니라

地氣가 파괴되어 누설되면 이것을 일러 "천지의 房을 열어 헤친다." 한다. 여러 칩거하는 동물이 죽으며, 백성들이 반드시 역병을 앓고 또 喪禍가 뒤따라오니, 〈仲冬을〉 명명하기를 '暢月'이라 한다.

---

159) 仲冬 教大閱 : ≪周禮≫ 〈夏官 大司馬〉에 보인다.

≪集說≫

沮者는 壞散之義니 因破壞而宣泄이라 故云 沮泄也라 天地之閉固氣類는 猶房室之安藏人也니 若發散天地之所藏하면 則諸蟄皆死니 是干犯陰陽之令이라 疾疫이 必爲民災하고 喪禍隨之而見(현)이라 一說에 喪讀去聲이라하니 謂民因避疾疫而逃亡也라 暢月은 未詳이라 舊說에 暢은 充也니 言所以不可發泄者는 以此月에 萬物이 皆充實於內故也라하고 朱氏는 謂陽久屈而後伸이라 故云 暢月也라한대 未知孰是로라

'沮'는 '파괴되어 흩어진다.'는 뜻이니, 파괴로 인하여 〈기운이〉 누설되므로 '沮泄'이라고 말한 것이다. 천지가 氣類를 폐색함은 房室이 사람을 편안히 감추는 것과 같은데, 만약 천지가 감춘 것을 발산한다면 칩거하는 동물들이 모두 죽으니, 이는 陰陽의 時令을 범한 것이다. 이 때문에 역병이 반드시 백성의 재앙이 되고 喪禍가 뒤따라 나타나는 것이다. 一說에 "喪은 〈'떠나가다.'라는 의미의〉 去聲으로 읽는다." 하니, 백성들이 질병을 피한다는 이유로 도망함을 이른다. '暢月'은 뜻이 자세하지 않다. 舊說에 "'暢'은 충만함이니, 발설해서는 안 되는 까닭은 이달(仲冬)에 만물이 모두 내부를 충실하게 채우기 때문이다." 하였고, 朱氏는 "陽이 오랫동안 굽힌 뒤에 펴기 때문에 '暢月'이라 한다." 하였는데, 누구의 설이 옳은지 알 수 없다.

≪大全≫

嚴陵方氏曰 發蓋면 則物不得其藏하고 發室屋이면 則人不得其處하고 起大衆이면 則衆不得其靜하니 凡此는 皆非農事之所宜라 故로 亦戒之하니 所以固而閉也라 其害及物故로 諸蟄則死하고 其害及人故로 民必疾疫하고 死喪隨之니라

嚴陵方氏 : 덮은 것을 열어 헤치면 물건이 제대로 보관되지 못하고, 집을 헐면 사람이 제대로 거처하지 못하고, 많은 무리를 동원하면 무리가 安靜을 제대로 취하지 못한다. 이것은 모두 농사에 마땅한 것이 아니므로 또한 경계한 것이니, 이 때문에 그 폐색을 견고히 한 것이다. 그 폐해가 물건에 미치기 때문에 여러 칩거하는 동물이 죽고, 폐해가 사람에게 미치기 때문에 백성들이 반드시 역병을 앓고 사망이 뒤따라 이어지는 것이다.

067901 **是月也**에 **命奄尹**하야 **申宮令**하야 **審門閭**하야 **謹房室**하야 **必重閉**하며 **省**(생)**婦事**하야 **毋得淫**하며 **雖有貴戚, 近習**이라도 **毋有不禁**이니라

이달(仲冬)에 奄尹에게 명하여 宮中의 政令을 거듭 펴서 門閭를 살펴서 房室을 삼가 반드시 문을 겹겹이 닫게 하며, 婦人의 일을 줄여서 너무 공교롭게 하지 말게 하며, 비록 천자의 친인척과 천자의 총애를 받는 가까운 자가 있더라도 금하지 않는 일이 없게 한다.

≪集說≫

奄尹은 群奄之長也니 以其精氣奄閉라 故名閹人이라 宮令은 宮中之政令也라 重閉는 內外皆閉也라 減省婦人之事는 務順陰靜也라 淫은 謂女功之過巧者라 貴戚은 天子之族姻이요 近習은 其嬖幸者라

'奄尹'은 여러 奄人(환관)의 우두머리이니, 그 精氣가 가려져 폐색되었기 때문에 '閹人'이라 칭한 것이다. '宮令'은 宮中의 政令이다. '重閉'는 안과 밖을 모두 닫는 것이다. 婦人의 일을 줄이는 것은 陰의 고요함을 힘써 순히 따르는 것이다. '淫'은 여자의 일이 지나치게 공교로움을 이른다. '貴戚'은 천자의 친족과 姻戚이고, '近習'은 총애받는 자이다.

067902 **乃命大酋**(추)하야 **秫**(출)**稻**를 **必齊**하며 **麴**(蘖)〔糵〕[160]을 **必時**하며 **湛**(첨)**熾**를 **必潔**하며 **水泉**을 **必香**하며 **陶器**를 **必良**하며 **火齊**를 **必得**하야 **兼用六物**호되 **大酋監之**하야 **毋有差貸**(특)이니라

이에 大酋에게 명해서 수수와 벼를 반드시 가지런하게 하며, 누룩과 엿기름을 반드시 시기에 맞추며, 물에 담가 씻고 불에 찌는 것을 반드시 정갈하게 하며, 샘물을 반드시 향기롭게 하며, 도자기를 반드시 〈하자 없이〉 좋게

---

160) (蘖)〔糵〕: 저본에는 '蘖'로 되어 있으나, 北京大 整理本 ≪禮記正義≫에 의거하여 '糵'로 바로잡았다.

만들며, 불을 맞추는 것을 반드시 고르게 한다. 그리하여 이 여섯 가지 일을 겸하여 사용하되 대추가 이것을 감독하여 어긋나고 잘못됨이 없도록 한다.

≪集說≫

大酋는 酒官之長也라 秫稻는 酒材也라 必齊는 多寡中度也요 必時는 制造及時也라 湛은 漬而滌之也요 熾는 蒸炊也라 必潔은 無所汚也요 必香은 無穢惡之氣也요 必良은 無罅漏之失也요 必得은 適生熟之宜也라 物은 事也니 六物은 謂必齊以下六事라 差貸은 不中法式也라

'大酋'는 酒官의 우두머리이다. 수수와 벼는 술 만드는 재료이다. '必齊'는 많고 적음이 법도에 맞는 것이고, '必時'는 制造가 제때에 맞는 것이다. '湛'은 담가 씻는 것이고, '熾'는 쪄서 삶는 것이다. '必潔'은 더러움이 없게 하는 것이고, '必香'은 더럽고 나쁜 기운이 없게 하는 것이고, '必良'은 틈으로 물이 새는 하자가 없게 하는 것이고, '必得'은 날것과 익은 것의 마땅함에 맞게 하는 것이다. '物'은 일이니, '六物'은 '必齊' 이하의 여섯 가지 일을 이른다. '差貸'은 法式에 맞지 않는 것이다.

≪大全≫

馬氏曰 六物은 欲其材之美時之適工之善也라

馬氏 : 여섯 가지 일은, 재료를 아름답게 하고, 때를 마침맞게 하고, 工作을 잘하게 하고자 하는 것이다.

067903 天子命有司하야 祈祀四海大川名源과 淵澤井泉하나니라

천자가 담당 관리에게 명하여 四海와 大川과 이름난 水源과 깊은 못과 우물과 샘에 기도하여 제사 지내게 한다.

≪集說≫

冬令方中하야 水德至盛이라 故로 爲民祈而祀之也라

겨울의 政令이 한창 가운데에서 水德이 지극히 성하기 때문에 백성을 위하여 기도하여 제사 지내는 것이다.

068001 **是月也**에 **農有不收藏積**(자)**聚者**하며 **馬牛畜**(휵)**獸有放佚者**어든 **取之不詰**하며

이달(仲冬)에 농부가 갈무리하고 비축해두지 않은 농작물이 있으며 말이나 소 등 기르는 짐승이 흩어져 돌아다니는 것이 있으면 그것을 가져가도 죄를 추궁하지 않으며,

≪集說≫

取之不詰은 罪在不收斂也라

그것을 가져가도 죄를 추궁하지 않는 것은 罪가 收斂하지 않는 데에 있기 때문이다.

≪大全≫

嚴陵方氏曰 孟冬에 旣命百官하야 謹蓋藏하고 又命(司徒)〔有司〕[161)]하야 循行積聚矣어늘 至於是月하야 農이 猶有不收藏積聚하고 馬牛畜獸 猶有放佚者면 則是惰游之民而不聽令者也니 人或取其物이라도 而上不爲之詰焉이 亦宜矣니라

嚴陵方氏 : 孟冬에 이미 百官에게 명하여 덮어 저장하는 것을 삼가게 하고, 또 담당 관리에게 명하여 비축해둔 것을 순찰하게 하였다. 그런데 이달(仲冬)에 이르러서 농부가 아직도 收藏하거나 비축하지 않은 것이 있고, 말과 소 등 기르는 짐승이 아직도 흩어져 돌아다니는 것이 있다면, 이는 게으르고 노는 백성이면서 명령을 따르지 않는 자이니, 다른 사람이 혹 그러한 물건을 가져가더라도 윗사람이 죄를 추궁하지 않는 것이 또한 마땅하다.

068002 **山林藪澤**에 **有能取蔬食**하며 **田獵禽獸者**어든 **野虞教道之**하고 **其有相侵奪者**어든 **罪之不赦**니라

山林과 藪澤에 능히 채소와 먹을 것을 취할 수 있으며 새와 짐승을 사

---

161) (司徒)〔有司〕: 저본에는 '司徒'로 되어 있으나, 〈月令〉 '孟冬' 조의 경문에 의거하여 '有司'로 바로잡았다.

낭할 수 있는 자가 있으면 野虞가 이들을 가르쳐서 인도하며, 남을 침해하고 빼앗는 자가 있으면 죄를 다스리되 용서하지 않는다.

≪集說≫

罪之不赦는 惡(오)其不相共利也라

죄를 다스리되 용서하지 않는 것은 서로 이익을 함께하지 않음을 미워해서이다.

068101 是月也에 日短至하야 陰陽爭하며 諸生이 蕩하나니라

이달(仲冬)에 해의 길이가 가장 짧아서 陰과 陽이 다투며 여러 生機(生氣)가 움직인다.

≪集說≫

短至는 短之極也라 陰陽之爭은 與夏至同이라 諸生者는 萬物之生機也라 蕩者는 動也라

'短至'는 짧음이 지극한 것이다. 陰과 陽의 다툼은 夏至와 같다. '諸生'은 萬物의 生機이다. '蕩'은 움직임이다.

068102 君子齊(재)戒하야 處必掩身하야 身欲寧하며 去聲色하고 禁耆[162] 欲하야 安形性하며 事欲靜하야 以待陰陽之所定하나니라

군자가 齋戒하여 처할 때에 반드시 몸을 가려서 몸을 편안하게 하고자 하며, 음악과 여색을 제거하고 嗜欲을 금해서 形體와 性情을 편안히 하며, 일을 고요히 하고자 해서 陰陽이 안정되기를 기다린다.

≪集說≫

此는 皆與夏至同호되 而有謹之至者하다 彼言止聲色이어늘 而此言去하고 彼言節耆欲이어늘 而此言禁하니 蓋仲夏之陰은 猶微요 而此時之陰은 猶盛이라 陰微則盛陽이 未至於甚傷이어니와 陰盛則微陽을 當在於善保故也일새니라

162) 耆 : '嗜(좋아하다)'의 뜻이다.

이는 모두 夏至 때와 같으나 삼감이 지극하다. 저 〈하지〉 때에는 "음악과 여색을 그친다." 하였는데 이 〈동지〉 때에는 "제거한다." 하였고, 저 때에는 "嗜欲을 절제한다." 하였는데 이때에는 "禁한다." 하였으니, 仲夏의 陰은 아직 미약하고 이때의 陰은 아직도 성하기 때문이다. 陰이 미약하면 성한 陽이 심하게 상하는 지경에는 이르지 않으나 陰이 성하면 미약한 陽을 마땅히 잘 보전해야 할 입장에 있기 때문이다.

≪大全≫

嚴陵方氏曰 諸生의 諸는 言不一也니 諸生은 則萬物之生氣也라 方冬之時하야 盛德在水하고 而是月建子하야 以陽作之하야 萬物之生氣 欲發焉이라 故로 謂之蕩也라 掩蔽其身以處於內는 則以齊戒故也라 身欲寧者 所以掩身은 欲其寧故也라 去聲色이면 則不特止而已요 禁耆欲이면 則不(持)〔特〕[163]節而已니 見君子之齋戒 有加而無已也라 外則養其形而無勞하고 內則養其性而無悖하니 欲安形性故로 事欲靜也라 凡此는 以微陽方生하고 陰未退聽하야 陰陽爭而未定이라 故로 君子齊戒以待之하니 與仲夏所言으로 互相備也니라

嚴陵方氏 : '諸生'의 '諸'는 하나가 아님을 말한 것이니, '諸生'은 萬物의 生氣이다. 겨울철을 당하여 성한 德이 水에 있고, 이달에 北斗星 자루가 子方을 가리켜서 陽이 일어나 만물의 생기가 발하고자 하므로 '蕩'이라 이른 것이다.

그 몸을 掩蔽하여 안에 처함은 齋戒하기 때문이다. 몸을 편안하게 하고자 하는 자가 몸을 가리는 까닭은 편안하고자 하기 때문이다. 음악과 여색을 제거하면 다만 그칠 뿐만이 아니고, 嗜欲을 금하면 다만 節制할 뿐만이 아니니, 군자의 재계가 더함은 있고 그침은 없음을 볼 수 있다. 밖으로는 형체를 길러 수고로움이 없게 하고, 안으로는 性情을 길러 어긋남이 없게 하니, 형체와 성정을 편안히 하고자 하기 때문에 일을 고요히 하기를 바라는 것이다. 무릇 이때에는 작은 陽이 생겨나기 시작하고 陰이 아직 물러가 명령을 듣지 않아서 陰과 陽이 다투어 안정되지 못하므로 군자가 재계하여 안정되기를 기다리는 것이니, 仲夏(夏至)에 말한 것과 서로 〈필요한 뜻을〉 충당한 것이다.

---

163) (持)〔特〕: 저본에는 '持'로 되어 있는데, 衛湜의 ≪禮記集說≫에 의거하여 '特'으로 수정하였다.

068103 芸始生하며 荔(려)挺出하며 蚯蚓結하며 麋(미)角解하며 水泉動하나니라

芸草가 처음 나오며, 荔挺이 나오며, 지렁이가 몸을 구부리며, 큰사슴의 뿔이 빠지며, 샘물이 동한다.

麋

≪集說≫

此는 又言子月之候라 芸與荔挺은 皆香草라 結은 猶屈也라 解는 脫也라 水者는 天一之陽所生이니 陽生而動은 言枯涸者漸滋發也라 十二月에 惟子午之月에 皆再記其候者는 詳於陰陽之萌也라

이는 또 子月(仲冬)의 징후를 말한 것이다. '芸'과 '荔挺'은 모두 香草이다. '結'은 '屈'과 같다. '解'는 빠짐이다. 물은 하늘의 數인 1의 陽이 낳은 것이니, 陽이 생겨 동함은 말랐던 것이 점점 불어남을 말한 것이다. 열두 달 가운데 오직 子月(冬至가 있는 仲冬)과 午月(夏至가 있는 仲夏)에 모두 징후를 두 번 기록한 것은 陰과 陽의 싹틈을 상세히 한 것이다.

≪大全≫

嚴陵方氏曰 凡物之氣 感陰者腥하고 感陽者香이라 陽方長矣故로 芸始生하고 荔挺出이라 蚯蚓結者는 以感正陽之氣而後出이라 故로 微陽雖生이나 而猶結焉하니 結은 言形之未解也라

嚴陵方氏 : 모든 물건의 기운이 陰에 자극받은 것은 비린내가 나고, 陽에 자극받은 것은 향내가 난다. 陽이 막 자라므로 芸草가 처음 나오고 荔挺이 나오는 것이다. 지렁이가 구부리는 것은, 〈지렁이는〉 正陽의 기운에 자극받은 뒤에 나오므로 작은 陽이 비록 생겨났으나 아직도 구부리고 있는 것이니, '結'은 형체가 아직 풀리지 않음을 말한 것이다.

068104 日短至어든 則伐木하며 取竹箭(전)하나니라

낮의 길이가 가장 짧게 되면 나무를 베며, 큰 대나무와 작은 대나무를 취한다.

≪集說≫

陰盛則材成라 故로 伐而取之라 大曰竹이요 小曰箭이라

陰이 성하면 材木이 이루어지므로 베어 취하는 것이다. 큰 대나무를 '竹'이라 하고, 작은 대나무를 '箭'이라 한다.

068201 是月也에 可以罷官之無事하며 去器之無用者하며

이달(仲冬)에 관원 중에 일이 없어진 자를 파면해도 되며, 기물 중에 쓸모없게 된 것을 없애도 되며,

≪集說≫

官以權宜而設과 器以權宜而造는 皆暫焉之事니 此는 閉藏休息之時라 故로 可罷去니라

벼슬을 임시로 설치한 것과 그릇을 임시로 만든 것은 모두 잠시의 〈쓰임을 위한〉 일이니, 이는 閉藏하고 休息할 때이기 때문에 파하고 제거해도 되는 것이다.

068202 塗闕廷門閭하며 築囹圄니 此以助天地之閉藏也라

대궐과 門閭의 틈을 발라 보수하며 감옥을 축조하니, 이는 천지의 閉藏을 돕는 것이다.

≪大全≫[164)]

臨川吳氏曰 闕은 謂門之中間空闕處니 人所由以出入者也요 廷은 謂門之內外閑曠之地니 無室廬處也요 塗者는 蓋謂畚(분)土以塡補其地之凹(요)陷이라 門은 謂各家寢廟之

164) 大全 : ≪大全≫의 臨川吳氏의 설은 저본에는 '068301'에 대한 ≪集說≫의 아래에 실려 있는데, 내용을 따져 위치를 이곳으로 옮겼다.

門이요 閭는 謂二十五家巷口之門이요 塗者는 蓋謂埏埴(연식)以窒塞其門之罅隙이라 囹圄四面에 有垣墻壞者면 築之하니 此皆閉塞掩藏之事也라

臨川吳氏 : '闕'은 門 중간의 빈 곳을 이르니 사람이 경유하여 출입하는 곳이고, '廷'은 문의 안팎에 여유 있고 비어 있는 땅을 이르니 집이 없는 곳이고, '塗'는 삼태기로 흙을 옮겨 땅의 움푹 팬 곳을 메꿈을 이른다. '門'은 각 家庭의 寢廟의 문을 이르고, '閭'는 25家가 사는 마을의 里門을 이르고, '塗'는 찰흙으로 그 문의 빈틈을 채워 막음을 이른다. 감옥의 四面에 담장이 허물어진 곳이 있으면 〈담장을 다시〉 쌓아 만드니, 이는 모두 막고 가리는 일이다.

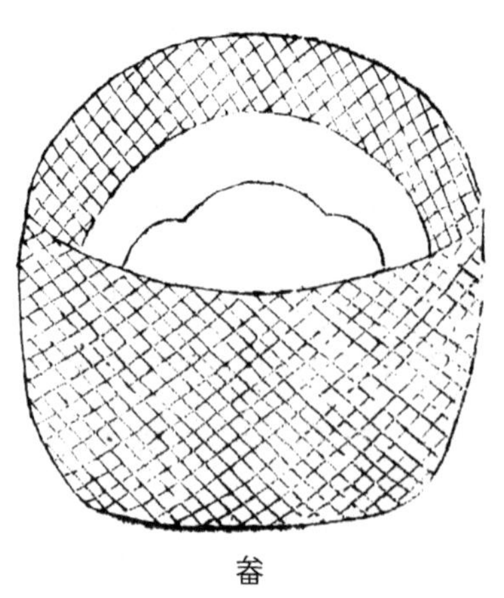
畚

068301 仲冬에 行夏令하면 則其國乃旱하며

仲冬에 여름(仲夏)의 政令을 행하면 그 나라에 마침내 가뭄이 들고

≪集說≫

火氣乘之하야 應於來年이라

火氣가 타서 내년에 응하는 것이다.

068302 氛霧冥冥하며

나쁜 안개가 자욱해지고

≪集說≫

亦火氣所蒸이라

또한 火氣가 올라온 것이다.

068303 雷乃發聲하고

우레가 마침내 소리를 내며,

≪集說≫

陰不能固陽也니 午火之氣所克也니라

陰이 陽을 〈통하지 못하도록〉 가두어 막지 못해서이니, 午月(仲夏)의 火氣가 〈仲冬의 陰氣를〉 이긴 것이다.

068304 行秋令하면 則天時雨汁하야 瓜瓠不成하며

가을(仲秋)의 政令을 행하면 하늘에서 〈엄하게 엉기는 기운이 확고하지 못하기 때문에〉 하늘에서 때때로 눈비가 내려 오이와 박이 성숙하지 못하고

≪集說≫

雨雪雜下를 曰汁이라하니라

비와 눈이 섞여서 내리는 것을 '汁'이라 한다.

068305 國有大兵하고

나라에 큰 병란이 있으며,

≪集說≫

酉金之氣所淫也라

酉月(仲秋)의 金氣가 지나친 것이다.

068306 行春令하면 則蝗蟲爲敗하며 水泉咸竭하며

봄의 政令을 행하면 蝗蟲이 재해가 되고 샘물이 모두 고갈되고

≪集說≫

卯中大火之所主也라

卯月(仲春) 가운데의 大火(心宿)가 주관한 것이다.

068307 民多疥癘하나니라

백성들이 옴과 역병을 많이 앓게 된다.

≪集說≫

卯木之氣所泄也라

卯月의 木氣가 새어 나온 것이다.

≪大全≫

嚴陵方氏曰 氛霧는 皆旱氣所使요 雷乃發聲은 盛陽薄之故也라 以雪雜水 如物之有汁故로 謂之雨汁이니 以行秋令하야 嚴凝之氣未固故也라 瓜瓠不成은 則以柔脆하야 爲金氣所傷故也라 國有大兵은 則與小兵時起同義라 然氣有淺深故로 於孟冬言小하고 仲冬言大焉이라 蝗蟲爲敗는 與孟夏言蝗蟲爲災로 同義하니 災者는 祥之對而以氣之兆言이요 敗者는 成之對而以事之迹言이라 夏爲陽故로 言其氣하고 冬爲陰故로 言其事하니 亦各以其類也라 水泉咸竭은 則以感發散之氣故也요 疥癘는 則虛陽作之故也라

嚴陵方氏 : '氛'과 '霧'는 모두 가뭄의 기운이 그렇게 만든 것이고, '우레가 마침내 소리를 냄'은 성한 陽이 부딪치기 때문이다.

눈에 물이 뒤섞인 것이 물건에 汁이 있는 것과 같으므로 '雨汁'이라 하였으니, 가을의 政令을 행하여 매섭게 차가운 기운이 아직 확고하지 못하기 때문이다. '오이와 박이 성숙하지 않음'은 柔弱하여 金氣에 손상되었기 때문이다. '나라에 큰 병란이 있다.'는 것은 〈孟冬에 가을의 정령을 행했을 때〉 작은 병란이 때로 일어나는 것과 뜻이 같다. 그러나 기운에 깊고 얕은 차이가 있기 때문에 맹동에는 '小'라 말하고 仲冬에는 '大'라 말한 것이다.

'蝗蟲이 재해〔敗〕가 된다.'는 것은 孟夏의 '황충이 災殃〔災〕이 된다.'는 것과 뜻이 같으니, '災'는 祥瑞와 반대가 되며 기운의 조짐으로 말한 것이고, '敗'는 成과 반대가 되며 일의 자취로 말한 것이다. 여름은 陽이 되기 때문에 그 기운을 말하였고, 겨울은 陰이 되기 때문에 그 일을 말하였는바, 또한 각기 그 종류를 따른 것이다. '샘물이 모두 고갈됨'은 발산하는 〈봄의〉 기운에 자극받았기 때문이고, '옴과 역병이 많음'은 허약한 陽이 일으켰기 때문이다.

068401 季冬之月에 日在婺(무)女하나니 昏에 婁中이요 旦에 氐中이니라

季冬의 달에 해가 〈子方의〉 婺女宿(무녀수)에 있으니, 황혼에 〈서방의〉 婁宿(누수)가 〈남방 하늘의〉 가운데에 있고 새벽에 〈동방의〉 氐宿(저수)가 〈남방 하늘의〉 가운데에 있다.

≪集說≫

女在子하니 玄枵(효)之次也라

女宿(婺女宿)는 〈正北方인〉 子方에 있으니, 〈북방의 女·虛·危 자리인〉 玄枵의 星次이다.

068402 其日은 壬癸요 其帝는 顓頊이요 其神은 玄冥이요 其蟲은 介요 其音은 羽요 律은 中大呂요 其數는 六이요 其味는 鹹이요 其臭는 朽요 其祀는 行이니 祭先腎하나니라

그 날짜는 壬과 癸이고, 그 帝는 顓頊이고, 그 神은 玄冥이고, 그 동물은 介蟲이고, 그 音은 羽이고, 律은 大呂에 응하고, 그 數는 6이고, 그 맛은 짠맛이고, 그 냄새는 썩은내이고, 그 제사는 길신〔行〕에게 지내니, 제사 지낼 때에는 콩팥을 먼저 올린다.

≪集說≫

大呂는 丑律이니 長八寸二百四十三分寸之百四라

大呂는 丑月(季冬)의 律管이니, 길이가 8촌 243푼 촌의 104이다.

068403 雁北鄕하며 鵲始巢하며 雉雊鷄乳하나니라

기러기가 북쪽을 향해 날아가며, 까치가 비로소 둥지를 틀며, 꿩이 울고 닭이 알을 품는다.

≪集說≫

此는 記丑月之候라

이는 丑月의 징후를 기록한 것이다.

≪大全≫

馬氏曰 雁北鄕은 則順陽而復也라 雉는 火畜也니 感於陽而後有聲이요 鷄는 木畜也니 麗於陽而後有形이라

馬氏 : '기러기가 북쪽을 향해 날아감'은 陽을 따라 돌아가는 것이다. 꿩은 火의 짐승이니 陽에 자극받은 뒤에 소리 내어 울고, 닭은 木의 가축이니 陽에 붙은 뒤에 형체가 만들어진다.

068404 天子居玄堂右个하며 乘玄路하며 駕鐵驪하며 載玄旂하며 衣黑衣하며 服玄玉하며 食黍與彘하며 其器를 閎以奄하나니라

천자가 玄堂右个에 거처하며, 검은 수레를 타며, 검은 말에 멍에 하며, 검은 깃발을 〈수레에〉 꽂으며, 검은 옷을 입으며, 검은 옥을 차며, 기장과 돼지고기를 먹으며, 그릇을 〈조각한 것이〉 넓고 좁게 한다.

≪集說≫

玄堂右个는 北堂東偏也라

玄堂右个는 北堂의 동쪽 귀퉁이다.

068405 命有司하야 大難(나)하며 旁磔(책)하며 出土牛하야 以送寒氣하나니라

담당 관리에게 명하여 큰 굿을 하게 하며, 四方의 문에 犧牲을 찢어 걸게 하며, 土牛를 만들어 추운 기운을 송별하게 한다.

≪集說≫

季春엔 惟國家之難요 仲秋엔 惟天子之難요 此則下及庶人하고 又以陰氣極盛이라 故

云大難也라 旁磔은 謂四方之門에 皆披磔其牲하야 以攘除陰氣니 不但如季春之九門磔攘而已라 舊說에 此月에 日經虛危하니 司命二星은 在虛北하고 司祿二星은 在司命北하고 司危二星은 在司祿北하고 司中二星은 在司危北하니 此四司者는 鬼官之長이요 又墳四星이 在危東南하니 墳墓四司之氣 能爲厲鬼하야 將來에 或爲災厲라 故難磔以攘除之라하니 事或然也라 出은 猶作也라 月建丑하니 丑爲牛요 土能制水라 故特作土牛하야 以畢送寒氣也라

季春에는 오직 나라의 굿을 하였고, 仲秋에는 오직 천자의 굿을 하였고, 여기(季冬)에서는 아래로 庶人에게 미치고 또 陰氣가 지극히 성하기 때문에 '大難(大儺)'라고 한 것이다. '旁磔'은 四方의 문에 모두 犧牲을 찢어 걸어서 陰氣를 제거함을 이르니, 단지 계춘에 九門에 희생을 찢어 바쳐 봄의 나쁜 기운을 종식시키게 하는 것과 같게 할 뿐만이 아니다.

舊說에 "이달에 해가 虛宿와 危宿를 지나가니, 司命 두 별은 허수의 북쪽에 있고 司祿 두 별은 사명의 북쪽에 있고 司危 두 별은 사록의 북쪽에 있고, 司中 두 별은 사위의 북쪽에 있다. 이 四司(司命·司祿·司危·司中)는 鬼官의 우두머리이고, 또 墳星의 네 별이 위수의 동남쪽에 있으니, 墳墓와 四司의 기운이 능히 厲鬼가 되어 장래에 혹 災殃과 여귀가 될 수 있으므로 굿을 하고 희생을 찢어 걸어 물리쳐 없애는 것이다." 하니, 일이 혹 옳은 듯하다.

'出'은 '作'과 같다. 이달은 북두칠성의 자루가 丑方을 가리키니, 丑은 소가 되고 土는 능히 水를 제재하므로 특별히 土牛를 만들어서 寒氣를 모두 보내는 것이다.

≪大全≫

長樂陳氏曰 土勝水하고 牛善耕하니 勝水故로 可以勝寒氣요 善耕故로 可以示農耕之早晩이라 月令에 季冬之月에 大難旁磔然後出土牛하니 則出土牛는 驅除之終事也요 旣乃告民出五種하고 命農計耦耕事하니 則出土牛는 又農耕之始事也니라

長樂陳氏 : 土는 水를 이기고 소는 밭을 잘 가니, 〈土는〉 水를 이기기 때문에 寒氣를 이길 수 있고, 〈소는〉 밭을 잘 갈기 때문에 農耕의 이르고 늦음을 보일 수 있다. 〈月令〉에 季冬의 달에 크게 굿할 때 사방 문에 犧牲을 찢어 건 뒤에 土牛를 만들었으니, 토우를 만드는 것은 厲鬼를 물리쳐 없애는 것 중에 마지막 일이고, 이것이 끝

나면 마침내 백성들에게 고하여 五穀의 種子를 내놓게 하고 농부에게 명하여 두 사람이 짝이 되어 밭 갈 일을 계획하게 하니, 그렇다면 토우를 만드는 것은 또 농경을 시작할 때의 일인 것이다.

068406 征鳥厲疾이어든

맹금류가 사납고 빠르게 날거든

≪集說≫

征鳥는 鷹隼之屬이니 以其善擊이라 故曰征이라 厲疾者는 猛厲而迅疾也라

'征鳥'는 매나 송골매 등속이니, 공격을 잘하기 때문에 '征'이라 한 것이다. '厲疾'은 사납고 빠른 것이다.

068407 乃畢山川之祀와 及帝之大臣과 天之神祇(기)하나니라

이에 山川의 제사와 五帝의 大臣과 하늘의 神祇에게 모두 제사 지낸다.

≪集說≫

帝之大臣은 謂五帝之佐니 句芒祝融之屬也라 孟冬에 言祈天宗이라하니 此는 或司中司命風師雨師之屬歟인저

'五帝의 大臣'은 오제의 보좌관을 이르니, 句芒과 祝融 따위이다. 孟冬에 "天宗에게 기도한다." 하였으니, 이(하늘의 神祇)는 혹 司中·司命·風師·雨師 등속일 것이다.

068501 是月也에 命漁師하야 始漁하고 天子親往하야 乃嘗魚호되 先薦寢廟하나니라

이달(季冬)에 漁師에게 명하여 비로소 물고기를 잡게 하고, 천자가 친히 가서 마침내 물고기를 맛보되 먼저 寢廟에 올린다.

≪集說≫

獵而親殺은 爲奉祭也니 則漁而親往도 亦爲薦先歟인저

사냥하여 친히 잡는 것은 제사를 받들기 위해서이니, 그렇다면 〈천자가〉 물고기를 잡는 곳에 친히 가는 것 또한 先祖에게 올리기 위해서일 것이다.

≪大全≫

金華應氏曰 嘗者는 試而驗之也니 將薦於所尊故로 不敢輕也라 藥必先嘗하고 膳必品嘗은 此致敬於君與親也요 大饗帝則嘗[165)]犧牲하고 薦寢廟則嘗魚는 此致敬於天與親也라 秋祭曰嘗은 亦謂物已備成이어든 嘗而後祭하야 以見(현)其孝也라

金華應氏 : '嘗'은 시험하여 징험함이니, 장차 존귀한 곳에 올릴 것이기 때문에 감히 가벼이 하지 않는 것이다. 藥을 반드시 먼저 맛보고 제사 음식을 반드시 맛봄은 군주와 어버이에게 공경을 지극히 하는 것이다. 五帝에게 제사를 크게 지내게 되면 犧牲을 맛보고, 寢廟에 올리게 되면 물고기를 맛봄은, 하늘과 어버이에게 공경을 지극히 하는 것이다. 가을 제사를 '嘗'이라 함은 또한 물건이 이미 갖추어져 이루어지면 맛본 뒤에 제사 지내어 孝를 나타냄을 이른 것이다.

068502 冰方盛하야 水澤腹堅이어든 命取冰하야 冰以入하나니라

얼음이 한창 성하여 水澤이 속까지 단단히 얼면 얼음을 취하도록 명하여 얼음이 〈얼음 창고에〉 들어간다.

≪集說≫

冰之初凝엔 惟水面而已요 至此則徹上下皆凝이라 故云腹堅이니 腹은 猶內也라 藏冰이 正在此時故로 命取冰하니 冰入則陰事之終也니라

얼음이 처음 얼었을 때에는 오직 水面만 얼 뿐이고, 이때 이르면 上下를 통하여 모두 언다. 그러므로 '腹堅'이라고 말했으니, '腹'은 '內'와 같다. 얼음을 보관하는 것이 바로 이때에 달려있으므로 얼음을 취하라고 명하였으니, 얼음이 〈얼음 창고에〉 들어가면 陰의 일이 끝나는 것이다.

---

165) 嘗 : 여기에서 金華應氏의 설은 '066501'의 '嘗'을 여러 신에게 지내는 제사인 嘗祭로 본 鄭玄의 注와 차이가 있다.

≪大全≫

嚴陵方氏曰 氷方盛은 則以重陰之氣極於此故也니 盛極而衰하니 東風將解凍故로 於此에 言方盛焉이라 氷은 以陽煕而柔하고 以陰凝而堅하니 曰腹堅이면 則其堅達於內矣요 非特形於水面而已라 然前言水泉하고 此言水澤者는 泉乃水之原[166]이요 澤乃水之潤일새니라 命取氷은 則七月所謂二之日鑿氷沖沖[167]이 是也라 夫萬物이 負陰而抱陽하야 沖氣以爲和하나니 陰盛閉塞而陽無所泄이면 則氣戾不和하야 爲愆陽하고 爲伏陰이라 然則鑿氷은 非特爲備暑요 亦以達陽氣也니라

嚴陵方氏 : '얼음이 한창 성함'은 거듭된 陰의 기운이 이때에 지극하기 때문이니, 성함이 극에 이르면 쇠해지니 東風이 장차 解凍하려 하므로 이때에 "한창 성하다."고 말한 것이다. 얼음은 陽의 따뜻한 기운 때문에 부드러워지고 陰의 엉기는 기운 때문에 단단해지니, "속까지 단단히 언다."고 말했으면 단단함이 안까지 도달한 것이고 다만 〈얼음이〉 水面에 형성될 뿐만이 아니다. 그러나 앞(仲冬)에서는 '水泉'을 말하고 여기서는 '水澤'을 말한 것은, '泉'은 바로 물의 근원이고 '澤'은 바로 물이 적셔지는 것이기 때문이다.

'얼음을 취하도록 명함'은 ≪詩經≫ 〈七月〉에 이른바 '二陽의 날(섣달)에 얼음을 꽝꽝 깬다.'는 것이 이것이다. 萬物이 陰을 등지고 陽을 끌어안아 조화로운 기운으로 화합하니, 陰이 성하여 폐색하여 陽이 밖으로 새어나갈 곳이 없으면 기운이 어그러져 화합하지 못하여 지나친 陽이 되고 엎드려 있는 陰이 된다. 그렇다면 얼음을 깨는 것은 단지 더위를 대비하는 것일 뿐만이 아니고, 또한 陽氣를 통하게 하는 것이다.

068503 令告民하야 出五種하며 命農하야 計耦耕事하며 修耒耜하며 具田器하나니라

백성들에게 고하여 五穀의 種子를 내놓게 하며, 농부에게 명하여 두 사

166) 原 : '源(근원)'과 같다.

167) 二之日鑿氷沖沖 : ≪詩經≫ 〈豳風 七月〉 제8장에 "二陽의 날(섣달)에 얼음을 꽝꽝 깨어, 三陽의 날(정월)에 얼음 창고에 들이니, 四陽의 날(2월) 아침에 염소를 바치고 부추로 제사하네.〔二之日鑿氷沖沖 三之日納于凌陰 四之日其蚤獻羔祭韭〕"라고 보인다.

람이 짝이 되어 밭 갈 일을 계획하게 하며, 쟁기 자루와 쟁기날을 수리하게 하며 농기구를 구비하게 한다.

≪集說≫

氷入之後에 大寒이 將退하니 令典農之官告民하야 出其所藏五穀之種하고 計度(탁)耦耕之事니 耦는 謂二人相偶也라 揉木爲耒요 斲(착)木爲耜하니 今之耜는 以鐵爲之니라 田器는 鎡基之屬이니 凡治田所用者也라 此皆豫備東作之事니 陽事之始也라

얼음을 〈창고에〉 들인 뒤에는 큰 추위가 장차 물러갈 것이니, 典農官으로 하여금 백성들에게 고해서 보관하고 있는 五穀의 종자를 내놓게 하고 두 사람이 짝이 되어 밭 가는 일을 계획하게 하는데, '耦'는 두 사람이 서로 짝함을 이른다. 나무를 휘어 만든 것을 '耒(쟁기 자루)'라 하고, 나무를 깎아 만든 것을 '耜(쟁기날)'라 하는데, 지금의 '耜'는 쇠로 만든다. '田器'는 鎡基(호미) 등속이니, 무릇 밭을 가꿀 때 사용하는 것이다. 이는 모두 농사일에 미리 대비하는 것이니, 陽의 일을 시작하는 것이다.

≪大全≫

嚴陵方氏曰 氷之入也는 爲陰事之終이요 種之出也는 爲陽事之始니 以氷入之期로 而告民出五種은 終則有始也라 耦耕은 二人相耦而耕也니 語言長沮桀溺耦而耕[168]이 是矣라 蓋先王所以聯屬其民하야 使之出入相友하고 守望相助[169]라 故로 鄕則有比하고 遂則有隣하고 軍則有伍하고 學則有朋하고 耕則有耦하니 亦以是而已라 曰修曰具는 互相備也라

嚴陵方氏 : 얼음이 들어가는 것은 陰의 일이 끝난 것이고 種子가 나오는 것은 陽의 일이 시작된 것이니, 얼음이 들어가는 시기에 백성들에게 고하여 五穀의 종자를 내놓게 함은 끝나면 시작이 있기 때문이다. '耦耕'은 두 사람이 서로 짝하여 밭을 가

---

168) 長沮桀溺耦而耕 : 長沮와 桀溺은 춘추시대 楚나라의 은자로, ≪論語≫ 〈微子〉에 보인다.

169) 出入相友 守望相助 : ≪孟子≫ 〈滕文公 上〉에서 井田法에 관한 설명 중에 "장사를 지내거나 이사를 하더라도 마을을 벗어나지 않게 해야 하니, 마을에서 정전을 함께 경작하는 사람들이 드나들 때 서로 함께하며 도적을 방비할 때 서로 도우며 병들었을 때 서로 돌보아준다면 백성이 친밀하고 화목해질 것이다.〔死徙無出鄕 鄕田同井 出入相友 守望相助 疾病相扶持 則百姓親睦〕"라고 하였다.

는 것이니, ≪論語≫에 "長沮와 桀溺이 짝을 이루어 밭 간다." 한 것이 이것이다. 先王이 백성들을 연결시켜서 드나들 때 서로 함께하며 도적을 방비할 때 서로 돕게 하였다. 그러므로 鄕에는 比가 있고, 遂에는 隣이 있고, 軍隊에는 伍가 있고, 學校에는 朋이 있고, 밭 갈 때에는 耦가 있으니, 또한 이 때문일 뿐이다. '修(수리함)'라고 하고 '具(구비함)'라고 함은 서로 〈필요한 뜻을〉 충당한 것이다.

子路問津

068504 命樂師하야 大合吹而罷하고

樂師에게 명하여 관악기를 크게 합주하고서 파하게 하고

≪集說≫

鄭氏曰 歲將終에 與族人으로 大飮作樂於太寢하야 以綴恩也라 王居明堂禮[170]에 季冬에 命國爲酒하야 以合三族[171]이라하니라

鄭氏(鄭玄) : 한 해가 장차 끝나려 할 때에 族人들과 太寢에서 크게 燕飮하고 風樂을 일으켜서 〈친족 간에 서로〉 恩惠를 베푸는 마음을 이어가게 한 것이다. 〈王居明堂禮〉에 "季冬에 나라에 명하여 술을 만들어 三族을 모으게 한다." 하였다.

---

170) 王居明堂禮 : ≪儀禮≫의 일실된 편명이다. "일실된 편명을 든다면 〈學禮〉·〈巡狩禮〉·〈朝見禮〉·〈朝事儀〉·〈烝嘗禮〉·〈中霤禮〉·〈昭穆篇〉·〈本命篇〉·〈聘禮志〉·〈왕거명당례〉 등이 經文의 注疏에 섞여 나온다."(≪弘齋全書≫ 권51 〈策問4 儀禮〉)

171) 三族 : 父族·母族·妻族을 가리킨다.

○ 疏曰 此는 用禮樂於族人이 最盛하니 後年季冬에 乃復如此作樂이로되 以一年頓停이라 故云罷니라

疏 : 이때에는 族人에게 禮樂을 씀이 가장 성하니, 내내년의 季冬에도 다시 이와 같이 풍악을 일으키겠지만 〈그 사이〉 1년 동안은 〈풍악을〉 중지하기 때문에 '罷'라고 말한 것이다.

068505 **乃命四監**하야 **收秩薪柴**하야 **以共**[172] **郊廟及百祀之薪燎**(료)하나니라

이에 四監에게 명하여 정해진 수량의 땔나무를 거두어 郊祭와 宗廟 제사와 뭇 제사에 필요한 땔감과 화톳불에 공급하게 한다.

≪集說≫

四監은 說見季夏하니라 秩은 常也니 謂有常數也라 大而可析者를 謂之薪이요 小而束者를 謂之柴라 薪燎는 炊爨(취찬)及夜燎之用也라

'四監'은 해설이 季夏에 보인다. '秩'은 일정함이니, 일정한 숫자가 있음을 이른다. 커서 쪼갤 수 있는 것을 '薪(장작감)'이라 이르고, 작아서 묶을 수 있은 것을 '柴'라 이른다. '薪燎'는 밥 짓는 불 및 밤의 화톳불로 사용하는 것이다.

068601 **是月也**에 **日窮于次**하고 **月窮于紀**하고 **星回于天**하야 **數將幾終**하며 **歲且更**(경)**始**하나니

이달(季冬)에 해가 12次를 다 돌고, 달이 해와 만나던 곳을 다 돌고, 별이 하늘의 옛 자리로 돌아와서 1년의 歲數가 장차 마침에 가까워지며 해가 장차 다시 시작되니

≪集說≫

日窮于次者는 去年季冬에 次玄枵러니 至此窮盡하야 還次玄枵也라 紀는 會也니 去年季冬에 月與日相會於玄枵라가 至此窮盡하야 還復會於玄枵也라 二十八宿(수) 隨天

---

172) 共 : '供(공급하다)'과 같다.

而行하야 每日에 雖周天一匝이나 而早晚不同이라가 至此月而復其故處하야 與去年季冬으로 早晚相似라 故云 回于天也라 幾는 近也니 以去年季冬으로 至今年季冬히 三百五十四日이니 未滿三百六十五日하야 不爲正終이라 故云 幾於終也라 歲且更始者는 所謂終則有始[173)]也라

'日窮于次'는 지난해 季冬에 〈해가〉 玄枵에 머물렀는데 이때에 이르러 다하여 〈해가〉 돌아와 현효에 머무는 것이다. '紀'는 모임이니, 지난해 계동에 달이 해와 현효에서 서로 만났다가 이때에 이르러 다하여 돌아와 다시 현효에서 만나는 것이다. 二十八宿가 하늘을 따라 운행해서 날마다 하늘에서 한 바퀴를 돌지만 이르고 늦음이 똑같지 않다. 그러다가 이달에 이르면 예전에 있던 곳으로 돌아와서 지난해 계동과 이르고 늦음이 서로 비슷해지기 때문에 "하늘의 옛 자리로 돌아온다." 한 것이다. '幾'는 가까움인데, 지난해 계동부터 금년 계동에 이르기까지 354일이니, 〈음력은 열두 달이〉 365일에 차지 못해서 올바른 끝마침이 되지 못하므로 "마침에 가깝다." 한 것이다. '해가 장차 다시 시작된다.'는 것은 이른바 "마침이 있으면 시작이 있다."는 것이다.

≪大全≫

嚴陵方氏曰 夫歲者는 數之所積而成也라 數之終은 乃所以爲歲之始요 歲之始는 乃所以爲數之終이니 於數言終하고 於歲言始는 亦互相備爾니라

嚴陵方氏 : '歲(해)'는 數가 쌓여서 이루어진 것이다. 수의 끝은 바로 한 해의 시작이 되고, 한 해의 시작은 바로 수의 끝이 되니, 수에서 '終'을 말하고 해에서 '始'를 말함은 또한 서로 〈필요한 뜻을〉 충당한 것일 뿐이다.

○ 山陰陸氏曰 終言幾는 無終之詞也요 始言且는 無始之詞也라

山陰陸氏 : '마침'에 '幾(가까움)'를 말함은 마침이 없음을 말한 것이고, '시작'에 '且(장차)'를 말함은 시작이 없음을 말한 것이다.

068602 專而農民하야 毋有所使니라

173) 終則有始 : ≪莊子≫ 〈秋水〉에 "〈天地의 道는〉 끊임없이 변하고 바뀌어 마침이 있으면 시작이 있다.〔消息盈虛 終則有始〕"라고 보인다.

너의 〈農民들에게〉 농민의 일에 專一하게 하여 부리는 바가 있지 않게 한다.

≪集說≫

而는 汝也니 在上者 當專壹汝農之事하야 毋得徭役使之也니라

'而'는 '너'이니, 위에 있는 자는 마땅히 너의 〈농민들에게〉 농민의 일에 專一하게 하여 徭役을 시켜서 부리지 말게 하라는 것이다.

068603 **天子乃與公卿大夫로 共飭國典하며 論時令하야 以待來歲之宜하나니라**

천자가 이에 公卿·大夫들과 함께 나라의 典章 제도를 신칙하고 時令을 논하여 내년의 마땅함을 대비한다.

≪集說≫

朱氏曰 國典有常하니 飭之以應來歲之變하고 時令有序하니 論之以防來歲之差니라 歲旣更始라 故事亦有異宜者니라

朱氏 : 나라의 典章 제도는 일정함이 있으니 신칙하여 내년의 변화에 대응하고, 時令은 순서가 있으니 논하여 내년에 발생할 차이를 방비하는 것이다. 해가 이미 다시 시작되었으므로 일 또한 마땅함에 차이가 있는 것이다.

068604 **乃命太史하야 次諸侯之列하야 賦之犧牲하야 以共皇天上帝社稷之饗하며**

이에 太史에게 명하여 제후의 등차를 매겨 〈제후들에게〉 犧牲을 내게 하여 皇天과 上帝와 社稷의 祭饗에 바치게 하며

≪集說≫

列은 謂大小之等差也라

'列'은 크고 작은 등차를 이른다.

068605 乃命同姓之邦하야 共寢廟之芻豢하며

이에 同姓의 나라에 명하여 寢廟에 바칠 芻(소·양)와 豢(돼지·개)을 바치게 하며

≪集說≫

人本乎祖라 故祖廟之牲을 使同姓諸侯供之니라

사람은 조상을 뿌리로 삼기 때문에 선조의 사당에 올릴 犧牲을 同姓의 제후로 하여금 바치게 하는 것이다.

068606 命宰하야 歷卿大夫로 至于庶民土田之數하야 而賦犧牲하야 以共山林名川之祀하야

小宰에게 명하여 卿·大夫로부터 庶民에 이르기까지의 농지 수를 차례대로 등급을 매겨 犧牲을 부과해서 山林·名川의 제사에 바치게 하여

≪集說≫

歷者는 序次其多寡之數也라

'歷'은 그 많고 적은 숫자를 차례대로 등급 매기는 것이다.

068607 凡在天下九州之民者 無不咸獻其力하야 以共皇天上帝와 社稷寢廟와 山林名川之祀하나니라

천하 九州에 있는 백성들이 모두 힘을 바치지 않음이 없어서 皇天·上帝·社稷·寢廟·山林·名川의 제사에 바치게 한다.

≪集說≫

禮有五經호되 莫重於祭[174] 故也일새니라

禮에 五經이 있는데 제사보다 더 중한 것이 없기 때문이다.

≪大全≫

臨川吳氏曰 上文에 言天帝社稷之牲을 賦之諸侯하고 寢廟之牲을 賦之同姓之邦하고 山林名川之牲을 賦之卿大夫하야 至于庶民하니 此言凡在는 則總上三者而言之라 蓋諸侯之列同姓之邦及卿大夫等所供이 亦皆出於民力이라 故로 言所以供皇天上帝社稷寢廟山林名川之祀者는 是天下九州之民이 無不咸獻其力也니라

臨川吳氏 : 윗글에서 天帝와 社稷에 대한 제사에 사용할 犧牲을 제후에게 부과하고, 寢廟에서 사용할 희생을 同姓의 나라에 부과하고, 山林・名川에 사용할 犧牲을 卿・大夫에게 부과하여 서민에 이른다 하였으니, 여기서 말한 '凡在'는 위의 세 가지를 총괄하여 말한 것이다. 제후의 반열과 동성의 나라와 경・대부 등이 바치는 바가 또한 모두 백성의 勞力에서 나온다. 그러므로 황천과 상제와 사직과 침묘와 산림과 명천의 제사에 바치는 것은 천하 九州의 백성들이 勞力을 바치지 않음이 없다고 말한 것이다.

068701 季冬에 行秋令하면 則白露蚤降하며 介蟲爲妖하며 四鄙入保하고

季冬에 가을의 政令을 행하면 이슬이 일찍 내리며, 介蟲이 요망한 재해가 되며, 사방 변방의 사람들이 작은 성〔保〕으로 들어와 살며,

≪集說≫

畏介蟲은 爲兵之象也니 戌土之氣所應이니라

介蟲을 두려워하는 것은 兵亂의 象이 되기 때문이니, 戌月(季秋)의 土氣가 응한 것이다.

068702 行春令하면 則胎夭多傷하며

봄의 政令을 행하면 아직 태어나지 않은 배 속의 짐승과 갓 태어난 짐승이 죽는 일이 많고

---

174) 禮有五經 莫重於祭 : 〈祭統〉에 보이는데, 孔穎達의 疏에 따르면 '經'은 '常'의 뜻으로, 吉禮・凶禮・軍禮・賓禮・嘉禮의 五經은 늘 행하는 예라는 말이다.(≪禮記正義≫)

≪集說≫

胎는 未生者요 夭는 方生者라

'胎'는 아직 태어나지 않은 것이고, '夭'는 갓 태어난 것이다.

068703 國多固疾하나니

나라에 고질병을 앓는 자가 많아지니

≪集說≫

固는 謂久而不差니 辰土之氣所應이니라

'固'는 오래되어도 차도가 없음을 이르니, 辰月(季春)의 土氣가 응한 것이다.

068704 命之曰逆이요

이것을 명명하여 '逆'이라 하고,

≪集說≫

以歲終而行歲始之令也일새니라

해가 끝나는 때에 해가 시작될 때의 政令을 행하기 때문이다.

068705 行夏令하면 則水潦敗國하며 時雪不降하며 (水)〔氷〕[175] 凍消釋하나니라

여름의 政令을 행하면 장마가 져서 나라에 재해를 입히고 제때 내려야 할 눈이 내리지 않고 얼음이 얼었던 것이 풀린다.

≪集說≫

火奪水之令也니 未土之氣所應이니라

火가 水의 時令을 빼앗아서이니, 未月(季夏)의 土氣가 응한 것이다.

---

175) (水)〔氷〕: 저본에는 '水'로 되어 있는데, 각종 판본에 의거하여 '氷'으로 수정하였다.

≪大全≫

嚴陵方氏曰 介蟲之(牲)〔性〕[176]은 辨於物以斂藏之니 氣不厚故로 反爲妖也라 四鄙入保는 蓋畏兵之象이니 以秋爲金故也라 疾謂之固는 則其疾久而不瘥故也라 夫冬者는 歲之終이요 春者는 歲之始니 歲終而行歲始之令이라 故로 命之曰逆이라 水潦盛昌은 蓋夏之時然也라 故로 行夏令이면 則水潦敗國이라 冬者는 雪之時라 故로 謂之時雪이니 時雪不降하고 氷凍消釋은 則盛陽爍(삭)之故也니라

嚴陵方氏 : 介蟲의 성질은 물건을 분별하여 거두어 감추니, 기운이 두텁지 못하기 때문에 도리어 요망함이 된 것이다. 사방 변방의 사람들이 작은 성으로 들어와 사는 것은 병란을 두려워하는 象이니, 가을이 金이 되기 때문이다.

病을 '固'라고 한 것은 병이 오래되어 낫지 않기 때문이다. 겨울은 해의 끝이고 봄은 해의 시작이니, 해가 마쳤는데 해가 시작될 때의 政令을 행하므로 명명하여 '逆'이라고 한 것이다.

장맛물이 왕성함은 여름의 때가 그러한 것이다. 그러므로 여름의 정령을 행하면 장마가 나라에 재해가 되는 것이다. 겨울은 눈이 내리는 때이므로 '時雪'이라 말하였으니, 제때 내려야 할 눈이 내리지 않고 얼음 언 것이 풀림은 성한 陽이 녹이기 때문이다.

○ 新定顧氏曰 月令은 當取其體天行事之大意니 先王亦有至日閉關之事[177]라 謂如一歲之內에 因天時하야 提撕事務하야 一巡하고 又且過得幾時하야 到那時節이면 又整一巡이라 如春行慶賞하고 刑以秋冬하니 此是因天時하야 整頓大綱이라 若他時有緊切合卽施行者면 亦豈一一待那時方行이리오

新定顧氏 : 〈月令〉은 마땅히 하늘을 체득하여 일을 행하는 큰 뜻을 취해야 하니, 선왕 또한 동짓날에 關門을 닫는 일이 있었다. 예컨대 1년 안에 天時를 따라 事務를 管掌하여 한 차례 巡行하고, 또다시 몇 時節을 지나 그 시절에 이르면 또 한 차례의

---

176) (牲)〔性〕 : 저본에는 '牲'으로 되어 있는데, 衛湜의 ≪禮記集說≫에 의거하여 '性'으로 수정하였다.

177) 先王亦有至日閉關之事 : ≪周易≫ 復卦 〈象傳〉에 "우레가 땅속에 있는 형상이 복괘이니, 선왕이 이것을 보고서 동짓날에 관문을 닫아 장사꾼과 여행자가 다니지 못하게 하며 임금 자신은 사방을 순시하지 않는다.〔雷在地中復 先王以 至日閉關 商旅不行 后不省方〕" 하였다.

순행을 정돈하는 것을 이른다. 예컨대 봄에 경사스러운 賞을 주고 가을과 겨울에 형벌을 내리는 것과 같으니, 이는 바로 천시를 따라 큰 綱領을 정돈하는 것이다. 그러나 만일 다른 때에 즉시 시행해야 할 緊切한 일이 있게 되면 또한 어찌 일일이 그 시절을 기다리고서야 행하겠는가.

附錄

1. ≪禮記集說大全 3≫ 參考書目

◇ 底本

• ≪禮記集說大全≫, 陳澔(元) 集說, 胡廣(明) 等 編, 藏書閣 所藏本(k1-71).

◇ 底本 관련 자료

• ≪禮記集說大全≫, 陳澔(元) 集說, 胡廣(明) 等 編, 藏書閣 所藏本(k1-73).
• ≪禮記大全≫, 陳澔(元) 集說, 胡廣(明) 等 編, 文淵閣四庫全書 122, 臺灣商務印書館, 1983~1986.
• ≪禮記正義≫, 阮元(清) 校刻, 十三經注疏(清 嘉慶刊本), 中華書局, 2009.
• ≪禮記正義≫, 十三經注疏整理委員會 整理, 北京大學出版社, 2000.
• ≪禮記正義≫, 呂友仁 整理, 上海古籍出版社, 2008.
• ≪禮記≫, 陳澔(元) 集說, 胡廣(明) 等 編, 影印本, 保景文化社, 1984.
• ≪禮記集說≫, 衛湜(宋) 撰, 文淵閣四庫全書 117~120, 臺灣商務印書館, 1983~1986.
• ≪禮記補註≫, 陳澔(元) 集說, 金在魯(朝鮮) 補註, 국립중앙도서관 소장, 1758.
• ≪禮記大文諺讀≫, 成三問(朝鮮) 等 撰, 朝鮮 內閣本, 국립중앙도서관 소장, 1707.
• ≪禮記類編≫, 陳澔(元) 集說, 崔錫鼎(朝鮮) 附註, 嶺南監營, 국립중앙도서관 소장, 1707.
• ≪經學資料集成 : 禮記≫, 대동문화연구원, 성균관대학교출판부, 1995~1997.

◇ 經部

• ≪周易注疏≫, 阮元(清) 校刻, 十三經注疏(清 嘉慶刊本), 中華書局, 1980.
• ≪論語注疏≫, 阮元(清) 校刻, 十三經注疏(清 嘉慶刊本), 中華書局, 2009.
• ≪孟子注疏≫, 阮元(清) 校刻, 十三經注疏(清 嘉慶刊本), 中華書局, 2009.
• ≪孝經注疏≫, 阮元(清) 校刻, 十三經注疏(清 嘉慶刊本), 中華書局, 2009.
• ≪爾雅注疏≫, 阮元(清) 校刻, 十三經注疏(清 嘉慶刊本), 中華書局, 2009.
• ≪毛詩正義≫, 阮元(清) 校刻, 十三經注疏(清 嘉慶刊本), 中華書局, 2009.

- ≪尙書正義≫, 阮元(淸) 校刻, 十三經注疏(淸 嘉慶刊本), 中華書局, 2009.
- ≪儀禮注疏≫, 阮元(淸) 校刻, 十三經注疏(淸 嘉慶刊本), 中華書局, 2009.
- ≪周禮注疏≫, 阮元(淸) 校刻, 十三經注疏(淸 嘉慶刊本), 中華書局, 2009.
- ≪春秋左傳正義≫, 阮元(淸) 校刻, 十三經注疏(淸 嘉慶刊本), 中華書局, 2009.
- ≪春秋穀梁傳注疏≫, 阮元(淸) 校刻, 十三經注疏(淸 嘉慶刊本), 中華書局, 2009.
- ≪春秋公羊傳注疏≫, 阮元(淸) 校刻, 十三經注疏(淸 嘉慶刊本), 中華書局, 2009.
- ≪論語集註大全≫, 朱熹(宋) 集註, 胡廣(明) 等 編, 朝鮮 內閣本, 影印本, 學民文化社.
- ≪孟子集註大全≫, 朱熹(宋) 集註, 胡廣(明) 等 編, 朝鮮 內閣本, 影印本, 學民文化社.
- ≪大學章句大全≫, 朱熹(宋) 章句, 胡廣(明) 等 編, 朝鮮 內閣本, 影印本, 學民文化社.
- ≪中庸章句大全≫, 朱熹(宋) 章句, 胡廣(明) 等 編, 朝鮮 內閣本, 影印本, 學民文化社.
- ≪周易傳義大全≫, 程頤(宋) 傳, 朱熹(宋) 本義, 胡廣(明) 等 編, 朝鮮 內閣本, 影印本, 學民文化社.
- ≪詩傳大全≫, 朱熹(宋) 集傳, 胡廣(明) 等 編, 朝鮮 內閣本, 影印本, 學民文化社.
- ≪書傳大全≫, 蔡沈(宋) 集傳, 胡廣(明) 等 編, 朝鮮 內閣本, 影印本, 學民文化社.
- ≪大戴禮記集註≫, 黃悔信, 三秦出版社, 2004.
- ≪三經諺解≫, 朝鮮 校正廳 諺解, 影印本, 保景文化社.
- ≪五經大全≫, 胡廣(明) 等 撰, 明 內府刊本, 影印本, 日本國立國會圖書館 所藏本.
- ≪禮書≫, 陳祥道(宋) 撰, 文淵閣四庫全書 130, 臺灣商務印書館, 1983~1986.
- ≪禮記淺見錄≫, 權近(朝鮮) 撰, 韓國經學資料集成 124~125, 成均館大學校出版部, 1998.
- ≪日講禮記解義≫, 陳邦彦(淸) 奉勅撰, 文淵閣四庫全書 123, 臺灣商務印書館, 1983~1986.
- ≪周禮正義≫, 孫貽讓(淸) 撰, 續修四庫全書 82~84, 上海古籍出版社, 1995.
- ≪春秋考徵≫, 丁若鏞(朝鮮) 撰, 韓國文集叢刊 283, 民族文化推進會, 2002.
- ≪春秋毛氏傳≫, 毛奇齡(淸) 撰, 文淵閣四庫全書 176, 臺灣商務印書館, 1983~1986.
- ≪春秋傳服氏注≫, 服虔(漢) 撰, 續修四庫全書 117, 上海古籍出版社, 1995.
- ≪韓詩外傳≫, 韓嬰(漢) 撰, 影印本, 學民文化社.
- ≪說文解字≫, 許愼(漢) 撰, 文淵閣四庫全書 223, 臺灣商務印書館, 1983~1986.
- ≪說文解字注≫, 許愼(漢) 撰, 段玉裁(淸) 注編, 上海古籍出版社, 2011.
- ≪周易鄭康成注≫, 鄭玄(漢) 撰, 王應麟(宋) 輯, 文淵閣四庫全書 7, 臺灣商務印書館, 1983~1986.

◇ 史部

- ≪國語≫, 左丘明(周) 撰, 文淵閣四庫全書 406, 臺灣商務印書館, 1983~1986.

- 《史記》, 司馬遷(漢) 撰, 中華書局, 1974.
- 《晏子春秋》, 晏嬰(周) 撰, 文淵閣四庫全書 446, 臺灣商務印書館, 1983~1986.
- 《資治通鑑》, 司馬光(宋) 撰, 胡三省(元) 音註, 中華書局, 1956.
- 《前漢紀》, 荀悅(漢) 撰, 文淵閣四庫全書 303, 臺灣商務印書館, 1983~1986.
- 《晉書》, 房玄齡(唐) 撰, 中華書局, 1974.
- 《漢書》, 班固(漢) 撰, 中華書局, 1962.
- 《後漢書》, 范曄(宋) 撰, 中華書局, 1965.

◇ 子部

- 《癸巳類稿》, 兪正燮(淸) 撰, 續修四庫全書 1159, 上海古籍出版社, 1995.
- 《公孫龍子》, 公孫龍(戰國 趙) 撰, 文淵閣四庫全書 848, 臺灣商務印書館, 1983~1986.
- 《孔子家語》, 王肅(魏) 注, 文淵閣四庫全書 695 , 臺灣商務印書館, 1983~1986.
- 《事文類聚》, 祝穆(宋) 撰, 文淵閣四庫全書 925~929, 臺灣商務印書館, 1983~1986.
- 《荀子》, 荀況(戰國) 撰, 楊倞(唐) 註, 文淵閣四庫全書 695, 臺灣商務印書館, 1983~1986.
- 《呂氏春秋》, 高誘(漢) 註, 文淵閣四庫全書 848, 臺灣商務印書館, 1983~1986.
- 《列子》, 列御寇(戰國 鄭) 撰, 文淵閣四庫全書 1055, 臺灣商務印書館, 1983~1986.
- 《日知錄》, 顧炎武(淸) 撰, 文淵閣四庫全書 858, 臺灣商務印書館, 1983~1986.
- 《莊子注》, 莊周(周) 撰, 郭象(晉) 編, 文淵閣四庫全書 1056, 臺灣商務印書館, 1983~1986.
- 《皇極經世書》, 邵雍(宋) 撰, 文淵閣四庫全書 803, 臺灣商務印書館, 1983~1986.
- 《黃帝內經素問》, 王冰(唐) 注, 文淵閣四庫全書 733, 臺灣商務印書館, 1983~1986.

◇ 集部

- 《渼湖集》, 金元行(朝鮮) 撰, 韓國文集叢刊 220, 民族文化推進會, 1998.
- 《三山集》, 柳正源(朝鮮) 撰, 韓國文集叢刊 219, 民族文化推進會, 1998.
- 《遯齋集》, 朴光一(朝鮮) 撰, 韓國文集叢刊 171, 民族文化推進會, 1996.
- 《二程集》, 程顥·程頤(宋) 撰, 王進祥(臺) 編, 漢京文化事業有限公司, 1983.
- 《朱子大全》, 朱熹(宋) 撰, 中華書局, 1970.
- 《宋子大全》, 宋時烈(朝鮮) 撰, 韓國文集叢刊 108~116, 民族文化推進會, 1993.
- 《朱子語類》, 黎靖德(宋) 編, 標點校勘本, 中文出版社, 1970.
- 《朱子全書》, 朱熹(宋) 撰, 上海古籍出版社·安徽教育出版社, 2002.

- ≪弘齋全書≫, 正祖(朝鮮) 撰, 韓國文集叢刊 262~267, 民族文化推進會, 2001.
- ≪晦菴集≫, 朱熹(宋) 撰, 朱子全書, 上海古籍出版社・安徽教育出版社, 2001.

◇ 字典 및 目錄類

- ≪經籍纂詁≫, 阮元(淸) 撰, 阮氏琅嬛仙館原刻本, 影印本, 中華書局, 1982.
- ≪經典釋文≫, 陸德明(唐) 撰, 文淵閣四庫全書 182, 臺灣商務印書館, 1983~1986.
- ≪經傳釋詞≫, 王引之(淸) 撰, 江蘇古籍出版社, 2000.
- ≪經學歷史≫, 皮錫瑞 著, 河洛圖書出版社, 1974.
- ≪古代漢語≫, 王力 著, 中華書局, 2004.
- ≪郡經平議≫, 兪樾(淸) 撰, 春在堂全書, 世界書局, 1963.
- ≪論鄭玄詩譜的貢獻≫, 王洲明 著, 人民文學出版社, 1986.
- ≪大漢和辭典≫, 諸橋轍次, 大修觀書店.
- ≪文獻學大辭典≫, 趙國璋・潘樹廣 主編, 廣陵書社, 2005.
- ≪四庫全書總目提要≫, 紀昀(淸) 總纂, 孟蓬生(中) 外 點校, 河北人民出版社, 2000.
- ≪四庫提要辨證≫, 余嘉錫(淸) 撰, 雲南人民出版社, 2004.
- ≪中國歷史紀年表≫, 方時銘 著, 上海人民出版社, 2007.
- ≪中國歷史大事典≫, 張海鵬 主編, 山東大學出版部, 2000.
- ≪中國歷史地圖集≫, 程光裕・徐聖謨 編, 中華文化出版事業委員會, 1957.
- ≪漢詩原流字典≫, 谷衍奎 著, 華夏出版社, 2003.
- ≪漢語大詞典≫, 羅竹風 著, 漢語大詞典出版社, 1995.
- ≪欽定四庫全書簡明目錄≫, 永瑢(淸) 等 編, 淸 乾隆刊本.

◇ 單行本 및 飜譯書

〔韓國〕

- ≪國譯 禮記補註≫, 金在魯 補註, 成百曉 等 譯, 海東經史研究所, 2017~2018.
- ≪譯註 禮記集說大全 1≫, 申承云 譯註, 傳統文化研究會, 2004.
- ≪譯註 禮記集說大全≫, 鄭秉燮 譯, 學古房, 2009~2017.
- ≪譯註 禮記類編大全≫, 崔錫鼎 著, 鄭秉燮 譯, 學古房, 2020.
- ≪禮學概論≫, 周何 著, 三民書局, 1998.

〔中國〕

• ≪經學研究論文選≫, 彭林, 上海書店出版社, 2002.
• ≪三禮研究論集≫, 李曰剛, 孔孟學說叢書, 1981.
• ≪新譯禮記讀本≫, 姜義華, 三民書局, 2007.
• ≪呂氏春秋集釋≫, 陳奇猷, 學林出版社, 1984.
• ≪禮記今註今譯≫, 王夢鷗 註譯, 臺灣商務印書館, 1974.
• ≪禮記譯註≫, 楊天宇, 上海古籍出版社, 2004.
• ≪禮記譯解≫, 王文錦, 中華書局, 2001.
• ≪中國經學史≫, 皮錫瑞 著, 李鴻鎭 譯, 同和出版社, 1984.
• ≪中國古代儀禮文明≫, 彭林, 中華書局, 2004.
• ≪讖緯文獻與漢代文化構建≫, 徐興无, 中華書局, 2003.

〔日本〕

• ≪大戴禮記≫, 栗原圭介 著, ≪新釋漢文大系≫, 明治書院, 1987.
• ≪禮記≫, 下見隆雄 譯, 明德出版社, 1987.
• ≪禮記≫, 市原亨吉 著, ≪全釋漢文大系≫, 集英社, 1983.

〔英美〕

• ≪The Li Ki≫, James Legge, Kessinger Publishing, 2004.

◇ 電子文獻 및 Web DB

• 동양고전종합DB(http://db.cyberseodang.or.kr)
• 한국고전종합DB(http://db.itkc.or.kr)
• 이체자정보검색(http://db.itkc.or.kr/DCH/)
• 상우천고(http://www.s-sangwoo.kr)
• 한국사데이터베이스(http://db.history.go.kr/)
• 電子版 文淵閣四庫全書, 上海古籍出版社.
• 中國基本古籍庫, 黃山書社.

2.≪禮記集說大全 3≫ 參考圖版 目錄 및 出處

(23) 〈十二分星(십이분성)〉, 鄂爾泰(淸), ≪欽定周官義疏≫ / 236
(24) 〈伏羲氏(복희씨)〉, 田琦(朝鮮) 畫, ≪萬古際會圖像≫ / 239
(25) 〈句芒(구망)〉, 蔣應鎬(明) 繪, ≪山海經圖≫ / 239
(26) 〈六律六呂(육률육려)〉, 孫家鼐(淸) 等, ≪欽定書經圖說≫ / 247
(27) 〈鄭氏明堂圖(정씨명당도)〉, 王應電(明), ≪周禮圖說≫ / 251
(28) 〈月令明堂圖(월령명당도)〉, 楊甲(宋), ≪六經圖≫ / 251
(29) 〈佩(패)〉, 鄂爾泰(淸), ≪欽定周官義疏≫ / 253
(30) 〈耒耜(뇌사)〉, 鄂爾泰(淸), ≪欽定周官義疏≫ / 262
(31) 〈木鐸(목탁)〉, 松本愚山(日本) 撰, ≪五經圖彙≫ / 285
(32) 〈度量衡(도량형)〉, 孫家鼐(淸) 等, ≪欽定書經圖說≫ / 286
(33) 〈皮弁(피변)〉, 聶崇義(宋) 集注, ≪新定三禮圖≫ / 290
(34) 〈方相氏(방상씨)〉, 聶崇義(宋) 集注, ≪新定三禮圖≫ / 306
(35) 〈神農氏(신농씨)〉, 田琦(朝鮮) 畫, ≪萬古際會圖像≫ / 310
(36) 〈王瓜(왕과)〉, 王圻(明) 撰, ≪三才圖會≫ / 312
(37) 〈鵙(격)〉, 王圻(明) 撰, ≪三才圖會≫ / 324
(38) 〈反舌(반설)〉, 王圻(明) 撰, ≪三才圖會≫ / 324
(39) 〈鼗(도)〉, 鄂爾泰(淸), ≪欽定周官義疏≫ / 326
(40) 〈鼙(비)〉, 鄂爾泰(淸), ≪欽定周官義疏≫ / 326
(41) 〈鼓(고)〉, 鄂爾泰(淸), ≪欽定周官義疏≫ / 326
(42) 〈琴(금)〉, 皇甫仁(鮮) 外 撰, ≪世宗實錄≫ / 326
(43) 〈瑟(슬)〉, 皇甫仁(鮮) 外 撰, ≪世宗實錄≫ / 326
(44) 〈管(관)〉, 皇甫仁(鮮) 外 撰, ≪世宗實錄≫ / 326
(45) 〈簫(소)〉, 皇甫仁(鮮) 外 撰, ≪世宗實錄≫ / 327
(46) 〈干(간)〉, 鄂爾泰(淸), ≪欽定周官義疏≫ / 327
(47) 〈戚(척)〉, 鄂爾泰(淸), ≪欽定周官義疏≫ / 327
(48) 〈戈(과)〉, 鄂爾泰(淸), ≪欽定周官義疏≫ / 327
(49) 〈羽(우)〉, 鄂爾泰(淸), ≪欽定周官義疏≫ / 327
(50) 〈竽(우)〉, 皇甫仁(鮮) 外 撰, ≪世宗實錄≫ / 327

(51) 〈笙(생)〉, 皇甫仁(鮮) 外 撰, ≪世宗實錄≫ / 327
(52) 〈篪(지)〉, 皇甫仁(鮮) 外 撰, ≪世宗實錄≫ / 327
(53) 〈鍾(종)〉, 皇甫仁(鮮) 外 撰, ≪世宗實錄≫ / 327
(54) 〈磬(경)〉, 皇甫仁(鮮) 外 撰, ≪世宗實錄≫ / 327
(55) 〈柷(축)〉, 皇甫仁(鮮) 外 撰, ≪世宗實錄≫ / 327
(56) 〈敔(어)〉, 皇甫仁(鮮) 外 撰, ≪世宗實錄≫ / 327
(57) 〈笛(적)〉, 王圻(明) 撰, ≪三才圖會≫ / 328
(58) 〈半夏(반하)〉, 王圻(明) 撰, ≪三才圖會≫ / 337
(59) 〈黿(원)〉, 王圻(明) 撰, ≪三才圖會≫ / 343
(60) 〈黃帝(황제)〉, 田琦(朝鮮) 畫, ≪萬古際會圖像≫ / 353
(61) 〈大輅(대로)〉, 王圻(明) 撰, ≪三才圖會≫ / 357
(62) 〈少皞(소호)〉, 田琦(朝鮮) 畫, ≪萬古際會圖像≫ / 358
(63) 〈玄冕(현면)〉, 王圻(明) 撰, ≪三才圖會≫ / 374
(64) 〈袞冕(곤면)〉, 王圻(明) 撰, ≪三才圖會≫ / 374
(65) 〈旌(정)〉, 鄂爾泰(淸), ≪欽定周官義疏≫ / 394
(66) 〈旐(조)〉, 鄂爾泰(淸), ≪欽定周官義疏≫ / 394
(67) 〈顓頊(전욱)〉, 田琦(朝鮮) 畫, ≪萬古際會圖像≫ / 401
(68) 〈麋(미)〉, 王圻(明) 撰, ≪三才圖會≫ / 426
(69) 〈畚(분)〉, 王圻(明) 撰, ≪三才圖會≫ / 428
(70) 〈子路問津(자로문진)〉, 金振汝(朝鮮) 畫, ≪孔子聖蹟圖≫, 국립중앙박물관 소장 / 438

責任飜譯

成百曉

忠南 禮山 出生
家庭에서 父親 月山公으로부터 漢文 修學
月谷 黃璟淵, 瑞巖 金熙鎭 先生 師事
民族文化推進會 國譯硏修院 修了
高麗大學校 教育大學院 漢文教育科 修了
韓國古典飜譯院 附設 古典飜譯教育院 名譽漢學教授(現)
傳統文化硏究會 副會長(前)
海東經史硏究所 所長(現)
古典國譯賞 受賞

논문 및 역저
論文 〈艮齋의 性理說小考〉〈燕岩의 學問思想硏究〉
譯書 四書集註 ≪詩經集傳≫ ≪書經集傳≫ ≪周易傳義≫ ≪古文眞寶≫ ≪牛溪集≫ 등 다수
共譯 ≪宣祖實錄≫ ≪宋子大全≫ ≪茶山集≫ ≪退溪集≫ 등 다수

共同飜譯

李霜芽

民族文化推進會(現 韓國古典飜譯院) 附設 國譯硏修院 常任硏究部 卒業
成均館大學校 漢文古典飜譯 碩士課程 卒業(文學碩士)
成均館大學校 漢文古典飜譯 博士課程 卒業(文學博士)
成均館大學校 大東文化硏究院 首席硏究員(現)

논문 및 역저
論文 〈茶山 丁若鏞의 ≪家禮酌儀≫ 譯註〉〈茶山 丁若鏞의 ≪祭禮考定≫ 譯註〉
譯書 ≪無名子集7, 8,15,16≫
共譯 ≪記言1≫ ≪日省錄≫(영조,정조) ≪校勘學概論≫ ≪注釋學概論 1, 2≫ ≪사고전서이해의 첫걸음≫ 등

延錫煥

慶北 奉化 出生
啓明大學校 漢文教育科 卒業
高麗大學校 一般大學院 古典飜譯協同課程學科 碩·博士課程 卒業
韓國古典飜譯院 硏修課程Ⅰ 및 專門課程Ⅰ 卒業
海東經史硏究所 硏究員(現)

논문 및 역저
論文 〈晦隱 南鶴鳴의 〈雜說〉 硏究〉〈南鶴鳴의 ≪晦隱集≫ 譯注〉
譯書 ≪無名子集7, 8,15,16≫
共譯 ≪梅山集≫, ≪承政院日記≫, ≪槿域書彙≫ 등

東洋古典譯註叢書 16

譯註 禮記集說大全 3　　46,000원

2022년 08월 31일 초판 발행
2024년 09월 30일 초판 3쇄

企劃編輯　東洋古典飜譯編輯委員會
飜譯硏究管理　南賢熙
集說 陳澔　大全 胡廣 等
責任飜譯　成百曉
共同飜譯　李霜芽 延錫煥
潤　　文　南賢熙
校　　訂　李孝宰
出　　版　白俊哲 郭成龍
裝　　幀　白俊哲

發 行 人　朴洪植
發 行 處　社團法人 傳統文化硏究會
등록 : 1989. 7. 3. 제1-936호
서울 종로구 삼봉로 81 두산위브파빌리온 1332호
전화 : (02)762-8401　전송 : (02)747-0083
전자우편 : juntong@juntong.or.kr
홈페이지 : juntong.or.kr
사이버書堂 : cyberseodang.or.kr
온라인서점 : book.cyberseodang.or.kr

인쇄처 : 한국법령정보주식회사(02-462-3860)
총　판 : 한국출판협동조합(070-7119-1750)

ISBN 979-11-5794-533-7 94140
978-89-85395-71-7 (세트)

전통문화연구회 도서목록

범례 : 毛詩正義 1~8〔全15〕- 전체 15책 계획, 현재 1~8책만 간행된 경우.
별도 표시 없는 경우는 완간.

新編 基礎漢文教材

新編 四字小學·推句 고전교육연구실 編譯 11,000원
新編 啓蒙篇·童蒙先習 고전교육연구실 編譯 11,000원
新編 明心寶鑑 李祉坤·元周用 譯註 15,000원
新編 擊蒙要訣 咸賢贊 譯註 12,000원
新編 註解千字文 李忠九 譯註 13,000원
新編 原文으로 읽는 故事成語 元周用 編譯 15,000원
新編 唐音註解選 權卿相 譯註 22,000원

漢文讀解捷徑시리즈

漢文독해 기본패턴 고전교육연구실 著 15,000원
四書독해첩경 고전교육연구실 著 25,000원
한문독해첩경 - 文學篇 朴相水·李和春 외 著 17,000원
한문독해첩경 - 史學篇 朴相水·李和春 외 著 17,000원
한문독해첩경 - 哲學篇 朴相水·李和春 외 著 17,000원

五書五經讀本

論語集註 上·下 鄭太鉉 譯註 各 25,000원
孟子集註 上·下 田炳秀 外 譯註 各 30,000원
大學·中庸集註 李光虎 外 譯註 15,000원
小學集註 上·下 李忠九 外 譯註 各 25,000원
詩經集傳 上·中·下 朴小東 譯註 各 30,000원
書經集傳 上·中·下 金東柱 譯註 各 30,000원
周易傳義 元·亨·利·貞 崔英辰 外 譯註 各 30,000원
詳說 古文眞寶大全後集 上·下 李相夏 外 譯註 各 32,000원
春秋左氏傳 上·中·下 許鎬九 外 譯註 各 36,000원~38,000원
禮記 上·中·下 成百曉 外 譯註 各 30,000원

東洋古典國譯叢書

大學·中庸集註 - 개정증보판 成百曉 譯註 10,000원
論語集註 - 개정증보판 成百曉 譯註 27,000원
孟子集註 - 개정증보판 成百曉 譯註 30,000원
詩經集傳 上·下 成百曉 譯註 各 35,000원
書經集傳 上·下 成百曉 譯註 各 35,000원
周易傳義 上·下 成百曉 譯註 各 35,000원
小學集註 成百曉 譯註 30,000원
古文眞寶 後集 成百曉 譯註 32,000원

東洋古典譯註叢書

〈經部〉

〔十三經注疏〕
周易正義 1~4 成百曉 外 譯註 各 32,000원~44,000원
尙書正義 1~7 金東柱 譯註 各 25,000원~46,000원
毛詩正義 1~8〔全15〕 朴小東 外 譯註 各 32,000원~40,000원
禮記正義 1~2, 中庸·大學 李光虎 外 譯註 各 20,000원~30,000원
論語注疏 1~3 鄭太鉉 外 譯註 各 35,000원~44,000원
孟子注疏 1~4〔全5〕 崔彩基 外 譯註 各 29,000원~33,000원
孝經注疏 鄭太鉉 外 譯註 35,000원
周禮注疏 1~4〔全15〕 金容天 外 譯註 各 27,000원~34,000원
春秋左傳正義 1~2〔全18〕 許鎬九 外 譯註 各 27,000원~32,000원
春秋公羊傳注疏 1〔全7〕 許鎬九 外 譯註 37,000원

春秋左氏傳 1~8 鄭太鉉 譯註 各 28,000원~35,000원
禮記集說大全 1~6〔全10〕 辛承云 外 譯註 各 25,000원~40,000원
東萊博議 1~5 鄭太鉉 外 譯註 各 25,000원~38,000원
韓詩外傳 1~2 許敬震 外 譯註 各 29,000원~36,000원
說文解字注 1~5〔全20〕 李忠九 外 譯註 各 32,000원~38,000원

〈史部〉

思政殿訓義 資治通鑑綱目 1~22〔全39〕 辛承云 外 譯註 各 18,000원~37,000원
通鑑節要 1~9 成百曉 譯註 各 18,000원~44,000원
唐陸宣公奏議 1~2 沈慶昊 外 譯註 各 35,000원~45,000원
貞觀政要集論 1~4 李忠九 外 譯註 各 25,000원~32,000원
列女傳補注 1~2 崔秉準 外 譯註 各 30,000원~38,000원
歷代君鑑 1~4 洪起殷 外 譯註 各 30,000원~38,000원

〈子部〉

孔子家語 1~2 許敬震 外 譯註 各 39,000원/40,000원
管子 1~4〔全5〕 李錫明 外 譯註 各 29,000원~33,000원
近思錄集解 1~3 成百曉 譯註 各 35,000원~36,000원
老子道德經注 金是天 譯註 30,000원
大學衍義 1~5〔全7〕 辛承云 外 譯註 各 26,000원~30,000원
墨子閒詁 1~6〔全7〕 李相夏 外 譯註 各 32,000원~53,000원
說苑 1~2 許鎬九 譯註 各 25,000원
世說新語補 1~5 金鎭玉 外 譯註 各 29,000원~42,000원
荀子集解 1~7 宋基采 譯註 各 30,000원~42,000원
心經附註 成百曉 譯註 35,000원
顔氏家訓 1~2 鄭在書 外 譯註 各 22,000원/25,000원
揚子法言 1〔全2〕 朴勝珠 譯註 24,000원

列子鬳齋口義 崔秉準·孔勤植·權憲俊 共譯 34,000원
二程全書 1~6〔全10〕 崔錫起·外 譯註 各 32,000원~44,000원
莊子 1~4 安炳周·田好根 共譯 各 31,000원~39,000원
政經·牧民心鑑 洪起殷·全百燦 譯註 27,000원
韓非子集解 1~5 許鎬九 外 譯註 各 32,000원~40,000원

〔武經七書直解〕

孫武子直解·吳子直解 成百曉·李蘭洙 譯註 45,000원
六韜直解·三略直解 成百曉·李鍾德 譯註 45,000원
尉繚子直解·李衛公問對直解 成百曉·李蘭洙 譯註 45,000원
司馬法直解 成百曉·李蘭洙 譯註 45,000원

〈集部〉

古文眞寶 前集 成百曉 譯註 30,000원
唐詩三百首 1~3 宋載卲 外 譯註 各 33,000원~39,000원

〔唐宋八大家文抄〕

韓愈 1~3 鄭太鉉 譯註 各 22,000원/28,000원
柳宗元 1~2 宋基采 譯註 各 22,000원
歐陽脩 1~7 李相夏 譯註 各 25,000원~35,000원
蘇洵 李章佑 外 譯註 25,000원
蘇軾 1~5 成百曉 譯註 各 22,000원
蘇轍 1~3 金東柱 譯註 各 20,000원~22,000원
王安石 1~2 申用浩 外 共譯 各 20,000원/25,000원
曾鞏 宋基采 譯註 25,000원

〔明清八大家文鈔〕

1 歸有光·方苞 李相夏 外 譯註 35,000원
2 劉大櫆·姚鼐 李相夏 外 譯註 35,000원
3 梅曾亮·曾國藩 李相夏 外 譯註 38,000원
4 張裕釗·吳汝綸 李相夏 外 譯註 38,000원

東洋古典新譯

당시선 송재소·최경렬·김영죽 편역 22,000원
손자병법 성백효 역주 14,000원
장자 안병주·전호근·김형석 역주 13,000원
고문진보 후집 신용호 번역 28,000원
노자도덕경 김시천 역주 15,000원
고문진보 전집 上·下 신용호 번역 各 22,000원
신식 비문척독 박상수 번역 25,000원
안씨가훈 김창진 편역 근간

동양문화총서

동양사상 해설과 원전 정규훈 外 저 22,000원
화합의 길 《중용》 읽기 금장태 저 20,000원
호설과 시장 신용호 저 20,000원
어느 노학자의 젊은 시절 심재기 저 22,000원

문화문고

경전으로 본 세계종교 그리스도교 이정배 편저 10,000원
〃 도교 이강수 편역 10,000원
〃 천도교 윤석산 외 편저 10,000원
〃 힌두교 길희성 편역 10,000원
〃 유교 이기동 편저 10,000원
〃 불교 김용표 편저 10,000원
〃 이슬람 김영경 편역 10,000원
논어·대학·중용 조수익·박승주 공역 10,000원
맹자 조수익·박승주 공역 10,000원
소학 박승주·조수익 공역 10,000원
십구사략 1~2 정광호 저 各 12,000원
무경칠서 손자병법·오자병법 성백효 역 10,000원
〃 육도·삼략 성백효 역 10,000원
〃 사마법·울료자·이위공문대 성백효 역 10,000원
당시선 송재소·최경렬·김영죽 편역 10,000원
한문문법 이상진 저 13,000원
한자한문전통교재 조수익·이성민 공역 13,000원
士小節 선비 집안의 작은 예절 이동희 편역 12,000원
儒學이란 무엇인가 이동희 저 10,000원
동아시아의 유교와 전통문화 이동희 저 13,000원
현대인, 동양고전에서 길을 찾다 이동희 저 10,000원
100자에 담긴 한자문화 이야기 김경수 저 12,000원
우리 설화 1~2 김동주 편역 各 10,000원
대한민국 국무총리 이재원 저 10,000원
백운거사 이규보의 문학인생 신용호 저 14,000원